KB001164

열정적 정치
Passionate Politics

한울
아카데미

이 도서의 국립중앙도서관 출판시도서목록(CIP)은 e-CIP홈페이지(http://www.nl.go.kr/ecip)와 국가자료공동목록시스템(http://www.nl.go.kr/kolisnet)에서 이용하실 수 있습니다.(CIP제어번호 : CIP2012004128)

제프 굿윈·제임스 M. 재스퍼·프란체스카 폴레타 엮음 박형신·이진희 옮김

열정적 정치

감정과 사회운동

Passionate Politics
Emotions and social Movements

PASSIONATE POLITICS: Emotions and Social Movements
By Jeff Goodwin, James M. Jasper, and Francesca Polletta

ⓒ 2001 by The University of Chicago Press, All right reserved.
Licensed by The University of Chicago Press, Chicago, Illinois, U.S.A.

Korean Translation Copyright ⓒ 2012 by Hanul Publishing Group

이 책의 한국어판 저작권은 The University of Chicago Press와의 독점계약으로 도서
출판 한울에 있습니다. 저작권법에 의해 한국 내에서 보호를 받는 저작물이므로 무단
전재와 무단복제를 금합니다.

서문 그리고 감사의 말

여느 편집서들처럼 이 책 역시 연구비 신청을 모태로 하여 학술대회로 발전했다가 마침내 한 권의 책으로 결실을 보게 된 경우이다. 사회운동과 정치갈등에 관한 연구를 진행하면서 우리는 이 주제에 대한 지배적 패러다임에 불만을 갖게 되었고, 그리하여 우리는 사회운동과 정치갈등의 또 다른 추동력으로서의 문화, 심리학, 행위로 눈을 돌림으로써 지배적 패러다임으로부터 벗어나고자 했다. 저항의 감정을 탐구하는 것은 학술문헌에서 통상적으로 인정하는 것보다 더 다면적인 정치적 행위자들의 이미지 — 즉 좀 더 광범위한 목표와 동기, 기호와 스타일, 고통과 기쁨을 지닌 정치적 행위자들의 이미지 — 를 발전시키는 한 가지 방식처럼 보였다. 비록 아직 많은 작업들이 남아 있기는 하지만, 우리는 이 책이 정치행위에 대한 더욱 풍부한 견해를 가지게 하는 첫 단계이기를 바란다.

학술대회를 개최하기 위해, 우리는 미국사회학회와 미국과학재단의 학문발전기금FAD으로부터 연구비를 지원받았다. 당시 뉴욕대학교 사회학과의 학과장이었던 크레이그 칼훈Craig Calhoun은 이 기관들에 부응하여 대응연구비를 제공해주었다. 1999년 2월 우리는 뉴욕에서 소규모의 학술대회를 개최할 수 있었다. 3일 간의 대회기간 동안 대략 100여 명의 사람들이 참석한 가운데,

30여 명의 학자들이 감정, 정치, 사회운동, 사회이론에 관해 자신들이 통찰한 것들을 발표했다. 최근 수십 년 동안 감정과 정치에 대한 관심이 그리 없었던 것을 감안할 때, 우리는 모든 참가자들의 관심과 열중에 놀랐다. 그리고 물론 기뻤다. 뉴욕대학교 사회학과의 토마스 린치Thomas Lynch, 바바라 그리빈스Barbara Gribbins, 그리고 머나 레이먼드Merna Raymond는 학술대회의 조직과 세부 계획에 커다란 도움을 주었다. 그 학술대회는 우리가 참여했던 학술대회 가운데 가장 자극적이고 즐거웠던 대회 중 하나였다.

우리는 사회학의 하위분과들이 너무나도 자기의식이 커져온 탓에 서로로부터 많은 것을 배울 수 없거나 기꺼이 배우려고 하지 않을 것이라고 생각했다. 따라서 우리는 랜달 콜린스Randall Collins, 시어도어 켐퍼Theodore Kemper, 프랭크 도빈Frank Dobbin 그리고 퍼트리샤 클러프Patricia Clough를 포함하여, 사회운동과 정치에 관한 연구에서 그리 알려져 있지 않거나 전혀 알려져 있지 않은 다수의 사람들을 학술대회에 초청했다. 사회운동에 관한 전문가로 잘 알려져 있지만, 구조적 시각에 더 가까운 찰스 틸리Charles Tilly와 에드윈 아멘타Edwin Amenta는 사회운동 분야 내의 서로 다른 다양한 전통들을 연결하고자 했다.

여러 가지 이유 때문에, 우리는 이 책에 단지 학술대회 발표논문과 논평의 약 절반만을 실을 수 있었다. 우리는 이 책에 글을 싣지는 않았지만, 감정과 정치에 관한 우리 모두의 사고에 많은 자극을 준 학술대회 참가자들, 즉 레오 앙주Leo d'Anjou, 린 챈서Lynn Chancer, 퍼트리샤 클러프, 헬레나 플람Helena Flam, 데보라 거슨Deborah Gerson, 린다 클로잘Linda Klouzal, 존 반 말레John van Male, 도일 맥카시Doyle McCarthy, 켈리 무어Kelly Moore, 장 피에르 리드Jean-Pierre Reed, 찰스 틸리 그리고 구오빈 양Guobin Yang에게 감사를 표하고 싶다. 기고자들은 편집자들 및 여타 논평자들의 여러 번의 논평에 응하여 수차례 수정을 하는 꽤 빡빡한 일정을 감수했다. 익명의 두 논평자들은 유익한 지침과 제안을 제시해 주었다. 출판사에서 더그 미첼Doug Mitchell이 보여준 열정은 가히 감격적이었

6

으며, 로버트 드벤스Robert Devens는 세밀한 사항들까지 완벽하게 손질해주었다. 우리는 또한 편집을 도와준 뉴욕대학교 사회학과의 사란 가탁Saran Ghatak에게도 감사를 표한다.

이 책의 저작권료는 학문발전기금에 기부할 예정이다.

제프 굿윈, 제임스 M. 재스퍼, 프란체스카 폴레타

차례

왜 감정이 중요한가

제프 굿윈, 제임스 M. 재스퍼, 프란체스카 폴레타

그리하여 나는 여기 중도에 있다. 20년을 보내고서 ㅡ
20년, 두 전쟁 사이의 세월을 거의 허송하고서 ㅡ
말 쓰기를 배우려고 했다. 그런데 시도할 때마다 그것은
전혀 새로운 출발이고, 또 다른 실패였다.
왜냐하면 우리는 더 이상 말할 것도 없는 것을 위하여
또는 이미 그렇게는 말하고 싶지 않은 방식을 위하여
말을 더 잘 써보고자 배워왔을 뿐이기 때문이다.
그래서 하나하나의 모험은
새로운 하나의 시작이고,
불확실성과 느낌의 막연한 혼돈 속에서
항상 악화만 되는 너절한 장비와
규율 없는 감정 부대를 가지고 감행하는
불명료한 것에 대한 하나의 침공이다 ……

T. S. 엘리엇, 「이스트 코커」

한때 감정은 정치연구에서 중심을 차지하고 있었다. 하지만 감정은 지난 30년 동안 학계의 정치분석을 지배해온 합리주의적, 구조적, 조직적 모델 그 어느 곳에도 자리하지 않는 그림자 같은 존재가 되었다. 사회과학자들은 인간을 합리적·도구적 존재로 묘사한다. 사람들은 기이하게도 그러한 특성들이 어떠한 감정도 배제하는 것으로 가정한다. 최근 문화의 재발견조차도 인지적 형태를 취하며, 정치참여자들을 마치 기계적으로 상징을 처리하는 컴퓨터인 것처럼 다루어왔다. 어쨌든 학계의 관찰자들은 정치적 삶 속에서 그들을 둘러싸고 있는 열정의 소용돌이를 어떻게 해서든 무시하고자 해왔다. 이 책에서 우리는 이러한 경향을 역전시켜, 화와 분노, 공포와 혐오, 환희와 사랑 같은 감정을 정치와 저항의 연구에 다시 편입시키고자 한다. 우리가 감정을 올바로 이해할 경우, 아마도 감정은 다시 한 번 정치분석에서 중심적 관심사 중의 하나라는 점이 입증될 것이다.

사회과학자들로 하여금 감정과 비합리성을 연계시키게 한 사람은 어느 누구보다도 막스 베버Max Weber였다. 베버는 우리가 '논리적' 행위와는 달리 감정이 실린 행위는 감정이입을 통해 이해한다고, 아니 적어도 우리의 일부는 그렇게 한다고 주장했다. 그는 다음과 같이 말했다. "우리 자신이 불안, 화, 야망, 시기, 질투, 사랑, 열광, 자존심, 복수심, 충성, 헌신 그리고 온갖 종류의 욕망과 같은 감정적 반응들에, 그리고 그러한 반응들에서 발생하는 '비합리적' 행동에 영향받기 쉬울수록, 우리는 그것들에 더 잘 감정이입할 수 있다. [……] 유형학적인 과학적 분석을 위해서는, 감정적으로 결정된 비합리적 행동의 모든 요소들을 개념적으로 순수한 형태의 합리적 행위로부터 벗어나 있는 요소로 간주하는 것이 편리하다"[Weber, 1978(1922): 6]. 따라서 베버는 감정적 행위를 "의미 있는 행동과 단지 반응적인 행동 사이"의 회색지대 안에 있는 '전통적' 행위와 유사한 범주 속에 위치시킨다. 물론 베버는 '혼합된' 형태의 행위가 있을 수 있음을 인정했다. 그러나 그는 일반적으로 합리적 행위는 감정적 행위가 될 수 없고, 그 역도 마찬가지라고 가정했다. 그 후 사회과학자들은 이 길을 따라왔다.

1960년대까지 감정은 익숙한 정치제도 밖에서 일어나는 모든 실제 정치적 행위를 이해하는 하나의 열쇠—일부에게는 **바로 그** 열쇠—로 간주되었다. 19세기의 폭도 이미지 속에서 정상적인 개인들은 군중 속에서 신기하게도 쉽게 분노하고 폭력적이 되어 선동가에 의해 쉽게 조종되는 존재로 변형되는 것으로 간주되었다. 20세기에 들어와서도, 군중과 그들의 동학은 저항운동의 핵심으로 이해되었다. 군중이 암시와 전염을 통해 일종의 심리적인 '원시적' 집단심성과 집단감정을 창출하고, 모든 참여자들이 그들의 정상적인 감수성 범위 밖에서 그러한 심성과 감정을 공유하는 것으로 가정되었다. 허버트 블루머(Herbert Blumer, 1939)의 공식화에 따르면, 군중은 참가자들과의 상징적 소통을 생략하고 서로의 신체적 행위에 직접적으로 반응한다. 그 결과 그들은 불안과 공포에 쉽게 추동되며, 소문에 휩싸일 때, 특히 그러하다. 블루머는 군중은 또한 성미가 급하고 흥분하기 쉽다고 믿었다. 다른 학자들은 좌절이 필연적으로 또는 빈번히 공격으로 이어지고, 특히 군중동학에 의해 그것이 강화될 때 특히 그러하다고 주장했다(Miller and Dollard, 1941).

학자들은 또한 군중심리에 빠지기 쉬운, 그리고 심지어는 세뇌당하기 쉬운 특정한 개인들을 탐구했다. 대부분의 학자들은 소외(Kornhauser, 1959) 또는 폭력성향(Allport, 1924)과 같은 것들을 살펴보았다. 프로이트 심리학은 참가자들이 미숙하다는 것—나르시시즘적, 잠재적인 동성애적, 구강의존적, 항문애적 성격—을 보여주는 데 자주 이용되었다. 해롤드 라스웰(Harold Lasswell, 1930; 1948)은 사적인 삶에서 충족되지 않는 욕구를 충족시키려고 노력하는 '유형'의 정치를 연구했다. 에릭 호퍼(Eric Hoffer, 1951)도 또한 그것이 무엇이든지 간에 **무언가**를 믿을 필요가 있었던 한 절망적 광신자에 대해 조사했다. 호퍼가 말하는 진정한 신자는 내적 욕구에 의해 추동되었기 때문에, 특히 확고한 정체성을 결여하고 있었기 때문에, 결코 만족할 수 없었다. 그는 집합적 정체성에 자신을 던지기를 원했다. 참여 그 자체가 그의 유일한 동기였다. 저항의 목표는 전혀 중요하지 않았다. 파시즘과 공산주의의 공포는 1950년대의 이러한 부정적 경향들을 악화시킬 뿐이었다.

1960년대의 사회운동조차도 항상 공감을 불러일으키지는 않았다. 왜냐하면 그것은 혼란에 빠진 젊은이들의 소행으로 치부될 수 있었기 때문이다. 1960년대에 나타났던 세대차이의 또 '다른' 측면에 대한 많은 분석들과 마찬가지로, 닐 스멜서(Neil Smelser, 1968)는 학생저항을 대체로 오이디푸스적 반항으로 분석했다. 오린 클랩(Orrin Klapp, 1969: 11~13)은 사람들로 하여금 집합행위 속에서 성취하고자 하게 하는 '정체성 문제identity trouble'의 징후들을 묘사했다. 명예가 더럽혀졌다는 느낌, 자기증오, 과잉반응, 과도한 자기관심(나르시시즘을 포함하여), 소외, "어느 누구도 나를 인정하지 않는다"는 느낌, 다른 사람이 되고자 하는 욕망, 부정한 자기현시감, 리스먼Riseman의 '타자지향성' 그리고 정체성 위기가 그것들이다. 이와 같은 학문적 전통하에서, 저항은 잘못―무의식적으로 이루어진 행동의 한 형태―이거나 미성숙의 징후였다.

저항자들 사이에는 그들 나름으로 참가자들을 더욱 긍정적 시각에서 묘사하는 또 다른 전통―대체로 학계와는 반대되는―이 존재한다. 마르크스, 레닌, 트로츠키 그리고 그들의 계승자들은 혁명가들을 자신들의 물질적 이해관계를 합리적으로 추구하고 있는 것으로 묘사했다. 마르크스주의자들에게 흥미로운 문제는 사람들이 왜 반란을 일으키는가―이 문제는 적어도 그람시와 그의 세대가 서구 프롤레타리아의 혁명의식 결여를 설명할 것을 강요받을 때까지는 그들에게 명백해 보였다―를 설명하는 것보다는 어떻게 성공할 것인가를 다루는 것과 더 관련되어 있었다. 학계의 묘사에 열정의 소용돌이만이 존재했다면, 혁명적인 시각에서 열정은 거의 존재하지 않았다. 하지만 20세기가 진전되면서 사울 알린스키Saul Alinsky와 같은 지역사회 조직자들은 그들의 추종자들을 이성적이자 감정적이라고 묘사할 수 있었다. 감정은 (조직자들이 꼭 뭔가를 가지지 않고도 조작할 수 있는) 유용한 전략적 요소였다. 1940년대 급진 평화주의운동과 1950년대 민권운동에 영향을 미친 비폭력 직접행동 주창자들에게 감정관리는 결정적인 것이었다. 그들이 보기에, 화와 분노가 자주 참여를 자극하지만 주로 그러한 감상들에 의해 고무된 운동은 실패하기 마련이었다. 상대방에게 승리를 거두거나 아니면 적어도 상대방에 대한 공중의 지지를 침식하는 것은 신중한 결단과 차분한 결정이라는 이미지를 전달하는 것에 달려 있었다. 리처드 그레그(Richard Gregg, 1934)와 크리슈날얼 슈리드하나니(Krishnalal Shridharani, 1939) 같은 널리 알려진 간디 제자들은 화를 사랑으로 대체하는 소중한 방법을 가르쳐주었다. 하지만 레닌주의적 및 알린스키주의적 전통과 마찬가지로, 이러한 사고방식은 학계의 모델에 별 영향을 미치지 못했다.

저항과 관련하여 학계의 중심에서 이루어진 논의에서 나온 감정에 대한 묘사는 여러 가지 점에서 결함을 지니고 있다. 하나의 전통에서는, 감정이 개인들 자신의 삶과 목적과는 별 관련이 없는 군중으로부터 직접 발생한다. 감정은 인근 환경 속에서 발생한 일들에 반응하여 나타났다가 사라지며, 따라서 지속적인 반향을 거의 불러일으키지 않는다. 다른 전통에서는, 감정이 환경에 대한 반응이라기보다는 오히려 주로 개인의 퍼스낼리티 갈등으로부터 발산된다(이 전통은 프로이트 심리학의 한 유산이다). 따라서 결함 있는 또는 미숙한 특정 유형의 사람들만이 운동의 호소에 쉽게 넘어간다. 그들이 지닌 감정은 긍정적이고 즐거운 것이라기보다 아무래도 부정적이거나 걱정스러운 것이다. 비록 누군가는 자신이 성숙하다고 믿을 수 있지만, 그러한 감정은 심리적 문제를 반영하고 있다. 참가자들은 저항을 선택하거나 즐기는 것이 아니라 그들 내부의 악마 때문에 저항하지 않을 수 없다. 두 전통 모두에는 심각한 방법론적 문제들이 존재한다. 즉 두드러진 감정들도 그것들이 설명해야 하는 바로 그 행위를 통하지 않고는 자주 모호하거나 규명하기 어렵다. 폭력성향이 폭력으로 귀착될 때 이외에, 우리가 폭력성향을 인지할 수 있는가? 참여 또는 비참여의 형태를 통하는 것 말고, 우리가 아노미 또는 소외를 인식할 수 있는가? 이와 같은 감정들은 통상적이지 않으며, 좀처럼 정상적인 행위나 합리적 이해관계에는 귀속되지 않는다. 그러나 경험적 연구의 부재 속에서, 구스타프 르 봉Gustave Le Bon이 1895년 군중 속에서 보았다고 생각한 것 또는 에릭 호퍼가 1951년 정치적 극단주의에서 보았다고 믿은 것은 저항자들의 정확한 심리적 초상들이기보다는 그들 자신의 공포와 불안의 투사였다.

한편 심리학적 통찰을 정치와 연관 지우고자 하는 노력들은 대체로 후자를 내적 퍼스낼리티 동학 정도로 축소시킨다. 다른 한편, 집단심리학은 자주 개인적 특성을 전적으로 무시한다. 개인적인 것과 사회적인 것 간의 차이를 전혀 인정하지 않는다. 즉 어떠한 사회 네트워크, 조직, 공유된 문화적 의미, 협상과정, 상호작용도 존재하지 않는다. 저항자들은 이미 일련의 감정을 지니고 있거나 군중 속에서 그러한 감정들을 획득한다. 그들의 통제권 밖에 있는 힘들—그것이 잠재의식적 충동이든, 아니면 군중의 신비한 인력(引力)이든 간에—에 의해 추동되기 때문에, 그들은 그들 나름의 목적을 가진 합리적 행위자가 아니다. 무엇보다도 정치의 실제적 요소들—도덕적 원칙, 공인된 목적, 동원과정, 전략수립, 참여의 즐거움—이 부재한다.

1970년대 초반 경에 많은 사회학자들은 자신들이 연구하는 운동에서 직접 활동하거나 그것에 동감을 표현했다. 그들은 이전 설명들의 경멸적인 어조와 경험적 부정확성을 거부하고, 구조적·합리주의적·조직적 설명을 지향했다. 그들이 보기에, 저항자들은 대체로 사회계급과 같은 구조적 지위에 의해 정의되는, 기존 집단과 개인의 이해관계를 추구하고 있을 뿐이었다. 그들은 정상적인 정치적 통로에 접근하는 것이 봉쇄될 때, 주로 그러한 통로 밖에서 행동을 취했다. 사회운동은 이제 유행, 열광, 패닉과 나란히 연구되기보다는 정상적인 일상적 정치의 확장으로, 즉 "또 다른 수단에 의한 정치"로 간주되었다. 혁명적 전통에 기초해서, 새로운 관찰자들은 '왜'라는 동기보다 '어떻게'라는 조직건설, 전략, 전술책략에 더 많은 관심을 기울였다. 이전 이론가들이 그들의 감정이 저항가들을 비합리적으로 만든다고 결론을 내렸던 것과 마찬가지로, 새로운 세대의 학자들 — 결국에는 자원동원 패러다임이라고 이름 붙여진 — 도 합리적 저항가들을 감정이 전혀 없는 것으로 간주했다. 그리하여 1960년대 말 이후 감정은 사회운동과 집합행위 이론 속에서 어떠한 역할도 하지 않았다.

1970년대에 성인이 된 학자들이 이론적·경험적 맹목적성을 이유로 그들의 선배 학자들을 공격했던 것과 마찬가지로, 이제 그들 역시 저항의 많은 측면들을 보지 못하고 있음이 명백하다. 그들의 연구방법은 일정한 한계를 지니고 있다. 저항사건을 다룬 짧은 신문기사로부터 감정을 규명하기란 어렵다. 역사적 연구는 저항감정을 규명하는 최고의 수단일 수도 있는 참여관찰을 배제한다. 게다가 동원이론가들이 군중이론가들에 대해 반대함으로써 얻는 것이 갖는 장점은 개념적으로 제한적이었을 수도 있다. 자원동원 이론은 경험적이고 과학적이고 엄격하다(이전의 이론가들은 그렇지 못했다). 이 이론이 볼 때, 사람들의 머릿속 — 그들의 마음을 언급하는 것이 아니다 — 에서 일어나는 것은 음울하고 위험하고 경멸적인 것이었다. 동원이론가들은 그런 것 모두를 무시해도 좋다고 생각했다.

지난 30년 동안 동원 모델은 다양한 방식으로 전개되어왔다(이를 잘 설명하고 있는 것으로는 모리스와 뮐러(Morris and Mueller, 1992)를 보라). 우선, 동원 모델은 운동환경, 특히 국가의 중요성을 인정했다. 이것은 결국에는 운동가들이 자신들의 주변 환경을 문화적 렌즈를 통해 해석한다는 점을 인식하는 것으로 이어졌다. 따라서 많은 학자들은 운동조직자들이 성원을 충원하기 위해 문화적 활동—'프레이밍framing'으로 요약되는—에 관여한다는 것을 보여주었다(Snow et al., 1986). 마지막으로, 학자들은 개인의 동기에 관한 엄격한 합리주의적 가정들을 완화하고[이를테면 올슨(Olson, 1965)], 집단연대를 하나의 관련 요인으로 인정했다. 개인 수준에서 비용-이익 계산이 유리하지 않을 때조차, '집합적 정체성'에 대한 충성은 개인에게 참여를 고무하기도 했다(Fireman and Gamson, 1979; Polletta and Jasper, 2001). 최근에는 문화적 접근방식이 만개하여 사회운동의 자원동원 모델—심지어는 수정된 형태의 모델에 대해서조차—에 대한 하나의 대안으로 출현했다(Johnston and Klandermans, 1995; Melucci, 1996; Jasper, 1997).

최근의 문화적 전환에 책임이 있는 몇몇 학자들은 정치에서 감정이 갖는 중요성을 인지해왔다. 하지만 그들은 여전히 감정은 합리적 행위의 일부가 아니라는 견해를 분명하게 받아들이고 있다. 방법론적 장애물들 역시 여전히 남아 있다. 왜냐하면 감정을 연구하는 사회심리학자들이 선호하는 엄격한 설문조사와 통제실험들은 저항연구에서 항상 적합하지도 또 가능하지도 않기 때문이다. 문화사회학은 더 큰 결함을 지니고 있다. 그간 문화사회학은 의미와 경계 그리고 문화의 보다 인지적인 측면을 이해하기 위한 용어와 개념들—프레임, 도식, 부호, 기호, 도구 세트, 서사, 담론—을 증식시켜왔지만, 우리가 감정을 파악하는 데에 도움을 줄 수 있는 것은 거의 제공하지 않았다. 많은 방식으로 매우 강력한 영향을 미쳐온 문화사회학은 감정에 대해서는 거의 침묵해왔다[이를테면 라몬트와 푸르니에(Lamont and Fournier, 1992); 크랜(Crane, 1994); 제루바벨(Zerubavel, 1998)].

감정이 명백히 이론화되지도 또 인지되지조차 않았지만, 그럼에도 불구하고 감정은 최근 사회운동에 대한 우리의 이해를 확장하기 위해 학자들이 사용해온 많은 개념 속에 존재한다. 동원구조, 프레임, 집합적 정체성, 정치적 기회와 같은 개념들에 부여된 인과적 힘 중 많은 것이 그러한 개념들과 연관된 감정으로부터 나온다. 이것은 우리가 그것들 중 몇몇을 고찰할 때 명백해질 것이다[더 자세한 것은 재스퍼(Jasper, 1998); 굿윈, 재스퍼와 폴레타(Goodwin, Jasper and Polletta, 2000)를 보라].

프레임frame은 사회운동문헌들 속에서 많은 문화적 과정을 포착하기 위해 가장 흔히 사용된 개념들 중 하나이다. 저항집단의 충원과정에서, 특히 조직자와 잠재적 참가자들은 그들의 "프레임을 공유하여", 사회문제에 대한 공통의 정의와 그것에 대한 공통의 해결책을 마련해야만 한다. 그 개념의 주요 주창자들인 데이비드 스노와 로버트 벤포드(David Snow and Robert Benford, 1992: 137)는 프레임을 "누군가의 현재 또는 과거의 환경 내에서 대상, 상황, 사건, 경험 그리고 행위의 계기를 선택적으로 강조하고 부호화함으로써 '외부 세계'를 단순화하고 압축하는 해석적 도식"으로 정의한다. 스노와 벤포드(Snow and Benford, 1988)는 성공적인 충원을 위해 필요한 세 가지 프레이밍 유형을 고찰한다. 첫째는 **진단**diagnostic 프레이밍으로, 이를 통해 운동은 잠재적 전향자들에게 특정 문제가 처리될 필요가 있다는 점을 납득시킨다. 둘째는 **처방**prognostic 프레이밍으로, 이를 통해 운동은 잠재적 전향자들에게 적합한 전략, 전술, 목표를 납득시킨다. 셋째는 **동기유발**motivational 프레이밍으로, 이를 통해 운동은 잠재적 전향자들에게 그러한 활동에 참여할 것을 권고한다.

프레임과 프레이밍 과정에 관한 많은 정의와 그것의 적용사례들은 거의 전적으로 그것들의 인지적 요소들만을 다룬다. '동기유발' 프레이밍은 감정과 상당한 관련이 있는 것처럼 보인다. 하지만 이 동기유발 프레이밍이 분명 사람들로 하여금 실제로 무언가를 하게 하는 것임에도 불구하고, 거기서 감정은 거의 논의되지 않는다. 인지적 동의만으로는 행위를 유발하지 못한다. 벤포드 자신은 최근의 한 회고적인 글(Benford, 1997: 419)에서 다음과 같이 지적한다. "프레이밍/구성주의적 관점 내에서 움직이는 사람들은 집합행위에서 감정이 수행하는 역할을 정교화하는 데 있어 그들의 구조주의적 선조들보다 조금도 더 나아가지 못했다. 오히려 (우리가 실제로 우리의 텍스트 속에서 인간에 대해 인지할 때) 우리는 계속해서 마치 우리의 운동가들을 열정과 인간의 여타 감정을 결여하고 있는, 스타트렉 시리즈에 나오는 스팍Spock과 같은 존재인 것처럼 기술한다."

좀 더 일반적으로 말하면, 저항에의 참여동기—감정으로 충만한 과정인—는 최근의 연구에서 대체로 무시되어왔다. 왜냐하면 이해관계가 객관적으로 주어진다고 전제하는 구조주의적 가정 아래에서 참여동기는 너무나도 자주 당연한 것으로 간주되어왔기 때문이다. 일단 저항하려는 욕망과 의지가 가정되고 나면, 사회운동의 발흥을 설명하는 데에는 단지 기회의 변화 또는 그러한 변화에 의거한 집합적 행위능력만이 요구된다. 더그 맥아담Doug McAdam 은 행위를 위한 '객관적' 기회만이 잠재적 저항자가 그러한 기회 자체를 인지할 때 행위를 이끈다고 주장하면서, 이 순간을 표현하기 위해 **인지적 해방** cognitive liberation이라는 용어를 사용했다. 그가 기술한 바와 같이, "특정 도전자에 대한 성원들의 변화된 반응은 정치적 조건들의 변화를, 정치체계가 점점 도전에 취약해지고 있다는 것을 모반자들에게 알려주는 일단의 '인지적 단서'로 변형시키는 데 기여한다"(McAdam, 1982: 49). 따라서 비록 인지적 해방이라는 용어가 사람들의 관점 또는 세계관의 급진적 변화를 함축하기는 하지만, 이 용어는 사람들이 억압가능성과 관련하여 이용할 수 있는 정보를 상대적으로 도구적 입장에서 독해하는 것으로 묘사한다. '해방'은 격렬한 감정을 함축하지만 '인지적'이라는 말은 그것을 부정한다.[1] 맥아담이 말하듯이, 그러한 일정한 전환이 저항운동의 출현에 결정적이다. 그렇다면 무엇이 어

---

1 정치과정 이론의 구조적 편견에 대한 광범한 비판—반응과 응답을 동반하는 감정을 수용하지 못하는 것을 포함하여—에 대해서는 굿윈과 재스퍼(Goodwin and Jasper, 1999)를 보라.

떻게 해방되는가? 맥아담의 연구를 예로 들어보자. 맥아담은 흑인 청원자들에게 호의적인 일련의 대법원 판결—브라운 대 교육위원회 사건(1954년)에서 정점에 이른—이 흑인의 요구에 대한 정부의 새로운 수용가능성을 남부 흑인들에게 입증해주었다고 주장한다. 따라서 그러한 판결이 흑인폭동에 중요한 정치적 기회를 제공했다. 그러나 맥아담의 묘사와는 대조적으로, 1954년 브라운 판결은 최남부지역에서는 진압의 물결과 악명 높은 백인시민평의회의 결성으로 이어졌다. 이 평의회는 2년 만에 회원이 8만 명에 이르렀고, 경제적 보복과 신체적 위협을 통해 인종차별철폐 운동과 선거자명부 등록 운동을 억눌렀다. 1955년에만 미시시피에서 7명의 흑인 운동가들이 살해되었다. 2만 명이 넘는 흑인들이 1950년대 초반에 미시시피 선거인명부에 등재되었던 반면, 1956년에는 그 수가 8,000명으로 줄었다. 1955년에서 1958년 사이에, 미국유색인지위향상협회NAACP는 246개의 남부 지부와 4만 8,000명의 회원을 잃었다(C. Payne, 1995). 그럼에도 불구하고 브라운 판결은, 성공가능성에 대한 객관적 또는 순수하게 인지적인 지표로서가 아니라 감정적 자극으로써, 그 후 남부의 조직화에 유력한 상징과 효과적인 도구로써 기여했다. 브라운 판결은 변화가능성, 즉 편협성에 대한 정의의 승리—비록 불완전하기는 하지만—를 의미했다. 인지적 해방은 성공가능성에 관한 어떠한 '객관적' 정보에 있어서만큼이나 일단의 감정들에 있어서도 중요하다(Jasper, 1997: 118).

부정의 프레임 Injustice frame 또한 저항의 출현에 대한 최근의 설명에서 두드러지게 나타난다. 윌리엄 갬슨William Gamson은 그것을 지각된 부정의에 대한 분노 또는 격분을 표출하는 상황이나 조건을 관찰하고 그것에 책임이 있는 비난받을 만한 사람들을 확인하는 하나의 방식이라고 기술해왔다. 모든 감정들 중에서, 부정의는 "열망과 투지를 불러일으키는 정당한 화"와 가장 밀접하게 관련되어 있다(Gamson, 1992: 32). 실제로 의심, 적개심, 화 및 여타 감정들은 좀 더 인지적인 과정을 통해 비난이 일어나기 훨씬 전에 발생할 수 있다. 갬슨(Gamson, 1992: 33)은 후에 부정의 프레임의 원천을 정교화했다. 그것은 "표적이 잘못 설정되어 부정의의 실제 원인으로부터 벗어나 있을 때조차 그 표적을 구체화하는 것"을 포함했다. 달리 말해, 강렬한 감정의 필요성은 조직자들로 하여금 그들의 인지적 분석을 왜곡하게 할 수도 있다. 그들은 "좀 더 광범위한 구조적 제약요인들을 이해하지 못함으로써 인간 행위자의 역할을 과장하고, 그들의 화가 만만하고 부당한 표적을 겨냥하게 할 수도 있다."

최근 연구에서 강조되어온 또 다른 일단의 메커니즘이 바로 충원이 이루어지는 **사회적 네트워크**이다(Snow et al., 1980; 1986). 하지만 학자들은 무엇이 그러한 네트워크를 그렇게 중요하게 만드는지에 대해서는 좀처럼 구체화하지 않았다(Emirbayer and Goodwin, 1994). 그러한 네트워크가 중요한 이유는 부분적으로는 분명 그것이 사람들을 이미 공유하고 있는 가정 및 신념과 연결시켜주기 때문이다. 그러나 그것은 그들의 감정적 유대에 대해서도 적어도 인과적으로 그만큼 중요하다. 우리가 친구의 집회 초대를 받아들이는 까닭은 우리가 그녀의 의견에 동의하기 때문만이 아니라 그녀를 좋아하기 때문이거나 만약 그녀의 제안을 거절할 경우 그녀의 비난을 두려워하기 때문이다. 그들에게 많은 인과적 영향을 미치는 것은 물론 우선적으로 네트워크를 형성하게 하고 유지시키는 것은 감정적 유대이다.

최근 **집합적 정체성**collective identity은 저항자들과 그들을 연구하는 사람들 사이에서 인기 있는 용어가 되었다(이에 대한 개관으로는 폴레타와 재스퍼(Polletta and Jasper, 2001)를 보라). 정체성은 통상적으로 '이해관계interest'와 대비되며, 물질적 이해관계보다 유사성과 더 긴밀한 관계에 있는 운동목표를 암시한다. 통상적으로 정체성은 성적 선호, 민족성, 인종, 계급, 젠더와 같은 귀속적 특성들에 기초한다(하지만 어떤 사람은 그것을 종교와 같은 신념 및 원칙과 동일시할 수도 있다). 집합적 정체성은 또한 사회운동 그 자체의 성원들 사이의 연대감 ─ 신뢰, 충성 그리고 감정의 유대를 암시하는 ─ 을 묘사하기 위해 사용된다. 하지만 대부분의 논의들은 집합적 정체성을 집단 성원들에 대한 호의 그리고 빈번히 비성원들에 대한 반감보다는 인지적 경계선 긋기로 묘사한다. 그 집단에 대한 강렬한 감정은 그 운동의 궁극적 목표와 성과와는 별개로 참여 그 자체를 즐겁게 만든다. 저항은 자기 스스로에 대해 그리고 사람들의 도덕에 관해 무언가를 말하는 하나의 방식, 즉 그 안에서 기쁨과 자부심을 발견하는 하나의 방식일 수 있다. 어떤 사람은 또한 누군가의 정체성에 대해 수치심 또는 죄책감과 같은 부정적인 감정을 가질 수도 있다. 즉 많은 운동들은 자신들의 낙인찍힌 정체성을 싸워 지키기 위해 조직화된다. 상상하기 어려운 것은 순수하게 인지적이면서 강력하게 유지되는 정체성이다. 하나의 정체성 ─ 심지어는 인지적으로 애매한 정체성까지도 ─ 의 '강도'는 그것의 감정적 측면에서 나온다.

지난 십년간의 문화적 추세, 그리고 프레임과 집합적 정체성과 같은 개념들의 인기가 감정을 정치적 행위 모델 속으로 되돌려 놓지는 않았지만, 감정을 더욱 수용하게 만들어왔다. 어쨌거나 특정한 신념과 이해에 대한 사람들의 감정에 주목하지 않고는 프레임을 연구하기 어렵고, 집합적 정체성에 부착되어 있는 감상을 헤아리지 않고는 집합적 정체성을 연구하기 어렵다. 게다가 사회학자들은 최근 사회학 밖의 분야, 그중에서도 특히 페미니즘으로부터 개념적 도구를 끌어올 수 있었다. 페미니스트들은 합리성과 감정 간의 대립을 하나의 가정이라기보다는 오히려 하나의 주장으로 취함으로써, 감정과 여성이 남성-여성, 이성-비(非)이성의 이분법하에서 평가절하된 파트너로 만들어지는 (그리고 계속해서 끊임없이 재건되는) 제도적 과정을 탐구해왔다 (Rorty, 1980; Campbell, 1989; Frye, 1983). 그들은 또한 감정과 인지 간의 관계를 면밀히 검토해왔다(Bartky, 1990). 페미니스트들에 따르면, 여성들의 정치적 주장은 "단지 감정적인 것일 뿐"이라는 이유로 남성들의 정치적 주장보다 더 빈번히 기각된다. 하지만 동시에 여성들이 표현하는 "사회에서 버림받은 감정"은 강력한 정치적 도전의 토대가 될 수도 있다. 감정은 전략적으로 운동가들에 의해 사용될 수 있고, 또 전략적 사고의 기반이 될 수 있다.

이러한 사고경향은 훨씬 더 광범위한 결론을 암시한다. 문화의 여타 측면들과 마찬가지로, 감정은 온갖 사회적 행위와 사회관계의 한 측면으로 파악될 수 있다. 감정은 비합리적 행위만큼이나 합리적 행위들을, 부정적 경험만큼이나 긍정적 경험을 수반한다. 인지적 의미 또는 도덕적 원리와 같은 문화의 여타 측면들처럼, 감정은 개인의 퍼스낼리티로부터 발산되는 것인 것만큼이나 사회적 기대에 의해서도 형성된다. 감정은 전통과 인지적 평가에 의존한다. 달리 말해, 프로이트식 이론가와 군중이론가들 모두는 감정을 제대로 위치시키지 못했다. 이제 감정과 여타 형태의 문화적 동학 간의 상호작용뿐만 아니라 감정과 조직적·전략적 동학 간의 상호작용 역시 고찰하는 경험적 작업이 요구된다. 감정은 그러한 동학 모두에서 중심적 위치를 차지하고 있다.

우리는 이 분쟁정치 이론에 대한 간략한 역사가 각 패러다임들이 어떤 것들은 들추어내는 반면 그 밖의 다른 것들은 숨기기 위해 어떻게 하는지를 통찰할 수 있게 해주길 기대한다.[2] 군중이론가들과 그들의 직접적 계승자들은 가장 모멸적이고 불분명한 유형의 감정에 관심을 기울였다. 동원이론가들은 합리성과 감정 간의 이분법적 대치를 제외하고는, 그들의 선임자들과 공유하는 것이 거의 없었다. 그러한 이분법은 그들이 연구해온 정치에서 감정을 전적으로 부정하게 했다. 오늘날 문화혁명 이후, 우리는 새로운 시각으로 감정을 바라보기 시작할 수 있다.

---

2 사회운동 이론에서의 감정의 역사를 보다 상세하게 다룬 것으로는 굿윈, 재스퍼와 폴레타(Goodwin, Jasper and Polletta, 2000)를 보라.

* * *

　감정을 정치분석에 끌어들이려는 도전의 일각에서는 많은 다양한 것들을 감정이라는 단일 항목하에 분류한다(Griffiths, 1997). 사건과 사람들에 대한 무심한 반응들이 사랑 또는 혐오와 같은 지속적인 정서적 유대와 체념 또는 우울과 같은 기분과 함께 분류된다. 비록 시어도어 켐퍼(Theodore Kemper, 1978a: 47)가 감정을 "명백한 신체적 (그리고 종종 인지적인) 구성요소들을 수반하는, 본질적으로 긍정적이거나 부정적인, 비교적 단기적인 평가적 반응"이라고 정의했지만, 우리에게 그러한 반응적 감정은 분명한 대상과 환경을 지닌 하나의 감정형태일 뿐인 것으로 보인다. 우리는 두 개의 차원에 따라 규정된 서로 다른 감정형태들 또한 살펴볼 것이다. 그것들은 〈표 1〉에 제시되어 있다. 첫 번째 차원은 감정이 얼마나 오랫동안 지속되는지와 관련된다. 따라서 하나의 범주는 지속적인 사회관계를 수반하는 (심지어 규정하는 데 일조하는) 사랑 또는 증오, 신뢰 또는 존중과 같이 더 오래 지속되는 감정들을 포함한다. 다른 범주는 사건과 정보에 대한 단기적 반응들로 이루어져 있다. 재스퍼(Jasper, 1998)는 정서적 감정 대 반응적 감정으로 이름 붙임으로써 그러한 차이를 드러내고자 했다. 두 번째 차원은 특정 대상에 관한 감정과 특정 대상을 초월하는 세계에 관한 보다 일반화된 감정을 대비시킨다. 기분—분명한 직접적인 대상이 없는—은 지속 기간에 있어서 그 자체로 단기적일 수도 있고, 장기적일 수도 있다. 이를테면 패닉 발작은 우울 및 체념과는 대비된다. 네 가지 종류의 감정은 정치적 행위와 분명하게 관련되어 있다.

　감정은 우리의 사고, 행위, 지각, 판단에 영향을 미치는 보이지 않는 렌즈와 같이, 인간을 서로서로와 그리고 그들을 둘러싸고 있는 세계와 연결하는 '요소'의 일부이다. 토마스 셰프Thomas Scheff와 여타 학자들이 지적했듯이, 수치심, 죄책감, 자부심과 같은 도덕적 감수성과 가장 직접적으로 연결되어 있

〈표 1〉 감정의 범주와 사례

시간 척도	범위	
	특정한 대상을 지님	일반적 대상을 지님
장기적	증오, 사랑 연민, 동정심 존경, 신뢰, 충성 도덕적 분노 몇몇 형태의 공포들(두려움)	체념, 냉소 수치심 과대망상, 의심 낙관 자부심, 열광
단기적	다른 형태의 공포들(경악, 깜짝놀람) 놀람, 충격 화 슬픔, 비통	불안 기쁨, 행복감 우울

는 감정은 특히 행위의 동인으로 침투한다. 다른 감정들은 익숙한 환경과 서사를 제공하기 때문에, 행위의 방향을 돌리는 데 일조한다. 즉 우리는 무엇이 분노인지 또는 연민인지, 또는 공포인지를 알고 있고, 따라서 일단 우리가 이러한 감정들을 지니고 있다는 것을 알게 되면, (비록 여기서 인과적 방향이 항상 명확하지 않지만) 특정한 방식으로 행동한다.

감정의 원천을 놓고 논쟁이 크게 벌어진 적이 있었다. 중요한 논쟁자 중 하나가 생물학이다. 몇몇 학자들은 감정이 진화를 통해 우리가 무서워서 도망갈 때는 빠르게 행동하게 하고, 우울할 때는 느리게 행동하게 하는 식으로 또는 (우리가 그러한 감정을 경험하는 순간) 우리의 생존기회를 향상시키는 방식으로 또는 과거 진화의 어떤 시기에 행했던 방식으로 행동하도록 행동양식을 고정화시켜왔다고 주장해왔다(Frank, 1988). 몇몇 기본적인 감정들―화, 놀람과 같은―은 보편적으로 존재한다는 주장은 이 입장을 지지하는 것으로 보인다. 이러한 견해는 비록 심리학자들 사이에서 인기가 있기는 하지만, 사회학자들에게는 아무런 적실성도 지니지 못한다. 20년 전에 켐퍼(Kemper, 1978a)는 심리학자들이 감정연구를 선취했고 그리하여 사회학자들이 감정에 그리 주목하지 않게 되었다는 사실을 슬퍼했다. 그는 많은 심리학적 이론들이 감정의 생리학 내지 감정의 생득 정도에 관심을 집중하고 감정을 자극하는 사회적 상황에 덜 주목한다고 불평했다. 그는 다음과 같이 말했다. "상황적 접근방식에 호의적인 심리학자들조차 대체로 상황을 구체화하는 방식에 대해서는 언급하지 않은 채, …… 감정이 야기되는 상황을 고찰하라고 주장하는 것에 그치고 있다"(Kemper, 1978a: 10).

또 다른 전통─심리학적이지만 그것의 옹호자들 중에서 사회학자들도 있다─에서는 개인의 '퍼스낼리티 구조' 속에서 감정을 중심에 위치시킨다. 프로이트 전통들은 감정을 내적 갈등을 다루기 위한 필요에서 야기되는 것으로 간주한다. 정신분석학자들은 치료사로서의 자신들의 역할 때문에 어떤 것이 어디에서 잘못되었는지에, 그리고 그로 인해 초래된 특이한 또는 신경증적 감정에 관심을 집중한다. 이러한 전통을 따르는 최근의 한 연구는 권위주의적인 정치적 태도를 가혹하고 엄격한 아이 양육에서 기인하는, 해소되지 않은 부정적 감정에 원인이 있는 것으로 추정한다(Milburn and Conrad, 1996). 비록 탤컷 파슨스Talcott Parsons와 제프리 알렉산더Jeffrey Alexander와 같은 저명한 사회학 이론가들이 이러한 견해에 영향을 받아왔지만, 우리는 감정을 사회적인 것과 문화적인 것보다는 주로 개인적인 것과 연관시키는 것은 도움이 되지 않는다는 점을 발견한다.

정치심리학자들 또한 가끔 감정을 고찰해왔다. 그들은 기본적으로 감정과 인지가 정치적 태도와 결정에 미치는 상대적인 효과에 관심을 기울였다. 일부 학자들은 후보자에 대한 감정적 평가는 인지적 태도와 무관하며(Abelson et al., 1982), 어쩌면 무의식적일 수 있다고 주장해온 반면, 다른 학자들은 인지적 판단이 그러한 감정에 영향을 미친다고 주장한다(Ottati and Wyer, 1993). 어느 누구도 이러한 영향을 완전히 해명하지는 못했다. 긍정적인 기분에 노출될 때, 그것이 후보자를 좋아할 가능성을 증가시킨다는 몇몇 증거 또한 있다(Ottati et al., 1989). 그러나 체념 또는 냉소와 같은 장기간 지속되는 기분이 미치는 효과는 여전히 입증되지 않았다. 정치심리학이 감정에 관심을 기울일 때, 그것은 대체로 감정이 인지적 지원의 역할을 하는 것으로, 즉 개인이 정보를 효율적으로 처리하거나 저장하는 것을 돕는 것으로 인식해왔다(이를테면 한 정치가에 대한 긍정적 느낌은 그의 지위나 선거이력에 관한 상세한 정보를 대신할 수 있다).

보다 사회구조적인 전통 ― 이 책에서는 이 전통의 주요한 옹호자들 중의 한 명인 시어도어 켐퍼에 의해 대표된다 ― 은 권력관계와 지위관계가 특정한 종류의 감정을 발생시킨다고 주장한다. 즉 감정은 사람들이 그러한 위계질서에서 어디에 위치하는가와 사람들이 누구에게 반응하는가에 달려 있다. 이러한 영감에 고무된 상호작용론자들에게 이 견해는 직접적인 일대일 관계에서 발생하는 반응적 감정을 이해하는 데에 특히 도움이 되는 것으로 보인다. 하지만 우리가 보기에, 그것은 친밀하지 않은 사람들 ― 자주 정치적 조직화의 주체 또는 대상이 되는 ― 과 관련된 장기적인 정서 또는 감정을 이해하는 데에는 별 도움이 되지 않아 보인다.

이 책의 대부분의 기고자들은 감정을 문화적 또는 사회적으로 구성된 것으로 보는 네 번째 견해를 채택하고 있다. 특히 앨리 혹실드Arlie Hochschild에 의해 고무된 이 전통은 감정표현의 사회적 규칙, 자기 자신과 다른 사람의 감정관리 그리고 감정에 대한 사회적 평가에 대해 고찰한다. 불행하게도 사회적 구성주의자들은 그들 나름의 모델을 개발하기보다는 생물학적 진화론자들과 설전을 벌이는 데 더 많은 시간을 보내왔다. 재스퍼(Jasper, 1998)는 대부분의 감정은 좀 더 인지적인 문화적 의미들과 동일한 방식으로 연구될 수 있다고 주장해왔다. 왜냐하면 감정은 공적 표현과 사적 표현 간의 긴장, 개인들이 자주 위반하는 사회적 규칙, 집합적 학습과정, 외부로부터 강요되는 존재감, 그리고 일탈에 대한 제재와 일정한 유사성을 드러내기 때문이다.

최근에 진행되는 논쟁들의 한 가지 논점은 감정이 원인과 형태에 따라 다르다는 것과 관련되어 있다. 화와 놀람은 아마도 분노 또는 수치심과 같은 '더 높은 수준'의 감정들보다 더 즉각적이고 보편적일지도 모른다. 심지어 '동일한' 감정조차 서로 다른 형태들을 취할 수 있다. 어둠 속에서 어떤 한 사람이 돌진해올 때 누군가가 느끼는 깜짝 놀란 공포는 인근 지역에 위험한 폐기물 처리장을 설치하려는 계획이나 인종차별주의적인 경찰력 남용에 의해 누군가가 느끼는 공포와 동일하지 않다. 아무런 도움이 되지 않는 또는 발가락에 떨어진, 무생물에 대해 누군가가 느끼는 화는 거짓말하는 정치가에 대해 누군가가 느끼는 화와 같지 않다. 몇몇 감정들은 다른 감정들보다 더 많이 구성되며, 더 많은 인지적 과정을 거친다. 갑작스러운 어둠을 두려워하는 데에는 인지적인 과정이 그리 요구되지 않는 반면, 쓰레기 처리장 또는 세계무역기구의 정책을 두려워하는 데에는 꽤 많은 인지적 과정이 요구된다. 어떤 감정은 우리 주위에서 발생하는 사건들에 대한 우리의 이해 —그러한 이해가 정교한 과정을 거쳤다기보다 즉각적이고 직관적인 경우조차도— 에 강하게 의존한다.

우리가 보기에, 정치와 관련된 대부분의 감정은 이러한 차원에서 더 구성적이고 인지적인 경향이 있다. 소름끼치는 관행에 대한 도덕적 분노, 손상된 집합적 정체성에 대한 수치심이나 쇄신된 집합적 정체성에 대한 자부심, 전통적 권리를 침해당했다는 인식에 따른 분개, 새롭고 더 나은 사회를 상상하고 그러한 목적을 추구하는 운동에 참여하는 기쁨, 이것들 중 그 어느 것도 자동적인 반응이 아니다. 그것들은 도덕적 직관, 의무와 권리에 대한 느낌, 그리고 예기된 결과에 관한 정보—이것들 모두는 문화에 따라 그리고 역사적으로 다르다—와 관련되어 있다. 저항의 감정과 정치에 대한 우리의 분석이 좀 더 '본능적인' 감정을 입증하고자 하는 실험심리학적 연구뿐만 아니라 친밀한 환경과 오래 지속되는 정서적 관계에 집중하는 경향을 보여 온 감정사회학의 많은 작업에서 벗어나고자 하는 것도 바로 이런 이유 때문이다. 우리가 보기에는, 심리학적 인식의 지원을 받는 문화분석의 도구들이 정치와 사회갈등에서 가장 중요한 감정을 파악할 수 있게 해주는 최고의 수단들이다.

감정에 대한 문화적 접근방법은 다른 접근방법들과 양립할 수 있다. 문화는 사회구조적 시각의 주요한 관심사인 사회적 환경을 규정짓는 것과 마찬가지로, 사회적으로 적합한 감정─다른 원천들을 가질 수도 있는─표현들을 구체화한다. 마찬가지로 퍼스낼리티 동학과 주위의 문화적 기대 사이에서 때로 갈등이 발생하기도 한다. 마지막으로, 이 중 어느 것도 감정이 생물학과 일정한 관계가 있다─그중 일부 감정은 다른 감정들보다 훨씬 더 많이 관련되어 있다─는 인식과 모순되지 않는다.

이 책이 취하고 있는 넓은 의미의 문화적 접근방식 속에도 감정을 언급하는 상이한 방식들이 존재한다. 하나는 감정을 '명사'로 간주하는 것이다. 이 경우 감정은 적어도 특정한 문화적 환경 안에서 그 자신의 응집성과 행동적 함의를 지니는 각기 독특한 실체이다. 이러한 종류의 감정은 운동 팸플릿, 연설 그리고 때로는 행위 속에서 의식적으로 표현된다. 그러한 표현들은 그러한 감정을 표현하는 사람들이 느낀 것을 나타낼 뿐만 아니라, 다른 사람들 속에서 유사한 느낌을 불러일으키고자 한다. 그것들이 종종 운동의 명시적 목표이기도 하다. 비록 감정을 고정된 견고한 것으로 묘사함으로써 감정을 물화하는 위험이 있기는 하지만, 감정을 명사로 취급하는 실재론 또한 존재한다. 아무튼 대부분의 사람들은 자신들이 무엇이 화이고 무엇이 공포이고 무엇이 사랑인지를 알고 있다고 생각한다. 그것을 볼 때 그리고 그것을 느낄 때, 그들은 그것을 안다. 저항자들은 화를 불러일으키고 분노를 유지하고 자부심을 유발하기를 희망한다. 현실에서 사람들은 자주 그들 자신의 감정을 확인하기 위해 가용한 문화적 명칭목록 가운데서 자신들이 선택하는 (아마도 그 과정에서 감정을 전달하는) 명사들에 의해 인도된다. 하지만 많은 사회학자들은 그처럼 많은 명료성과 구체성을 사람들의 내적인 삶에 귀속시키고자 하는 것은 순진하다고 생각한다.

감정을 고찰하는 더 예리한 방법은 그것을 '부사'로 보는 것이다(이 책 제10장 콜린 바커Colin Barker의 논의를 보라). 이 경우에 감정은 하나의 스타일이나 기호 또는 어조, 즉 행위 또는 정체성의 한 속성에 가깝다. 감정은 때때로 부지중에 동반되고, 항상 분명하게 드러나지는 않는다. 감정은 전통적인 의미에서 느낌, 즉 몸의 신체적 감각이다. 감정은 특정 방식의 행위성향―사회학자들이 피에르 부르디외Pierre Bourdieu가 '아비투스habitus'라고 부르는 것의 일부로서 인식할 수도 있는―과 다소 유사하다. 그러한 스타일들은 사회적 행위, 특히 정치적 행위에서 중요하지만, 상대적으로 탐구되지 않은 채 남아 있는 측면이다.

감정이 명사로 간주되든 아니면 부사로 간주되든 간에, 그것은 또한 또 다른 일반적인 사회학적 개념을 구축하기 위한 블록으로 중요하다. 감정은 이를테면 역할의 중요한 한 요소이다. 대부분의 사회에서 여성들이 다양한 종류의 '감정작업emotion work'을 더 많이 할 것으로 기대되는 것처럼, 젠더역할은 특히 감정적 기대를 담고 있다. 이를테면 쉐릴 클라인만(Sherryl Kleinman, 1996)은 그녀가 연구했던 대안 치료센터에서 남성과 여성이 상이한 유형의 감정표현들과 관련하여 어떻게 보상 또는 벌을 받는지를 기술한다. 벨린다 로브네트(Belinda Robnett, 1997)는 남부 민권운동에 관한 그녀의 연구에서 마틴 루터 킹 2세 같은 공식 지도자들이 청중을 동원하기 위해 감정적 호소를 사용한 반면에, 주로 여성들이었던 풀뿌리 지도자들은 상이한 종류의 감정작업을 했음을 보여준다. 그들이 지역 주민들과 가진 일상적 상호작용이 위험한 상황에서 그들을 행동하도록 설득시키는 데 필요한 감정적 친밀함을 만들어주었다. 비록 젠더화된 감정이 운동의 내적 갈등의 원인이 될 수도 있지만, 베르타 테일러(Verta Taylor, 1996)가 연구했던 산후우울증 단체들에서처럼 젠더역할과 관련된 감정을 변화시키는 것이 운동활동의 하나의 목표가 될 수도 있다. 사회운동에 관한 많은 연구들은 감정적 차원을 충분히 고려하지 않은 채, 젠더역할을 둘러싼 갈등을 고찰해왔다[이를테면 루커(Luker, 1984); 블리(Blee, 1991)]. 우리가 살펴보았듯이, 다른 많은 사회운동 개념들 ─ 네트워크, 정체성, 프레임, 기회 ─ 은 그것들을 관류하는 감정에 크게 의존한다.

감정에 관한 연구는 자주 잘못된 이원론으로 굳어져온 몇몇 분석적 구분으로 인해 좌초되어왔다. 우리는 이미 감정과 합리성이라는 오도된 대립에 관해 언급한 바 있다. '도구적' 사회운동과 '표출적' 사회운동 간의 잘 알려진 구분은 단지 그러한 오류를 반복할 뿐이다. 도구적 운동 역시 감정적이고 표출적이다. 실제로 심지어 가장 '전문적'이고 관료제적인 운동들조차 필연적으로 감정과 감정작업을 수반한다(종종 다수의 감정작업이 공평무사함 또는 객관성의 겉모습을 만들어내기 위해 기획된다). 그러한 운동들에는 감정이 없는 것이 아니다. 그것들은 단지 일반적으로 더 열광적인 운동과는 **다른** 감정들을 포함하고 있을 뿐이다. 사실 저항의 감정을 연구하기 어려운 한 가지 이유는 그 감정들 중 일부가 그것을 연구하는 사람들의 모델에서 뿐만 아니라 많은 저항자들 스스로에 의해서도 심하게 억눌려왔기 때문이다. 저항자들은 자주 감정에 대해 양가적이다. 한편으로 그들은 외부자들에게 자신들이 합리적, 심지어는 도구적이라는 인상을 주기 위해 열심히 노력한다. 즉 그들은 어떤 개인적 편견이나 해석과 관계없이 실제의 위협에 대해 객관적으로 반응하고 있을 뿐이라는 것이다. 그들은 '냉철한'과 경멸적으로 반대되는 의미로서의 '동정적'이라는 딱지가 붙여지기를 원치 않는다. 다른 한편 일부 조직가들은 그들이 집단 내부와 외부 모두에서 사용하는 감정기법을 아주 노골적으로 사용한다(Epstein, 1991). 그들은 참여를 즐거운 경험으로 만들고자 하는 노력의 일환으로 성원들 사이에 연대, 충성, 사랑을 확립하기 위해 노력한다. 저항 지도자들은 외부자들에 대해서는 그들의 신념만큼이나 그들의 감정 ─ 그들의 동정심, 화, 분노, 공포 ─ 을 조종하길 기대한다.

사회의 중심 기관들에 대해 권리를 주장하는 저항자들이 사회 일반과 마찬가지로 '감정성'을 의심하고 평가절하한다는 것은 전혀 놀랄 만한 일이 아니다. 오늘날의 자유사회에서 정당화와 설득을 지배하는 언어는 감정이 아니라 과학이다. 가끔 판례나 신을 거론하는 것과 함께, 적절한 비용과 이익, 대기大氣자료면 충분하다. 당신은 그 오염이 당신을 슬프게 하거나 당신의 계획을 망쳐놓았다고 제조업자들을 고소할 수 없다(비록 법원이 손해 사정査定을 할 때 느끼는 감정적 고통을 참작할 수는 있지만). 저항자들이 자신들의 감정을 인정하기를 꺼려하는 것은 단지 감정을 경멸적인 방식으로 틀 짓고자 하는 근대사회의 노력의 작은 부분일 뿐이다. 그들은 서구 사상에서 두드러지게 등장하는 많은 이분법들―몸과 마음, 자연과 문화, 여성과 남성, 공公과 사私를 포함하여―의 '바람직하지 못한' 측면에 주기적으로 빠져왔다(이 책 제2장 크레이그 칼훈의 논의를 보라).

그리고 마치 어떤 한 시점에서 감정과 인지 둘 중 하나만이 행동을 틀 지우기나 하는 것처럼, 감정은 또한 자주 인지와 대치된다. 하지만 인지는 일반적으로 감정과 묶여서 오고, 그것은 바로 그러한 이유 때문에 사람들에게 의미 있거나 강력한 힘을 발휘한다. 오래 지속되는 기분과 정서적 유대는 그 자체로 사람들에게 특정한 믿음과 이해에 대해 더 민감해지게 할 수 있다. 그렇다면 우리는 감정과 인지를 제로섬의 용어로 바라보기보다는, 그것들의 상호작용과 결합을 이해하고자 애쓸 필요가 있다. 게다가 이 작업은 감정은 단지 '미시적' 분석 수준에 있어서만 중요하며, 따라서 '거시사회학적' 분석가들에 의해 무시될 수 있다고 가정하는 식으로 회피될 수 있는 것이 아니다. 우리가 논의해온 감정은 개인적일 뿐만 아니라 집합적이다. 그리고 감정은 작업장, 이웃과 지역사회 네트워크, 정당, 운동, 국가뿐만 아니라 이들 단위들 간의 상호작용을 포함한 대규모 사회조직 단위에도 침투한다. 게다가 우리가 살펴보았듯이, 수많은 거시사회학적 개념들이 운동을 설명하는 데 도움이 되는 까닭은 감정동학 때문이다. 요컨대 운동에 대한 거시사회학적 분석가들은 감정에 관한 연구를 사회심리학자들에게 일임할 수 없다. 그리고 사회심리학자들은 '거시'구조와 과정에 대한 고찰 없이 감정을 충분히 이해할 수 없다. T. S. 엘리엇의 시구에도 불구하고, 감정이 전적으로 무규율적인 것은 아니다. 즉 사회적 상호작용과 기대가 감정을 예측할 수 있는 방식으로 틀 짓는다.

* * *

지금까지 어떻게 감정이 많은 핵심 개념들 속에 자리잡고 있는지를 고찰했고 또 감정의 성격에 관한 최근의 연구들을 검토했기 때문에, 우리는 이제 운동과 정치에서 감정이 수행하는 역할로 돌아갈 수 있다. 우리는 이 책이 다양한 제도적 장을 가로질러 온갖 형태의 정치적 행위자들이 행하는 정치적 행위의 모든 단계에서 감정이 중요하다는 점을 독자들에게 설득할 수 있기를 바란다.

감정은 분명 사회운동과 정치적 저항의 성장과 전개에서 중요하다(Flam, 1990a; 1990b). 사회운동의 충원을 향한 첫 단계인 '도덕적 충격'은 자주 예기치 않은 사건이나 단편적 정보가 개인에게서 분노감을 불러일으킬 때 발생한다. 분노감은 개인으로 하여금 운동 내부에 아는 사람이 있든 없든 간에 정치적 행위에 참여하게 하는 경향이 있다(Luker, 1984; Jasper and Poulsen, 1995; Jasper, 1997). 그 모호한 이미지가 충격상태이든 또는 강렬한 충격이든 간에, 그것은 현기증 또는 메스꺼움과 동등하게 본능적인 육체적 느낌을 수반한다. 누군가의 환경에서 예기치 않은 갑작스러운 변화에 대한 전망은 두려움과 화의 감정을 야기할 수 있다. 전자는 무력화될 수 있으나, 후자의 경우에는 동원의 토대가 될 수 있다. 운동가들은 도덕적 분노와 화를 불러일으키고 그러한 것들을 만들어낼 수 있는 표적을 제공하기 위해 노력한다. 그렇게 하기 위해서는 초기의 불안과 공포가 구체적인 정책과 의사결정자들에 대한 도덕적 분개와 분노로 전화되어야만 한다(Gamson et al., 1982; Gamson, 1992). 운동가들은 도덕적·인지적·감정적 태도를 하나로 묶어내야만 한다. 문제를 이를테면 '대기업' 또는 '도구주의'로 프레이밍함으로써, 그들은 도덕적 판단을 제기한다. 예컨대 인간은 탐욕스러운 경영자들 또는 무감정한 관료들에 의해 학대받아왔다고 제시한다. 관련 감정이 두려움에서 분노로 전환된다. 거기에는 비난하는 사람들도 있다. 낙태 찬성단체와 낙태 반대단체의 회보에 관한 한 연구는 그 단체들이 "구체적인 명확한 적을 확인하고, 적의 행위를 오로지 부정적인 시각에서 규정짓고, 부도덕한 동기를 적의 탓으로 돌리고, 적의 권력을 과장한다"는 점을 발견했다(Vanderford, 1989: 174). 그러한 특성화는 저항자들의 분노와 위협감을 강화하고, 동시에 감정을 인지적 신념으로 전화시킨다. 악마화는 혐오, 공포, 화, 의심, 분개와 같은 강력한 사회운동감정에 연료를 공급한다.

이 책에서 샤론 에릭슨 넵스테드Sharon Erickson Nepstad와 크리스천 스미스Christian Smith는 자신들의 글에서 도덕적 충격의 배후에 있는 사회구조에 대해 묘사한다. 중앙아메리카에 대한 미국의 은밀한 관여의 역사가 1980년대 초반 공표되었을 때, 미국 종교단체 회원들은 중앙아메리카인들과의 이전의 개인적 관계 때문에 특히 운동에 참여하는 것으로 보였다. 미국으로 돌아오는 선교사들과 미국인 신도들에 의해 보호받는 중앙아메리카 피난민들은 미국의 지원을 받는 정권의 수중에서 겪은 잔혹의 역사를 함께했다. 미국 신도들은 그들의 동료 기독교인과 강한 유대를 발전시켰고, 그들이 CIA의 후원을 받는 니카라과 항구의 탄광과 CIA의 대對반란계획 '살인 매뉴얼'에 대해 들었을 때, 그들은 자신들이 **안다**고 느낀 사람들을 위해 운동에 가담함으로써 자신들의 충격을 표현했다.

마이클 영Michael Young은 그가 쓴 장에서 별다른 접촉이 없었던 한 단체를 위해 동원된 또 다른 운동가 단체를 다룬다. 1830년대에 미국의 복음주의 프로테스탄트들은 불과 몇 년 전만 해도 상상할 수 없을 정도로 집요하게 노예제도의 즉각적인 종식을 요청하기 시작했다. 영은 변화한 것은 우주론, 그리고 훨씬 더 중요하게는 복음주의적 기독교신앙의 기질이었다고 주장한다. 오랫동안 노예제도를 크리스천 자신의 죄악에 대한 하나의 은유로 간주해왔던 복음주의자들은 이제 노예제도 그 자체를 죄받을 일로 간주하기 시작했다. 동산노예제도chattel slavery의 폐지는 개인의 구원과 연계지어 졌다. 영의 글은 이런 식으로 '감정문화'의 변화들이 어떻게 저항의 새로운 동기와 저항의 목표를 창출할 수 있는지를 보여준다. 그는 정서적 감정과 반발적 감정이 어떻게 도덕적 충격 속에서 상호작용하는지를 증명한다.

이 책의 몇몇 장들은 수치심, 행위자 그리고 행동주의 간의 복잡한 관계에 대해 탐구한다. 알렌 슈타인Arlene Stein은 기독교의 보수적 운동가들과의 인터뷰에서, 그들이 자신들의 참여를 더 높은 권위―가족, 국가, 신―에 대한 사심 없는 헌신과 관련하여 설명하고 있음을 발견했다. 하지만 그들은 거부와 복종의 감정 또한 드러냈고, 스스로를 자신들의 통제권 밖에 있는 힘의 희생자로 묘사했다. 슈타인은 그들이 운동을 통해 그들 자신과 가족들에 대한 긍정적 인식을 구축하고자 노력한다고 주장한다. 즉 그들은 약하고 수치스러운 타자―이 경우 그들은 대척점으로 게이와 레즈비언을 동원한다―와 대조적으로 강하고 자신들을 독립적인 것으로 구성한다. 데보라 굴드Deborah Gould는 전혀 다른 환경 속에서 수치심에 대해 고찰하면서, 비록 '자존심'이라는 수사가 1960년대 후반 이후 자신을 '드러낸' 레즈비언과 게이 사이에서 규범적인 것이 되었지만, 양가감정과 수치심의 감정들은 제거되지 않았다고 지적했다. 그 결과 게이와 레즈비언 운동가들은 초기에 치명적인 전염병에 직면하여 전투적인 운동을 제창하는 것이 아니라, 자원봉사, 죽음의 추모, 조용한

품위를 고무하는 식으로 AIDS 위기에 대응했다. 하지만 그 전염병에 5년을 대응하는 동안 그 운동의 감정규칙은 변화했다. 대법원의 바우어스 대 하드윅Bowers v. Hardwick 남성동성애 금지 판결과 정부의 몇 년간의 무조치 이후 주^州 입권기관들의 격리검토의향에 충격을 받은 게이 남성과 레즈비언들은 분개와 분노를 표출하고, ACT UP과 같은 행동주의자 단체들을 결성하기 시작했다. 많은 사람들에게서 '자부심'은 이제 투쟁적인 대결을 요구한다.

참여는 많은 기쁨을 가져다주며, 이 기쁨은 성공 가능 여부에 대한 인지적 믿음과는 무관하게 참여를 자극하기에 충분할 만큼 클 수도 있다. 데릭 벨 (Derrick Bell, 1992: xvi)에 따르면, 많은 흑인 민권 저항가들은 투쟁과 도덕적 표현을 통해 자신들의 삶의 존엄성을 획득하기 위해 참여했다. 그들이 투쟁에 참여한 것은 반드시 그 투쟁을 통해 동등한 권리를 획득할 것으로 기대했기 때문이 아니었다. 그가 한 참가자에 대해 말하듯이, "그녀의 목표는 저항이었고, 그것의 성가신 결과는 더 강해진 것 같다는 것이었다. 그것은 바로 그녀가 그녀의 억압자들을 전복시키기를 기대하지 않고 그녀가 했던 일을 했기 때문이었다." 엘리자베스 진 우드Elisabeth Jean Wood 또한 이 책에 실린 글에서 유사한 주장을 한다. 그녀에 따르면, 엘살바도르 농민들은 그들 행위의 성공가능성—좀처럼 좋아 보이지 않는—에 대한 계산과는 무관하게 그들이 장기간 지배해온 정·재계 엘리트들에 맞서 반란을 벌인 것을 즐기며 자랑스러워했다. 일부 농민들은 집합행위 그 자체를 위해 그것에 참여했다. 즉 힘을 과시하는 것은 그들의 존엄성을 재차 요구하는 것이었고, 행동하지 않는 것은 사람답지 못한 것이었다. 저항 그 자체가 목표였다. 전쟁이 끝난 후에야, 다시 말해 가장 최악의 진압이 끝난 뒤에야 일부 반란자들은 그들이 협력행위를 통해 자신들의 이해관계를 증진시킬 수 있었다는 것에 대해 자신들이 발휘한 능력에 대한 자부심과 기쁨을 느꼈다.

감정이 사람들이 사회운동에 가담하게 되는 과정에 긴밀하게 관여되어 있을 경우, 운동활동이 진행되면서 그 감정은 훨씬 더 분명해진다. 운동문화가 풍부할수록(의례, 노래, 전설, 영웅, 적에 대한 규탄 등이 더 많을수록), 그러한 기쁨은 더 크다. 운동문화의 연대구축기능에 관한 대부분의 논의들은 그것에 동반되는 감정보다는 공유된 수사와 믿음에 주의를 집중해왔다. 로프랜드(Lofland, 1966)가 참가자들의 신념을 구현하는 것으로 파악한 운동문화의 구성요소들 각각─가치, 상징적 대상, 실화, 시기時期, 역할, 명사名士─ 역시 동일하게 중요한 감정적 측면을 지니며, 기쁨, 희망, 열광, 자부심, 집단에 대한 감정적 애착을 수반한다. 이것들은 운동의 유지에 결정적이다. 이를테면 '고高위험' 운동에 계속해서 참여하는 데에는 일반적으로 자기 자신이나 가족에 대한 폭력적 보복이나 자신의 일자리 상실에 대한 참가자들의 공포를 완화시킬 것이 요구된다. 제프 굿윈Jeff Goodwin과 스티븐 파프Steven Pfaff는 그들의 글에서 미국과 옛 동독에서 민권운동을 이끈 '고무 메커니즘encouragement mechanisms'에 대해 고찰한다. 그들은 운동 분석가들이 일반적으로 또 다른 설명의 목적을 위해 끌어들여온 요소와 과정들─네트워크, 대중집회, 의례, 새로운 집합적 정체성을 포함하여─ 역시 참가자들이 그들의 공포(때때로 그러한 과정들의 예기치 않았던 결과들로서의)를 다루는 데 일조하고, 그리하여 그러한 운동들에 계속 참여하게 하는 데 일조했다고 제시한다.

운동은 그 자체로 감정이 만들어지거나 강화될 수 있는 하나의 독특한 환경이다. 종교제도 또는 전문가 윤리와 같은 기존의 도덕적 틀에서 발생하는 감정과는 대조적으로, 사회운동 내에서 창출되는 감정은 자주 분명하게 직관적 통찰력을 명백한 이데올로기나 제안으로 정교화하고자 시도한다. 원자력발전소 예정지 부근에 살고 있는 한 농민의 화는 하나의 직관으로, 반핵운동은 그것을 하나의 체계적인 대항 이데올로기로 만들고자 시도한다. 농민들이 처음에 '참견하기 좋아하는 외부자'로 바라보는 것이 '테크노크라시technocracy'로 발전한다. 그리고 공포는 분노로 발전한다. 각각의 인지적 전환은 감정적 전환을 동반한다.

　콜린 바커는 자신이 쓴 장에서 그단스크 조선소의 한 작은 폴란드 운동가 집단이 어떻게 억압체제에 대한 노동자들의 막연한 화를 1만 6,000명이 조업을 중단한 파업으로 이끌었는지를 설명한다. 후일 참가자들이 기억하는 것은 감정의 갑작스러운 전환―공포가 자부심으로 그리고 그 다음에 임원들의 행위를 조롱하는 웃음으로 전화된 순간, 해고당한 동료들에게 경의를 표하는 엄숙한 침묵이 맹렬한 외침을 이끌어낸 때, 그리고 의심이 즐거움으로 전화하고 패닉이 확신으로 전화하던 때―이었다. 그들이 이전에는 알지 못했던 집합행위의 능력을 발견한 것은 바로 그러한 긴장된 순간들 속에서였다.

　레베카 안네 알라야리Rebecca Anne Allahyari는 자신의 글에서 그녀가 빈민돌봄의 '공감정치felt politics'라고 부른 것을 고찰했다. 좀 더 탈육화脫肉化된 '감정정치politics of feeling'(Morgen, 1995)와 대비되는 공감정치는 경험 또는 감정의 중요성을 강조하고, 그러한 정치가 조직문화의 참가자들을 일체화시키는 것으로 본다. 구세군의 근육적 기독교muscular Christianity가 주州 정책의 수용과 함께 사회복귀와 고된 노동에 대한 규율 잡힌 헌신을 요구하는 반면에, 오병이어Loaves & Fishes의 급진적 기독교는 정치적 행동주의를 장려한다. 알라야리의 설명은 감정, 도덕성, 인지가 사회운동 내부와 주변에서 일어난 '자아노동self-work'과 관련되어 있음을 보여준다. 앤 케인Anne Kane은 그녀가 쓴 장에서 어떻게 감정이 은유적으로 개념화되고 조직화되는지 그리고 복잡한 문화적 구조 속에 자리매김되는지를 설명하면서, 운동의 의미, 연대 그리고 동맹의 감정적 측면에 대해 탐구한다. 그녀는 아일랜드 토지개혁운동 동안 대중들이 '몬스터 집회monster meeting'에서 공유한 서사를 분석하면서, 다수의 감정은유와 그러한 은유의 배후에 존재하는 구조를 발견한다. 실제로 그러한 은유는 우리가 서사와 담론의 인지적 차원과 도구적 차원으로 생각하는 것과 나란히 존재하고, 때로는 그것들을 구성한다.

재스퍼는 사회운동 내부에서 발생하는 두 가지 종류의 감정을 구별해왔다. **상호적** 감정Reciprocal emotion은 참가자들 사이에서 서로에 대해 지속되는 감정과 관련된다. 이는 친밀함, 우정, 사랑, 연대, 충성 그리고 그들이 발생시키는 보다 구체적인 감정의 긴밀한 정서적 유대를 일컫는다. 그것들은 서로 어우러져 에로틱한 즐거움을 포함하여 많은 저항의 즐거움을 산출하는, 굿윈(Goodwin, 1997)이 운동의 '리비도 경제libidinal economy'라고 불러온 것을 만들어낸다. 또 다른 감정─재스퍼가 **공유된** 감정shared emotion이라 부르는 것─은 한 집단에 의해 동시에 견지되나, 다른 집단 성원을 그 감정의 대상으로 하지 않는다. 그 집단은 외부자들에 대한 화 또는 정부정책에 대한 분노를 키운다. 상호적 감정과 공유된 감정은 비록 구분되지만 서로를 강화하고, 그리하여 운동문화를 구축한다.

집합감정, 특히 상호적 감정은 저항의 즐거움과 결부되어 있다. 가장 분명한 것은 여러 가지 방식으로 좋아하는 사람들과 함께하는 즐거움이다. 또다른 즐거움은 집합적 동작이나 노래에 몰입하는 것과 같은 집합적 활동의 기쁨에서 나온다. 이는 심지어 낯선 사람─이제 더 이상 낯선 사람이라고 느껴지지 않는─과 함께할 때조차도 만족스러울 수 있다. (그리고 누군가의 도덕적 원칙을 분명하게 말하는 것은, 심지어 그것이 고통스러울 때조차도 항상 기쁨, 자존심 그리고 성취감의 한 원천이다.) 이를테면 마벨 베레진Mabel Berezin은 그녀의 글에서 이탈리아 파시스트들이 강력한 민족적 귀속감─베레진에 따르면, 정치적 정체성의 무시된 이면─을 유발하기 위해 공적 의례를 어떻게 이용하는지를 보여준다. 이것은 비록 종종 좀 더 진부한 수단을 통해서이기는 하지만(Billig, 1995), 대부분의 다른 운동과 체제들 역시 추구해온 문화적 프로젝트이다.

다른 모든 사람들처럼 운동가들은 서로 다른 상황에서 어떤 종류의 감정이 적합한지에 대한 확고한 생각을 가지고 있다. 낸시 휘티어Nancy Whittier는 아동성폭행에서 살아남은 운동가들이 동료 생존자들이 지배하는 회의에서,

그리고 토크쇼와 법정에서 서로 다른 감정을 고무한다는 것을 보여준다. 생존자들은 그들 사이에 있을 때 강렬한 감정 ─화, 슬픔, 수치심뿐만 아니라 그들의 피해를 극복하고 있다는 자부심 또한─ 을 경험하고 표현하도록 고무된다. 범죄 희생자들에 대한 보상을 집요하게 요구할 때, 생존자들은 자신들의 상해 주장을 정당화하기 위해 화나 자부심이 아니라 슬픔, 공포, 수치심을 증명해야만 한다. 줄리안 그로브스Julian Groves가 인터뷰한 동물권리 운동가들은 그들이 비전문적, 비이성적 또는 페미니즘적 ─만약 그들이 여성들이라면─ 이라고 간주하는 운동가들을 비판하기 위해 '감정적'이라는 용어를 자주 사용했다. 남성의 감정표현, 특히 화는 정당한 것으로 간주되었다. 그로브스는 그 운동의 대부분을 구성하는 경력 지향적인 여성들은 동물학대에 관한 그들의 감정을 과학적인 논증과 남성들의 지지를 통해 입증하는 것이 필요하다고 믿고 있다고 주장한다. 휘티어와 그로브스가 묘사한, '전략'으로 정당화된 감정금지명령은 젠더, 감정 그리고 합리성에 대한 운동가들의 규범적 가정을 보여준다.

감정은 사회운동의 기원과 확산뿐만 아니라 그것의 쇠퇴 또한 설명하는 데 일조한다. 굿윈(Goodwin, 1997)이 보여주듯이, 사랑과 에로틱한 매력은 개인과 커플들이 적극적 참여에서 이탈하여 사적인 삶 속으로 들어가게 할 수도 있다. 좌절은 단체들이 전술을 바꾸거나 단체를 아주 해체하도록 할 수 있다. 개인은 행동주의를 '사그라지게' 하거나 위축시킬 수도 있다. 질투, 시기, 혐오, 증오는 집단을 해체시킬 수 있다. 앨버트 허쉬만(Albert Hirschman, 1982: 120)의 설명에 따르면, 사람들은 "공적 생활에의 참여는 단지 너무 많거나 너무 적은 만족스럽지 못한 선택지만을 제공하고 따라서 이러저러한 방식으로 실망할 수밖에 없기" 때문에, 공적 영역에서 사적 영역으로 물러난다. 투표는 너무나 적은 관여만을 허용한다. 반면 사회운동은 자주 너무 많은 것을 요구한다. 우리가 저항활동에 빠지게 되면, 우리는 엄청난 시간을 그것에 전념하다가 소진된다. 우리는 사회변화에 대한 비현실적인 기대를 하고, 쉽게 낙담한다. 허쉬만의 이러한 동학에 대한 기술은 (대부분 암묵적으로) 흥분, 실망, 좌절과 같은 감정에 의존한다. 그에 따르면, "사적 생활에서 공적 생활로의 전환은 심하게 과장된 기대, 전적인 심취 그리고 갑작스러운 혐오로 특징지어진다"(Hirschman, 1982: 102).

감정은 또한 그리 활동적이지 못한 국면에서 운동을 지속시키는 데 일조한다. 베르타 테일러[Verta Taylor, 1989. 또한 루프와 테일러(Rupp and Taylor, 1987)]는 '정지구조abeyance structure' ─ 운동은 대중동원의 시기들 사이를 이것을 통해 존속한다 ─ 에 대한 논의에서 감정의 역할을 인정한다. 그녀가 예로 들고 있는 전국여성당National Women's Party은 1960년대에 부활하고 있던 여성운동에 운동가 네트워크, 목표, 전술적 선택지, 집합적 정체성을 제공했다. 그러나 그러한 것들에 책임 있는 요소들 ─ 단체의 시간적 지속성, 목적에 대한 헌신, 배타성, 집중화 그리고 문화 ─ 은 그것들의 인과적 결과를 감정에 의존한다. 테일러가 기술하듯이, 시간차원은 공동체의식과 성원의 연속성을 제공한다. 그러나 그녀가 예시하는 참가자들 또한 '감격적인,' '의기충천한'과 같은 감정적 단어들을 사용한다. 목적에 대한 헌신, 배타성, 집중화, 문화 또한 소규모 활동가 집단 ─ 다시 운동가 네트워크와 집합적 정체성을 산출하는 ─ 사이에서 강력한 공동체의식을 강화하는 결과를 낳는다. 그녀에 따르면, "성원들 간의 사랑과 우정의 개인적 유대는 중요한 문화적 이상이었다. 대의를 중심으로 개인적 관계를 형성하고자 하는 의향은 대체로 성원들의 강렬한 헌신을 가능하게 하는 것이었다"(Taylor, 1989: 769). 많은 운동가들이 실제로 부부였다. 그리고 많은 운동가들은 그 당의 지도자에게 매우 헌신적이었다.

결국 저항 속에 드러나는 감정은 이후의 운동에 유효한 감정적 레퍼토리뿐만 아니라 더 광범위한 감정문화를 새롭게 형성한다. 이를테면 1960년대 흑인 민족주의운동은 '분노의 정치'가 차후의 페미니즘 운동과 게이 운동을 매력적이게 만드는 데 일조했다(Frye, 1983; Browning, 1993). 운동이 법, 정책, 제도화된 관행에 미치는 영향 역시 운동가들과 관련된 감정에 의해 틀 지어 질 수 있다. 스턴스와 스턴스(Stearns and Stearns, 1986)는 1990년대 초반 노동 자운동 속에서 표출된 화가 사용자들 사이에 노동자의 감정에 관한 관심을 불러일으켰다고 주장한다. 그리하여 화를 예방하는 것이 노사관계에서 중요 한 목표가 되었다. 줄리안 그로브스가 보여주듯이, 동물권리 운동가들의 투 쟁이 정치적 도전으로 진지하게 간주되는 것은 동물권리 운동가들을 위협적 이지 않은 동물애호가로 바라보는 여전히 지배적인 견해를 반영한다. 사회 운동의 영향에 관한 학자들의 새로운 관심에도 불구하고, 그들은 운동이 어 떻게 감정문화를 새롭게 형성하는지 또는 저항자들의 정치적 영향이 어떻게 그들로부터 기인하는 감정적 애착에 의해 제한되는지에 대해서는 탐구하지 않아왔다.

* * *

이 책의 각 장들은 주제별로 구성되어 있다. 제1부는 사회운동과 정치에 서 감정이 차지하는 위치를 고찰할 수 있는 몇 가지 독특한 이론적 관점들을 제시한다. 크레이그 칼훈과 랜달 콜린스는 사회이론과 사상사로부터 도출한 관점을 제시한다. 시어도어 켐퍼는 그 자신의 감정사회학적 관점을 제시하 며, 이 책의 대부분의 기고자들이 채택하고 있는 문화적 접근방식에 대한 건전한 회의론을 제시한다. 그리고 프랭크 도빈은 새로운 관행과 구조의 제 도화에 대한 그의 전문지식에 기초하여 논평하고 있다.

제2부에서는 분쟁정치의 매우 광범위한 문화적 맥락으로 눈을 돌린다. 문 헌에서 나타나는 최근 추세는 사회운동의 출현을 역사적 맥락에 위치시켜, 즉 도시화, 산업화, 전국시장의 등장 등의 과정과 관련시켜 설명하는 것이었

다. 그러나 그간 정치적 이해관계와 논쟁의 레퍼토리를 발생시켜온, 독특한 '근대적' 감수성에 대해서는 실제로 전혀 주목하지 않았다. 그러한 감수성에는 인지적 의미와 분류도식뿐만 아니라 감정구조 또한 포함된다. 환경보전운동이나 동물보호운동은 몇 백 년 전만 해도 상상하지도 못할 일이었다. 왜냐하면 그것에 필요한 동정심이 전혀 유효하지 않았기 때문이다. 제2부에서 기고자들은 저항을 고무하는 감정구조의 광범위한 변화에 대해 고찰한다.

제3부에서는 충원과 운동의 내부동학을 다룬다. 충원에 대한 연구에서 도출한 한 가지 중요한 결과는 사회적 네트워크의 중요성이었다. 왜냐하면 개인들은 한 명 또는 그 이상의 참가자들을 이미 알고 있는 운동에 가담하는 경향이 있기 때문이다. 네트워크 접근방식은 네트워크를 가로질러 전달되는 문화적 상징과 의미를 무시한다는 이유로 비판받아왔다. 그러나 그것은 또한 처음으로 네트워크를 규정짓는 데 일조하는 것이 바로 감정적 유대라는 점을 간과한다(Emirbayer and Goodwin, 1994; Goodwin, 1997). 사회적 네트워크는 행동에 영향을 미친다. 왜냐하면 사람들은 네트워크 속에 있는 다른 사람들에 대한 감정—신뢰에서 양가감정을 거쳐 반감에까지 이르는—을 가지고 있기 때문이다. 연구 중에 있는 운동과 정치의 또 다른 측면은 개인들에게 정치적 행위를 준비시키는 감정과 경험이다. 정부 결정에 대한 화나 분노, 선출된 대표나 고용자에 대한 배신감, 지각된 위협에 관한 공포와 불안, 저항의 예견된 즐거움(종종 과장되거나 낭만화되는), 이들 모두는 잠재적 저항가가 모집책과 접촉할 때 일어나는 일들을 틀 짓는다. 실제로 어떤 경우에는 어떤 개인이 솔선해서 저항조직을 찾아나서게 (또는 저항조직을 결성하게) 할 만큼 감정이 강력하기도 하다. 사건이나 정보에 대한 그러한 감정적 반응에 더하여, 인간은 기꺼이 행동하고자 하는 (또는 행동하지 않고자 하는) 그들의 의향을 설명하는 데 일조하는 복잡한 정서적 동맹—사람, 장소, 상징 등에 대한—의 망을 가지고 있다. 제3부에 실린 몇몇 논문들은 그러한 감정의 원천

과 그러한 감정들이 충원에서 수행하는 역할에 대해 고찰한다.

제3부에서는 또한 정치집단의 내적 기능—즉 분노, 기쁨, 자부심이 중요한 역할을 하는 또 다른 환경—을 고찰한다. 심지어 참가자들이 충원된 뒤에도, 조직자들은 그들의 헌신과 충성을 유지시키기 위해 특별한 감정들을 불러일으켜야만 한다. 감정의 공개적 표출은 집합적 정체성을 안출하고 유지하기 위한 하나의 통상적인 운동전략이다. 남부 흑인학생들은 심지어 감옥에 갇힐 때에도 차분한 기쁨을 드러냈다. 페미니스트들은 여성들에게 차별과 모욕에 대해 화를 표출하도록 고무해왔다. 제3부의 장들은 감정이 저항집단 안에서 어떻게 형태지어지고 표출되는지를 분석한다.

제4부에서는 정치집단과 개인들 사이에서 일어나는 상호작용과 갈등에서 기인하는 감정동학으로 초점을 이동한다. 카를 슈미트Carl Schmitt가 오래전에 지적했듯이, 적과 아군의 구성은 정치에서 결정적이다. 무엇이 이보다 더 감정적일 수 있는가? 적에 대해서는 부정적 감정이 발생할 것이 틀림없고, 잠재적 동맹자에 대해서는 긍정적인 감정이 발생할 것이 틀림없다. 감정은 또한 사회운동의 탈동원화에 동반되기도 하고, 상황에 따라서는 심지어 탈동원화를 유발하는 데 일조하기도 한다. 이를테면 공포의 효과는 국가억압의 국면에서 특히 중요하다.

결론의 글에서 프란체스카 폴레타Francesca Polletta와 에드윈 아멘타Edwin Amenta는 사회운동의 사회학에서 한때 새로웠던 또 다른 개념들의 경험으로부터 얻은 몇 가지 훈계적인 교훈을 제시한다. 운동감정의 연구자들은 통상적으로 언급되는 구조적 과정과 인지적 과정보다 감정동학이 운동의 출현과 궤적을 더 잘 설명하는 조건들을 규명함으로써 기존의 이론적 패러다임을 새로운 방향으로 가장 잘 이끌 수 있다. 동시에 운동감정의 연구자들은 지배적인 감정문화가 어떻게 출현하여 무엇이 전략적이고 무엇이 정치적이고 무엇이 이익인지에 대한 전반적인 인식을 어떻게 틀 지우는지에 관한 거시역사적 질문을 던지는 것을 주저하지 말아야 한다.

감정은 지난 30여 년 동안 구조적 패러다임에 의해 무시되어온 정치와 저항의 많은 측면, 즉 경험적 연구를 하기에는 너무나도 '희미'하거나 너무나도 복잡한 것으로 간주되어온 심리적·문화적 과정의 전체 세계로 들어가기 위한 실마리일 뿐이다. 젠더화된 양식, 역할, 기대 그리고 자기-정의self-definition는 감정과 밀접하게 연관된 일단의 과정들 중의 하나이다. 감정이 '육화肉化된' 사고와 느낌으로 간주되는 것처럼, 몸은 종종 생리학적 흔적을 갖는 또 다른 과정이다. 장소, 즉 주위 세계에 대한 육체적 소재 인식은 분명하게 그와 같은 감정의 육체성과 연관되어 있다. 자아는 네 번째 주제이다. 포스트모더니스트들에 의해 가장 최근에 이론화된 자아—그들 중 많은 사람들이 자아의 존재를 부정한다—는 장소, 무대, 행위자 그리고 감정의 결과로 동시에 경험된다. 자주 직관이나 감정에 의해 인도되는 전략적 선택과 상호작용은 최근까지 학자들이 거의 다루지 않은 또 다른 주제이다. 아래에 이어지는 장들은 바로 이러한 복잡한 문제들을 다루는 작업에 착수한다. 그러나 일단 정치적 열정의 범위와 중요성이 충분히 인식되고 나면, 정치와 사회운동에 관한 연구는 완전히 달라질 것이다.

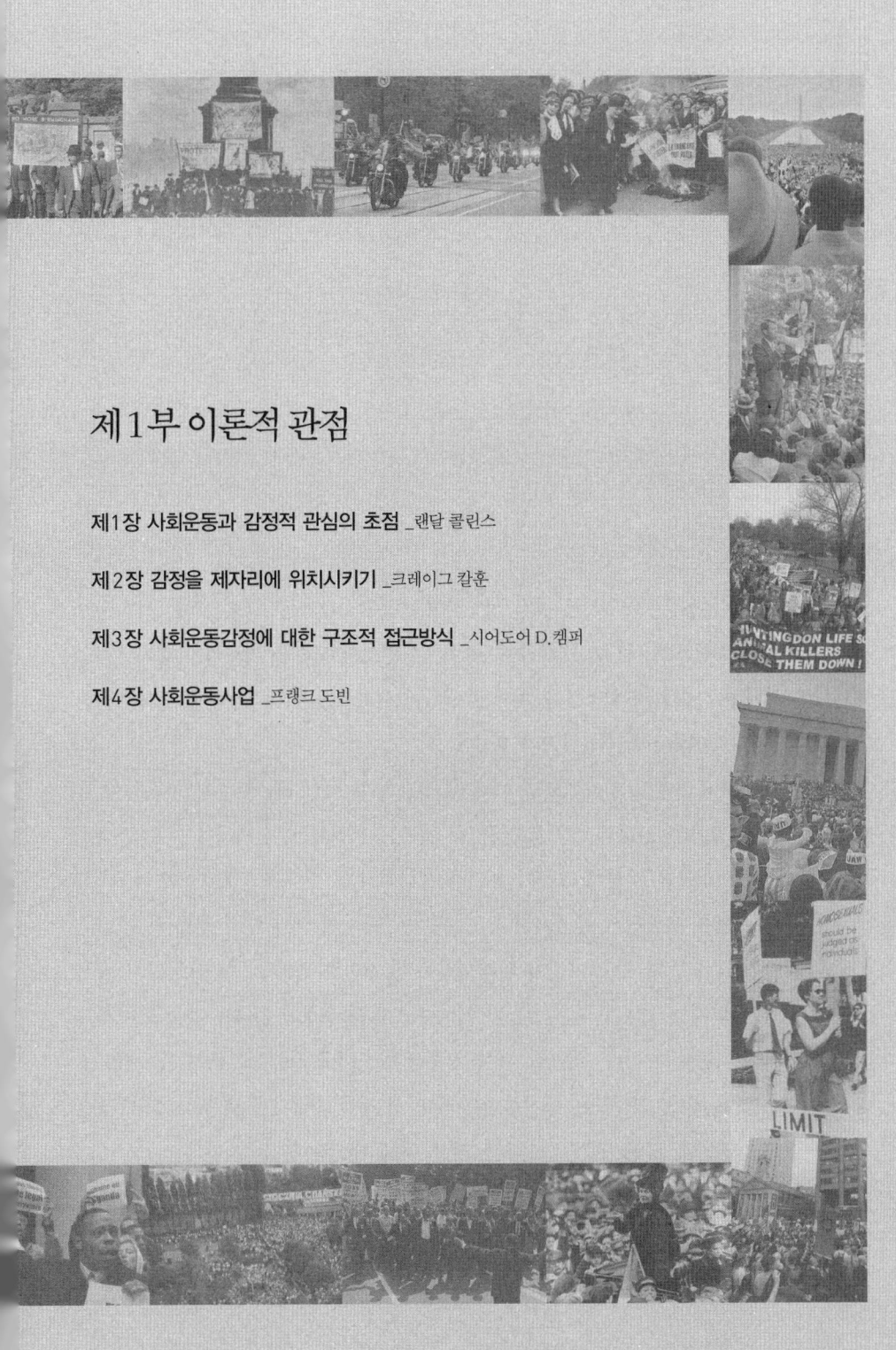

제1부 이론적 관점

1

사회운동과 감정적 관심의 초점

랜달 콜린스

    사회운동은 성공할 때 점점 성장하고 주목을 끄는 현상이다. 나는 사회운동이 출현하여 시간이 경과하며 나아가는 경로의 모습을 이해하기 위해서는 하나의 사회적 관심공간 속에서 발생하는 사회운동의 감정동학을 포착하는 것이 필요하다고 제안하고자 한다.

    하나의 유추로 시작해보자. 마을의 서로 다른 곳에 레스토랑과 카페가 있는 한 도시를 상상해보자. 그곳들 중 일부는 한적해서, 심지어는 너무 한적해서 사람들은 자신이 그곳의 유일한 손님이라는 것에 불편함을 느낀다. 다른 곳들은 사람들로 북적거린다. 그곳들은 "행위가 존재하는" 장소이다. 그런 곳들은 단지 먹고 마시기 위해서만이 아니라, 자신이 그 현장에 있기 위해, 에너지를 느끼고 어떤 일들이 일어나고 있는 장소에 있다는 것을 느끼기 위해 가는 장소이다. 이러한 관심의 중심지는 이곳저곳으로 옮겨가는 경향이 있다. 몇몇 시설들은 별처럼 떠올라 잠시 동안 빛나다가 몇 달 후에 다시 희미해지고, 어딘가에 있는 다른 것에 의해 대체된다.

    이러한 현상들은 지금은 잘 알려진 결정적 다수 이론theory of the critical mass에 의해 분석될 수 있다(Marwell and Oliver, 1993). 나는 여기에 두 가지 점을 덧붙일 것이다. (1) 결정적 다수는 감정동학 때문에 발달하다가 사그라진다. (2) 사회운동은 사회적 관심공간 내부에서 작동한다. 그것은 오직 제한된 수의 참여자들만을 위한 공간을 가지고 있다. 따라서 그러한 관심공간 내에는 자신의 자리를 확보하기 위한 암묵적인 투쟁이 존재한다. 대체로 이러한 과정이 하나의 운동이 잠시나마 전개될 수 있는지 그리고 얼마나 오랫동안 중요하게 남아 있을 수 있는지뿐만 아니라 승리와 패배도 결정한다.

먼저 감정동학에 대해 살펴보자. 고도로 동원된 모든 사회운동의 중심에는 뒤르켐[Durkheim, 1995(1912)]이 '집합적 흥분collective effervescence'이라고 부른 것이 존재한다. 이것은 뒤르켐이 '도덕적 밀도moral density'라고 부른 것, 그리고 내가 '고도 의례 밀도high ritual density'라고 부르곤 했던 것의 산물이다. 그 구성요소들은 다음과 같다.

(1) 사람들의 물리적 모임. 이로 인해 사람들은 함께 있음을 육체적으로 인식한다.
(2) 공유된 관심의 초점. 이것은 참여자들이 이전에 그러한 참여를 해온 역사를 가지고 있기에 전통이 된 정형화된 행위(노래, 몸짓 등)를 수행하기 때문에 발생할 수도 있고, 아니면 그러한 상황 속에 있는 어떤 것이 하나의 공동행위를 유발했기 때문에 처음으로 자생적으로 발생할 수도 있다.[1]

---

1 개인적으로 관찰한 한 가지 실례가 1964년 가을 버클리 캠퍼스에서 언론자유운동으로 발전된 것의 핵심적 동원이 이루어지던 순간이다. 인종평등회의(CORE)의 한 회원 단체가 규칙을 무시한 채 안내 테이블을 학교 행정관 계단 위에 설치하고 시민 불복종 운동에 참여했다. 캠퍼스 경찰이 회원 한 명을 체포했을 때, CORE 회원들의 자동적인 반응은 경찰차 주위에 무리를 지어 앉음으로써 그 경찰차를 봉쇄하는 것이

(3) 관심의 초점이 서로의 관심의 초점이 된다. 각 참여자는 서로의 의식을 인식하게 되고, 그리하여 그 순간에 각자는 서로의 일체감을 인식하게 된다. 이것은 결정적인 과정으로, 함께 초점을 맞춤으로써 공유된 집단의식—즉 인지적 일체감과 도덕적 일체감을 융합하는, 뒤르켐이 '집합의식conscience collective'이라고 부른 것—을 창출한다.

이러한 구성요소들이 존재하는 정도에 따라 다음과 같은 일련의 결과를 낳는다.

(1) 집단연대감.
(2) 참여자들이 열광과 확신으로 가득 채워짐에 따라 개별 참여자들 속에서 발생하는 감정에너지.
(3) 집합적 참여의 기억을 집약적으로 표현하는 집단상징. 집단 엠블럼과의 접촉은 개인들이 그 집단을 떠나 있을 때에도 그들의 집단에 대한 헌신감을 유지할 수 있게 한다. 그러한 엠블럼을 공표하는 것은 새로운 집합적 모임의 창시자들이 새로운 행사가 관심의 초점이 되게 하는 데 도움을 준다. 엠블럼을 향한 행동들은 그 집단에 대한 존경의 표시이다. 따라서 엠블럼은 충성을 위한 시금석이자 대외적인 도전의

었다. 그들은 그것을 통해 더 많은 (그리고 종국에는 거대한) 군중을 끌어모았고, 경찰차 지붕 위에서 연설을 했다. 그리하여 그들은 더 많은 경찰대원들과 대치하며 폭동을 형성했다. 이 초기전술은 이처럼 고도의 감정적 연대와 집단정체성을 연속적으로 불러일으켰다. 이제는 정석이 된 이 초기전술은 CORE 시위자들이 연합저항에서 지역사업에 사용해왔던 연좌농성전술을 개작한 것이었다. 그것은 이미 하나의 전통이었다. 그리고 그것은 CORE 사람들 사이에서 연대와 성원감정을 유발하는 핵심적 장치였다.

목표이고, 반대자들과의 대결이 가장 쉽게 발생하는 표적지이다.

(4) 도덕감정. 감정적으로 연대한 집단은 그 나름의 옳고 그름의 기준을 산출한다. 최고의 선善은 집단에 대한 헌신과 집단을 위한 개인의 이기심의 희생이다. 집단 외부에 있는 사람들, 또는 더 나쁘게는 그 집단에 반대하는 사람들에게는 도덕적으로 가치 없는, 사악한 또는 비인간적인이라는 꼬리표가 붙여진다.

뒤르켐식 의례는 감정을 변형시키는 식으로 작동한다. 감정이 집단 내에 공유되거나 확산되어 그 집단의 암묵적인 관심의 초점이 될 때, 그러한 의례 과정은 어떠한 감정을 가지고도 시작할 수 있다. 집합적 동원의 상대적 성공과 실패의 열쇠는 그러한 감정변형이 발생하는 정도에 달려 있다.

집합적 의례 속에서 두 가지 종류의 감정변형이 일어난다. 첫 번째 종류의 감정변형은 초기감정의 확대를 수반한다. 만약 초기감정이 도덕적 분노라면, 집단의 집합적 초점은 그러한 분노감을 더 강렬하게 만든다. 그 감정이 공포, 희생자에 대한 동정, 사람들의 이기적인 물질적 이익에 대한 우려, 죄책감과 절망감, 적에 대한 화 또는 다음 장들에서 묘사되는 어떤 다양한 감정적 경험일 때에도 유사한 과정이 전개된다.

두 번째 유형의 감정변형은 초기감정이 그와는 다른 어떤 것, 즉 집합적 관심의 초점 내부로 들어오고 있는 의식으로부터 발생하는 감정으로 변형되는 것을 포함한다. 이것은 연대를 만들어내어 개인으로 하여금 집단의 성원임을 더욱 강력하게 느끼게 만드는 감정이다. 나는 이것을 감정에너지라고 부른다. 이것은 뒤르켐[Durkheim, 1995(1912)]이 때때로 '도덕적 힘'으로 지칭했던 것이다. 모스[Mauss, 1972(1902)]는 이것을 마나mana — 일부 부족사회에서는 마술적 힘으로 해석되는, 집합적으로 전해진 사회적 에너지 — 와 등치시켰다. 토마스 셰프(Scheff, 1990; Scheff and Retzinger, 1991)는 강한 사회적 유대의 중심

감정은 자부심이며, 손상된 사회적 유대의 중심 감정은 수치심이라고 주장해왔다. 나는 그것들을 집합적 측면에서 감정에너지를 이루는 것에 대한 주관적인 자기지향적 해석이라고 주장한다.

사회운동이라는 집합적 모임에서 사회적 의례의 성공적 작동은 하나의 감정을 다른 감정으로 변형시키는 과정이다. 개인을 처음에 집합적 모임에 나오게 하는 선동감정 내지 초기감정(분노, 화, 공포 등)을 의례를 통해 공유하는 것은 독특한 집합감정—집단 성원들이 자신들이 관심의 초점을 공유하고 있다는 것을 서로 인식함으로써 발생하는 연대감, 열광, 도덕성—을 유발한다. 거기에는 어느 정도 초기감정의 카타르시스가 존재한다. 그러한 감정은 어쩌면 불쾌하거나 고통스러울 수 있지만, 그러한 집단경험은 그것을 변형시켜 고통의 경계를 넘어서게 한다. 인지적으로는 감정과정이라는 원래의 꼬리표가 여전히 남아 있지만(그리고 훨씬 더 분명하게 드러날 수도 있지만), 거기에는 이제 긍정적 흐름—즉 사람들이 행하고 있는 것이 더 큰 중요성, 심지어는 자기磁氣적 속성을 지닌다는 의식—이 존재한다.

고도로 동원된 운동참여에서 느끼는 감정경험을 이러한 방식으로 분석하는 데에는 한 가지 위험이 따른다. 그것은 사회운동 성원들이 대의에 대한 헌신 없이 단지 감정적 쾌락을 찾는 흥분 추구자들에 불과하다는 인상을 줄 수 있다. 이러한 지적과 관련하여 몇 가지 점을 언급할 필요가 있다. 사회운동이라는 집합적 모임에 참여한 사람들 중 일부에게는 흥분 추구가 바로 동기라는 점은 실제로 사실이다. 이 책에 실린 몇몇 연구를 포함하여 최근의 연구들은 저항집회 참여의 성적性的 동기들에 초점을 맞추어왔다. 그러한 동기들은 무의식적이기도 하고 겉으로 드러내지기도 한다. 그러나 흥분 추구 참여자(좀 더 일반적으로 표현하면 감정에너지 추구 참여자)와 더 깊은 욕구 또는 헌신의식에 근거한 "도덕적으로 진지한" 참여자 간의 이분법을 너무 날카롭게 설정하는 것은 잘못일 수 있다. 즉 우리는 그 연속선상에서 감정에너지의 상승이 기본적인 유인으로 작동하는 쪽의 끝에 있는 사람들과 초기감정들 (동정심, 화 등) 중의 하나에서 시작하는 사람들(그리고 집단 속에서 변형된 그들의 감정이 그러한 특정한 감정적 지향 속에 여전히 고착되어 있는 사람들)을 구별할 수 있다(그리고 어쩌면 다소 신중하게 경험적으로 관찰한다). 더 나아가 우리는 아주 일시적으로 참여하는 사람들, 즉 단지 에너지가 가장 극적이고 공개적으로 분출되는 순간만을 기회주의적으로 기다리는 사람들과 다른 한편으로 집단의 상징물에 대한 애착을 통해 집단에너지를 내면화해왔고, 그리하여 때때로 심지어 홀로 있거나 일상적인 상황 속에서도 지루하고 고된 일을 하도록 동기화된 사람들을 구별할 수 있다. 그러나 이것들은 동일한 의례과정 모델 내에서 더욱 변형된다. 모든 사회운동과 참여자들은, 의례과정이 충분히 진전되어 그 행사가 헌신을 성공적으로 유발할 때, 집합적인 감정에너지의 발생과정을 경험한다. 일시성이나 내면화의 정도, 그리고 특정한 감정적 어조, 그리고 그에 따른 특정 대상과 목표에 대한 인지적 주목이 서로 다른 종류의 사회운동과 그들 운동 각각에 참여하는 상이한 사람들의 프로필을 특징짓는다.

사회운동 동원에 대한 합리주의적(인지적) 이론들과 비합리주의적(감정적) 이론들 간의 논쟁은 이론적 수준에서 사회운동 내에서 집합적으로 발생된 감정에너지의 중요성을 옹호하는 또 다른 방법이다. 합리적 선택 이론가들은 무임승차문제를 극복하기 위해 헌신유인commitment incentive을 설정하는 것이 필요하다는 점을 인정해왔다. 이것이 바로 감정에너지를 발생시키는 의례과정이 제공하는 것이다. 이러한 입장에서 볼 때, 의례를 통해 발생되는 감정에너지는 성공적인 사회운동의 필수조건이다. 반면 신新뒤르켐주의적 의례구축 모델의 정식화가 갖는 독특한 분석적 이점은 그것이 다양한 수준의 결과를 산출하는 하나의 메커니즘, 과정 그리고 일단의 인과적 변수들을 제공한다는 점이다. 하지만 매우 일반화된 그리고 사후에 소급해서 인과관계를 설정하는 기능주의적 주장 속에서, 만약 사회운동이 존재한다면 그것은 참여유인문제를 해결했음에 틀림없다고 상정하는 것만으로는 충분하지 않다. 의례 모델은 우리에게 어떤 조건들(우리가 앞서 목록화하여 제시한 구성요소들)이 의례 참여의 연대효과와 또 다른 감정적 결과들을 발생시킨다는 것을 보여주는, 미래를 상정한 인과관계를 제시한다. 이를테면 그것은 운동에의 헌신의 상대적 강도를 설명하고, 그러한 헌신이 흩어지고 깨질 때뿐만 아니라 애초에 운동으로 진척되지 못하게 되는 조건들을 제시한다.

지금까지 내가 분석한 것은 의례 참여의 감정동학이 성원들에게 호소력을 발휘하는 방식이었다. 우리는 어떻게 사회운동이 주기적으로 사람들을 크고 작은 집합적 행사에 끌어모으는지, 때로는 어떻게 그러한 운동을 발생시키는 흥분을 재창조하고, 때로는 어떻게 새로운 감정을 주입하는지 ─ 이것은 운동대상 또는 적과 대립하는 가장 효과적인 방법 중의 하나이다 ─ 를 고찰하기 위해 이 방향으로 더욱 나아갈 수 있다.

이러한 내적 호소에 더하여, 감정동학은 외부효과를 갖는다. 이것은 사회운동이 양심적 지지자에게 호소할 때 특히 중요하다. 그러한 지지자들은 운동에 감정적으로 쉽게 동의하게 만드는 공감대를 이미 가지고 있을 수도 있다. 여기서 이론적 문제는 관련된 양심적 지지자가 존재하는 이유를 설명하는 것이다. 한 가지 가설은 사람들이 그들의 삶에서 사회운동의 지향과 유사한 감정적 지향을 산출해온 상호작용 의례사슬을 경험해온 바로 그만큼 양심적 지지자가 존재한다는 것이다. 그들은 동일한 종류의 상징들에 대한 존경으로 채워져왔음에 틀림없다. 이를테면 자유주의적 일반 가치를 창출하는 종류의 경험은 억압받는 사람들의 반란을 생생하게 보여주는 사회운동에 대한 양심적 지지자를 산출할 것이다. 또는 특수주의적 종교단체에서의 경험은 사람들로 하여금 보수적인 종교 운동가들의 감정적 호소를 더 잘 받아들이게 할 것이다.

개인의 경험 속에 이미 존재하는 감정적 토대에 의지하는 것 말고도, 매우 성공한 사회운동 속에서 양심적 지지자가 출현하기도 한다. 주변 사회의 대다수 사람들의 도덕적 관심을 불러일으키는, 광범위한 사회적 영향력을 지닌 운동은 동원과정 그 자체 속에서 상당한 도덕적 관심을 창출한다. 동일한 종류의 과정이 감정을 감정에너지로 전환시켜 운동에 대한 내적 헌신과 강력한 활동을 유발한다. 그리고 그러한 과정이 확산되고 외부로 향하게 된다. 때로는 이러한 감정의 확산은 다소 우연에 의해 발생하고, 또 어떤 때에는 의식적으로 계획되기도 한다. 거기에는 연속선이 존재한다. 과거에 지속적인 경험을 한 바 있는 모든 운동들은 더 큰 지지를 동원하기 위해 의례주의적 활동들을 극화하는 방법을 알고 있다[예컨대 기틀린(Gitlin, 1980)]. 양심적 지지자의 외부층은 운동의 지지세력 중 가장 변덕스러운 층이다. 사회운동이 그 사회의 대다수가 주목하는 순간—드물지만 사회운동이 가장 추구하는 순간—에 도달할 때, 이 공유된 의식의 일시적으로 넓혀진 창으로부터 이익을 얻을 수 있는 제한된 시간이 존재한다.

운동은 이러한 과정과 관련하여 '의식고양raising consciousness'과 같은 용어들을 사용하지만, 이는 여러 측면에서 오해를 불러일으키기 쉽다. 그러한 수사는 양심의 문제가 객관적으로 존재하며 사람들은 단지 자신들의 의식을 그것에 초점을 맞추도록 확장하기만 하면 된다고 암시한다. 그러나 사람들이 초점을 맞출 수 있는, 즉 사람들이 의미를 부여하고 도덕적 헌신을 요구하는 것으로 간주할 수 있는 것의 수는 엄청나게 많고 어쩌면 무한하다. 무엇이 결정적 쟁점인가에 대한 어떤 프레이밍은, 특정한 극적인 관심사에 주목하고 있던 청중들 중 경계부분에 있던 사람들이 이탈할수록 점점 더 단명短命해진다. '의식고양'이라는 수사는 그 과정이 기본적으로 인지과정이라고 암시한다는 점에서 분석적으로 오해를 불러일으키기 쉽다. 그 동학은 기본적으로 감정적이며, 따라서 매우 시간구속적이다. 극적 사건에 의해 추동된 공유된 감정들은 상대적으로 짧은 기간 동안 고조된다. 그러한 감정의 절정은 최대 며칠 동안 유지될 수 있는 것으로 보인다. 우리는 이것을 정치혁명의 성공 후에 발생하는 미친 듯한 열광과 같은 가장 극단적인 사례들 속에서 발견한다. 가장 절정의 감정동원은 더 짧아 보인다. 감정동원은 중간에 감정적 '중지'상태를 드러내며 반복될 수 있다. 이 과정은 그간 측정되지 않았다. 그러나 나는 어쩌면 중간에 몇 주 또는 몇 달간 중단되기도 하는 일련의 절정의 감정동원이 어쩌면 2년 내지 3년 정도 길게 존속될 수도 있다고 추정한다. 다양한 변형가능성은 여전히 연구되지 않고 있다. 그러나 그것들 모두는 집합적인 감정적 각성의 성장과 쇠퇴 형태를 포함한다. 결국에는 핵심 참여자들은 소진되고, 양심적 지지자를 이루는 주변 구경꾼들 사이에서 일었던 관심은 흩어진다.

그 결과 양심적 지지자가 많을수록, 운동은 더 단명하고 만다. 나는 이것을 도덕화하려는 것이 아니라 단지 성공한 운동은 이러한 사실을 감수하고 그것을 이용할 수 있는 곳에서 그것을 이용한다는 점을 지적하고자 할 뿐이다. 왜냐하면 도의에 입각하여 장기적으로 헌신하는 사람들의 지지만을 받아들이는 순수주의적 입장을 취하는 운동은 결코 어떤 커다란 승리도 할 수 없기 때문이다.[2] 그 열쇠는 바로 양심적 지지자가 대규모로 발생하는 순간 그것으로부터 최대한의 이익을 확보하는 것이다.

이와 같이 점점 증대하는 그리고 일시적인 양심적 지지자의 속성이 사회

---

2 전업 직업 간부들이 행하는 레닌주의 유형의 운동은 하나의 예외로 보인다. 그러나 바로 그러한 운동의 구조가 그것들로 하여금 사적인 음모꾸미기 전략에 몰두하게 한다. (혁명집단들 내에서 오랫동안 논쟁을 벌였던 용어로) "대중에게 충격을 주는" 극적인 테러행위가 대중 참여에 미치는 효과는 대체로 의심스러운 믿음이 되었다. 레닌의 간부운동이 성공한 것은 간부들이 행동을 실행에 옮길 수 있는 유례없는 기회를 제공해준 우연한 조건, 즉 러시아 군대와 국가의 붕괴 때문이었다.

운동에 대한 광범위한 지지를 동원하는 데 있어 무고한 희생자들의 중요성을 설명해준다. 운동가들이 잔혹행위를 당하고 그것이 널리 알려질 때 억압체제가 무너지기 시작하거나 그것을 부정의의 표적으로 하여 사회운동이 진척되기 시작한다는 것은 그간 구체적인 역사적 사건들 속에서 지적되어왔다. 경찰이 평화행진을 하는 군중에게 개를 풀어놓는 모습은 이러한 종류의 동원을 보여주는 사건의 전형이다. 하지만 그러한 경우 양심적 지지자를 동원하는 것은 단지 도덕적 분노―즉 약자를 공격하는 것은 분명히 공정하지 않으며 도덕적으로 수치스러운 것이라는 감정―만이 아니라는 점에 주목할 필요가 있다. 희생자들이 무구해야 할 뿐만 아니라 그 운동에 대한 헌신의 엠블럼이 되거나 그러한 상징적 연상체로 빠르게 전환되어야만 한다.[3] 도덕적 헌신의식을 작동시키는 것은 그들 자신을 기꺼이 희생하고자 하는 또는 적어도 그러한 잔혹행위의 위험에 노출하고자 하는 의향이다. 이는 도덕적·감정적 도의심(그리고 궁극적으로는 사회적 도의심)과 분리될 수 없다. 희생자들은 그 운동의 도덕적 힘을 상징하게 되기 때문에 순교자가 된다. 그들은 그 운동이 결국에는 성공할 것이라는 느낌을 상징한다. 은유적으로 표현하면, 그들이 전하는 메시지는 신이 그들의 편이라는 것이다. 기독교 순교자들이 사형집행을 위해 로마로 가던 도중, 로마 당국이 그들로 하여금 지중해 공동체들을 열을 지어 지나가게 했을 때 순교자들이 상당한 감격과 열광을 불러일으켰

---

3 예를 들어 1999년 2월 뉴욕시에서 무고한 흑인 노점상 아마도 디알로(Amadou Diallo)―경찰은 그에게 41발의 총을 발사했다―에 대한 저항집회들이 곧바로 조직되었다(*New York Times*, Feb. 13, 1999). 그 총격 희생자는 어떤 운동과도 관련이 없었다. 그러나 그 사건은 길리아니(Giuliani) 시장의 모든 공중행동에 대한 공격적 치안유지정책을 둘러싼 정치적 논쟁에서 중심을 차지했다. 그들의 집회는 곧바로 디알로를 무구한 희생자의 상징으로 채택했다. 무구한 희생자 및 순교자와 관련된 다양한 감정에 대해서는 재스퍼(Jasper, 1997)를 보라.

던 경우에서처럼,[4] 때때로 그것은 말 그대로 하나의 믿음이다. 순교와 도덕적 힘 간의 관계와 관련하여 훌륭한 하나의 뒤르켐주의적 추론이 존재한다. 뒤르켐[Durkheim, 1995(1912)]은 신이라는 개념의 사회적 토대는 감정적으로 고양된 집합적 행사에서 발생하는 힘과 흥분의 체험, 그리고 일상적인 세속적 경험을 초월하는 체험이라고 주장했다. 신은 감정적으로 통합된 집단을 상징한다. 이 감정적 통합과정이 초점의 대상이 되기에 충분할 정도로 광범위할 경우, 어떠한 권력도 그것에 대항하여 맞설 수 없고, 악은 결국 그것에 질 수밖에 없다는 의식이 발생하는 것은 당연하다.

양심적 지지자를 만들어내고 확대하는 과정은 이처럼 고귀한 도덕적 근거를 획득하는 과정이다. 그러나 도덕적 권고는 또한 집합적인 감정적 참여에 뿌리를 두고 있다. 용기와 도덕은 높은 수준의 집합적 헌신으로 융합된다. 신은 선할 뿐만 아니라 전능하다. 그리고 비록 이러한 은유들이 모순이 발생하는 불분명한 경계를 가지고 있지만(어떻게 신이 악과 공존할 수 있는가라는 오랜 신학적 문제는 주요한 개념적 모순이다), 그것들은 강력한 집합적 초점이 만들어지는 바로 그 순간 감정적으로 의미를 부여받고 사회적으로 동원된다. 운동의 성공에 결정적인 추동력을 부여하는 것이 바로 이것이다. 왜냐하면 양심적 지지자가 크게 늘어나서 한 사회의 거대 다수를 이룬다면(비록 그것이 단지 일시적일지라도), 그것에 맞설 수 있는 어떤 특권 있는 사람, 즉 탈정당화되거나 지위를 버리지 않을 권위자는 아무도 없을 것이다. 대부분의 운동들이 여기까지 도달하지는 않지만, 그것들의 상대적인 성공과 실패는 이 추동력이 얼마나 분출하는지에 달려 있다.

이 글을 시작하며 나는 사회운동동학에는 두 가지 핵심적 요소, 즉 감정적

---

4 스타크(Stark, 1996)는 순교자들이 어떻게 초기 기독교 형성기에 충원장치로 작동했는지를 분석한다.

과정뿐만 아니라 제한된 관심공간을 둘러싼 경쟁이 존재한다고 제시했다. 후자를 탐구하기 위해서는, 우리의 논의를 정치지향적 사회운동에서 두 가지 서로 다른 종류의 운동, 즉 종교운동과 지식운동으로 확장시키는 것이 유용하다.

종교운동의 경우는 쉽게 이해할 수 있다. 왜냐하면 그것은 매우 분명하게 그리고 기본적으로 감정적이기 때문이다. 종교운동은 물질적 이해관계의 측면에서 분명하게 해석할 수 있는 것이 아니다(비록 몇몇 분석가들이 보다 복잡한 형태의 합리적 계산 모델을 종교운동에 적용시켜왔지만). 다른 측면들에서는 종교운동은 정치적 사회운동과 많은 특징들을 공유한다. 사회적 네트워크가 충원과 헌신 유지에서 갖는 중요성의 측면에서 특히 그러하다. 종교운동 연구문헌이 지닌 한 가지 특별한 이점은 그것이 실패하는 운동에 대한 명백한 분석을 포함하고 있다는 것이다.

좀 더 광범위한 영역의 사회운동연구에서 그러한 분석은 대체로 결여되어 있다. 사후에 선택된 운동들—달리 말해 충원, 유지 그리고 공적인 평판에서 일정 수준의 성공에 도달했기에 뉴스 기사와 학문적 연구자들의 관심을 끄는 운동들—을 연구하는 것에는 하나의 방법론적 문제가 있다. 그것은 사회운동에 관한 중요한 사실을 모호하게 하는 표집편향의 문제를 낳는다. 즉 사회운동의 대다수는 가까스로 활동을 시작했다가, 누군가가 그것들을 연구하려고 생각하기도 전에 사라진다. 달리 말해 어쩌면 막대한 수의 소규모 또는 초기단계의 운동들이 존재하지만, 그중 단지 소수만이 연구되기에 충분할 만큼의 가시적인 수준에 도달한다. 모든 운동은 정도의 차이가 있지만 일시적이다. 그러나 우리는 사회운동의 존재조건인 일시성과 단명성의 정도를 중요하게 언급하지 않는다. 달리 표현하면, 우리가 연구하는 운동들은 그 분포상으로 성공한 쪽 끝에 속하는 운동들, 즉 극도의 일시성 문제들을 극복하고 더 높은 발전단계로 나아간 운동들이다.

종교운동에 관한 연구는 특히 종파에 초점을 맞추면서 이러한 문제를 적어도 부분적으로 극복해왔다. 거기에는 종파가 확산되는 특별한 사회적 환경이 존재하고, 따라서 연구자들이 초기단계의 운동과 그것의 실패를 연구할 수 있는 시간과 공간(이를테면 1960년대의 샌프란시스코 지역)이 존재해왔다.[5] 특히 스타크와 베인브리지(Stark and Bainbridge, 1985)의 연구는 무엇이 성장하는 종파와 그렇지 않은 종파 간의 차이를 만드는지에 대한 명백한 모델을 제시하고 있다. 만약 종파가 조금이나마 성장하기 시작한다면, 그것은 이미 알고 있는 사람들의 네트워크, 특히 친족과 친구들을 통해 충원이 이루어짐으로써 그렇게 된다. 게다가 리더십의 측면에서 볼 때, 새로운 종파를 만들어낸 '사업가들'은 일반적으로 조직 간 네트워크에 관여되어 있었다. 그들은 의례를 통해 감정경험을 산출하는 데서 기술을 배우고, 이전의 종교운동의 성공과정을 검토함으로써 상징적 매력물들의 배열 속에서 새로운 종파를 위한 여지가 어디에 있는지를 판단할 수 있는 능력을 습득한다. 이를테면 네이션 오브 이슬람Nation of Islam ─ 흑인 무슬림 운동단체 ─ 의 창시자와 연이은 지도자들은 흑인 기독교 복음주의 교회 설교자들과의 긴밀한 접촉을 통해 그들의 초기경험을 획득했다(Lincoln, 1994). 지도자와 추종자 모두 네트워크를 통해 충원되었다.

새로운 종파를 형성하는 것을 가능하게 하는 바로 그 과정은 동시에 더 크게 성장하는 데 따르는 난관의 원천이기도 하다. 종파는 더 큰 사회관계 네트워크에서 생겨난다. 그런데 그 안에는 다수의 서로 다른 중심점들이 있

---

5 종파가 증폭된 또 다른 역사적 시기는 로마 제국 초기였다. 기독교가 다양한 유대교 종파, 헬레니즘 종파 그리고 여타 종파들과 함께 수많은 초기 기독교 운동으로부터 발생했다는 점은 이제 종교 학자들에게 점점 더 분명해진 사실이다(Segal, 1986; Fowden, 1986; Mack, 1995).

고, 각각은 다른 중심점들을 자신들의 관심의 중심으로 끌어들이려고 시도한다. 성원 충원의 측면에서 종파의 주요한 문제는 종파들이 이 집단 저 집단을 배회하는 '탐색자들'을 그들의 모임으로 끌어들이는 경향이 있다는 점이다. 달리 말해, 종파들은 서로 알고 있는 서로 다른 많은 종파들이 느슨하게 겹쳐 있는 네트워크의 일부이다. 한 종파의 성장은 다른 종파들을 희생시키는 경향이 있다. 이를테면 수년(1971~1975년) 만에 회원 수에서 경이적인 급속한 성장을 거둔 초월명상Transcendental Meditation은 회원들이 다른 '뉴에이지new age' 종파들로 전향함에 따라 그 후 불과 몇 년 사이에 훨씬 더 가파른 하락세를 보였다(Stark and Bainbridge, 1985: 284~303).[6]

지식운동의 연구는 퍼즐의 또 다른 조각을 제공한다. 지적 창조성은 지적 관심공간을 둘러싼 투쟁을 축으로 하여 사회적으로 구성된다. 내가 수행한 철학자들에 대한 비교연구는 이러한 경향에 대한 광범위한 증거를 보여주고 있다(Collins, 1998). 성공한 지식인들은 네트워크로 연결되어 있다. 새로운 지식인 스타들은 세대를 뛰어넘어 계보를 구성하고 있는 앞선 스타들의 제자들이다. 게다가 새로운 지적 토픽과 스타일은 집합적으로 형성된다. 젊은 지식인 집단 전체는 함께 경력을 만들어내고, 그 집단의 누군가가 후에 그들을 유명하게 만들 작업을 수행하기 전에 이미 연결되어 있었다. (1920년대에 젊은 사르트르, 드 보부아르, 메를로-퐁티, 아롱, 라캉 등으로 이루어진 집단은 단지

---

6 종교운동에 대한 관심이 널리 퍼져 있는 시점에서 지지자의 풀(pool) — '양심적 지지자'의 종교적 등가물 — 의 크기가 확대될 수 있다. 경쟁이 반드시 동일한 파이조각을 둘러싸고 벌이는 것은 아니다. 일련의 운동들이 감정적 초점을 고양시키고 따라서 관심공간을 확장시킬 때, 파이는 커질 수 있다. 그러나 정치적인 양심적 지지자들이 본질적으로 단명한 것처럼, 너무나도 많은 종교운동들이 새로운 잠재 회원들을 놓고 경쟁하는 시기에는 한정된 창문만을 가지고 있다. 아코디언 같은 충원 풀의 확대가 이루어지는 시점에서조차 경쟁이라는 근본적인 문제는 여전히 존재한다.

많은 실례들 중의 하나일 뿐이다.) 이들 네트워크는 경쟁적이다. 젊은 집단들은 그들이 성공하게 되었을 때 경쟁자의 입장으로 분열되었다. 즉 제자들은 그들의 스승과의 관계를 끊는다. 이러한 단절은 혁신과정의 결정적 부분이다. 왜냐하면 그것은 이미 언급해온 것 그리고 다른 사람들이 현재 언급하고 있는 것과는 다른 무언가를 생산하는 것이기 때문이다. 새로운 지식인 스타들은 경쟁자의 입장을 견지하며 동시에 출현한다. 전 역사를 놓고 볼 때에도, 주요한 창조성의 시대에 당대의 경쟁자 없이 유일한 새로운 입장이 출현한 적은 실제로 결코 없었다. 한 가지 예만 들어보면, 1920년대와 1930년대의 비엔나학파 논리실증주의자들과 실존주의자들은 동시에 출현했을 뿐만 아니라, 동일 조상 네트워크의 단편들을 재조합시켰다. 그리고 그들은 종래의 세대들과 맞설 뿐만 아니라 서로 격렬하게 논전을 벌이며 자신들의 새로운 입장을 구체화했다.

지적 창조성은 문화자본을 경쟁적으로 재조합하고 변형시키는 과정이다. 창조성은 관심의 초점을 유지시키기에 충분할 정도로 긴밀한 네트워크의 감정동학에 의해 틀 지어진다. 창조성이 감정적으로 구축되는 데에는 몇 가지 연쇄적인 과정이 포함되어 있다. 새로운 지식인들은 자신들의 스승, 즉 그 네트워크에서 그들에 앞서 성공한 세대의 지배적인 감정에너지를 계승한다. 우리는 혁신자들이 단순한 추종자들이 아니기 때문에, 젊은 세대가 선조들로부터 단지 문화자본만을 얻는 것이 아니라 관심공간에서 초점이 되어야 하는 것이 무엇인지를 감정적으로 학습한다고 추론할 수 있다. 이렇게 감정에너지를 수직적으로 전달하는 것 외에도, 감정에너지의 수평적 원천 또한 존재한다. 경력 초기에 새로운 입장을 구체화하기 위해 공동작업을 하는 젊은 지식인들의 연대가 바로 그것이다. 그러한 혁신집단들이 관심영역에서 성공적인 개막을 예감하기 시작할 때, 새로운 확신감과 열의가 쌓여간다. 이 새 학파가 유사하게 조직화된 집단들이 다른 곳에서 정식화한 다른 프로그램들과 대조되는 그들의 입장을 만들어낼 때, 그 집단에 내재하는 감정에너지는 경쟁이 고무하는 효과에 의해 더욱 증대된다.

내가 지식운동이 마치 순수하게 인지적 수준 아래에서 작동하는 것처럼, 즉 감정 말고는 관여하는 것이 없는, 그리고 분명한 사고방식과는 아무런 관련이 없는 수준에서 작동하는 것처럼 보이게 하려는 것은 아니다. 사고방식은 지식집단 멤버십의 상징이다. 그것은 처음에는 이전 세대 네트워크 멤버십의 상징이었고, 그 다음에는 새로운 라운드의 논쟁을 지배하게 되는 입장의 멤버십의 상징으로 떠오른다. 여기서 감정동학이 중요하다는 것은 그것이 새로운 사고방식을 정식화하는 과정에 활력을 불어넣는다는 것을 의미한다. 특히 새로운 사고방식들은 경쟁관계에 있는 입장들에 반대하여 형성되고, 따라서 갈등의 양극화 동학에 입각하여 이루어진다. 그리고 사회운동의 경우에서 내가 양심적 지지자를 발생시키는 것은 좀 더 광범위한 청중에게 그 집단의 감정에 초점을 맞춘 의례를 전파시키는 것이라고 주장했던 것과 마찬가지로, 나는 여기서도 역시 지식운동이 성공한 까닭은 그들에게 활력을 불어넣는 갈등이 전체 지식영역의 관심의 초점이 되었기 때문이라고 생각한다. 일부 참여자는 배우가 되고, 다른 사람들은 관객이 된다.

사회운동 이론 그 자체의 역사에서 하나의 예를 들어보자. 거기에는 이 분야가 서로를 계승하는 일련의 물결 또는 패러다임을 통해 전개되고 있는 것으로 보는 하나의 강력한 경향이 존재한다. 이를테면 우리는 옛 군중심리학과 사회적 긴장 모델에서부터 자원동원 패러다임으로 이행했고, 그 다음에는 그것에서 문화적 프레임으로 전환되었으며, 지금은 우리의 패러다임이 사회운동과 감정으로 전환되는 과정에 있다고 이야기한다. 사실 패러다임들은 경쟁자들이며, 우리가 연속하는 것으로 분명하게 구별하는 것들 중 많은 것이 대체로 시간상 겹쳐 있다. 경쟁자들은 상당 정도 동료 연구자, 선생, 동료 학생들로 이루어진 동일한 네트워크의 분파 속에서 생겨날 뿐만 아니라(누군가는 닐 스멜서Nell Smelser와 척 틸리Chuck Tilly를 생각할 수 있다. 두 사람 모두 1950년대의 하버드대학교 사회관계학과 출신이다), 치고받기 식으로 경쟁한다. 우리가 그것을 연속하는 패러다임으로 생각하는 경향은 갈등의 양극화 동학의 일부이다. 실제로 몇몇 이론들은 많은 점을 공유하지만(이를테면 자원동원 모델과 문화적 프레이밍 모델 모두 네트워크를 강조한다), 그 이론들의 호전적 지지자들은 그 이론들이 의견을 달리하는 점에 관심을 집중한다(이를테면 자원동원 학파의 일부 지지자들은 프레이밍 학파의 문화적 의미의 자율성에 대립하는 것으로 합리적 계산을 강조한다). 이것은 사회운동 이론이 다른 지적 분야들처럼 갈등의 동학에 의해 작동한다는 것을 의미한다. 그 속에서 경쟁자들은 에너지를 얻고 불일치하는 노선들을 찾아내는 데 초점을 맞춘다. 지식운동은 관심공간 내의 분열에 초점을 맞추어 인지적·사회적으로 조직된다.

나는 철학자들에 대한 분석에서 지적인 삶은 내가 '소수의 법칙'이라고 부른 것에 의해 구조화된다고 주장했다. 즉 모든 활력 있는 지적 영역 속에는 관심공간을 지배하는 세 개에서 여섯 개의 파벌이 존재한다. 거기에는 항상 적어도 두 개의 파벌이 존재한다. 왜냐하면 경쟁은 지적 삶의 핵심적 동력이기 때문이다. 거기에는 일반적으로 제3의 입장이 존재한다. 왜냐하면 둘 다를 저주하는 것 역시 항상 있을 수 있는 하나의 입장이기 때문이다. 대부분의 지적 문제가 일반적으로 지니고 있는 복잡성을 감안할 때, 무수한 방식으로 동의와 반대를 조합하고 있는 입장들을 정식화하는 것이 가능하다. 그러나 '소수의 법칙'은 상한선을 가지고 있다. 그것은 다섯 개 내지 여섯 개 이상의 더 많은 입장들을 정식화할 수 없기 때문이 아니라 관심공간이 그것들을 수용하지 못하기 때문이다. 새로운 반대세력의 영역이 발생하는 순간에도(기껏해야 한 세대에 한 번 정도), 논의영역 내에 먼저 자리잡은 소수의 입장들이 관심의 대부분을 차지한다. 일정한 시간이 흐르면서, 소수의 이름이 그러한 입장들에 대한 주도적인 대변자로 부상한다. 주변의 지적 청중들과 후일의 역사가들은 이러한 개인들을 영웅화하고, 그들이 단지 전체 영역에 걸쳐서 일어난 문화자본을 재조합하는 초점일 뿐임에도 불구하고, 모든 창조성을 개인으로서의 그들에게 돌리는 경향이 있다. 일단 주요 갈등노선들이 설정되고 나면, 또 다른 지식인 참여자들이 하나의 선택을 한다. 즉 그들은 높은 관심의 초점을 누리는 소수의 입장들 중 하나에 소속되거나, 자기 자신의 길을 가서 하나의 별개의 입장을 정식화하고자 노력한다. 이 입장이 일곱 번째, 여덟 번째 또는 어쩌면 열세 번째 입장으로 정식화될 때, 그것이 받을 수 있는 관심의 양은 점점 더 적어진다. 지적 관심공간의 이러한 구조적 한계가 지적 삶의 많은 감정적 드라마, 그리고 때때로 그것의 괴로움의 원인이다.

지식의 '소수의 법칙'이 지적 관심영역 이외에 종교운동과 정치운동에도 적용되는가? 이 질문에 대한 어떠한 체계적인 연구도 아직까지 이루어지지 않았다. 나의 잠정적인 답변은 '그렇다'이다. 거기에도 제한된 관심공간을 둘러싼 투쟁이 존재하고, 그것이 그러한 다른 종류의 운동들의 운명을 결정적으로 틀 짓는다. 그러나 그것은 지식의 '소수의 법칙'—동시에 세 개에서 여섯 개의 성공적인 파벌이 존재하는—과 그 숫자가 동일하지 않다. 적어도 관심공간에서 하나의 지배적인 지위를 획득하고 있는 종교운동이나 사회운동과 비교했을 때, 지식운동의 상한선이 더 높을 수 있다. 이 동학에서 결정적 부분은 경쟁하는 운동들이 동시에 동원한다는 것이다. 즉 그것들은 자신들의 에너지와 전술을 서로로부터 끌어내면서도 자신들의 관심을 서로를 구분해주는 것에 논쟁적으로 초점을 맞춘다. 이를테면 중세 기독교 수사修士들—수도원 밖의 속세의 호전적인 수사들과 프란체스코 수도회와 도미니크회 수사들—의 두 개의 거대한 운동은 1200년대 초기에 각각 10년의 차이도 두지 않고 만들어져서, 세기가 경과하는 동안 일련의 유사한 발전과정을 거쳤다(그것들을 창립한 이데올로기적 사명을 유사하게 대체한 것을 포함하여). 중세 일본에서는 정토종淨土宗—대중에게 감정적으로 포교하는 대중적인 복음주의적 불교—의 경쟁 운동들이 전개된 바 있었다. 그 운동들은 원래의 동일한 네트워크에서 분리되었고, 동일한 많은 신학적·전술적 혁신들을 반포했다. 그리고 그것들은 자신들의 최대한의 에너지를 서로 간의 논쟁에 쏟았으며, 종종 공평한 관찰자라면 작은 차이(예를 들면 단지 어떤 종류의 찬불가가 구원을 가져다줄 것인지에 대한)의 과장이라고 불렀을지도 모를 것을 끌어내어 집단 차이의 엠블럼으로 내세웠다.[이들 운동에 대해서는 콜린스(Collins, 1998: ch. 7, ch. 9)를 보라.]

정치지향적 사회운동의 영역에서는 서로로부터 분리되어 나온 운동 가문의 모든 가족들이 무대에 등장한다. 이를테면 1960년대에 민권운동, 반전운동, 히피대항문화 운동들은 너무나도 서로를 동일시했기에, 1960년대 후반의 참여자들은 그것들을 그저 대문자로 '운동Movement'으로 표기하여 통칭하곤 했다. 이 포괄적인 운동(사회운동조직의 다양한 요소들을 지니고 있는)에서부터 네트워크가 분기되어 페미니즘 운동, 게이 운동, 녹색운동, 동물권리운동 및 여타 운동들이 촉진되었다.[7] 실제로 운동 '프레임' 개념을 고무한 것은 중첩되는 대중참여 네트워크들을 이용하여, 물려받은 전술(이를테면 비폭력 직접행동)과 이데올로기를 확대하여 전파하는 이러한 과정이었다. 내가 강조하고자 하는 것은 대문자로 표현된 '운동'이 하나의 관심공간으로 작동하며 지식의 '소수의 법칙'과 같은 방식으로 하위영역으로 분할되었다는 것뿐만 아니라, 이 사례가 하나의 운동이 동원 경쟁을 벌이는 가운데 발생하는 갈등을 통해 어떻게 관심공간 속에서 일시적으로 부각될 수 있는지를 보여준다는 것이다. 이 과정은 단지 하나의 운동 가문 내의 분열에 따른 동요뿐만 아니라, 경쟁관계에 있는 사회운동 가문들의 감정의 강화 또한 수반한다.

사회운동은 그 적들을 먹고 산다. (우리의 이데올로기적 초점, 즉 우리가 하나

---

7 다아니(Diani, 1995)는 이탈리아 운동을 사례로 하여 이들 네트워크의 중첩을 보여주는 증거들을 분석한다.

의 운동을 그 자신의 자기-정의의 렌즈를 통해 바라보는 경향뿐만 아니라) 우리의 방법론은 이러한 사실을 모호하게 하는 경향이 있다. 사람들은 자기편의 동원은 인식하지만, 적이 패퇴하거나 쇠퇴하는 시점에 이를 때까지 적을 하나의 상수로 간주하는 경향이 있다. 그러나 상대편의 반反동원 역시 분명히 존재한다. 극적인 사건, 대결, 잔혹행위를 산출하는 것, 즉 운동활동의 역사를 구성하는 것은 바로 이러한 동시적인 단계적 고양高揚이다. 남부의 백인시민 평의회와 야간 기마폭력단night rider 조직들은 분명 신흥 민권운동과 나란히, 실제로는 그것과 대립하며 동원하고 있었다. 각각의 새로운 전략적 행동들 (프리덤 라이드 운동freedom rides, 선거인명부 등록 캠페인, 행진)은 구체적으로 그것을 표적으로 하는 반反동원을 분출시켰다. 이런 의미에서 1950년대부터 1960년대에 걸쳐 발생한 미국 민권투쟁의 전全 역사는 아직까지 쓰이지 않았다. 민권운동에 공감하는 역사가들은 그 기질상 전체 이야기를 기술하는 데 적합하지 않다.

물론 내가 적대관계에 있는 운동들이 그들의 역사 내내 서로의 동원을 반향한다고 제시하는 것은 아니다. 만약 그랬다면, 결과는 항상 교착상태에 있었을 것이다. 왜 경쟁 분야의 몇몇 부분은 특정 지점에서 정점에 도달하고 그 다음에 그것의 동원을 유지하는 능력을 잃게 되는 반면, 다른 부분들은 관심공간을 훨씬 더 광범하게 지배해 나가는지를 분석하기 위해서는 더 많은 세련화가 필요할 것이다. 이것은 최대 규모의 지지자, 즉 가장 광범위한 그리고 가장 단기적으로 관여하는 양심적 지지자를 둘러싸고 벌이는 싸움의 일부이다.[8]

---

8 제임스 재스퍼가 (사적인 서신에서) 지적하듯이, 다양한 청중들 — 광범위한 방관자들뿐만 아니라 국가, 비정부 표적, 동원할 수 있는 지역 지지자들을 포함하여 — 이 특정 종류의 운동들에 의해 표적이 될 수도 있다. 이들 청중에게 더 광범위하게

내가 분명히 하고자 하는 점은, 경쟁자들이 특히 동원의 초기와 중기 단계에서 서로 얽혀 있다는 것이다. 이를테면 승리한 민권운동―일정한 한계 내에서이기는 하지만 공식적인 인종차별폐지와 공적 권리와 같이 매우 가시적인 공적 문제들에 대해 승리를 거둔―이 (1970년대의) 스펙트럼 상에서 자유주의 쪽의 일련의 운동들로 떨어져 나온 시기는 또한 새로운 스타일의 보수적 운동이 성장한 시기이기도 했다. '종교적 신우파'는 중요한 점들에서 대문자로 표현된 '운동'을, 그중에서도 특히 의례를 통한 연대와 대결의 기술을 모방했다.[9] 그것은 이데올로기와 전술의 많은 것을 빌려왔다. 반전통주의(예수의 사람들 Jesus People은 옛 찬송가 대신에 교회 안에서 기타를 연주했다), 집단동학과 의식고양기술(신체접촉 형식의 집단심리학)의 사용, 심지어는 (1980년대와 1990년대에 태어날 권리 운동Right to Life movement이 주로 사용했던) 비폭력 연좌농성이 바로 그것들이다. 거기에는 물론 좌파진영의 진보적 노동자Progressive Labor나 일기예보관Weatherman과 유사한, 태어날 권리 운동의 과격파 또한 존재한다. 그것은 아이러니해 보이지만, 1960년대 신좌파운동의 분위기와 전술에 가장 근접한 것이 오늘날 이들 우파 종교운동 내에서 발견되기도 한다는 것은, 초점이 맞추어진 관심공간 속의 경쟁자들에 관한 이론과 일치한다.

누군가는 문화적 프레이밍이라는 용어를 사용하여, 운동 프레임이 동맹관계에 있는 운동들뿐만 아니라 적의 운동들에까지 확장된다고 말할 수도 있

그리고 더 멀리까지 도달하려는 싸움은 상당 부분 대중매체에서 관심공간을 차지하기 위한 싸움이기도 하다.

9 거기에는 또한 '뉴에이지' 사회 네트워크로부터 직접적으로 파생한 것들도 일정 정도 존재했다. 남부 캘리포니아 록 음악가들은 갈보리 채플 운동(Calvary Chapel movement)을 시작했다. 이것은 빈야드(Vineyard), 하베스트 크루세이드(Harvest Crusade), 프라미스 키퍼스(Promise Keepers) 그리고 토론토 블레싱(Toronto Blessing)과 같은 주요 새로운 기독교 운동으로 발전했다.

다. 게다가 지식운동의 경우에서처럼, 반대자에게 초점을 맞추는 것은 감정 동학을 해명하는 하나의 열쇠이다. 제1차 세계대전이 끝났을 때 그리고 1920년대까지, 이탈리아와 독일에서 원형적 형태의 그리고 완연한 모습을 갖춘 형태로 나타난 파시스트 운동들은 공산주의운동과의 투쟁활동 대부분을 거리에서 수행했다. 달리 말해 좌파의 혁명적 동원의 절정은 우파의 반동 원을 불러일으켰다. 그럼에도 불구하고 파시즘 운동이 호전적인 노동운동에서 분열되어 나옴으로써(무솔리니의 경우), 그리고 그것으로부터 이데올로기를 차용함으로써(국가사회주의의 경우) 발생한, 파시즘 운동에서 이상한 변칙으로 보이는 것들 역시 관심공간 내부에서 발생하는 분열유형의 일부이다. 누군가는 한걸음 더 나아가 초기의 다양한 소수의 호전적 집단들 사이에서 있었던 관심경쟁 — 결국은 하나의 더욱 완고한 정치적 선택으로 단순화된 — 을 재구성할 수도 있다. 나는 그러한 운동들이 부상하여, 분명한 경쟁자에 맞서 싸우는 주도적 투사로서 가장 관심의 초점이 될 수 있었던 소수의 경쟁자들을 그러한 운동들 내에 통합했다고 제시한다(히틀러의 변형된 조직이 철모단이라는 퇴역군인들의 준군사조직을 흡수한 것처럼).[10] 이를테면 (좌파의 극단에 자리잡고 있던 그리고 사회민주주의자들을 냉대하던) 공산주의자들과 (반反모더니즘 운동의 혼란상태를 깔보던) 파시스트들은 무엇보다도 서로를 적대시하는 것을 통해 동원에 성공했다.

---

10 페인(Payne, 1995: 150~164)과 프리체(Fritzsche, 1998: 134)는 제1차 세계대전 이후 시기 독일의 다양한 민중주의적인 권위주의적 경쟁자들을 열거한다. 온건파 내부의 우파뿐만 아니라 게르만기사단(Germanenorden), 툴레회(Thule Society), 자유군단(Freikorps), 철모단(Stahlhelm) 및 여타 군사조직, 그리고 독일청년단을 포함한 수많은 청년단체, 국가볼셰비키당, 독일국가인민당 등이 그것들이다. 에른스트 룀(Ernst Roehm) 휘하의 돌격대(SA) 내부에도 좌파운동이 존재했다. 이 운동은 부분적으로 좌파운동 지지자와 중복되었고, 1934년 6월 히틀러가 암살하기 전까지 완전히 병합되지 않았다.

또 다른 사례가 이 책의 몇몇 장들에 실려 있다. 알렌 슈타인의 글 「수치심을 느낀 사람들의 복수」(제7장)는 기독교 신우파가 그들 자신의 저항행위의 주요 표적 중의 하나로 게이에 초점을 맞추는 방식을 보여주고 있다. 슈타인은 이것을 자신이 기독교 운동가들의 초기충원에서 파악한 동기감정, 특히 특권 있는 자유주의적 엘리트와 비교하여 자신들의 이전의 생활환경과 계급지위에서 발생한 수치심과 사회적 열등감의 맥락에서 해석한다. 슈타인은 게이 생활양식에 반대하는 운동을, 이러한 수치심이라는 동기를 적어도 어느 한 집단에 대한 자신들의 우월성을 복원하는 도덕적 분개로 치환하는 것으로 묘사한다. 이것은 아마도 그것과 관련된 감정적 요소들에 대한 묘사로서는 정확할 것이다. 그러나 나는 수치심을 모든 사회운동에서와 마찬가지로 집합적 연대로, 그리하여 집합행위를 위한 에너지로 변형되게 되는 초기감정 또는 원료감정으로 제시한다. 기독교 신우파는 홀로 그리고 내적인 감정적 욕구에 의해서만 추동된 것이 아니라 경쟁하는 운동들로 이루어져 있는 하나의 세력 장a field of forces에서 출현했다. 이 세력 장에서 성공한 운동들은 각각 공적 관심공간에 대한 그리고 감정에너지의 자신들의 몫에 대한 권리를 주장했다. 나는 기독교의 게이 공격을 희생양 만들기와 감정적 치환으로서가 아니라 경쟁자들 사이에서 양측 모두의 동원에 일조하는 일종의 자력磁力으로 이해하고자 한다. 대결적인 쟁점이 없는 시기에, 운동은 그것의 에너지와 연대를 유지하기가 훨씬 더 힘들다. 왜냐하면 적어도 운동이 성원들을 집합행위로 결집시키기 위해서는 무언가를 하는 것이 필요하기 때문이다. 게이권리 운동과 주택조례에 대한 그것의 공익 캠페인은 기독교 신우파와 동일한 세대의 일부이다. 그리고 동일한 공익 캠페인들이 양쪽 모두의 동원을 유지하기 위해 작동하는 것은 물론이다.

나는 관심공간을 둘러싼 투쟁이 지식운동, 종교운동, 정치운동 모두의 감정동학을 틀 짓는다고 제시해왔다. 하지만 우리는 '소수의 법칙'이 가장 극적인 사회운동—반란운동이 국가권력과 대결하는 거대한 정치적 막판 대결—에까지 적용되는 것은 아니라고 결론을 내리라는 유혹을 받을 수도 있다. 어찌되었던 국가는 하나의 사회운동조직이 아니다. 따라서 우리는 이 관심공간 내에서는 단지 하나의 운동만을 가진다. 국가는 지식운동이 아무리 성공한다고 할지라도 그것과 함께는 결코 발생할 수 없는 어떤 것이다. 그럼에도 불구하고 나는 관심공간이라는 분석장치의 중요한 일부는 국가에도 적용가능하다고 생각한다. 반란자와 국가 간 막판 대결에서 양측 모두는 가능한 가장 광범한 양심적 지지자에게 호소한다. 권력의 막판 대결은 감정을 듬뿍 실어, 전 주민의 관심을 사로잡고자 한다. 왜냐하면 양측 모두가 사람들의 공감을 끌어내기 위한, 즉 기존 질서를 지지하거나 아니면 그것의 붕괴와 다른 질서로의 전환을 지지하게 하기 위해 물러설 수 없는 요구를 하고 나서기 때문이다. 그러한 순간은 변덕스럽고, 또한 티핑 포인트tipping point의 성격, 즉 하나의 운동에 대한 지지를 철회하고 재빨리 다른 운동을 지지하는 성격을 지니고 있다(Schelling, 1960).[11] 내가 티핑 포인트 개념에 덧붙이고자 하는 것은 그 동학이 기본적으로 감정적이라는 것이다. 즉 개인은 비용과 이익의 계산(이것은 이 같은 극단적인 불확실성의 시점에서는 불가능하다)에 의해서라기보다는 집합적인 감정의 흐름에 의해서 반란자와 현상유지세력 중 누구에게 지지를 보낼지를 '결정한다.' 내가 집합행위의 의례구조를 논의하면서 앞서 제시한 감정적 연대 모델의 세목들은, 군중의 일부가 뒤르켐식의 신의 목소리로 말하고 있는 의미에 관심의 초점이 집중될지를 결정하는 데 결정적이다.

정치적 막판 대결은 관심공간을 두 개의 파벌로 단순화하고, 그런 다음에

---

11 또한 티핑 포인트의 변덕이 왜 참여자들이 정권교체가 언제 일어날지를 예측하지 못하게 하는지에 대해서는 쿠란(Kuran, 1995)을 보라. 그리고 티핑 포인트를 군중의 갈채와 야유라는 미시적 상황에 적용한 것으로는 클레이만(Clayman, 1993)을 보라.

궁극적으로는 하나, 즉 승리한 쪽으로 단순화한다. 정치혁명의 순간에(또는 혁명 실패의 순간에) 소수의 법칙은 무너진다. 그러나 이러한 상황은 매우 드물고 일시적이다. 승리하는 쪽은 불가피하게 파편화된다. 그것의 감정적 통일성은 지속될 수 없다. 왜냐하면 그러한 통일성은 막판 대결 갈등이 초래한 매우 강력한 최면력이 있는 관심의 초점에 의해 발생되었기 때문이다. 서로 다른 개인의 감정을 하나의 거대한 에너지, 긴장, 열광의 중심지로 결집시킨 것은 바로 이 메커니즘이었다. 일단 갈등이 끝나고 나면 대대적인 찬양의 분위기가 지배한다. 1989~1991년의 동유럽과 소비에트 혁명에서, 나는 이러한 분위기가 3일째까지 그 정점에 있을 것이고, 몇 주일 내에 상당히 사라질 것이라고 추정했었다. 관심공간이 다시 분할됨에 따라, 분파투쟁이 새로운 노선을 따라 자주 재현된다.

관심공간을 지배하는 이러한 압도적 통일성은 사회운동의 통상적인 조건이 아니다. 대부분의 기간 동안 사회운동은 낸시 휘티어의 멋진 표현을 빌면 집합적 감정노동collective emotional labor을 수행하는 것을 통해 동원투쟁을 벌인다. 다시 말해 사회운동은 이전의 운동과 경쟁 운동이 창출해낸 공존하는 감정 중심지들을 싸움 붙이며, 감정적 관심영역 속에서 틈새를 발견하기 위해 분투한다. 그리고 양심적 지지자는 부분적으로 이전의 사회운동이 이루어낸 동원의 잔유물이기 때문에, 특정 사회운동의 감정적 자아표현emotional self-presentation은 사회운동의 어떤 역사적 계기가 이러저러한 감정적 프레임 속에 지지자들을 묶어놓은 바로 그 정도만큼 성공하거나 실패할 것이다.[12]

---

12 이를테면 프리체(Fritzsche, 1998)는 사라예보 암살에 뒤따른 국제적 위기 동안에 1914년 7월 전쟁을 선동하던 거대한 군중 속에서 독일인들이 한 경험은 10년에서 20년 후에 나치 동원이 반복해서 불러낸 감정적인 국가적 연대의 기억을 남겼다는 증거를 제시한다.

그럼에도 불구하고 "전 세계의 주목을 받는"—적어도 그 역사적 시간과 장소와 관련된 전 세계의 주목을 받는—막판 대결에서 사회운동이 극적인 단순화를 이룩하는, 역사적으로 드문 순간에, 최종적 결단이 요구된다. 이는 거대한 감정적 고양이 이루어지는 시점으로, 그것은 너무나도 고양되어, 세대를 넘어 반향된다. 그러한 감정적 고양상태는 그 순간의 최고의 연대를 불러일으키는 상징들—엠블럼, 노래, 슬로건—속으로 부호화된다. 1789년의 프랑스대혁명이 불러일으킨 감정적 반향의 기억은 너무 강력해서, 100년이 넘는 기간 동안 모반적 정치운동들이 그 순간을 재현하고자 노력했다. 그것은 파시즘적 분열이 그 상징적 메시지를 너무나도 혼란스럽게 만들어놓아 그 감정적 명료성을 잃어버린 20세기 초에 이르기까지를 철저하게 지배해온 감정적 이미지였다.

1960년대에 그 자리를 차지한 것은 미국 민권운동이었다. 그러나 그 까닭은 그것이 진정한 혁명적 막판 대결을 완수했기 때문이 아니라, 관심공간을 지배하는 지점에까지 도달했고 또한 도덕적 정당성에서 거의 절대적인 우위를 지니는 상징적-감정적 승리를 쟁취했기 때문이다. 이러한 정당성은 실제적이기보다는 상징적이었고, 또 그것이 단명하고 말았던 것은 운동 성공의 중심에 자리하고 있는 감정동학과 부합한다. 그러나 프랑스대혁명처럼, 1960년대 중반의 민권운동이 성취한 관심은 실제로 모든 사회운동—적과 아군 모두—이 지난 30년 동안 재현하고자 노력해온 하나의 모델이 되어왔다. 감정을 적재한 상징적 자본은 하나의 운동 동원에서 다음 운동 동원으로 반향된다. 운동동학은 일시적일 뿐만 아니라 환생한다.

2

감정을 제자리에 위치시키기

크레이그 칼훈

20세기 말경 많은 사회학자들은 감정을 우리의 분과학문 내의 진지한 고찰 대상으로 끌어들이기 위한 노력에 착수했다. 그중 일부는 상징적 상호작용 이론 공동체에서 나왔다. 이 공동체는 '상징적'이라는 바로 그 이름표가 일정 정도 인지주의를 시사함에도 불구하고, 항상 대부분의 사회학보다 감정에 더 많은 관심을 보여 왔다. 다른 사회학자들은 사회심리학 내의 또 다른 전통―이를테면 장 이론^{field theory}과 집단관계에서의 좌절과 공격에 관한 연구―에 의지했다. 또 다른 사회학자들은 자주 정신분석학 속에서 (심지어 심리학과 내에서 그 발판의 일부를 잃을지라도) 수입할 수 있는, 또한 생리학적 심리학과 신경학의 더 새로운 연구경향들을 포함하는 또 다른 전통들 속에서 수입할 수 있는 심리학을 발견하고자 노력했다. 또 다른 학자들은 문화연구와 페미니즘에서 그리고 미학적 분석의 다양한 분파들 속에서 감정을 이해하고자 하는 노력에 의존했다. 이들 모두는 잠재적으로 감정에 대한 관심을 통해 사회학의 재활성화를 도모한다.

일부 사회학자들은 효과적으로 차용해오기만 한 것이 아니라, 심리학과 사회학의 경계 양쪽에 다리를 걸치고 어떻게든 학제적 연구를 진척시키고자 해왔다.[1] 비록 감정사회학 내에서 광범위한 노력이 있었지만, 그럼에도 불구하고 그들은 아직까지 사회학 이론을 전반적으로 변화시키지 못했으며, 그 분과학문의 많은 하위 분야들 역시 새롭게 틀 짓지 못했다. 그보다는 감정사회학은 그 나름 하나의 분야로 일정 정도 인정받아왔다. 구획화가 전문가들의 네트워크에 어떤 이익이 되든 간에, 그것은 사회학 내에서 그 분야의 전반적 영향력을 제한할 수 있다.

이와 동시에 감정연구가 왜 사회학 내에서 더욱 중심이 되지 못했는지를 이해하기 위해서는, 우리는 감정연구 그 자체의 특성에 관해서가 아니라 그간 사회학의 나머지 영역에서 감정에 대해 무관심했던 이유와 그 성격에 대해 물어야만 한다. 우리는 감정연구가 어떤 종류의 저항에 직면하는지 그리고 기존 이론과 접근방식의 어떤 특징이 감정연구와의 결합을 어렵게 하는지를 이해할 필요가 있다. 내가 '저항'이라는 단어를 그냥 가볍게 언급하는 것이 아니다. 나는 '엄밀한 과학'에 대한 이해—많은 사회학자들은 이에 기초하여 연구한다—가 감정을 진지하게 다루는 것을 실제로 방해한다고 생각한다. 감정연구가 보잘 것 없을 것이라는 생각은 어쩌면 감정에 관한 관념을 가지

---

[1] 그 탁월한 예가 바로 셰프(Scheff, 1997)의 연구이다. 또 다른 주목할 만한 분석가들 또한 사회학과 심리학을 잇고자 하는 이론을 (다양한 방식으로) 발전시켰다. 데이비드 하이세(David Heise)의 감정통제 이론—이 이론의 중심 텍스트가 『사건 이해하기: 감정과 사회적 행위의 구성(Understanding Events: Affect and the Construction of Social Action)』(1979)이다—은 다른 전거들 중에서도 하이더(Heider)의 균형 이론을 독창적으로 확장시키고 있으며, 심리적일 뿐만 아니라 명백히 사회적인 공식적 감정 이론을 발전시키려는 최고의 현대적 노력 중의 하나이다. 몇몇 사회학자들, 그 중에서도 특히 초도로(Chodorow, 1999), 스멜서(Smelser, 1999), 챈서(Chancer, 1992)는 정신분석학적 심리학과 사회학을 동시에 진척시키고자 노력해왔다. 이 세 학자는 사회학적 전통뿐만 아니라 상이한 정신분석학적 전통을 대표한다.

고 장난치는, 즉 감정을 설명하기보다는 불러일으키는 많은 천박한 문화연구들에 의해 강화된다. 그러나 감정에 대한 그러한 저항의 좀 더 심층적인 이유는 많은 사회학자들이 동화되어 있는 암묵적인 행동주의, 즉 감정은 그 성격상 관찰할 수 없는 내적 상태를 모호하게 지시하는 것이라는 관념에 있다. 로버트 우드노Robert Wuthnow가 주류 사회학이 "의미의 문제를 벗어나" 있는 문화사회학만을 받아들이려고 했었다고 주장했던 것처럼, 너무나도 많은 사회학자들이 감정에 대한 해석에 기초한 어떠한 접근방식도 두려워한다.[2] 모든 지식이 해석에 의존한다는 점에 개의치 마라. 그것은 다른 노선의 사회학적 연구에서보다 문화와 감정에 대한 대부분의 진지한 연구들에서 더 두드러진다. 감정은 이를테면 소득이나 투표보다 확실히 덜 관찰 가능한 것으로 보인다(하지만 그것이 계급이나 권력보다 덜 관찰 가능한지는 분명하지 않다). 감정에 이론적 문을 연다는 것은, 감정에 붙여진 이름인 내성적 또는 해석적 블랙박스에 호소하는 것에 기초한 어떠한 설명도 허용되는 사회학적 분석을 암시한다. 이에 따르는 공포는 과도하게 규정지어져 있다. 왜냐하면 그것은 인식론적 관행에 이의를 제기하는 것이 아니라 많은 사회학자들의 자부심을 뒷받침하는 중대한 것으로 간주되는 자아인식에 이의를 제기하는 것이기 때문이다. (비록 내가 누군가에게 교훈적이 될 수 있는 더 긴 목록을 분명 가지고 있기는 하지만, 적어도 이 목록에서는) 마지막으로 그리고 특히 분명하게, 감정연구는 많은 사회학자들에게 심리학주의의 유령을 불러낸다. 뒤르켐에 대한 다소 일방적인 해석을 습득한 사람들은 사회학적 현상을 심리학적 요소로 설명하는 것을 두려워한다(주: 공포는 하나의 감정이다). 그리고 심리학 교수들이 사회학을 희생시키며 성장할 때, 만약 인식론적 환원주의가 권력과 자원으로 환원된다면, 어떤 일이 일어날까?

---

2 우드노(Wuthnow, 1989)를 보라. 그리고 칼훈(Calhoun, 1992)에서의 논의도 보라.

이러한 저항에 직면할 때면, 나는 감정에 대한 사회학적 연구와 관련하여 몇 가지 방침을 확실히 해둘 필요가 있다고 생각한다. 첫째로, 나는 감정에 대한 사회학적 연구의 중요성은 바로 사회현상을 설명하기 위해 감정을 그 자체로 제시될 수 있는 무의식적인 심리학적 또는 '내적' 현상으로 연구하는 것이 아니라 사회학적으로 연구하는 데 있다고 생각한다. 감정은 사회적 상호작용과 문화적 이해에 의해 산출되거나 틀 지어진다. 그러나 우리는 여기서 신중을 기해야만 한다. 만약 우리가 감정의 육체적 차원을 놓친다면, 우리는 감정에 관한 특정한 관념을 얼마간 잃을 것이다. 둘째로, 우리가 필요로 하는 것은 단지 감정사회학만이 아니라, 감정을 사회학적 이해, 설명, 관찰 그리고 보다 일반적으로는 사회학 이론에 통합시키는 것이다. 그러한 통합은 단지 구획화를 피할 수 있는 것만이 아니다. 그것은 애초에 대체로 감정이 배제된 사회학 이론의 용어들과 관련하여 인식되었던 설명에 대한 하나의 보완이나 교정책으로 감정을 설명에 끌어들이려는 경향을 피할 수 있을 것이다. 셋째로, 우리는 비판이론적 시각 내에서 감정에 접근하는 것이 필요하다. 하지만 내가 이를테면 호르크하이머Horkheimer와 아도르노Adorno가 다른 누구보다도 감정을 가지고 훌륭한 작업을 했다고 주장함으로써, 우리가 어떤 특정 학파에 특권을 부여해야 한다는 뜻으로 말하는 것은 아니다. 오히려 내가 말하고자 하는 것은, 우리가 감정을 단순한 실증성의 정신으로 접근하는 것이 아니라(단지 "이봐! 감정은 존재해! 감정은 중요해! 감정은 이러저러한 영향력을 가졌어"라고 단언하는 것이 아니라), 감정에 대한 관찰과 사고의 어려움, 우리가 습관적으로 행하는 몇몇 방식의 이면에 놓여 있는 사상사의 함의, 그리고 일상 언어가 편견으로 가득 채워지는 방식에 대해 비판적으로 탐구할 필요가 있다는 것이다. 감정에 관한 사회학적 연구에 매력적인 공헌을 한 것들 중에서 한 가지 눈부신 예만을 거론하더라도, 그것은 마음/몸 이원론에 편재하는 암묵적인 가정에 도전하거나 재고하게 할 수 있다. 하지만 이것은 오직 우리가 그러한 이원론의 가정, 역사 그리고 우리의 이론, 언어, 지각 속에 그것이 착근되어 있는 방식에 비판적으로 주의를 기울일 때에만 이루어질 것이다. 실제로 그러한 가정이 갖는 힘은 어쩌면 왜 감정을 분석의 중심 무대에 올리는 것이 그렇게 어려운지에 대한 이유들 중의 하나가 될 것이다. 즉 감정은 단순히 그러한 이분법으로는 충분히 파악할 수 없다.

더 일반적으로 말하면, 많은 쟁점들─그리고 본질적 대립들─이 우리가 감정을 운동연구에 더 잘 통합시키고자 할 때 싸워야만 하는 지적 유산과 습성들을 틀 짓고 있다. 이 책이 기초하고 있는 뉴욕대학교 학술회의를 개최하면서, 짐 재스퍼^{Jim Jasper}는 그 행사를 두 개의 하위 분야, 즉 사회운동과 감정 간의 교점을 제시하는 것만이 아니라, 사회운동연구를 위한 "새로운 비전, 이미지 그리고 언어에 대한 탐색"에 착수하는 것으로 묘사했다. 이러한 탐구가 중요한 까닭은 단지 사회운동 분야가 진부한 작은 부분으로 전락했기 때문이 아니라(그것은 그래왔다), 그 분야가 초창기에 감정을 제대로 파악하는 데 전혀 적합하지 않게 규정되었기 때문이다.

I

운동참여 그리고 집합행위와 특정 사건의 형성에서 감정이 갖는 중요성에 대해서는 의문의 여지가 없는 것 같다. 하지만 애석하게도 이 분야의 주요 이론들이 감정에 최소한의 지위를 부여한 것에 대해서도 마찬가지로 거의 의문이 제기되지 않는다. 르 봉에서 터너^{Turner}와 킬리안^{Killian} 그리고 닐 스멜서^{Neil Smelser}로 이어진 집합행동의 분석전통에 대한 반작용으로, 감정은 사회운동연구에서 거의 대부분 추방되었다.[3] 이 옛 전통은 집합행동을 주로 국외자의 입장에서 접근하며, 비합리적인 사람들이 참가하는 어떤 것으로 파악한다. 관심이 (단지 에피소드가 아니라) 운동을 향할 때, 그리고 분석가들이 동정심을 가지고 있는 투쟁(그리고 그들 자신이 참여하고 있을 수도 있는 투쟁)을 향할 때, 그러한 관점은 변화했다. 우리가 (단지 집합행동이 아니라) 집합행위의 측면에서 사고해야 한다는 주장은, "우리와 같은 사람들"이 할 수 있는 어떤 것에 대한 내면적 분석으로 관점이 전환하고 있음을 보여주는 것이었다. 집합행위는 이성적이고 자의식적인 선택의 산물이라는 의미에서 합리적일 뿐만 아니라 (좀 더 좁게는) 전략적이고, 이해관계에 기초한 것이고, 목적 달성을 위한 효과적인 수단의 측면에서 계산된 것으로 이해되었다. 이 문제에 대한 새로운 프레이밍은 또한 적합한 연구대상의 범위를 재정의할 것을 제안했다. 사회과학자들은 '집합행위'라는 명칭하에 노조투쟁과 함께 저항을, 그리고 자본가들의 가격통제시도와 함께 노동자의 폭동을 포함시켰다.[4] 심지어 사회운동—자주 실제 공식 조직에 의해 주의 깊게 계획되고 지원받는 지속적인 공동행위—연구는 특정한 집합행동사건을 사회심리학적 과정을 통해 이해할 수 있다는 설명에 반대할 것을 권고한다. 매우 심각한 몇몇 편견으로 채워진 욕조의 물과 함께, 감정이라는 아이 역시 흔히 버려졌다. 감정을 이 영역으로 다시 돌려놓는 것이 어려운 까닭은 부분적으로 감정이 그 영역에 중립적인 의미로 부재하기 때문만이 아니라 그 분야를 정의하는 데 일조한 지적 반란에서 감정이 추방당했기 때문이었다.

---

3 그리고 게리 막스(Gary Marx, 1972)가 주장했듯이, 감정이 버림받고 만 까닭은 감정이 이러한 학문적 전거에서부터 저항에 대한 불쾌한 정치적 반응에까지 걸쳐 있기 때문이었다. 그는 군중행위를 사회심리학적 단락(短絡)으로 보는 이러한 설명을 집합행동에 대한 "구스타프 르 봉-로날드 레이건 '미친 개' 이미지"라고 칭했다.

4 맨커 올슨(Mancur Olson)의 『집합행동의 논리(The Logic of Collective Action)』(1965)는 구체적인 분석뿐만 아니라 그와 유사한 영역을 이처럼 재프레이밍하는 데 있어 중요한 역할을 수행했다.

이와 동시에 나는 우리가 다루는 문제가 사회과학 내에서 얼마나 오래되었는지를 상기했으면 한다. 내가 앞에서 분명하게 제시했듯이, 우리는 이 문제가 어떻게 마음/몸 이원론과 같은 문제 있는 토대 위에 구축되었는지를 살펴보지 않고서는 이 문제(그리고 이 문제를 철저하게 고찰하지 않은 채 도출된 기이한 정식화를 확신하는 것)를 이해할 수 없다. 플라톤에서 이미 근본을 이루고 있던 이 이원론은 우리의 신체를 다른 사람, 농장의 동물 그리고 화산을 다루는 것과 유사한 방식으로 외적인 것으로 간주해야 한다는 에픽테토스 Epictetus의 가르침 속에서 특히 영향력 있는 하나의 형태를 취하고 있다. 내적인 것은 분명 마음이다. 아우구스티누스Augustine는 이러한 내부의 공간을 자아에게 열어놓았지만, 계속해서 몸―그리고 감정―에 대한 통제를 강조했다. 이것의 정점에서 합리성/비합리성, 동기/행위, 개인적인 것/사회적인 것과 같은 구분이 나온다. 논점은 간단하다. 즉 우리는 감정에 대한 관념 그 자체―그리고 감정과 이성의 구분―를 산출해온 유산을 극복하지 않고는, 감정을 새롭게 인식하려는 노력에 착수할 수 없다. 달리 말해 우리가 물려받은 추론의 전통은 부분적으로 감정을 어떤 특정한 봉쇄된 장소에 위치시키는 식으로 구축되어왔다. 이 전통은 낭만주의자, 프로이트주의자, 신비주의자, 그리고 포스트 모더니스트들에 의해 거부되어왔다. 그러나 그 전통은 벗어날 수 없는 것이었다. 따라서 그것은 우리가 사회운동연구에서 감정에 하나의 지위를 제공하는 좀 더 구체적인 문제에 접근하는 방식을 구조화한다.

이 책의 대부분의 기고자들은 암암리에 정치과정론, 자원동원 이론 그리고 합리적 선택 이론이라는 널리 퍼져 있는 관례적인 지식에 대한 하나의 도전이나 수정의 형태로 감정을 되돌려 놓고자 시도해왔다. 물론 그러한 관례적 접근방식들이 동일하지는 않지만, 그것들이 공통적으로 공유하는 것은 집합행위문제에 대한 다소 도구적인 하나의 접근방식이다. 도구적 사고가 그 영역을 지배한 까닭은 1960년대 이후의 구체적 투쟁들이 그러한 사고에 의해 규정되었기 때문이지만, 그러한 사고가 존재하고 그러한 사고가 지적 권력을 지니게 된 까닭은 이성과 통제(감정에 대한 통제를 포함하여)를 연계 짓는 훨씬 오랜 역사 때문이다.

몇몇 발표자들은 운동조직자들이 관리할 필요가 있는 것들 중에서, 그들이 이용할 수 있는 동원전술들 중에서, 그리고 그들의 적에 맞서서 그들이 사용할 수 있는 전략들 중에서 감정과 감정조작이 더욱 두드러질 수밖에 없을 것이라고 제시함으로써, 그저 그러한 도구적 접근방식이 수정되기를 바랄 뿐이었다. 다른 발표자들은 도구적 접근방식에 대한 하나의 도전 그 이상으로서의 감정에 관심을 기울여왔다. 그들은 적어도 암암리에 감정이 우리에게 운동 참가자들을 동기 지우고 서로 간에 연대를 획득하고 그들의 행위를 구체화하는 서로 다른 방법들에 주의를 기울이게 한다고 주장해왔다.

이러한 논의를 괴롭히는 것은 '합리주의적인' 분석적 접근방식에 대한 반대 때문에 아무튼 감정을 명시적으로 또는 암묵적으로 '비합리적'인 것으로 보려는 경향이다. 우리는 열정이 이해관계와 함께 근대공리주의와 도구적 정치분석의 수립에서 아주 강력하게 작동했다는 것을 잘 기억하고 있을 것이다.[5] 프랭크 도빈(이 책 제4장을 보라)은 허쉬만의 수사학적 전환에 관한 분석을 언급한다. 허쉬만에 따르면, 그러한 전환에 의해 많은 분석가들에게서 그리고 경제학과 같은 모든 학문에서 열정은 이해관계로 변형되었다. 그러나 마키아벨리, 홉스 그리고 심지어 벤담에서, 열정은 여전히 직접적으로 그리고 그 자체로 관심의 초점이었다. 그들은 인간행위를 본질적으로 열정에

---

5 도덕철학이 정치경제학을 탄생시켰던 순간에 도덕철학이 지녔던 이 같은 차원을 복원시킨 앨버트 허쉬만(Albert Hirschman, 1977)의 유명한 논의를 보라. 또한 어떻게 이 과정이 서구에서 독특하게 개인의 관념을 구성했는지에 대해서는 루이 듀몽(Louis Dumont, 1982)의 설명을 보라.

의해 틀 지어지는 것으로 보았으며, 욕구가 열정을 길들이고 조직하는 것으로 보았고, 열정을 사람들이 즐거움과 고통을 발견하는 (다른 방법으로는 설명할 수 없는) 데에서 차이의 원천 — 이것 없이 공리주의자의 계산법은 작동할 수 없다 — 을 이루는 것으로 보았다.

애덤 스미스[Adam Smith, 1984(1759)]가 '도덕감정 이론'에 쏟은 헌신, 그리고 일반적으로는 스코틀랜드 도덕주의자들이 감정적 유대와 갈등노선의 제도화 방식에서 나타나는 역사적·문화적·사회구조적 변이에 관심을 기울인 정도를 상기하는 것 또한 도움이 된다. 그들은 시민사회 관념을 발전시키는 것과 함께, 상식의 관념도 개진했다. 그들이 상식이라는 관념을 통해 말하고자 한 것은 단지 이성의 최소공분모가 아니라, 사고뿐만 아니라 감정에 의해서도 형성된 공통의 이해를 획득할 수 있는 능력이었다.[6]

이 담론에서 감정과 이해관계 사이의 핵심적 차이는 그것들이 도덕성과 갖는 관계와 관련되어 있다. 이해관계에서 나온 주장들은, 흔히 도덕은 물질적 힘을 가지지 않는 "단지 당위"의 문제라고 제시해왔다. 감정을 진지하게 취하는 것이 주는 이점 중의 하나는 그것이 도덕적 규범과 명령이 어떻게 힘을 갖게 되는지를 더 잘 이해할 수 있게 해준다는 것이다. 따라서 이것은 우리가 하지 않을 수 없는 것과 선한 것the good — 이해관계와 그것이 주는 많은 이익의 의미에서든 아니면 단지 하나의 추상적인 이상으로서의 도덕성의 의미에서든 — 을 구분하는 데 일조한다. 이것은 단지 감정의 힘이 도덕적 판단의 토대를 이룬다고 말하려는 것은 아니다. 오히려 찰스 테일러(Charles Taylor, 1989)가 주장했듯이, 우리는 우리의 가장 강렬한 반응을 성찰함으로써, 우리를 인간으로 정의해주고 우리의 도덕적 판단에 질서를 가져다주는 보다 높은 수준의 선한 것을 알게 된다.

---

6 이와 관련하여 허치슨[Hutcheson, 2000(1728), 1919]은 중요한 인물이다.

II

이를 염두에 둘 때, 우리는 "감정은 그 밖에 무엇과 관련되어 있는가?"라는 질문을 더욱 분명하게 제기할 수 있을 것이다. 아마도 이해관계는 그 답이 아닐 것이다. 일부 운동 분석가들이 객관적 이해관계라고 취급하는 돈, 권력 또는 또 다른 종류의 자원에 대한 애착은 누군가의 국가 또는 누군가의 아이들에 대한 애착만큼이나 감정의 문제─고전 공리주의자들이 그렇게 보았던 것처럼─이다. 각각의 경우에서 그것들에 문제가 되는 것은 사람들이 이성이 제공한 수단을 가지고 목적을 추구하는 정도이다.

하나의 대안적이면서도 긴밀히 연관되어 있는 구분이 감정과 인지 간의 대비일 것이다. 이러한 대비가 갖는 이점은 사고가 항상 어떤 규범적으로 이해된 '합리성'의 성과로 귀결된다는 함의를 제거한다는 것이다. 하지만 여기서 나는 두 개의 또 다른 관심사를 제기하고자 한다. (1) 어떻게 우리가 인지와 감정을 완전히 구분할 수 있는가? (2) 우리는 그것들을 보완할 제3의 범주, 즉 지각의 범주를 필요로 하지 않는가?

내가 보기에, 하나의 적절한 사례가 우리가 추구하고자 하는 것의 많은 것이 인지, 감정 그리고 지각 간의 관계를 우리의 관심의 전면에 부상시키는 것이라는 점을 잘 보여 줄 것으로 보인다. 만약 이것이 옳다면, 우리는 어쩌면 사회학의 여러 해에 걸친 저항 중 하나가 아니라 두 개─문화분석과 심리학적 분석─에 대해 이의를 제기하고 있는 중일 수도 있다. 진정한 감정사회학이 되기 위해서는, 그것은 '감정성'이라는 부가적 변수를 고찰하기 위한 특별한 요청 그 이상이 되어야 한다. 그러기 위해서는 의미와 행위의 정신 내적 차원과 문화적 차원을 사회조직과 분명하게 연관 지을 수 있는 준거틀이 요구된다.

나는 지금까지 이 글을 읽은 독자들 중 소수만이 의미와 정체성의 생산에서 문화에 진지한 관심을 기울이는 것이 갖는 장점에 대해 의문을 가질 것이라고 생각한다. 정신 내적 요인들은 또 다른 문제이다. 얼마나 많은 정신분석학적 개념들이 그 분석틀에 대해 별반 주의를 기울이지 않은 채 감정사회학에 수입되고 있는지를 살펴볼 필요가 있다. 나는 다만 이 책이 기초하고 있는 학술회의에서 있었던 한 가지 중요한 실례만을 언급하고자 한다. 회의장에서 어떤 사람이 "만약 감정이 관리되고 있다면, 무엇이 그러한 관리를 합니까?"라고 질문했다. 그 질문은 좌담을 중단시키고 발표자를 당혹케 하고 하나의 이의를 제기하는 것으로 보였다. 자아가 뚜렷하게 몸과 구별되고 열정은 후자에 속한다는 의미에서, 자아가 하나의 답변―내가 앞서 인용한 에픽테토스의 예에서의 자아―일 수도 있다. 하지만 이것은 우리의 자아 관념―우리가 부분적으로 우리의 감정에 의해 구성되고 우리는 내적 (중요하게는 감정적) 성격을 표현함으로써 우리 스스로를 드러낸다는 관념(Taylor, 1989)―을 받아들이고 있는 대부분의 현대인들이 쉽게 이해할 수 있는 답변이 아니다. 정신분석학은 정신능력의 내적 분화에 기초하여 상이한 대답을 한다(비록 능력이라는 용어가 논쟁의 대상이 될 수도 있지만).

정신분석학은 정신 내적 관계에 대한 복잡한 견해를 제시한다. 정신분석학은 충동과 감정, 금지와 억압, 더 나아가 기쁨과 고통 간의 관계를 균형잡고 조직화하려는 도전을 자아―에고ego―의 독특한 능력에서 기인하는 것으로 파악한다. 나는 여기에서 또 다른 정신분석학 학파와 대립되는 에고분석의 한 사례를 논의하고 싶지는 않다(실제로 대상관계object-relation와 같은 어떤 다른 것들은 문화적 변이를 파악하는 것과 같은 다른 사회학적 작업에서 더 잘 다룰 수도 있다). 실제로 나의 논점은 정신분석학 그 자체에 대한 찬성론을 제시하려는 것이 아니라, 만약 우리가 감정에 관해 진지해지려면, 우리는 감정의 복잡성을 정확하게 평가하는 정신 내적 과정 모델의 도움을 받아 감정을 고려할 필요가 있다는 관념을 제시하는 것이다. 우리는 감정을 인지 및 지각과 분석적으로 구분해야 하는 충분한 이유를 가지고 있지만, 또한 각각이 서로에게 미치는 영향을 파악해야 하는 충분한 이유도 가지고 있다.

왜 감정이 그렇게 자동적으로 인지 및 이해관계와 대립되는 것**처럼** 보이는지를 질문하는 것은 가치 있는 일이다. 나는 그 답변이 서구 문화에 널리 퍼져 있는 이원론적 구성물들 중 하나에 있다고 주장한다. 아래에 짝지어 제시된 대립들 간을 유추해보라.

1.	사고	감정
2.	마음	몸
3.	공적	사적
4.	남성	여성
5.	자부심	수치심
6.	통제되는	통제되지 않는
7.	의식	무의식
8.	더 높은	더 낮은
9.	외부의	내부의
10.	개별화	일반적(또는 공유된)

지배적인 용법은 각 쌍의 첫 번째 것에 긍정적 유의성positive valance을 부여해왔다. 그러나 물론 이것은 루소, 낭만주의자, 그리고 1960년대 이래로 우리의 대부분이 그렇게 한 것처럼 전도될 수도 있다.

1	진정하지 못한	진정한
2.	인위적	자연적
3.	억압적	표출적

이 이야기의 간결하지만 어려운 교훈은, (사회적 삶에서 운동이 차지하는 위치와

마찬가지로) 사회운동에서 감정이 차지하는 위치를 연구하는 진정으로 훌륭한 작업을 수행하기 위해서는, 우리가 이 널리 퍼져 있는 이원론을 재생산하는 것이 아니라 초월하기 위해 노력할 필요가 있다는 것이다. 실제로 운동을 단지 감정적 단락短絡에 반대하는 규범들이 무너질 때 발생하는 일탈적 집합행동의 사례로 취급하는 것이 아니라 그것을 진지하게 다루고자 하는 사람들조차도 감정을 소홀히 연구해온 까닭은, 부분적으로는 감정이 대체로 이 이분법의 당황스러운 측면에서 출현하기 때문이다. 이와 동시에 우리는 이 원론 자체가 사람들이 이성과 감정 모두의 관념을 전개하는 방식에 어떻게 영향을 미치는지를 이해할 필요가 있다. 우리는 우리의 작업 속에서 그것을 초월하려고 노력하면서도, 우리가 연구하는 운동을 구조화하는 데 있어 그것이 지닌 효력에도 주목하지 않으면 안 된다.

III

이 책의 다른 많은 기고자들과 마찬가지로, 나는 지금까지 대체로 감정을 하나의 묶음으로 언급해왔다. 하지만 이것은 하나의 문제가 된다. 왜냐하면 내가 방금 전에 제기한 질문—"감정은 그 밖에 무엇과 관련되어 있는가?"—에 대한 첫 번째 해답들 중의 하나가 '또 다른 감정'임에 틀림없기 때문이다. 우리는 감정들을 구별하고 그것들을 구체화할 필요가 있다. 그리고 우리는 모든 점에서 감정을 인지나 지각과 관련지우고자 하는 것만큼이나 하나의 감정을 다른 감정과 관련지우고자 하는 도전들이 존재한다는 점을 인식해야 한다.

내가 화에서 공포까지, 수치심에서 증오까지, 기쁨에서 사랑까지, 전율에서 자부심까지의 모든 감정의 목록을 만들자고 제안하는 것은 아니다. 나는 여기서 두 가지를 추가적으로 제안하고자 한다. (1) 그러한 감정들은 서로 다르게 작동한다. (2) 거기에는 그러한 감정들이 서로 관계를 맺는 유형과 그것들을 관련지우고자 하는 도전들이 존재한다. 그리고 이것은 운동분석에서 매우 중요할 것이다. 몇몇 감정들은 다른 감정들을 방해할 수도 있다. 그리고 몇몇 감정들은 분명 다른 감정들을 불러일으키기도 한다. 우리가 정신분석학을 선택하든 또는 하이세의 감정통제 이론을 선택하든, 아니면 하이더의 초기균형 이론을 선택하든 간에, 우리는 사람들이 감정을 가지는 방식뿐만 아니라 역동적인 관계에 있는 많은 감정을 가지는 방식을 이해할 필요가 있다. 나는 운동활동이 종종 단지 널리 퍼져 있는 단일한 감정적 원천에 의해서만 틀 지어지는 것이 아니라, 참가자들의 감정적 지향의 변화―이를테면 그들이 증오감을 표현하고 그것을 더욱 연대적인 감정과 조화를 이루게 할 필요가 있다고 느낄 때―에 의해서도 틀 지어진다고 생각한다.

여기가 바로 '감정적 아비투스emotional habitus'―앤 케인이 엘리아스Elias, 부르디외 그리고 드 수사de Sousa의 계보를 따르는 것으로 소개한―라는 개념이 도움이 될 수 있는 하나의 공간이다. 사람들은 단지 독특한 감정들을 드러내는 것만이 아니라 감정들을 서로 관련시키는, 그리고 감정을 인지 및 지각과 관련시키는 독특한 방식을 가지고 있다. 그것들에는 행동방식, 게임방식에 대한 감각이 포함되어 있다. 그것은 (그것이 전략적인 것으로 보일 때조차도) 결코 전적으로 의식적이지 않으며, 또한 규칙으로 순전히 환원할 수도 없다. 게다가 나는 우리가 아비투스를 전적으로 개인이 소지하고 개인의 내부에 존재하는 어떤 것으로서가 아니라 개인이 사회관계에 각인한 결과 발생하는 것으로 파악한다는 점에서 아마도 부르디외를 따라야 할 것이라고 생각한다.

IV

감정에 대한 서구의 사고방식 내에 널리 퍼져 있는 이원론과 관련한 문제 중의 하나는 그것이 감정을 개인 내부에 위치시키고자 한다는 점이다. 그것은 우리로 하여금 감정의 뿌리를 전기傳記적 경험 또는 어쩌면 뇌 속에 있는 생화학적 반응들 속에서 찾게끔 한다. 사회학은 우리에게 또한 사회적 관계를 살펴볼 것을 상기시킨다. 아비투스 개념이 시사하듯이, 감정은 개인들 간의 관계 속에서 만들어지고 조직화된다(행동으로 드러난다). 이들 모두는 즉각적이다. 그리고 감정은 직접적인 개인 간의 동학에서 특히 중요하지만, 또한 간접적이기도 하다. 우리는 대규모 조직들과 관계의 전全 영역—우리의 친족에서부터 실업계와 사회운동에 이르기까지—에서 감정적 관계를 유지한다.

이것은 단지 조직이 우리에게 감정노동을 수행할 것을 요구한다는 것—비록 이것이 사실이지만—을 지적하는 문제만이 아니다. 이것은 또한 우리가 우리 스스로에게 감정을 투여하고 다른 사람들 및 복잡한 조직들과의 감정적 관계를 통해 우리의 정체성을 획득하는 방식의 문제이기도 하다.

우리는 감정연구에서 일종의 '종속변수의 표집'과 관련한 위험에 직면한다. 우리는 감정을 인지와 대조되는 것으로, 조직과정에서의 분열로, 즉 안정된 제도에 대한 도전으로 이해한다. 하지만 나는 제도, 조직, 관계 모두는 그것들의 상대적인 안정성을 부분적으로 그것들에 대한 사람들의 감정적 투여로부터 획득한다고 제시하곤 했다.[7] 달리 말해 우리는 일상의 현상現狀에

---

7 이에 대해서는 조직에 관한 타비스톡 학파(Tavistock school)의 논문들과 대상관계 정신분석학적 사상(object relations psychoanalytic thought)에 의해 많은 영향을 받은 집단 분석가들의 논문들[이를테면 바이온(Bion, 1961), 밀러와 라이스(Miller and Rice, 1967)]을 보라. 또한 필립 신터(Philip Sinter, 1967)가 이것을 종교운동의 형성과 어떻게 연관시키고 있는지(비록 다소 사변적이기는 하지만)도 살펴보라.

막대한 감정적 투여를 한다. 우리가 우리의 업무를 수행할 때 우리는 상대적으로 비감정적으로 보이지만, 우리의 일이 우리가 일하는 사회구조를 분열시킬 때 우리가 사회구조에 감정적 투여를 하고 있다는 것이 분명해진다. 셰프(Scheff, 1997)는 상이한 이론적 토대에서 수치심을 사회적 유대를 파괴하려는 위협에 대한 하나의 반응으로 보는, 우리와 전혀 다르지 않은 분석을 제시해왔다.

이것이 사회운동 연구자로서의 우리에게 의미하는 바는, 우리는 사회구조의 일상적 유지가 감정의 문제가 아니라고 보는 것과 마찬가지로, 감정이 운동의 원인이 아니라고 보는 것에 신중을 기할 필요가 있다는 것이다. 게다가 우리는 여기서 사회관계 그 자체의 성격과 관련이 있는 일련의 감정들 ─또는 적어도 감정유형─ 에 관심의 초점을 맞추고 있다. 감정사회학은 우리가 화, 수치심, 기쁨뿐만 아니라 헌신, 신뢰, 안전, 투자를 이해하는 데 일조해야만 한다. 만약 우리가 감정을 오직 사회적 삶의 분열과 관련해서만 이해한다면, 우리는 특정한 감정동학의 중요성을 과장하고, 다른 감정동학의 중요성을 놓치고 말게 될 것이다.

이와 관련하여 우리는 감정사회학과 정체성 정치 간의 연계관계에 관심을 기울일 필요가 있다. 정체성 정치는 단지 다양한 문화 간의 차이를 지적하는 문제만이 아니라, 인정recognition문제의 중요성을 이해하는 문제이기도 하다.[8] 어떤 사회관계의 구조는 사람들이 그들의 사회관계를 통해 자신을 인식하는 경우 일정 정도 그 속에 살고 있는 사람들로까지 확장된다. 그러나 이것은 가변적이다. 즉 바로 이러한 이유 때문에 사회운동은 그것의 목표들 중의 하나인 인정을 받기 위해 발생한다. 그러나 이것은 인정받지 못한 사람들이

---

8 구트만(Gutmann ed, 1994), 특히 찰스 테일러의 선도적인 논문을 보라. 또한 칼훈(Calhoun, 1993b)도 보라.

감정적이 되는 반면, 인정받은 사람들은 여전히 이성적이기 때문이 아니다. 감정은 처음부터 관계의 전 영역과 조직화에 깊이 관여되어 있다.

이제 우리는 또한 우리가 때때로 존재론적으로 주어진 것으로 간주하는, 그리하여 지속적인 비판적 검토를 필요로 한다기보다는 자동적으로 분석에서 유용한 것으로 간주하는 또 다른 일련의 문제 있는 대립범주들 ─ 그중에서도 특히 개인적/집합적, 국가/개인 그리고 구조/문화 ─ 또한 고찰해야만 한다.

일상의 사회구조에 대한 감정투여에 주의를 기울이는 것은, 우리가 (무엇보다도) 왜 예측가능성이 공포를 줄여주는지(이를테면 왜 비국가폭력이 국가폭력보다 더 위협적이 될 수 있는지)를 이해하는 데에 일조할 것이다.

V

우리가 감정을 단지 사회적 분열과 관련해서만 살펴보는 것을 경계해야 한다고 주장해왔으므로, 나는 이제 사회운동과 관련한 몇 가지 구체적인 논점을 제시하는 쪽으로 되돌아가고자 한다.

사회운동은 통상적인 구조적 과정을 넘어서는 수단들을 사용하기 때문에, 실제로 감정을 더욱 부각시킨다. 이것은 빅터 터너(Victor Turner, 1969)의 경계성liminality이라는 관념과 관련한 논점들 중의 하나이다. 그러나 이것을 단지 집합행위 이론 중 '붕괴' 이론이 지닌 문제로 바라보는 것은 잘못일 수 있다. 우선 그것이 주장하는 바는 집합행위가 규범적 질서의 붕괴로 인해 발생한다는 것이 아니라, 비통상적 행위가 감정이 안정적으로 투여되어 있는 몇몇 일상적 사회관계를 제거하고 여타 감정이 작동할, 또는 감정의 외양을 하고 있는 여타 유형들이 작동할 기회를 제공한다는 것이다. 둘째로, 터너가 강조하듯이, 감정은 의례를 통해 조직화될 수도 있다. 감정은 그저 전통적인 억압이 사라질 때 발생하거나 마구 날뛰는 것이 아니다. 경계영역에서 거행되는 의례화된 행사 속에서 표출되는 것이 종종 전통적 규범을 전도하기도 한다. 이것은 감정적 카타르시스일 수 있다. 그러나 그것은 바로 감정이 기존의 규범(그리고 통상적인 억압형태)에 이미 투여되어 있기 때문이다.

하지만 사회운동들은 그것들이 이미 확립되어 있는 일상의 과정과 규범적 감정조직을 넘어서는 수단을 사용하는 정도에서 크게 다르다. 우리는 이를 좀 더 분명히 할 필요가 있다. 이것은 '고위험 동원high-risk mobilization'이라는 항목하에서 간단히 언급되지만, 이것은 단지 하나의 쟁점일 뿐이다. 근대세계에서 사회운동은 상당 정도 정상적이고 일상적인 통상의 과정이 되었다. 우리는 그것을 그렇지 않은 것과 더욱 확실히 구별할 필요가 있다. 이와 관련한 한 가지 문제는, 많은 집합행동 분석가들이 제시해온 것처럼 운동활동을 일탈적인 것으로 파악하기보다는 합리적이고 이성적인 것으로 바라보면서 많은 운동 분석가들(특히 대체로 1960년대의 운동에 공감하는 사람들)이 운동에 감정을 투여한다는 것이다.

사회운동들은 또한 그것들이 감정에 대한 새로운 규범구조를 구축하는 정도와 태도에서 서로 다르다. 낸시 휘티어는 운동 참여자들이 감정표현을 관리하는 방식을 어떻게 학습하는지에 대한 설명에서 이러한 측면을 지적했다. 하지만 그녀의 설명은 이것을 넘어 다른 변수들로 나아간다.

운동은 감정을 생산한다. 즉 운동은 단지 성원들이 운동에 참여하게끔 한 감정적 지향을 반영하기만 하는 것이 아니다. 운동은 성원들의 마음을 끄는 감정을 불러일으키는 것을 넘어, 헌신을 확고히 하고, 공유된 의미를 유지하고, 실제로 참여자들에게 감정분출의 '도취감'을 하나의 '선택적 유인'으로 제공하기 위해 반복해서 감정을 재생산한다. '절정'의 감정적 개입상태를 유도하기 위해 정기적으로 반복되는 행사들은 다소 의례화되기도 하며, 운동 지도부들에 의해 일정 정도 의식적으로 관리된다. 계속해서 운동참여를 자극하기 위해 요구되는 감정적 개입의 종류 중 하나가 단계적 상승이다. 군중이 계속해서 언론매체의 관심을 끌기 위해서는 그 규모가 더욱 커져야만 하는 것처럼, 운동은 계속해서 참여의 관심을 끌기 위해 감정적 카타르시스를 단계적으로 상승시키기도 한다. 하지만 이것은 잠재적으로 위험하다. 왜냐하면 그것은 자주 운동을 절정의 대결 상황으로 끌고 가기 때문이다.[9]

하지만 문제는 단지 감정적 개입의 정도만이 아니다. 관련 감정들의 모종의 균형 역시 중요하다. 이를테면 경찰과의 대치는 공포를 유발하기 때문에, 이를 위해서는 공동의 경험에 의해 뒷받침되는 연대가 요구된다. 우리는 운동의 감정동학이 일정 정도 흥분만큼이나 힘든 일에 의해서도 추동된다는 점을 잊어서는 안 된다.[10] 이것은 독자들이 쉽게 인지할 수 있는 것이고, 또 이것은 내게 그만 글을 마치라는 신호이기도 하다.

---

9 나는 이에 대한 한 가지 실례를 중국의 천안문광장 저항에 대한 분석에서 논의한 바 있다(Calhoun, 1995b).

10 스키토프스키(Scitovsky)의 『재미없는 경제학(The Joyless Economy)』(1976)에서 영감을 받은 허쉬만(Hirschman, 1982)의 논의를 보라.

3

사회운동감정에 대한 구조적 접근방식

시어도어 D. 켐퍼

사회운동은 감정으로 가득 차 있다. 화, 공포, 시기심, 죄책감, 동정심, 수치심, 경외감, 열정 그리고 여타 감정들이 사회운동의 형성에서, 운동대상 —적대자 또는 잠재적 협력자—과의 관계에서, 그리고 잠재적 충원자와 성원들의 삶에서 일정한 역할을 수행한다. 운동환경, 운동동학, 운동구조에 관여하는 감정에 의지하지 않고는, 사회운동이 어떻게 발생하는지, 어떻게 상당 수준의 지지자들을 모으는지, 어떻게 종종 격렬한 대치 상황에서도 그처럼 지지를 유지하며 장기간 캠페인을 지속하는지 그리고 어떻게 지지자들 —적극적인 성원들은 물론 호의적인 공중과 방관자들 모두—을 충원하고 유지하는 수단을 제공하는지를 설명하기 어려울 것이다. 의심할 바 없이 감정동학을 이해하는 것은 사회운동동학을 분명하게 밝혀준다.

운동쟁점의 감정요소들을 고찰하는 데에 관심을 가지고 있는 사회운동 연구자들이 사회운동과 감정 이론 모두에서 전문가일 것이라고 기대할 수는 없다. 근대과학 분야의 분절은 일반적으로 그러한 유형의 이중적 능력을 지니는 것을 방해한다. 이 장에서는 감정—특히 사회운동 연구자들과 이론가들이 직면할 것 같은 다수의 감정 관련 질문들에 적합한 감정—에 대한 **구조적** 접근방식이라고 지칭되는 것의 토대를 간략히 제시하고자 한다.

사회운동 연구자들의 잠재적 관심을 끄는 감정에 대한 현대 사회학 이론들은 두 가지 주요한 유형으로 이루어져 있다. 문화적인 것과 구조적인 것이 그것이다. 굿윈과 재스퍼(Goodwin and Jasper, 1999)가 주장한 이 구분은 사회운동연구 일반의 전 분야를 특징짓는다. 감정에 대한 문화적 이론(Hochschild, 1979, 1983; Gordon, 1990; Stearns and Stearns, 1986)은 일반적으로 다음과 같은 질문들에 관심을 기울인다. 특정 상황에 놓인 특정 집단의 사람들에게 어떤 감정규범이 존재하는가? 즉 어떤 감정이 특정 집단을 규정하고 그것이 적어도 하나의 양식이 되는가? 시간이 경과함에 따라 그러한 규범 내에서 어떤 변화가 발생해왔는가? 그리고 어떠한 사회적 조건이 그러한 변화들을 야기하는가? 재스퍼(Jasper, 1998)가 보여준 바 있듯이, 이것들은 사회운동 연구자들이 관심을 가지고 있는 많은 맥락에 적용되는 감정들과 관련하여 중요하고도 타당한 질문들이다.

이와는 대조적으로 감정에 대한 구조적 접근방식은 구조적 조건이 변화하거나 여전히 이전과 같을 때 왜 특정 감정이 만연하거나 발생할 가능성이 있는지를 설명하기 위해 사회구조적 조건들을 검토한다.[1] 감정에 대한 구조적 접근방식은 사회운동구조와 동학과 관련한 많은 질문들을 고찰하는 데에 경험적으로 입증된 근거들의 광범위한 토대를 제공한다.

---

1 구조적 접근방식은 문화적 신념과 가치가 구조의 중요 요소들 — 이를테면 권력이 얼마나 정당한가, 무엇이 과도한 권력을 구성하는가, 어떤 행동이 지위를 수여할 만한 가치가 있고 그것에 어느 정도의 지위를 수여할 수 있는가, 얼마나 높은 지위가 특정한 사회적 위치에 수여될 수 있는가 등 — 을 규정짓는 한에서 문화에 의존한다. [문화 - 사회구조의 연결에 대한 광범위한 논의에 대해서는 켐퍼(Kemper, 1995)를 보라.]

감정에 대한 구조적 접근방식

감정에 대한 구조적 접근방식은 다음과 같은 명제로부터 도출된다. 매우 큰 부류의 감정들은 실제의, 예기된, 회상된 또는 상상된 사회관계의 결과로부터 발생한다(Kemper, 1978a: 43). 이것은 일반적인 진술이기는 하지만, 이를 통해 그 접근방식이 어떻게 사회운동쟁점에 적용되는지를 쉽게 이해할 수 있다. 이를테면 어떤 종류의 사회관계적 조건들이 사회운동의 출현 또는 충원을 위한 토대를 무르익게 하는 감정을 불러일으키는가? 어떤 종류의 사회관계적 조건들이 사회운동으로 하여금 표적 또는 반대자들로부터 양보를 얻어낼 수 있게 해주는 감정을 산출하는가? 어떤 종류의 사회관계적 조건들이 사회운동으로 하여금 종종 어려운 임무를 맡을 성원들을 충원할 수 있게 하고, 운동이 그다지 성공하지 못하는 기간 동안에도 그들이 그 일들을 훌륭히 해낼 수 있게 해주는 감정을 촉진하는가? 어떤 종류의 사회관계적 조건들이 사회운동에 대한 지지를 약화시키는 감정을 낳는가? 이러한 많은 유사한 질문들은 사회관계적 조건들이 유발하는 감정 매트릭스를 고찰하게 한다. 감정에 대한 구조적 이론은 이러한 질문들을 고찰하기 위한 유용한 진입지점을 제공한다.

사회관계와 감정에 대한 앞서 언급한 일반명제는 분명히 사회관계적 조건들이 구체화될 수 있을 경우에만 가치가 있다. 여기서 구조적 이론은 현재의 목적에 유용한 하나의 사회관계 모델을 뒷받침하는 데 이용할 수 있는 하나의 강력한 경험적 일반화가 존재한다는 점에서 특히 운이 좋다. 다양한 영역에서 이루어진 실로 많은 연구들이 놀랍게도 제한된 수의 사회관계 차원으로 수렴되었다. 이러한 차원들은 사회심리학 실험실 내의 관찰, 다양한 집단에서의 행동에 관한 조사, 비교문화분석, 어학점수의 근원을 이루는 의미론적 차원에 대한 연구에서 도출되어, 보기 드물게 설득력 있는 정도로 행동생물학의 지지를 받고 있다. 생리학적 과정들 또한 감정을 통해 관계 차원과 연결되어 있다[콜린스(Collins, 1975); 켐퍼(Kemper, 1978a, 1978b); 하이세(Heise, 1979); 켐퍼와 콜린스(Kemper and Collins, 1990); 켐퍼(Kemper, 1991)를 참조하라]. 거시구조와 거시과정 —사회 내부와 사회 간 모두에서 그리고 계급과 같은 사회운동과 관련한 쟁점뿐만 아니라 국제적 갈등을 포함하여— 은 이러한 관계 모델을 뒷받침한다(Kemper, 1992; Kemper and Collins, 1990).

앞서 언급한 연구는 두 가지 주요한 관계 차원을 바탕으로 하고 있다. 그 차원이 바로 **권력**과 **지위**이다.[2] 아래에서 제시하듯이, 우리는 이러한 기본적인 관계적 또는 구조적 조건들 내에서의 변이를 통해 매우 광범위한 부류의 인간감정을 설명할 수 있다. 감정에 대한 구조적 이론에서 사회운동 연구자들의 중심적 관심사인 권력은 과정으로 또는 (그 과정이 다소 안정되고 예측 가능한 결과들로 이어질 때) 관계나 구조로 정의된다. 행위자는 권력을 통해 다른 행위자와의 상호작용 속에서 다른 행위자의 반대에도 불구하고 자신의 이해관계를 실현할 수 있다[베버(Weber, 1946: 181)와 비교해보라]. 권력관계 속에서 한 행위자가 다른 행위자의 원망願望이나 요구에 순응하는 것은 자발적이지 않다. 권력은 행동상으로 위협과 협박에서부터 폭력 —신체적인 것과 언어적인 것 모두— 에 이르기까지, 그리고 한 문화에서 관례적인 사회적 보상에 대한 단순한 관심과 접근권의 박탈에서부터 충분한 음식물, 피난처, 건강유지수단과 같은 주요한 생명유지자원에 대한 박탈에 이르기까지, 온갖 강제적 행위와 조작을 포함한다. 보다 미묘한 권력사용유형으로는 저항을 은밀하게

---

2 다양한 전문용어들로 규명되는 권력과 지위(Kemper and Collins, 1990을 참조하라)는 가장 일관적으로 발견되는 **관계** 차원들이다. 작업 또는 기술적 활동을 지칭하는, 빈번히 발견되는 하나의 부가적 차원은 집단 성원들 간의 관계라기보다 분업을 반영한다. 이러한 구분에 대한 논의로는 켐퍼와 콜린스(Kemper and Collins, 1990)를 보라.

무력화시키기 위해 고안된 거짓말, 사기, 조작 등이 있다. 특히 사회운동 연구자들과 관련되어 있는 경계선상의 권력유형이 전략적으로 사용하는 비폭력이다. 언뜻 보아서 권력 메커니즘이 아닌 것으로 보이는 비폭력의 경우, 강제효과는 비교적 대규모의 사람들이 비폭력 저항에 참여하기 위해 집결하고 그리하여 그것이 비폭력 저항이 겨냥하는 상대방(빈번히 정부)의 통제(대항권력)자원을 압박하는 데서 오는 위협에서 비롯된다. 아니면 그러한 효과는 상대방이 비폭력 저항자들에게 힘으로 맞설 수 있는 능력을 무력화시키기 위해 비폭력이 상대방의 법적 또는 도덕적 기준을 준수하고, 그리하여 상대방에게 죄책감이나 수치심을 불러일으킨다는 사실에서 비롯된다. 분명 권력은 사회에서 지배집단과 그들을 타도하려는 사회운동 모두가 일반적으로 사용하는 하나의 도구이다.

권력은 또한 제도화된 환경에서도 널리 행사되고 있지만, 그것은 공식적 또는 비공식적인 법에 의해 그 행사범위가 면밀하게 정해져 있고, 따라서 이것 덕분에 그것은 **권위**가 된다. 권위는 정당성을 특징으로 하며, 이것은 권위의 범역하에 있는 사람들이 정해진 권력의 범위 내에 있다고 이해되는 요구 또는 명령을 따르는 데 동의한다는 것을 의미한다. 권력을 발생시키는 감정과 관련하여 살펴보면, 권위는 회색지대이다. 왜냐하면 권위의 소유자와 권위에 복종하는 사람들은 정당한 명령과 부당한 명령 간의 경계에 관해 그리고 무엇이 강압을 구성하는지에 대해 자주 동의하지 않기 때문이다.

지위 수여(또는 간략히 지위), 즉 두 번째 관계 차원은 한 행위자가 위협, 협박 또는 강압 없이 그리고 사회적 교환관계에서 발생하는 것과 같은 보상의 기대 없이, 자진해서 다른 행위자의 실제의 또는 가정된 이익이나 바라는 것에 동의하는 형태의 관계이다. 이를테면 한 행위자는 구두로 그리고/또는 실제로 다른 행위자를 존경하거나 높이 평가하는 식으로, 다른 행위자의 이해관계를 옹호하는 식으로, 다른 행위자를 위해 기회를 찾아나서는 식으로,

또는 그 문화에서 이용할 수 있는 다양한 방법으로 다른 행위자의 안녕에 기여하는 식으로 다른 행위자에게 지위를 수여한다. 놀랄 것도 없이 그러한 지위 수여의 근본원리는 많은 사람들이 사랑이라고 정의할 수 있는 것이다. 이 원리를 따를 때, 한 행위자는 실제로 또는 잠재적으로 다른 행위자에게 무한한 양의 지위를 수여한다. 그것에는 사랑하는 사람들을 보호하고 방어하는 데 목숨을 바치는 것, 또는 사랑하는 사람을 궁핍으로부터 구하기 위해 어떠한 손실도 감수하는 것이 포함될 수 있다. 대부분의 인간관계들은 때때로 최고점에 도달하기도 하지만, 권력과 지위 모두에 비교적 적절한 수준으로 한정된다.

권력관계와 지위관계는 행동 또는 구조로 개념화될 수 있다. 행동으로 간주될 경우, 그것들은 앞서 언급한 온갖 유형의 직시적 행동으로 구성된다. 그러나 행동은 시간이 경과하면서 구조로 이어지는 경향이 있고, 따라서 어떤 점에서는 행동 그 자체가 관계적 배경으로부터 사라질 수도 있다. 이를테면 일련의 권력대결에서 한 행위자가 계속해서 다른 행위자에게 승리한 후에, 패배한 행위자는 그 또는 그녀의 저항을 끝내고, 그리하여 계속되는 상호작용은 더 이상 한동안 발생했던 권력행동유형 —이를테면 위협과 폭력— 을 드러내지 않을 수도 있다. 그러나 이제 관계는 안정적이고 대체로 경쟁 없는 구조가 되고, 그 속에서 더 강력한 행위자의 원망은 더욱 자주 덜 강력한 행위자에 의해 충족된다. 비록 후자가 그렇게 하길 원하지 않지만, 그는 어떠한 명백한 권력행동의 징후도 드러내지 않는다. 우리는 아래에서 감정에 대해 논의하면서, 권력과 지위가 감정에 대해 갖는 행동적 함의와 구조적 함의 모두에 대해 다룰 것이다.

사회운동분석에서 권력은 명백한 관심사이지만, 지위는 그리 적합하지 않아 보일 수도 있다. 그러나 이것은, 말하자면 사회운동이 항상 '전선'에 서 있는 것은 아니라는 사실을 놓치고 있는 것이다. 사회운동 상호작용의 상당한 양이 내면적이며, 따라서 그 성원들의 만족을 지향한다. 아니면 상당한 양의 사회운동 상호작용은 협력적이며, 따라서 운동조직을 지향하거나, 공감과 지지를 끌어내어 충원하고자 하는 공중을 지향한다. 이 영역에서 지위 관심은 아주 중요하다. 어떤 사회운동도 적어도 명목상으로는 자발적 성원들을 강제하거나 공중 중에서 그 잠재적 지지자를 소외시키면서 성공할 수 없다. 그들을 일정 정도 동원함으로써 상대방에 대해 승리할 수 있다.

권력관계와 지위관계는 또한 감정을 불러일으킨다. 이 절의 서두에서 제시한 명제를 바꾸어 표현하면, 우리는 매우 큰 부류의 하나의 감정이 실제의, 예기된, 회상된 그리고 상상된 권력관계와 지위관계의 결과들로부터 발생한다고 말할 수 있다. 즉 개인적 또는 집합적 행위자들이 다른 행위자들과 사회적 관계, 즉 권력관계와 지위관계에 참여한다. 일반적인 진술에서부터 구체적인 감정으로 나아가기 위해, 우리는 사회관계를 권력과 지위 차원에 따라 다음과 같이 모형화할 수 있다.

행위자 A와 행위자 B 간의 관계에서(행위자들은 개인일 수도 있고 집합체일 수도 있다) 그들 간의 모든 상호작용은 다수의 잠재적인 관계적 결과를 초래한다. 즉 행위자 A의 권력은 증가하거나 감소할 수 있으며, 아니면 여전히 그대로 일 수도 있다. 행위자 B의 권력도 증가하거나 감소할 수 있으며, 아니면 여전히 그대로 일 수 있다. 행위자 A의 지위는 상승하거나 하락할 수 있으며, 아니면 여전히 그대로 일 수도 있다. 행위자 B의 지위도 상승하거나 하락할 수 있으며, 아니면 여전히 그대로 일 수 있다. 이것은 열두 가지의 가능한 결과들로 요약된다. 그것들 중 네 가지는 실제로 A와 B 간의 특정 상호작용의 결과로 발생하며, 두 행위자가 차지한 권력과 지위의 변화(그리고/또는 안정성)를 반영한다.

권력과 지위가 상승하거나 하락한다고 말하는 것은 무엇을 뜻하는가? 관계적 또는 구조적 의미에서 권력은 성공적인 권력행위로부터 나온다. 이러한 행위들은 불복종의 결과에 대한 두려움을 불러일으켜서 행위자의 저항을 무력화시키는 것을 통해 다른 행위자로부터 순종을 이끌어낸다. 더 크고 더 강한 목소리만으로도 때때로 효과적인 권력행위가 될 수 있다. 또는 강력한 신체적 가격이나 더 큰 박탈에 대한 위협 등이 그러한 권력행위가 될 수도 있다. 이것들은 다른 행위자에 대한 한 행위자의 권력을 끌어올리거나 그 범위를 확대시킨다. 한 행위자가 자신에게 대항하는 어떤 권력행위에도 항거할 수 있고, 따라서 자신에게 먼저 권력을 행사한 행위자의 요구에 순응할 것을 덜 속박받을 때, 권력은 감소하거나 떨어진다. 한 행위자가 다른 행위자에게 더 많은 존경, 관심, 경의, 물질적·상징적 재화 등을 부여할 때, 또는 기꺼이 부여하고자 할 때, 지위는 상승한다. 물론 그 반대과정은 지위를 떨어뜨린다.[3]

중요한 것은 앞서 상세히 설명한 열두 가지의 가능한 관계적 결과들 각각이 감정과 연계될 수 있다는 것이다. 이것은 우리에게 사회적 관계와 감정에 관한 세 가지 중요한 고려사항을 환기시킨다. (1) 감정공간은 1차원적이 아니다. 즉 하나의 감정이 하나의 상호작용에 대응하지 않는다. 오히려 각각의 상호작용은 다수의 감정을 발생시킨다(비록 그것들 모두가 반드시 강렬하거나 동시에 경험되는 것은 아니지만). (2) 우리는 혼합감정을 인식해야만 한다. 왜냐하면 특정 행위자의 권력-지위 결과는 긍정적 요소와 부정적 요소 모두를 가질 수 있기 때문이다. 이를테면 어떤 행위자의 지위가 떨어지면 권력이 감소될 것으로 예상되지만, 권력은 여전히 그대로 일 수도 있다. 많은 경우

---

3 비록 하나의 관계에서 각각의 행위자가 얼마나 많은 권력과 지위를 가지고 있는지를 서로 대략적으로나마 이해하고 동의하게 하는 압박이 존재하기는 하지만, 아마도 각 행위자 간에 의견불일치가 존재하는 것이 일반적일 것이다. 그러한 합의가 이루어지지 못하는 곳에서는 구조가 불안정하거나 심지어 구조가 만들어지지 못하는 경향이 있다(Heinicke and Bales, 1953).

에 지배적 감정이 존재할 것이고, 그것이 사회운동 분석가들이 가장 관심을 기울이는 감정일 것이지만, 구조적 접근방식은 비지배적 감정도 인식할 수 있게 해준다. 그것들 중 일부는 지배적 감정을 격화시키거나 완화시키는 식으로 작동할 수도 있다. (3) 행위자는 그들 자신의 권력과 지위 결과와 관련된 감정뿐만 아니라, 다른 행위자의 권력과 지위 결과와 관련된 감정 또한 가지고 있다. 따라서 각 행위자는 네 가지의 감정을 경험한다. 두 가지는 그 또는 그녀 자신의 권력과 지위 결과와 관련된 것이고, 다른 두 가지는 다른 행위자의 권력과 지위 결과와 관련된 것이다. 이러한 복잡성을 다소 줄여주는 것이 바로 권력영역에서 발생하는 감정적 결과의 축소이다. 즉 자신과 타자의 권력과 관련된 감정은 일반적으로 상호적이다. 이를테면 어떤 사람의 권력이 증가할 때, 그것은 다른 행위자의 권력이 감소할 때와 동일한 감정을 산출한다. 다른 행위자의 권력이 증가할 때, 그것은 어떤 사람의 권력이 감소할 때와 동일한 감정을 산출한다.

어떤 감정들이 권력관계와 지위관계의 결과로부터 발생하는가?

자신의 권력

1. 자신의 권력이 증가할 때, 이것은 **안전** 그리고 **안심**의 감정을 불러일으킨다. 왜냐하면 그것은 타자가 사용할지도 모를 타자의 권력에 자신이 덜 취약하다는 것을 보장해주기 때문이다. 그러나 권력 증가가 자기 자신의 권력의 과도한 사용으로부터 기인할 때, 그때 초래되는 감정은 **죄책감**이다. 즉 죄책감은 권력이 행사될 수 있는 다양한 방식들을 자신이 과도하게 사용함으로써 다른 사람을 부당하게 취급했음을 지각하는 것에서 발생한다. 분명 어떤 사람의 권력 사용에 대해 그러한 판단을 하기 위해서는 도덕적 또는 법적 기준의 적용이 요구된다. (죄책감은 권력 사용으로부터 초래되며, 그것은 아

래에서 논의하는 수치심과는 다르다.) 반면 권력 사용자가 권력의 사용을 정당한 것으로 간주할 경우에는 매우 엄청난 권력 사용조차도, 누군가가 적을 압도하거나 악으로 간주되는 어떤 사람을 패배시킬 때와 마찬가지로 안도감뿐만 아니라 **만족감**을 산출할 수 있다.

2. 자신의 권력이 감소할 때, 이것은 **공포** 또는 **불안**을 불러일으킨다. 왜냐하면 그것은 다른 행위자의 권력행동에 자신이 더 취약하다는 것을 확실히 해주기 때문이다. 자신의 권력이 하락하지만 예상한 것만큼은 아닐 때, 이것은 신중한 **낙관**이나 **희망**을 불러일으킨다.

3. 자신의 권력이 여전히 그대로 일 때, 감정은 그 결과에 대한 이전의 기대와 욕구에 의존한다. 만약 더 높은 권력을 기대했다면, 안정성은 비록 권력이 감소할 때만큼은 아니더라도, **실망** 그리고 약간의 **불안** 모두를 발생시킨다. 반면 만약 권력 감소를 예상했다면, 비록 권력이 상승할 때만큼은 아니더라도, 신중한 **낙관**이나 **희망**뿐만 아니라 **안심**의 감정을 낳는다.

사회운동 관점에서 볼 때, 하나의 공통된 관계적 쟁점은 권력의 증대 또는 감소가 아니라 주요 반대세력에 비해 자신이 지닌 안정적인 낮은 권력이다. 그러한 상황에서 감정은 단지 낮은 수준의 불만형태—일반적으로 운동 출현의 전조인—만을 지닌 채, 그냥 침묵하고 있을 수 있다. 대신에 전반적인 권력 박탈상태는 냉담과 우울감을 만연시킬 수 있다.

자신의 지위

1. 자신의 지위가 상승할 때(이것은 타자가 이전보다 더 높은 지위를 수여할 때 발생한다), 이는 긍정적인 감정복합체를 불러일으킨다. 즉 타자가 얼마나 많은 지위를 수여했는가에 따라 **만족감**, **행복** 또는 **기쁨**을, 타자가 얼마나

많은 지위를 수여했는가에 따라 다른 사람에 대한 **좋아함**을, 그리고 그 지위가 재능과 성과에 수여된 것인지 또는 그렇지 않은지에 따라 **자존감**을 불러일으킨다. 그러나 타자가 지위를 수여했다는 사실에도 불구하고, 어떤 사람이 **불만스럽고 불행하다**고 느낄 가능성 그리고 타자를 **싫어**할 가능성도 존재한다. 자신이 수여받은 것보다 훨씬 높은 지위를 기대했을 때가 바로 그렇다. 반면 자신이 수여받은 지위가 기대한 것 이상일 때, 기대는 긍정적 승수乘數를 산출할 수 있다.

2. 자신의 지위가 하락할 때(타자가 그 또는 그녀가 이전에 수여받았던 지위를 철회할 때, 또는 약정했거나 기대된 것에 못 미치는 지위를 수여했을 때), 이것 또한 감정복합체, 이 경우에는 부정적인 감정복합체를 불러일으킨다. **실망, 화, 우울, 수치심** 그리고 타인에 대한 **싫어함**이 그것이다. 이것들은 지위 수여의 부족분과 작인作人—즉 부족을 유발한 사람—에 대한 인식 모두에 달려 있다. 실망과 화는 행위자가 타자가 그 동인動因—기꺼이 충분한 지위를 수여하지 않은, 알고 있는 행위자—이라고 간주할 때 발생한다. 우울은 지위상실이 어느 정도 운명처럼 돌이킬 수 없거나 어쩔 수 없는 것으로 간주될 때 발생한다. 이를테면 타자가 죽거나 관계를 끊어버림에 따라 더 이상 지위를 제공할 수 없을 때가 그렇다. 따라서 화와 우울은 동시에 발생할 수 있다. 왜냐하면 타인이 그 동인으로 간주될 수 있고, 또 그 사태는 돌이킬 수 없을 수 있기 때문이다. 수치심은 어떤 사람 자신이 지위상실의 동인일 때 발생한다. 즉 다른 사람이 여전히 적극적인 박탈자이기는 하지만, 어떤 사람은 자기 자신이 박탈의 원인이라고 인식한다. 기본적으로 수치심은 어떤 사람이 통상적인 지위보상을 받을 만한 방식으로 행동해오지 않았다는 사실 또는 어떤 사람이 지위에 걸맞지 않는 방식으로 행동해왔다는 사실에 대한 인식(그리고 확증)에서 기인한다. 지위에 초점을 맞출 경우, 수치심은 죄책감과는 다르며, 권력 차원에 초점을 맞추는 경우와도 다르다.

3. 자신의 지위가 안정적으로 유지될 때, 감정적 결과는 기대와 욕망에 달려 있다. 만약 기대와 욕망이 상승한다면, 감정은 **실망** 또는 **화**일 것이다. 만약 기대와 욕망이 감소한다면, 감정은 **만족** 그리고 어쩌면 타인에 대한 **감사**일 것이다. 만약 기대와 욕망이 그대로라면, 감정은 발생하지 않을 것이다.

타인의 권력

1. 타인의 권력이 증가할 때, 그것은 **공포** 또는 **불안**을 불러일으킨다. 당연히 이것들은 자신의 권력이 감소할 때 발생하는 감정과 동일한 감정이다. 비록 구조적 모델에서 권력관계가 제로섬 관계는 아니지만, 권력의 증가와 감소에 관련된 감정은 제로섬 모델에 적용한 것과 동일하다.
2. 타인의 권력이 감소할 때, 그것은 **안전**과 **안심**을 불러일으킨다. 이것은 자신의 권력이 증가할 때 발생하는 감정과 동일한 감정이다.
3. 타인의 권력이 그대로 유지될 때, 감정은 기대와 바람에 달려 있다. 만약 타인의 권력이 감소되길 기대했다면, **실망과 불안**이 발생할 것이다. 만약 타인의 권력이 증가될 것으로 예상했다면, 그것은 **안도**의 감정을 불러일으킨다. 만약 타인의 권력이 그대로 이기를 바랐다면, 감정은 발생하지 않을 것이다.

타인의 지위

1. 권력-지위 관계 모델에서 타인의 지위가 상승할 때, 그것은 자신이 타인에게 지위를 수여했기 때문이다. 앞서 논의한 것처럼, 그것은 자발적이다. **만족** 또는 **기쁨**은 어떤 사람이 다른 사람에게 더 높은 지위를 수여하기를 바라기 때문에, 그에게 더 높은 지위를 수여하는 것에서 그리고 그렇게 하는

데 성공했다는 증거를 확보하는 데서 발생한다. (구조적 모델은 한 번에 하나의 관계적 교환을 다루기 때문에, 행위자 A가 행위자 B에게 상승된 지위를 수여한 후에 행위자 B가 인지하지 못하거나 감사를 표하지 않을 때, 행위자 A의 감정을 고찰하기 위해서는 두 번째 분석이 요구된다. 행위자 B는 더 높은 지위를 기대했을 수도 있으며, 실망했거나 화가 났을 수도 있다. 그러나 행위자 A의 관점에서 볼 때, 행위자 B가 인식하지 못하거나 고맙게 여기지 않는 것은 행위자 A의 지위상실을 일으킬 수 있다. 즉 그 또는 그녀의 더 높은 지위 선물은 당연한 것으로 간주되거나 대수롭지 않은 것으로 취급된다.) 일반적으로 사람들은 **좋아함**이나 **애정**의 맥락 내에서 다른 행위자의 지위를 높여준다. 즉 거기에는 타인에 대한 강렬한 긍정적 감정이 이미 존재한다. [좋아함과 애정은 서로 다른 감정이며, 서로 다른 관계적 조건으로부터 발생한다(자세한 내용에 대해서는 Kemper, 1989를 참조하라).]

2. 다른 행위자의 지위가 하락할 때, 이는 어떤 사람이 다른 사람에게 수여한 지위의 양을 줄였기 때문이다. 이것은 보통 다른 행위자의 권력행위 또는 지위철회행위(실제적 또는 상상적)로 인해 초래된 타인에 대한 화 또는 보복의 맥락 안에서 발생한다. 다른 행위자의 실망을 예견하여 발생하는 **만족**도 꽤 있음직하다. **싫어함** 역시 그러한 상황하에서 빈번하게 발생하지만, 다른 행위자가 보복할 수도 있기 때문에, 그 또는 그녀가 대항권력을 급히 사용할 수 있다는 것에 대한 일정한 **불안** 또한 존재한다.

3. 다른 행위자의 지위가 안정적으로 유지될 때, 그것은 대체로 거의 어떤 감정도 불러일으키지 않는다. 왜냐하면 그것은 어떠한 반향도 일어나지 않는 일상적인 상황이기 때문이다. 반면 어떤 사람이 타인이 지위 상승을 기대했다는 것을 인식할 경우, 앞의 2에서와 동일한 감정적 스펙트럼이 발생할 수 있다.

구조적 모델이 권력관계와 지위관계에서 초래된 결과를 검토하는 것을 통

〈표 1〉 감정의 권력과 지위원천

감정	감정의 관계적 원천
안전, 안심	자신의 권력이 증가하거나 타인의 권력이 감소할 때
공포, 불안	자신의 권력이 감소하거나 타인의 권력이 증가할 때
죄책감	어떤 사람이 권력을 과도하게 행사했을 때
신뢰	타인이 권력을 이용하지 않을 것이라고 확신할 때
만족, 행복, 기쁨	타인이 지위를 수여할 때
자부심	어떤 사람의 성취에 지위가 수여되었을 때
화, 분노	타인이 지위를 박탈할 때
수치심	어떤 사람이 걸맞지 않은 지위를 수여받았을 때
우울	지위상실을 돌이킬 수 없을 때
좋아함	지위를 부여한 타인을 지향할 때
경멸, 혐오	부여받을 만한 지위 이상을 요구하는 타인을 지향할 때
시기심	제3자에 의해 타인에게 수여된 것과 동일한 높은 지위를 바랄 때
싫어함	부여받을 만한 것보다 더 낮은 지위를 부여한 타자를 지향할 때
실망	기대한 것보다 더 낮은 권력 또는 지위를 획득할 때
안도감	기대한 것보다 더 적게 권력 또는 지위를 상실할 때
낙관/희망	권력 또는 지위 위치의 향상이 기대될 때
당황	예상한 것보다 훨씬 많은 권력 또는 지위를 상실할 때

해 예측한 주요한 감정들을 제시하는 것으로 이 절을 결론 맺고자 한다. 〈표 1〉은 그 결과를 요약한 것이다. 권력-지위와 관련되어 있는 다른 감정들은 아래에서 논의될 것이다. 이제 이들 감정이 사회운동에 대해 갖는 함의로 넘어가보자.

사회운동에 구조적 감정 적용하기

감정에 대한 구조적 접근방식은 사회운동 연구자들에게 관찰 중인 역동적 조건에 대한 보다 향상된 이해를 가지고 자료와 연구장소에 접근할 수 있게 해준다. 이를 몇몇 사례에 적용해보면 다음과 같다.

불만의 유형

사회운동이 자주 불만감 그리고/또는 부정의감에 의해 발생된다는 것은
잘 알려져 있다.[4] 이것은 타인에게 적절한 지위를 부여하기를 거부하는 어떤
사람과 자신이 부여받을 가치가 있는 지위의 양을 부여받지 못했다고 느끼
는 타인 간의 지위쟁점과 관련되어 있다.[5] 부정당하는 것의 주된 감정은 화
이다. 그러나 이것은 권력 차원과 그것의 주요 감정, 즉 공포에 대해서는 아
무것도 말해주지 않는다. 공포와 화가 동시에 격심할 때, 그에 따른 감정적
결과는 **증오**이다(Kemper, 1978a: 124). 이것은 부정적 감정 스펙트럼의 또 다
른 중요한 질서로, 테러리즘, 암살 그리고 상대방을 처벌하거나 전복하는 다
른 수단을 포함한 극단적 폭력행위의 토대가 될 수 있다. 사회운동은 자주
그러한 전술과 그것의 근간의 이루는 감정을 토대로 하여 나누어진다. 공포

---

4 다른 요구사항이 없는 한, 하나의 사회운동집단을 권력/지위와 감정의 측면에서
하나의 단일한 단위로 간주하는 것이 유용하다. 비록 특정 사례에서 모든 성원들이
엄밀하게 동일한 감정을 느끼지는 않지만, 운동 지도부는 집단의 실제 감정을 표출
하는 대표자 역할을 한다. 이를테면 그들은 "우리는 무엇에 대해 화가 나 있다," "우
리는 무엇에 대해 기뻐한다"고 표현한다. 그 대신 집합행위 — 때때로 자발적이고,
때때로 자발적이지 않은 — 는 운동 전체의 감정을 나타내기도 한다. 하지만 그것은
어떤 의미에서도 하나의 '집단심성'을 함의하지 않는다.

5 현재의 목적상 유일하게 적합한 고려대상이 되는 권력/지위 관계는 집합적으로
고려되는 운동 성원들과 상대방 또는 정부나 방관자들 간의 관계이다. 개인적으로
살펴보면, 동일한 운동의 성원들이 전체 사회에서 매우 다른 권력/지위 위치를 가질
수 있다. 이를테면 일부는 의사이고 일부는 주부들이다. 그러한 편차에도 불구하고,
그들의 운동의 성원의식 덕분에 그들은 그 운동의 반대자들과 여타 공중에 비해 공
통의 권력/지위 위치를 가진다.

가 지배하는 곳에서, 화가 폭력에 이르게 될 가능성은 낮다. 화가 지배하는 곳에서, 공포는 억눌리는 경향이 있다. 지도자들이 상대방에 의해 체포될 경우, 지도자는 상당한 용기와 극단적인 처벌을 기꺼이 감수할 것이 요구된다. 그로부터 발생하는 행위들이 앞으로 상당 기간의 운동을 아일랜드 공화국 군대와 같은 폭력적인 분파로 규정하거나, 또는 적어도 정당한 것과 금지되는 것 간의 경계선 근처에 늘 위치하는 좀 더 주류적인 운동으로 규정한다. 초기운동을 고찰하는 사회운동 연구자들은 지위 또는 권력쟁점이 성원들에게 문제가 되는지의 여부에 근거하여 운동이 전개되는 방식을 추정할 수 있다. 상이한 성원의식은 하나 또는 다른 감정이 우세하기 때문일 수도 있다. 그것은 또한 상대방에 대한 서로 다른 태도와 문화적 견해 ─ 그들의 목적, 원한 그리고 압력에 대한 감수성 등 ─ 로 인해 발생할 수도 있다.

어떤 경우에는 남부에서 수년 동안 흑인에게 투표권이 부정되었던 것처럼 지위의 결핍이 오랫동안 제도화되어 있을 수도 있으며, 따라서 비록 지위를 부정당한 사람들이 필요할 때 권력을 행사할 수 있기는 하지만, 권력이 행사되는 경우가 극히 적을 수도 있다. 그러한 경우에, 화는 삭혀지고 공포는 숨을 죽일 가능성이 크다. 이러한 상태를 변화시키고자 하는 사회운동은 지위가 부정당했다는 의식을 고양시키고 그것의 감정, 즉 화를 그대로 표출하는 것이 상대적으로 침묵의 권력관계, 그리하여 공포를 필연적으로 유발할 것이라는 점을 심사숙고할 필요가 있다.

또한 비록 자신들이 그 운동이 해소하고자 하는 박탈을 당하지 않았다고 하더라도, 불만은 개인들이 사회운동에 가담하게 할 수 있다. 그 동기는 도덕적 분노 또는 노블레스 오블리주일 수도 있다. 이것들은 죄책감 그리고/또는 수치심 현상이다. 가장 단순하게는 이러한 감정적 맥락에서는 의도된 수혜자 집단이 관계적 '타자'이다. 그들을 위한 행동이 실패할 경우, 그것은 그들에게 해를 끼치고 있다거나 그들과 관련하여 지위를 부여받을 만한 가치 있는 행동을 하지 못했다는 감정을 초래한다. 다른 시나리오에서는 사람들이 죄책감 그리고/또는 수치심을 피하기 위해 감정적으로 정직해야만 하는 신神이 관계적 '타자'일 수도 있다.

명백한 징후로서의 감정

감정은 자주 사회운동 동원이 무르익은 상황에서 첫 번째로 관찰된다. 그것이 화든 공포든 또는 무관심이든 간에, 그러한 감정들은 구조적 안정성을 획득해온 사회관계로부터 파생된다.[6] 사회운동조직자와 운동연구자들은 그러한 감정들을 유발하는 권력-지위 관계를 되뇌게 하기 위해 명시적 감정들을 이용할 수 있다. 이것이 중요한 까닭은, 운동의 표적이자 연구자들의 결정적 분석지점인 감정을 불러일으키는 것은 감정이 아니라 구조적 조건이기 때문이다. 따라서 감정을 고찰하는 것은 다음과 같은 것들을 판단할 수 있게 해준다. (1) 문제가 되는 상황의 중요한 관계적 조건, (2) 그러한 상황에서 발생하는 불만스러운 사회관계와 관련된 문제의 조건들을 변화시키는 데 이용되는 수단의 효력, (3) 성공 또는 실패의 정도, 즉 문제가 되는 관계적 조건들이 실제로 변화하는지의 여부가 그것이다.

프레이밍의 감정적 내용

재스퍼(Jasper, 1998)는 스노 등(Snow et al., 1986)의 프레임 정렬 접근방식

---

6 또한 사회구조의 변화가 사회운동을 발생시키는 감정들을 유발하는 것도 가능하다. 이를테면 약한 억압체제는 통제를 완화하여 공포를 줄이고, 억압받는 집단 내에 낙관주의를 고양시킬 수도 있다. 이러한 상황에서 저항운동의 출현이 무르익는다.

frame alignment approach이 사회운동참여를 유발하기 위해서는 그것이 단지 인지적인 것을 넘어 감정적이어야만 한다고 지적한 바 있다. 그러나 재스퍼는 그것이 프레이밍 기법을 고찰할 수 있는 공식적인 감정 이론을 결여하고 있다는 이유로, 그것을 사변에 불과한 것으로 치부했다. 감정에 대한 구조적 접근방식은 감정의 관계적 의미 속에서 프레이밍 방법을 '독해'할 수 있고, 그리하여 직접 예측된 감정으로 나아갈 수 있다. 스노 등은 다음과 같은 네 가지 유형의 프레임 정렬을 제시한다.

1. 프레임 연결frame bridging은 "특정 쟁점이나 문제와 관련한, 이데올로기적으로는 부합하지만 구조적으로 조리가 맞지 않는 둘 또는 그 이상의 프레임들을 결합시키는 것"을 지칭한다(Snow et al., 1986: 467). 비록 이것이 인지적 쟁점—즉 이데올로기—으로 진술되기도 하지만, 공동의 타자에 대해 별개의 집단들이 동일한 권력관계와 지위관계, 그리하여 동일한 감정을 가질 때, 프레임들이 연결될 가능성이 발생한다. 여기서 타자는 정부일 수도, 이익집단일 수도 또는 동부 자유주의자들이나 기독교 우파와 같은 반*조직화된 집합체들일 수도 있다. 프레임 연결의 주요한 감정적 효과 중의 하나는 성원들의 응집에서 발생한다. 이것은 일반적으로 권력 차원에서 작동하며, 개별 성원들에게 더 큰, 어쩌면 불굴의 힘과 권력의식을 부여하고, 따라서 공포를 줄이고 안전을 증대시킬 것이다.

2. 프레임 확충frame amplification은 "해석 프레임의 명료화와 엄밀화"—'가치' 확충을 통해서든 '신념' 확충을 통해서든—를 일컫는다(Snow et al., 1986: 469). 가치와 관련하여 켐퍼(Kemper, 1992)는 권력-지위 모델은 두 가지 중요한 가치를 함의한다고 주장해왔다. 하나는 **자유**(권력 차원과 관련한, 그리하여 안전과 공포의 감정과 관련된)이고, 다른 하나가 **정의**(지위 차원과 관련된, 그리하여 만족과 화의 감정과 관련된)이다. 어떠한 가치 확충도 관계 차원과 그것이 수반한

감정과 관련하여 분석될 수 있다. 믿음 역시 주요한 관계 차원들―즉 누가 권력을 가지고 있는가? 누가 지위, 권위를 얼마나 가지고 있는가?―과 관련되어 있는 것으로 이해할 수 있다. 따라서 믿음의 변화는 새로운 관계조건들을 받아들이는 것이기 때문에, 단지 인지적 변화만이 아니라 감정적 변화까지도 수반한다. 스노 등(Snow et al., 1986)은 확실히 지배집단과의 권력 및 지위 관계와 관련한 믿음의 변화에 따라 발생하는 몇 가지 감정적 분기에 대해 지적한다. 이를테면 상대방의 권력이 전에 믿었던 것보다 작을 때 낙관의 감정이 발생한다. 체계적인 권력-지위 고찰은 관련된 감정의 전 스펙트럼을 밝혀낼 수 있다.

3. 프레임 확장frame extension은 사회운동이 "그것의 주요한 목표에 부차적이지만 잠재적 지지자들에게는 상당히 중요한 이해관계 또는 관점을 포함시키기 위해 자신의 프레임의 경계"를 확장하는 방식과 관련된다(Snow et al. 1986: 472). 여기에서 쟁점은 잠재적 지지자들의 새로운 핵심그룹을 자극할 새로운 적대자들을 끌어들이기 위해 운동이 자신의 관계적 맥락을 어떻게 확장하는가 하는 것이다. 이것이 바로 "나의 적의 적은 나의 친구"인 경우이다. 대개 사회운동은 프레임의 확장과 함께 새로운 지지자가 확장을 꾀하는 그 운동을 압도하는 적을 데려 오지 않을 경우에만 그러한 프레임 확장을 시도할 것이다.

4. 프레임 변환frame transformation은 대체로 침묵했던 사람들 사이에서 행위를 부추기기 위해 기존의 이해방식을 재해석하는 것을 지칭한다(Snow et al., 1986: 474). 스노 등은 귀인歸因과정에 대해 언급한다. 이것은 앞서 감정에 대한 논의에서 제시한 작인에 해당한다. 이를테면 작인을 다른 방향으로 돌리는 것은 특정한 관계적 상황에서 감정을 재구성하는 것이다. 만약 어떤 사람이 자기 자신을 낮은 지위의 동인이라고 간주한다면, 그때 느끼는 감정은 수치심이다. 그러나 만약 어떤 사람이 타자를 동인으로 간주한다면, 그때 느끼는

감정은 화이다. 프레임 변환은 본질적으로 감정변환이다. 권력-지위 모델은 이전 감정과 새로운 감정 모두를 불러일으키는 관계적 조건에 관심의 초점을 맞춘다.

방관자 감정

어떤 사회운동도 잠재적 충원집단으로부터 소수의 적극적인 성원을 충원할 뿐이기 때문에, 모든 사회운동이 직면하는 가장 중요한 쟁점 중의 하나는 방관자들이 그 운동과 그 운동의 쟁점을 어떻게 바라보는가 하는 것이다. 어떤 방관자들은 그 운동이 자신들의 이름으로 말하고자 할 때조차도, 그 운동이 자신들의 이해관계를 위협한다고 보고 거부하기도 한다. 어떤 사람들은 금전적 기여를 하면서조차 자신들의 활동을 확대하지 않고, 그 운동의 목적과 활동에 적당히 관심을 기울이기만 한다. 하지만 그러한 방관자들의 감상이 운동의 성공에 결정적일 수도 있다. 여기서의 쟁점은 그러한 집단에서 어떤 감정이 어느 정도로 발생하는가 하는 것이다. 여기서 수치심과 죄책감 간의 구분이 중요하게 적용된다.

수치심은 지위고찰─이를테면 내가 타자에게 요구한 지위를 가질 만한 가치가 있는가?─의 결과로 발생한다. 반면 죄책감은 권력고찰─이를테면 내가 다른 사람에게 어떤 해를 끼쳤고(또는 끼치지 않았고) 무엇이 잘못되었는가?─의 결과로 발생한다. 감정에 대한 구조적 접근방식이 보여주듯이, 사람은 수치심과 죄책감 모두를 느낄 수 있다. 그러나 분명 그 구분은 초점의 문제─즉 어떤 관계적 차원이 작동하고 있는가?─이다. 사회운동은 방관자들의 공감을 이끌어내지 못할 수도 있다. 왜냐하면 사회운동이 관련 집단에 나쁜 감정을 불러일으킬 수도 있기 때문이다. 이 경우 사회운동은 잠재적 공감자들을 소외시킨다.

사회운동은 무엇이 합당한 형태의 반대인지에 대한 방관자들의 신념을 벗어나는 행동을 함으로써, 심지어 기본적으로 공감하던 방관자들 사이에서조차 공포, 화, 혐오, 불신을 부추김으로써 방관자들을 소외시킬 수도 있다(혐오가 경멸처럼 타자의 과도한 지위요구로부터 발생한다면, 불신은 자신이 타인의 권력하에 있기를 마음 내켜 하지 않는 것이다). 1970년에 발생한 위스콘신대학교 수학연구소 폭격은 분명 좌파에 공감하는 학생 지지자들이 용인할 수 있는 수준을 넘어서는 것이었다. 그들은 사회변화를 원했지만, 생명 자체의 희생은 원하지 않았다. 그것을 찬성하는 것은 죄책감을 불러일으키는 권력행동을 승인하는 것일 수 있었다. 강제적으로 유발된 수치심 ─ 사회적 비난이라는 공포를 불러일으키는 것에 기초한 권력조치 ─ 과 스스로 유발한 수치심이라고 불릴 수 있는 것 ─ 이 경우 어떤 사람들은 자신이 요구한 지위를 부여받을 만한 자격이 없다는 것을 진정으로 인식한다 ─ 간에도 차이가 있다. 전자의 경우, 천안문 광장 시위 기간 동안의 많은 중국 학생들처럼, 방관자들은 직접적인 압력을 받는다(Zhao, 1998). 그들은 찬성했지만, 그들은 또한 자신들의 의지에 반하여 자신들을 끌어들이는 활동가들에 대하여 크게 화를 내고 분노했다. 스스로 유발한 수치심의 경우, 요구된 자질 ─ 이를테면 윤리적 행동기준 ─ 과 실제 행동 사이에 불일치가 존재한다. 방관자는 이 감정부조화를 해소해야만 한다. 스스로 유발한 수치심은 강제적으로 유발된 수치심보다 행동을 바꾸는데 더 긴 시간을 필요로 할 것이다. 그러나 그것이 초래한 변화는 사회운동의 미래 목적상 그러한 변화로부터 얻는 중요한 이익으로 인해 더 오래 지속될 것이다.

복합적인 관계경로들

비록 감정에 대한 구조적 이론이 양자관계 속에서 가장 잘 설명되지만, 우리는 복합적인 관계경로들이 존재할 때에도 그것을 적용할 수 있다. 사회운동분석에는 고찰할 필요가 있는 네 개의 초점집단이 존재한다. (1) 운동단체, (2) 사회운동이 그들의 정책이나 행동을 바꾸고자 하는 표적집단, (3) 잠재적 동맹자와 반대자들의 잠재적 동맹자를 포함하는 방관자 공중, (4) 정부가 그것이다. 때로는 정부 또는 적어도 그것의 중추를 이루는 부분 — 이를테면 조정자, 입법자, 행정관 등 — 이 그 표적이 된다. 어떤 경우에도 운동은 반드시 그 자신과 다른 집단 간의 관계동학뿐만 아니라 그 운동에 배타적인 다른 집단들 간의 관계들 또한 고찰해야만 한다. 게다가 정부 내의 내적 갈등이 어떻게 1950년대 후반 이주 농업노동자들에 대한 정부의 매정한 태도를 완화시켰는지에 대한 젠킨스와 페로(Jenkins and Perrow, 1977)의 고찰이 보여주었듯이, 이들 집단은 운동에 대한 그 집단의 입장에 영향을 미칠 수 있는 내적 권력-지위동학을 지니고 있다.

그렇다고 운동 그 자체 내의 관계동학, 그리하여 감정동학을 간과해서는 안 된다. 전략과 전술을 둘러싼 내부 분열이 존재하지 않는 운동은 소수이며, 자주 매우 많은 운동에너지가 권력투쟁에 소모된다. 각 진영은 보통 다른 진영을 **경멸**한다. (경멸은 어떤 사람이 그들이 부여받을 만하다고 믿는 것보다 더 높은 지위를 요구하는 다른 사람들에 대해서 느끼는 혐오이다. 문화, 신념 그리고 가치에 대한 각주 1 또한 참조하라.) 그러한 사람들이 어떻게 그들의 마음속에 그 운동의 진정한 이해관계를 가지고 있다고 믿을 수 있겠는가! 볼셰비키와 멘셰비키를 생각해보라. 각 진영은 다른 진영을 싫어한다. 왜냐하면 각 진영은 자신이 부여받을 만한 지위를 상대 진영이 인정하지 않는다고 느끼기 때문이다. 그리고 각 진영은 **시기심**으로 가득 차 있다. (시기심은 어떤 사람이 높은 지위를 원하지만 그 지위를 부여받지 못할 때 제3자로부터 동일한 높은 지위를 부여받은 다른 사람에 대해 느끼는 분노이다.) 비록 운동이 역사의 단계에서 그것이 행한 것에 따라 역사 속에서 그것의 자리를 차지하지만, 내적으로 그것은 자주 감정이 끓고 있는 큰 솥이다. 이러한 내적 갈등과 주도권 투쟁에 중요한 단서가 되는 것이 사회의 표준범주들 사이를 지배하는 관계양식들—즉 연령, 젠더, 계급, 인종, 직업 등—이다. 세대차이는 특히 결정적이다. 왜냐하면 그것은 자주 운동이 변화시키고자 하는 바로 그 조건들에 대한 적응정도의 차이를 의미하기 때문이다. 민권운동과 페미니즘 운동 모두에서 세대차이는 널리 지적되었다(Morris, 1984; Freeman, 1973; Whittier, 1995). 이러한 범주들은 지위—누가 그 운동에서 더 중요한 것으로 간주될 것인가—와 권력—누가 그 운동의 운명을 통제하는가—을 둘러싼 갈등을 야기한다.

서두에서 지적했듯이, 사회운동에서 감정에 대한 문화적 견해는 쟁점이 규범, 신념 또는 가치의 측면에서 정식화될 수 있을 때 가치 있는 출발점을 제공한다. 반면 쟁점이 상호작용의 측면에서 더 잘 정식화되고, 그 결과 안정적 관계나 변화하는 관계, 특히 권력관계 그리고/또는 지위관계를 규정할 때에는 구조적 접근방식이 오히려 더 낫다.

4

사회운동사업

프랭크 도빈

이 책의 많은 장들은 집합적인 정치적 행동에서 감정이 수행하는 역할에 관심을 기울이고 있다. 그러한 장들이 이의를 제기하는 패러다임은 대단히 합리적인 패러다임이다. 합리적 패러다임 속에서는 사회운동활동이 진행되는 만큼 사업활동도 진행된다. 잠재적 참여자들의 충성을 놓고 시장에서 경쟁하는 이데올로기적 사업가들이 사회운동활동의 선두에 서 있다. 사회운동활동은 명확한 조직화전략과 대항전략을 계획적으로 사용한다. 사회운동활동은 특정한 정치적 기회가 주어지는 한정된 시간 동안 그러한 전략들을 사용하는 것에 의존한다.

이 책의 여러 장들은 사회운동활동에 대한 이 같은 합리적 패러다임 견해에 도전한다. 그러한 장들은 분노, 공포, 희망, 옳고 그름에 대한 인식에 의해 추동되는 상이한 종류의 사회운동들을 묘사한다. 누군가는 이 프로젝트가 사회운동이 이데올로기와 옳음 대 그름을 크게 의식하던 시기―합리적인 정치적 계산의 언어가 아직 사회운동이나 그것을 묘사하는 사회과학 이론을 침범하지 않았던 시기―를 상기시킨다는 점에서, 이 프로젝트를 정치활동을 재再낭만화하려는 노력으로 파악할 수도 있다.

오늘날 사회운동을 이해하는 지배적인 사회과학 패러다임은 운동 '사업가들' 사이에서 드러나는 합리적 계산을 강조한다. 이와는 반대로 이 책의 많은 기고자들은 열정이 얼마나 중요한지를 탐구한다. 이 짧은 논평에서 나는 단지 사회운동 내에서 뿐만 아니라 여러 사회적 영역들에서 열정적 행위가 어떻게 계산적인 이윤지향적 행위로 변화되는지를 개관하고자 한다. 나의 목적은 과거를 낭만화하는 것이 아니라, 심지어 얼마 전까지만 해도 다른 원칙에 입각하여 작동하는 것으로 생각되던 영역에서조차 인간행위가 점차 이해관계와 계산에 의해 추동되는 것처럼 틀 지어지고 있는 보다 광범한 경향을 지적하는 것이다.

앨버트 허쉬만은 『열정과 이해관계The Passions and the Interests』(1977)에서 어떻게 근대화과정이 사회적 행동의 동기를 '열정'에서 근대적 '이해관계'로 변형시키는지 그리고 그것에 의해 어떻게 열정적 행동—적어도 수사적으로—을 계산적 행동으로 변화시키는지에 대해 기술했다. 이 책의 여러 장들은 '이해관계'가 사회운동(실제와 사회이론 모두에서)의 새로운 수사이기는 하지만 열정과 감정이 여전히 사회운동 행위자들이 그들 자신의 행동을 이해하는 대안적 수사어구가 되고 있다고 제시함으로써 허쉬만의 의제에 주목하는 것으로 보인다. 외면적 행동의 묘사는 전략적 관리의 언어를 취하지만, 내면적 행동의 묘사는 여전히 자주 감정과 헌신의 언어를 취하고 있다.

나는 다만 인간행동 개념이 계속해서 열정에서 이해관계로 대체된 것이 지배적인 합리주의적 사회과학 패러다임의 발생에 일조했다고 주장할 뿐이다. 이러한 변화는 또한 사회운동이 스스로를 합리적 계산을 지향하는 것으로—자발적·헌신적·카리스마적이기보다는 전통적인 의미로 '관리되고 있는' 것으로—묘사하도록 이끌 수도 있다. 최근에 이르기까지 이론가들은 사회운동과 종교운동 모두를 신념, 윤리, 감상에 근거하는 것으로 묘사해왔다. 이제 사회운동과 종교운동은 똑같이 사업경영과 유사한 것으로 이해된다. 그리고 이론가들은 개인의 행동을 합리적 선택 이론에서 빌려온 은유들을 가지고 묘사한다. 더 일반적으로는 정치활동에 대한 근대이론들은 세계를 이러한 방식으로 기술한다. 이것은 다음과 같은 질문을 제기하게 한다. 우리는 행위자의 수사를 흉내 내는 이론을 구성하는 것에 만족해야 하는가 아니면 수사 그 자체를 설명하고자 노력해야 하는가? 사회운동 지도자들을 그들 스스로가 묘사하는 대로 전략적 행위자들로 간주하는 이론을 발전시키는 것만으로 충분한가?

사회운동과 그러한 운동을 기술하는 사회과학 이론에서 이러한 이중의 변화를 산출하는 더 광범한 현상이 사회생활의 합리화와 탈신비화이다. 서구에서 합리화가 이루어진 특수한 과정은 미시경제 이론의 관점에서 개인을 찬양하고 모든 개인의 행동을 계획하는 것이었다. 정치학에서 합리적 선택 이론의 발흥은 이러한 과정의 본질적인 부분을 이룬다. 왜냐하면 이제 근대 정치행동은 엄밀한 계산원칙에 종속되는 것으로 간주되기 때문이다. 투표에서 계산된 선택을 할 뿐만 아니라, 후보자의 넥타이 색깔과 후보자가 텔레비전에서 아내와 입맞춤하는 것의 효과 역시 계산된다. 사회운동 이론과 실천에서 일어난 일들은 모든 곳에서, 그리고 분명 정치 이론과 실천에서도 일어났다.

보편적인 합리적 행위자 모델의 설명력은 사회학적 조직연구 분야와 다양한 실제적인 행정 분야에서 매우 분명하게 드러난다. 1960년대에 조직이론가들은 서로 다른 행정 모델들이 서로 다른 영역에 적합하다고 주장했다. 그들은 조직목표와 개인의 동기가 영역마다 다르기 때문에 무료급식소는 증권사와 다르게 관리되어야 한다고 주장했다. 그러나 오늘날 모든 영역의 경영 이론에서 행위자들은 무엇보다도 합리적이다. 그 한 예로 공공행정이 병원행정과 별개의 분야가 된 것은 그리 오래되지 않았다. 이제 병원행정은 교육행정, 사회서비스행정 등과 구분되었다[예컨대 클라크(Clark, 1956); 스콧과 메이어(Scott and Meyer, 1983)를 참조하라]. 이들 영역 중 일부는 다른 영역들보다 서로 더 가깝지만, 영역들 간에는 커다란 차이들이 존재했다. 서로 다른 전문학교들이 각기 그들 나름의 윤리를 가지고 여러 행정이론들을 가르쳤다. 각 학교들은 서로 다른 이론적 전통과 서로 다른 핵심적인 경험적 사례와 연구에 근거를 두고 있었다. 왜냐하면 조직의 목표와 그 조직의 노동자의 동기는 크게 다르다고 생각되었기 때문이었다. 그러나 그러한 세계는 변화했다. 병원, 사회서비스기관, 그리고 이제 사회운동조직들은 모든 사람이 합리적 행위자라는 가정에 근거하여 인센티브 및 보상제도, 경력 사다리와 평가제도를 정교하게 수립하는 MBA들을 고용한다. 그 어느 누구도 열정을 가지고 행동하지 않는다.

경제학에 기초한 조직화 모델은 기업에서부터 상상할 수 있는 모든 사회활동영역으로 확산되었다(Meyer, 1994). 교회와 작은 연맹들에도 이제 사회적 행동을 지배하는 보편적인 법칙이 존재하며, 그러한 사회적 행동들은 일련의 보편적인 조직원리들을 요구한다는 개념을 받아들이고 있다. 한 세대 전에 상이한 부분에서 발견되던 별개의 경영철학들이 미시경제 이론에 기초한 하나의 공통 모델에 길을 양보해왔다. 월스트리트에서 올바른 행동을 이끌어내는 것은 또한 유니세프에서도 작동될 것이다. 모든 종류의 조직들이

- 전략적 계획을 채택한다.
- 장기적인 유인을 위해 내부노동시장을 활용한다.
- 사명使命선언서를 작성한다.
- 스스로를 기업가적이라고 서술한다.
- CEO와 회장 그리고 인적자원관리 부회장을 임명한다.
- 합병을 규모의 경제를 성취하는 것으로, 계열사를 핵심 직무에 초점을

맞추는 데 도움을 주는 것으로 간주한다.

경영은 경영이다. 조직목표와 구성원의 동기는 더 이상 중요하지 않다. 사회운동을 경영하는 것은 은행을 경영하는 것과 전혀 다르지 않다. 왜냐하면 우리 모두는 그것이 무엇이든 간에 그 속에서 자기이익을 추구하기 때문이다. 따라서 집합적 노력 — 자동차 공장이든, 증권사든 또는 환경운동이든 간에 — 을 조직화하는 방식에 관한 모델은 경제 이론에 느슨하게 기초한 일단의 계율들로 수렴되어왔다. 이러한 변화의 한 가지 명백한 결과는 삶의 모든 활동영역에서 사람들이 점점 더 보상문제에 주의를 기울인다는 것이다. 왜냐하면 인센티브에 기초하고 개인주의적이고 합리화된 경영시스템이 우리에게 그것이 우리가 관심을 가져야만 하는 것이라고 신호를 보내기 때문이다. "돈 벌게 해줘"는 어디에서나 모토이다. 노동을 유인하기 위한 경제학자들의 노력이 초래한 의도하지 않은 결과들 중의 하나는 소득불균형의 증대이다. 의사, 건강관리협회HMO 경영진과 자선단체 유나이티드웨이United Way의 중역들 그리고 심지어 교수들까지도 이러한 체계에 편입되자, 자신들의 직업에서 정상에 있는 사람들은 통상적인 수준을 훨씬 넘어서는 "인센티브를 들고" 나왔다(Frank and Cook, 1996). 인센티브는 중역실에서 뿐만 아니라 어디에서나 행동과 처신의 정당한 근거가 되어왔다.

심지어는 전도나 자선활동을 위해 설립된 단체들조차도 그렇게 하는 것이 합리적인 것으로 여겨질 경우, 그들의 임무를 정당하게 포기할 수 있다. YMCA는 자신을 위한 시장이 작아질 때 종교적 복음을 전하는 일을 포기하고 헬스클럽을 운영한다(Zald and Denton, 1963). 지역 전문대학들은 대중들에게 대학교육을 실시하기를 포기하고, 대신에 프랑스 요리법과 보충수학교실을 제공한다(Clark, 1956).

대부분의 사회과학자들은 이러한 추세를 숙고하기보다는 액면 그대로 받아들여 왔다. 그들은 점점 더 사람들을 이기적·합리적·타산적인 것으로 간주한다. 사회서비스경영 이론, 교육경영 이론 그리고 실제로 사회운동 이론 그 자체도 점점 더 합리화되고 있다. 그것들은 인간의 동기를 합리적 계산이라는 단일한 차원으로 환원한다. 왜냐하면 그것이 행위자들 스스로가 그들 자신의 동기를 기술하는 방식이기 때문이다. 내가 사람들 및 그들에 관한 이론들이 삶에 대한 열정, 이타주의, 형제애에 의해 추동되었던 낭만적인 과거를 일깨우고자 하는 것은 아니다. 대부분의 사회학 이론들은 행위자들이 열정에 의해서가 아니라 훨씬 더 세속적인 어떤 것, 즉 습관과 일상의 과정에 의해 추동되는 것으로 묘사해왔다. 나는 과거를 낭만화하기보다는 단지 그러한 변화 그 자체를 우리가 탐구해야 할 사회학적 결과로 고려하자고 제안할 뿐이다.

이러한 경향이 사회운동 이론을 완전히 접수해왔고, 경영이론가들이 이를 다시 차용하기 시작했다. 그들이 사회운동 이론에 눈을 돌릴 때, 이건 또 어찌된 일인지, 그들은 전략적 경영 이론에서 발견되는 것과 정확히 동일한 종류의 합리적 행위자 모델을 발견한다. 일부 경우에 그 모델들은 사회운동 이론가들에 의해 확장되었다. 그리고 그들의 혁신은 경영 이론에 의해 신봉되었다(Swaminathan and Wade, 1999).

사회과학자들이 실제로 이것을 이유로 비난받을 수는 없다. 근대성 이론가들은 대체로 행위자들의 말을 곧이곧대로 믿는다. 사회운동 활동가들이 그들 자신의 행동을 전략, 계산 그리고 주요 경영원칙(목표달성이 가능한 시간대, 결과 중시 기업가정신)의 측면에서 틀 짓는 한, 이론가들이 동일한 종류의 언어를 사용한다는 것은 놀랄 일이 아니다. 그러나 물론 합리적 계산의 언어는 기업에서와 마찬가지로 사회운동에서도 행위자들이 자신들의 행위를 회고적으로 그리고 전망적으로 바라보는 렌즈이다. 당신이 무엇인가를 할 때, 당신은 매우 합리화된 이야기를 꾸며내어 말한다. 엑슨Exxon의 사장도 그렇게 하지만, 그린피스 의장도 그렇게 한다. 이것이 바로 조직 이론가 칼 웨익(Karl Weick, 1993)이 '의미 만들기sense-making' 과정 —사후에 행동의 의미를 구성하는 과정— 에 대해 말할 때 취한 관점이다. 웨익이 접촉한 조직의 경우, 현대 사회운동의 경우와 마찬가지로, 행위자가 구성하는 설명은 타산적·합리적·전략적이다. 의미 만들기는 주어진 인지적 프레임 내에서 일어난다. 그리고 행위자들은 프레임 선택에 기초하여 자신들의 행동의 이론적 근거를 구성한다. 어떤 사람은 어떤 단일한 행동을 여러 가지 방식으로 틀 지을 수도 있다. 실험실에서 자행되는 동물학대에 반대하는 시위는 그러한 동물들의 자연권의 측면에서, 그리고 사회운동조직의 연대를 구축하고 회원을 확대할 기회의 측면에서 틀 지어질 수 있다. 이제 운동활동가들은 전자 유형의 '의미 만들기'를 후자 유형의 의미 만들기로 보충하든지 아니면 심지어 전자를 후자로 대체하기도 한다.

허쉬만은 『열정과 이해관계』에서 근대세계에는 단지 합리적 계산만이 존재한다고 주장하지는 않았다. 그는 근대세계에서 이해관계와 합리적 계산은 "사람들이 행동을 이해하는 방식"이라고 주장했다. 사회운동 분야의 주요 정치적/합리적 이론들에서 부족한 것은 그것들이 행위자 자신의 설명에 대해 충분히 의심하지 않는다는 것이다. 인류학자들이 개구리 신령이 세상을 지배한다는 지방전설이 전해 내려오는 토템사회를 관찰할 때, 그들은 개구리들이 실제로 그 지방을 지배하고 있기 때문에 개구리들이 쟁기와 할레 돗자리에 새겨져 있다고 결론 내리지 않는다. 그들은 그 지방 사람들이 사회적 관행과 관련한 권위를 개구리 토템 속에 위치시키는 의미체계를 발전시켜왔다고 결론 내린다. 마찬가지로 우리가 근대의 사회적 관행들을 연구할 때, 우리는 그 지방 사람들의 준거틀 밖에서 우리가 할 수 있는 것을 해야만 한다. 우리는 합리성을 하나의 의미체계, 즉 권위를 일련의 보편적인 사회적·경제적 법칙 —개구리 토템과 동일한 지위를 갖는 법칙— 속에 위치시키는 의미체계로 이해하려고 해야 한다.

어쩌면 이해관계 프레임의 확장과 관련하여 유감스러운 점은, 우리 모두가 우리 자신의 행동을 이러한 렌즈를 통해 이해하고 있다는 것과 어찌되었건 그 렌즈가 '음울한' 경제학의 렌즈라는 것이다. 우리는 우리가 사용하는 프레임을 선택할 수 있다. 왜냐하면 우리는 구원 추구의 측면에서 우리의 삶을 이해하기로 선택할 수도 또는 애완 고양이의 해방에서 우리의 삶을 이해하기로 선택할 수도 있기 때문이다. 그런데 현재 우리 모두가 살아가는 방식을 틀 짓고 있는 합리적 선택 모델에서 분명하게 비합리적인 것은, 우리가 바로 이 음울한 행위 모델을 선택하고 있다는 것이다. 영원한 구원의 영광을 대신할 수 있다면, 아무리 호사스럽더라도 우리가 독일 고급 자동차 수집을 하면서 살기로 스스로 선택할 수 있는 것인가?

경영자들이 오랫동안 합리적 행동 게임을 해왔기 때문에, 경영 연구자들은 오래전부터 경영합리성에 대한 문화적 설명을 발전시켰다. 베버는 사회학에서의 이해의 중요성 또는 행위자 자신이 자기 행위를 어떻게 이해하는지를 파악하는 것의 중요성을 강조했다. 존 메이어와 로완(Meyer and Rowan, 1977)와 W. 리처드 스콧(W. Richard Scott, 1995)에서 폴 디마지오와 월터 파월(Paul DiMaggio and Walter Powell, 1991)에 이르는 대부분의 구성주의적 조직 이론가들은 물론 해리슨 화이트(Harrison White, 1992)에서 마크 그라노베터(Mark Granovetter, 1985)에 이르는 많은 네트워크 이론가들도 베버의 어깨 위에 서 있다. 그들은 합리성을 하나의 행위 프레임으로, 즉 행위를 (분명하게) 틀 지을 뿐만 아니라 사람들이 그들 자신의 행동에 대해 부여하는 설명을 틀 짓는 하나의 행위 프레임으로 이해한다. 웨익의 표현으로, 합리성은 의미 만들기가 이루어지는 준거틀을 제공한다. 인류학자들은 오랫동안 인간행동의 의미를 해부하는 사업에 종사해왔다. 그리고 그들이 근대의 합리적 환경을 관찰했을 때에도 유사한 결론에 도달했다. 메리 더글라스(Mary Douglas,

1986)는 합리화된 사회체계들이 합리성에 대한 매우 다른 논리들을 수반하며, 그것들이 개인의 행위를 틀 짓는다고 지적함으로써 이를 강조했다. 그녀는 이를 통해 개인은 절대적 의미에서 합리적인 방식으로 행동한다는 관념을 논박한다. 클리포드 기어츠(Clifford Geertz, 1983)는 근대 변호사의 의미체계가 행위에 대한 해석의 틀을 제공한다는 점에서 원주민의 의미체계와 아주 유사하다고 생각한다.

초기 경영이론가들과 마찬가지로 주요 사회운동 이론가들도 어쩌면 행위자들의 설명을 진리로 받아들이는 방향으로 너무 멀리 이동해왔다. 그들은 자신들의 정보원들이 말하는 것들을 너무나도 많이 신뢰한다. 이러한 문제를 극복하는 것은 쉽지 않다. 왜냐하면 행위자들이 감정이나 감상의 측면에서보다는 합리적 계산의 측면에서 회고적 그리고 전망적으로 그들의 행동을 틀 지을 경우, 그들의 동기가 다르다는 점을 경험적으로 증명하는 것은 말할 것도 없이 간파하기도 불가능하기 때문이다. 이러한 상황에서 이루어지는 전형적인 사회학적 대응은 단순한 계산이 아니라 습관과 감상이 행위자들을 동기 지운다고 가정하는 것이다. 어찌되었건 평균적인 운동활동가들이 보기에, 고래의 권리 또는 여성의 권리를 추구하는 데에는 실제로 작은 명성과 영광 그리고 매우 적은 돈이 존재한다. 경제학자들은 사람들의 선호는 예측할 수 없고(이것은 사회학자들의 일이다) 다만 사람들이 자신들의 선호를 추구하는 (합리적) 수단만을 예측할 수 있다고 선언함으로써, 우리가 근본적으로 합리적인지 그렇지 않은지에 관한 문제를 무시하라고 오랫동안 배워왔다. 즉 그들은 개인이 고래를 구하는 것을 선호할 것인지 아니면 BMW를 수집하는 것을 선호할 것인지에 대해 어떠한 의견도 피력하지 않는다. 그러나 그들은 일단 선호를 알게 되면 수단을 예측할 수 있다. 물론 그들은 그 수단을 너무나도 잘 예측할 수 있다. 왜냐하면 그러한 수단들은 다양한 정확성의 수준에서 모든 것에 적용할 수 있는 경제 이론을 통해 설명되기 때문이다.

우리 모두는 승진이라는 당근이 열심히 일하게 하는 강력한 유인이라는 것을 알고 있다. 비록 우리가 그러한 당근의 최적 크기에 대한 공식은 모를지라도 말이다.

경제적 관점은 선호(고래 구출 또는 낙태 반대)가 무합리적인 감상에 의해 결정되지만 그러한 선호를 이루기 위한 수단은 합리적 계산에 의해 결정된다고 주장한다. 이러한 접근방식은 사회운동 이론가들로 하여금 동기의 문제를 다루지 못하게 한다. 그리고 실제로 최근의 많은 사회운동의 이론화 역시 그러한 방향으로 이동해왔다. 그러나 이러한 접근방식은 경영 이론에서 부적절한 것처럼, 사회운동 이론에서도 부적절하다. 합리적 행위과정이 역사적으로 우연적이고 사회적으로 구성되는 것임을 증명하는 다수의 연구들은 그러한 접근방식이 경영 이론에서 부적절하다는 것을 보여주어왔다. 만약 합리적 행위가 불변적인 것이 아니고 또 예측할 수 없다면, 합리적 계산이라는 특수한 프레임 그 자체를 쟁점화할 필요가 있다. 사회운동행동은 합리적 계산의 프레임을 신봉해옴에 따라 조직이론의 보다 광범위한 경험적 영역의 일부가 되었다.

운동 '사업가들' 사이에서 그리고 마찬가지로 사회과학 패러다임 사업가들 사이에서 이처럼 합리성에 초점을 맞추는 것이 시간이 지날수록 감소할 것이라고 믿을 만한 충분한 이유가 있다. 이 세기 동안 조직이론의 진자는 왔다 갔다 했다. 즉 극단적 합리주의의 시대(이론과 기업의 실천 모두에서)의 뒤를 이어, 집단의 중요성에 관한 'Y이론' 또는 몇몇 심리학 용어의 변형태들이 장악한 교정의 시대가 왔다(Barley and Kunda, 1992). 사회운동 이론은 최근에 처음으로 합리주의 쪽으로 크게 기우는 경향을 보여 왔다. 이제는 감정, 문화, 서사, 은유, 규범을 고려하는 이론으로 되돌아가야 할 때이다.

사회운동 분야가 열정과 감정으로 되돌아갈 경우, 그것이 주는 교훈은 사회운동 참가자들이 실제로 그들의 머리보다는 가슴에 의해 동기 지어진다는 것인가? 내가 보기에, 그것은 도출되어야 할 교훈이 전혀 아니다. 오히려 우리가 이용할 수 있는 인지 프레임들 중 하나를 통해 세계를 이해한다면, 그리고 만약 합리적 행위자 모델이 그러한 프레임 중의 하나에 불과하다면, 열정적 행위자 모델도 또 다른 하나의 모델에 불과할 뿐이다. 사람들이 실제로 자신들의 열정으로 인해 운동에 참여한다고 말하는 것은 그들이 실제로 합리적으로 행동한다고 말하는 것과 별반 다르지 않다. 어쩌면 우리 앞에 놓여 있는 더 중요한 문제는 우선 이러한 프레임들이 어디에서 오는가, 그리고 우리는 우리 자신의 행동을 우리 스스로에게 설명하기 위해 그것들 중에서 우리가 어떻게 선택하는가에 관심을 기울이는 것일 것이다.

제2부 문화적 맥락

5

감정과 정치적 정체성
정체를 위한 감정동원*

마벨 베레진

새로운 정치공간과 옛 정치공간에서 소속감 발명하기

전후 정치적 합의의 붕괴는 지난 십년 간 동유럽에서, 그리고 일정 정도 서유럽, 옛 소련, 아프리카, 아시아에서 지정학적 공간의 지도를 다시 그려왔고, 사회과학에 문화적·사회적 변환을 개념화할 새로운 방식을 모색할 것을 요구해왔다. 장기간 지속되어온 체제의 붕괴는 이주흐름의 거대한 변화와 결부되어 있었고, 그것은 정치적 정체성과 함께 그것이 동반하는 민족주의, 민족성, 시민권과 같은 문제들을 사회과학연구의 최전선에 배치시켜왔다.[1]

---

* 이 논문은 제프 굿윈, 제임스 M. 재스퍼, 프랭크 도빈의 유익한 논평으로부터 도움을 받았다.
1 정체성 그 자체로서의 정체성은 거시사회학의 비교적 새로운 관심사이며, 분석적 개념으로서의 정체성의 차원들에 대한 논의는 이제 시작단계이다. 정체성에 대한 사회과학적 접근방법들을 요약하고 있는 것으로는 세룰로(Cerulo, 1997)를 보라. 이 주

나는 정치적 정체성이 적어도 개인이나 집단이 가질 수 있는 모든 정체성들 중에서 가장 덜 '자연스러운' 것일 때, 그것은 본질적으로 문제가 된다고 주장한다. 나는 '자연스러운'이라는 용어를 정체성의 본질주의적 견해를 상정하기 위해서가 아니라 주관적인 정치적 정체성은 전쟁과 같은 정치적 위기의 시기를 제외하고는 '일상생활'의 관심사와는 멀리 떨어져 있다는 것을 시사하기 위해 사용한다.[2] 우리는 공적인 것에서부터 사적인 것에 이르는 일련의 정체성들을 '위계적'으로 경험한다. 간단히 말하면, 몇몇 정체성은 다른 정체성들보다 우리에게 더욱 중요하다. 정치적 정체성은 공적 정체성이다. 그것은 종종 보다 깊이 느끼는 사적 정체성에 비해 부차적인 위치를 차지한다. 정치적 정체성이 개인들에게 사적 자아 외부에 목숨을 걸 만큼 가치 있는 어떤 것—당, 국가—이 존재한다고 느낄 것을 요구할 때, 그것은 고난의 길을 걷는다. 정치적 정체성을 '느끼는 것'은 정체성의 '위계'를 재정렬할 것을 요구한다. 따라서 정치적 정체성은 계속되는 민족문화 프로젝트 또는 정체성 프로젝트의 일부가 될 수밖에 없다.

정치적 정체성에 대한 거시사회학적 관심은 주로 시민권의 법적 제도, 이주문제 그리고 성원자격과 집단의 권리에 관한 사법적 문제에 초점을 맞추는 경향이 있다.[3] 나의 글은 시민권을 정치적 합병의 법적 양식뿐만 아니라 문화적 양식으로 재조명하고, 민족국가가 정체polity를 위해 감정을 동원하기 위하여 정비하는 상징적·감정적 관행들을 강조한다. 감정과 시민권을 결합시키는 것은 성원자격 개념을 확대하여 민족적 소속감이라는 공감하는 경험

제에 관한 최근 저술들을 요약하고 있는 것으로는 칼훈(Calhoun, 1993c)에 실려 있는 글들을 보라.

2 나는 이 표현을 찰스 테일러(Charles Taylor, 1989: 211)에서 따왔다.

3 관련 문헌들에서 나타나는 주요 테마들을 분석적으로 논의하고 있는 것으로는 오페(Offe, 1998)를 보라. 그의 주장은 내가 여기에서 제시하는 것과 어느 정도 일치한다.

felt experience을 그것에 포함시킨다.

나는 이들 문제를 세 가지 서로 관련된 부분에서 다룬다. 그 첫 번째는 분석적이고 개념적이다. 이 글은 정치적 정체성을 공감하는 경험의 한 범주로 논의하고, 정치적 감정의 동원자로서의 민족국가의 역할을 검토하고, 감정의 부정과 자유주의 간의 관계를 탐구한다. 두 번째는 경험적인 것으로, 이탈리아 파시즘에 대한 나의 연구에 의존한다. 정치적 의례가 그 초점의 대상이다. 공적인 정치적 의례는 의례행위자들—참가자와 관찰자 모두—이 자신self과 타자, 자아self와 민족국가 간의 경계를 흐리게 하는 장場으로 기여한다. 그러한 일시적 장인 '감정공동체'는 정치적 정체성 또는 공감하는 성원자격을 극화한다. 세 번째 부분에서는 나의 연구가 정체성, 감정, 정치적 소속감에 관한 앞으로의 이론화에 대해 갖는 함의를 도출한다.

정치적 정체성: 우리는 누구인가?

정체성은 자아에 대한 이해와 풀 수 없게 뒤얽혀 있으며, 유의미한 사회적·정치적 유형의 행위에 참여하는 데 있어 중요하다.[4] 우리가 정체성을 얼마나 좁게 또는 넓게 구성하느냐와는 무관하게, 우리 모두는 정체성을 가지고 있다. 자신과 타자, 주체와 객체, 즉 차이의 인식은 생애의 아주 초기에서부터 시작된다.[5] 정체성은 사회적 삶의 불가피한 차원이다. 정치철학자 윌리엄 코널리(William Connolly, 1991: 158)는 다음과 같이 주장한다. "각 개인은

---

4 이에 대한 보다 상세한 내용은 베레진(Berezin, 1999b)을 보라.
5 자아(selfhood)이론을 개관하고 있는 것으로는 캐리더스, 콜린스 그리고 룩스 (Carrithers, Collins and Lukes, 1985)를 보라.

정체성을 필요로 한다. 모든 안정된 삶의 방식은 집합적 정체성 주장에 의지하고 있다."

정체성은 무엇보다도 먼저 유사성을 암시한다. 그리고 그것은 찰스 테일러(Charles Taylor, 1989: 36)가 '공동체 규정하기defining community'라고 지칭한 것을 인정할 것을 요구한다. 정체성의 사회적 구성은 자신을 둘러싸고 있는 그리고 개인들이 자신들과 타자를 동일하게 느끼게 만드는 사회적 관계의 망 또는 공동체에 대한 인지와 그것에의 참여를 포함한다. 정체성은 본질적인 것도 그리고 순전히 구성된 것도 아니다. 그것은 복합적이지만 정신분열증적인 것은 아니다(Calhoun, 1993b). 개인은 유사한 자아들로 이루어진 많은 공동체와 관련되어 있고 또 그것들로부터 의미를 도출해낸다. 우리는 공적 정체성과 사적 정체성 모두를 소유하고 있다. 공적 정체성은 주로 근대민족국가와 시장과 같은 합법조직들에 의해 제도적으로 뒷받침되는 시민권과 노동정체성을 포함한다. 이해관계와 합리성이 그러한 정체성을 지배한다. 사적 정체성은 그것의 가장 순수한 형태인 친족관계에서 시작된다. 감정뿐만 아니라 전통 역시 그러한 정체성을 인도한다.

문화적 정체성 ─ 종교적·국가적·지역적·민족적 정체성 ─ 은 더 유동적이고, 역사적 상황에 따라 공적일 수도 있고 또 사적일 수도 있다. 민주주의는 공적 영역에서 종교적·지역적·민족적 정체성을 법적으로 통제하고, 민족국가를 뒷받침하기 위해 민족주의의 감정적 차원을 선택적으로 불러내는 경향이 있다.[6] 문화적 정체성은 의미 ─ 종교적 관행, 조국, 집단가입의 의미 ─ 에 기초하고 있다. 그것은 강력한 공적 감정과 호전성을 발생시킬 수 있는 능력을 지니고 있고 또 발생시켜왔다. 이를테면 애국심, 인종적 민족주의, 인종차별주

---

6 민족주의에 관한 최근 문헌으로는 특히 브루베이커(Brubaker, 1996), 칼훈(Calhoun, 1997), 스미스(Smith, 1998)를 보라.

의는 정치영역에서 발생하는 사랑과 증오 사이에 반¾투과적인 선을 그어놓는다.

　이용 가능한 정체성이 다수라는 사실이, 특정 정체성이 그것에 관여되어 있는 사람들에게 동등한 의미를 전달한다는 것을 암시하지는 않는다. 코널리(Connolly, 1991: 173)의 말을 빌리면, 많은 정체성이 '우연적', 즉 상황적이다. 정체성은 찰스 테일러(Charles Taylor, 1989: 63)가 '초선超善, hypergoods' ─ 타자보다 우리에게 상대적으로 더 가치 있는 목적 ─ 이라고 묘사한 범주에 속한다. 우리는 일부 정체성을 초선으로 경험하고, 일부 정체성을 본질적으로 '우연한' 것으로 경험한다(Berezin, 1997: 19~30; 1998).[7] 나는 우리가 개인적·집합적으로 관여하는 감정적 범주화를 개념화하기 위해 '공감하는 정체성의 위계 hierarchy of felt identity'라는 용어를 사용한다.

　정치적 정체성은 특히 우연성에 취약하다. 데이비드 라이틴(David Laitin, 1998: 24, 31~32)은 심지어 국가 재조정기에 발생하는 '집단정체성conglomerate identities'이 합리적 선택 이론가들이 '티핑 게임tipping game'이라고 묘사하는 것과 유사하다고까지 주장한다. 정치적 정체성은 이데올로기적 정체성뿐만 아니라(Cohen, 1985; Berezin, 1997) 지방정체성, 지역정체성 그리고 국가정체성으로 세분된다(Agnew and Brusa, 1999). 정체성은 그것이 정치적 분석에 이용되었을 때 혼동을 불러일으키는 것으로 입증된 두 개의 이중성을 지니고 있다. 정체성은 명사이자 동사이고, 또 단수이면서 복수이다. 정체성은 무엇인가? 즉 나는 무엇과 동일시되는가? 나는 누구인가? 즉 우리는 누구인가? 개인적 정체성과 정치적 정체성은 다르다. 나는 누구인가가 우리는 누구인가가 된다. 누가 우리 중 하나이고, 누가 우리의 일부가 아닌가? 게다가 정체성은

---

　7 집합행위에 초점을 맞춘 굴드(Gould, 1995)의 '참여정체성(participation identity)' 개념은 나와 마찬가지로 정체성의 '우연적' 속성을 강조한다.

존재론적·인식론적 지위를 지니고 있다(Somers, 1994). 그것은 사회적 지식과 분류의 범주일 뿐만 아니라 존재의 지위도 묘사한다. 하나의 관념의 세계에서 정치적 정체성은 점차 감정적 애착과 제도적 범주들로 바뀐다. "나는 프랑스인이다"와 "우리는 프랑스인이다"는 존재론적 진술이자 인식론적 진술이다.

민족국가: 정치적 감정의 매개물

근대민족국가는 정치적 감정의 매개물로 기여한다. 애국심과 민족주의, 정치적 사랑과 정치적 혐오는 아군과 적을 규정한다. 민족국가는 인식론적인 것―범주로서의 시민권―을 존재론적인 것―공감하는 정체성으로서의 시민―으로 이동시킨다. 베네딕트 앤더슨Benedict Anderson의 지금은 익숙한 정식화를 빌리면, 근대민족국가는 '상상된 공동체imagined community'로, 이것은 다시 '민족에 대한 사랑'이라는 형태로 국가에 대한 '애착'감을 야기하는 '우애'의 정신을 창출한다(Anderson, 1991: 141, 143). 민족국가는 두 갈래의 실체, 즉 제도적 실체이자 개념적 실체이다. 국가는 '통치의 일business of rule'을 하고, 관료제적 효율성과 영토권에 초점을 맞춘다. 반면 민족은 국가 또는 '비우연적' 정체성에 대한 감정적 애착을 창출하는 일을 한다.[8] 민족주의에 대한 최근의 논의들은 학자들이 민족과 국가 간의 차이에 더 많은 관심을 기울이기 시작하고 있음을 시사한다. 이를테면 브루베이커(Brubaker, 1996: 21)는 민족주의에 대한 제도주의적 설명에서, "당면한 분석적 임무는 …… 민족 없는 민족주의를 고찰하는 것이다"라고 주장할 때, 민족과 국가 간을 구분하는 것의

---

8 '통치의 일'이라는 개념은 포기(Poggi, 1978)에서 따온 것이다.

중요성을 암묵적으로 인정하고 있다. 밀러(Miller, 1995: 18)는 "'민족'과 '국가'의 혼동은 민족성에 대한 논의들을 흐리게 한다"고 주장한다.

민족과 국가라는 양자관계의 민족적 측면은 천부적 감정의 산물로 보이지만, 실제로는 고도로 구성된 것이다. 19세기에 개별 민족국가 프로젝트의 성공은 구성된 감정의 강도에 달려 있었다. 그리고 일부 민족국가 프로젝트는 다른 프로젝트에 비해 성공적이었다. 역사적·이론적 설명들은 19세기 민족국가가 그저 동포들의 선택적 친화성의 결과로 생겨난 것이 아니었다고 설명한다. 민족국가는 전쟁, 문화적 제도(주로 교육), 언어의 표준화를 통해 안출되었다. 민족문화는 지방문화와 지역문화를 희생하며 창조되었다. 근대민족국가는 민족적 정체에 대한 헌신이 '공감하는 정체성의 위계' 사이에서 두드러지게 하는 문화적 하부구조를 필요로 한다. 모든 정치체제들은 모종의 상징정치를 수행한다. 박물관, 기념물, 음악뿐만 아니라 민족언어와 문학, 교육제도는 살아 있는 민족적 소속감을 유지하는 데 기여한다[이를테면 무커지(Mukerji, 1997); 코스(Corse, 1997); 본넬(Bonnell, 1997); 스필만(Spillman, 1997)을 보라].

'상상된' 공동체라는 개념이 1983년 처음 등장했을 때 그것은 새로운 개념이었다. 그것은 주요한 전투에서 승리했고, 학자들은 대체로 '민족임'의 구성된 차원을 받아들였다. 하지만 학자들은 사회학자 로버트 코넬(Robert Connell, 1990: 526)이 '카섹시스의 구조structure of cathexis' 또는 정체에 대한 '감정적 애착양식'이라고 묘사해온 것에 대한 탐구 없이, '정치적 사랑'을 그럴듯한 말로 얼버무리거나 단순히 가정해왔다.[9] 이러한 공백은 민족국가 형성에 대한 모

---

9 코넬의 연구와 같이 젠더 관념을 국가형성 개념과 결합시키는 최근의 이론적·경험적 연구들(Verdery, 1994; Borneman, 1992; Hunt, 1992)은 유용한 분석적 출발점으로 기여할 수 있다. 유사한 맥락에서 굿윈(Goodwin, 1997)은 '리비도적' 에너지와 사

든 설명에서 문제가 되고 있으며, 민족국가에 대한 애착이 강제의 산물로 추정되는 반反자유주의 국가의 경우에 특히 문제가 되고 있다.[10] 민족국가에 대한 애착은 공유된 사회적 의미와 공식 조직 사이에 있는 공간에서 형성된다. 문화(민족)와 합리성(국가)이 융합되어 민족국가를 창출한다.

자유주의와 정치적 감정의 억압

정치적 사랑을 '형성하는 것' 또는 '정체성 위계를 재정렬하는 것'은 유효한 감정문화적 상징과 관행의 래퍼토리로부터 유래하는 국가행위의 한 형태이다. 헌트(Hunt, 1992: 196)는 '가족 로망스family romance'에 대한 분석에서 가족에 대한 감정적 은유와 그것이 함축하는 모든 것은 그것이 만약 특정한 문화적·역사적 맥락 속에 위치하지 않을 경우 공허하다고 주장한다. 이데올로기와 관행이 제도적 형태로 합체되는 독특한 정치체제(이 경우에는 근대민족국가)가 '정치적 사랑'을 낳는 문화적 단서들을 발굴할 환경을 제공한다.

관념적 조직과 정치적 조직으로서의 자유주의는 근대성의 주요한 문화적 공백을 제도화한다. 즉 그것은 집합적 자아와 개인적 자아의 분할을 공적 자아와 사적 자아의 분할로 제도화한다.[11] 광범위한 범주화도식으로서의 공적인 것과 사적인 것은 가능한 모든 정체성을 포착한다. 나는 전반적으로

회운동에의 헌신 간의 관계를 탐구한다.

10 아래에 이어지는 내용에 대한 좀 더 상세한 논의에 대해서는 베레진(Berezin, 1999a)을 보라.

11 공적인 것과 사적인 것이라는 용어는 정확하게라기보다는 빈번하게 사용된 용어이다. 그 용어에 관한 최근 용법을 개관하고 있는 것으로는 와인트롭(Weintraub, 1995: 280~319)와 쿠마와 와인트롭(Kumar and Weintraub, 1997)을 보라.

이 구분을, 우리가 사적 삶 또는 '일상적' 삶이라고 지칭할 수 있는 것—가족, 젠더, 사랑, 지역, 즉 자유주의적 민주국가의 범위를 넘어서는 깊이 공감하는 정체성의 장들— 에 대한 편리한 단축표현으로 전통적으로 사용해온 것을 조금은 자제할 것을 주장한다.[12] 자유주의, 그리고 확장하면, 민주주의는 감정을 사적 영역으로 추방한다.

정체성은 근대성의 하나의 쟁점으로, 이데올로기적 개인주의 개념과 결부되어 있다(Calhoun, 1995a: 194~195). 개인주의의 고결함과 다양한 정체성을 지지하는 민주적 계약주의는 때때로 그것의 이론적 의도와는 다른 정치적 결과를 초래한다. 르포르(Lefort, 1986: 303)는 전체주의에 관한 논의에서, "수가 통일성을 파괴하고 정체성을 파괴한다"고 지적할 때, 민주주의의 소원화 疎遠化 가능성을 시사한다. 그는 민주주의의 약점을 정치의 탈신성화에서 찾는다. 이는 민주주의가 전前자유주의적 정부형태들 속에서 군주제가 상징하는 신성한 중심을 거부하는 것에서 나타난다. 민주주의는 전체주의적 형태가 메울 수도 있는 텅 빈 상징적 공간을 남겨둔다. "민주주의는 이해할 수 없고 통제할 수 없는 사회를 경험하게 한다. 그러한 사회에서 사람들은 물론 그들이 주권자라는 말을 들을 것이지만, 그들의 정체성은 항상 의문의 대상이 된다. 즉 그들의 정체성은 여전히 잠재상태에 있다"(Lefort, 1986: 303-304).

르포르의 분석은 공적 자아와 사적 자아 간의 분열은 역사적 규범이라기보다 역사적 예외이며, 민주적인 공적 영역은 사적 영역의 재통합 또는 정치의 탈신성화에 여전히 취약하다고 시사한다. 민주주의가 신성한 것을 3자신의 제도에 통합시키기를 거부하는 것에 체화되어 있는 감정의 부정은, 민주주의가 그것의 이상에서 탈선하게 할 우려가 있는 숨어 있는 단층선이다.

---

12 공적인 것과 사적인 것이라는 용어에 관해 나의 용법과 일치하는 논의로는 브루어(Brewer, 1995)를 보라.

근대성과 그것이 동반하는 개인주의에 대한 헌신 그리고 공적인 것과 사적인 것의 분리는 미래로 전진하는 행진이 아니라 중단이다.[13] 민주주의의 소원화 효과는 그것이 공적인 것과 사적인 것의 자유주의적 분리를 거부할 때 그리고 궁극적으로 민주주의적 국가를 거부할 때, 반자유주의가 메우고자 하는 틈을 만들어낸다.

정치적 정체성에 대한 이론화는 근대 민주적 민족국가를 가정하고 단일한 정체참여양식을 전제하는 경향이 있다. 이러한 가정은 그것이 대안적인 정치적 소속형태와 조직에 대해 융통성이 없다는 것을 증명한다.[14] 근대 (1900년 이후) 반자유주의 국가들은 새로운 허구에 기초해 있다. 그러한 국가들은 자신들이 새로운 정치문화와 정체성을 창출한다고 주장한다.[15] 새로움에 대한 이들 국가의 주장은 자신들의 정체성 전략을 대담하게 강조한다. 이러한 전략은 기존의 민족국가에서는 그리 분명하게 제기되지 않았다.

---

13 사람들은 단지 히틀러와 무솔리니 모두가 본질적으로 의회와 법적 수단을 통해 정치권력을 장악했다는 것만을 상기할 것이다. 인종적 정체성의 퇴각, 그리고 유럽에서의 인종차별폭력뿐만 아니라 민족주의의 현대적 부활은 사적 정체성으로의 퇴각으로 해석될 수 있다. 현재 출현하고 있는 이러한 현상들이 정치의 재신성화로 귀결될 것인지는 별개의 문제이고, 또 역사적 상황에 달려 있을 것이다.

14 소머스(Somers, 1995)는 정치적 개념으로서의 영미계 시민권 이론의 기원에 관한 분석에서, 그것의 역사적 특이성이 옛 동유럽에서의 새로운 정치제도에 대한 그것의 분석력을 떨어뜨린다고 주장한다.

15 이러한 정체성 프로젝트의 대상이었던 사람들 또는 프로젝트의 설계자들이 '정체성'이라는 용어를 사용했을 가능성은 아주 낮다. '정체성'은 역사에 따라 다르지만, 우리가 그것을 초문화적으로 또는 초역사적으로 사용할 때, 그것을 어떻게 사용하고 인지해야 하는지에 주의를 기울인다면, 그러한 사실이 결코 정체성이라는 용어를 불필요하게 만들지는 않는다. 그 용어에 관한 초문화적 용법에 대해서는 핸들러(Handler, 1994)를 보라. 역사적으로 특수한 용어들의 분석적 용법에 대해서는 칼훈(Calhoun, 1993b)을 보라.

정치의 재신성화와 감정동원: 이탈리아 파시즘 사례

자유민주주의 민족국가와 사회민주주의 민족국가에서 상징적인 정치적 관행들은 일시적으로 국가를 객관화하는 표출적 현상들이다. 반면 반자유주의 민족국가에서 상징정치—특히 의례적 행위—는 자신과 타자, 즉 민족과 국가, 사적인 것과 공적인 것 간의 차이를 없애고자 한다.[16] 이탈리아 파시즘에 대한 나의 연구(Berezin, 1997; 1998; 1999a)는 반자유주의 민족국가들이 공감하는 정체성의 위계를 재정렬하기 위해 어떻게 공적인 정치적 의례들에 의존했는지를 보여준다.

의례는 일정한 형식적 특성들을 정체성과 공유한다. 의례, 즉 공적 영역에서 반복되는 행위들은 재현적이면서도 수행적이며, 범주적이면서도 경험적이며, 또한 인식론적이면서도 존재론적이다. 22년 동안 이탈리아 파시즘 정권은 수많은 공적인 정치적 사건들—크고 작은 그리고 중심과 주변에서—을 연출했다. 이를테면 비교적 작은 이탈리아 도시인 베로나에서 파시즘 정권은 1922년에서 1942년 사이에 727개의 의례행사를 연출했다(Berezin, 1997: 169~173). 재현 또는 문화적 인지의 수준에서, 그러한 행사들은 빈번히 깊이 각인되어 있는 사적인 이탈리아 정체성을 이용하여 그것들을 파시즘의 언어로 재각색했다.

이탈리아 파시즘 민족국가 건설자들은 정치적 정체성을 공적 자아 개념과

---

16 반자유주의 국가, 즉 공적인 것과 사적인 것 간의 경계가 희미해지고 있는 것에 기초하고 있는 국가는, 반드시 그런 것은 아니지만 자주 반민주적이다. 반자유주의 국가는 전체주의적 형태에서부터 식민지적 형태, 그리고 가산제적 형태에 이르기까지 다양한 모습을 하고 있다. 비록 초기 20세기의 비민주적 형태와 비교할 수는 없지만, 나는 여기에서 표준적인 베버식의 가산제 개념을 사용하고 있다(Weber, 1978: 1006~1069).

사적 자아 개념의 융합으로 생각했다. 파시즘적 정체성 개념은 이탈리아 국민들이 그들의 정체성을 구성하는 양식과 분명하게 달랐다. '비우연적인' 이탈리아 정체성은 사적인 것은 가족과, 지역적인 것은 장소와, 그리고 종교적인 것은 가톨릭과 결합되는 경향이 있었다. 가족, 지역, 종교는 문화적 레퍼토리, 사고양식 그리고 행동을 제공하는 문화적 공동체로, 이탈리아인의 자아의 원천, 즉 감정적 애착의 소재지였다. 파시즘 정체성 프로젝트도 완전히 날조될 수는 없었고, 현존하는 정체성들의 잔유물들을 짜깁기해야만 했다.

'로마 가톨릭 대중문화'와 '어머니 숭배'라는 표현은 파시즘의 공적 의례에서 제시된 감정적 수사였다. 가톨릭교는 공유된 종교적 유산을 통한 연대와 가족애라는 감상에 체현되어 있는 모성애를 불러냈다. 로마 가톨릭 교리는 20세기 초의 이탈리아와 같은 반⁺문명 국가의 관행과는 기능적으로 무관하다. 당시 이탈리아에서는 수많은 주기적인 성찬의례들을 통해 그 어떤 교파 교리의 뉘앙스도 대중의식에 침투하는 것을 막았다. 심지어 파시스트들의 정신적 틀에 각인된 로마 가톨릭의 대중관행들이 문화적 치환의 기회를 제공했다.

'로마 진군' 1주년 기념식들, 즉 파시즘이 권력을 장악하게 한 일련의 행사들은 이탈리아 파시즘 정권이 어떻게 로마 가톨릭 미사와 성찬식을 전유했는지를 보여주는 하나의 사례이다. 로마의 시에나 광장에서 그리고 동시에 이탈리아 전 지역에서 거행된 미사는 파시즘이 가져온 새로운 민족적 통일을 보여주는 상징적 공연이었다("La Messa al campo Piazza di Siena," ≪La Tribuna≫, October 30, 1923).[17] 군중에게 '신비적인 매혹을' 발산하는 '의식'은 로마 가톨릭 관행과 파시즘 관행을 복잡하게 혼합한 것이었다. 변형된 로마 가톨릭 미사 거행에 더 적합한 용어인 성찬식 대신에 '의식儀式'이라는 용어를 사용한

---

17 이 부분의 서사는 이탈리아 신문기사들에서 따왔다.

것은 미묘한 의식意識 변화를 보여주는 단서이다. 신문의 표현은 의식에 참가할 수 없는 사람들에게 그러한 의식을 고무하기 위해 노력하고 있었다.

성찬식의 숭고함—그때 사제는 보통의 빵과 포도주를 그리스도의 몸과 피로 바꾸는 성서를 암송한다—은 가톨릭 미사의 핵심이다. 이 행위는 가톨릭의 성찬식과 교리의 핵심적 부분으로, 그것의 의미를 이해하지 못하는 이탈리아 가톨릭교도는 거의 없다. 미사는 파시즘의 의례관행을 성찬식의 가장 신성한 일부로 끼워 넣었다. 사제가 성찬용 빵과 포도주를 들어 올려 교인을 향할 때, 트롬본이 울리고 군대가 예를 갖추고 파시스트들은 팔을 들어 로마와 파시즘에 경례한다.

사제가 빵과 포도주를 봉헌할 때, 파시스트들은 그들 자신을 봉헌하며, 무엇이 신성하며 무엇이 세속적인 것인지—무엇이 교회이고 무엇이 국가인지—간의 구별을 흐리게 한다. 이러한 가톨릭 의례의 파시즘적 이용은 사람들이 파시스트이자 가톨릭신자가 될 수 있다는 것을 암시한다. 물론 성찬식의 변형은 신앙의 한 조항—사람들이 믿거나 또는 믿지 않는 것—이다. 빵은 여전히 빵이며, 모든 사람은 그것이 그리스도의 몸이 아니라는 것을 알고 있다. 따라서 파시즘 '혁명'은 1923년에 공감하는 대중경험이기보다는 헌신적인 신도들 사이에서 하나의 신앙의 대상이었다.

파시즘의 '어머니 숭배'는 깊은 문화적 원천으로부터 솟아오르는 어머니임의 본성에 관한 이탈리아인의 본능적 감정을 전유한 것이었다. 가족과 민족의 융합은 파시즘에만 유일한 것이 아니다. 파시스트 중등학교 교과서는, 이탈리아 통일의 지적 건설자인 주세페 마치니Giuseppe Mazzini에 따르면, "조국이라는 유기체의 첫 번째 세포는 가족으로 구성되어 있고," 어머니는 '가족의 천사'라고 가르쳤다(Biloni, 1933: 243). 그 당시 정권이 에티오피아를 침략한 해인 1935년에 시작된 인민소집adunate은 모성적 표상을 군사적 표상과 융합시킴으로써 민족과 가족을 결합시켰다.

인민소집은 그 당시 정권의 제국주의 모험과의 연대를 증명하기 위해 이탈리아 전역에서 대규모의 사람들을 공공광장에 모이게 했던 거대한 집회였다. 국가 파시스트당의 일간신문인 ≪이탈리아 인민Popolo d'talia≫에 실린 이들 행사를 찍은 흐릿한 사진은 그 정권에 찬동하는 무수한 활발한 단체들을 암시한다. 그 신문의 헤드라인들은 식민지를 만들고 제국을 꿈꾸는 정권의 제국주의적 열망을 외치고 있다. 1935년부터 1937년까지 로마에서는 여섯 번의 전국적 소집이 있었다. 그중 네 번은 에티오피아에서의 전쟁과 파시즘 제국의 설립에 초점을 맞춘 것이었고, 나머지 두 번의 소집은 이탈리아 여성들에게 초점을 맞춘 것이었다.

　　에티오피아에서의 '승리'를 기리기 위해, 무솔리니는 로마에 50만 명의 인민소집을 명령했다. 그곳에서 그는 식민지 정복을 선언했다. "에티오피아는 이탈리아 것이다. 실제로 이탈리아 것이다. 왜냐하면 그것은 우리의 승리한 군대에 의해 점령되었기 때문이다. 법적으로도 이탈리아 것이다. 왜냐하면 로마 검투사와 문명이 야만에 대해 승리했고, 정의가 전횡적인 잔인함에 대해 승리했고, 고통으로부터의 구출이 천 년의 노예상태에 대해 승리했기 때문이다"(≪Il Popolo d'Italia≫, May 6, 1936). 군중들은 이탈리아의 모든 광장에 모여들었고, 교회 탑과 중세 풍의 공공건물에서 종소리가 울려 퍼졌다. 임페로 거리에서부터 움베르토 거리까지 로마의 주요한 거리들은 환호하는 이탈리아인들로 가득 찼다. 3일 후인 1936년 5월 9일에 무솔리니는 이탈리아를 '제국'으로 선포했다.

　　≪이탈리아 인민≫의 자매지인 4색 인쇄사진 주간잡지 ≪이탈리아 인민 화보비평Rivista Illustrata del Popolo d'Italia≫은 새로운 제국을 축하하는 특별기념호를 준비했다. 이 평론 잡지 특별호의 한 합성사진은 이탈리아 파시즘 프로젝트가 파시스트 민족국가와 제국을 창설하는 것을 목적으로 하고 있음을 보여주는 다양한 문화도식들을 갈무리했다. 중심적인 이미지는 늑대의 젖을 먹

고 있는 로물루스Romulus와 레무스Remus의 모습이다. 널리 알려진 전설에 따르면, 늑대가 기아로부터 그들을 구한 후, 로물루스와 레무스가 로마를 건국했다. 중앙 한 가운데의 배경은 나부끼는 파시즘 독수리 깃발을 크게 다루고 있다. 그 이미지는 분명 집회에서 따온 것이다. 원경은 지중해 유럽, 북아프리카 그리고 중앙아시아 지도를 묘사하고 있는 석조 기념물이다. 이탈리아와 신파시즘 제국의 식민지들—리비아와 에티오피아—을 뚜렷하게 부각시키고 있다.

이 기념물은 지금은 개명된 임페로 거리에 있었고, 지금도 그 자리에 있다. 그러나 그것은 여전히 로마에서 볼 수 있고, 콜로세움으로 가는 관광객들은 그때나 지금이나 그것을 구경하기 위해 멈추어 설 것이다. 합성사진의 아래쪽에는 다음과 같이 씌어 있다. "로마는 세계의 모든 사람들에게 최고로 보일 것이다. 로마는 초대 황제 아우구스투스 때처럼 광대해지고 체계화되고 강력해질 것이다"(Agnelli and Starace, 1937). 그 이미지는 로마 건국 신화를 최근 만들어진 제국의 신화와 결합시킨다. 비록 제국을 배경으로 하여 다소 사나운 모성이 늑대의 몸에 담겨 있지만, 그 이미지는 또한 모성의 이미지이다.

1930년대 중반 군국주의화가 증대하는 시기에, 우리는 '군국주의의 숭배'에 앞서 '어머니 숭배'가 퇴각할 것이라고 예상했을지도 모른다. 하지만 여성들은 그 체제가 발전함에 따라 파시즘 스펙터클과 서사에서 더욱 부각되었다. 왜 정권은 격렬한 동원의 시기에 여성을 강조하고 나섰을까? 정권에 봉사하는 여성과 가족을 과시하고 결혼과 모성을 전유하는 것이 그 정권의 사회적·정치적 사명에서 중심을 차지하고 있었다. 인내를 요구했던 정권에서, 여성은 새로운 파시즘 단체의 생산자로서 중요했다. 인구학적 캠페인과 가족의 문화적 중요성에도 불구하고, 경험적 증거는 이탈리아 여성들 모두가 어머니가 되는 것에 열광적이지 않았고 이탈리아 출산이 파시즘 기간 동안 감소했다는 것을 보여준다.

여성의 공적인 부각은 두 번의 소집에서 핵심적 요소였다. 1935년 12월 18일에 '서약의 날^{day of faith}'이 있었고, 1936년 5월 8일—이날은 무솔리니가 에티오피아와의 전쟁에서 승리를 공표한지 3일 후이고, 제국을 선언하기 이틀 전이다—에는 로마에서 '여성동원'이 이루어졌다. 후자의 행사가 단지 정권에 봉사하는 수많은 여성단체들을 그냥 과시하는 것이었다면, 전자의 행사로 알려진 '결혼반지 캠페인'은 가족과 모성에 부여된 상징적 중요성에 대해 직접적으로 언급한다. 전쟁 세 달 후, 에티오피아 캠페인은 순식간에 국고를 바닥냈다. 정부는 금을 필요로 했고, 무솔리니는 이탈리아 여성들에게 그들의 결혼반지를 국가의 영광을 위해 바치도록 요구했다. 이탈리아 전역에서 결혼반지를 기부하는 의식들이 거행되었다. 주요 의식은 로마의 빅토르 엠마누엘 기념관 계단에서 진행되었다. 이탈리아 여왕이 이탈리아 어머니들과 아내들을 '조국의 제단'으로 이끌었고, 그곳에서 그들은 자신의 결혼반지를 조국에 바쳤다. '14년간의 국민교육'은 이탈리아 여성들에게 "가족과 가족의 소유물보다 훨씬 더 성스러운" 대의에 자신의 결혼반지를 바치도록 했다("La Memorabile giornata a Roma," ≪Il Popolo d'Italia≫, December 1935).

이탈리아 가족문화는 군대에 목숨을 걸게 했고, ≪이탈리아 인민≫은 가족의 전유에 관해 다음과 같이 명백하게 언급하고 있다. "가족숭배와 그 전통을 지니고 있는 이러한 인민들은 결혼서약이 더 큰 신념에 대해 갖는 중요성을 충분히 그리고 깊이 이해하지 않을 수 없었다." 이탈리아에서는 좀처럼 공개적으로 발언하지 않는 왕비가 의식 당일에 짧은 연설을 했다. 왕비는 빅토르 엠마누엘 기념관 밑에 서서 다음과 같이 말했다.

비토리오 신전으로 가는 계단을 오르면서, 우리의 사랑하는 이탈리아의 하나가 된 자랑스러운 어머니와 아내들은 우리의 첫 기쁨과 가장 심오한 금욕의 상징인 자신의 결혼반지를 무명 영웅의 제단에 남기고 간다. 조국을 위해 가장 순수하게 헌납하며, 대지에 절을 하고, 우리의 정신을 위대한 전쟁에서 사망한 우리의 명예로운 전사들과 합체하고 …… 하나가 된 우리는 그들에게, 신에게 그리고 '빅토리아'에게 기원한다.

감정공동체

종교와 가족, 즉 로마 가톨릭과 '어머니 숭배'의 대중문화는 파시즘 공공의례의 표상적 측면들이었다. 역사의 관점은 이러한 감정적 수사에 대한 담론적 독해를 가능하게 해준다. 그것은 그 정권의 문화적 의도를 바라보는 창을 제공한다. 기어츠(Geertz, 1973: 449)가 발리섬 닭싸움에 대한 논의에서 주장하듯이, 의례의 개최는 '인지적 목적'을 위해 '감정'을 이용한다는 점에서 일종의 '감정교육'으로 기여한다. 즉 "닭싸움이 말해주는 것은 그것이 감상의 어휘―위험의 스릴, 상실의 절망, 승리의 기쁨―로 말한다는 것이다. 하지만 그것이 말하는 것은 단지 감정을 진부하게 동어반복적으로 표현하는 것―위험은 자극적이고 상실은 우울하고 승리는 즐겁다는 식의―이 아니라, 이를테면 사회가 확립되고 개인이 하나가 되게 하는 것은 바로 그러한 감정들이라는 것이다."

기어츠의 분석은 감정의 인지적 목적에 대해서는 지적하면서도, 의례의 결과문제에 대해서는 생략하고 있다. 의례는 표상적일 뿐만 아니라 수행적이다. 그리고 만약 우리가 의례의 인지적 중요성에만 머문다면, 그것의 정치적 중요성도 약화될 것이다. 내가 앞으로 주장하듯이, 의례에 관한 담론적 지식은 궁극적으로 불확정적이다. 그러나 만약 담론적으로서가 아니라면, 의례가 어떻게 가치를 지닐 수 있는가? 그리고 만약 어떠한 서사적 지식도 전달하지 않는다면, 어떻게 의례가 정체성 정치에 기여할 수 있는가? 공적인 정치적 의례는 성과를 지닌다. 그리고 정치적 의례가 무대라는 엄격하게 한 정지어진 공간에서 이루어지든 또는 공개적 광장이라는 더 침투성 있는 사회적 공간에서 이루어지든 간에, 그 성과는 파악하기 매우 어렵다. 왜냐하면 그것의 결과는 경험적이기 때문이다. 의례의 경험적 또는 수행적인 속성은 행위의 방향을 인도한다. 의례는 표상일 뿐만 아니라 행위의 한 형태이다. 그리고 의례는 문화적 실체로서의 그것의 특성 대부분을 그것의 형식적 특징으로부터 도출한다.[18]

공적인 정치적 의례는 집합적인 민족적 자아가 규정되는 한정된 공간인 정체성의 장場으로 기여한다. 의례행위는 형식을 통해 친밀성을 전달한다. 그리고 이 친밀성은 사람들이 어느 한 행사에 참석할 것이 요구된다는 것을 인식하는 것만큼 단순할 수 있다. 친밀성과 정체성은 서로 경계를 접하고 있다. 반복되는 의례참여경험은 연대감 —"우리 모두는 함께 이곳에 **있고**, 우리는 무언가를 공유**하고 있음에 틀림없다**" — 을 산출한다. 그리고 마침내 그것은 집합기억 —"우리 모두 함께 그곳에 **있었다**" — 을 산출한다. 경험된 것과 기억되는 것은 정체의 이름으로 행해진 의례행사에 참여한 행위이다.

감정은 정치적 의례가 의존하는 중심축이다. 그것은 새로운 정체성을 만들어낼 능력을 지닌 정치적 학습의 수단이다. 감정은 난해하고 부자연스러운 것을 쉽고 자연스러운 것으로 부호화할 때를 제외하고는, 근대정치조직의 안티테제이다. 감정은 무합리적이지만, 비합리적이지는 않다. 감정은 이전 정체성의 흔적을 없애버린다. 그것은 자신과 타자, 주체와 객체, 존재론적인 것과 인식론적인 것을 융합시킨다.

---

18 좀 더 상세한 논의로는 베레진(Berezin, 1994: 1279~1280), 베레진(Berezin, 1997: 30~35, 245~251)을 보라.

공적인 정치적 의례는 '감정공동체communities of feeling' ― 이 용어는 레이먼드 윌리엄스(Raymond Williams, 1977: 132)의 개념인 '감정의 구조structure of feeling'를 내가 개작한 것이다 ― 를 창출한다. 윌리엄스에 따르면, '감정의 구조'는 **정리되지 않은** '사회적 경험'이다. 그는 미학적 감정의 비담론적 요소들을 분명히 하고자 노력하고 있다. 윌리엄스는 '감정'을 그 의미상 언어적이고 텍스트적인 '세계관'과 '이데올로기'와 같은 담론적 요소들과 대비시킨다. 그의 분석은 감정적 정치의 불확정성을 제안한다는 점에서 기어츠의 분석과는 다르다. 그는 이렇게 말한다. "우리는 사람들이 실제로 체험하고 느끼는 의미와 가치에 관심을 가지고 있다. 그리고 이것들과 형식적 또는 체계적인 신념 간의 관계는 실제로 (역사적으로 가변적인 것을 포함하여) 일정하지 않다. 그 관계는 사적으로는 반대하면서도 형식적으로 찬성하는 것에서부터 선택되고 해석된 신념과 실행되고 정당화된 경험들 간의 더욱 미묘한 상호작용에 이르기까지 실로 다양하다"(Williams, 1977: 133).

『달랑베르에게 보내는 편지Letter to D'Alembert』에서 루소는 공적 공간에 사람들을 모으는 일은 정치적 평등, 그리고 확대하면 민주주의의 가장 순수한 표현이라고 주장한다(Taylor, 1994: 47~48). 루소는 단지 부분적으로만 옳았다. 의례는 공적 영역에 사람들을 고의적으로 운집시킴으로써, 사회적 영역에서의 불확정성을 제거한다. 그러나 이것은 의례가, 의미가 지니는 불확정성을 제거한다고 가정하려는 것은 아니다. 감정을 표출하는 의례는 불확정성을 내포한다. 르포르가 민주주의와 관련하여 주장했던 것처럼, 공적인 정치적 의례는 열려 있는 해석공간을 만들어내는 양날을 가진 검이다. 연대와 기억 ― 유사한 상황하에 집결한 주체들의 정체성 ― 은 극도로 유동적이다. 감정은 옛 자아의 흔적을 지울 수도 있다. 그러나 어떤 형태의 새로운 자아나 정체성이 등장할지는 전혀 확실하지 않다. "우리 모두 함께 이곳에 **있다**"가 쉽게 "자, 다시 한 번 더 갑시다"가 될 수도 있다.

정체성과 소속감: 감정의 정치 논리

감정은 빈번히 정치적 정체성에 관한 논의에서 결여되어 있거나 충분히 강조되지 않았다. 반자유주의의 조건하에서 정체성 형성은 우리가 정치적 정체성 형성에 대한 보다 표준적인 개념을 더욱 면밀하게 살펴볼 수 있는 극단적인 사례를 제공한다. 새로움이라는 허구에서 시작하고 또 공적인 정치적 의례에 의존했던 체제는 감정과 정치적 정체성 간의 관계 —민주적 관행들을 가정하는 정치적 정체성에 관한 논의들에 의해 모호해진 — 에 분명하게 초점을 맞추고 있다.

나는 우리가 20세기 초의 정권과 유사한 반자유주의체제의 부활을 목도하고 있다고 주장하는 것은 아니며, 또한 정치적 삶의 한 방식으로서 공적 의례가 부활하고 있다고 제시하는 것도 아니다. 역사와 맥락이 중요**하다**. 즉 지금은 1929년이 **아니라** 1999년이다. 실제로 정치적 의사소통의 또 다른 기술들 —텔레비전부터 인터넷에 이르기까지 — 이 의례와 경쟁하고 있다. 하지만 나는 의례와 반자유주의의 형식적 속성에 대한 분석이 새로운 또는 불안정한 정치적 정체성의 출현과 관련한 가설의 정식화뿐만 아니라 정체성에 관한 현재의 이론적 논의들에 많은 기여를 할 것이라고 주장한다. 기존 체제를 성립시켰던 지리적 영토의 붕괴와 오랜 민족국가들이 직면한 이주자의 유입 모두는 공유된 민족적 의미와 문화를 약화시키고 있다. 기존의 정치적 정체성의 약화는 민족국가로 하여금 통치와 성원자격에 관한 공식 제도들을 재건하거나 개정하는 것뿐만 아니라 민족적 소속감의 규칙을 다시 쓰도록 강요한다.[19]

---

19 페레즈 디아즈(Perez Diaz, 1998: 211~221)는 내가 개진하고 있는 것과 유사한 논의를 하고 있다.

결론적으로 나는 내가 이 장에서 진전시킨 전반적 주장이, 이주민들의 유입이 장기간 지속되어온 민족국가에 제기해왔던 정체성의 문제뿐만 아니라 인종적 민족주의의 부활과 그것이 발생시켜온 감정(대량학살은 말할 것도 없이)에 대한 논의들을 재구성하는 데에 어떻게 기여할 수 있는지에 대해 더 구체적으로 설명하고자 한다(이에 대한 요약적인 논의로는 브루베이커와 라이틴 (Brubaker and Laitin, 1998)과 칼훈(Calhoun, 1997)을 보라). 나는 이 장의 주요한 개념들, 즉 감정, 의례 그리고 '정체성의 위계'에 초점을 맞출 것이다.

이러한 개념들에 대한 나의 논의를 구조화하기 위해, 나는 이 장의 서두에서 제기했던 시민권의 문제로 되돌아갈 것이다. 내가 지적했듯이, 시민권은 정치적 정체성에 관한 현재의 사회학적 논의를 위한 수단이 되어왔다. 여기서의 나의 목적은 이러한 문헌을 직접 끌어들이는 것이기보다는 나의 주장의 현대적 함의를 끌어내기 위해 저명한 해설자들을 차용하는 것이다. 널리 인식되고 있듯이, 시민권은 개인과 민족국가 간의 법적 관계를 강조한다. 따라서 그것은 본질적으로 시간과 공간 속에서 민족국가의 형성과 연계되어 있는 근대적 현상이다. 소이잘(Soysal, 1994)은 현대 유럽의 이주노동자들에 대한 논의에서 시민권을 공간으로부터 분리한다. 반면 소머스(Somers, 1993, 1995)는 영국 대중의 정치적 권리의 발전에 대한 연구에서 시민권을 시간으로부터 분리한다.[20] 만약 이들 논의 모두가 옳다면, 그것들은 내가 이 논문에서 제기해온 문제들과 크게 관련되어 있다.

첫째로, 만약 우리가 영토와 권리가 분리된 '탈국민적' 형태의 시민권이 출현하고 있다는 소이잘(Soysal, 1994)의 주장을 받아들인다면, 민족적 소속감은 사람들이 당시에 어디에 살고 있는지보다 우선할 것이다. 누군가는 비록

---

20 소머스(Somers, 1993)는 또한 공간에 대해서도 논의하지만, 내가 보기에 그녀의 독창성은 시점에 관한 논의에 있다.

자신의 전 생애를 프랑스나 독일에서 보낼지라도, 자신이 터키인 또는 알제리인이라고 '느낄' 수도 있다. 이것은 단지 추상적인 감정 그 이상이다. 왜냐하면 이주민 반대 폭력과 문화적 혼합에 대한 저항이 양쪽 모두에서 현저하기 때문이다. 프랑스 민족주의자들의 반反이주민 정서에 대한 브루베이커(Brubaker, 1992)의 논의는 소이잘의 주장을 간접적으로 확증한다. 그가 프랑스 민족주의자로부터 인용한 다음의 말은 '감정'과 시민권 간의 관계를 뒷받침한다. "그것은 혐오스럽다. 알제리인들의 많은 아들들이 아무런 요청을 하지 않았음에도 그들 자신이 프랑스인이라는 것을 알았다. 즉 사람들이 무력으로 그들을 시민으로 만들었다. 그 사람들은 반드시 우리의 가치를 공유하지는 않는다. 만약 그들이 프랑스인이라고 **느끼지** 않는다면(강조 추가), 그땐 우리도 역시 그들을 원하지 않을 것이다"(Brubaker, 1992: 147). 소이잘의 연구는 정치적 정체성—공동체 개념 속에서 포착된 자신과 타자의 융합—의 감정적 차원을 강조한다. 소이잘과 브루베이커 모두 심지어 오랫동안 확립된 민족국가 속에서조차 정치적 정체성을 창출하고 유지하는 것이 얼마나 어려운지를 보여준다.

시민권과 공간의 분리는 정치적 정체성의 감정적 차원에 관한 나의 주장을 정당화한다. 반면 소머스(Somers, 1993, 1995)가 시간으로부터 시민권을 분리시킨 것은 내가 반자유주의적 국가를 정치참여의 연구대상으로 선택한 것을 정당화한다. 14세기 영국의 공적 영역에의 민주적 참여와 매우 유사해 보이는 활동에 대한 소머스의 논의는 정치참여의 제도 또는 메커니즘이 반드시 민족국가 또는 민주적 관행의 발전을 낳지는 않는다는 것을 보여준다. 소머스가 논의한 기간 동안 영국은 거의 민주적이지 않았다. 그녀의 주장은 20세기 후반 이탈리아에서 나타난 제도적 효과를 14세기 초기에 진전된 협동과 신뢰의 관행과 연계시키는 퍼트넘(Putnam, 1993)의 연구와 유사하다. 학자들은 퍼트넘의 논의(특히 제5장)를 그의 논거 중 역사주의를 이유로 하여 비판해왔다. 그의 비판가들이 주목하지 못한 것은 퍼트넘이 심오한 시민적 전통과 관련시키는 지역이 또한 파시스트 정당이 강력했던 지역이라는 점이다. 협동과 조직화의 전통과 관행이 반드시 민주주의로 이어지지는 않는다.

만약 소머스와 퍼트넘이 옳다면, 국가형태는 그 성원들의 정치적 관행과 항상 일치하지 않을 것이다. 민주국가가 비민주적 감상을 끌어들일 수도 있다. 반대로 반자유주의적 국가들은 대안적 정치참여양식—즉 분명 정신적으로 비민주적이고 반합리적인 감정정치와 공적 의례에 대한 의존—을 조직화할 수도 있다. 이것은 내가 이 장의 앞부분에서 논의한 열려 있는 해석공간으로서의 민주주의에 대한 르포르의 논의와 일치한다. 그리고 이는 하버마스의 공론장과 민주적 관행 간의 연계에 대해 의문을 제기한다. 공적 공간에 단체들을 집결시키는 것은 하나의 정체에 대한 새로운 소속감을 창출하는 것을 목표로 하는 하나의 대안적 공론장을 만들어낸다. 이러한 자신과 타자의 공적인 융합의 결과는 협동과 신뢰가 산출하는 유형의 정치만큼이나 불확실하다.

내가 제안한 것처럼, 만약 정체성이 유사한 자아들로 이루어진 다양한 공동체들에 대한 인식이라면, 어떠한 민족 정체성 프로젝트도 개인이 소속감을 느끼는 자아공동체들의 레퍼토리의 일부일 것이 틀림없다. 정치와 정체성에 관한 또 다른 논의들과는 대조적으로, 나는 개인들이 정체성을 동등하게 경험하지 않는다고 강조한다. 종교와 지역주의를 포함하는 정체성과 같은 공적인 것/사적인 것의 연속선상에서 사적인 것에 가까운 정체성뿐만 아니라 친족정체성과 같은 전적으로 사적인 정체성도 현저하다. 민족적 소속감을 다른 형태의 정체성만큼이나 현저하게 하기 위해서는 정치적 정체성은 공감하는 '정체성의 위계'를 재정렬할 것을 요구한다.

민주적이든 반민주적이든 간에, 국가는 민족정체성 창출에서 중심적인 제도적 행위자이다. 그러나 그것은 유일한 행위자가 아니다. 그리고 그것은 다른 형태의 정체성을 조직화하는 제도들과 치열한 경쟁을 한다. 1989년 동유

럽혁명에서처럼, 국가가 붕괴할 때 공허함을 메우기 위해 인종적 민족주의
ㅡ장소와 결합된 강력하게 공감하는 문화적 정체성ㅡ의 감정이 발생할 수 있다
는 것은 놀랄 만한 일이 아니다. 국가의 해체는 성원들이 유사한 자아들의
공동체를 발견하고 그들 자신의 정체성을 재정렬할 수 있는 자유로운 공간
을 열어놓는다. 점점 더 늘어나는 이러한 사례들에서, 깊이 공감하는 정체성
이 그 우위성을 획득한다. 그러나 보다 중요한 것으로, 내가 제시하는 주장
의 논리는 정체성과 정치적 관행의 토대로서의 감정은 근본적인 것이나 비
합리적인 것이 아니라, 하나의 대안적인 정치논리를 표현한다는 것이다.

6

영혼혁명
변혁경험과 노예제도의 즉각 폐지*

마이클 P. 영

1830년대 미국에서 노예제도를 폐지하려는 조직화된 노력들은 엄청난 변화를 겪었다. 이 10년 동안 노예제도 반대 행동주의는 논쟁적이고 대중적이 되었을 뿐만 아니라, 그것의 근본적 성격 역시 변화했다. 1832년부터 1838년까지 어림잡아 12만 명의 북부사람들이 즉각적인 노예해방을 요구하기 위해 모여 노예제도의 점차적인 폐지계획을 거부했다. 이 운동은 아프리카계 미국인을 라이베리아로 이주시켜야만 한다는 프로테스탄트 공제회의 주장에 도전했고, 미국 내에서의 인종평등에 헌신할 것을 요구했다. 왜 1830년대에 노예제도 반대 속에서 이러한 급진적 변화가 일어났는가? 하지만 노예제도에 대한 반대감상과 남부의 '흑인노예제도'에 대한 조직화된 저항은 새로운 것이 아니었다. 왜 그 당시에서야 노예제도 **즉각** 폐지라는 강경한 메시지가 자신들의 목소리를 내는 헌신적인 소수의 지지자들을 얻었는가? 이 장에

---

* 초고에 대해 논평해준 짐 재스퍼와 크레이그 칼훈에게 감사한다.

서 나는 노예제도 반대과정에서 발생한 이러한 변화와 그 변화시점을 표준
적인 사회운동 이론들에 의해서는 정확하게 추적할 수 없다고 주장한다. 활
동가들이 급진적인 즉각폐지론으로 극적으로 전향한 것을 이해하기 위해서
는 개인적 변화를 촉발하고 대담한 집합행위를 유발하는 일단의 엄중한 도
덕적 요구에 대한 감정적 반향을 평가할 것이 요구된다. 그것은 어떻게 노예
제도가 1830년대에 그러한 방식으로 복음주의자들에게 충격을 주었는지 그
리고 어째서 바로 한 세대 전에는 그렇게 할 수 없었는지를 설명할 것을 요
구한다. 나는 그러한 설명은 역사적으로 새로운 종교적 기질과 감정문화의
발전에 주의를 기울여야만 한다고 주장한다. 노예제도 즉각폐지론은 1830년
대에 성인이 된 젊은 복음주의자들에게 감정적 헌신을 불러일으켰다. 왜냐
하면 그것이 보다 광범위한 유형의 감정적 헌신―미국혁명 이후에 태어난 복음
주의자 세대에게 독특한 유형의 감정적 헌신―을 반향하기 때문이었다.

변혁운동으로서의 노예제도 즉각폐지론

1933년 경제학자 길버트 H. 반스Gilbert H. Barnes는 미국 백인노예제도 폐지
론자들의 운동에 관한 사료편찬에서 혁명을 일으켰다. 반스는 서구 노예제
도 폐지론자들의 연구에 초점을 맞추면서, 1820년대와 1830년대의 종교부흥
운동이 즉각폐지론의 발흥과 확산에 중대한 영향을 미쳤음을 밝혀냈다. 그의
연구는 유명한 개종자 신앙부흥운동가인 찰스 그랜디슨 피니Charles Grandison
Finney 목사의 제자인 시어도어 웰드Theodore Weld를 즉각폐지론의 역사의 중심
에 위치시키고, 그 운동을 노예제도의 죄악에 대항하는 하나의 종교부흥운
동으로 조명한다. 반스가 자신의 독창적인 저서 『노예제도 반대의 추동력The
Antislavery Impulse』의 중심적인 장을 시작하며 인용한 웰드의 편지는 서구 복음

주의자들 사이에서 즉각폐지론이 지닌 성격을 요약적으로 보여준다. 1834년 초봄, 웰드는 뉴욕 박애주의자이자 개혁가인 루이스 태판Lewis Tappan에게 오하이오에 있는 레인신학교에서 발생한 사건에 대해 서술하며, 다음과 같이 보고했다.

> 하나님은 이곳에서 위대한 일을 하셨습니다. 8개월 전만 해도 이곳 신학교
> 에는 단 한 명의 노예제도 즉각폐지론자도 없었습니다. 많은 학생들이 노예
> 제도를 인정하는 주州 출신이었고, 그들 중 일부는 이 학교에서 가장 영향력
> 있고 영리한 아이들이었습니다. 대규모의 식민협회가 존재합니다. 그리고
> 노예제도 폐지론은 어리석음, 광신, 유혈의 절정으로 간주되었습니다.
> 첫 번째 변화는 이곳 신학교의 뛰어난 일부 학생들 사이에서 일어났습니다.
> 그 가운데 앨라배마에서 온 학생들 중 크게 동요한 한 학생이 있었습니다.
> 그는 노예제도가 한창일 때 태어나서 자랐고 교육받았습니다. 그리고 그의
> 아버지는 노예소유자였고, 그 자신은 노예의 상속자였습니다. 몇 주간 조사
> 를 하고 양심과 싸운 후에, **그의 고귀한 영혼은 그 속박으로부터 벗어났습니다.**
> 그는 이제 노예제도 반대협회의 의장입니다.(Barnes and Dumond, 1965:
> 132)

미국 노예제도 반대협회 제2차 연례모임연설에서, 그리고 윌리엄 로이드 개리슨William Lloyd Garrison에 의해 출판되어 널리 배포된 팸플릿에서, 또 다른 남부사람이자 레인신학교 출신 연구자는 개인적 변화에 대한 동일한 의식과 함께 즉각폐지론이 그의 양심에 미친 영향을 기술했다. 제임스 A. 토미James A. Thome는 자신이 초기에 가지고 있던 사악한 의식상태를 묘사하는 것에서 시작했다.

젊은 시절에 대한 연상과 성장시기에 대한 집착, 즉 전 생애 동안 형성되고 고착된 편견, 의견, 습관이 합쳐져서 실제로 나를 켄터키주 사람으로 만듭니다. 그보다도 더하게는, 나는 노예제도의 공기 속에서 첫 숨을 쉬었습니다. 나는 그것의 가슴에서 양육되었으며, 그것의 무릎에서 응석부렸습니다. …… 여러분, 내가 말하게 해주십시오. 나는 수년간 식민협회의 회원이었습니다. …… 그것의 의무는 내게 엄숙하고 침착하게 말하라고 명령합니다. 그것이 나의 생각에 직접적으로 미친 영향은 노예제도의 사악함을 가볍게 보고 유색인종에 대한 나의 편견을 심화하고 신성화하라는 것이었습니다. 그러나 여러분, 노예제도 폐지는 전혀 다릅니다. 레인신학교에서 지냈던 몇 달 동안, 형제애적 감정과 공평함 속에서 이루어진 비견할 데 없는 토론을 통해, 그리고 그 결과, 위대한 의무의 원칙이 수립되었고, 죄악이 부활했고, 나는 사라져버렸습니다.(Thome, 1834)

노예제도 즉각폐지론자로 다시 태어난 토미의 삶에서 거의 모든 것이 노예제도라는 부활된 죄악을 중심으로 재결정結晶화되었다. 레인신학교의 학생들 중 소수—비록 있다고 하더라도—만이 노예제도가 사악하다는 데 늘 의문을 가지고 있었지만, 그들은 결코 그것이 개인적으로 처벌받을 수 있는 하나의 죄악이라고 생각하지 않았다. 즉 그들은 결코 그것을 직접적으로 느끼지 않았었다. 반스는 다음과 같이 결론지었다. 레인 논쟁의 영향은 "견해의 변화 이상이었다. 많은 학생들에게 그것은 **그들의 삶의 변화**를 의미했다"(Barnes, 1933: 68). 그 후의 65년간의 역사적 연구는 노예제도 즉각폐지론에 대한 반스의 결론을 수정해왔지만 뒤집지는 못했다(Goodman, 1998). 어떠한 역사가도 1832년에서 1838년에 일어난 노예제도 즉각폐지론의 극적인 부활에서 서구 복음주의자들이 수행한 중심적인 역할을 문제 삼지 않았다. 다른 남부사람들과 노예소유자들 중 소수만이 즉각폐지론으로 전향했지만, 오하이오 북

<표 1> 미국 노예제도 반대협회에 대한 지원협회의 수(1832~1838년)

	1832	1833	1834	1835	1836	1837	1838
메인	0	3	6	22	34	33	48
뉴햄프셔	0	1	9	12	42	62	79
버몬트	0	3	12	39	44	89	104
매사추세츠	2	8	23	48	87	145	246
로드아일랜드	0	1	2	9	20	25	26
코네티컷	0	2	2	10	15	39	46
뉴욕	0	6	7	42	103	274	369
뉴저지	0	0	2	3	6	10	14
펜실베이니아	1	2	2	6	32	93	126
델라웨어	0	0	0	0	0	0	1
오하이오	1	6	10	34	133	213	251
미시간 지역	0	0	0	2	4	17	19
인디애나	0	0	0	0	1	2	6
일리노이	0	0	0	1	2	3	13
켄터키	0	0	0	1	1	0	0
테네시	0	0	0	0	1	0	0
합계	4	32	75	229	525	1005	1348

출처: Goodman, 1998: 124.

부지방, 뉴욕 북부지방, 뉴잉글랜드 북부와 서부 지방의 수만 명의 노예 비소유자들은 즉각폐지론을 수용했다(〈표 2〉을 보라). 역사가들은 이 핵심적 지지자들과 함께 노예제도 즉각폐지론이 출현하여 사회적·정치적 변화뿐만 아니라 개인적 변화를 요구하는 하나의 종교부흥운동으로 발전했다는 데 일반적으로 동의한다.

이 6년 동안 노예제도 즉각폐지론은 노예제도 반대조직의 지배적인 접근방식이었던 점진주의의 지위를 빼앗았을 뿐 아니라, 인종편견에 반대하는운동을 출현시켰다(Goodman, 1998). 그들 스스로가 지은 운동의 이름인 '노예제도 즉각폐지론immediatism'은 폐지 반대자들과 역사가들을 당혹스럽게 했다. 왜냐하면 그것은 다수의 의미를 겸하고 있었기 때문이었다(Davis, 1967). 가장 알기 쉬운 수준에서 즉각폐지론은 노예제도 반대자들이 노예제 폐지에 대한 점진적 접근방식에 대한 인내심을 잃어버렸다는 점을 암시했다. 또 다른 수준에서 그것은 아프리카계 미국인들의 라이베리아 식민화와 같은 비현실적인 중재계획과 정당에 의한 그 문제의 중재에 대해서도 분명하게 거부했다. 그것은 운동가들이 실제적 문제라고 파악한 것, 즉 노예제도와 인종편견이라는 **죄악**과의 직접 대결을 알리는 것이었다. 더욱 더 개인적인 수준에서 백인 노예제도 폐지론자들은 즉각폐지론을 노예제도의 죄악에 대한 자각 —백인 노예소유자와 노예 비소유자들이 똑같이 자신들이 노예제도와 인종혐오의 죄악에 속박받고 있다는 고통스러운 인식—을 의미하는 것으로 이해했다. 이러한 감정적 수준에서 즉각폐지론은 그것이 노예해방의 요구를 반향하는 것만큼이나 그들 자신의 죄를 구하라는 백인 복음주의자들의 권고를 반향했다. 그러므로 점진주의에서 즉각폐지론으로의 전환은 사회문제—비록 그것 역시 분명 사회문제였지만—를 제거하는 방법에 대한 여론의 변화 그 이상을 알리는 것이었다. 즉각폐지론과 함께 노예제도 반대는 사회개혁과 자기개혁을 결합시켰다.

몇몇 역사가들은 그 운동의 마지막 그리고 가장 개인적인 특성 속에서 그것의 가장 큰 약점을 발견해왔다. 이 관점에서 볼 때, 백인 노예제도 폐지론자들은 복잡한 사회문제에 대한 실제적인 해결책보다 개인의 완성에 더 관심이 있는 자기도취적인 별난 사람들이었다[엘킨스(Elkins, 1959)를 보라]. 이러한 가혹한 판단에는 일말의 진실 그 이상의 것이 있다. 즉각폐지론자들이 노예해방을 항상 실제적으로 추구한 것은 아니었다. 그 이유는 부분적으로는 그들이 편의주의를 피해왔기 때문이다. 다른 한편 웰드와 같은 개혁가의 관점에서 볼 때, 노예제도의 죄악은 백인 미국인들의 마음에 깊이 착근되어 있었다. 노예제도를 부정한 제도라고 비난하는 것은 단지 표면만을 건드릴

뿐이었다. 그러나 미국을 구하기 위해서는(그리고 이것이 웰드와 대부분의 즉각 폐지론자들이 하고자 했던 것이다) 백인 기독교인들의 마음속에 자리잡고 있는 인종편견을 근절할 것이 요구된다. 웰드는 죄악을 자각시키시는 수단에 관해 언급하면서, 다음과 같이 논평한다. "만약 그것이 **영혼의** 매우 **중요한 조직**에서 **느껴지지** 않았다면, 그 세계 속에서 일어나는 모든 추론들은 바람을 거슬러 내던진 깃털과 같다"[또한 앱저그(Abzug, 1980: 129); 반스와 듀몬트(Barnes and Dumond, 1965: 455)에도 인용되어 있다].

사회운동 이론을 노예제도 즉각폐지론에 적용하기

사회운동 이론의 지배적 패러다임은 노예제도 즉각폐지론의 발흥과 그것을 추동하는 헌신의 성격을 용이하게 해명할 수 없다. 지난 20년 동안 정치과정 이론은 "제도화된 정치와 반정부 정치 간의 연계관계"를 입증하고자 시도해왔다(McAdam, 1982: 3). 이러한 연구 프로젝트가 특정 유형의 사회운동에 대한 설명에서 커다란 진전을 이루어왔지만, 그러한 진전은 자주 더 광범위한 문화적 연계관계들을 희생시켜왔으며, 분명 저항의 사회심리학을 전반적으로 무시해왔다(Goodwin and Jasper, 1999). 도덕적 저항은 아마도 이러한 약점을 가장 잘 드러내는 유형의 운동일 것이다. 정치과정 프로젝트는 반정부 정치와 제도적 정치 간에 어떠한 근본적인 구분도 존재하지 않는다고 가정해왔다. 정치구조와 이해관계의 합리적 추구는 두 가지 유형의 권력투쟁 모두를 틀 짓는다. 이해관계는 행위를 동기 지우고, 정치구조는 이 행위를 고무하거나 저지하기 위해 개폐되고, 프레이밍 과정은 이 둘 사이를 **중재한다**(McAdam, McCarthy, and Zald, 1996: 5).

하지만 정치적 기회구조는 노예제도 즉각폐지론의 출현과 그것의 초기진전을 설명하는 데 있어 특히 결함이 있다. 1839년까지 노예제도 폐지론자들은 정치적 목표를 분명히 하는 것을 고의적으로 자제했다.[1] 충원의 초기 또는 복음주의의 초기에 노예제도 즉각폐지론은 선출직 공직자, 정부행정관 또는 법관들을 표적으로 하지 않은 채 확대되었다. 실제로 어떤 충격이 정치구조에서 나올 수 있다는 인식은 그들이 이해한 바로서의 정치영역과 거리를 유지하고자 한 초기 즉각 폐지론자들의 매우 의식적인 시도로부터 나왔다. 특히 선거정치는 부패한 것으로 간주되었다. 선거정치에 참여하는 것은 도덕적 원칙을 편의주의를 위해 더럽히는 것, 즉 세속과 타협하는 것이었다. 사실 편의주의 —자기이익의 추구— 는 바로 즉각폐지론자들이 식민협회 성원들에게 퍼부은 비난이었다. 그러므로 노예제도 폐지조직들이 시민종교단체 내에서 출현하여 발전하면서도, 그들은 입법부와의 접촉을 조심스럽게 피했다. 노예제도 폐지론자들은 미국의 교회, 자선단체, 설명회, 문화강좌, 토론회, 학교, 우편물, 언론을 통해 자신들이 공중의 양심에 직접적으로 영향을 미칠 수 있고 또 노예제도에 반대하는 감상을 만들어낼 수 있을 것이라고 생각했다. 그들의 핵심적인 도덕적 주장과 사회적 지지기반은 선거정치제도 및 합법적 강제와 의식적으로 거리를 두고 형성되었다. 그러므로 1820년대 후반과 1830년대 초반의 정치권력 배열상태의 변화는 노예제도 즉각폐지론의 출현 시점과 형태에 매우 간접적으로 영향을 미친 것 그 이상이었다는 주장은 전혀 사실인 것 같지 않다.

　최근의 사회운동 이론은 운동의 출현에 대한 정치과정 이론적 견해에 대

---

1 콜롬비아 지구에서 노예제도를 폐지하기 위해 의회에 청원한 매우 상징적인 행위를 별개로 하면, 1830년대 노예제도 즉각폐지론자들의 정치적 전략은 정치제도를 우회하는 책략으로 가장 잘 묘사된다. 즉 그것은 공중의 감상을 직접적인 표적으로 하고, 정치적 중재를 피한다.

해 다소 반대해왔다. 일부 이론가들은 20세기 후반 운동의 중요성을 이해하고자 고심하면서, 많은 집합행위자들이 도구적 정치 이외의 다른 수단을 통해 사회제도에 영향을 미치고자 하는 규범적·의사소통적 도전자로 가장 잘 이해된다고 설득력 있게 주장한다(Cohen, 1985; Cohen and Arato, 1992, ch. 10; Habermas, 1987; Jasper, 1997; Melucci, 1996). 이러한 새로운 관점들은 제도정치가 많은 현대 사회운동과 동일한 규범적·의사소통적·감정적 헌신에 의해 추동된다는 것에 의문을 제기한다. 이른바 새로운 사회운동에 대한 이러한 최근의 이론화와 연구의 돌풍은 정치과정 접근방식에 의해 적절하게 설명되지 않는 하나의 저항범주를 지적한다.

이러한 비판에 대한 대응의 일환으로, 정치과정 이론가들은 그들의 설명도구에 프레이밍 과정을 추가했다. 프레임 정렬 이론의 설명력은 기존의 사회적 연결망에 착근되어 있는 문화적 도식과 그러한 도식을 동원구조로 성공적으로 변형시키는 운동사업가들의 기술 간의 상호작용에 달려 있다. 불행하게도 사회운동문헌들에서 프레이밍과정은 거의 항상 인지적 과정으로 간주되었다. 여기서의 아이러니는 전향에 대한 데이비드 스노의 연구가 사회운동 이론 내부에서 프레이밍 과정이 독창적으로 접합되는 데 영향을 미쳤지만, 전향이 갖는 감정적·변혁적 함의는 다른 연구자들에 의해 채택되지 않았다는 것이다(Smith, 1996b: 3; Snow and Benford, 1988; Snow and Benford, 1992; Snow and Machalek, 1984; Jasper and Poulsen, 1995). 그 대신에 대부분의 연구자들은 사회집단 내에서의 (객관적인 정치적 기회, 비난의 귀속, 구제의 수단에 대한) 인지적 동의가 집합행위를 추동한다고 가정한다. 게다가 사회운동에 대한 프레이밍 접근방식 —특히 정치과정 모델 내부에 통합된— 은 단지 약한 의미의 도구적·매개적 측면에서만 개인의 변화와 사회개혁을 연계 지어왔다. 운동기업가들은 사회집단의 조직화된 이해관계와 그들이 마주친 정치적 기회를 조정하기 위해 프레임을 사용한다(McAdam, 1982: 51; McAdam, McCarthy, and Zald, 1996: 5~8). 그러나 내가 볼 때, 분쟁정치의 일부 형태들은 자아의 변화와 사회변혁 간의 근본적인 연계관계, 즉 그 둘 간의 단지 생각되는 것만이 아니라 느껴지는 직접적 관계를 보여준다. 노예제도 즉각 폐지의 경우에서처럼, 이러한 형태의 집합행위들은 종종 (도구적 정치의 편의주의를 멀리하는) 시민사회의 제도들과의 상호작용을 통해 출현한다. 그러한 운동들은 그것들이 영향을 미치고자 하는 사람들의 감상에 근거하여 작동하면서, 국가권력기관들보다 친밀성의 영역에 훨씬 더 가까운 제도들 주변에서 동원한다.

이와는 대조적으로 집합적 정체성 이론과 그것이 새로운 사회운동연구에서 수행하는 역할은 개인적 변화와 공적 행동주의 ─ 서로를 잠재적으로 구성하는 ─ 와 연계 지어져왔다.(Melucci, 1995). 하지만 또다시 정치과정 연구자들이 이 개념을 도구적으로 전유專有하면서, 그것은 감정적 의미과정은 말할 것도 없이 그것의 문화적 의미과정 대부분을 제거당한다. 정치적 정체성은 정체 내의 정치권력을 둘러싼 경쟁에서 이용되는 거의 일상적인 전략으로 축소된다[번스타인(Bernstein, 1997)을 보라]. 집합적 정체성은 또한 모든 운동의 출현에서 하나의 본질적 과정으로, 즉 어떤 또는 모든 집합행위자들의 연대 또는 응집성을 구축하는 데 없어서는 안 될 수단으로 널리 인식되고 있다 (Gould, 1995). 모든 운동 속에서 정체성과정을 발견하면서, 연구자들은 흑인권력, 게이 자존심, 여성해방 **그리고** 노예제도 즉각 폐지를 위한 운동에서 나타나는 공적 행동주의와 개인적 변화 간의 강력하고 감정적인 연계관계를 놓칠 위험이 있다. 이러한 경우들에서 프레이밍과 정체성 과정들은 이해관계와 정치구조 간의 하나의 중재과정 ─즉 정치적 권리와 시민적 권리를 위한 경쟁에서의 일상적인 배치전략 또는 모든 집합행위자들에게서 매우 일반적인 동원과정─으로 축소될 수 있는 것이 아니다. 이러한 경우들에서 자아의 급진적·감정적 변화로 이해되는 정체성 변환 또는 전향이 급진적 집합행위를 구성한다. 그것들을 그 자체로 평가하기 위해서는 문화적 변환도식의 감정동학에 주목할 것이 요구된다. 또한 그것은 신념과 감정이 어떻게 주변에서 중심으로 이동할 수 있었는지, 또는 레인신학교 출신 연구자가 표현하듯이, 약한 신념이 어떻게 개인적으로 재정의된 하나의 의무가 될 수 있었는지를 탐구할 것을 요구한다.

1830년 이전의 정통 신앙심 양식과 노예제도 반대감상

1830년대의 노예제도 즉각 폐지 요구가 발휘한 놀라운 영향력은 19세기 1사분기 말 무렵 복음주의 공동체들 내부에서 발전된 종교적 형태의 감정에 의거한 것이었다. 이 요구가 한 세대 전에 나왔다면, 그것은 반향을 불러일으키지 못했을 수도 있다. 그것은 지난 수십 년 동안에는 노예제도 즉각폐지론자들의 부모들의 삶을 변화시키지 못했을 것이고, 아마도 이단적인 퀘이커교도들의 매우 유사한 요구들도 마찬가지였을 것이다. 최근 한 논문에서 제임스 재스퍼(James Jasper, 1998)는 사회운동 형성에서 도덕적 충격과 그것이 수행하는 역할을 설명하기 위해 단기적인 반발감정과 보다 안정적인 형태의 감정 또는 충성심 간의 상호작용 모델을 제시한다. 그는 도덕적 충격 속에서 발생하는 반발감정들은 어떤 대의를 위한 행위를 자극하기에 충분한 보다 견고한 헌신들로 가득하다고 주장했다. 나는 이러한 일반적인 과정에 의거하여 1830년대에 노예제도 반대감상과 함께 발생했던 것을 설명하고 또 문화적 변환도식이 특정 형태의 도덕적 저항에 미치는 영향을 보다 강력하게 해석한다. 이러한 목적을 위해 나는 19세기 초 북부 복음주의자들의 종교적 기질의 변화를 묘사하고, 그러한 변화의 맥락에서 노예제도라는 죄악이 수행한 역할에 대해 논의한다.

노예제도 즉각폐지론 이전에, 북부에서 노예제도에 대한 반대는 주로 미국의 주요 교단의 공제회 내에서 제기되었다. 19세기의 1사분기 동안 장로교회 신도들과 조합교회 신도들은 정통 칼뱅주의를 나라 전체에 확신시키고 뒷받침하기 위해 전국전도협회라는 네트워크를 구축했다(Banner, 1973; Foster, 1960; Griffin, 1960). 이러한 광범위한 복음주의단체들에 대한 부속기구로서, 자선조직들은 특정한 세속적 문제에 대처하기 위해 미국금주협회American Temperance Society와 같은 일련의 특수목적단체들을 설립했다. 이러한 특수목적단체들 중에서 널리 알려진 것이 미국식민협회American Colonization Society: ACS였다(Friedman, 1982). 북부에서 이 단체가 수행한 유명한 사업은 아프리카계 미국인들의 국외이주를 통해 노예제도를 확실하게 그리고 점차적으로 폐지하기 위한 토대를 수립하는 것이었다. 윌리엄 로이드 개리슨, 루이스 태판과 아서 태판Lewis and Arthur Tappan, 엘리주 라이트Elizur Wright, 조슈아 리빗Joshua Leavitt, 제임스 버니James Birney, 게릿 스미스Gerrit Smith 그리고 그 밖의 많은 유명한 노예제도 즉각폐지론자들은 1820년대에는 ACS의 지지자들이었다. 실제로 개리슨이 처음으로 표명하고 초기 지지자들이 이해한 것처럼, 노예제도 즉각폐지론은 식민협회에 대한 자신들의 이전의 헌신을 직접적으로 거부한 것이었다. 그것은 과거의 과오에 대한 고백이었다. 노예제도 즉각 폐지가 자선조직 내에서 ACS에 대항하는 하나의 모반으로 출현했다고 주장하는 것은 과장이 아니다(Richards, 1970). 급진적인 단절 이전에는 식민협회가 대부분의 노예제도 반대감상을 조직화했다. 이러한 이유 때문에, 자선조직과 식민화를 구조적으로 틀 지은 우주론과 종교적 기질을 1830년대의 노예제도 즉각폐지론의 종교적 구조와 대비해보는 것은 도움이 된다.

자선조직 내의 보수세력들, 즉 노예제도 즉각폐지론자들의 반대에 대한 재정식화와 맞서 싸우는 사람들은 19세기 초기에 정통 칼뱅주의를 의미했던 것을 완강하게 고수했다. 이들 보수 엘리트들은 공적인 죄악문제, 즉 그들이 죄악으로 간주하는 노예제도와 관련하여, 여전히 역사가 페리 밀러(Perry Miller,

1984: ch. 3)가 훌륭하게 묘사한 수정 계약신학 내에서 작업했다. 청교도의 후
계자로서 자선조직의 보수적 지도자들은 여전히 강력한 신정정치적 견해들
을 고수했다. 그리고 그들은 여전히 18세기 미국의 조합적 구조 안에 감정적
으로 고착되어 있었다(Bodo, 1954).[2] 그들은 새로운 공화국과 신과의 관계를
이스라엘인과 구약시대 신과의 관계와 같은 집단계약의 하나라고 느꼈다.
미국에서 가장 명성이 있는 목사이자 자선조직의 설계자인 리먼 비처Lyman
Beecher 목사는 이러한 감상을 다음과 같이 간결하게 표현했다. "시민정부는
신성한 법령이다. 구체적 형태는 인간의 재량권에 넘겨져 있으나, 통치자의
성격은 신 자신이 규정해놓았다. 그들은 단지 인간이어야만 한다. 그러니 신
—**악행자들에게는 두려움의 대상**이고 **선행자들에게는 찬미의 대상**—을 **경외하
라**"(Beecher, 1807). 그러한 계약의 위반은 현세에서 신의 냉대와 일정한 처벌
—이를테면 전쟁, 질병, 내분—을 받을 수 있었다. 하지만 '연방주의자들의' 성
약은 공적 죄악과 개인적 죄악을 분리시켰다.[3] 신의 율법에 대한 공동체의
외적 복종이 시민의 문제와 정체의 문제를 지배했다. 공적 죄악은 집합체에
의한 외적 위반을 포함했다. 그리고 공적 미덕은 공동체의 겉으로 드러난
순응을 요구했다. 모세가 약속의 땅으로 들어가기에 앞서 이스라엘인들에게
가르쳤던 것처럼, "감추어져 있는 것은 우리의 신 그리스도에게 속해 있지
만, 드러나 있는 것은 우리에게 속해 있다"(Deut, 29: 29). 개인적 은총, 즉
인간의 마음속에 있는 것은 또 다른 질서에 속하는 것이었다. 성인聖人은 실
제로 눈에 보이지 않았다. 개인의 은총은 외부의 행위가 아니라 내부의 믿음

---

2 비록 상이한 방법과 상이한 역사적 경로를 통해서이기는 하지만, 중부 주(州)들의
장로교회와 뉴잉글랜드 조합교회 모두는 17세기 청교도주의에 의해 틀 지어져 있었
다(Conkin, 1995).
3 계약신학이 독립전쟁 기간 동안 여전히 작동하고 있었다는 명백한 실례는 자콥
쿠싱의 렉싱턴 설교를 참조하라(Jacob Cushing, 1991: 609~626).

에서 나왔다. 그리고 개인의 심판은 현세에서가 아니라 내세에서 받았다. 은총의 두 가지 형태—공적인 것과 사적인 것, 보이는 것과 보이지 않는 것, 드러난 것과 감추어진 것—가 분리되어 있었으나, 그것들은 창조적 긴장 속에서 유지되었다. 보이지 않는 성인은 현세에서 공적 죄악 때문에 신의 심판에 의해 해를 입을 수 있었고, 저주받은 사람들이 현세에서 공적 미덕으로 인해 신의 은혜를 누릴 수도 있었다. 하나의 실제적인 문제로서 그러한 분리는 그렇게 완전하지 않았다(Miller, 1953: ch. 1). 공적인 죄악과 공적인 미덕의 문제는 성인聖人들에 의해 가장 잘 인지되고 조절되었다. 이러한 이유 때문에, 신정정치가들은 시민통치의 문제와 관련하여 신앙심이 깊은 것처럼 보이기 위해 자선조직과 대중의 기대되는 경의를 결합시켰다. 게다가 신앙심이 깊은 사람들은 비종교인의 이해관계에 맞서서조차 공적인 성약의 위반으로부터 자신들을 보호할 권리를 가지고 있었다.

계약신학과 성약공동체의 조합적 구조는 19세기의 많은 칼뱅주의의 후계자들—특히 정통 조합교회 신도들, 장로교도들 그리고 개혁교회 신도들—속으로 확대되었다(Hall, 1984; Scott, 1978). 평생 동안 장로교회와 개혁교회를 이끌어온 뉴욕시의 존 미첼 메이슨John Mitchell Mason 목사는 1800년에 정통 우주론 내에서 공과 사의 분리를 훌륭하게 포착한 설교를 하나의 팸플릿으로 출판했다. 그 팸플릿은 토마스 제퍼슨의 대통령 입후보 자체에 관심을 두고 있었다. 메이슨은 기독교인들은 비기독교인을 공직자로 선출해서는 안 된다고 경고했다.

그러나 당신도 알다시피 실제 기독교인이 선출될 가망성은 전혀 없습니다. 그리고 우리는 위선자들보다는 비기독교인들을 더 많이 선택해왔습니다. 하지만 결코 그렇지만은 않을 것입니다. 한 사람이 기독교 신앙을 고백하고, 그가 전반적인 품행 속에서 기독교 교리, 기독교 숭배, 기독교 율법을 존중한다는 점을 증명했다고 가정해봅시다. 비록 그가 실제로는 부패했다고 할지라도, 그는 어떤 잘 알려진 비기독교인보다 단연코 더 나을 것입니다. 그의 위선은 신 앞에서입니다. 그것은 아마도 그 자신의 영혼을 파괴할 것입니다. 그러나 그것이 탄로되지 않는 한은, 그것은 사람들에게 해가 되지 않을 수도 있습니다. …… 요컨대 당신의 대통령이 만약 공개된 비기독교인이라면, 그는 전 대륙의 전염의 중심이 될 것입니다. 대통령이 만약 공언한 기독교인이라면, 그는 신의 제도를 존중할 것입니다. 그리고 비록 그의 위선 ― 그가 위선자임이 증명되어야 하지만 ― 이 그 자신의 생명을 다 태워버리는 하나의 불꽃이 될 수도 있지만, 그것은 대화재가 되어 널리 퍼져나가지는 않을 것입니다.(Mason, 1991: 1468~1469)

메이슨은 "오 주여, 일어나소서. 그리고 사람이 이기지 말게 하옵소서!"(1476)라는 불길한 한탄조로 기원함으로써 그의 설교를 잠시 중단했다.

1830년에 뉴저지 출신 장로교도 상원의원이자 ACS의 주요 회원인 시어도어 프릴링하이젠Theodore Frelinghuysen은 상원 회의장에서 계약신학은 여전히 그 자체로 주요 프로테스탄트들의 마음과 생각에 감명을 준다는 신조를 표명했다. 체로키족의 이주에 대한 잭슨식 정책에 응수하면서, 그는 상원의장에게 "의장님 만약 그 일이 실행된다면, 어떻게 천국이 머지않아 이 세상에 임한다고 생각하겠습니까. 이곳은 공적인 죄악의 심판장입니다"라고 경고했다[그리핀(Griffin, 1960: 57~58)에서 인용함]. 프릴링하이젠과 그와 유사한 생각을 가진 자선조직의 지도자들은 노예제도와 관련하여 유사한 견해들을 고수했다. 그들은 노예제도를 신의 천벌에 의해서만 벌어질 수 있는 공적 죄악으로 보았다. 게다가 그것은 나태, 방탕, 취태와 같은 또 다른 죄악으로 이어지는 하나의 전염병이었다. 그것은 나라와 신과의 관계를 위협하고, 정원의 잡초와 같이 제거되어야만 하는 것이었다. 철두철미하게 인종차별주의적인 보수적 지도자들은 흑인들이 노예제도와 함께 제거되어야만 한다고 생각했다. '열등한 인종'은 백인과 더불어 자유롭게 살아갈 수 없다는 것은 확실했다. ACS의 보수적 지도자들의 마음속에, 식민화는 점차적으로 미국에서 흑인들을 제거할 수 있는 최고의 기회였다. 그동안 노예제도는 필요악으로 남아 있었다. 그러한 도덕적 주장 속에서 개인의 성화聖化와 노예제도 철폐를 연계 지우는 것은 아무것도 없었다. 실제로 노예소유자들은 ACS의 회원이었으며, 기독교인의 형제로 간주되었다. 노예제도는 유증된 공적 죄악이었고, 그들은 죄인인 만큼이나 노예제도라는 공적 죄악의 희생자들이었다. 노예소유는 하나의 개인적 결점으로 또는 심지어 은총을 받지 못했다는 징표로 생각되지 않았다.

19세기 초기 신앙심의 새로운 양식: 죄악의 사슬 끊기

자선조직의 보수적 지도자들은 18세기의 그들의 아버지나 할아버지만큼 종교적인 일에 신경을 쓰지 않았다. 혁명 이후 미국인들의 감상이 점차 정치적으로 민주적이 되었을 때, 그들은 정신적으로도 성장했다. 감리교도들, 침례교도들, 컴벌랜드 장로교도들 그리고 기독교인들 또는 사도교회의 교인 수는 극적으로 증가했다. 이러한 대중주의 단체들의 성공은 18세기의 기성 및 지배 교파들, 특히 조합교회 신도들과 장로교도들의 희생으로 이루어졌다 (Finke and Stark, 1992; Hatch, 1989). 신학의 측면에서 이러한 대중주의 단체들의 성장은 칼뱅주의의 아르미니우스화로 귀착되었다.[4] 자유의지 교의 그리

---

4 17세기 도르트개혁 신앙고백(Reformed Confession of Dort)에서 칼뱅주의자와 아르미니우스파 간에 논쟁을 불러일으킨 구분이 이루어졌다. 이 구분은 미국 내에서

고 심지어 인간의 완전성 교의는 19세기의 대중 종교에서 예정설과 인간의 전적인 타락 관념을 제거했다. 자유라는 대중적 감상은 그것이 정치적·경제적 문제들을 낳은 것처럼, 정신적 문제들도 낳았다. 일반 신도들의 신앙심 측면에서 이러한 아르미니우스적 경향은 사람들이 죄악의 사슬을 끊을 능력을 신으로부터 부여받았다고 새로 확신하게 했다. 이러한 종교운동은 웨슬리파 감리교 속에서 예증되었다. 웨슬리파 감리교에서 죄악을 극복할 자유가 인간의 잠재적 완전성 교의의 논리적 극단으로까지 확장되었다.

　장로교도들과 조합교회 신도들은 처음에 이단이라는 이유로 그러한 운동에 저항했다. 하지만 인간능력과 잠재적 완전성 교의는 정치혁명과 시장혁명이 낳은 민주주의정신 및 경제윤리와 강력한 선택적 친화성을 지니고 있었다(Hatch, 1989). 1820년대 경 이들 교의는 예일대학교의 너대니얼 테일러Nathaniel Taylor와 같은 저명 신학자들에 의해 정설 속으로 몰래 끌어들여졌다(Conkin, 1995: 211~220). 테일러의 '뉴헤븐 신학New Haven theology'은 결국 1830년대에 장로교를 분할시킨 신구新舊학파 간 갈등에서 핵심을 이루었다. 그것은 1820년대에 정통 조합교회에 돌을 던지기 시작한 감리교파식 부흥운동의 배

남북전쟁 이전까지 지속되었다. 조합교회 신도들과 장로교도들 모두 도르트 신앙고백에 찬성했고, 19세기에 공공연히 반(反)아르미니우스파로 남아 있었다. 아주 단순하게 표현하면, 자콥 헤르멘센(아르미니우스)은 이중적 예정설 — 신이 선택받은 사람과 저주받은 사람들을 선택한다 — 에 반대했다. 이 교리가 17세기와 18세기에 칼뱅의 이름을 거론했던 이들 개혁단체들의 교리에서 그러했던 것처럼, 칼뱅의 저작 어디에서도 어떠한 중심적 역할도 하지 못했다는 것을 지적하는 것이 중요하다. 아르미니우스는 인간의 선택을 신의 은총도식에 몰래 들여왔다. 개인은 자유롭게 은총성약에 응하거나 저항했다. 정통파에게 이것은 신의 주권에 대한 이단의 무례함으로 보였다. 아르미니우스와 그 초기 추종자들이 자신들을 칼뱅주의자로 간주했지만, 도르트 신앙고백은 반아르미니우스 진영에 그 이름의 독점권을 부여했다(Conkin, 1995: 36~37, 48).

후에 하나의 신학을 제공했다. 특히 북동부 '해안'지역의 서쪽에서 장로교도들과 조합교회 신도들은 여전히 동부지역을 지배하던 정설로부터 벗어난 찰스 그랜디슨 피니와 그와 유사한 성향을 지닌 순회설교자들의 부흥회로 몰려들기 시작했다. 개척 칼뱅주의자들의 제자들은 순회설교를 하는 감리교도들의 열렬한 신앙생활에 노출되어왔고, 더 민주적이고 낙관적인 우주론에 공감을 가지게 되었다. 서부 주(州)들의 건강한 개인주의와 종교다원주의는 계약신학의 에토스 및 기질과 대립했다. 민주적 집합체 내에서 개인은 국민이었다. 국민의 구원이 개인을 통해 추구되었고, 정신과 정치 속에서 공사 구분을 없애버렸다. 어떤 교파나 일단의 목사들도 집합체의 선에 대해 말할수 없었고, 신과의 성약을 제시하거나 해석할 수 없었다. 신은 모두를 통해 똑같이 국민에 대해 말하고 국민의 마음을 움직였다. 서부 신앙부흥운동의 밀레니엄적 관점에서 볼 때, 국민의 구원을 방해하는 것은 개인의 죄악이었다. 부흥운동은 개인에게 죄악의 사슬을 끊고 국민을 해방시키라고 몰아세운다.

이러한 종교적 맥락에서 소수 복음주의자들에게 노예제도라는 죄악은 그들 자신의 전환, 그리고 진심으로 국민의 구원의 축이 되었다. 이것은 오하이오 북부지역, 뉴욕 북부지역, 뉴잉글랜드의 서부지역과 북부지역에 살고 있는 장로교인들과 조합교회 신도들에게는 대부분 사실이었다. 독립선언이 선포된 지 50년 후, 노예제도는 노예를 쓰지 않는 주(州)에 살고 있는 이들 백인 미국인들에게도 크게 관계가 없지만 중요한 의미를 지니게 되었다. 이들 대부분은 노예소유제도에 대한 어떠한 개인적 경험이나 역사도 가지고 있지 않았고, 그러한 동산노예제도는 특별하게 남부 동포들에게서 유래하는 것으로, 자신들과는 멀리 떨어져 있는 것으로 이해되었었다(Huston, 1990). 북부 인쇄매체들은 동산노예제도에 대해 공적인 관심을 보이기는 했지만, 그것을 타지방의 진기한 무엇으로 제시했다. 하지만 개인적 또는 직접적 수준에서 노예제도는 복음주의 기독교인들에게 점점 더 죄인상태에 대한 하나의 대중적인 종교적 은유가 되었다. 초월적이고 불가사의한 신의 의지를 모독하는 것으로서의 죄악은 신 자체와 마찬가지로, 오직 환유換喩를 통해서만 이해될 수 있었다. 노예제도는 19세기 초 복음주의자들의 심상 속에서 점차 죄악에 대한 주요한 환유어가 되었다. 인간조건을 죄악에의 노예상태로 묘사하는 것은 엄밀히 말해서 프로테스탄트들에게 새로운 것은 아니었다. 칼뱅 자신도 그것을 그렇게 묘사했다(니부어(Niebuhr, 1988: 24~25)를 보라). 하지만 정통적 사고방식 속에서 개인의 죄악에의 노예상태와 신의 절대적 주권은 해방의 메시지와 대립했다. 인간이 전적으로 타락했기 때문에, 냉정은 생각조차 할 수 없거나 가증스러운 것이었다. 죄악에의 노예상태가 아르미니우스화된 우주론에서 분명하게 표현되었을 때, 그것의 의미는 정반대가 되었다. 웰드가 레인신학교 개심자들에 대해 기술한 것처럼, 그 영혼은 타락한 것이 아니라 죄악에 속박되어 있는 고귀한 것이다.

1830년 이전에 매우 소수의 기독교인들을 제외한 모두에게 노예상태에 대한 두 가지 의식—동산노예제도와 죄악에의 노예상태—은 마음속에서 분리되어 있었다. 빅터 터너(Victor Turner, 1974)가 은유를 통해 이 주제들의 상호작용을 논의했을 때, 백인 기독교인들에게 기본적인 주제는 자신들의 죄악에의 노예상태였다. 동산노예는 죄악의 노예상태의 '검은 동료'로 이용되었고, 전자에서 '연상되는 함의들'을 적용함으로써 후자를 특징지었다. "이 은유는 통상적으로 보조주제에 적용되는 진술들을 암시함으로써, 제1주제의 특징을 선택하고 강조하며 감추고 조직한다"(Turner, 1974: 30). 하지만 자아와 죄악의 관계에 대한 의식의 변화는 동산노예제도에서 연상되는 함의가 변할 수 있게 만들었다. 하지만 이것은 곧바로 동산노예제도가 강력한 부정적 반응을 불러일으켰다는 것을 의미하는 것은 아니다. 또다시 그 분리는 강력했다. 이것의 결코 적지 않은 부분은 정통 칼뱅주의 내의 공적인 죄악과 사적인 죄악의 분리가 지속됨으로써 뒷받침되었다. 그러나 계약신학은 무너져 가고 있었다. 19세기 2사분기에 칼뱅주의의 많은 계승자들에게 개인의 죄악과 공적인 죄악, 개인의 성화聖化와 공적 개혁은 감정적으로 융합되기 시작했다.

그러므로 노예제도 반대 이야기는 복음주의자들의 기질에까지 깊숙이 들어간다. 인간능력과 관련된 수정된 칼뱅주의하에서 자라난 젊은 세대들에게, 공적인 죄악과 개인의 죄악은 더 가까워지고 있었다. 일부에게는 죄악에 대한 최고의 환유로서의 노예제도는 그러한 과정에서 하나의 결정적 기준이 되었다. 대부분의 복음주의자들의 경우, 해석의 방향은 전적으로 동산노예제도라는 보조주제에서 죄악의 노예상태라는 제1주제로 나아갔다. 하지만 노예제도 즉각폐지론자들이 성취한 것은 의미흐름의 방향을 역전시킨 것, 또는 더 잘 표현하면, 그러한 의미가 양방향으로 흐를 수 있게 그리고 보다 정통적 감상들을 구조화해온 분할에 도전하는 그러한 광범위한 경향 속에서 흐를 수 있게 한 것이다. 노예제도 즉각폐지론과 함께 죄악에 대한 개인적 압박은 동산노예제도의 잔혹함을 조명하는 쪽으로 다시 흘러갔다. 노예제도는 죄악**이었다!** 이를 체험한 사람들에게 동산노예제도에 대한 혐오는 개인적 죄악에 대한 자신들의 강력한 혐오를 피할 수 없었다. 그것은 복음주의자들에게 가장 강력한 에너지였다. 그것은 생각되는 것이 아니라 느껴지는 것이었다. 웰드가 그의 스승 피니로부터 배웠듯이, 구원은 감정에 의존한다. "우리는 거룩한 천사와 악마가 **지적으로는** 동일한 진리를 이해하고 신봉할 것이라고 믿을 만한 이유가 있다. 하지만 그것들이 어떻게 다르게 영향을 미치는가 …… 실제로 그 차이의 중심에는 감정이 있다"[하드만(Hardman, 1987: 115~116)에서 인용함].

노예제도 즉각폐지론의 요구가 1830년대 바로 전 세대에 일어났더라면, 그것은 그만큼 반향을 불러일으키지 않았을 수도 있다. 그것은 개인적·공적 기록에 영향을 미치지 않았을 수도 있다. 그것은 복잡한 사회문제에 대한 실행 불가능한 해결책처럼 공허하게 들렸을 수도 있다. 그 대신에 인간의 능력과 완전성이라는 뜨거운 감정하에서, 그리고 진심으로 죄악의 사슬을 끊고자 하는 진정한 욕구를 가지고 성장하고 전향한 소수의 헌신적인 복음주의자들에게, 즉각적 회개의 요구는 공적·개인적 도전으로 반향했다. 노예제도가 상대적으로 자신들과 별 관계없는 문제였던 오하이오 북부, 뉴욕 북부, 뉴잉글랜드 북부와 서부 지역에 살고 있던 그렇게 많은 백인들이 그러한 열정을 가지고 그것에 관심을 기울인 까닭은 바로 그것이 두 가지 수준 모두에서 그들에게 반향을 불러일으켰기 때문이다. 그러한 영향력은 19세기의 첫 몇십 년 동안 복음주의자들이 지니고 있었던 기질과 우주론 속에서 일어난 더 광범위한 변화에 의거한 것이었다. 재스퍼(Jasper, 1998)가 도덕적 충격 경우에서 주장했듯이, 반발적 감정은 어떤 대의를 위한 행위를 자극하기에 충분한 보다 견고한 헌신들로 가득하다. 이러한 일반적 과정은 1830년대에 노예제도 반대감상들과 함께 발생한 것을 잘 설명해준다. 노예제도 즉각폐지론은 복음주의자들의 새롭지만 상대적으로 견실한 종교적 기질을 반향하는 것이었다. 요컨대 그러한 요구의 반향은 복음주의자들의 우주론과 기질 속에서 일어난 광범위한 전환, 즉 그들의 감정문화의 변화에 의거한 것이었다.

이러한 영향력은 운동기업가들의 도구적 '프레이밍 작업'으로는 제대로 포착되지 않는다. 조직화된 이해관계와 객관적 기회 간의 인지적 중개로는 노예제도 폐지론자들이 어떻게 북부사람들에게 노예제도가 직접적인 문제가 되게 했는지—즉 그것을 **느끼게** 만들었는지—를 파악하지 못한다. 더그 맥아담의 유명한 표현을 바꾸어 사용하면, 노예제도 즉각폐지론은 감정적 해방을 제공했다. 백인 노예제도 폐지론자들은 이러한 해방을 감지하면서 남부 노예들의 해방뿐만 아니라 죄악의 노예상태와 노예제도의 죄악으로부터 그들 자신의 해방의 필요성을 느꼈다. 뉴욕주 제네바의 스뮬러Smuller 씨가 웰드에게 쓴 다음의 편지(1836년 5월 13일자)는 노예제도 즉각폐지론의 반향에 대한 이러한 이중적 기록을 보여주고 있다. 이 편지에서 미국노예제도 반대협회의 대변자였던 웰드는 스뮬러 씨로부터 자신이 사는 마을의 지역문화회관에서 "노예제도 폐지를 주제로 한 강의"를 해달라는 초청을 받았다.

> 나의 형제여, 이리로 오십시오. 이 땅에서 고난에 지쳐 절망상태에서 울부짖는 나의 불쌍한 형제들의 목소리가 들리고 예속상태에서 모독당한 영원한 왕좌의 도덕규범이 감화 ― 이 깨우친 마을을 지적으로 잘 지도할 감화 ― 를 요구하기 때문입니다. …… 이리로 오십시오. 우리는 빛을 필요로 하기 때문입니다! 빛을! 이리로 오십시오. 우리는 영원한 진리의 신이자 지혜와 은총의 신이신 하나님이 당신과 함께 오시기를 기도할 것입니다.(Barnes and Dumond, 1965: 303)

즉각적 노예해방은 동산노예제도와 그리 관계가 없는 복음주의자들에게 빛을 약속했다. 노예제도폐지론의 대변자들은 전향자들이 실제 노예들의 해방에 대해 어떠한 분명한 도구적 가치도 가지지 않기를 바랐다. 1830년대 집합행위의 운동형태는 자주 남부제도의 토대를 침식하기 위한 실제적 수단들과는 단지 간접적으로만 관련되어 있었다. 아동노예제도 반대 활동가인 헨리 C. 라이트Henry C. Wright의 활동은 노예제도폐지라는 구원의 이상과 실제로 노예소유자들에 대해 정치적 압력을 가하는 관행 간의 실제적 거리를 예증해준다. 그는 아이들의 어린 도덕감정을 연구하기 위해 주일학교, 교회, 가정에 접근했다. 라이트는 《복음주의자Evangelist》에 뉴저지주 패터슨에서 수행한 자신의 연구에 대해 보고하면서, 다음과 같이 기술했다.

> 아이들의 기도모임이 열리고(아이들은 참회자석에 앉아 신의 백성인 기도자에게 묻습니다), 아이들은 그리스도에 대해 그리고 그들과 가난한 노예들

에 대한 그의 끝없는 사랑에 대해 이야기하는 것을 좋아합니다. 아이들은 그들의 작은 방과 기도모임에서 패터슨 주민들을 위해 그리고 노예들을 위해 기도합니다. 네 살 된 한 어린 소녀가 말했습니다. "엄마, 가서 가엾은 노예들을 위해 기도하고 싶어요." 소녀의 어머니는 말했습니다. "그렇게 하려무나. 사랑하는 딸아." 곧 그 소녀는 또다시 말했습니다. "엄마, 그러한 아이들의 대변인인 라이트 선생님을 위해 기도하고 싶어요." 이것이 패터슨에 살고 있는 많은 여린 어린 마음에 널리 퍼져 있는 정신입니다.(≪New York Evangelist≫ Feb. 25, 1837)

일부 사람들은 노예제도에 대한 기도를 하도록 아이들을 참회자석[5]에 앉히는 것은 광신적 행위를 확산시키기 위해 가장 취약한 사람들에게 영향을 미치고자 하는 사악한 계획으로 해석했지만, 그것은 과장이었다. 실제로는 노예제도 즉각 폐지라는 구원의 이상은 노예를 염려하는 것만큼이나 백인 아이들을 염려하는 것이었다. 이것은 고발처럼 들릴지 모르지만, 그것은 그 운동의 광범위한 범위를 환기시키는 것이다. 노예제도 폐지론자들은 감정적 전환을 통해 인종혐오를 거부하게 함으로써 아프리카계 미국인에 관한 공중의 감상을 전면적으로 그리고 영원히 바꾸고자 했다. 그게 아니었다면, 편의주의의 냄새가 났을 것이다. 엘리주 라이트가 논평했듯이, 노예제도 즉각폐지론은 "사고와 감정의 완전한 변화, 즉 영혼의 혁명"을 수반하는 도덕혁명을 추구했다[굿하트(Goodheart, 1990: 43)에서 인용함].

---

5 참회자석은 종교집회에 앞서 죄를 자각하고 있는 개인을 눈에 띄는 곳에 앉히는 신앙부흥 전도집회의 한 기법이었다. 그것은 아마 감리교의 기법이었을 것이지만, 찰스 그랜디슨 피니에 의해 아주 유명해졌다. 그것은 신앙심을 공개적으로 드러내는 것을 의아해하는 정통적 감성을 침해하는 것이었다.

7

수치심을 느낀 사람들의 복수
기독교 우파의 감정문화전쟁*

알렌 슈타인

    기독교 우파 활동가들은 만사가 근본적으로 잘못되어왔으며 '엄한 아버지'라는 도덕에 근거한 기독교적 가치가 그러한 잘못을 바로잡을 수 있는 유일한 확실한 방법이라는 확신을 공유하고 있다(Lakoff, 1996). 그들의 세계관은 좋은 가족에 대한 그들의 이미지를 확장한 것이다. 좋은 가족은 강함과 복종을 존중하고, 약함과 의존성에 관대하지 않다. 그들은 보상과 처벌을 사용하여 아이들의 자제력을 발달시킨다. 처벌은 아이들에게 규율, 자립심, 권위에 대한 존경을 가르치는 훈육이다. 이와는 대조적으로 규율의 결여와 방종은 아이들을 빈곤, 약물중독, 그리고 동성애를 비롯한 여타의 많은 문제들로 이끈다. 기독교 우파 활동가들은 규칙, 질서, 권위―한계를 넘어선 세계를 틀 지우고 그것에 의미를 부여하는 그리고 당혹스러울 정도의 선택이 요구되고 변화가 일

---

* 낸시 초도로, 제프 굿윈, 제임스 재스퍼, 프란체스카 폴레타, 토마스 셰프 그리고 뉴욕대학교에서 열린 "감정과 사회운동" 소회의 참여자들의 유용한 논평에 감사한다.

어나는 세계에서 개인의 행위를 인도하는 구조―를 복원하고자 한다. 그들은 확실하고 분명한 세계관을 구성하고자 한다. 그 세계에는 좋은 사람과 나쁜 사람이 존재하고, 자신들은 그 세계에서 확실히 선善과 진리의 편에 서 있다.

기독교 보수주의자들은 자신들의 도덕적 견해를 종교적 신념의 측면에서 방어한다. 그들은 진리를 외적이고 정의를 내릴 수 있는 초월적인 권위와 관련하여 이해한다. 그들은 낙태, 게이권리, 복지개혁과 같은 일군의 문제에 대한 매우 일관된 견해를 가지고 있다. 그리고 그들은 자신들을 진리가 끊임없이 변화한다고 보는 사람들에 반대하는 사람들로 규정한다. 하나의 수준에서 보면, 이는 '문화전쟁'의 증거이다(Hunter, 1991). 그러나 다른 수준에서 보면, 그들의 행동주의는 이 세계를 치유하고 문화를 변형시키려는 노력 그 이상의 것이다. 그것은 그들 자신을 치유하려는 노력이고, 그것은 철저히 개인적인 노력이다. 오직 보수적 활동가들만이 그러한 일을 추구하는 것은 아니다. 사회운동은 세계를 변화시키고, 국가로부터 양보를 얻어내고, 또는 사람들이 특정 문제를 바라보는 방식을 바꾸고자 한다. 그러나 그들은 거의 언제나 표출적 목적 역시 구현한다. 개인들은 같은 생각을 하는 다른 영혼들과 연합함으로써, 그들 자신과 그들의 세계관 모두를 확인하는 활동가가 된다(Calhoun, 1993a; Darnovsky, Epstein and Flacks, 1995).

내가 그들의 이야기를 들은 바에 의하면, 기독교 보수주의자들은 자신들의 동기가 더 높은 권위―즉 가족, 국가, 신―에 대한 사심 없는 헌신에 기초하고 있다고 말하기를 좋아하지만, 그들의 행동주의가 외적인 목적으로 환원될 수 없다는 것이 분명해졌다. 즉 그것은 자아실현의 희망 역시 제시한다. 이러한 의미추구는 인지적 차원뿐만 아니라 감정적 차원을 포함한다. 기독교 활동가들은 그들 자신과 자신들의 가족이 강하고 독립적―약하고 부끄러운 타자들과 대비되는 것으로서의―이라고 긍정적으로 인식하고자 한다. 그들의 행동주의는 치유적 행위이다.

문화전쟁

5년 전 다수의 작은 오리건 지역사회들이 동성애문제를 둘러싼 모진 전쟁터가 되었다. 그 당시 기독교연합의 한 단체였던 오리건시민동맹Oregon Citizens Alliance: OCA은 레즈비언과 게이 남성들의 시민권 보호를 부정하고자 하는 주민투표를 후원했다. 1993년 1월 OCA는 게이와 레즈비언 차별반대 보호를 저지하고 동성애를 조장하는 정부지출을 금지하는 발의를 하기 위해 8개 카운티와 35개 시를 선발했다. 가까스로 폐기된 이전의 주 규모의 조치보다 약화된 형태인 이 조례개정안은 오리건 농촌에 전례 없는 방식으로 동성애문제를 불러일으켰다. 이웃은 이웃과 논쟁했고, 남편과 아내가 의견을 달리했고, 사람들은 지역신문에 편지를 썼고, 자택소유자들은 그들의 잔디밭에 표지판을 세웠다. 왜 레즈비언과 게이 남성들이 실제로는 존재하지 않는 또는 적어도 눈에 보이지 않는 타운에서 섹슈얼리티가 그처럼 돌출적인 쟁점이 되었는가? 그 대상이 된 지역사회의 여러 부문들은 이 캠페인에 어떻게 반응했는가? 이에 대한 답변을 찾기 위해 나는 신문기사, 편집자에게 쓴 편지 그리고 발행된 전단지와 팸플릿을 추적하여 이 기간 동안 어떤 사람들이 하나의 작은 오리건 타운에서 동성애에 관한 논쟁에서 공개적으로 발언했는지 고찰했다. 나는 또한 게이권리 반대를 위한 입법을 추진한 사람들, 그러한 권리를 옹호한 사람들, 그리고 그 문제에 대해 양면적인 입장을 지닌 사람들에게 동성애가 상징하는 것이 무엇인지를 보다 심층적인 수준에서 밝혀내기 위해 그 논쟁에 참여했던 사람들과 인터뷰를 실시했다. 이들 인터뷰 대상자들 중에서 다수는 게이권리에 반대하는 지역활동가들로, 오리건시민동맹의 회원이었다. 나는 이들과 여덟 번에 걸쳐 평균 90분 정도의 장시간의 반#구조화된 심층 인터뷰를 실시했다. 나는 그들이 누구인지, 그들이 어떻게 그들 세계를 이해하는지, 그리고 한 기독교 우파 단체가 어떻게 그들의 불만을 정치적 목적으로 전환하는지를 '이해'하고 밝혀내고자 했다.

인터뷰를 진행하는 동안, 기독교 보수주의자들은 그들이 어떻게 하나님을 알게 되었는지 자세히 이야기하고 종말에 관한 이야기를 장황하게 늘어놓으면서 내 앞에서 기쁨의 눈물을 흘렸다. 그것은 심오한 감정적 차원을 지닌 하나의 운동이었음이 곧 명백해졌다. 재스퍼(Jasper, 1998: 215)가 제시하듯이, "저항은 항상 전략적 목적, 그렇게 하는 데 따르는 즐거움과 고통, 그리고 행위를 동기 짓고 수반하는 다양한 감정을 결합시킨다." 실제로 사회운동과 감정 간의 상호작용에 대한 최근 문헌들은 집합적 정체성을 구성하고 행동주의를 불러일으키는 불만과 기회를 이해하는 데, 그리고 사회운동 내에서 공동체의식을 발생시키는 데 있어서 감정이 수행한 역할, 운동 참여자가 되는 과정에 있어서의 감정동원 그리고 사회운동의 감정문화, 의례, 사업, 규칙 ─모겐(Morgen, 1995)이 '감정정치'라고 부른 것─과 같은 주제를 고찰해왔다[멜루치(Melucci, 1995); 테일러(Taylor, 1996); 테일러와 휘티어(Taylor and Whittier, 1995) 또한 보라].

하지만 어떻게 우파가 감정적 욕구를 활용하는지에 관한 연구는 거의 없었다. 우파 행동주의의 심리적 차원들을 검토한 초기의 연구전통에 견주어 볼 때, 이것은 놀랄 만한 일이다. 초기 연구들은 그러한 운동을 편집증적 공상의 비이성적 분출로 파악하거나(Hofstadter, 1967) 또는 체계적이지 않고 상대적으로 자연발생적인 '패닉'으로 간주했다(Goode and Ben Yehuda, 1994). 분명 많은 운동이 비이성적 차원을 드러낸다. 그러나 현대 기독교 우파와 같은 도덕운동들은 기독교 좌파 운동들과 마찬가지로 초기 연구들이 제시한 것보다 훨씬 더 복잡하고 더 조직화되어 있다. 킨츠(Kintz, 1997: 67)가 제시하듯이, 우리는 감정과 공상을 "어떠한 논리도 없는 억제할 수 없는 비합리주의"로 보는 견해를 넘어서야만 한다. 감정은 하나의 논리를 가지고 있고, 또 운동은 그러한 감정들을 틀 짓고 그것들에 공적인 목소리를 부여한다.

감정의 논리

개인은 타인과의 상호작용을 통해 자신을 알게 된다. 즉 자아는 사회적 구성물이다[쿨레이(Cooley in Scheff, 1990)에서 인용함]. 감정 — 긍정적 감정과 부정적 감정 모두 — 이 사회적 상호작용과 분리될 수 없다는 점은 전혀 놀랄 일이 아니다. 사람들은 "얼굴표정을 관리하기" 위해 그리고 부정적 감정을 공개적으로 드러내는 것을 최소화하기 위해 끊임없이 '감정규칙'을 준수하고자 한다(Goffman, 1967; Hochschild, 1983).

셰프(Scheff, 1999)는 수치심은 광범위한 부정적 감정으로, 모든 종류의 사회적 상호작용에 자주 인지되지 않은 방식으로 영향을 미치는 '중요한 사회적 감정'이라고 주장한다. 수치심은 죄책감과 다르다. 죄책감은 "자아가 중대한 기로에 있다는 것과 관련되어 있는 어떤 특별한 것이다"(Lewis, 1971: 251). 수치심 속에서 "비판 또는 비난은 '타인'으로부터 나와서 전체 자아를 둘러싸고 있는 것처럼 보인다." 그것은 "자신의 자아를 타인의 관점에서 바라봄으로써 자신의 행위를 모니터링하는 것"으로부터 발생하는 '사회적 감정'이다(Scheff, 1990b: 281). 수치심 속에서 자신에 대한 적대감은 개인으로 하여금 자신이 "하찮고 무력하고 어리석고," 취약하고 희생당하고 거부당하고 수세적이고 통제할 수 없다고 느끼게 하는 "수동적 양식으로 경험된다" (Lewis, 1971: 41). 정신분석학적 문헌들은 타자와의 관계 속에서 자신을 아주 잘 인식하고 또 연약한 자아경계를 가진 개인이 가장 수치심을 느끼기 쉽다고 주장한다. 그리고 수치심은 고통스러운 감정이기 때문에, 즉 타자에 의한 자기의 부정적 평가에 대한 인식의 결과이기 때문에, 그것은 "본질적으로 숨기고자 하는 경향"을 지닌다(Lewis, 1971).

두 가지 상이한 유형의 수치심이 존재한다. 하나는 표면화된 수치심overt shame이다. 이러한 수치심을 가진 개인은 자신이 '부끄럽다'라고 말한다. 이

때 누군가의 감정은 상대적으로 쉽게 이해될 수 있고, 따라서 덜 유력하고 덜 파괴적이다. 다른 하나는 '회피된 수치심bypassed shame'이다. 루이스(Lewis, 1971)는 이 수치심이 자신에 대한 부정적인 평가의 지각과 함께 발생하며, 이때 개인은 과도하게 타인의 관점에서 그/그녀의 자아상을 의식한다고 언급한다. 하지만 표면화되고 미분화된 수치심의 표지標識 — 종종 극악하고 겉으로 드러나는 — 와는 달리, 그러한 회피된 수치심의 표지는 미묘하고 숨어 있을 수도 있다. 회피된 수치심은 '강박적'이라고 간주될 수도 있는, "빠르지만 반복되는 특성이 있는" 생각과 말을 포함한다. 루이스에 따르면, 일반적으로 그러한 "개인들은 빠르고 유창하게 말하지만 조금은 논점에서 벗어나서 하나 또는 일련의 이야기를 반복한다. 그들은 비판받았거나 잘못했다고 느끼는 하나의 장면에 대해 끊임없이 내적으로 재연하며 불평한다." 그리고 그들은 괴로워한다. 두 가지 유형의 수치심 모두 현실에 대한 경직적이고 왜곡된 반발을 만들어낸다. 그러나 회피된 수치심은 무시되는 경향이 있기 때문에, 그것은 대단히 파괴적이 된다. 수치심을 느낀 사람은 "빠른 생각, 빠른 말 또는 빠른 행위를 통해 수치심을 완전히 경험하기 전에 수치심을 회피한다"(Lewis, 1971: 197). 그리고 그녀/그는 끊임없는 생각, 말 그리고/또는 행위를 드러냄으로써 그리고 빈번히 '공공연한 적대감'과 보복심을 드러냄으로써 수치심을 상쇄한다(Scheff, 1990: 298).

나의 인터뷰는 수치심이라는 감정, 특히 회피된 수치심이 기독교 보수주의 활동가들의 이야기 속에서 현저하게 드러나고 있음을 보여준다. 비록 나의 표본이 소수이기 때문에 어떠한 주장도 불확실하기는 하지만(그리고 나는 하나의 단일한 기독교 우파 퍼스낼리티 유형이 존재한다고 주장하는 데까지는 나아가지 않을 것이다), 내가 언급한 기독교 우파 활동가들의 감정적 성향 속에서 수치심이 수행하는 역할은 부정할 수 없어 보인다. 나는 이러한 주장을 하기 위해 나 자신과 수치스러운 감정들을 드러내는 나의 인터뷰 대상자들 사이에서 되풀이하여 발생한 몇몇 상호작용동학의 사례들을 제시할 것이다.

나의 두 번째 주장은 우파 종교단체들이 수치스러운 감정들을 정치적 목적에 동원하기 위해 자신들의 호소의 틀을 짠다는 것이다. 이것은 오직 종교적 우파에서만 일어나는 일은 아니다. 실제로 지난 30년 동안 레즈비언/게이 해방운동의 주요 목표들 중의 하나는 우리 문화에서 동성애와 관련된 수치심과 비밀주의를 없애는 수단으로 사람들로 하여금 '커밍아웃'하고 그들의 성적인 신원을 당당하게 공개적으로 선언하도록 고무해왔다(Stein, 1997). 이와는 대조적으로 기독교 우파는 자신들의 지지자들이 느끼는 수치심을 중심으로 하여 동원하고 그것을 완화시키고자 하는 희망을 내세우지만, 수치심을 분노로 전환시키기 위해 또 다른 수치심을 느낀 집단(레즈비언과 게이 남성과 같은)을 표적으로 삼는 그들의 전략은 기껏해야 일시적인 위안만을 제공한다.

그들이 우리에게 손가락질을 하고 있다

"나는 그 더러운 우파 미치광이 중의 하나이다"라고 65세의 제리 쿡슨은 농담 삼아 말한다.[1] 그녀는 나를 자신들을 나쁘게 보려고 기를 쓰는 외부자 중의 하나로 보고 불신했다. 그러나 동시에 그녀는 내가 시간을 들여서 그녀의 의견을 구하고자 한다는 사실에 좋아서 우쭐했다. 처음에는 나와 대화하기를 주저했음에도 불구하고, 제리는 몇 시간 동안 의견을 늘어놓았다. "당신도 알다시피 나는 평소에는 당신 같은 사람과 대화하지 않아요." 그녀가

---

1 OCA 회장인 론 메이본(Lon Mabon)을 제외한 모든 개인은 가명이다. 이 연구의 대부분이 수행된 타운도 익명으로 처리했다.

나에게 말했다. "나는 그런 사람들이 다 대학에서 일한다고 생각하지 않아요." 제리가 보기에, 대학교수들은 신뢰할 수 없는, 자유주의적이고 도덕적으로 엄격하지 않은 세속적인 인본주의자들이다. 그녀는 내가 그녀를 카랑카랑한 목소리를 가진 편협한 늙은 암탉으로 묘사할 것인지를 알고 싶어 했다. 내가 인터뷰했던 대부분의 다른 활동가들처럼, 그녀는 나의 의도를 경계하고 의심했다.

비록 내가 원래 이 인터뷰와 관련하여 감정영역을 고찰하고자 계획하지는 않았지만, 인터뷰 대상자와 대화하는 과정에서 나는 곧 반복해서 발생하는 일정한 동학과 마주쳤다. 즉 내가 거의 말참견을 할 수 없을 정도로 빠르고 강박적으로 말하는 경향, 나와 상호작용하는 동안 눈을 피하는 경향, 그들의 당혹감을 솔직하게 인정하기를 꺼려한다는 점, 그리고 압도적인 피해감정이 그것들이다. 이러한 상호작용은 나로 하여금 깊숙한 감정, 즉 여러 인터뷰 환경에서 수반되는 스트레스나 불안과 같은 일반적인 감정을 넘어서는 감정이 작동하고 있는지를 고찰하게끔 했다.

두 아이의 어머니인 45세의 샐리 험프리즈는 인터뷰 도중에 다음과 같이 말했다. "아주 당혹스럽군요. 당신도 알다시피, 나는 이 분야의 어떤 것에 대해서도 전문가가 아니에요." 고등학교도 마치지 못한 샐리가 자신의 인생에서 처음으로 박사학위를 소지한 어떤 사람과 일대일로 대화하고 있었다는 사실을 감안하면 이러한 반응은 결코 놀랄 만한 일은 아니었다. 인터뷰하는 몇몇 순간에도 여전히 그녀는 내가 그녀를 어떻게 생각할지에 대해 과도하게 관심을 갖는 듯 보였다. 그리고 그녀는 내가 그녀를 '미쳤다고' 생각할까봐 걱정이라고 말했다. 인터뷰가 진행되는 동안 자주 사람들은 강박적이라고 간주될 수도 있는, 빠르지만 반복되는 특성이 있는 생각과 말 또한 드러냈다. 이를테면 에리카 윌리엄스는 내게 기독교 우파 활동가들이 게이권리에 반대하는 오리건 캠페인 기간 동안 '나치주의자'로 낙인찍혔다고 말하면서, 한때 알래스카에서 자신이 했던 일에 대해 늘어놓았다.

> 그들이 하고 있던 짓은 나치당원들이 했던 짓이에요. 그들은 욕부터 했어
> 요. 그들은 내가 사악한 사람이라고, 내가 그들의 모든 돈을 갈취했다고 하
> 지는 않았어요. 그리고 그들은 어쩌면 누군가의 돈과 아무런 관련이 없었을
> 수도 있어요. 그리고 이게 그 일이 시작된 방식이에요. 내가 회복되고 나서
> 알래스카에서 했던 일. 내가 밖에 나와 있어서, 지금은 죽은 내 사랑하는 여
> 동생은 여보세요 또는 안녕이라는 말도 할 수 없어요. 누군가 제 동생에게
> 전화를 했어요. 전화번호를 알고 있었기 때문이죠. 그리고 내가 역사가로서
> 그 일을 좋아할 것 같으냐고 물었어요. 따라서 내 여동생은 투손에 있는 나
> 한테 전화를 했고, 그래서 나는 돌아왔고, 우리는 이 놀랄 만한 이야기를 했
> 어요.

에리카 윌리엄스는 일련의 조직화되지 않은 감정과 생각들을 '쏟아내는' 개
인들이 지닌 성향을 드러내는 극단적인 경우였다. 그러나 내가 종교적 보수
주의자들과의 거의 모든 인터뷰에서 그러한 유형의 변형태들을 관찰했을
때, 나는 왜 이런 일이 일어날 수 있는지를 궁금해하기 시작했다.[2] 인터뷰
환경과 함수관계에 있었을까? 아니면 인터뷰 대상자들의 심리적 성향과 함
수관계에 있었을까?

정신분석학 문헌을 참고한 후에, 나는 이러한 반복되는 많은 동학들을 수

---

2 여성들은 그들의 더 큰 관계성과 무력감 때문에 수치심을 더 많이 느끼는 경향이
있다. 인터뷰가 진행되는 동안 여성들은 내가 그들이 "말이 되는 소리를 하고 있다"
고 생각하는지, 그들이 "내가 원하는 것을 대답하고" 있는지, 또는 그들이 "일관성이
있는지"에 관해 더 많이 물어보는 것 같았다.

치심의 표지로 인지하기 시작했다. 루이스(Lewis, 1971: 186~189)는 자신의 치료경험을 통해, 수치심을 느낀 사람들은 상대적으로 조직화되지 않은 감정과 생각들을 '쏟아내는' 경향과 빠르고 유창하게 말하지만 조금은 논점에서 벗어나서 하나 또는 일련의 이야기들을 반복하는 경향을 보인다고 지적했다. 내가 종교적 보수주의자들과 인터뷰를 진행하는 동안, 나는 임상치료사와 유사해져갔다. 나는 나의 인터뷰 대상자들이 무의식적으로 자신들의 수치심을 행동으로 드러내고 그들의 '내면의' 대화를 겉으로 드러내게 하는 사람이 되었다. 기독교 보수주의 활동가들이 그들 자신을 세속적인 인본주의적 엘리트들 — 그들은 이들이 국가의 도덕구조를 파괴한다고 믿는다 — 에 맞서는 것으로 규정하기 때문에, 나는 나의 학문적 지위로 인해 그러한 사람들의 대표자, 그리하여 그들이 대비시켜 자신을 규정짓는 완벽한 들러리가 되었다. 이것은 그들이 **무엇을** 말하는지 속에서보다는 그것을 **어떻게** 말하는지에 의해 더 분명하게 드러났다. 우리의 상호작용과정에서 드러난 상이한 행동단서들이 대화의 실제 내용만큼이나 중요했다.

정신분석학적 설명들은 수치심 경험이 자주 심상心象, 응시 또는 관찰되는 것의 형태 속에서 발생한다고 주장한다. 수치심은 "또한 타자에 의해 전체자아가 비난받고 있다는 내적 청각 대화internal auditory colloquy의 심상 속에서 드러날 수도 있다"(Lewis, 1971: 37). 그녀가 어떻게 "다시 태어나게" 되었는지에 관한 이야기를 막 마친 샐리 험프리스가 자신이 내게 했던 말이 자신이 미쳤다는 것을 의미하지는 않을까 하여 부끄러워졌을 때, 그녀는 나를 자신의 '개인 연극'의 참여자로 끌어들였다(Lewis, 1971: 218). 인터뷰 대상자의 수치심의 목격자로서 나는 부끄러움을 불러일으키는 동인動因이 되었다.

에리카 윌리엄스는 그녀의 종교적 신념을 어떻게 묘사할 수 있느냐는 질문을 받았을 때, "나는 성경을 신봉하는 매우 보수적인 기독교인으로, '옹졸한' 사람들 중의 하나예요"라고 대답했다. 내가 그녀에게 그것이 그녀가 자기 자신을 생각하는 방식이냐고 물었을 때, 그녀는 "글쎄요, 옹졸하다는 것은 사람들이 매우 보수적인 기독교인들을 묘사할 때 쓰는 말이에요"라고 대답했다. 나는 그녀에게 물었다. 어떤 사람들요? 그녀는 "언론에 종사하는 사람들, 타운 주변에 사는 사람들요"라고 대답했다. 타운 안에서 누군가가 그렇게 부른 적이 있었나요? 그녀는 "내 앞에서는 그런 적이 전혀 없어요. 그러나 나는 그들이 사적으로는 그렇게 말한다고 확신해요"라고 대답했다.

기독교 보수주의 활동가들은 자신들이 수많은 부정의의 무구한 희생자들이라고 믿는다. 아래의 언쟁이 암시하듯이, 그들은 표면상으로는 세속적인 사회에 살면서 자신들의 신앙으로 인해 박해받고 있다고 믿는다.

크레이그 밀러: 내가 예수 그리스도를 믿는다는 이유만으로, 누군가가 내게
　　　　　　　손가락질을 할 수 있다고 생각하지 않습니다.
면접자: 어떤 사람이 손가락질을 하나요?
크레이그: 예. 좌파가 아주 자주 그럽니다. 당신도 알고 있지 않습니까?
면접자: 특히 누가 그럽니까?
크레이그: 전부 다요.

이와 유사하게 오리건시민동맹에 대해 묘사해달라고 요청했을 때, 바니 우튼은 이렇게 대답했다. "대부분 보수적인 전통적 가치를 지닌 사람들입니다. 우리는 이 주州에서 터무니없이 악마화되어 왔습니다. 그들은 우리에게 '가증스러운' 또는 '고집불통' 또는 '편협한'이라는 딱지를 붙여왔습니다." 이들 활동가들은 빈번히 자신들의 적을 언급하기 위해 '그들'이라는 단어를 사용했다. 이를테면 활동가들은 **그들이** 그런 짓을 한다, **그들은** 그렇게 생각한다, **그들은** '아젠다'를 가지고 있다, **그들은** 사람들을 '가르치려' 든다고 말한다. 이는 그들이 자유주의적인 세속적 사회에 의해 희생당했다는 감정을 증

명하는 반응들이다.

기독교 보수주의자들이 때때로 좌파들에 의해 비방당하고 언론에 의해 조롱당하는 것은 사실이다. 기독교 보수주의자들의 견해는 우리 모두는 다르다는 자유주의적인 다원주의적 에토스—상업적 미디어의 정명과 공명하는 에토스—에 젖어 있는 사회에서는 그리 적합하지 못하다. 조슈아 갬슨(Joshua Gamson, 1998)이 선정적인 텔레비전 프로그램에 대한 연구에서 보여주듯이, 종교적 보수주의자들이 선정적인 토크쇼에 출연했을 때, "고집불통인 사람은 이상한 사람이 된다." 즉 관객과 사회자는 우파 가족연구소 소장 폴 카메론Paul Cameron과 같은 동성애 반대 게스트들에 대해 악감정을 가지고, 동성애 반대 도덕을 강요하는 사람들을 "병적이고 사악하고 편협하고 반反미국주의적인 이상한 사람들"로 만든다. 갬슨은 치료요법적 다원주의가 오락화되었다는 것은 그것이 성적 부조화에 대한 보수적 비난보다 그것에 대한 자유주의적 접근방식들에 훨씬 더 공감한다는 것이라고 말한다. 나는 유사한 동학이 내가 연구했던 오리건의 작은 타운의 미디어에서도 작동한다는 사실을 발견했다.

여전히 종교적 보수주의자들은 자신들의 피해자의식의 정도를 과장하고 심지어는 자주 그들이 좌파에 의해 비방당했다고 주장할 수 있게 해준 대결을 각색하는 경향이 있었다. 이를테면 1993년 오리건에서 게이권리에 반대하는 캠페인이 한창 진행되던 중에, OCA 회원들이 인근 타운에서 개최된 '다양성 인정' 퍼레이드에 세 가지의 가족가치를 보여주는 장면을 묘사하고 있는 이동식 무대차를 끌고 나타나서, 게이권리 지지자들과의 대결을 자초했다. 무대차가 지나갈 때, 무수한 구경꾼들이 등을 돌렸고, 소수의 사람들은 무대차에 계란을 던지고, 길을 봉쇄하고자 했다. OCA는 분개하며 "전통적 기독교는 이제 정치적 옳음을 위해 싸우는 악의 제국이다"라고 대응했다.[3] 종교적 보수주의자들은 그들 자신을 이익집단의 자유주의와 정체성 정치의 언어로 재규정함으로써, 그리고 '도덕적 다수'를 상징하는 현상現狀의 수호자로서의 기독교인이라는 초기개념에서 자신들이 사회적 추방자들로 이루어진 억압받은 소수라는 견해로 이전함으로써 좌파의 수사학을 찬탈했다 (Johnston, 1994; Steinfels, 1996). 이와 동시에 그들은 자신들의 수치심이라는 감정을 부정하는 매우 개인주의적인 에토스를 채택했다.

"나는 혼자 나의 악마와 싸우고 있다"

내가 인터뷰한 보수적 활동가들은 다양한 악마—즉 빈곤, 약물, 가족위기, 질병—와 싸워온 사람들이다. 그들은 교육과 지적 교양이 부족하고 말을 잘 못하고 틀린 문법을 사용하고 한 번도 해외여행을 해본 적이 없다. 그들은 자신들이 약물에 중독되었고 경력이 파란만장했고 관계에 문제가 있었음을 인정하지만, 그러한 문제에 대한 그들의 논의는 항상 어떻게 그들이 그러한 문제들을 극복하기 위해 고군분투했는지에 대한 설명을 동반했다. 정신분석학적 용어로 수치심은 자율성과 정반대이다(Erikson, 1956). 그러므로 약점을 인정한다는 것은 수치심을 인정한다는 것이고, 이것은 소수만이 기꺼이 그렇게 하는 것이다.

36세인 크레이그 밀러는 그가 겪었던 약물중독에 대해 내게 이렇게 말했다. "알다시피, 나는 여러 문제와 인생의 몰락을 충분히 경험했어요. 그런데 나는 그것으로 인해 아무런 문제도 없었어요. 어떤 사람들은 때때로 그 문제를 내 코앞에 들이대려고 했어요. 그리고 나는 내 과거와 내가 한 일로 인해 아무런 문제도 없었어요. 나는 법적으로 문제가 있었을 뿐이에요. 그러나 나

---

3 Loretta Neet, Letter to Editor, *Eugene Register-Guard*, June 6, 1993.

는 그것으로부터 몇 가지 교훈을 얻었어요." 내가 인터뷰했던 보수적 활동가들은 크레이그처럼 대체로 성공했고 약간의 재산을 가지고 있고 은행에 일정한 돈을 예금해놓은 일하는 사람들이었다. 그들은 '중간계급도덕'을 신봉하는 사람들로, 자신들의 경제적 운명을 자신들이 개척할 수 있다고 느낄 수 있을 만큼 충분히 돈을 벌고자 하는 것만 아니라, 개인의 책임, 가족의 중요성, 타인에 대한 책무 그리고 자기 자신 외부에 있는 무언가에 대한 신뢰와 같은 원칙에 따라 살고자 노력했다(Wolfe, 1998). 동시에 그들은 "운이 줄어드는" 시대, 즉 많은 미국인들이 자택소유, 직업상의 안전, 직업이동 그리고 남부끄럽지 않은 생활수준과 같은 중간계급의 삶의 함정이라고 칭한 것에 대한 의식이 쇠퇴하는 시대에 살고 있다(Newman, 1993). 마침 주식시장이 전례가 없는 수준으로 치솟고 다수의 산업들이 경제의 지구화의 성과를 맛볼 때에, 이들 보수적 활동가들 중에서 탈산업경제의 승리자는 단지 소수만이 발견된다. 경제의 가장 빠른 성장 분야가 정신노동을 필요로 할 때, 그들은 수작업으로 일한다.

제리 쿡슨은 자신의 가족의 경제적 운명의 변화에 대해 기술했다. 그녀는 다음과 같이 말했다. "우리는 가난했어요. 그것도 매우 가난했어요. 내 남편과 나는 대공황 속에서 성장했어요. 나는 매우 매우 가난했어요." 제리와 그녀의 남편은 아이들을 키우고 일을 하기 위한 더 나은 장소를 찾아 1968년에 사우스캘리포니아에서 오리건으로 이사했다. 잭은 그의 아버지와 마찬가지로 목수였다. 제리는 전업주부로, 아이들이 크자 이따금씩 부업으로 부동산을 중개하는 시어스에서 회계원으로 일했다. 그녀는 내게 〈분노의 포도The Grapes of Wrath〉라는 영화를 본 적이 있느냐고 물었다. 내가 그 영화를 보았다고 대답하자, 그녀는 그 영화가 그녀 남편 가족의 이야기라고 내게 말했다. "그는 험난한 삶을 살았어요. 정말이에요." 그녀는 자신의 남편이 학교에 다녔을 때, 남편의 어머니와 아버지가 그의 성적에 그리 관심을 두지 않았다고 말했다. "그들은 결코 남편의 성적표를 쳐다보지도 않았어요. …… 그들은 관심을 갖지 않았어요. 그는 훌륭한 아이였어요. 그는 열심히 일했고, 나쁜 짓을 한 적이 한 번도 없었어요. 그들은 내 남편이 철자 쓰는 법을 배웠는지 배우지 않았는지조차 신경 쓰지 않았어요."

그녀는 계속해서 내게 말했다. 그럼에도 불구하고 "우리는 행복했고 책임을 다했어요. 그리고 우리 자신을 돌봤고 서로를 사랑했어요. 우리는 리틀 비버류의 가족이 아니었어요. 우리는 결코 그렇지 않았어요. 그러나 우리는 함께 협력했고 독립적이었어요. 그리고 우리는 우리 자신을 돌보았죠." 제리는 그녀의 집 주변을 구경시켜주었다. 그녀의 집은 타운의 중앙에 위치해 있는 수수하지만 호감이 가는 1920년대 방갈로였다. 그 집은 그녀와 그녀의 남편이 싸게 구입해서 수리한 것이었다. 그들은 마루를 개조했을 뿐이고, 그녀의 남편은 부엌 찬장을 새로 설치했다. 그 집은 그들에게 많은 것을 의미했다. 그 집은 노년의 담보물이었지만, 그 이상의 의미를 갖고 있다. 그것은 그들이 얼마나 먼 길을 달려왔는지를 상징한다. 잭이 퇴직했을 때, 그들은 타운 근처 사무실을 청소하는 작은 잡역부 용역일을 시작했다. 그들은 사회보장지급금을 보충하기 위해 일주일에 하루 또는 이틀 밤을 일한다. 그리고 그들은 타운 내 두 개의 임대자산에서 부가수입을 얻는다. 그녀는 "우리는 벌 수 있는 만큼 충분한 돈을 벌었기 때문에, 매우 축복받았어요"라고 자랑스럽게 얘기했다.

비록 그들이 약간의 경제적 안전과 사회적 지위를 누리게 되었지만, 그들이 중간계급지위를 계속 유지할 수 있을지는 여전히 미지수이다. 그리고 자신들에 대한 그들의 의식을 틀 짓고 있는, 간신히 연명했던 과거에 대해 이야기할 때, 그들의 목소리에는 수치심이 묻어 있었다. 많은 사람들이 근근이 먹고 살기 위해 다중의 직업을 가지고 있고, 미래의 고용과 자식들의 운명에 대한 불안을 불쑥 드러낸다. 이를테면 제리는 떨어지는 교육수준과 함께 그녀의 손자들이 경시하는 교육제도에 대해 자신이 어떻게 느끼는지를 아주 길게 얘기했다. 그리고 그녀는 자신의 작은 나무 공동체의 쇠퇴에 대한 두려움을 표시했다. 그러나 그녀는 자신의 분노의 대부분을 "제도의 이익을 보고" "가족을 희생시켜" 복지비를 타내는 사람들에게 쏟아냈다. 그녀와 또 다른 보수적 활동가들은 자신들이 무모한 개인주의자들이라는 괴롭힘을 당했지만, 그들 자신은 사람들을 나약하게 키우고 자신감을 짓밟아 버리는 사회에서 남의 도움 없이 스스로 살아남을 수밖에 없었다고 느꼈다. 이를테면 제리는 모든 사람이 상승이동을 할 수 있고 또 사람들은 고된 노동, 용기, 가족연대를 통해 스스로를 돌볼 수 있다는 관념을 굳게 믿고 있었다.

내 생각에는, 이 나라에서 사람들은 고용되어 있거나 아니면 해고될 거예요. 또는 세를 주거나 아니면 세를 주지 않을 거예요. 어떤 것도 마찬가지예요. 하여간 사람들은 재산에 신경을 쓰고 있거나 재산에 신경 쓰지 않거나, 집세를 내거나 …… 집세를 내지 않거나, 일을 하거나 …… 일을 하지 않아요. 만약 어떤 사람이 대학에 가서 졸업할 수 없다면, 나는 그들을 꼭 대학에 들여보내야 한다고 생각하지 않아요. 그리고 그가 흑인이거나 백인이기 때문에, 또는 환경보호주의자거나 귀족출신이기 때문에 또는 동성애자이거나 동성애자가 아니기 때문에, 그들에게 특례를 적용하거나 어떤 특권을 부여해야 한다고도 생각하지 않아요. 그는 교육과정을 이수하고 대학을 졸업할 수도 있고 또는 그렇지 못할 수도 있어요. 그리고 만약 그가 그렇지 못하다면, 당신도 알다시피 어떤 특수학교를 설립하여 그들이 갈 수 있게 준비시켜야 해요. 나는 그런 사람들이 있다면 어디에 있을지 알고 있어요. …… 당신이 동의할 필요는 없어요. 그것은 흑인 아이들을 위한 학교입니다. …… 그것은 고등학교를 전혀 졸업하지 못한, 그리고 대학교에 가기 전에 조금 더 교육을 필요로 하는 아이들을 위한 학교입니다. 대학의 수준을 낮

추자는 게 아닙니다. 내가 무슨 말을 하는지 아시지요?

제리는 그녀 자신이 세상 너머로부터 거의 어떤 도움도 없이 홀로 경제적 자립을 이루어왔다고 생각한다. 그녀와 또 다른 보수적 활동가들은 그들 주변의 모든 다른 사람들이 동일한 투쟁에 직면하지만, 그들은 그 결과의 작은 부분만을 감수한다고 생각한다. 즉 그들은 여러 가지 보조금과 복지수당으로 사회에 의해 소중히 길러지고 있고, 그리고 그것은 공평하지 않다고 생각한다. 교육의 '수준 하락'에서처럼 기준의 상실에 대한 믿음은 보수적 활동가들과의 대화에서 재차 반복해서 등장하는 주제이다. 국가가 개입하여 한때 가족이 수행한 역할을 수행해왔다. 국가는 아이를 교육하고 사회화하는 역할을 인수한다. 국가는 심지어 아이를 부양하는 역할마저도 인수한다. 복지후생제도는 도움을 받을 만한 가치가 가장 적은 사람들―게으른 사람, 나태한 사람, 도덕적으로 의심스러운 사람―에게 이익이 된다. 그들이 볼 때, 복지후생제도는 공짜로 얻고자 하는 사람들, 즉 규율과 고된 노동의 가치를 알지 못하는 사람들로 가득 찬 역기능적 사회를 만들어왔다. 개인은 더 이상 열심히 일하고자 하는 유인을 제공받지 않는다. 사회 내의 특정집단은 그 체계의 결함을 이용하고 있고, 열심히 일하는 사람들이 그 대가를 지불한다. 하나의 수준에서는 이것은 꽤나 예측할 수 있는 보수적 수사학이다. 그러나 또 다른 수준에서는 그것은 인정할 수 없는 수치심의 감정에 빠지게 한다. 그리고 그것은 이제 우파에 널리 퍼져 있는 피해의식의 수사학의 기원을 설명해준다.

내가 인터뷰했던 주로 백인 노동계급의 종교적 보수주의자들은 그들 자신을 그들의 통제를 넘어서는 힘의 희생자로 간주하는 경향이 있다. 하지만 이와 동시에 그들은 단호하게 자신들의 운명을 스스로 개척할 수 있다고 보는 개인주의적 에토스를 굳게 신봉한다. 그들은 도덕적으로 강해지기 위해서는 자기규율적이고 금욕적이 되어야만 한다고 생각한다. 도덕적 연약함은 궁극적으로 악마의 힘에 일조한다. 정치적 영역으로 넘어오면, 이러한 도덕 체계—가치목록의 최상위에서 힘을 발휘하는—는 빈곤, 약물중독, 사생아들은 오직 도덕적 약점으로만 설명될 수 있다는 신념으로 이어지고, 이러한 입장에서는 사회적 원인에 관한 어떠한 논의도 부적절한 것이 되고 만다(Lakoff, 1996). 그들의 개인주의가 그들이 자신들의 수치심을 부정하는 데 일조한다. 그러나 그것은 또한 수치심을 악화시키고 그들이 막연한 불안의 구조적 원인을 찾아내는 것을 방해한다. 그 결과 그들은 마음속에 그들을 둘러싼 세계에 대해 일련의 분노를 품는다.

수치심 축소의 정치

수치심에 대한 정신분석학적 이해에서, 자존심의 상실은 사람들로 하여금 그러한 상실을 벌충하게 한다(Lewis, 1971: 26). 고프만(Goffman, 1967)의 표현으로, 개인은 "체면을 유지하고" 싶어 한다. 그녀/그는 '잘못'을 바로잡고 자아의 상실을 막고 싶어 한다. 그러나 수치심 내에서 발생하는 분노는 숨겨져 있거나 '침묵하는 분노'이다(Lewis, 1971: 407). 사회운동 지도자들은 수치심을 목적의식이 있는 분노로 변형시키기 위해 이러한 수치심의 의미를 명확하게 드러내야만 한다. 따라서 우파의 능숙한 조직자들은 자신들의 추종자의 '회피된 수치심'을 활용하여 그것에 대해 이야기하고 그것을 완화하는 것을 약속하는 수사修辭를 고안해야만 한다. 만약 종교적 보수주의자들의 수치심이 피해의식과 연관되어 있다면, 그들은 그러한 피해의식을 규명하고 그것의 원인을 밝히고 자신들을 강인한 독립적인 존재로 생각할 수 있게 해주는 정치적 수사에 의지할 것이다. 그러한 수사는 수치심을 느낀 사람들로 하여금 분노를 느끼게 하고 그들 자신을 그들과 유사하게 분노를 느낀 사람들의 집합적 정체성을 지닌 성원으로 생각하게 하는 기능을 한다. 그 과정에서 그들은 자신들을 독립적이고 강인한 사람들로, 진리의 담지자로 인식한다.

기독교 우파 활동가들은 그들이 미국 도덕의 보존을 위해 '문화전쟁'에 참여하고 있다는 확신에 힘을 얻어, 그들 자신이 선한 싸움을 하고 있다고 생각한다(Hunter, 1991). 지지자들 사이에서 연대를 창출하는 최고의 방법 중의 하나는 '우리'와 '그들', 내부자와 외부자, 성인과 죄인, 내부의 순수함과 외부의 위험 및 오염을 싸움 붙이는, 양극화를 조장하는 수사를 활용하는 것이다(Alexander, 1992). OCA 지도자들은 기독교도들을 문화로부터 배제된 집단으로 간주함으로써 문화전쟁에 불을 지피고, 애매모호한 위협 및 퇴폐의식을 하나의 비난받을 만한 속성으로 변형시켰다. OCA 회장 론 메이본은 이렇게 선언했다. "우리는 가족옹호운동의 제82 공수부대입니다. 우리는 적진의 한 가운데에 있습니다. 우리는 많은 사상자를 냈습니다. 우리는 명중탄을 맞았습니다."[4] 이 수사는 여러 수준에서 작동했다. 그것은 전쟁에 대한 남성우위론적 감응ㅡ리처드 슬로킨(Richard Slotkin, 1973)이 '폭력을 통한 재건'이라고 부른 것ㅡ과 다가올 종말에 대한 광범위한 믿음을 자극했다(Strozier, 1998). 동시에 그것은 하나님을 위해 싸우는 '선한 기독교 전사'라는 이미지, 즉 그들 자신이 자유주의자, 동성애자, 그리고 자신들의 세속적 인본주의자 동료에 의해 문화로부터 배제되었다고 보는 복음주의 기독교인들에게 호소력을 지닌 이미지를 불러일으켰다. 그리고 그것은 즉각적 투쟁의 분위기를 제공했다. **그들은** 미국의 가슴과 마음을 위한 전쟁에서 승리하고 있었다. 메이본은 주州 전역에 있는 보수적 기독교인들에게 말했다. "**우리는** 신속하고 강력하게 응수해야만 한다. 이것은 우리가 지체할 수 없는 중대한 사업이다."

---

4 Harry Esteve, "OCA Fund-Raising Dinner Draws Political Protests," *Eugene Register-Guard*, January 15, 1994.

기독교 보수주의자들은 악으로 가득 찬 세상에서 오직 축복받은 소수만이 도덕적 암흑을 간파할 수 있고 지구상에 존재하는 것들을 더 잘 이해할 수 있는 길을 제시할 수 있다고 믿었다. "하나님과 인격적인 관계"를 맺고 있는 사람들이 그러한 사람들이다. 그들은 그들 주위에서 마주치는 추악함에 불리한 증언을 하는 증인들, 즉 너무 늦기 전에 우리를 도덕적 감수성으로 되돌려놓을 음유시인들이다. 정체성 의식은 '친밀한 친숙성'(Kintz, 1997: 67) ─ 즉 혈연이 아닌 친밀한 사람들 사이에서의 가족유대의 재창조 ─ 에 근거하여 구축된다. 종교적 우파를 기반으로 하여 구성된 오순절파의 카리스마적 집회에서, 사람들은 기도 중에 감정을 표현하도록 고무된다. 우파 종교단체들은 신도들이 행동에 나서도록 동원하기 위해 이러한 감정적 유대를 이용한다.

이러한 정체성 의식은 수치심을 느낀 사람들이 승리를 거둘 수 있거나 또는 굴욕감을 느끼게 할 수 있는 '다른 사람들' ─ 비非신도와 죄인 ─ 에 반대하는 것을 통해 구성된다. 수치심은 '타자'에 대한 집착의 작용이기 때문에, 수치심의 치유 또는 축소는 수치심 유발자로 간주되는 '타자'에 대한 보복을 수반한다. 기독교 보수주의자들에게 동성애는 지난 15년 간 그러한 '타자'로 이용되어왔다. 기독교도들은 게이들 ─ 어떠한 애착의 끈도, 어떠한 상호의무도 그리고 어떠한 지속적 관계에 대한 보장도 없는 ─ 을 좋은 사회와 정반대를 이루는 것, 즉 규칙, 질서, 자기규율, 안정성을 심각하게 결여하고 있는 사회의 구현물로 간주한다. 기독교 우파 단체들은 레즈비언과 게이 남성들의 시민권을 부정하기 위한 많은 주민발의들을 후원해왔다. 1994년에는 20개 이상의 게이 반대 주민투표가 주와 지역에서 발의되었다. 이들 중 대다수의 지역에서는 꽤 많은 지지를 얻었다(Duggan, 1994; Herman, 1997).

1990년대 초반 오리건 농촌에서 OCA는 "동성애에 기초하여 소수자의 지위, 차별철폐조치, 할당제도, 특별한 분류지위 또는 어떤 유사한 개념을 확대하는 또는 동성애를 포함하는 '성적 지향', '성적 선호' 또는 유사한 규정을 확립하려는 어떤 법령, 규칙, 규정, 정책 또는 결의를 제정하거나 통과시키거나 채택하거나 집행하지 못하게" 하기 위해 지역조례를 수정하려는 일련의 캠페인을 준비했다.[5] 이들 지역의 거의 대다수가 결코 어떠한 게이권리조례를 통과시키는 것을 고려한 적이 없기 때문에, 또는 만약 그들이 그렇게 한다고 해도 무시할 만한 효과만을 거둘 것이기 때문에, 이러한 캠페인들은 대체로 상징적이었다. 그러한 캠페인들은 공공정책에 영향을 미치려는 것이기보다는 종교적 우파의 집합적 정체성을 공고히 하는 것과 훨씬 더 관련된 것이었다.

내가 제리 쿡슨에게 왜 게이권리 반대에 적극적이었는지를 물어보았을 때, 그녀는 도덕적·의학적 전염에 대한 믿음과 관련시키며, 이렇게 대답했다. "그것은 가족가치를 손상시키기 때문에 우리 지역에 해롭고, 또 그것은 불건전하기 때문에 관련된 사람들에게 해로운 생활양식이에요." 그녀는 '명성 있는 연구들'에 따르면, 동성애행동을 하는 사람들은 B형 간염에 걸릴 확률이 그렇지 않은 사람들보다 열두 배 높다고 말했다. 1993~1994년에 오리건에서 게이권리에 반대하는 지역 캠페인이 진행되는 동안, 동성애와 관련한 '끔찍한 이야기들'이 신문을 가득 채웠다. 그 신문에 따르면, 교실은 미취학 아동들에게 "남성의 역할과 여성의 역할은 해부학적 문제가 아니라 선택의 문제"라고 가르치는 "커밍아웃한 호전적인 동성애자들"로 넘쳐나고 있었다. 한 여성은 만약 학생이나 학부모들이 그러한 견해에 도전한다면 그들은 "매도당하고 조롱당하고 반쪽짜리 진리를 말하고 있다"는 비난을 받았을 것이라고 말했다.[6] 또 다른 이야기에 따르면, 중학교에서 학생들에게 게이들의 삶에 관한 이야기를 들려주기 위해 두 명의 게이를 초대했다. 그들은 자신들

---

5 *Timbertown Gazette*, January 20, 1993.

6 Letter to the Editor, *Timbertown Gazette*, July 28, 1993.

의 삶을 전적으로 자연스럽고 정상적인 것이라고 말하는 "에이즈에 감염된 실제 동성애자들"이었다. 한 6학년 학생이 그들이 성적으로 어떤 행위를 했느냐고 물었을 때, 그들은 피스팅 — 또는 그렇게 주장되는 — 을 포함한 그들의 비관례적인 성행위 중 일부를 자세하게 설명했다.[7]

분명 OCA 활동가들이 게이에 대해 가지고 있는 인상은 부분적으로 타자에 대한 오해에 뿌리를 두고 있다. 지그문트 바우만Zygmunt Bauman에 따르면, 다양한 사회들 속에서 사람들은 자신과 다를 수도 있는 사람들과 함께 살 수밖에 없지만, 우리가 그들을 실제로 알아야만 할 필요가 없기 때문에, 우리는 방어벽을 구축한다. 우리는 매일 낯선 사람들과 마주치면서, "비非만남 mismeeting의 기술과 눈 마주침의 회피"를 실천한다. 우리는 사회적 공간에서 다른 모든 점에서는 하나의 범역 내에 있는 타자를 퇴거시키는 사회적 거리를 만들어낸다. 우리는 그들의 입장을 거부한다. 그리고 우리는 우리 스스로가 그들에 관한 지식을 습득하는 것을 막는다. 그러나 바우만의 표현으로 이러한 퇴거된 타자들은 여전히 "특징이 없는, 즉 얼굴이 없는" 채로, 계속해서 우리의 인지의 배후에서 맴돈다(Bauman, 1991: 155). 실제로 OCA 활동가들의 동성애에 관한 인식은 개인적 경험에서보다는 텔레비전 시청에서 또는 이전의 샌프란시스코 카스트로 지구로 가는 관광버스에서 일어난 약탈로부터 또는 기독교 우파의 정치적 문건을 읽는 것으로부터 나왔다. 이러한 피상적인 접촉은 그들로 하여금 그들의 표적을 민중의 악마로 부풀리게 했다. 그들은 민중의 악마가 자신들이 생각하는 좋은 사회를 위협하는 것으로 상정했다. 그들은 타자를 하나의 추상적 범주로 구성함으로써, 하나의 집단으로서의 게이의 운명을 개인으로서의 게이와 분리할 수 있었다. 동성애문화에 대한 지속적 접촉 및 지식의 결여는 혐오감과 억제된 적개심을 발생시켰

---

7 1998년 3월 4일 인터뷰.

고, 이는 우파의 정치적 수사학을 감안할 때 언제든 증오로 요약될 준비가 되어 있었다(Bauman, 1991: 156).

테오도르 아도르노Theodor Adorno에 따르면, 권위주의적 개인은 그들의 용납할 수 없는 감정 ―특히 성적인 감정들― 을 소수집단에 투사하고, 그것을 통해 희생양을 만들어낸다. 일단 그 집단이 비방받고 나면, 그들에 대한 사람들의 분노를 행동으로 드러내는 것은 받아들여질 수 있는 그리고 논리적인 것이 된다. 실제로 일부 사람들은 동성애 반대 활동가들의 열성이 그들 자신의 동성애적 욕구를 보상하고자 하는 욕망에 의해 공급된다고 주장해왔다. 어쩌면 이것은 사실일지도 모른다. 그러나 더 유력한 설명은 대체로 수치심과 성적 욕망 일반을 연결시킨다. 성적 욕망은 우리의 성강박문화와 성억압문화 속에 억눌려 있는 감정 ―사랑, 분노, 수치심― 을 불러낸다. 광고 이미지와 다른 형태의 대중문화들은 성적 감정들을 이용하거나 끌어내고, 동시에 그것들을 비판적인 정밀조사와 공론에서 추방시킨다. 모든 미국인들처럼 보수적 기독교도들은 성적 욕망의 공공연한 표현을 비난하는 사회에서 성적 욕망을 경험한다. 어떻게 그들이 상충하는 충동 사이에서 괴로움을 느끼지 않을 수 있겠는가? 짐 백커Jim Bakker와 지미 스워거트Jimmy Swaggart와 같은 저명한 복음주의자들은 혼전성관계에 반대하는 운동을 벌여왔고, 그로 인해 수모를 당했다. 이를테면 오리건 농촌에서는 성적으로 경솔한 짓을 했다는 소문이 목사들을 종교집회에서 쫓아냈고, 많은 사람들은 복음주의 가정에서 자란 아이들이 성규범 및 여타 규범을 훨씬 더 많이 어긴다고 생각하는 것처럼 보였다.

정신분석학 이론들은 수치심이 성적 결함과 밀접히 관련되어 있고, 남성성은 극히 허약하고 항상 주의 깊게 돌보고 보호될 필요가 있다고 제시한다(Chodorow, 1998). 그 이론들에 따르면, 남성 동성애는 특히 위협적이다. 왜냐하면 공격적인 아버지와의 동일시에 토대하고 있는 '정상적' 남성성에 의

문을 제기하기 때문이다. 욕구가 너무나도 강하기 때문에, 그리고 비규범적인 섹슈얼리티에 대한 금지가 기독교의 정설에서 너무나도 중요하기 때문에, 사람들이 그들의 용납할 수 없는 성적 감정들을 타자에게 투사하고자 노력하고 이러한 욕구를 공공연히 과시하는 사람들을 벌하고자 한다는 것은 놀라울 게 없지 않은가? 따라서 보수주의자들이 '동성애문제'를 그들 자신의 집합적 정체성을 구성하는 수단으로 삼는다는 것은 이해할 수 있는 일이다. 우파의 동성애 반대 캠페인에서 보수주의자들은 아버지가 지배하는 사회질서를 지지하기 위해 동성애 혐오를 이용한다. 즉 수치심을 느낀 측이 '타자'가 수치심에 빠져 있을 것으로 가정하는, "성적으로 승리를 거둔 환상"을 만들어냄으로써 형세를 반전시켰다(Lewis, 1971: 411).

OCA 활동가들은 동성애를 모든 사람의 건강과 안녕을 위협하는 것이라고 매도하면서도, 자주 개별 게이들에 대한 동정심을 고백하며 자신들의 주장을 누그러뜨렸다. 제리는 "이 타운에는 게이들이 거의 없어요. 나는 단지 몇 사람만 만나봤을 뿐이에요"라고 말했다. 바니 우튼은 그와 함께 일하는 게이에 대해 내게 다음과 같이 말했다. "매우 좋은 사람이에요. 너무나도 좋은 사람이죠." 자신의 신념 때문에 그와 말하기를 거부한 사람은 한 명뿐이었다. 우튼은 "내가 그에 대해 부정적 감정을 가지는 것보다 그가 나에 대해 더 부정적인 감정들을 가지고 있어요"라고 말했다. 그런데 정작 나와 이야기했던 보수적 운동가들은 살아 숨 쉬고 있는 진짜 레즈비언이나 게이 남성들에 대해 **실제로** 알지 못했다. 그들의 묘사는 고정관념, 비현실적인 성격묘사 그리고 왜곡으로 가득 차 있다. 샐리 험프리스는 내게 동성애자들은 "매우 재능이 있는 사람들, 즉 매우 예술적인 사람들"이라고 말했다. 그리고 그녀는 자신이 예술적이라고 생각하기 때문에, 그들과 특별한 친화성을 느꼈다. 그녀는 자신이 게이와 친구가 될 수 있음을 인정했다. "나는 그들에게 다가가요. 그들은 예술과 색체에 관심이 많아요. 때로는 그들이 더 친절해요."[8]

"죄는 미워하되 죄인은 미워하지 말라"는 기독교적 수사는 OCA 활동가들이 게이들을 증오하는 동시에 사랑하는 것을 가능하게 한다. 동성애 '특별 권리'를 막기 위한 주민발의를 통과시키는 것이 많은 것을 변화시키지는 않을 것이지만, 기독교 우파 활동가들은 그것이 첫 단계라고 생각한다. 그들은 자신들의 행동주의를 통해, 동성애를 인정하는 관대한 사회의 출현에 반대한다는 입장을 분명히 밝히고, 자신들이 강하고 독립적인 사람들이라는 점을 확인한다. 그들은 부모의 역할을 떠맡고, 그들 주변 사람들의 도덕적 연약함을 훈계한다. 그들은 아이들은 규율할 필요가 있다는 은유를 확대하여, 동성애자들을 삐뚤어진 아이들, 즉 길을 벗어났기에 바른 길로 되돌려 놓기 위해 벌 줄 필요가 있는 아이들이라고 생각한다. 정부가 그들의 권리를 보호한다는 것은 논리적으로 이해되지 않는다. 나빠지고 있는 착한 아이처럼, 그들에게 얼마간의 사랑의 매를 들 필요가 있다. 당신은 때때로 마음을 모질게 먹어야만 한다.

결론

기독교 보수주의와 그와 연관된 행동주의 프로젝트는 하나의 독특한 신념 체계라기보다는 일반화된 '마음의 상태'일지도 모른다(Strozier, 1998). 내가 인터뷰했던 보수적 기독교 활동가들은 다양한 악마들에 맞서 싸워온 사람들이다. 불확실한 성취감이 그들로 하여금 체통을 추구하게 한다. 하지만 자신들의 한계를 넘어선 세계 속에서는, 즉 가족, 직장, 지역사회의 친밀한 구조가 빠르게 재정의되고 있고, 여성들이 가족과 일에 대한 충성 사이에 끼어 있음

---

8 Paul Neevel, "Wake Up Call," *Eugene Weekly*, March 17, 1997.

을 발견하고, 지역사회가 점점 더 분열되고, 아동학대와 여타 문제들이 발생하고 있는 후기 근대 시나리오 속에서는 수치심과 불안은 좀처럼 사라지지 않는다.

　기독교 보수주의자들은 좋은 가족은 힘과 복종을 존중하고 약함과 의존에 관대하지 않다고 강력하게 믿는다. 공정한 사회에서 좋은 가족은 보상받고 나쁜 가족은 벌받는다. 그러나 그들은 그들 주변의 모든 사람들이 그들이 했던 것과 동일한 투쟁에 직면하지만, 주변 사람들은 그 결과의 작은 부분만을 감수한다고 생각한다. 그들은 다른 사람들이 여러 가지 기부금과 복지수당으로 사회에 의해 소중히 길러지고 있고, 그것은 공평하지 않다고 생각한다. 분노감이 그들의 화와 행동주의에 연료를 공급한다. 기독교 보수주의자들에 따르면, 어느 누구도 **날** 도와주지 않았다. 왜 **그들은** 더 많이 받아야 하는가? 만약 어떤 사람들이 일하지 않고 보조금을 받을 수 있다면, 노동의 가치는 감소될 것이다. 만약 동성애가 이성애와 함께 긍정된다면, 이성 결혼의 의미는 감소될 것이다.

　기독교 보수주의자들은 자신들의 행동주의를 통해 하나의 확실하고 분명한 세계관을 구성한다. 그 세계에서 그들의 삶과 투쟁은 의미와 목적을 지니고, 자신들이 강하고 힘이 있다고 느낀다. 그들의 행동주의는 더러워진 것을 깨끗이 하고자 하는, 즉 도덕적으로 열등한 타자를 분명하게 정의하여 분류해내고자 하는 회복적 행위이다. 따라서 문화전쟁은 인지적 신념의 실현 그 이상에 관한 것이다. 거기에는 심오한 감정적 차원 역시 존재한다. 그것은 바로 수치심을 자존심으로 변환시키고자 하는 것이다.

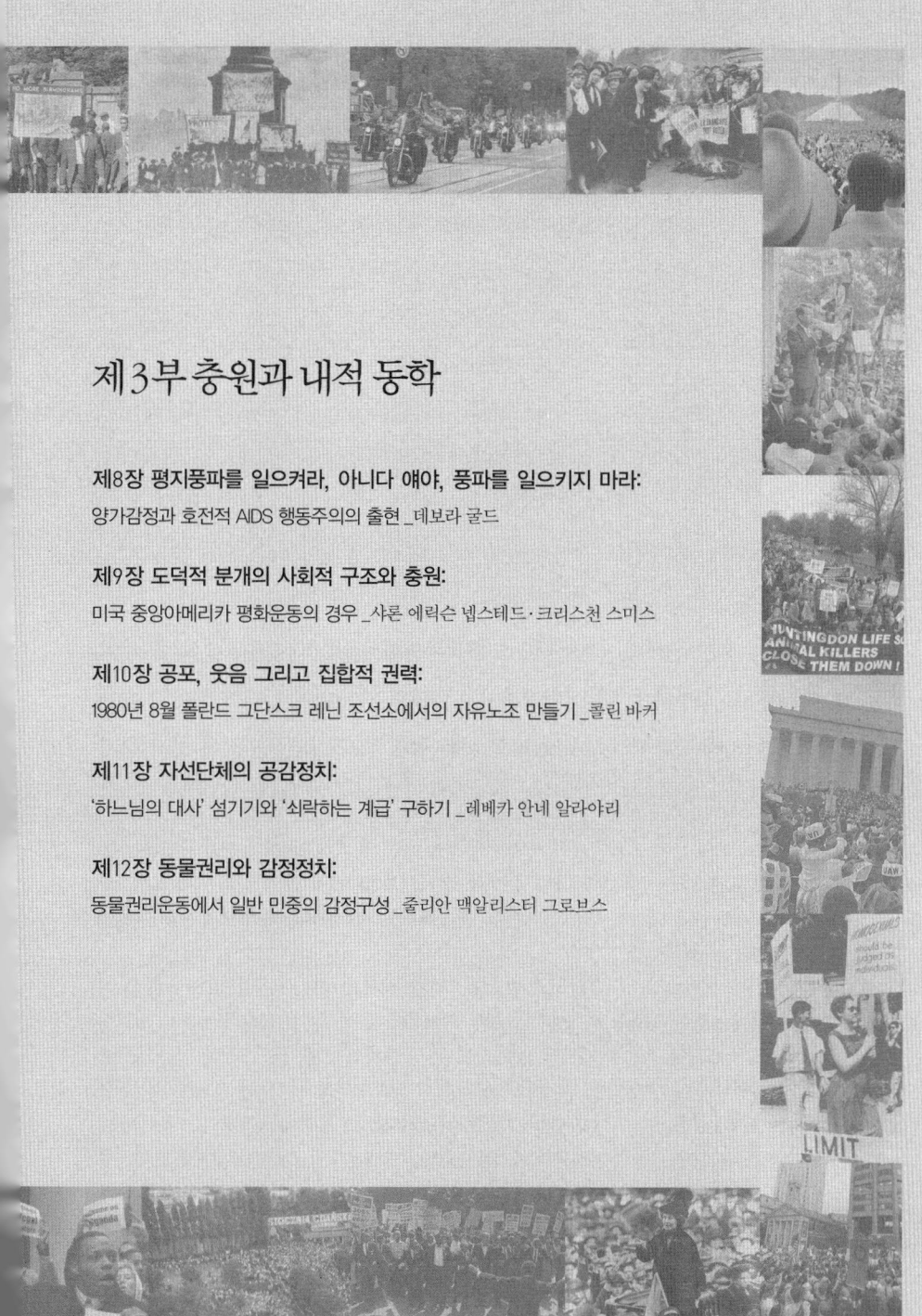

제3부 충원과 내적 동학

8

평지풍파를 일으켜라, 아니다 얘야, 풍파를 일으키지 마라
양가감정과 호전적 AIDS 행동주의의 출현*

데보라 굴드

1986~1987년에 호전적인 AIDS 행동주의단체들은 직접행동을 취할 시기가 됐다고 주장하며, 미국 여기저기의 다양한 레즈비언과 게이 공동체 속에서 출현하기 시작했다.[1] AIDS와 관련된 합병증으로 인한 누적 사망자 수가

---

* 나는 이 글의 초고에 대해 유익한 논평을 해준 이 책의 편집자들에게 감사를 표하고 싶다. 나는 또한 ACT UP과 퀴어 투 더 레프트(Queer to the Left)의 나의 협력자들에게도 깊은 감사를 표하는 바이다. 그들과의 무수한 대화는 끊임없이 나의 작업에 영감을 주었다.
1 '공동체(community)'의 모든 호소는 그 정의에서 배제된 사람들뿐만 아니라 그 정의에 포함된 사람들 사이에서 그것의 의미를 둘러싼 투쟁을 모호하게 하는 경향이 있기 때문에, 의문을 제기할 필요가 있다. '공동체'라는 용어는 그것이 그것 나름의 자연적 발생, 시공간을 넘어서는 불변성, 그리고 그것들의 차이를 초월하는 성원들 사이에 공통성을 지니고 있는 것처럼 잘못 제시한다. 동시에 공동체라는 용어는 어떤 사람들을 그들이 자신들과 타자를 구별 짓는 무언가를 공유하는 것으로 간주하는 집단들과 동일시하는 사회적 현상을 인지하는 데에 유용하다. 따라서 이 용어를 이해하는 한 가지 방식은 '공동체'를 항상 과정 중에 있는, 즉 **존재**하기보다는 **생성** 중에

전국적으로 2만 명에 가까워지다가 곧 그것을 넘어서자, 샌프란시스코의 레즈비언과 게이 AIDS 운동가들은 1986년 여름에 직접행동 단체인 의료정의 시민연대Citizens for Medical Justice를 조직했다. 이와 유사한 행위지향단체인 라벤더 힐 몹Lavender Hill Mob이 같은 해 여름에 뉴욕에서 결성되었다. 그리고 1987년 초에 시카고에서 DAGMARDykes And Gay Men Against Repression(억압에 반대하는 레즈비언과 게이 남성 모임)가 호전적인 AIDS 행동주의를 반제국주의적·반인종차별주의적 활동에 편입시키기 시작했다.[2] 17명이 구속된 월가에서의 시위와 함께, 첫 번째 ACT UPAIDS Coalition To Unleash Power(권력해방을 위한 AIDS 연합) 지부가 1987년 3월 뉴욕에서 등장했다. 곧 또 다른 ACT UP 지부가 전국에서 발아했다. 시민불복종, 분열, 다이인die-in, 그리고 이목을 끄는 선전선동과 함께, ACT UP 및 그와 유사한 AIDS 행동주의단체들은 레즈비언과 게이 행동주의에 새로운 호전성을 불러일으키며, 일반인의 세계와 게이 세계 모

있는, 따라서 항상 변화하기 쉬운 하나의 유용한 허구로 인지하는 것이다. AIDS가 유행하기 전부터, 레즈비언과 게이 남성들은 대부분 별개의 단체들을 조직했다. 그러나 그들 단체에 대해 맹렬한 공격이 가해지면서, 많은 레즈비언과 게이 남성들은 함께 일하기 시작했다. '레즈비언과 게이 공동체'라는 용어는 편의상 호전적인 AIDS 행동주의가 출현한 나라 여기저기에 가시적으로 존재하는, 도시에 기반을 두고 있고 대부분 백인 중간계급으로 구성된 레즈비언과 게이 개인들의 집단과 제도를 가리킨다. 하지만 내가 '공동체'라는 용어를 사용하면서, 그 의미가 역사적으로 우연적이며 몹시 논쟁적이라는 사실을 모호하게 하고자 하는 것은 아니다. 사회집단의 성원들에게 이름을 붙이는 것 또한 불완전한 작업이다. 비록 '레즈비언과 게이'라는 용어가 우리가 연구하고 있는 역사적 순간 동안에 일반적으로 사용되었지만, 그것은 그 범주에 포함되어 있는 또 다른 성적 소수자들의 삶을 모호하게 한다. 나의 이야기에 등장하는 많은 행위자들은 오늘날 트렌스젠더, 양성애자 또는 또 다른 성 정체성을 지닌 사람을 공급할 수도 있는 섹스 또는 젠더 관행에 참여해왔을 가능성이 크다. 하지만 그러한 정체성들은 우리가 연구한 시기 **이후에** 부상되었기 때문에, 나는 그 시기의 불완전한 명명법 ― '레즈비언과 게이' ― 에 충실하기로 결정했다.
2 이들 단체가 각 도시에 있는 ACT UP 지부의 선조였다.

두에서 '평소상태'를 동요시켰다. 왜 레즈비언과 게이 남성들이 AIDS(결코 피할 수 없는 사태의 전개)에 직면하여, 정치적으로 활동을 벌이게 되었을까? 그리고 왜 그들은 일상적인 이익집단정치에 참여해온 세대 이후에, 성난 호전적인 길거리 행동주의를 채택했을까? 나는 표준적인 사회운동 이론에 도전하는 설명을 통해, 감정과 그것의 표현—그중에서도 특히 수치심, 공포, 자부심, 슬픔, 분노, 화—이 어떻게 레즈비언과 게이들의 AIDS 유행에 대한 반응을 틀 짓는지를 증명하고자 한다. 그러한 반응들은 때로는 레즈비언과 게이들을 침묵하게 하거나 공동체의 자조自助를 장려하고, 다른 경우에는 호전적인 정치적 행동주의를 고무했다. 나는 시카고, 뉴욕, 샌프란시스코의 증거에 의존한다.

사회운동 이론과 ACT UP의 출현

표준적인 사회운동 이론으로는 ACT UP의 출현을 쉽게 설명할 수 없다.[3] 나의 연구는 지배적인 '정치적 기회' 모델과는 정반대로, ACT UP이 매우 위축된 정치적 기회에도 불구하고, 그리고 사실 부분적으로 그것 때문에 출현했다고 주장한다. ACT UP은 레이건/부시 정권 시기에 보수주의가 증대되는 가운데, 1987년에 전국 운동으로 발생했다. 레즈비언, 게이 남성, 그리고 AIDS 대변자들은 권력과 유력한 협력자들에게 의미 있게 접근할 수 없었고, 지배세력들 속에서의 전혀 중요하지 않은 불화 또는 엘리트들 간의 분열로

---

3 비록 ACT UP이 첫 번째의 그리고 유일한 호전적인 AIDS 행동주의단체인 것은 아니지만, 나는 전국 규모의 호전적인 길거리 행동주의적 AIDS 운동을 지칭할 때, 'ACT UP'이라는 명칭을 사용하고자 한다.

부터 이익을 얻었다.[4] AIDS 유행의 초기시기에 정부는 모든 수준에서 무거운 침묵으로 대응했고, 그것은 1980년대 중반에 불충분한 자금과 점점 더 억압적인 입법으로 대체되었다. 혹자는 정치적 기회 모델을 따라, ACT UP이 부적절한 시기에 (불가해하게) 출현했다고 결론 내릴지도 모른다. ACT UP에 관한 나의 분석은 정치적 기회 모델을 괴롭히고 실제로 전도하여, 사회운동 연구자들에게 사회운동의 출현과 쇠퇴에 관한 지배적 모델에 이론적으로 도전하고 그것을 비판적으로 바라보고 그것의 한계를 인식하고 더욱 구체적으로 설명할 수 있는 기회를 제공한다.

AIDS에 대응하는 레즈비언과 게이의 정치적 동원을 이해하고 사회운동 이론을 확장하려는 탐구를 이끌어가는 하나의 방법은 정치적 기회 모델이 포석을 깔아놓은 **외적** 맥락과 ACT UP을 발생시킨 공동체의 **내적** 요인들 — 레즈비언과 게이 남성들의 성적·정치적 주체성, 그들 자신과 AIDS의 유행에 대한 항상 변화하는 그들의 해석과 감정, 이성애적 주류사회에 대한 그들의 변화하는 동경을 포함하여 — 간의 상호작용을 탐구하는 것이다.

---

4 태로(Tarrow, 1994: 18)는 이것들을 정치적 기회구조의 가장 두드러진 구성요소들로 열거한다. 그는 이 목록들을 그의 저서 제2판(1998: 76)에서 재확인하지만, 또한 위험의 개념을 재도입하면서 **행위기회가 증대하는 상황에 있을 때**, 위험은 비(非)행위의 비용을 증대시킴으로써 투쟁을 자극하는 데 하나의 역할을 할 수 있다고 주장한다(p. 72). 하지만 나는 위험에 대한 이러한 인식조차도 여전히 정치적 기회 모델이 ACT UP의 출현을 설명할 수 없다고 주장할 것이다. 비록 호전적인 AIDS 행동주의가 레즈비언과 게이 남성들에 대한 위험이 증가하고 있을 때 발생했지만, 정치적 기회는 매우 위축되었던 것으로 밝혀졌다. 위험이 보다 독자적인 역할을 하는 것으로 보는 견해로는 재스퍼(Jasper, 1997)를 보라.

레즈비언과 게이의 양가감정

근대 레즈비언과 게이권리/해방운동의 출현과 '게이 자부심'이라는 표어를 광범위하게 유포시킨 스톤월 반란Stonewall Rebellion 이후 30년 동안, 레즈비언과 게이 남성들은 그들 자신의 동성애와 이성애적인 미국 주류사회에 관해 지속적으로 **양가감정**을 드러내왔다. 때로는 의식적으로 경험하지만 전적으로 의식하지는 못하는 수준에서 발생하는 그러한 양가감정과 그것을 조종하려는 노력은 AIDS의 유행에 대한 레즈비언과 게이 남성의 조직화된 정치적 대응에 유의미하게 영향을 미쳤다.[5] 주류사회에 매력을 느끼는 동시에 그것을 거부하는 것과 함께, 사람들의 성적 욕망을 수용하는 동시에 거부하는 이러한 양가감정은 사회적으로 구조화된다(Merton and Barber, 1963). 즉 이러한 양가감정은 개별 레즈비언과 게이 남성의 특이성에서 나온 것이기보다는, 주변화라는 사회적 관계로부터 발생하고 그것에 의해 강화된다.[6] 양가감

---

[5] 나는 레즈비언과 게이의 양가감정에 초점을 맞추면서, 이성애자들이 강렬하고 모순적인 감정으로부터 자유롭다고 암시하고자 하지는 않는다. 나는 프로이트[Freud, 1953(1900), 1955(1909), 1958(1912)]를 따라, 양가감정이 근대 부르주아 서구 사회에 살고 있는 개인들 사이에 만연되어 있다고 주장할 것이다. 양가감정의 몇몇 유형들은 널리 공유되어 있는 반면, 또 다른 유형들은 특수한 지리적 환경에서 특정한 순간에, 또는 이 경우에는 특정한 공간과 시간에 처한 특정한 사회집단에서만 나타난다. 사회적 삶에서 드러나는 양가감정에 대해서는 머튼과 바버(Merton and Barber, 1963), 바이게르트와 프랭크스(Weigert and Franks, 1989), 그리고 스멜서(Smelser, 1998)를 보라. 양가감정을 근대성과 관련짓는 이론화로는 바우만(Bauman, 1991)을 보라. 그리고 조직환경 내에 존재하는 양가감정에 대한 탐구로는 메이어슨과 스컬리(Meyerson and Scully, 1995, 1997)를 보라.

[6] 파농(Fanon, 1982)은 식민지화를 통해 백인들과 접촉해온 흑인들 사이에서 유사하게 사회적으로 구조화된 양가감정에 대해 기술한 바 있다. 그에 따르면, "무엇보다도 그[흑인 남성]는 다른 사람들[백인]에게 자신이 그들과 똑같은 남성이라는 점을 증

정의 구성과 정도가 시간에 따라 변화하고 인종, 계급, 젠더의 위계상에서 개인이 차지하는 상이한 지위와 그들의 서로 다른 경험에 따라 다르지만, 이성애적 사회 속에서 모든 레즈비언과 게이 남성들의 주변화된 지위는 피하기 어려운 일단의 모순적 감정을 구조화한다. 지배적인 제도들이 레즈비언과 게이 남성들을 비정상적·일탈적·도착적 '타자'로 구성하고 그들을 아웃사이더의 지위로 좌천시킨다. 이성애규범적·이성애주의적인 일반상식은 이성애와 동성애가 존재하는데, 전자는 도덕적으로 이상적인 반면 후자는 결코 그렇지 않다는 것이다. 동성애적 욕구, 관행, 삶은 그러한 일반상식을 통해 수치심 및 죄책감과 연결된다. 핵가족제도는 레즈비언과 게이에게 양가감정을 불러일으키는 데 있어 특히 중요하다. 아이들은 일반적으로 이성애적 가족 속에서 성장하고, 그러한 가족구조는 미국사회의 거의 모든 다른 제도에 의해 받아들여지고 규범화되고 강화된다. 그들은 일반적으로 이성애적일 것으로 추정되고, 그들 자신의 이성애를 당연한 것으로 간주하도록 고무된다. 그 결과 동성의 사람에게 매력을 느끼는 사람들은 자신들이 부모와 동료들과는 다르며 따라서 자신들에게 무언가 문제가 있다고 생각하게 되는 경향이 있다. 이러한 맥락에서 레즈비언과 게이 남성들은 자신들의 성적 욕구, 성적 관행 그리고/또는 젠더 표현으로부터 즐거움, 기쁨 그리고 성취감을 느끼면서도 동시에 그와 관련된 수치심, 죄책감, 자기회의 그리고 심지어 자기증오와 같은 의식적·무의식적 감정들을 피하기가 매우 어렵다.

사람들의 자아의식은 부분적으로는 사회 내에서 자신이 차지하는 지위에

명하고자 했다. 그러나 우리가 오해해서는 안 된다. [그]는 납득시켜야만 하는 남성이다. 의심이 지속되는 곳은 …… 바로 그의 영혼의 뿌리이다"(p. 66). 자신에 대한 양가감정은 흑인 남성의 '영혼'에 내재하는 것이라기보다는(p. 213) "식민지적 상황에 내재하는" 것이었다(p. 83).

대한 자신의 의식적·무의식적 불안과 관련되어 있기 때문에, 레즈비언과 게이 남성들이 자신에 관한 양가감정에 더하여, 이성애적 주류사회에 대해서도 그와 관련된 양가감정을 경험한다는 것은 이해할 수 있는 일이다.[7] 초기 게이 해방주의자 마르타 셸리Martha Shelley의 다음의 진술은 자신에 대한 양가감정과 사회에 대한 양가감정 간의 연계를 지적한다. "당신들(이성애자들)은 …… 우리가 자기경멸이라는 도랑에 빠졌다가 거기에서 빠져나오도록 해왔습니다. 우리가 게이라고 인식하게 된 이후, 우리는 매일 '나는 성 도착자다, 나는 레즈비언이다, 나는 호모다 등'의 꼬리표를 내면화하도록 강요당해왔습니다. 그리고 우리가 우리의 동성애적 몸을 통해 당신을 고찰하는 데까지는 시간이 걸렸습니다. …… 때때로 우리는 당신과 같기를 소망합니다. 때때로 우리는 어떻게 당신이 자신을 이겨낼 수 있는지를 궁금해 합니다"(Shelley, 1992: 33~34). 자기중오의 또 다른 측면은 사람들에게 자기 자신을 중오하게 만드는 사회에 대해 매력을 느끼는 동시에 혐오하는 것이다.

게이 저술가 제프리 에스코피어Jeffrey Escoffier는 이성애사회에 대한 이러한 양가감정의 또 다른 원천을 제시한다. 그에 따르면, "우리는 주류사회의 성원**들이지만, 실제로는** 그 사회의 성원이 **아니다**"[에스코피어(Escoffier, 1998: 27), 강조는 원저자; 또한 퍼스(Fuss, 1991: 5)도 보라]. 그러한 모순적 지위는 이성애주의와 혼합되어 주류사회에 비해 복잡하고 자주 상충하는 욕구들을 산출한

---

7 에스코피어(Escoffier, 1998)와 코헨(P. F. Cohen, 1998)은 모두 레즈비언과 게이에게 나타나는 주류 미국사회에 대한 양가감정에 대해 언급한다. 자신과 사회에 대한 양가감정은 주변화된 사람들의 집단 대부분에 존재할 가능성이 있다. 드 부아(W. E. B. Du Bois, 1989(1903): 3]가 제시한 흑인들의 이중의식 개념 ― "이러한 인식 속에서 사람들은 항상 타자의 눈을 통해 자신을 바라본다" ― 은 그러한 양가감정을 암시한다. 제럴드 어리(Gerald Early, 1994)의 편집서에 실려 있는 글들은 아프리카계 미국인들 사이에 만연되어 있는 양가감정 ― 주류사회에 '끌리'면서도 동시에 '혐오'하는 ― 을 지적한다.

다. 한편으로 레즈비언과 게이 남성들은 주류사회에 이끌린다. 초기 유년 시절부터 그들은 그러한 사회 속으로 사회화되고, 자주 그 사회의 완전한 일원으로 가정된다. 그들의 중요한 관계 중 대다수는 이성애자와의 관계이고, 그들은 자주 일반인으로서 동일한 희망과 기대의 대부분을 공유한다. 그들의 사회적 조건과 그로부터 결과하는 그들의 섹슈얼리티에 대한 양가감정은 동성애에 대한 이성애자들의 비난 속에서 어떤 의미에서는 이성애자들이 **옳다**는 불안을 야기함으로써, 주류사회에 대해 그들이 느끼는 매력과 자신들도 사회적으로 수용받고 있다는 욕구를 강화한다. 다른 한편으로 그리고 동시에 레즈비언과 게이 남성들은 역사적으로 '동성애'에 대한 혐오를 용인하는 주류사회와 불평등을 제도화하는 국가에 대해 환멸, 화, 반감을 분명하게 표현해왔다. 주류사회에 대해 레즈비언과 게이가 느끼는 매력은, 국가와 사회가 수많은 게이 남성들의 사망원인을 AIDS로 추측하고 심지어는 입증하고 법으로 동성애자의 성교를 범죄화하고 동성자와의 결혼을 금지하고 군대에서 동성애자들을 추방하고 레즈비언과 게이 남성들을 인종차별반대 보호조치로부터 배제하는 것에 의해 줄어들었다. 심지어 레즈비언과 게이 남성들은 동성애에 관한 지배적 담론이 옳을지도 모른다고 두려워하면서도, 미국 내에서 널리 퍼져 있는 권리와 정의의 관념을 동성의 성적쾌락경험 및 감정적 결합과 혼합함으로써, 사실 **자신들**은 정상적이고 옳으며 동성애를 혐오하는 사회가 문제라는 신념을 조성한다.

스톤월 반란 이후, 자신들의 섹슈얼리티를 공개한 레즈비언과 게이 남성들에게 자부심은 규범적 감정이 되어왔다. 즉 레즈비언과 게이 단체와 그 지도부는 자부심에 대한 지배적 서사를 장려하고 생산하고 심지어 요구한다. 샐리 문트Sally Munt는 "근대 레즈비언과 게이 운동이 출현하면서 우리는 자부심이라는 항목을 찬양해왔다"고 주장한다. 그러나 문트가 지적하듯이, "자부심은 수치심에 의존한다. 자부심은 자신이 배척당한 결과인 수치심의 부정에 기초한다. 이것은 스톤월 이후 시기의 자부심의 헤게모니를 병리적 호모에 대항하여 전략적으로 배치한 것으로 설명한다"(Munt, 1998: 4). 게이 자부심이라는 표현의 반복은 게이 수치심이 폐기되었다는 것을 보여준다. 하지만 게이 자부심이라는 편재하는 표현이 암시하듯이, 양가감정은 여전히 존재한다. 양가감정은 레즈비언과 게이 남성들 사이에 게이 자부심과 이성 애적 억압에 대한 화와 함께 동성애의 수치심과 사회적 거부에 대한 공포를 포함하는 '감정문화emotion culture'를 창출하는 데 일조한다. 8

자부심에 관한 레즈비언과 게이의 지배적 서사를 분쇄하면서 동시에 양가 감정의 지속을 인정하는 것은 논란의 소지가 있다. 어떤 사람들은 그렇게 하는 것은 안티 게이 우파의 술수에 넘어갈 위험이 있다고 주장할지도 모른 다. 즉 그들은 자신들의 편협성을 정당화하기 위해 "모든 레즈비언과 게이 남성들은 그들 자신을 증오한다"는 식으로 그것을 활용할 수도 있다. 그러나 우리가 그러한 위험을 인지해야만 하지만, 학자들이나 운동가들 어느 누구 도 이성애적 사회 속에서 성장하고 살아가는 것이 지닌 심리적 영향을 평가 하지 않고는, 그리고 권력의 미묘한 규율효과에 대해 탐구하지 않고는, 레즈 비언과 게이 정치의 동학을 이해하지 못할 것이다.

---

8 '감정문화'라는 용어는 감정과 그것의 표출에 관한 한 집단의 규칙과 규범뿐만 아 니라 사회집단 내에 만연된 감정 모두를 함의한다. 고든(Gordon, 1989)과 혹실드 (Hochschild, 1979, 1983, 1990, 1998)를 보라. 감정문화의 존재를 상정하면서, 내가 그 것이 널리 퍼져 있어 얼마간은 논쟁에서 벗어나 있다거나 그것이 획일적이거나 정적 이라고 말하고자 하는 것은 아니다. 모든 감정적 발언, 제스처 또는 환기, 그중에서 도 특히 공적이거나 시간이 지나면서 반복해서 발생하는 것들은 잠재적으로 널리 퍼 져 있는 감정문화를 변화시킬 수 있다. 따라서 특정한 '감정문화'는 널리 퍼져 있을 뿐만 아니라 일정치 않고 변하기 쉬운 것으로 이해되어야만 한다.

감정에 대한 관습과 심원한 양가감정의 관리

의식적으로 경험하든 무의식적으로 경험하든 간에, 양가감정은 불쾌감과 불안을 유발한다. 그것을 해소하려는 욕구는 그렇게 하고자 하는 노력만큼이나 강렬하다. 프로이트는 사람들이 양가감정으로부터 자신을 지키는 한 가지 방식은 모순적 감정들 중 하나를 억압하고 다른 하나를 열성적으로 받아들이는 것이라고 주장했다. 윌리엄 레디(William Reddy, 1997: 333)는 감정과 감정표현에 관한 사회집단의 관습은 성원들이 강렬한 양가감정을 조종하는 데 일조한다고 주장한다.9 그는 감정적 발언(감정표출)이 실제로 그것이 언급하는 감정을 **변화시킨다**고 주장한다. 언어가 '내적' 감정상태를 적절하게 표현할 수 없다는 것은, 하나의 감정상태를 분명하게 말로 표현할 때(이를테면 "지금 나 화났어"와 같이), 그것은 '내적' 감정상태에 이름을 붙이고 범주화함으로써, 이전에는 비언어적이었던 것을 말로 나타내어 알기 쉽게 해주지만, 그것은 반드시 언어와 주관적으로 경험한 감정 간의 간격을 무시하면서 그렇게 한다는 것을 의미한다.10 그러한 과정에서 사람들의 '내적' 감정 중

---

9 감정에 대한 레디의 연구는 나의 연구에 엄청난 영향을 미쳤다. 감정적 발언이 레즈비언과 게이 남성들 사이에서 강렬한 양가감정을 관리하는 데 어떻게 일조하는지에 대한 나의 설명은 그의 개념화에 기초하고 있다.

10 레디 역시 '내적'이라는 단어에 따옴표를 사용한다. 나는 그렇게 함으로써 감정이 대부분 사회적으로 구성됨에도 불구하고 언어 외부에서 우리의 신체 내에서만 경험될 수 있는, 양화(量化)할 수 없고 측정할 수 없는 잔여물이 존재한다는 점을 암시하여, 명명화와 범주화에 이의를 제기한다. 그것은 담론 외적인 것이기 때문에, 우리는 그러한 잔여물을 묘사할 수 없다. 하지만 이러한 잔여물이 감정적 발언이나 제스처(즉 감정표현)를 통해 드러나며, 그것은 (사회적인 것과 대조되는 것으로서의) '자연적인' 것이 아니라 오히려 담론과정의 담론 외적 부산물이라는 것을 의미한다는 점을 지적할 필요가 있다.

일부 구성요소들은 언어의 영역으로 들어오지 못한다. 즉 그것들은 억압되거나 대체되거나 또는 단지 언어를 통해서는 결코 의미를 지니지 못할 수도 있다. 명명되지 않은 감정은 사라진다. 따라서 감정은 명명됨으로써 명료해지거나 이해할 수 있게 된다. 화라는 감정이 사회적으로 구성된 의미체계에 의해 정의될 때, 화자語者는 그 감정을 종결지을지도 모른다. 화자가 그 의미체계 속에 묻혀 뿌리를 내리고 있을 수도 있지만, 그는 사실은 자신이 화가나지 않았다는 점을 깨닫고 보다 정확한 감정표현을 찾아나섬으로써 그 과정을 다시 시작할 수도 있다. 어떤 경우든 간에, "지금 나 화났어"라는 감정표현은 명명되지 않고 또 명명될 수 없는 잔여물을 산출하는 항상 불완전한 명명화와 범주화 과정을 통해 실제와 차이를 만들어냄으로써 그것이 지칭한 감정(들)을 변화시킨다. 따라서 감정표현은 "감정을 직접적으로 변화시키고 불러일으키고 은폐하고 강화시키는 도구"이다(Reddy, 1997: 331).

레디는 공동체의 감정규칙과 감정에 대한 관습들이 규범적 감정표현방법을 낳는다고 기술한다. 그것은 시간이 경과하며 반복되면서 모순적 감정의 한쪽 측면을 확대하고 다른 쪽 측면을 침잠시킴으로써 널리 퍼져 있는 강렬한 양가감정에 영향을 미칠 수도 있다. 감정표현에 대한 관습들은 다른 방향이 아니라 하나의 방향으로 양가감정의 균형이 '기울어'지게 함으로써, 대립하는 감정들에 모종의 '해결책'을 제공하고, 그럼으로써 사람들이 감정을 느끼는 방식을 틀 짓는다.[11] 나는 단지 그 과정이 상호작용적이고 연속적이라는 점만을 첨언하고자 한다. 즉 강렬한 양가감정에 대한 어떤 일시적인 '해

---

11 나는 양가감정이 근본적으로 해결될 수 없다는 것을 지적하기 위해 '해결'이라는 단어에 따옴표를 붙였다. 어떤 사람이 모순적 감정들 중 하나를 억제할 수는 있지만, 그것을 완전히 제거할 수 있는 것은 아니다. 따라서 어떠한 '해결책'도 일시적이고 불안정한 속성을 지닌다.

결책'도 다시 만연한 감정에, 그리고 감정과 감정표현에 대한 사회집단의 관습에 영향을 미친다. 아래에서 내가 입증하듯이, 레즈비언과 게이 공동체의 감정문화는 만연한 양가감정에서 (적어도 일정 정도는) 파생되고, 동시에 그것은 부분적으로는 감정과 감정표현에 관한 규칙과 규범을 설정함으로써, 그리고 부분적으로는 레즈비언과 게이 남성이 느끼는 방식에 실제로 영향을 미침으로써, 양가감정을 관리하는 데 일조한다.

자신과 사회에 대한 레즈비언과 게이의 양가감정은 불안정하다. 자기애의 감정은 자기혐오의 감정을 약화시킬 수 있다. 그리고 사회에 대해 느끼는 매력이 사회에 대한 혐오를 대신할 수도 있다. 양가감정의 그 어느 쪽도 쉽게 억제되지 않는다. 왜냐하면 비록 침잠된다고는 하더라도, 그 반대쪽이 항상 존재하기 때문이다. 양가감정에 대한 어떤 특정한 '해결책'이 지닌 불안정성과 불확실성 그 자체는, 이를테면 양가감정의 한쪽의 감정들은 강화하고 다른 쪽의 감정은 억제하는 감정표현을 지속적으로 반복함으로써, 비록 전적으로 의식적이지는 않더라도 신중하게 관리될 필요가 있다. 레즈비언과 게이에게 존재하는 양가감정은 자신과 사회를 축으로 하여 전개되기 때문에, 이러한 감정관리과정들은 레즈비언과 게이가 존재하는 모든 장소, 즉 정치적 영역에서와 같이 레즈비언과 게이가 사회와 상호작용하는 어느 곳에서든지 발생한다. AIDS의 유행은 레즈비언과 게이 남성들을 새롭게 가시화시켰고 공적인 감시의 대상이 되게 했다. 따라서 양가감정과 그것을 관리하고자 하는 노력들은 AIDS에 대한 레즈비언과 게이의 반응에서 중심적 요소가 되었다. AIDS 행동주의에서 양가감정이 수행하는 역할에 대한 구체적인 분석에 들어가기에 앞서, 나는 아래 절에서 레즈비언과 게이 정치라는 한편과 자신과 사회에 관한 양가감정이라는 다른 한편 간의 더욱 일반적인 관계를 개관하고, 그러한 심리적 동학과 정치적 실천 간의 관계를 탐구할 필요가 있다는 점을 주장하고자 한다.

양가감정과 레즈비언/게이 정치:
우리는 무엇을 원하는가? 그리고 우리는 언제 그것을 하기 원하는가?

다렐 예이츠 리스트Darrell Yates Rist는 내가 양가감정이라고 부르는 것과 레즈비언과 게이 정치 간의 관계에 대해 다음과 같이 주장한다.

> 우리의 '게이 자부심'의 상태가 어떠하든지 간에, 우리의 공손함은 우리 모두에게 고착되어 있다. 그것은 깊은 묵종의 샘 속에서, 즉 우리가 일반 사람들만큼 선하고 이성애의 특권 **모두** ― 즉 길거리에서 연인과 키스하고 엄마 아빠 앞에서 연인과 손을 잡고 ⋯⋯ **결혼**하는 ― 를 누릴 가치가 있다고 여전히 **결코** 생각할 수 없다는 것에서 스며나온다. 마치 미덕인 것처럼 교육받는 이러한 공손함은 우리가 결코 옳지 않다는 음울한 확신 ― 우리가 함께 성장하는 거짓된 도그마 ― 으로부터 나온다. ⋯⋯ 자유의 쟁취에 관한 한, 우리의 공손함은 우리를 가로막는다. (Rist, 1987: 54)

리스트는 레즈비언과 게이의 자기혐오와 자기회의가 사회적 수용에 대한 깊은 관심―정치적 침묵으로 전환되는―에서 나오고 또 고무된다는 점을 넌지시 비춘다. 리스트는 게이 수치심이 지속되고 때로는 그것이 게이 자부심을 압도한다고 주장하면서, 정치적 요구를 하기에 앞서 레즈비언과 게이 남성들은 자신들이 더 나은 대우를 받을 가치가 있다는 것을 믿어야만 한다는 점을 우리에게 상기시킨다. 게이 자부심과 동성애 혐오에 대한 분노가 그러한 확신을 강화하는 동안조차, 수치심과 자기회의는 그러한 어떠한 확신도 잠재적으로 침식시킨다. 주류사회에 대한 양가감정은 또한 불확실성을 행위의 정치과정 안으로 끌어들인다. 즉 레즈비언과 게이 남성들은 사회의 규범, 가치, 제도에 순응하기를 원하지만, 또한 그것들에 맞서기도 한다.

레즈비언과 게이에 관한 정치적 담론은 레즈비언과 게이 정치와 자신과 사회에 관한 양가감정 간의 관계를 보여준다. 정체성에 기초한 대부분의 정치와 마찬가지로, 레즈비언과 게이 정치는 대부분 레즈비언과 게이 자신과 사회의 관계에 관한 질문들—즉 우리는 누구이고, 다른 사람들과의 관계에서 어떻게 취급받고 있는가? 이 사회 내에서 우리가 있을 곳은 어디이고, 우리는 어디에 있기를 원하는가? 어떻게 우리가 우리의 목표를 최고로 달성할 수 있을까?—을 축으로 하여 전개된다. 그러한 주어진 관심 내에서 레즈비언과 게이 정치의 언어가 자신과 사회에 관한 감정으로 가득 차 있다는 것은 놀랄 일이 아니다. 감정은 레즈비언과 게이의 정치적 행위를 정당화하고 설명한다(이를테면 "우리의 분노는 우리로 하여금 시민불복종을 하게 한다"). 감정은 레즈비언과 게이 남성들의 주류사회에 대한 정치적 저항의 원인이 되고 또 그것에 기여하는 것으로 인식된다(이를테면 "우리의 수치심은 우리가 정치적 영역에 너무나도 순응하게 한다"). 감정은 다른 전략이 아닌 특정 전략을 제창하게 한다(이를테면 "우리가 당당해야, 책임 있게 행동할 것이고 또 우리 자신을 돌볼 것이다"). 감정은 위신의 정치politics of respectability에 참여하는 사람들은 물론 그러한 정치를 무시하는 사람들을 비난하고 단념시킨다(이를테면 "난교亂交를 비난하는 게이 남성들은 자신을 혐오한다" 또는 "문란한 게이 남성은 자신을 혐오한다"). 감정은 특정한 정치적 행위와 결부되어 있다(이를테면 "우리 지도자들은 같잖은 놈에게 굽실거리는 것에 대해 부끄럽게 느껴야만 해"). 감정은 정치적 성공에 기여하는 것으로 인식된다(이를테면 "우리의 차분하고 적당한 어조는 그들로 하여금 우리의 요구에 반응하게 했다").

요컨대 레즈비언과 게이 남성들이 구체적인 정치적 행위의 견지에서 그들 자신과 사회에 대해 어떻게 느끼고 있고, 느껴야 하며, 느끼지 말아야 하고, 또 앞으로 느낄 것인지를 선언하는 레즈비언과 게이의 정치담론은 감정으로 가득 차 있다. 다양한 그리고 때로는 상충하는 끊임없이 되풀이되는 감정들은, 레즈비언과 게이 남성들이 적대적인 사회적 상황 속에서 자기 자신들에 대해 느끼는 방식은 물론 그러한 감정상태에 영향을 미치고, 그리하여 레즈비언과 게이 정치에 영향을 미치는 의식적, 그리고 전적으로 의식적이지는 않은 시도들 속에서 드러나는 불안정성을 보여준다. 이러한 매우 감정적인 정치언어—레즈비언과 게이가 자신과 사회의 관계에 초점을 맞추고 있는—가 그러한 온갖 불안정성과 함께 레즈비언과 게이의 양가감정과 중요하게 관련되어 있다는 점은 분명한 것 같다. 정치담론의 감정적 내용은 사실 레즈비언과 게이 정치라는 한편과 자신과 사회에 대한 레즈비언과 게이의 양가감정이라는 다른 한편 간의 불가분의 관계를 암시한다. 다시 한 번 더 그러한 양가감정의 유동성과 불안정성은 그것의 각 측면을 강화하려는 노력을 유발한다. 즉 레즈비언과 게이의 정치적 담론이 보여주듯이, 정치적 영역에서 일어나는 그러한 감정관리의 노력은 실제로 일부 운동관행을 고무하는 반면 다른 운동관행들을 억제한다. 그렇다고 이것이 양가감정과 그것을 조종하려는 노력들이 다소 쉽게 설정되는 일대일의 인과방정식의 형태로 레즈비언과 게이의 정치적 관행들을 산출한다고 말하는 것은 아니다. 그러나 나는 우리가 양가감정과 그것을 관리하려는 시도들이 레즈비언과 게이 남성들의 자기인식, 그들 자신과 사회에 대한 감정, 그들의 상황에 대한 이해, 그리고 정치적 주체성과 행위를 틀 짓는 데 수행하는 역할에 대해 면밀한 주의를 기울이지 않고서는, 레즈비언과 게이 정치—더 구체적으로는 AIDS에 대한 반응—를 적절히 이해할 수 없다고 주장한다.[12]

---

12 레즈비언과 게이의 정치담론이 자주 특정한 정치적 관행들—그 공동체들이 종종 분할되는 것과 관련한 것들을 포함하여—을 자신과 사회에 관한 감정과 연계 짓고 있다는 점은, 레즈비언과 게이의 양가감정이 1950년대 이후 레즈비언과 게이 운동을 강경파와 온건파로 분열시켜온 이데올로기적 분열을 추동하는 중심적인 힘들 중 하나일 수 있음을 시사한다.

더욱 분명하게 하기 위해 나는 내가 개인 또는 단체들이 양가감정의 한쪽 또는 또 다른 한쪽을 강화하기 위해 그리고 레즈비언과 게이 정치를 온건 또는 대결 중의 어느 하나로 향하게 하기 위해 **의도적으로** 특정 감정을 동원하고 다른 감정들을 경시한다고 주장하는 것은 아니라는 점을 강조하고자 한다. 양가감정 그 자체는 그것을 해결하려는 시도와 마찬가지로 의식적·무의식적 수준에서 발생한다. 의도와는 무관하게 감정표현은 레즈비언과 게이 남성들의 감정과 그들의 양가감정에 영향을 미치고, 자주 특정한 정치적 행위과정을 지향하게 한다.

양가감정과 AIDS에 대한 레즈비언과 게이의 초기 대응

AIDS가 유행하는 동안 내내, 특정 감정의 환기와 표현은 비록 일시적이기는 하지만 실제로 레즈비언과 게이의 양가감정의 '해결'에 일조했던 일단의 감정 및 감정규칙과 감정규범을 산출해왔다. 이러한 과정들이 AIDS에 대한 레즈비언과 게이의 반응을 틀 짓는 데 일조했다. 이를테면 AIDS가 유행한 첫 5년 동안 널리 퍼져 있던 기존의 상반되는 감정문화는 수치심의 감정과 그것의 표현("우리의 도착적인 성적 관행이 우리를 죽이고 있다")을 공포("우리는 이제 분명 가족, 친구, 사회로부터 거부당할 것이다")와 연계시키도록 고무했고, 초기에 소수가 정부에 대해 화를 표출하던 것을 침잠시켰다.[13] 동성애에 관

---

13 래리 크레이머(Larry Kramer, ACT UP 뉴욕 지부의 공동 설립자)는 이미 1983년에 화와 분노를 표출했지만, 레즈비언과 게이 남성들은 거의 4년 동안 호전적 행위를 하자는 그의 요청에 주의를 기울이지 않았다. 크레이머(Kramer, 1983)를 보라. 집합행위 프레임의 실패에 대한 그의 설명으로는 굴드(Gould, 2000, ch. 3)를 보라.

한 부정적 감정들을 강화하고 사회적 수용에 대한 강력한 욕망에 호소하는 이러한 일단의 감정들은 레즈비언과 게이의 위신과 사회로의 동화에 대한 관심을 강화하고, 레즈비언과 게이에게 AIDS에 대한 비대결적인 정치적 대응을 고무하는 식의 양가감정에 대한 '해결책' —주로 서비스 제공과 로비활동으로 구성된— 을 제시한다.[14]

1980년대 중반에 이러한 감정문화는 조금 변화했다. AIDS에 대한 정부의 부적절한 대응에 대해 화를 표출하는 경우가 많아졌다. 하지만 레즈비언과 게이의 양가감정은 그러한 화를 호전적인 정치적 행동주의와 거리를 두게 하는 쪽으로 작동했다. 그 대신에 그것은 외부의 도움이 거의 없는 상황에서 레즈비언과 게이 남성들이 계속해서 고상하고 책임 있게 그리고 조용히 그들 자신을 돌보는 칭찬할 만한 행로를 걷도록 고무하는 등, 내적으로 공동체의 자부심을 지향하게 했다. 이러한 일단의 감정들은 호전적 행동주의를 억제하고 그 대신에 자원봉사활동, 공동체에 기초한 서비스 제공, 로비활동을 지향하게 했다. 화가 분명히 표출되지만 곧 사라져서, 행동주의보다는 동정심 쪽으로 나가게 하는 다음의 사례는 그러한 동학을 예증한다. 시카고에서 열린 AIDS 추모 촛불행진에서 한 연설자는 군중에게 "당신 미쳤습니까? 당신 화났습니까?"라고 물었다. 그는 레즈비언과 게이 공동체 밖에서 어느 누구도 AIDS와 관련하여 그 어떤 것도 하지 않기 때문에 '화났다'고 말하면서 연설을 계속 이어나갔다. 군중은 큰 소리로 그의 말에 동의했다. 그런 다음 그는 "당신이 느낀 화가 형제를 향한 사랑으로 향하게 하십시오"라고 충고하면서 연설을 끝마쳤다. 그 행진은 어쩌면 그의 제안을 따라 행진하는 사람들이 홀리 니어Holly Near의 노래 「우리 생을 위한 찬가」라는 곡의 후렴구인 "우

---

14 나는 나의 박사학위논문(Gould, 2000: ch. 3)에 제시되어 있는 방대한 경험적 증거를 사용하여 이 논점을 발전시키고 있다.

리는 화가 난 점잖은 사람들이다"를 외치면서 끝났을 수도 있다(Cotton, 1985). 이 기간 동안 시카고의 레즈비언/게이 신문 ≪게이 라이프Gay Life≫의 사설들은 일관되게 정부의 동성애 혐오와 AIDS에 대한 소홀한 대응을 비판했다. 그러나 그 사설들은 행동주의를 요구하기보다는 그저 그러한 역경에 맞서는 그 공동체의 용기를 칭찬할 뿐이었다. 한 전형적인 사설은 화가 나서 정부를 고발했지만, 그 어떤 행동주의적 요구도 하지 않았으며, 그 대신에 내부지향적 자부심에 초점을 맞추었다. 그 사설은 이렇게 말했다. "어떤 곳에서는 사람들이 살인자 AIDS의 압력에 굴복해왔지만, 우리 공동체는 엄청난 위기 동안에도 그 힘을 키워왔다. …… 6월은 게이와 레즈비언의 자부심의 달이다. 그리고 시카고에서 우리는 진정으로 당당할 수 있다"("Off to a Good Start," 1985).

자부심을 느끼라는 반복되는 주문들은 레즈비언과 게이 자부심을 강화하려는 욕구와 AIDS 상황 속에서 동성애에 부착된 더 큰 낙인과 싸우고자 하는 욕구에 의해 고무되었다. 그것들은 또한 AIDS와 싸우기 위한 자원과 자원봉사활동가의 기반을 증대시킬 필요성에 의해 유발되었다. 하지만 그러한 자부심의 유도가 증대하는 화를 가라앉게 하는 역할을 한다는 것도 마찬가지로 중요해 보인다. 즉 매번 화가 분명하게 표출되기 시작했고, AIDS에 대한 그 공동체의 대응과 관련한 자부심은 이러한 무서운 위기의 와중에서 느끼는 적절한 감정으로 즉시 불러내지고 또 지지되었다. 그들의 의도와는 무관하게 그러한 자부심 표현의 정치적 효과는 화를 가라앉히고, 보다 외부지향적인 행동주의적 대응보다는 자원봉사활동과 공동체의 자조를 더욱 강조하는 내부지향성을 조장하는 것이었다. '게이 자부심'이라는 말이 1969년에 처음으로 레즈비언과 게이 해방운동가들에 의해 하나의 슬로건으로 만들어졌을 때, 그것은 호전적 행동주의와 결부되어 있었다. 1980년대 중반 그것은 전혀 다른 특징을 지니고 있었다. 공중보건 전염병이 게이의 수치심과 사회적 거부라는 공포를 강화하고 AIDS에 대한 정부의 대응이 기껏해야 무관심이거나 최악의 경우 처벌적이었던 시기에, 치명적인 전염병에도 아랑곳하지 않는 정부의 명백한 태만과 금욕적인 고귀함에도 불구하고, 게이 자부심은 이제 대결적 또는 대립적 정치보다도 자원봉사활동, 죽음에 대한 추도, 상대적인 안식을 장려했다.[15]

레디에 따르면, 감정표현이 감정을 변화시킬 수 있기 때문에, 감정표현과 관련한 관습들은 시간이 지남에 따라 개인과 공동체 수준의 감정에 강력하게 영향을 미친다. 여러 증거들은 레즈비언과 게이 공동체들의 감정표현관습들이 위기의 첫 4~5년 동안 화가 표면에 드러날 우려가 있을 때마다 화를 사회적 거부에 대한 공포, 수치심, 공동체 자부심, 평온한 기품으로 다시 방향을 돌림으로써 화를 대부분 침잠시키는 등, AIDS에 대한 감정에 매우 많은 영향을 미쳤음을 암시한다. 하지만 다른 감정표현에 비해 특정한 감정표현들을 장려하는 것이 레즈비언과 게이 공동체들에게서 화를 제거하지는 못했다. 그것은 단지 화의 표현을 줄이고 표면적으로 그 감정 자체를 축소했을 뿐이었다. 그러나 레디가 지적했듯이, 개인들은 감정표현관습에 그들 나름으로 달리 반응한다. 그러한 편차가 변화의 여지를 처음으로 마련해준다" (Reddy, 1997: 334~335). 그리고 이데올로기적, 경제적 또는 정치적 요인들이 체제에 압력을 가할 때, 바로 그러한 여지를 이용할 수 있다. 달리 말해 감정표현관습들은 특히 위기의 시기에 논쟁의 대상이 된다.

15 나는 이 기간 동안 느낀 자부심에 대해 굴드(Gould, 2000, ch. 3)에서 보다 충실하게 분석한 바 있다.

증대하는 화의 관리

샌프란시스코와 뉴욕에서 열렸던 특별한 행사들과 1985년 말 레즈비언과 게이 지도자들이 내놓은 논평은 레즈비언과 게이 남성들의 분위기에서 변화가 일어나기 시작했다는 것을 보여준다. 10월 말 아홉 명의 사람들이 AIDS에 대한 정부의 대응에 항의하기 위해 샌프란시스코의 옛 연방빌딩 앞에 천막을 쳤다. AIDS에 걸린 두 명의 게이 남성은 자신들을 문에 사슬로 묶었다. 그들의 철야농성은 몇 달 간 지속되었다(Hippler, 1986: 42~47). 그동안에 "급속하게 퍼진 AIDS 히스테리에 두려워하고 화가 나고 좌절한"(Freiberg, 1985: 14) 뉴욕의 운동가들은 게이레즈비언 명예훼손반대동맹Gay and Lesbian Anti-Defamation League: GLADL을 결성했다. 600명이 넘는 레즈비언과 게이 남성들이 언론과 정치가들이 선동한 AIDS 히스테리에 관해 토의하기 위해 GLADL이 주최한 대중집회에 참석했다. 다음날 100여 명의 사람들이 게이섹스시설 폐쇄에 관한 한 위원회의 공청회가 진행되는 동안 시청 밖에서 항의했다. 그해 12월 500명의 레즈비언과 게이 남성들이 ≪뉴욕포스트New York Post≫의 선정적인 게이반대 AIDS 보도에 대항하는 시위에서 GLADL에 가입했다(Freiberg, 1985, 1986a). 이러한 보다 더 대항적인 정치가 그때까지 널리 확산되지는 않았지만, 그것의 발생은 변화하는 감정적 분위기와 타협정치의 증대하는 불안정성을 보여주는 것이었다.

전국게이대책본부National Gay Task Force의 집행위원인 버지니아 아푸조Virginia Apuzzo, 그리고 매사추세츠 대표 바니 프랭크Barney Frank가 임원들(선출직·임명직)과의 모임에서 한 논평들은 레즈비언과 게이 남성들 사이에서 더 호전적인 행위에 대해 불평이 일고 있음을 그들이 인식하고 있다는 것을 보여준다. 아푸조의 논평은 자신과 사회에 대해 널리 퍼져 있는 양가감정이 레즈비언과 게이의 화의 표출과 호전적인 정치적 실천에 관한 불안으로 전화되었다고 그녀가 인식하고 있음을 보여주었다. 그녀는 평지풍파를 일으키는 것에 대한 레즈비언과 게이들의 우려를 완화시키고자 했다.

> [정치]체제의 존경과 관심을 …… 받아온 사람들을 위해, 우리는 그 문제에 대해 기꺼이 우리의 힘을 보태야만 합니다. 우리는 우리를 비난하고 있는 것에 대해 기꺼이 다양한 적극적 활동을 시작해야만 합니다. 그렇습니다. 우리는 협상해야만 합니다. 그렇습니다. 우리는 로비를 해야만 합니다. 그 렇습니다. 우리는 제소해야만 합니다. …… 그러나 우리는 또한 우리가 어 디에서 왔는지 기억해야만 하고, 화를 표출하는 것을 다시 인정해야만 하고, 그것에 존중하지 못할 무언가가 있다고 잠시라도 생각해서는 안 됩니 다.(Walter, 1985: 11)

이와는 대조적으로 프랭크는 화를 가라앉히고 문제를 진정시키고자 노력한 다. 그는 이렇게 말했다. "정치체제는 현재 내가 생각했던 것보다 [AIDS 위 기에 대해] 더 잘 반응해왔습니다. …… [이것은] 내가 판단하기에 [레즈비언 과 게이 공동체가] 선택해온 정치적 행위의 방침이 옳다는 것을 의미합니 다"(Walter, 1985: 13).

비록 더욱 호전성을 지향하는 운동이 있었지만, 그 기간 동안에는 프랭크 의 계고적인 메모가 더 전형적인 표현이었다. 이를테면 시카고의 레즈비언/ 게이 신문 《윈디시티타임스Windy City Times》의 한 표준적인 사설은 "이 위기 를 벗어날 수 있는 유일한 방법"으로 "하나의 공동체로서 우리 자신 사랑하 기"를 제창했다. 그 사설은 계속해서 다음과 같이 주장한다. "그렇다, 우리는 수많은 사람들의 죽음을 슬퍼한다. …… 그러나 우리는 그들의 죽음이 우리 를 좌절시키게 놔두어서는 안 된다. 그보다는 우리는 그들의 죽음으로부터 무언가 얻고 있다. 그리고 하나의 공동체로서 우리는 계속 강해지고 있다"

("Memorials across America," 1986). 정치적 행위보다 공동체 내에서의 사랑과 자부심이 AIDS 위기의 증대에 대한 해결책으로 제시되었다. 증가하는 죽음에 대한 슬픔도 마찬가지로 다시 공동체의 자부심을 향했다.

널리 퍼져 있는 레즈비언과 게이의 감정관습들—부분적으로 레즈비언과 게이의 양가감정을 구성하고 있고 그로부터 파생하고 그것을 관리하는 데 일조하는 관습들—은 일부 감정을 고양시키고 다른 감정들을 억제하게 함으로써, 많은 레즈비언과 게이 남성들이 위기에 대한 정부의 소홀한 대응을 인식하고 비판하는 동안에도 더 대항적인 정치를 생각하는 것조차 막는 방식으로 만연한 양가감정을 '해결'하게 하는 데 일조한다. 그들 자신의 섹슈얼리티와 주류사회에 대한 양가감정과 감정적 발언을 통한 그러한 양가감정의 관리는 대결적 행동주의를 고려해왔을 수도 있는 사람들에게 신중과 절제를 촉구했다. 특정 감정—처음에는 공포와 수치심, 그리고 나중에는 내적으로 지향된 공동체의 자부심과 차분한 기품—의 표출과 유도는 레즈비언과 게이에게 양가감정의 한쪽을 강화하고, 증대하는 화와 슬픔이 지향하는 방향을 바꾸는 데 일조함으로써, 레즈비언과 게이가 온건한 정치에 몰두하게 했다.

사건과 일군의 새로운 감정들

1986년 중반에 AIDS 위기에 대한 레즈비언과 게이의 수사修辭에서 현저한 변화가 발생했고 또 널리 확산되었다. 계속해서 AIDS로 인한 사망이 증가하고 정부는 그러한 위기를 다루는 데 실패하고 거기에 더 억압적인 AIDS 입법이 더욱 요구되는 상황에서, 1986년 6월에 있었던 미국 대법원의 바우어스 대 하드윅 판결은 하나의 전환점이 되었다. 즉 이 사건은 근본적으로 그것의 감정적 효과의 결과로 AIDS에 대한 레즈비언과 게이들의 정치적 대응

에서 변화를 불러일으켰다.[16]

대법원은 게이섹스를 "불륜, 근친상간 및 여타 성범죄"와 비교하면서, 동성애자가 합의에 의해 사적인 성적 행위를 할 수 있는 헌법적 권리를 부정했던 조지아 법령을 확정 판결했다(Walter, 1986). 레즈비언과 게이 남성들은 그 결정을 '선전포고'로 받아들였다(Deitcher, 1995: 140). 데이처는 다음과 같이 기술한다. "하드웍 판결 뉴스는 대부분 정치에 관심이 없었던 동성애자들 사이에서 급진주의자들을 길러내기에 충분했다. …… 그 뉴스가 여러 공동체에 도달하자, 전국의 여러 도시에서 저항이 분출했다. 각 공동체에서는 연인과 친구의 상실이라는 좌절과 격노가 증폭되었고, 편견과 관련된 폭력의 비율과 정도가 급속히 증가되었고, 전염병을 지니고 있는 동성애자라는 사회적 정체성에 대해 전례 없는 도전이 일어났다"(Deitcher, 1995: 148~149). 그 시위에 대한 설명은 뒤르켐의 '집합적 흥분' 개념을 상기시킨다. 그 시위는 그들 자신들이 어떤 식으로든 연결되어 있다고 생각하는 다수의 사람들이 결집하여 발생된 감정에너지로 넘쳐났다. 뉴욕에서 레즈비언과 게이 남성들은 1970년대 이래로 최대 규모인 "두 번의 격렬한 호전적 시위를 위해 거리로 몰려나갔다." 즉 많은 사람들이 시민불복종에 동참했다. 한 기자에 따르면, "시위자들은 …… 되풀이해서 저항을 위한 '새로운 투쟁정신'을 요구했다"(d'Adesky, 1986: 8). 일부 참가자들은 다른 사람들에게 다가오는 7월 4일에 자유의 여신상 건립 100주년 기념행사를 방해하여 '우리의 격노'를 보여줄 것을 촉구했다. 6,000명이 넘는 레즈비언과 게이 저항자들은 경찰 바리게이트를 우회하여 길을 따라가며 그렇게 하려고 시도하면서, 화가 나서 "민권

---

16 사건이 역사에서, 특히 구조적 변화의 측면에서 수행한 중요한 역할에 대한 분석과 그러한 시각에서 역사적 사건을 이론화하기 위한 노력으로는 세웰(Sewell, 1996)을 보라.

이 아니면 내전內戰을!"을 외쳐댔다. 레즈비언과 게이 남성들은 전국에서 '적극적인 저항', '폭동', '대중저항', '법률위반', 또 하나의 '스톤월', '거리로 돌아가자'를 성내어 요구했다.[17] 레즈비언과 게이 남성들의 감정적·정치적 담론의 변화는 주목할 만하다. 이와 같은 호전적인 언어는 AIDS가 유행했던 첫 5년 동안에는 레즈비언과 게이 매체에서 등장한 적이 전혀 없었다.

새로운 호전성은 빠르게 성장하며, 분노, 화, 자존심, 죽음과 비활동의 공포 그리고 호전적인 대항적 AIDS 행동주의에 대한 깊은 슬픔과 같은 감정과 결부된 정치의 윤곽을 그려나갔다. 이러한 새로운 일군의 감정들이 이전의 공동체의 자조에 관한 자부심, 정부의 호의에 대한 신뢰, 그리고 죽음에도 아랑곳하지 않는 금욕주의를 압도했다. 변화하는 감정문화를 기록하는 동시에 그것의 발생에 일조한 레즈비언과 게이 신문들은 정부를 고발하고 증대하는 화를 분명히 표출하고 AIDS에 대한 레즈비언과 게이 공동체의 온건한 대응에 대해 불만을 드러내고 더 대결적인 AIDS 행동주의의 필요성을 제안하는 더 많은 특집기사와 논설들로 넘쳐났다.[18] 호전적인 AIDS 행동주의단체들이 등장하기 시작했다. 1986년 9월에는 샌프란시스코에 기반을 두고 있는 레즈비언과 게이 남성 단체인 의료정의시민연대가 캘리포니아 주지사 조지 듀크미지언George Deukmejian의 사무실 앞에서 AIDS 차별반대법안에 대한 그의 거부권 행사와 열두 개의 또 다른 AIDS 법안에 대한 그의 무조치에 저항하기 위해 연좌농성을 벌였다. 여덟 명이 체포되었다. 1986년 후반 한 행동주의 예술가 단체는 뉴욕시에 '침묵=죽음'이라는 슬로건 위에 분홍색 삼각형

---

17 이를테면 1986년 7월 21일과 1986년 9월 1일자 ≪뉴욕네이티브(New York Native)≫의 근황보고와 같은 신문에 실린 아푸조(Apuzzo, 1986), 간스(Gans, 1986), 모리스(Morris, 1986), 보크만(Bockman, 1986)의 전문가 의견을 보라.
18 이를테면 프라이베르크(Freiberg, 1986b), 존슨(Johnson, 1986a, 1986b), "타임(Time, 1986)", 반더벨덴(Vandervelden, 1987), 윌리엄스(Williams, 1987)를 보라.

(게이권리의 상징)이 그려져 있는 포스터를 붙이기 시작했다. 포스터 하단의 문구는 공동체의 새로운 분위기를 반영하여, 레즈비언과 게이 남성들에게 "화, 공포, 슬픔을 행위로 옮기라"고 촉구하면서 그러한 분위기를 강화했다. 1987년 3월에 침묵=죽음 프로젝트 회원들은 ACT UP 뉴욕지부 창립 모임에 참석하여, 발아하고 있던 호전적인 AIDS 운동단체에 그들의 그래픽아트를 기증했다. 또한 1987년 초반에 DAGMAR은 AIDS 위기에 대한 호전적인 대응전략을 세우기 시작했다. 그들은 후에 ACT UP 시카고 지부가 되었다. 심지어 주류 레즈비언과 게이 단체들조차도 더욱 대결적인 정치를 요구했다. 체제지향적 단체인 인권운동기금Human Rights Campaign Fund(레즈비언과 게이 정치 활동위원회)의 의장 듀크 콤지스Duke Comegys는 게이건강회의에서 연설하면서, "나는 개인적으로 내 생명과 내 가족 그리고 친구들의 생명을 구하기 위해 감옥에 갈 각오가 되어 있다. 나는 더 이상 어떠한 죽음도 받아들일 수 없다"라고 역설했을 때, 기립박수를 받았다.

왜 하드윅 판결 — 맥아담(McAdam, 1982)을 따라 우리는 그것을 정치적 기회의 위축으로 간주할 것이다 — 이 그러한 레즈비언과 게이 남성의 호전적인 대응을 불러일으켰는가? 그리고 왜 그 판결은 레즈비언과 게이 남성들이 호전적 AIDS 행동주의를 채택하도록 자극했는가? 수년간 레즈비언과 게이 남성들은 징벌적인 AIDS 입법, 불충분한 AIDS 기금, 문신의 요구, AIDS 환자의 격리 등으로 인해 고통받아왔다. 그것에 대응하여 그들은 강하게 비판했고 로비를 벌였으며 촛불철야집회를 열었고 때때로 저항했다. 그러나 하드윅 판결 이후 레즈비언과 게이의 호전성은 훨씬 더 두드러졌고 확산되었고 지속되었다. 우리는 하드윅 판결에 대한 대응에 관한 한 가지 설명을 재스퍼(Jasper, 1997)의 '도덕적 충격'이라는 개념에서 찾아볼 수 있다. 하드윅 판결은, 특히 평등은 이 땅의 원칙이라는 미국 민주주의선언을 믿고 있던 레즈비언과 게이 남성들에게 **예기치 않은 언어도단의** 법적 판결로 다가왔다. 레즈비언과 게이 남성의 기본권을 부정하는 그 판결은 그들을 아웃사이더의 지위와 비교하며, 미국이 '동성애자들'을 제외한 모든 사람들을 위한 정의의 땅으로 재개념화하도록 강요했다. AIDS에 대한 정부의 부적절한 대응과 더불어, 그 판결은 레즈비언과 게이 공동체의 많은 성원들, 그중에서 특히 백인 남성 중간계급의 성원들이 느끼는 주류사회에 대한 소속의식과 시민의 권리와 특권에 대한 자격의식을 깨뜨렸다. 그들은 자신들의 권리가 너무나도 철저하게 파기되었다는 것에 새롭게 분개했다. 재스퍼가 주장하듯이, 도덕적 충격은 "사람들이 자신들의 기본 가치에 관해 그리고 세계가 그들과 갈라지는 방식에 대해 생각하게끔 하고"(Jasper, 1997: 106), 또한 그러한 사람들이 정치적 행동주의로 나아가게 할 수 있다. 하지만 두 가지 절박한 질문들이 대답되지 않은 채 남아 있다. 첫째, 수많은 모욕과 관련한 과거의 경험들을 감안할 때, 왜 레즈비언과 게이 남성들은 하드윅 판결을 도덕적 충격으로 경험했는가? 둘째, 왜 그들은 호전적 행동주의로 대응했는가? 재스퍼가 기술하듯이, "도덕적 충격에 대한 반응은 매우 다르다. 대부분의 경우에 대부분의 사람들은 그들 스스로 불쾌한 변화에 체념하고"(Jasper, 1997: 106), 심지어 그러한 충격에도 불구하고 호전적인 행동주의를 채택하지 않는다.

레즈비언과 게이 남성들의 하드윅 판결에 대한 경험과 그것에 대한 정치적 대응을 이해하기 위해서는, 우리는 그러한 판결이 내려진 맥락은 물론 레즈비언과 게이의 그러한 상황에 대한 이해에서 파생되는 동시에 강화되는, 이미 변화하고 있는 감정문화를 고찰해야만 한다. 1986년 중반까지 레즈비언과 게이 남성들은 무섭고 파괴적인 사회적·정치적·건강상 위기에 직면하고 있었다. 하드윅 판결은 AIDS 유행 5년 뒤에 내려졌다. 그 당시는 질병관리본부Centers for Disease Control: CDC에 보고된 AIDS 환자수가 3만 명을 넘어섰고, 그들 중 절반 이상이 이미 사망한 시점이었다(CDC, 1997: 14). 레이건 대통령은 여전히 공개적으로 'AIDS'라는 단어를 사용할 수밖에 없었다. AIDS

바이러스 양성판정을 받은 사람들을 격리시키자는 린든 라로쉬Lyndon LaRouche
의 발의는 당시에 캘리포니아주 주민투표에 상정하는 데 필요한 서명자 수數
인 39만 4,000명을 훨씬 넘는 사람들의 서명을 받았고, 다른 주州의 입법부도
점점 더 유사한 법을 검토하는 중이었다(Freiberg, 1986c: 10; Fall, 1986: 9). 억
압적 입법, 정부의 태만, 끝없이 늘어가고 있는 AIDS 사망자 속에서, 국가의
최고위 관리들이 내린 하드윅 판결은 레즈비언과 게이 남성들에게 충격을
주어, 그들로 하여금 정부가 보증하고 사회적으로 재가 받은 동성애 혐오가
지닌 생명위협적 속성을 더욱 인식하게 했다. 내가 주장해왔듯이, 하드윅 판
결 이전에도 레즈비언과 게이 남성들은 정부에 대해 점점 더 화를 느끼고
있었다. 하지만 그 당시에 레즈비언과 게이 공동체를 지배하던 감정문화는
아주 점차적으로 변화하고 있었다. 하드윅 판결은 그 변화속도를 매우 빠르
게 만들며, AIDS가 유행한 첫 몇 년 동안 레즈비언과 게이 공동체 속에 널리
퍼져 있던 양가감정과 그것이 수반한 일단의 감정들에 대한 이전의 '해결책'
을 산산이 부수었다. 그 판결은 자신과 사회에 관한 레즈비언과 게이 남성들
의 감정을 근본적으로 변화시키며, 그들의 감정규범과 감정규칙의 변화를
가속화시켰고, 레즈비언과 게이의 양가감정에 대해 새로운 '해결책'을 제시
하게 했다. 이 모두는 AIDS 위기에 대한 새로운 이해를 자극하고 호전적 행
동주의를 촉구했다. 왜 하드윅 판결이 레즈비언과 게이 남성들이 호전적
AIDS 행동주의를 채택하도록 고무했는지에 대해 이해하기 위해서는 그 판
결의 감정적 효과를 탐구할 필요가 있다.

우선, 하드윅 판결은 증가하는 사망자 수, 정부의 태만, 그리고 AIDS 위기
에 대한 징벌적 처리의 결과로 이미 발생하기 시작한 레즈비언과 게이 공동
체의 감정문화의 변화를 증폭시켰다. 일단의 새로운 감정들이 하드윅 판결
이후 레즈비언과 게이 운동가들의 문건과 신문에서 분명하게 드러난다. 자
격박탈의식에서 발생한 분노가 빈번하게 표현되던 자존심을 보완하면서 분

명하게 분출되었고, 정부에 대한 화와 적의가 점점 더 분명히 표출되었다. 레즈비언과 게이의 비행위의 결과에 관한 공포 또한 고양되었다. 수치심, 공동체의 자조에 대한 자부심, 사회적 거부에 대한 공포, 그리고 죽음과 정부의 태만에도 아랑곳하지 않는 차분한 기품과 같은 감정 ㅡ이전에 공동체에 기초한 서비스 제공, 자원봉사활동, 촛불시위, 로비활동을 지배하고 고무해왔던ㅡ은 좀처럼 이 기간 동안 유도되거나 표출되지 않았다. 현재의 규범적 감정문화는 자신과 사회에 대한 일단의 새로운 감정들ㅡ즉 레즈비언과 게이의 양가감정에 대한 새로운 '해결책'ㅡ을 제공했고, 그것들은 1970년대 중반 이후 레즈비언과 게이 정치를 지배해왔던 투쟁정신을 고무하고, 정치적 절제와 적응이라는 정통적 신념을 심각하게 뒤흔들어 놓았다.

하드윅 판결은 비록 AIDS에 대한 직접적 판결은 아니었지만 진행 중이었던 AIDS 유행을 강조하고 그것에 새로운 의미를 부여했다. 즉 그것은 이전에 다소 정리되지 않았던 AIDS 유행에 대한 감정과 그것에 대한 해석을 구체화하고 강화시켰다. 하드윅 판결은 하나의 부류의 사람들 전체를 헌법적 보호로부터 배제하려는 국가의 의지, 심지어는 열망을 드러냄으로써, AIDS에 대한 정부의 대응에 관한 더욱 정치화된 분석을 고무했고, 그것은 AIDS의 유행을 연속되는 개인의 죽음으로 축소하고 슬픔의 감정을 고립화시키는 것을 점점 더 어렵게 만들었다. 그 판결에 앞서 다수의 레즈비언과 게이 남성들은 AIDS 위기에 대한 정부의 대응이 게이 남성들을 희생시켜도 좋은 것으로 간주하고 있다는 증거라고 주장하기 시작했었다. 이 땅의 최고법원이 이제 일군의 시민들의 사생활 권리를 부정하는 동성애 혐오를 기꺼이 정당화하는 때에, 누가 지금 AIDS 바이러스 양성자들을 격리시켜서는 안 된다고 말할 수 있겠는가? 만약 국가와 사회가 동성애(그리하여 동성애적 삶)를 범죄로 간주한다면, 사람들은 분명 동성애자의 죽음에 대해 갑자기 관심을 가지게 되지 않을 것이다. 하드윅 판결 이후, 나치대학살을 상기시키며 정부가 의도적으로 관심을 보이지 않음으로써 대량학살을 방치했다고 비난하는 AIDS 프레이밍은 더욱 반향을 불러일으키게 되었다. 레즈비언과 게이 남성들의 증대하는 공포, 슬픔, 화는 AIDS를 대량학살로 보는 해석을 뒷받침했고, 동시에 이 새로운 종말론적 프레이밍은 바로 그러한 감정들을 증폭시켰다.

레즈비언과 게이 남성들은 하드윅 판결을 도덕적 충격으로 경험했다. 왜냐하면 대다수 사람들의 견해가 노골적으로 동성애 혐오를 정당화하는 것과 함께 이미 끔찍한 위기의 와중에서 발생한 그러한 판결의 내용 자체가 동성애자의 배제와 억압의 윤곽과 정도를 적나라하고 분명하게 드러냈기 때문이었다. 하드윅 판결은 호전성을 고무했다. 왜냐하면 점점 더 파괴적인 AIDS의 유행 상황에서 나온 그 판결은 레즈비언과 게이 남성들이 그들 자신, 주류사회, AIDS 위기에 대해 사고하고 느끼는 방식에 깊은 영향을 미쳤기 때문이다. 그러한 사건들은 전국의 레즈비언과 게이 공동체 내에 널리 퍼져 있던 감정문화와 레즈비언과 게이의 양가감정 모두에서 현저한 변화를 불러일으켰다. 동시에 그러한 사건들은 레즈비언과 게이 남성들 사이에서 어떤 종류의 정치가 받아들일 수 있고 가능하고 필요한지와 관련하여 오랫동안 확립되어온 견해를 변화시켰다. 이러한 모든 이유들 때문에, 하드윅 판결은 호전적인 AIDS 행동주의운동에 결정적인 불꽃을 제공하면서, 레즈비언과 게이 정치의 경로를 바꾸었다. 하드윅 판결에서 초래된 정치적 기회의 위축은 정치적 기회 모델이 예측하는 것처럼 정치행위를 억제하기보다는 오히려 레즈비언과 게이 남성이 거리에 나서도록 고무했다.

레즈비언과 게이 남성들의 하드윅 판결에 대한 대응과 관련하여 필연적인 것은 아무것도 없고, 또 하드윅 판결과 호전적 AIDS 행동주의의 출현 간에 어떠한 필연적인 관계도 없다는 것은 분명하다. 왜 하드윅 판결이 동성애에 대한 수치심보다도 국가와 사회에 대한 레즈비언과 게이의 화를 증폭시켰는지 그리고 왜 그것이 더 많은 로비활동이나 절망에서 기인한 무기력성을 조장하기보다 대결정치를 고무했는지를 이해하기 위해서는, 우리는 그 판결이 일어날 당시에 레즈비언과 게이 남성들이 경험하고 있던 변화하는 감정과 정치적 주체성의 맥락을 고찰할 필요가 있다. 앞서 지적했듯이, 대법원 판결은 널리 퍼져 있던 레즈비언과 게이의 감정문화가 5년에 걸쳐 발생된 또 다른 더 점진적인 과정과 사건들—환자와 사망자의 꾸준한 (하지만 물론 놀랄 만한) 증가, 정부의 무조치, 그리고 억압적 입법—의 결과 이미 변화하고 있던 순간에 공표되었다. 마찬가지로 더 호전적인 AIDS 행동주의 그룹이 게이 목욕탕 폐쇄, 매체에서 증가하고 있는 AIDS 히스테리, 정부의 무조치에 저항하기 위해 이미 서서히 출현하기 시작하고 있었다. 하드윅 판결이 당시에 그러한 영향을 미쳤던 까닭은 그것이 정부에 대한 화를 점점 더 분명히 느끼고 표현하던 순간에 발생했고, 일부 레즈비언과 게이 남성들이 그들의 화를 더 호전적인 정치로 끌어들이기 시작했기 때문이다. 그 판결이 **수치심**보다는 **분노**를 동원할 수 있게 한 까닭은 레즈비언과 게이 공동체들이 AIDS에 대한 대응과 관련하여 자부심을 유도하고 그것의 표현을 꾀하던 시기가 이미 자신에 대한 레즈비언과 게이의 양가감정을 변화시켰기 때문이었다. 즉 수치심은 (비록 전적으로 또는 영구히는 아니지만) 침잠되고 있었고, 사람들은 공동체의 성원으로 외로이 그러한 위기에 대응하고 있다는 것을 자랑스럽게 느끼고 있었다. 그리고 시민의 권리와 특권에 관한 자격의식이 실제로 동원될 수 있었다. 이러한 상황에서 대법원 판결의 극단적이고 노골적인 동성애 혐오는 그간 레즈비언과 게이를 지배해왔던 감정문화의 변화를 촉진시켰다. 화와 분노는 더 이상 쉽사리 가라앉지 않았고, 그와는 반대로 빠르게 규범적인 것이 되어, 수치심, 사회적 거부의 공포, 그리고 죽음도 아랑곳하지 않던 금욕주의를 대체했다. 이러한 변화하는 감정문화는 레즈비언과 게이의 양가감정—자존심, 자기애, 게이라는 것에 대한 자부심과 사회에 대한 분노, 화, 적의를 결합하고 있는—에 대해 새로운 '해결책'을 제시했다. 이러한 일군의 새로운 감정들이 호전적인 AIDS 행동주의 쪽으로 방향을 선회하게 했다.

　호전성으로의 전환이 선형적으로 일어난 것은 아니었다. 즉 절제에서 벗어나 대항적 수사와 전술로 나아가는 하나의 한결같은 단일한 움직임이 있었던 것은 아니었다. 그와는 반대로 호전적인 AIDS 행동주의가 출현하기 직전에 동요가 계속되고 있었다. 이를테면 대법원 판결 직후에, 호전적인 대항적 정치에 대한 양가감정이 뚜렷하게 드러났었다. 하드윅 판결이 공표된 날 밤에, 뉴욕의 레즈비언과 게이 지도부는 거리의 연좌농성을 30분 후에 끝내기 위해 노력했다. 오랜 정치운동가인 맥신 울프Maxine Wolfe는 게이레즈비언 비방반대동맹Gay and Lesbian Alliance Against Defamation: GLAAD(옛 GLADL) 회원들이 "호전성과 거리에서 화를 표출하는 것에 당황해하고" 사람들을 "집으로 돌려보내"고자 노력했음을 상기했다(Wolfe, 1993). 하지만 분위기는 분명 이전 10년 동안 진행되어왔던 것보다 더 대결적이었다. 저항자들은 해산하라는 요구를 무시하고, 그 대신에 거의 네 시간 동안 계속해서 교통을 방해했다(Freiberg, 1986b). 그 후 여러 달 동안 레즈비언과 게이 남성들은 점점 더 호전적인 AIDS 행동주의를 채택했다.

결론: 감정과 ACT UP의 출현

　감정은 호전적인 AIDS 행동주의 출현에 결정적인 역할을 했다. 정치적 기회의 위축은 보다 대항적인 감정을 구체화하고 레즈비언과 게이 공동체에 널리 퍼져 있던 감정문화의 형태를 바꾸는 데 일조하며, 동성애와 주류사회에 대한 레즈비언과 게이의 양가감정에 대한 새로운 '해결책'을 고무했다. 사회적 거부 또는 동성애에 대한 수치심에 의해 덜 억제되게 된 수천 명의 레즈비언과 게이 남성들은 이제 더 이상 자신들의 분노와 화를 가라앉히는 대신에, 그러한 감정을 정부, 과학-의료기관, 매체, 전체 사회로 돌렸다. 이전에는 레즈비언과 게이의 감정문화와 그들의 양가감정을 관리하려는 노력들 모두가 주류사회에 대한 적응을 강화해왔지만, 현재 그것들 모두는 여전히 서로를 지지하면서, 격렬한 대결적 AIDS 행동주의를 고무한다.

하드윅 판결의 결과, 정부조처에 대한 레즈비언과 게이 공동체의 차분하고 이성에 의거한 호소는 점점 더 정부의 징벌적이고 태만한 대응과 레즈비언과 게이 남성들의 공포, 커져가는 슬픔과 화와는 맞지 않는 것으로 여겨지게 되었다. 많은 사람들에게 질병과 죽음, 정부의 무조치, 레즈비언과 게이의 섹슈얼리티에 대한 공격, 전문가와 정치인들의 안이한 격리 요구는 더 이상 추상적인 현상으로 평가될 수 없었다. 많은 레즈비언과 게이 남성들 사이에서 그들의 일상이, 그리고 점점 증가하는 사람들에게서 그들의 삶 자체가 위태로워졌다는 의식이 증가했다. 감정을 육화된 사고embodied thought로 보는 로살도(Rosaldo, 1984)의 견해에 따르면, 레즈비언과 게이 남성들이 직면한 위기는 현재 심각하게 **느껴지고** 있었다. 점점 더 레즈비언과 게이 남성들은 AIDS 위기가 '나에게' 영향을 미치고 있다는 점을 인식할 수밖에 없었다. 점점 더 많은 공격을 받으면서, 그 공동체의 곤경의 기품 있는 수용과 내부로 지향되었던 자부심은 민주주의의 작동에 대한 고통스러운 환멸, 자격박탈의식, 그리고 화로 전화되었다.

물론 자신과 사회에 대한 상반되는 감정이 존속하고 있지만, 긴박한 위기 상황과 레즈비언과 게이 조직들에 의한 기존의 로비 노력의 무기력이 환기시킨 새로운 규범적인 대결적 감정의 만연한 표출은 그러한 양가감정에 대한 새로운 '해결책'을 고무하고 레즈비언과 게이의 정치를 적응에서 대결로 변화시켰다. 운동가들은 많은 레즈비언과 게이 남성들이 느낀 슬픔, 공포, 분노, 화를 이용하여 강력하고 호전적인 집합행위 프레임을 분명하게 표방했고, 이것은 다시 이전에 '추방했던' 감정을 정당화했다(Jaggar, 1989). 운동가들은 AIDS가 계획적 대량학살—제도화된 동성애 혐오가 유발한 악화되고 있는 대학살—이었다고 주장했다. 정부는 계속해서 '남성 동성애자'들을 희생시켜도 좋은 사람으로 간주하고, 따라서 여전히 일상적인 정치적 노력들에 대해 반응을 보이지 않았다. 공동체의 비행위에 따른 대가—더 많은 죽음과 중대하는 국가의 억압—는 받아들이기 어려울 정도로 컸다. 따라서 호전적인 집합행위에 대한 필사적인 욕구가 발생했다. '침묵=죽음'이라는 등식은 전투 준비를 명령하는 것이었다. 다수의 레즈비언과 게이 남성들이 응답했고, 표면적으로는 이제 더 이상 사회적 거부의 공포 또는 동성애에 대한 수치심으로 인해 자제하지 않았다. 긴박한 상황은 현재의 규범적인 대항감정을 분명하게 표출하는 것은 물론 레즈비언과 게이의 양가감정에 대한 새로운 '해결책'을 고무했다. 동시에 이들 요인은 그들 자신과 그들의 상황에 대한 사람들의 해석에 강력하게 영향을 미쳤고, 호전적인 행위명령을 따르게 했다.

결론적으로, 나는 ACT UP 출현에 대한 나의 분석이 어떻게 사회운동에 관한 우리의 연구를 보다 일반적으로 지원할 수 있는지를 제시하고자 한다. 첫째, 주변화된 집단들이 강렬한 양가감정을 극복하는 과정에서 감정과 감정표현이 수행한 역할에 대한 탐구는, 정치적 기회가 극히 적은 상황에서, 그리고 어쩌면 심지어 그러한 상황에 대한 대응 속에서 운동이 왜 그리고 어떻게 출현할 수 있는지를 설명하는 데 도움을 준다. 둘째로, 나의 분석은 덜 목적의식적인 활동뿐만 아니라 프레이밍을 포함한 해석과정에서 감정과 그것의 표출이 수행하는 중요한 역할을 제시한다. 학자들은 프레이밍 활동이 운동의 출현과 전개에서 수행하는 중요한 역할을 지적하지만, 그들의 설명은 전형적으로 프레이밍의 감정적 요소보다는 인지적 요소를 강조한다. 게다가 학자들은 프레이밍을 전략적인 목적의식적 활동으로 정의하는 까닭에 그것을 더 광범위하고 덜 의도적인 해석과정과 결부시키지 못하는 경향이 있다. 어쩌면 그들의 인지적 편견 때문에, 그리고 그들이 전략적 행동을 강조함으로써, 프레임 반향에 관한 중요한 질문은 자주 대답되지 않은 채로 남아 있는 것으로 보인다. 현재의 프레이밍 개념화는 완전히 의식적이거나 목적의식적이지 않은 과정뿐만 아니라 의식적인 전략적 사고를 포함하는 해석과정에 대한 고찰까지도 놓치고 있는 것으로 보인다. 그것들 모두는 항상 감정으로 가득 차 있다. 우리는 사람들이 어떻게 그들 자신, 그들의 상황, 그들의 정치적 선택을 이해하는지를 고찰하고, 그런 다음에 감정으로 가득 찬 그러한 이해가 어떻게 그들의 정치적 행위에 영향을 미치는지를 탐구할 필요가 있다. 우리가 그러한 모든 과정들을 무시하거나 그것들을 전략적인 목적의식적 활동 속으로 포섭시킬 경우, 우리는 인간이 수행하는 복잡한 해석작업을 단순화하는 위험에 처할 것이고, 또 우리는 왜 사람들이 때때로 자신들의 일상적 삶을 중단하고 거리로 나서는지를 이해하는 데 일조할 수 있는 질문들을 간과하게 될 것이다.

셋째로, 나의 분석은 사회운동연구에 대안적 탐구노선을 제시한다. 학자들이 합리성과 인지를 과도하게 강조하고 감정과 감정성을 무시함으로써 운동과 관련하여 던질 수 있는 질문들이 제한되는 경향이 있다. 우리가 연구하고 있는 주제에 대해 잠시 생각해보면, 문헌의 치우침은 놀랄 정도이다. 저항, 파업, 연좌농성 등은 때때로 일군의 사람들을 강렬하고 극적이고 활력을 북돋우는 때로는 위험하고 가끔은 모험적인 활동에 끌어들인다. 게다가 운동 참여자들을 동원하는 쟁점들은 대개 매우 감정에 휩싸여 있다. 운동의 실체에 대한 어떤 피상적 고찰도 모든 운동과정에서 감정이 갖는 중요성을 지적하고 있다. 감정에 분석적으로 초점을 맞추는 것은 새로운 질문들을 제기하고, 이미 그 분야를 지배하고 있는 문제들을 변화시킨다. 문화주의자들이 기회, 자원 및 여타 구조적 개념들이 해석되는 방식에 대한 탐구의 필요성을 주장해온 것처럼, 우리는 또한 이제 해석 그 자체를 포함하여 감정적 원인과 그러한 요소들의 영향에 대해 탐구할 필요가 있음을 인식해야만 한다. 이전에는 제기되지 않았던 다음과 같은 새로운 질문들 또한 제기되고 있다. 즉 감정이 어떻게 저항을 불러일으키는가? 공동체의 감정규칙과 감정규범이 어떻게 저항을 고무하거나 억제하는가? 그리고 반대로 저항이 어떻게 공동체의 감정규칙과 감정규범에 영향을 미치는가? 사람들은 언제 기꺼이 감정과 그것의 표현규칙에 도전하는가? 미국식의 합리성의 특권화가 사회운동의 생애에 어떻게 영향을 미치는가? 운동은 그러한 합리성의 평가에 어떻게 도전하고(거나) 지지하는가? 감정은 운동의 지식생산과 해석작업에서 어떠한 역할을 수행하는가? 사회운동은 합리성과 객관성의 헤게모니에 도전하는 이해와 앎의 방식을 정당화하는 투쟁에 어떤 식으로 관여하는가? 감정은 운동 참가자들의 주체성과 정체성에 어떻게 영향을 미치는가?

우리는 레즈비언과 게이 남성들이 AIDS 유행을 이해하고 그것에 대항하고 그것과 싸우기 위해 다른 사람들을 동원하고자 했을 때 감정과 그것의 표출이 수행한 역할을 탐구하지 않고는 ACT UP의 출현을 이해할 수 없다. 감정에 대한 관심은 전부는 아닐지라도 대부분의 다른 운동들에 대한 이해를 향상시킬 수 있을 것이다.

9

도덕적 분개의 사회적 구조와 충원

미국 중앙아메리카 평화운동의 경우

샤론 에릭슨 넵스테드·크리스천 스미스

집합행동의 '고전적' 모델은 사회운동 저항자들을 선동가들의 행위조작에 매우 쉽게 영향받는 소외된 비합리적 불평분자들로 부당하게 묘사했다. 그에 대한 반발로, 현재의 지배적 모델—그중에서도 특히, 자원동원과 정치과정 관점—의 지지자들은 구조적 요소와 운동가의 합리성을 강조해왔다. 하지만 고전적 전통 내에서 비합리적 감정의 지나친 강조는 주요 구조적 이론가들이 모든 감정을 비논리적이고 비생산적이라고 보는 데까지 진자를 한쪽으로 너무 밀고 나가게 만들었다. 따라서 감정에 대한 분석은 사실상 집합행동에 관한 당대의 연구에서 존재하지 않았다. 사회운동에서 감정이 수행하는 역할에 관한 대부분의 사고는 그릇되게 이분법적이었다. 운동의 충원은 두 개의 범주, 즉 논리적 범주와 감정적 범주 중 하나로 깔끔하게 떨어지지 않는다. 대체로 그것은 두 범주 모두에 속해 있다. 이 장에서 우리는 도덕적 분개가 중앙아메리카에서 자행된 인권침해와 잔혹행위정보에 대한 논리적인 감정적 반응이었다고 제안한다. 우리는 구조적 요소들이 누가 그러한 도덕적 분개의 토대를 형성한 믿을 만한 정보의 원천에 접근했는지를 판단하는 데 중요했다고 지적한다. 하지만 그러한 정보가 모든 미국 시민들에게서 유사한 감정적 반응을 이끌어내지는 않았다. 사람들이 가지고 있는 가치와 정체성이 정보가 지각되는 방식과 그러한 상황에 대한 반응에 중요성을 부여하는 정도를 틀 짓는다(Harré, 1986; Jasper, 1998). 따라서 감정적 반응은 정보, 문화, 조직적·관계적 결속, 그리고 정체성의 상호작용과정의 결과로 인식되어야만 한다(Duncombe and Marsden, 1993; Ellis, 1991; Hochschild, 1983).

도덕적 분개는 1980년대 중앙아메리카 평화운동의 추동력이었다. 이 운동은 니카라과, 엘살바도르, 과테말라에서 발생한 내전에 대한 반응으로 출현했다. 수천 명의 북아메리카인들이 이들 나라에 대한 미국의 정치적·군사적 개입을 줄이고 중앙아메리카 빈민들의 정당한 사회질서투쟁에 연대하기 위해 조직화되었다. 이 운동 내의 몇몇 캠페인들은 폭력을 저지하기 위해 니카라과의 전쟁지역 답사하기(Nepstad and Smith, 1999), 중앙아메리카 난민들을 미국 내에서 불법적으로 숨겨주기(Crittenden, 1988; Lorentzen, 1991), 시민불복종 대중캠페인(Hannon, 1991; Smith, 1996a)을 비롯한 고위험·고비용 행위들을 포함하고 있었다. 이러한 행위들은 징역형, 상해, 심지어 죽음까지도 초래할 수 있었다. 개인들이 운동목적에 대한 열정적 헌신 없이 그들 스스로 그러한 고위험행위에 참여할 것으로 생각하기 어렵다. '인지적 해방'(McAdam, 1982)과 '프레임 정렬'(Snow et al., 1986)과 같은 사회심리학적 개념들을 통합시킴으로써 매우 구조적인 접근방식들을 수정하려는 노력들이 있어왔지만, 그러한 노력들은 대부분 여전히 사변적인 채로 남아 있고, 고위험행위를 수행하는 데 필요한 감정적 헌신을 적절히 설명하지 못한다(Smith, 1991: 245, n. 12). 전쟁지역을 답사하고자 하는 지적인 결정은 틀림없이 일련의 감정을 수반한다.

그렇다면 어떻게 북아메리카인들이 중앙아메리카의 상황에 대해 정확하게 알게 되었는가? 그들에게 행위하지 않을 수 없게 만든 감정적 확신을 가장 발전시켰을 것 같은 사람은 누구인가? 우리는 조사자료와 중앙아메리카 평화운동가들과의 심층 인터뷰에 기초하여, 미국 종교단체가 중앙아메리카에 대한 미국의 개입에 대해 분노를 유발한 정보에 구조적으로 접근해왔다고 주장한다. 미국 종교단체들은 또한 그 성원들이 중앙아메리카인들과 개인적으로 접촉할 수 있는 가능성을 증대시킨 네트워크 유대를 가지고 있었다. 마지막으로, 종교적 가르침과 신학적 전통들이 사회정의와 평화에의 헌신을 강조하는 기독교 정체성을 형성하는 데 일조했다. 그리하여 신자들은 중앙아메리카의 상황에 대한 정보를 접하고, 관계적 유대를 통해 그것과 개인적으로 연결되고, 자신들이 기독교도인 탓에 어떤 반응은 피할 수 없는 것이라고 믿고, 인권침해는 도덕적 규범에 대한 참을 수 없는 침해라고 생각할 가능성이 컸다.[1] 이 모든 요인들이 합쳐져서 도덕적 분개를 산출했다.

인지적 접근성

중앙아메리카의 전쟁들은 미국에서 수천마일 떨어진 곳에서 벌어지고 있었다. 그리고 냉전이 최고조에 달해 있던 동안에 국가적 관심은 소련과 동유럽에 초점이 맞춰져 있었다. 따라서 1980년대 이전에 대부분의 미국인들은

---

1 '신자'라는 용어가 미국의 모든 기독교인들이 중앙아메리카에 대한 백악관의 정책에 대해 동일한 반응을 보여왔다는 것을 의미하지는 않는다는 점을 지적할 필요가 있다. 기독교 우파 내의 많은 사람들은 레이건 정부를 강력하게 지지했다. 우리는 '신자'라는 표현을 미국 기독교와 유대교의 진보진영 모두를 표현하기 위해 사용한다. 그럼에도 불구하고 우리는 보수적 전통을 지닌 많은 개인들이 비록 그들이 이전에는 정치적으로 활동하지 않았더라도, 그러한 운동에 참여해왔다고 지적하고자 한다.

중앙아메리카에 대해 거의 알지 못하고 있었다. 어떤 상황에 대한 도덕적 분개가 일어나기 위한 전제조건 중의 하나는 그것에 관한 정보를 입수하는 것이다. 달리 말해 개인은 스미스(Smith, 1996a: 166)가 "규범위반에 관한 정보를 폭로할 수 있는 조직적·관계적인 위치에 있기"라고 정의한 '인지적 접근성'을 가지고 있어야만 한다. 그렇다면 어떻게 미국 종교단체는 니카라과, 엘살바도르, 과테말라 상황에 관한 믿을 수 있는 상세한 지식을 입수할 수 있는 위치를 차지하고 있었는가? 그 정보는 중앙아메리카에서 사역해왔던 북아메리카 선교사들로부터 나왔다.

1960년대 이전에는 단지 소수의 북아메리카 선교사들만이 중앙아메리카에서 사역했다(Connors, 1973). 이것은 로마 가톨릭교회가 다수의 중요한 개혁안을 발의했던 제2차 바티칸공의회(1962~1965년) 이후 극적으로 변화했다. 개혁안 중 하나는 사제의 부족과 주로 사립학교 내에서 엘리트를 위해 봉사해왔던 성직자들의 전통 때문에 그간 소홀히 대해온 라틴아메리카의 빈민대중을 되찾는 것을 목표로 했다. 그들을 제도교회 내로 되돌려 놓는 것을 돕기 위해, 로마 교황청은 북아메리카와 유럽 교회 봉사자들의 6%를 라틴아메리카로 보낼 것을 명령했다. 가톨릭교회의 증대된 선교활동은 또한 프로테스탄트 활동에 활기를 띠게 했다. 그 결과 1959년부터 레이건 정부가 시작될 때까지 어림잡아 3,900명의 북아메리카 선교사들이 중앙아메리카에서 봉사했다(Smith, 1996a: 141). 이러한 교회의 개입은 엘살바도르 반란과 내전, 과테말라의 군사독재정권 수립, 그리고 결국에는 소모사정권을 무너뜨린 산디니스타 혁명운동 이전 시기 및 그 시기와 정확하게 상응했다.

방대한 수의 이들 선교사는 빈민과 함께 살며 봉사하기 위해 파견되었다. 그들은 빈민의 고통과 압제를 직접 목격하기 시작했다. 교회 봉사자들은 중앙아메리카인들과 개인적 유대를 쌓았고, 왜 미국이 그렇게 많은 고통과 폭력을 일으키는 체제를 지지하는지에 대해 문제를 제기하기 시작했다. 나중에 운동의 핵심 지도자가 된 한 전직 선교사는 자신의 경험을 다음과 같이 회고했다.

> 나는 사람들이 말 그대로 금 벽돌을 그 도시 밖으로 나르는 니카라과의 금광 도시에서 살았습니다. 나는 광부들 및 그들의 자녀와 함께 일했습니다. 광산을 소유하고 있는 사람들─캐나다인들과 미국인들─은 야자나무와 수영장이 있는 언덕 위의 집에서 살았고, 광산에서 일하는 사람들은 그 갱 아래에서 살았습니다. 나는 아이들이 주로 홍역과 영양실조로 죽는 것을 보았습니다. 그리고 나는 무슨 일이 벌어지고 있는지 의문을 갖기 시작했습니다. 광부들은 조직화를 시도했지만, 광산회사는 국가보안대를 불렀습니다. 따라서 나는 무언가가 정말로 잘못되었다는 것을 알게 되었습니다. 그것은 어쩌면 당신이 혹 접할 수 있었던 착취 …… 중 가장 최악의 사례 중 하나였을 겁니다. 내가 니카라과를 떠날 때쯤, 나는 미국 정책에 무언가 잘못된 점이 있다는 것을 분명하게 깨닫게 되었습니다.[2]

많은 선교사들은 이러한 경험들을 가지고 미국으로 돌아와 모국 신도들에게 중앙아메리카의 상황을 일깨웠다. 그 결과 그러한 지역에 있는 기독교 단체들 간에 연대가 이루어졌다. 선교사들의 사역은 두 가지 중요한 결과를 낳았다. (1) 그것은 니카라과, 과테말라, 엘살바도르 사람들과 동료 기독교인으로서의 개인적 일체감을 확립했다. 그리고 (2) 그것은 종교단체가 중앙아프리카의 상황을 받아들이고 그것에 관심을 갖게 했다. 한 운동가는 이러

---

2 이 인용문은 우리 둘이 중앙아메리카 운동가들과 근 60회에 걸쳐 심층 인터뷰한 자료로부터 따온 것이다. 우리의 방법론에 관한 더 자세한 정보는 스미스(Smith, 1996a)와 넵스테드(Nepstad, 1996)를 참조하라.

한 선교사들의 영향을 다음과 같이 요약했다.

중앙아메리카에서 주로 선교사로서 봉사해온 북아메리카인 단체가 있었습니다. 그리고 그들은 어느 북아메리카인 만큼이나 중앙아메리카를 사랑하고 이해할 수 있을 정도로 성장했습니다. 그들은 중앙아메리카에 대한 사람들의 관심을 끌기 위해 항상 노력하는 후원자로서의 역할을 다했습니다. 그들의 사역은 몇 십 년 동안 기반을 마련하는 데 일조했습니다. 1970년대와 1980년대에 그곳에 사태가 발생하기 시작했을 때, 그들은 특히 종교단체에 중요한 자원이 되었습니다.

종교단체가 중앙아메리카 사태에 민감하게 된 것뿐만 아니라 1980년대에 일단 미국의 개입이 국가적 쟁점이 되자, 신자들은 이들 선교사들을 통해 대안적 정보에 접근할 수 있게 되었다.

중앙아메리카인들과의 개인적 만남

미국 종교단체가 이용할 수 있는 정보의 원천은 선교사들뿐이 아니었다. 그러한 내전이 지속되고 격렬해짐에 따라, 무수한 사람들이 그들의 고향에서 도망쳤고, 수많은 사람들이 미국을 피난처로 삼았다. 1979년에서 1982년 사이에 50만 명의 엘살바도르 사람들이 정치적 폭력을 피해 그 나라를 떠나 북아메리카로 왔다. 1982년쯤에는 니카라과 주민의 약 10%가 혁명과 반정부 우파 게릴라전쟁을 피해 미국으로 이주했다(Pastor, 1982: 36). 과테말라 내전은 백만 명의 난민―인구의 약 14%―을 낳았다(Jonas, 1991: 164). 이들 난민들이 미국에 도착했을 때, 기독교 단체는 그들에게 반응을 보인 최초의 단체들 중 하나였다.

투손의 몇몇 교회들이 시작한 불법입국자 보호운동이 1982년에 개시되었다. 그때가 바로 엘살바도르와 과테말라 난민들과 함께 일해 온 많은 사람들이, 난민들이 법적 수단을 통해 그들의 안전을 보장받을 수 없다는 것을 알게 된 때였다. 자신의 상처가 고문에 의한 것임을 입증할 수 없고 정치적 압제에 관한 자신들의 이야기를 증명하고 확증할 수 없는 중앙아메리카인들은 더 나은 생활수준을 추구하는 경제난민으로 간주되었기 때문에 정치적 망명을 거부당했다. 하지만 사실은 미국 정부가 그 정권의 압제의 본성을 드러내길 원치 않은 것이었다. 이들 난민들이 그 정권에서 도망친 이유는 미국이 그 정권에 군사적·재정적 지원을 제공하고 있었기 때문이었다. 그 결과 많은 투손 교회들은 그들 교회가 죽음에까지 이를 수 있는 국외추방으로부터 난민들을 보호하기 위한 거룩한 장소임을 선언하면서, 그들과 함께하는 집회를 열 것을 전국적으로 요청하기 시작했다. 1983년 초쯤 45개 이상의 교회와 유대교회들이 이에 응했고, 난민들은 전국으로 이송되었다(Crittenden, 1988; Davidson, 1988).

불법입국자 보호운동은 이들 난민들을 이송하기 위한 하나의 네트워크—'새로운 비밀조직'—를 구축했다. 난민들은 목적지로 이동하면서, 발길을 멈추고 집회를 열어 자신들의 이야기를 전했다. 이러한 접촉은 엄청난 결과를 낳았다. 이들 선교사들의 이야기를 통해 중앙아메리카에 관심을 가지게 된 많은 신자들은 그러한 전쟁을 피해 도망 온 사람들과 갑자기 마주보고 앉게 되었다. 아래의 운동가들이 회고한 것처럼, 그들의 이야기는 북아메리카인들을 감정적으로 그리고 정치적으로 동요시켰다.

나는 처음에는 우리 난민들의 일신상의 위험, 군대의 흉포한 취급, 마을사람들의 광포한 살인, 가족박해 이야기를 믿지 않았어요. 그것은 너무나도 믿을 수 없는 것이었습니다. 결국 나는 그가 진실을 말하고 있다는 것을 깨달았어요. 나는 그러한 경험이 그 남성과 그의 가족에게 초래한 엄청난 피해를 알게 되었습니다. 그것은 매우 혼란스러운 것이었습니다.

과테말라 인디언의 말을 경청하는 것은 사태에 대한 우리의 생각을 크게 바꿔놓았습니다. 미국 정책의 희생자들과 함께 보낸 그 시간들은 그것에 저항해야만 한다는 나의 책무를 강화시켰습니다. 나는 그들을 통해 우리 정부가 괴기한 집단학살행동을 자행하고 있다는 점과 우리가 세금을 통해 그것에 공모하고 있다는 점을 알게 되었습니다.

난민들과의 그러한 대면적 만남을 용이하게 하고 북아메리카 신자들이 중앙 아메리카에서 자행된 잔학행위에 대한 정보를 직접 접할 수 있는 가능성을 증대시킨 것은 미국 종교단체의 네트워크 유대였다.

난민들이 자신들의 이야기를 미국에 알리고 있을 때, 중앙아메리카를 순회하고 있는 미국 시민파견단을 통해 대인접촉 또한 일어나고 있었다. 1980년대 동안 수만 명의 북아메리카인들이 종종 종파단체들의 후원을 받아 니카라과, 엘살바도르, 과테말라를 여행했다. 그 결과는 미국에서 난민들의 이야기가 전해진 뒤 산출된 것과 유사했다. 즉 사람들은 자신들이 목격한 고통과 폭력에 분노했고, 그러한 부정의가 미국 세금에 의해 후원되고 있었다는 사실에 더더욱 분개했다. 한 운동가는 그것이 어떻게 감정적 반발을 불러일으켰는지에 대해 다음과 같이 회고했다.

당신은 빈민에 대한 인정 어린 우려와 미국의 침략에 대한 근심을 안고 니카라과로 떠납니다. 그러나 그곳에 도착했을 때, 당신은 매우 강렬한 세 가지 감정을 경험하게 됩니다. 한 가지는 당신의 조국이 자행한 일을 목격했을 때 당신이 느끼는 죄책감입니다. 두 번째 느끼는 감정은 분개입니다. 당신은 정말로 화가 치밀어 오를 겁니다. 세 번째 감정은 희망입니다. 당신의 희망이 아니라 그들의 희망입니다. 니카라과인들이 새로운 사회를 만들기 위해 투쟁했을 때, 그들의 희망은 정말로 믿기 어려운 것이었습니다. 그리고 미국이 그들을 괴롭히는 것을 그만두게 함으로써 우리가 그들을 도울 수 있다는 생각이 싹텄습니다. 이 세 가지 감정이 합쳐져서 행동주의에 강력한 추진력을 제공했습니다.

이러한 개인적 만남은 두 가지 중요한 결과를 낳았다. 첫째, 미국의 신자들이 선교사들을 통해 간접적인 유대를 맺던 것에서 난민들 및 여행 중에 만난 사람들과 직접적인 관계적 유대를 맺는 것으로 바뀜에 따라 사회적 유대가 강화되었다. 상당수의 경험적 연구들이 행동주의에서 강력한 사회적 유대가 갖는 중요성에 대해 지적해왔다(Barnes and Kaase, 1979; Bolton, 1972; Fernandez and McAdam, 1986; Marwell et al., 1988; Snow et al., 1980; Zurcher and Kirk-patrick, 1976). 최근의 문헌들은 중요한 것은 사회적 유대의 수가 아니라 그러한 유대의 성격과 효과라고 주장해왔다(Gould, 1991, 1993; McAdam and Paulsen, 1997). 더욱 강렬한 관계적 유대는 한 개인의 정체성에 중요한 유대만큼이나 더 큰 영향력을 지녔다(McAdam, 1986, 1988). 중앙아메리카인들과의 관계가 교회를 통해 확립되었기 때문에, 기독교 정체성의 특징으로 인해 그러한 관계들은 상당한 중요성을 부여받았다. 둘째로, 그러한 개인적 만남은 얼굴, 이름, 개인적 이야기를 중앙아메리카의 전쟁과 결부시키게 함으로써, 멀리 떨어진 갈등을 아주 절실한 것으로 만들었다.

부정의의 신체적 잔인성

　미국 종교단체는 중앙아메리카에 관한 정보에 대해 구조적으로 접근할 수 있었다. 그러나 그들이 접한 정보의 유형은 신체적 잔인성과 인권침해에 대한 생생한 묘사를 포함하고 있었다. 미국 전체 주민이 주류 신문의 기사를 통해 그 상황을 다룬 일부 보도에 접근할 수 있었지만, 그들은 미국이 후원한 무력에 의해 자행된 잔학행위에 관해서는 훨씬 덜 듣고 있는 것 같았다. 엘살바도르와 과테말라의 군사정권과 니카라과 반군은 자신들의 군사적·재정적 지원을 위태롭게 할 수도 있는 모든 정보를 숨기는 조치를 취했다. 이러한 군부세력의 수중에서 고통받아온 사람들과 함께 일하고 살아온 북아메리카 선교사들은 이러한 학대에 관한 목격담을 제공할 수 있었다. 그들이 이러한 것들을 그들의 고국 교구와 집회에서 자세히 이야기했을 때, 그것은 검열되거나 편집되지 않았으며, 보도가치가 없다는 말을 듣지도 않았다. 그들은 주류 매체가 제시한 공식적인 정부의 입장 대신에 풀뿌리 수준에서 상황에 대한 견해를 제공했다.

　중앙아메리카에서 자행된 고문은 '저강도전쟁' 전략의 일부였다. 이 전략의 핵심적 구성요소 중 하나가 '선택적 억압'을 사용하는 것이었다. 중앙아메리카 군부 지도자들과 미국 조언자들이 진전시킨 주요한 생각은 적에게 동정적인 것으로 생각되는 단체의 지도자들을 표적으로 삼는 것이었다. 그들은 단체 결성의 결과가 어떠한지를 다른 사람들에게 보여주기 위한 본보기로, 괴롭힘을 당하고 고문당하고 그리고/또는 살해되었다. 과테말라에서는 선택적 억압이 면밀하게 계획된 지침에 따라 자행되었다.

　　먼저, 정부보안군이 선택된 단체의 지도자들 중에서 납치, 고문, 암살 대상을 선정했다. …… 둘째로, 정부가 종교 지도자들을 농민과 게릴라 간을 이어주는 주요한 연계고리라고 믿고, 그들을 위협하고 살해했다. …… 셋째로, 군부가 주요 마을주민들이 게릴라들에게 전략적 지원을 해왔다는 것을 구실로 하여, 그러한 마을에 폭탄을 투하하고 괴롭혔다.(Davis, 1983: 166~167)

엘살바도르는 우파 암살대의 잔인한 고문행위와 수만 명의 총살형으로 악명 높았다. 한 전직 재무부 경관은 영국 텔레비전과의 인터뷰에서 섬뜩할 정도로 상세하게 그것을 다음과 같이 묘사했다.

사람들의 머리를 배설물 통에 처박거나 전기고문 하는 거요? 어허, 그건 아무것도 아닙니다. 전기충격 — 아주 심하지 않는 한, 아무도 죽지 않아요. 그러나 누군가의 몸을 절단한다거나 …… 또는 누군가의 눈을 빼는 것, 이것이 실제로 그들이 고문하면서 했던 짓입니다. 연필을 가지고, 한쪽 눈을 빼고 "만약 네가 말하지 않는다면, 나머지 눈도 빼버린다"라고 말합니다. 그리고 이어서 "네 이빨도 뽑아버린다"라고 말합니다. 그리고 그들은 하나씩 뽑습니다. …… 그리고 그 사람은 피를 흘리다 죽습니다. …… [그런 다음에] 그 사람을 내다 버립니다. …… 이것이 바로 그들이 테러리스트, 공산주의자들과 싸운 방식입니다.(Fish and Sganga, 1988: 108에서 인용함)

종종 훼손된 시체들이 위협 그 이상의 수단으로 공개적으로 방치되기도 했다.

니카라과에서는 반군으로 알려진 반혁명세력 역시 선택적 억압을 이용했다. 인권단체인 아메리카스워치Americas Watch는 반군이 정치적으로 표적이 된 사람을 윤간하고 거세하고 산 채로 피부를 벗기고 눈알을 빼는 행위를 통상적으로 자행했다는 것을 입증했다(Smith, 1996: 48). 반군은 특히 산디니스타가 혁명적 사회개혁의 일부로 발전시킨 사회봉사와 프로젝트에 종사하는 민간인들을 표적으로 삼았다. 구체적으로 반군은 학교, 보육원, 보건소, 협동농장을 공격했다. 그것의 목적은 니카라과인들의 삶의 질을 향상시키려는 그들의 노력을 방해함으로써 산디니스타에 대한 민중의 불만을 자극하고 경제적 곤경에 처하게 하는 것이었다(Booth and Walker, 1993; Stephens, 1990). 그 결과 많은 보건소 직원, 교사, 기술자 및 여타 전문가들이 반군에 의해 살해되었다(Vanden and Walker, 1991).

중앙아메리카의 전쟁은 풀뿌리 수준에서 이루어지면서 많은 민간인 사상자를 낳았다. 그리고 대부분의 미국 선교사들도 바로 그러한 풀뿌리 수준에 파견되었다. 따라서 이들 교회 봉사자들은 미국 군부 지도자들의 지원을 받은 중앙아메리카 군인이 자행한 저강도전쟁의 결과를 분명하게 알고 있었다. 그들은 그러한 섬뜩한 고문과 인권침해의 세부내용을 미국 종교단체에 전달하는 독특한 위치에 있었다.

미국 신자들에게 중앙아메리카 전쟁의 잔인성에 대해 전해준 첫 번째 사건은 엘살바도르에서 발생한 대주교 오스카 로메로 신부와 네 명의 북아메리카 여신도 살해사건이었다. 1980년 3월 23일, 암살대의 한 대원이 로메로 대주교가 미사를 집전하는 동안 그에게 총을 쏘았다. 대주교는 빈민들의 거리낌 없는 대변인이었고, 폭력적 억압을 놓고 군부와 정치 지도자들과 맞서 왔다. 로메로 대주교는 죽기 며칠 전에 한 설교에서 엘살바도르 군인들에게 민간인들을 죽이라는 명령에 따르지 말 것을 간청했다. 그는 지미 카터 대통령에게 많은 성직자들과 평신도 봉사자들을 포함하여 수천 명을 살해한 정권에 원조를 중단해줄 것을 간청해왔다. 9개월이 채 못 되어, 네 명의 북아메리카 여신도─세 명의 수녀와 한 명의 평신도 선교사─가 정부보안군에 의해 납치되어 강간당하고 살해되었다. 그들의 시체는 길가의 얕게 판 무덤에서 발견되었다(Berryman, 1984; Brett and Brett, 1988).

이러한 공격은 미국 종교단체에 이중의 결과를 가져왔다. 첫째, 그러한 살해가 지닌 종교적 성격이 이들 선교사와의 관계 때문에 중앙아메리카 교회와 일체감을 발달시켜온 미국 기독교인들에게 충격을 주었다. 둘째, 살해는 엘살바도르 정권의 사악함과 면책관행을 폭로했다. 인권침해가 무수한 형태로 일어날 수 있지만, 우리는 고문과 암살의 잔인성이 이를테면 언론검열이나 투표제한보다 더 강렬한 반발을 불러일으켰다고 믿는다.

주관적 참여가능성

미국 종교단체는 선교사를 통해 중앙아메리카에 관한 대안적 정보를 구조적으로 접근할 수 있었다. 다시 말해 그들은 인지적으로 접근할 수 있었다. 하지만 그러한 정보에 대한 사람들의 반응—그리고 그러한 상황에 대응하는 것에 부여하는 중요성의 정도 역시—은 사람들의 가치와 정체성을 반영한다. 달리 말해 한 집단의 정체성에 결부되어 있는 문화적·사회적 가치가 그러한 정보에 절박감과 강력한 대응의 욕구를 불어넣을 수도 있다. 이것이 바로 스미스(Smith, 1996a: 167)가 '주관적 참여가능성'이라고 지칭한 것이다.

신자들—기독교도와 유대교도 모두—은 특히 두 가지 이유에서 주관적으로 참여할 수 있었다. 첫째, 많은 신자들은 평화, 정의, 정치참여를 종교적 헌신의 본질적 표현으로 강조하는 사회적 가르침들을 신봉했다. 이러한 전통들은 종교단체에 중앙아메리카 상황에 대한 대응은 피할 수 없는 것이고 가난한 사람들 및 억압받은 사람들과의 연대행위에 대한 신학적 토대가 존재한다는 더 큰 의식을 불어넣어주었다. 둘째, 신자라는 그들의 공통의 집합적 정체성은 미국인이라는 그들의 정체성보다 훨씬 더 우선했다. 그들의 신에 대한 충성이 국가에 대한 충성보다 우선했기 때문에, 그들은 동료 기독교인들을 걱정하고 종교적 가르침을 충실하게 따르는 것을 절박하게 느끼게 되었다. 종교단체의 성원들은 이러한 부정의를 자신들의 삶에서 우선적인 목전의 사건들과 멀리 떨어져 있는 것으로 그냥 두고 볼 수 없었다. 그들의 정체성에서 중심적이었던 문화적·사회적 신념들이 신자들을 "주관적으로 참여하게" 만들었다.

사회정의와 평화에 대한 종교적 가르침

근대 가톨릭의 사회적 가르침은 교황 레오 13세의 회칙 『레룸노바룸Rerum Novarum』('새로운 사태'로 번역되지만 자주 '노동헌장'으로 언급되는)의 반포와 함께 1891년에 시작되었다. 이것은 다음 세대의 성직자들이 사회적·정치적 관심사에 대한 더 강력하고 더 진보적인 기준을 발전시키기 위한 토대를 마련했다. 수많은 로마 교황 문서들이 경제적 착취의 부정의, 정당한 임금에 대한 노동자들의 권리, 부의 공평한 분배의 필요성, 사유재산권에 비해 공동체의 복리를 우선시하는 것의 중요성에 대해 역설했다(Dorr, 1983; Smith, 1996b). 교황 요한 23세는 그의 회칙 『어머니요 스승Mater et Magistra』('기독교 신앙과 사회 발전')과 『지상의 평화Pacem in Terris』의 반포와 함께 1960년대 초반에 훨씬 더 강력한 자세를 취했다. 그는 이들 문서에서 제3세계의 신식민주의의 위험과 사유재산의 사회적 책임을 강조하고, 기독교인들이 사회적으로 존중받는 목적을 수행하기 위해 비기독교인들과 함께 일하는 것은 정당하다고 진술했다. 몇 년 후 교황 바오로 6세는 그의 회칙 『민족들의 발전Popularum Progressio』('민족들의 진보에 대하여')에서 빈곤과 빈민들의 고통을 종식시킬 중요한 사회 변혁을 요구했다. 게다가 그는 자유자본주의를 공정한 사회질서와 양립할 수 없는 것이라고 비판하고, 사람들은 자신들의 미래를 형성하여 역사의 행위자가 될 권리가 있다고 주장했다(Dorr, 1983). 1970년대와 1980년대 동안 수많은 주교 문서들이 평화, 정의 그리고 모든 사람들이 존엄하게 살 권리를 계속해서 강조했다.

정치적 행위에 대한 기독교인의 헌신은 프로테스탄트 전통 내에서도 역시 강조되었다. 주류 프로테스탄트 사회윤리는 노예제도를 폐지하기 위한 19세기의 노력들, 즉 평등과 사랑이라는 기독교 원리에 따라 도시산업국가 미국의 개혁을 설교했던 진보적인 사회적 복음 주창자들과 함께 20세기로 이어진 전통에 그 뿌리를 두고 있다(Fishburn, 1993; Smith, 1996b; White and Hopkins, 1976). 이 세기의 후반기에 미국 교회협의회U.S. National Council of Churches 또한 평화와 정의를 위한 정치적 행동주의를 주창했다(Billingsley, 1990). 역사상의 평화교회들(메노파교도, 퀘이커교도, 형제교회) ─이들의 평화전통은 몇 백 년 전으로 거슬러 올라간다─ 또한 평화와 정의에 대한 신학적 가르침과 그것에 대한 점점 더 증가하는 종교적 강조의 이력에 기여했다.

유대교 전통의 사회적 가르침 또한 정의와 평화의 확립을 위한 정치참여를 지지했다. 유대교의 사회윤리는 모든 만물이 신의 형상을 본 따 존엄하게 창조되었다는 믿음에 근거를 두고 있다. 유대교 가르침은 또한 사회적 부정의에 대항할 필요성과 모든 사람의 복리(shalom, 평안)와 약자와 빈민을 변호하라는 명령(즉 tikkunolam, '세상의 치유')에 관심을 갖는 평화로운 사회를 만들 필요성을 강조한다(M. Greenberg, 1970; Shapiro, 1978). 이러한 신념은 20세기에 발생한 수많은 사건들, 그중에서도 특히 홀로코스트와 뉘른베르크 군사재판으로 인해 더욱 강화되었다. 이 사건들은 사회악과의 적극적인 대결이 도덕적으로 피할 수 없는 것이라는 신념을 강화했다. 그러한 행위에는 만약 필요하다면 인권을 침해하는 정부 또는 군부의 명령에 불복종하는 것도 포함되었다(Broude, 1970; Breslauer, 1983). 베트남전쟁 또한 유대교 지도자들이 전쟁과 그것이 특히 유대인 젊은이들에게 제기한 윤리적 문제에 대응하도록 자극했다(Wein, 1969; Winston, 1978). 이것은 부정의한 국가에 대항하는 시민불복종과 평화주의에 대한 유대교의 정당화를 포함하는 일단의 문헌들로 이어졌다(Broude, 1970; Gendler, 1978; S. Greenberg, 1977; Kimmelman, 1968, 1970; Kirschenbaum, 1974; Konvitz, 1978; Landman, 1969; Roth, 1971; Schwarzchild, 1966; Siegman, 1966; Simonson, 1968; Zimmerman, 1971). 이러한 전통은 인권과 사회정의에 대한 관심을 최우선으로 하는 규범과 가치를 확립하는 데 일조했다. 즉 이러한 진보적인 종교적 가르침들은 '주관적 참여가능성'을 촉진하고, 신자들이 더욱 도덕적으로 분개할 수 있게 했다.

'주관적 참여가능성'에 기여한 또 다른 요인은 신자라는 공통의 집합적 정체성이었다. 미국이 니카라과인들이 겪는 대부분의 고통의 원천이었기 때문에, 그들이 화 또는 증오를 느낄 수밖에 없을 때, 교회라는 연계관계는 국가라는 차이를 초월하여 니카라과인들이 미국 기독교인들과 연대와 공감을 느낄 수 있게 하는 공유된 정체성을 강화했다. 한 운동가는 어떻게 공유된 기독교 정체성이 장벽을 극복하는 데 일조했는지를 다음과 같이 묘사했다.

나는 1983년에 니카라과로 떠났던 첫 번째 여행을 기억합니다. 반군전쟁은 가열되기 시작했지만, 혁명의 이상은 여전히 매우 많은 사람들의 일부였습니다. 그곳에서의 첫날 우리는 혁명에 매우 적극적이었던 마나과의 한 지역에서 열린 미사에 참여했습니다. 그것은 장례미사, 즉 추모미사였습니다. 왜냐하면 수많은 사람들이 반군과 싸우기 위해 떠났고, 그들 중 다수가 사망했기 때문이었습니다. 나는 결코 잊을 수 없을 겁니다. 미사를 집전하던 목사는 [우리 파견단을 이끌고 있던] 목사를 알고 있었습니다. 따라서 주기도문을 외울 때에, 그는 우리 모두에게 앞으로 나와 달라고 했습니다. 우리는 영웅과 희생자들의 어머니와 손을 맞잡았습니다. 그리고 거기에는 전선에서 온 몇몇 아이들도 있었는데, 그들은 카키색 군복을 입고 있었습니다.

평화의식이 진행되는 동안, 그들 모두는 우리를 껴안았습니다. 그들은 우리에게 이렇게 말했습니다. "당신의 나라는 끔찍한 일을 저지르고 있습니다만, 우리는 그 일을 저지른 사람이 당신이 아니라는 것을 알고 있습니다. 우리는 당신을 용서합니다. 그리고 우리는 당신을 사랑합니다. 돌아가서 우리에게 어떤 일이 일어나고 있는지 전해주세요."

이러한 개인적 접촉과 공통의 집합적 정체성은 중앙아메리카인들과 북아메리카인들 간에 연대를 구축했다. 이제 더 이상 그들은 이방인들이 아니었다. 즉 그들은 신자라는 동일한 단체의 일부였다. 그러므로 중앙아메리카 위기는 더욱 이웃의 일이라는 느낌을 가지게 되었다. 왜냐하면 그것이 그들 자신을 신자라고 간주하는 모든 사람들에게 영향을 미쳤기 때문이었다.

감정의 격화

미국 종교단체는 교회 봉사자들로부터 전해 들은 정보와 중앙아메리카인들과의 개인적 만남에 기초하여 '인지적 접근성'을 경험했다. 거기에는 평화와 정의에 대한 종교적 가르침과 신자라는 공유된 정체성 때문에, 높은 수준의 '주관적 참여가능성' 또한 존재했다. 그러한 것들이 합쳐져서 상당한 정도의 분개를 산출했다. 이러한 분노는 궁극적으로 사람들의 행위를 자극하는 일련의 '도덕적 충격'을 통해 격화되었다. 월시(Walsh, 1981)의 '갑작스러운 불만' 개념과 유사하게, 재스퍼는 도덕적 충격을 "어떤 사람에게 분개감을 불러일으켜 정치적 행위를 하기 쉽게 만드는 예기치 않은 하나의 사건 또는 하나의 정보"로 정의했다(Jasper, 1998: 409). '갑작스러운 불만'이 극적이고 매우 공개화된 사건에 대한 인지적 반응을 함의한다면, '도덕적 충격'은 감정적 차원을 전달한다. 도덕적 충격을 유발하는 무수한 사건들이 있었지만, 운동 참여자들의 관점에서 볼 때 소수의 사건들만이 특히 영향을 미쳤다.

미국 종교단체의 관심을 분개로 전환시켰던 첫 번째 도덕적 충격 중의 하나는 1984년 1월에 발생한 니카라과 항구 지뢰매설사건이었다. 그 지뢰는 국제무역을 봉쇄하기 위해 CIA의 지원을 받아 게릴라부대가 설치한 것이었다. 비록 그것이 국제법을 위반하는 것이었지만, 그러한 파괴활동은 혁명정부의 경제기반을 무너뜨리는 것을 목표로 하는 저강도전쟁 전략의 일부였다. 그 지뢰는 17명의 사상자를 냈으며, 6개국에서 온 10척의 배를 파손시켰고, 특히 니카라과의 해상무역에 타격을 입혔다. 게다가 이 지뢰는 6개월 동안이나 계속해서 폭발했다(Conroy, 1987; Kornbluh, 1987). 많은 북아메리카인들은 미국 정부가 뻔뻔하게 국제법을 무시하고 무고한 민간인들의 삶을 위태롭게 하는 것은 아닌가 하는 의심을 했다. 이 도덕적 충격은 미국인들에게 미국이 니카라과에 개입하고 있는 정도를 크게 인식시켰으며, 그러한 불법전술의 사용에 대한 반대를 불러일으켰다.

두 번째 도덕적 충격은 중앙언론이 CIA가 작성하여 니카라과 반군에게 유포한 두 개의 비밀훈련 매뉴얼을 발견했음을 보도한 지 9개월이 지난 후에 일어났다(Sklar, 1988). 첫 번째 매뉴얼에는 정부소유의 재산과 경제기반을 파괴하기 위한 38개의 파괴활동방법이 상술되어 있었다. 『게릴라전에서의 심리작전Operations in Guerrilla Warfare』이라는 제목을 달고 있는 두 번째 매뉴얼은 미국 내에서 더 큰 반발을 불러일으켰다. 이 매뉴얼은 민간인 및 정치당국자의 납치와 선택적 암살을 통해 주민을 위협하는 방법에 대한 교육내용을 담고 있었다. 매뉴얼의 일부에는 다음과 같이 적혀 있다. "법원판사, 치안판사, 경찰 그리고 주州 보안요원 등과 같이 신중하게 선택되고 계획된 표적을 제압할 (이를테면 살해할) 수도 있다"[콘블러(Kornbluh, 1987: 45)에서 인용함]. "CIA 살인 매뉴얼"이라고 알려진 이 매뉴얼은 미국 정부의 암살 개입을 금지하는

1976년 대통령령을 직접적으로 위반했다. 많은 북아메리카인들이 미국은 폭력행위를 인지하고도 눈을 감았을 뿐 아니라 중앙아메리카 군대가 그러한 잔혹행위를 저지르도록 실제로 훈련시켜왔다는 것을 깨닫기 시작했을 때, 그러한 매뉴얼의 폭로는 우려를 증폭시켰다.

이란-콘트라 스캔들은 또다시 일부 정치 지도자들이 얼마나 기꺼이 니카라과 혁명을 저지하고자 했는지—그것이 헌법의 파괴와 국제법 위반을 요구할 때조차도—를 폭로했다. 1986년 10월 미국 용병의 비행기가 니카라과에서 요격 당했다. 그는 생포되었고, 니카라과 군대는 그 비행기가 반군을 위해 1만 파운드의 미국산 탄약, 총, 수류탄 발사기를 수송 중이었다는 것을 발견했다. 이 발표는 결국 반군을 지원한 백악관의 주요 불법행위를 폭로한 증거기록문서가 되었다. 그 후 여러 달 동안 미국 공중은 미국 국가안전보장회의의—올리버 노스Oliver North가 의장인—가 반군을 위해 은밀하게 개인 기부자와 여러 나라들로부터 수백만 달러를 모금해왔다는 것을 알게 되었다. 게다가 국가안전보장회의는 이란에 불법적으로 무기를 팔아왔으며, 그 이익을 반군을 위해 전용해왔다. 이란-콘트라 스캔들을 조사한 타워위원회The Tower Commission는 다음과 같이 결론지었다.

> 국가안전보장회의가 야생말에서 떨어진 무모한 카우보이에 의해 이끌어지[며], 그것은 관례적으로 더 냉철한 기관의 영역에 속하는 문제들을 직접 작전통제 해왔다. …… 일종의 유사 정부가 탄생하여 은밀하게 작동했으며, 법에 충분히 주의를 기울이지 않았고, 의회를 기만했으며, 어떤 종류의 감시도 회피했다.(Barry, Vergara, and Castro, 1988: 80)

종교단체 내의 많은 사람들은 국가안전보장회의가 의회와 미국 국민들에게 해온 뻔뻔스러운 거짓말에 의해 몹시 격앙되었다. 중앙아메리카를 위해 싸우는 것으로 소문이 나 있을 때조차도 민주주의 원리—국민을 위한, 국민의, 국민에 의한 정부—는 파괴되어왔다. 심지어 운동가들이 미국의 외교정책을 바꾸기 위해 정치체계 내에서 활동했을 때조차도, 그들의 노력들은 자기들 마음대로 일을 추진해온 국가안전보장회의 성원들에 의해 침해당해왔다. 분노한 많은 신자들은 변화를 요구하기 시작했다.

마지막으로 도덕적 충격을 준 것들 중 하나는 1987년 9월 1일에 발생했다. 베트남전쟁 퇴역군인단체가 미국 노던캘리포니아에 있는 콩코드 해군무기저장소역驛에서 '뉘른베르크행동대Nuremberg Action'를 조직했다. 이 특정 무기기지가 선택된 이유는 그곳이 서부 해안의 미군 보급품 선적지였고, 대인용 무기류를 포함해서 엘살바도르로 수송되는 무기의 95%를 거기서 보내왔다고 믿었기 때문이었다. 뉘른베르크행동대의 일부는 40일 동안 단식하며 중앙아메리카로 가는 기차를 비폭력적으로 봉쇄했다. 이러한 봉쇄기간 중 어느 날, 들어오던 한 열차가 퇴역군인 중 한 명인 브라이언 윌슨을 쳤다. 그의 양쪽 다리가 절단되었고, 그는 머리에 심한 상처를 입었으나 기적적으로 살았다. 비록 그들이 대담하게 미군의 계획을 방해하고자 했지만, 미군의 자국 시민을 공격하고자 한 의도는 중앙아메리카에 대한 화를 분개로 더욱 격화시켰다. 이에 반발하여 1만 명의 저항자들이 집결하여 미국의 중앙아메리카에 대한 개입 중지를 요구했다. 수백 명의 시위자들이 열차 선로의 일부를 파괴했고, 또 다른 사람들은 24시간 동안 계속해서 열차를 막아섰다. 이러한 인간 봉쇄는 2년 이상 계속되었고 1,000명이 넘는 사람들이 참여했다.

운동참여동기로서의 도덕적 분개

도덕적 충격에 대한 감정적 반응들은 매우 다양할 수 있다. 일부 사람들은 체념이라는 패배주의적 느낌으로 반응하는 반면, 또 다른 사람들은 분노한다. 하지만 모든 감정적 반발이 집합행위에 기여하는 것은 아니다. 이를테면 체념은 사람들을 무기력하게 하고, 따라서 운동가들은 하나의 동원력이 될 수 있는 감정적 반응들을 고무시키고자 노력할 것이다. 이를테면 부정의를 비난하는 누군가가 존재할 때, 도덕적 분개는 저항을 위한 강력한 동기가 될 수 있다(Gamson, 1992). 그리고 표적이 분명할수록, 분개와 대항의 가능성은 커진다(Jasper, 1998).

중앙아메리카와 관련하여, 누가 그 지역 내 분쟁에 책임이 있는가를 놓고 여러 해석들―또는 '프레임들'―이 경쟁했다. 프레임 분석은 사회운동연구에 대한 구조적 접근방식과 운동참여의 사회심리학적 이해를 연결하는 수단으로 이용되어왔다. '프레임'은 특정한 스토리라인을 정식화하기 위해 특정 측면을 강조함으로써, 관련 사건에 의미를 부여하고 그것을 설명하는 해석도식으로 이해된다(Snow et al., 1986). 다수의 경험적 연구들이 우리에게 프레이밍 과정에 대한 더 많은 통찰력을 제공해왔다. 이를테면 스노와 벤포드(Snow and Benford, 1988: 200~202)는 프레이밍의 세 가지 별개의 작업을 기술해왔다. 첫째로, 진단 프레이밍은 문제를 확인하고 책임과 인과관계를 귀속시킨다. 둘째로, 처방 프레이밍은 그 문제에 대한 해결책을 제시하고 행위표적을 제안한다. 마지막으로, 동기유발 프레이밍은 "전투준비를 명령"한다. 이것은 중요한 진전이지만, 프레이밍은 감정을 다소 결여하고 있는 대체로 인지적인 현상으로서 연구되어왔다. 우리는 프레임과 프레이밍 작업의 감정적 효과에 대해서는 거의 아는 것이 없다.

라틴아메리카에서 돌아온 선교사들은 누가 이러한 도덕적 충격에 책임이 있는지에 관한 명료한 진단 및 처방 프레임을 제공했다. 그들의 진단은 레이건 행정부가 살인자를 무장시키고 그들에게 고문기술을 가르치고 중앙아메리카에서 미국이 자행한 불법적 침략행위에 대한 국제사법재판소의 판결을 무시함으로써 긴장을 악화시키고 그 지역을 더욱 분열시킨 것에 근본적으로 책임이 있다는 것이었다. 그러므로 행위의 표적을 제시하는 그들의 처방은 분명하다. 즉 그것은 그 지역에 대한 미국의 개입을 중단하라는 것이다. 레이건 행정부는 대체로 평화운동이 제시한 프레임과 완전히 모순되는 프레임을 진전시켰다. 백악관은 소비에트와 쿠바식 공산주의가 중앙아메리카 전쟁에 책임이 있다고 주장했다. 백악관에 따르면, 반민주주의 단체들이 자유를 말살하려고 위협하고 있었다. 따라서 그 처방은 미국이 엘살바도르와 과테말라의 갓 태어난 민주주의에, 그리고 니카라과의 '자유투사들'에게 경제적 원조, 군사적 지원, 정치적 지지를 제공해야만 한다는 것이었다.

중앙아메리카의 잔혹행위에 이미 격앙된 미국 종교단체들은 그러한 도덕적 충격에 누가 책임이 있는가에 관한 '프레임 모순'(Nepstad, 1997)에 직면했다. 게다가 이러한 분개가 행위의 강력한 추동력이 되었기 때문에, 신자들은 누가 행위의 적절한 표적인지를 결정해야만 했다. 그 결정은 아주 단순했다. 베트남과 워터게이트 사건의 결과와 이란-콘트라 사건 청문회에서 폭로된 거짓말을 전제로 하여, 중앙아메리카에 대한 정부의 신뢰성에 중대한 의혹이 발생했다. 하지만 선교사들은 동료 기독교인으로서 신뢰받았고, 수년간 이들 나라에서 직접적인 경험을 했다. 일단 신자들이 선교사 프레임을 받아들이자마자, 그러한 부정의의 원천과 도덕적 충격의 책임은 분명해졌다. 분개한 사람들은 행위의 정확한 표적을 가지고 있었다.

결론

도덕적 분개는 중앙아메리카 평화운동에 참여한 많은 활동가들에게 본질적인 동기요소였다. 그러한 감정은 비합리적인 격발 또는 '마법적 신념'에 의해 발화된 충동적 반사물(Smelser, 1963)이 아니었다. 그들은 권위주의적 인물들에 의해 쉽게 조종되는 소외된 불평분자들이 아니었다(Adorno et al., 1950; Hoffer, 1951; Lipset, 1960). 그들은 중앙아메리카의 상황과 그들의 기독교 신앙에서 사회정의가 갖는 중요성에 대한 자신들의 분석 결과 극심한 분노를 느낀 합리적인 행위자들이었다. 우리는 감정과 합리성을 이분법적으로 보는 것을 그만둘 필요가 있다. 도덕적 분개는 무고한 민간인들의 고문, 실종, 암살과 그러한 잔혹행위의 공범자로서의 자신의 역할을 숨기기 위해 정부가 퍼뜨린 거짓말에 대한 하나의 논리적 반응이다.

우리는 미국 종교단체의 성원들이 그 밖의 미국인들보다 자연적으로 더 분개하기 쉬운 사람들이 아니었다는 점을 강조하고자 한다. 그들은 특이한 퍼스낼리티 특성을 지니고 있지 않았다. 다시 말해 모든 사람들은 분노를 느낄 능력을 가지고 있다. 하지만 신자들은 그들에게 중앙아메리카에 관한 신뢰할 수 있는 대안적 정보에 접근할 수 있게 해준 사회적 유대를 가지고 있었다. 운동 연구자들은 그간 운동충원에서 사회적 네트워크가 수행하는 역할에 많은 관심을 기울여왔지만, 대부분의 학자들은 그러한 네트워크들이 전달하는 가치 또는 감정의 측면에서 그러한 구조들을 매우 영향력 있게 만드는 요소들을 분석하지 않은 채, 그러한 네트워크를 단지 주어진 것으로 간주하는 경향이 있다. 재스퍼가 지적하듯이, "분명 그것들이 갖는 중요성의 일부는 그것들이 이미 공유된 가정과 신념을 표현한다는 것이다"(Jasper, 1998: 413). 그러므로 그러한 유대가 특히 영향력이 있는 까닭은 그것이 그러한 종교적 전통의 가치와 본질적으로 관련되어 있기 때문이었다. 그러한 유대가 유일한 정보원천이었던 것은 아니었다. 즉 그러한 유대는 빈민과 억압받은 사람들에 대한 동정심과 동료 기독교인들에 대한 사랑과 함께 고취되었다. 게다가 선교사들과 중앙아메리카 난민들이 들려준 정보는 교회 지도자들에게 부여된 신뢰와 존경 때문에 받아들여질 가능성이 더욱 컸다. 이러한 네트워크 유대는 정보의 도관導管으로서만이 아니라 다시 감정적 반응을 틀 짓는 다양한 가치의 전달자로서 고찰되어야만 한다.

중앙아메리카인들과의 이러한 직접적인 관계적 유대는 또한 분개의 전개에도 지극히 중요했다. 왜냐하면 그것이 집합적인 종교적 정체성과 매우 밀접하게 연결되어 있었기 때문이다. 난민들은 그들이 겪은 박해와 억압의 이야기를 전하기 위해 교회의 은신처와 교제실로 향했다. 물리적 환경이 친밀감을 만들어냈고, 그것은 다시 미국의 중앙아메리카 정책의 희생자들—이들 또한 동료 신자들이었다—과의 감정적 교류를 촉진했다. 교회 또는 유대교회와의 물리적인 접촉은 종교단체의 대응이 절대적으로 필요하다고 더욱 생각하게 했다. 이러한 집합적 정체성은 몇 가지 이유에서 극히 중요했다. 그것은 중앙아메리카 기독교인과 북아메리카 기독교인 간의 상호호의와 연대를 창출했다. 그것은 미국 정부가 자국민들이 믿지 않기를 바랐던 단체에 대한 신뢰를 창출했다. 그리고 그것은 두 지역 간의 사회적 유대를 강화하여, 그들이 국가, 문화, 언어, 계급, 인종적 차이를 초월할 수 있게 해주었다. 그것은 하나의 강력한 통합력을 지니는 것이었다.

사회적 네트워크와 집합적 정체성은 사회운동연구에서 익숙한 개념들이다. 하지만 우리는 오직 사회적 유대와 정체성에 결부된 감정적 차원과 가치들을 고찰함으로써만, 도덕적 분개를 일으키는 데 있어 그것이 지니는 영향력을 완전히 이해할 수 있다.

10

공포, 웃음 그리고 집합적 권력

1980년 8월 폴란드 그단스크 레닌 조선소에서의 자유노조 만들기

콜린 바커

자유노조운동이 발생한 1980년 8월 그단스크에 관한 모든 기록은 인간의 감정성과 결부된 사건들로 가득 차 있다. 공포, 용기, 화, 웃음, 신경쇠약, 자부심, 연대는 그 놀라운 17일 동안 그 강렬함에서 절정에 달한다. 그 서사는 비탄, 격려, 야유, 휘파람 불기, 야외 미사, 노동자들의 공개 시 낭송, 헌화 등을 포함하는 감정표현으로 끝이 난다. 8월 14일 목요일에서 8월 31일 일요일 사이에 레닌 조선소에서 일어난 일을 축으로 하여 조직화된 감정의 홍수는 세계 역사에서 가장 빨리 성장한 노동조합운동을 출현시켰다. 그것을 인지한 지 3개월 만에, 자유노조는 1,000만 명의 조합원을 충원했고, 학생, 농민, 줄을 서 기다리는 구매자, 감옥의 죄수, 심지어 우표 수집가들 사이에서 유사한 운동들을 고무했다.[1]

---

1 자유노조 연구자는 운이 좋게도 영어로 작성된 많은 우수한 자료들을 이용할 수 있었다. 그중에서도 아시(Ash, 1983), 베이커(Barker, 1986), 베른하르트(Bernhard,

감정에 대한 하나의 견해

감정에 관한 나의 생각은 가장 사회적이고 역사적인 심리학, 즉 1920년대에 바흐친Bakhtin, 볼로시노프Volosinov, 비고츠키Vygotsky와 같은 인물에 의해 그 토대가 마련된 **대화학파**dialogical school의 영향을 받았다. 이 저술가들은 인간의 사고, 담화, 행위에 대한, 그리고 그것들과 사회구조 간의 관계에 대한 매우 변증법적인 접근방식을 발전시켰다. 사회운동연구에서 그 접근방식의 가능성은 단지 탐구되기 시작했을 뿐이다.[2] 우리는 그들의 아이디어들로부터 많은 명제들을 연역할 수 있다. 첫째는, 감정이라는 '실체'는 결코 존재하지 않는다는 것이다. 문법 용어로 표현하면, 우리는 **명사**가 아니라 행위, 담화, 사고의 속성을 나타내는 **형용사** 또는 **부사**로 감정에 대해 말해야 한다. 크로슬리(Crossley, 1998: 23)가 이 문제에 대해 표명하듯이, "우리는 동일한 행동을 애정을 담아서, 화를 내면서 등등으로 행할 수 있다. 그리고 이것이 우리가 그것을 행하면서 행동의 감정적인 측면을 구성하는 방식이다." 대화주의자들이 볼 때, 모든 행위는 그것 나름의 '감정적-의지적 어조emotional-volitional tone'

1993), 굿윈(Goodwyn, 1991), 켐프-웰츠(Kemp-Welch, 1983), 라바(Laba, 1991), 오스트(Ost, 1990), 퍼스키(Persky, 1981), 퍼스키와 플램(Persky and Flam, 1982), 포스텔(Potel, 1982)은 더욱 주목할 만하다. 귀중한 자료들이 『Labour Focus on Eastern Europe, 1980-1982』와 노동자들의 회고록(Adamski, 1982로 번역된)에 실려 있다. 나는 잭 블룸(Jack Bloom)이 출간할 예정인 책의 초고와 에와 바커(Ewa Barker)의 안나 발렌티노비츠(Anna Walentynowicz)와의 인터뷰 전체 사본에서 훌륭한 인터뷰 자료들을 읽을 수 있는 특권을 누렸다.

2 이를테면 바흐친(Bakhtin, 1984, 1993), 볼로시노프(Volosinov, 1976a, 1976b, 1986), 비고츠키(Vygotsky, 1986)를 보라. 가치 있는 논평으로는 바커(Barker, 1989), 벤더(Bender, 1998), 콜린스(Collins, 1996, 1999), 가디너(Gardiner, 1992), 홀(Hall, 1995), 슈터와 빌리그(Shotter and Billig, 1998), 스타인버그(Steinberg, 1996)를 들 수 있다.

를 가지고 있다(Bakhtin, 1993: 32~37). 즉 모든 **발화**는 아무리 일상적일지라도, 볼로시노프(Volosinov, 1986)가 '평가적 악센트evaluative accent'라고 칭한 것을 가지고 있다. 그것은 서로 다른 방식으로 감정적이고, 도덕적이며, 미학적이다.

둘째는, 인지적인 것과 감정적인 것은 별개의, 특히 **반대되는** 영역이 **아니라** 오히려 서로 분리될 수 없는 측면이라는 것이다. 생각 없는 감정은 없다 [이를테면 블루머(Blumer, 1969)와 같은 몇몇 상징적 상호작용론자들과는 대조적으로]. 그리고 감정 없는 생각 역시 없다. 그것들을 별개의 것으로 그리고 대립되는 것으로 간주하는 것은 인간경험과 행위의 다양한 측면을 서로 분리하는, 사빈(Sarbin, 1986: 86)이 '능력심리학'이라고 부른 것과, 감정은 이성과 별개이고 적대적이며 실제로 '비합리성'과 강력하게 연계되어 있다는 뿌리 깊은 편견 모두에 길을 열어준다. 우리는 인간활동의 서로 다른 측면—이를테면 인지, 감정, 기억, 사고, 의지 등—을 별개의 (자주 서로 배타적인) 실체로 간주하기보다는 오히려 '기능의 역동적 통일성'을 탐구해야만 한다. 그 속에서 인간행위와 정신의 서로 다른 측면들은 '상호기능적 전체' 속에서 서로 영향을 미치는 것으로 인식된다(Vygotsky, 1986).

셋째는, 모든 행위, 담화, 사고는 이러한 감정적-의지적 어조 또는 색깔을 지니고 있고 또 그것들이 실제로 그것들의 특정한 **느낌**의 많은 것을 전달한다는 것이다. 우리는 타자의 입으로부터 사회적으로 공유된 의미를 구현하는 언어를 취한다. 그러나 우리는 우리의 의도와 뉘앙스를 담아서, 즉 그것에 개인의 악센트와 감각을 부여하여 그들에게 돌려준다. 감정적 어조와 제스처는 우리가 그렇게 하는 중요한 수단이다. 의사소통적 상호작용과 실제 행위는 항상 창조적 과정이다. 그리고 그러한 창조성의 많은 것은 우리가 말하고 행동하는 것에 투여하는 감정적, 도덕적, 심미적 **어조**에 있다.

넷째는, 우리는 생각, 담화, 행위를 그것들이 발생하는 상호주관적 맥락 속에서 그것의 악센트, 어조, 색깔, 그리고 제스처의 특성과 함께 파악할 필요가 있다는 것이다. 다시 말해 우리는 그것들을 구체적인 역사적 상황 속에서 발생하는 **대화**과정의 일부로 이해할 필요가 있다.

다섯째는, 감정적-의지적 어조에서 변이를 일으키는 요소 중의 하나가 그것의 **강렬함** 또는 그것의 '유기체적 개입'이라는 것이다(Sarbin, 1986: 93). 이것은 사람들이 주어진 화제, 활동 또는 관계에 스스로를 **투입**하는 정도(Barker and Brooks 1998) —즉 그들의 주의, 관심, 우려의 정도— 의 한 측면이다.

여섯째는, 감정적 어조와 색깔은 상호작용환경을 전환시키고 변화시키면서 '질적 단절'과 재배치, 사고의 '변환'을 일으킨다는 것이다(Vygotsky, 1986). 환경의 변화는 급속하게 그리고 다소 극적으로 감정과 생각의 방향을 다시 설정하게 할 수 있다. 우리가 무언가를 지향하는 방식은 그것이 우리 주변에 있는 다른 사람들의 지향에 의해 영향을 받는 것과 마찬가지로, 또 다른 대상과 화제에 대한 우리의 지향에 의해서도 영향을 받는다. 우리의 감정적 어조는 다면적 활동과 이해의 결정적인 측면인 동시에 그것들을 변화시킨다. 이 장은 이러한 관점에서 그단스크 조선소에서 작동한 몇몇 감정동학을 탐구하고자 한다.

파업운동의 시작

그해 8월 2주에 걸쳐 300만 명의 폴란드 노동자들은 그들의 활동을 지역공장연대파업위원회Inter-Factory Strike Committees(폴란드어로 MKS)를 통해 조정하며, 약 1,500개의 작업장에서 점거파업을 벌였다. 파업자들은 MKS 지도부에게 종국적으로 노동자들의 21개 요구사항 모두를 받아들인 정부와 공개적인 협상을 할 수 있는 권한을 부여했다. 그러한 요구사항들 중에서 첫 번째가 새로운 독자적 노동조합을 요구하는 것이었다.

저항 운동가들로 이루어진 작은 네트워크가 발기를 준비했다. 그단스크에 소재한 한 소규모 단체가 공개적으로 자신들을 연안지역 자유노조설립위원회Founding Committee of Free Trade Unions of the Coast로 공표하고(Bernhard, 1993), 자신들의 불법 회보인 ≪연안노동자Coastal Worker≫를 발간하기 시작했다. 그들이 성공하기 위해서는 선전을 펼치고 다수의 노동자들을 조직화된 집합행위에 참여시킬 필요가 있었다. 그들의 기회는 1980년 7월 1일 당시 정권이 물가를 상승시켰을 때 증대했다. 폴란드 전역에서 파업이 분출했다. 그리고 정부는 임금양보로 대응했다. 비록 그단스크가 이러한 파업 물결에 상대적으로 영향을 덜 받았지만, 민중의 확신은 전반적으로 고조되었다. 그런 다음 8월 초에 그단스크의 지역운동가인 안나 발렌티노비츠Anna Walentynowicz가 레닌 조선소에서 해고되었다. 지역저항자들은 위험을 무릅쓰고 항의파업을 벌이기로 결정했다. 당시 그들 스스로도 동료 노동자들을 결집시킬 "가능성을 단지 50%"로 보고 있었다(Borowczak, 1982: 72). 발렌티노비츠 자신도 현지 노동자들이 "아직 준비되어 있지 않다"고 판단하고, 그들이 실패할 것이라고 생각했다(Kemp-Welch, 1983: 17).

8월 14일 목요일 아침, 소수의 조선소 운동가들이 발렌티노비츠를 지키기 위한 즉각적인 파업행동을 주장하기 위해 자신들의 부서로 향했다. 제르지 보로비자크Jerzy Borowczak는 그가 쓴 글에서 감정적-지적동학에 대해 다음과 같이 기술했다. 그가 노동자들에게 다른 부서들이 이미 파업에 돌입했다고 말하기 전에, 노동자들은 처음에 주저했다.

마침내 뛰쳐나가자는 주장이 승리를 거두었습니다. 나는 약 30명에 이르는 무리를 모았습니다. 우리는 우리만의 깃발, 포스터, 리플릿을 가지고 조선소 전역을 돌아 루드비히에 있는 부서로 행진하기 시작했습니다. 행진하는 도중에, 우리는 견인차 한 대를 세웠고, 그 견인차는 다른 부서로 향했습니다. 그것은 우리가 이미 그들을 향해 행진하고 있다는 사실을 알리기 위해서였습니다. 그 견인차는 사람들을 동원하는 데 일조했습니다. 당신도 알다시피, 한 부서는 이미 파업 중이었고 …… 그것은 모든 사람들이 더 용감해지게 만들었습니다.(Borowczak, 1982: 75)

W-3 부서에서 보그단 펠스키Bogdan Felski와 두 명의 동료 역시 파업을 주장하기 시작했다. 펠스키가 말했던 것처럼, 그는 청중들 사이에서 자신감이 커지고 있음을 느꼈고, 약 50명의 사람들을 깃발 주변으로 모았다. 부서의 당비서와 한 차례 만난 후, 그들 역시 행진을 시작했다(Solidarity Strike Bulletin 11, 30 August 1980: 30).

그들이 행진하고 있을 때, 보로비자크 그룹은 또 다른 노동자들을 끌어모았다. 소수자들에 의한 결정적 행위가 불어나기 시작하여, 파업에 참여하는 사람들을 증가시키고, 다른 사람들의 참여를 요구하는 목소리를 덧붙여갔다. 모험이 성과를 거두고 있었다. 행진은 조선소 도처에서 계속되며 참여자 수를 늘리고 있었다. 마침내 약 8,000명의 시위자들(전체 노동자의 거의 절반)이 1970년에 운동이 일어났을 때 그곳에서 죽음을 당한 노동자들을 기리는 짧은 묵념을 올리기 위해 조선소의 두 번째 출입문에서 멈춰 섰다.

그때까지 파업참가자들은 공통의 감상을 가지고는 있지만 분명한 조직과 공유된 목적을 가지고 있지 않은, 여전히 조직을 갖추지 못한 하나의 집합적 군중을 이루고 있었다. 관리사무소 밖에서, 보로비자크는 파업위원("우리가 믿을 수 있는 사람")의 임명을 요구했다. 약 20명 남짓한 사람들의 이름이 거론되었다. 그들은 자신들의 부서에서 파업을 주동한 대체로 젊은 운동가들이었다. 군중들에게 해산할 것을 요구하던 조선소 소장의 시도는 휘파람 소리로 조롱당했다. 조선소 담장을 기어 올라갔던 레흐 바웬사Lech Walesa는 이제 소장의 어깨 위로 그 모습을 드러냈다. 자신을 그들 모두가 알고 있는 어떤 사람, 즉 이전에 호전적 활동으로 조선소에서 해고된 전기기사라고 신원을 밝힌 그는 확신을 가지고 점거파업을 공표했다. 그는 즉시 파업위원회 위원장으로 지명되었다. 파업참가자들에게 떠밀려서 발렌티노비츠는 집에서 나와 소장 차에 탔다. 그녀의 도착은 그녀가 눈물을 훔치기 위해 안경을 벗을 만큼, 수천 명에 이르는 군중의 환호와 노래로 환영받았다.

조선소 파업은 또 다른 그단스크 작업장들에 하나의 신호가 되어, 그곳들에서도 운동가들은 점거파업을 벌었다. 어느 날 아침, 한 작은 운동가 단체가 1만 6,000명의 노동자를 고용하고 있는 한 거대한 작업장의 조업을 정지시켰고, 그 다음에 열 곳 이상의 작업장으로 파업을 확산시켰다. 그들은 인접지역 사람들 — 대부분 젊은 노동자들로 구성된 대담한 소수집단 — 을 동원했고, 좀 더 큰 이 집단이 그들의 배후로 더욱 소심한 사람들을 끌어들이고, 정부에 충성하는 사람들을 고립시켰다. 그 운동가들은 그단스크 노동자들의 전반적인 분위기와 내적 관계를 성공적으로 독해해냈다.

이데올로기소와 감정구조

1980년 8월 이전의 조사자료들은 폴란드 노동자들이 정권을 매우 불신하고 있었다는 것을 보여준다. 그들은 정권이 거짓말에 기초하고 있고 자신들에게 유혈폭력까지도 자행할 수 있다고 믿었다(Mason, 1985; Nowak, 1980, 1981; Vale, 1981). 널리 퍼져 있던 이러한 '비공식적 의식'은 공직자 부패, 특권, 무능력, 부정의에 관한 정치적 농담 속에서 그리고 정권에 대한 도덕적 혐오감과 정권과의 동일시 철회 속에서 분명하게 드러났다. 사회적 삶 속에서 진정성의 의미는 솔직한 담화, 신뢰, 상대적 평등의 관계가 지배하는 곳인 가족 내와 친구들 사이의 관계라는 사사화된 세계로 한정되었다. 많은 사람들이 갈등을 해결하기 위한 수단으로 자신들이 파업, 계획적 무단결근, 태업, 심지어 산업파괴활동을 포함하는 불법적 방법을 지지한다고 선언했다(Bernhard, 1993: 152). 하지만 1980년 8월에 이르기까지 폴란드 노동자들은 사회적·공적 삶에 대한 자신들의 감정(그들의 '내적 담화')을 (대화의 진전을 통해 명료성과 활력을 얻을 수 있는) 겉으로 드러난 담화의 형태로 전환하는 데 어려움을 겪고 있었다(Volosinov, 1976a: 89). 대중적인 비판적 사고는 하나의 이데올로기소ideologeme의 성격 — 즉 사회적 경험의 산물이지만 아직은 "몇몇 통일된 이데올로기적 체계를 구성하는 규율의 맥락 속에서 구체화"되지 못한 하나의 감정 — 을 지닌다(Volosinov, 1986: 33). 하나의 이데올로기소가 발전되고 정교화되기 위해서는 타자로부터의 '동시적 지지choral support'가 요구된다(Volosinov, 1986: 33, 152~153; 1976b: 103).

문학비평가 레이먼드 윌리엄스(Raymond Williams, 1977; 1979)는 이와 관련하여 **감정구조**structure of feeling라는 개념을 제시한다. 이 용어는 아직까지 적절한 표현이 발견되지 않았고 오랜 기간 여전히 잠재되어 있는, 공식적 관념과 실제적 경험 간의 긴장을 지적한다. 윌리엄스가 새로운 예술작품이 어떻게 '갑작스러운 **인지**적 충격'(Williams, 1979: 164)을 통해 침잠되어 있던 형태의 감정을 **드러내게** 할 수 있는지에 초점을 두고 있지만, 그의 통찰은 특정한 문학작품의 수용을 넘어 일반화될 수 있다.

그단스크에서 일어난 **새로운 일**은 인지적 충격을 일으켰다. 그런 충격을 불러일으킨 것은 단지 책이나 영화만이 아니었다. 당시 출현하고 있던 파업운동 그 자체도 충격을 불러일으켰다. 저항 운동가들은 정권과 그들 자신에 관한 노동자들의 감정이 실제로 표출될 수 있는 방법을 찾아냈다. 그러한 작업은 그 방법을 간파한 사람들에 의해서 책으로 저술되었고, 바로 그러한 형태를 통해 더욱 강력해졌고, 그러한 충격 그 자체는 **자기인식**을 수반했다.

8월 14일부터 더 많은 수의 노동자들이 그들 사이에서 실천과 의사소통을 가능하게 하는 새로운 환경을 발견하고 발전시키기 시작했다. 이것은 높은 수준의 감정적 관심과 에너지의 투자를 수반했다. 그리고 그러한 감정적 투자는 전반적인 사회적 관계를 인지적·실제적으로 재설정하게 했다. 그것은 집합적 **권력부여**, 새로운 사회적 정체성과 개인적 정체성의 발달, 그리고 역사형성자로서의 자기인식을 수반했다.

위기와 전개

초기국면에서 그 운동은 자유노조문제를 직접 제기하지 않았다. 조선소 파업참가자들은 실제적인 임금인상, 발렌티노비츠와 바웬사의 복직, 그리고 1970년에 학살당한 동료들을 위한 기념비를 세울 권리를 요구했다. 파업에 동참한 다른 작업장에서도 역시 요구는 주로 지역적이고 '경제적'인 것이었다. 더 큰 요구로의 진전은 운동전개과정에서 있었던 주요한 위기를 통해 발생했다.

그 위기는 한 경영책략에 의해 유발되었다. 새로 선출된 파업위원회가 공개되어 있는 마이크 앞에서 **민주주의**의 이름으로 경영진에게 협상을 강요했고, 따라서 전체 조선소가 그 담화를 들을 수 있었다. 그러나 조선소 소장 역시 더 대표적인 파업위원회가 선출되어야 함을 제안하기 위해 **민주주의**라는 용어를 사용했다. 운동가들은 거의 거부하기 어려웠고, 더 큰 단체가 (소장이 계산했던 대로) 다수의 공산당 지지자들, 감독 그리고 그 밖의 사람들을 파업위원회에 포함시키는 쪽으로 선회했다. 토요일 오후 초기요구들이 받아들여졌다. 소장은 그와 제휴한 확대 파업위원회의 지지를 받으며, 파업을 끝낼 것을 촉구했다. 다른 파업장들에서도 승리할 때까지 점거를 계속할 것을 주장하던 운동가들이 투표에서 졌다. 위원장인 바웬사는 그것에 동의해야

하는 곤란한 처지에 몰렸다. 토요일 오후 3시 정각, 점거가 끝났음을 알리는 그의 목소리가 조선소 전역에 울려퍼졌다.

노동자들은 집으로 돌아가기 시작했다. 그곳은 혼란스러웠고, 화난 외침들이 들렸고, 미래는 불확실했다. 만약 조선소가 작업에 복귀했다면, 더 작은 전략적 작업장들은 고립되었을 것이다. 광차 노동자 파업 지도자였던 크리스티나 크르지우노스Krystyna Krzywonos가 바웬사에게 "광차를 가지고 탱크와 싸울 수는 없습니다. 우리는 파리처럼 짓밟힐 것입니다"라고 말했다. 다른 작업장에서 온 몇몇 운동가들은 화를 내며 행진했다. 여전히 상당한 규모의 군중과 마주치며, 바웬사는 모험을 감행했다. 그는 동의의 함성을 기다리며 "파업을 계속하기를 원합니까?"라고 물었다. 그는 파업 계속을 선언했다.

발렌티노비츠와 알리나 피엔코프스카Alina Pienkowska(조선소 내 병원 간호사)는 회의장에 있는 마이크를 사용하기 위해 달려갔다. 그들은 저지되었다. 그들은 밖에서 확성기를 통해 울리는 조선소 소장의 목소리를 들을 수 있었다. "파업은 끝났습니다. 모든 사람은 6시까지 조선소를 떠나야만 합니다. 그렇지 않으면 협약은 취소될 겁니다." 그 두 명의 여성이 3번 출입구로 달려갔다. 거기서 그들은 해산하는 군중과 만났다. 발렌티노비츠는 그들에게 이야기를 걸고자 노력했고, 파업을 선언하려는 그녀에게 이의를 제기하는 화난 노동자와 마주쳤다. 그 노동자는 큰 소리로 말했다. "나에게는 가족이 있어요. 나에게는 아이들이 있어요. 나는 집으로 갈 겁니다." 그녀는 울음을 터뜨렸다. 이전에는 절대 공개적 연설을 하지 않았던 피엔코프스카가 책임을 떠맡고는 파업 시민군에게 잠시 회합이 열리는 동안 출입문을 닫으라고 명령했다. 그녀는 그들에게 말했다. "파업은 여전히 계속되고 있습니다. 바웬사는 투표에서 졌습니다. 그러나 대부분의 노동자들은 파업을 계속하기를 원합니다. 왜냐하면 아무런 보장도 없고, 어떠한 자유노조도 존재하지 않기 때문입니다. 만약 당신이 떠난다면, 그 운동가들은 또다시 해고될 것입니다.

가장 중요한 것은 모든 공장 간의 연대입니다." 출입문이 다시 열렸을 때, 일부 군중이 그곳에 머물러 있었다.

1만 6,000명의 전체 노동자 중 1,000명도 채 안 되어 보이는 수의 노동자들이 그곳에 남아 있었다. 의심할 바 없이 대다수의 노동자들은 그곳을 떠났다. 하지만 이틀간의 파업활동은 소수파 운동가들의 숫자를 크게 확대시켰다. 왜냐하면 가장 헌신적인 사람들만이 남았기 때문이다. 그럼에도 불구하고 파업은 이제 위기에 처했다. 레닌 조선소 파업종결로 인해 배신감을 느낀 보그단 리스Bogdan Lis와 안드제즈 그비아즈다Andrzej Gwiazda는 엘모르 공장으로 돌아갔다. 그곳에서 그들은 몹시 분개에 찬 연설을 하고, 파업을 계속하는 데 동의를 얻었다. 그들은 자동차로 다른 공장들을 돌며, 자신들의 대의원들을 엘모르 공장으로 다시 불러들여, 새로운 투쟁중심지를 구축했다. 점차 상황이 분명해졌다. 일부 노동자들은 집에서 조선소 파업이 다시 계속되고 있음을 들어서 알고 되돌아왔다. 엘모르에 집결했던 대의원들은 캠프를 거두고 다시 조선소로 갔다.

토요일 저녁, 조선소 강당에서 얼마간 얻어맞은 운동가들이 그 상황에 대해 평가했다. 이제 그 어떤 타협 주장자도 그들의 논쟁을 흐리게 하지 못했다. 좋든 나쁘든, 그들이 전적인 책임을 떠맡았다. 21개 사업안이 제안되었다. 그리고 파업은 그것 모두를 내걸었다. 하지만 가장 중요한 레닌 조선소 노동자들은 소수의 점거파와 흩어진 나머지 사람들 —따라서 그들의 감정을 단지 추측할 수밖에 없는— 로 분리되었다. 그들이 다시 조선소를 쟁취하고, 특히 노동자들이 경험했던 실제적 연대를 다시 확보할 수 있을 것인가? 긴장은 상당했다. 운동가들은 보안요원들이 언제 공격해올지 알 수 없었다.

그들이 어떤 공포를 느끼든 간에, 그들은 헌신했다. 그날 밤 그들은 새로운 조직인 공장연대파업위원회MKS를 결성했다. 그들은 간부회를 선출하고, 노동자 시민군을 재결성하여 불침번을 서게 하고, 요구안을 작성하기 시작했다. MKS는 그 선례를 가지고 있었다. 그러한 단체가 1970~1971년의 모반 때 슈체친과 그단스크에서도 만들어졌지만(Laba, 1991), 이제 그들은 이전에 선언했던 그 어떤 것도 넘어섰다. 궁극적으로 21개 조항이 된 그들의 요구는 폴란드 노동계급 일반이 직면하고 있는 조건들을 다룬 것으로, 이제 **일반적인** 것이었다. 그러한 요구들 중 최우위에 있는 것이 새로운 자유노조를 요구하는 것이었고, 바로 그 다음을 이은 것이 파업권 보장, 정치범 석방, 검열방지 그리고 임금, 연금, 의료서비스, 사회적 평등에 관한 일련의 구체적인 경제적 요구들이었다. 그들은 파업운동을 완전히 새로운 길로 몰고 가며, 정권의 토대 그 자체에 도전했다.

이제 그들의 동원문제 역시 변화했다. 그들은 성공하기 위해서는 조선소 노동자들의 지지를 회복하는(그렇지 않으면 그 계획의 중심이 무너질 수도 있다) 동시에, 조선소 주변의 사업체들 훨씬 너머로까지 파업을 확산시켜야만 했다. 그들은 정열적이고 창의적으로 일을 계속 진행해나갔다. 그들은 MKS의 소식 및 새로운 요구사항과 함께 그들이 미칠 수 있는 지역의 모든 작업장에 메신저를 보냈다. 그리고 토요일 저녁에 중대 회합이 진행되는 동안, 그들은 조선소 출입문에서 공개 미사를 열기로 결정했다.

미사를 집전하기에 적절한 한 지역 사제를 찾아냈다. 그는 너무 불안해서 출발하기에 앞서 유서를 작성했다(Bloom, 근간, ch. 8). 일요일 아침 9시, 그 사제는 꽃, 리본, 깃발로 장식된 출입문 앞에 섰다. 그는 10년 전 노동자들이 죽임을 당한 지점에 세워진 나무 십자가 옆에 서서 현장 미사를 시작했다. 그 미사는 분명 많은 사람들에게 종교적 의미를 지니는 것이었다. 그러나 그것은 또한 거대한 동원기능을 수행했다. 수천 명의 사람들이 그 미사에 참여했다.

그러나 여전히 모든 것이 월요일 아침에 달려 있었다. 조선소 노동자의 주력 집단이 출입문 밖에 모였다. 레흐 바웬사가 휴대용 확성기를 들고 출입문 위에 섰다. 그는 마음으로부터 촉구했다. "들어오세요. 우리와 동참하세요. 안전할 것입니다." 대부분의 군중이 주저했고, 여전히 불확실했다. 이번에는 일군의 젊은 노동자들이 환호성을 지르며 행진하며 파업에 다시 동참했고, 그들 뒤에 있던 나머지 군중들을 끌어들였다. 파업이 재개되었다.

곧 MKS가 확성기 시스템의 통제권을 다시 장악했다. 본관은 영구적인 회합장소가 되었다. 모든 회의와 토론은 조선소 전역과 광장 너머로까지 방송되었다. 또다시 배가된 활력과 함께 전 조선소가 파업위원회의 통제하에 놓였다. 운동가와 노동자 간의 유대가 재건되었다.

이제 운동은 그것의 주의와 활력을 외부로 돌려 폴란드의 나머지 노동계급과 정권을 향했다. 첫 월요일에 동안, 추가 파업작업장 대의원들이 MKS와 연합하기 위해 조선소 출입문에 도착하기 시작했다. 노동자 시민군이 그들의 증명서를 검사했고, 그 다음에 조선소 강당 출입을 허가했다. 그들이 도착하여, 각자는 자신들이 어디에서 왔고, 자신들의 작업장에서 어떤 일이 일어나고 있고, 왜 자신들이 연합하고 있는지를 알리고 설명했다[이를테면 포텔(Potel, 1982: 57~65)을 보라]. 모든 도착자와 추가 연합이 집합적 권력의식을 고양시켰다. 해질녘쯤 그단스크 지역 내 156개의 작업장이 공장연대파업위원회와 공식적으로 제휴했고, 그들의 대의원이 투표자명부에 추가되었다. 놀라운 동원위업이었다.

그 주말에 발생한 사건들은 매우 감정이 북받친 활동으로 가득 차 있다. 즉 사람들은 서로 큰 소리로 외치고, 필사적으로 돌진하고, 울음을 터뜨리고, 격분하여 쿵쾅거리고, 연대를 호소하고, 조화를 이루어냈다. 멀리에서 그들의 행위를 관찰하면서, 우리는 그들을 '집합행동' 이론의 용어로 기술하고 싶은 느낌을 받았을 수도 있다[이를테면 블루머(Blumer, 1969)]. 즉 사람들은 '사회불안'과 '집합적 흥분'의 영향으로 "떼를 지어 돌아다니는" 것처럼, 그리고 신경증에 걸려 "집단규범의 규제 없이 헤매는" 것처럼 보인다. 그러나 그러한 기술은 단지 행위의 감정적 속성에만 초점을 맞추고, 그것의 지적이고 합목적적인 속성은 무시하는 것이다.

운동 지도부가 갑자기 만들어졌고, 경영진의 전술에 의해 방향을 잃었다. 토요일 오후 혼란상태가 지속되는 동안, 그들은 그들을 엄청난 불확실성에 빠뜨린 일련의 새로운 예기치 못한 문제에 직면했다. 그들이 재조직하기 위해 자신들의 작업장으로 쓰라린 후퇴를 했을 때, 일부 사람들은 강한 불신감을 드러냈고, 의사소통의 붕괴와 함께 바웬사가 적에게 양보했다고 느꼈다. 조선소 내에서 운동가들은 남아 있는 노동자들과 논쟁을 벌이고 자주 좌절했다. 분명 거기에는 높은 수준의 감정성이 존재했지만, 그것은 급격하게 재배열된 상황을 이해하고자 노력하고 그 해결책과 이해를 창조적으로 추구하는 사람들의 감정성이었다. 그것은 인지적 속성들로 가득 차 있었다.

토요일 오후에 발생한 위기는 파업운동 전개과정에서 하나의 분기점이었다. 적절한 해결책을 찾기 위해서는 몇 시간 이상의 **격렬한** 언쟁이 필요했다. 그 과정에서 일부 행위자들은 새로운 것을 성취하기 위해 그들의 개인적 자원에 의지했다(이를테면 피엔코프스카는 그녀 생애에서 처음으로 공개 연설을 했다). 운동가들이 파업이 시작되기 이전에 그들 간에 긴밀한 신뢰관계를 발전시켜오지 않았더라면, 토요일 오후의 격렬한 대립은 그들 간에 **대화**를 지속하지 못하게 하여, 그날 저녁에 그들의 어려움에 대한 새로운 해결책을 제시하지 못하게 만들었을지도 모른다. 문제가 밝혀짐에 따라, 그 위기가 중요한 창조성의 순간임이 증명되었다. 그 기간 동안 사람들은 잠정적인 결론을 내리고, 그것을 수정하고, 그들 간의 사회관계를 재조정하고, 그들의 목표와 전술을 재조명하고, 새로운 조직구조와 새로운 집단지도체계를 발전시켰다. 감정적 긴장과 대립 자체는 전체 복합체의 구조조정, 즉 상호탐구와 적극적 **협의**과정이 필요하다는 것을 알리는 신호였다.

감정과 실용성

작업장 점거는 폴란드 노동자들이 이미 인지하고 있던 투쟁목록의 하나였다(Laba, 1991; Goodwyn, 1991). 그리고 사람들은 무엇을 해야 할지 알고 있었다. 파업위원회는 노동자 시민군을 지명하고 작업장에서의 술을 금지시켰다. 그들은 탱크가 밀고 들어올 것에 대비해서 그곳에 가스통을 준비했다. 그들은 담요, 매트리스, 식량을 준비했다. 점거농성자들은 지역노조의 물품을 사용하여, 조선소 전역에 텐트촌을 건설하고 유쾌한 상상력을 방출했다 [그것은 현관과 늘어선 기둥이 있는 '작은 빌라'처럼 지어진 노동자들의 별장이었다 (Kuczma, 1982: 261)]. 파업참가자들은 그들 나름의 집단질서를 만들어내고, 스스로 조직화한 새로운 분업을 발전시키면서 사기를 끌어올리고 있었다.

첫 월요일 이후 전체 운동이 MKS의 통합지휘하에 놓이게 되었을 때, MKS는 그단스크 전 지역의 일상생활 지형에 대한 실질적인 통제권을 정부로부터 빼앗았다. 파업 중인 공공운수 노동자들은 MKS의 지시에 따라 일에 복귀하여, 이제 파업 포스터를 붙이고 폴란드 국기를 휘날리며 돌아다녔다. 트럭과 택시는 MKS로부터 허가장을 받아 운행했다. 식량배급은 노동자들의 통제하에 놓았다. 지역농민들과 연계하여 조선소로 식량을 공급했다. MKS의 지시에 따라 통조림 제조공장은 항구로 돌아오는 발트해 어민들이 들여오는 생선을 썩게 하지 않기 위해 작업을 재개했다. 지역예술가들이 일부 작업장에 와서 음악회, 연극, 시낭송회를 열었다.

환경에 대한 그들 자신의 실제적 통제권의 작은 확장도 중요한 감정적·지적 측면을 지니는 것이었다. 집단통제는 그 자체로 운동의 효과를 구현하는 하나의 시위였다. 그것은 운동과 지도부에 대한 신뢰에 영향을 미치고, 일반인들이 집단의 일에 더욱 적극적으로 참여하여 개인적 책임을 맡고 지도자의 역할을 취하게 하는 것이었다.[3]

작업장은 비교적 안전이 확보된 공간이 되었다. 그 경계선에서는 꼼꼼하게 보초를 섰고, 노동자들의 동의 없이는 국가와 고용주의 접근이 거부되었다. 점거는 파업참가자들에게 그들의 생각과 요구를 제시할 수 있는 공간과 시간을 제공했다. 조직화된 민주주의가 조직화된 민주주의를 위해 싸우는 유용한 수단인 것처럼 보였다. 8월 파업이 진행되는 동안 분명 노동자들이 **소유권**에 대해 어떠한 요구도 하지 않았지만, 파업참가자들은 작업장을 그들의 공식 문서만이 통용되는 장소로 전환시키면서, 일종의 **이용권**을 주장했다. 거기서 하나의 부분적인 새로운 사회질서의 중심지가 만들어지기 시작했고, 그것은 실제행위를 통해 상징적으로 표현되었다.

분열과 발전

그단스크와 폴란드 나머지 지역 간의 전화 두절, '반사회주의' 세력이 사람들을 위협하고 있다는 적대적 매체들의 선언, 군대의 움직임에 대한 소문, 작업장 위를 날아다니는 헬리콥터와 떨어지는 전단지, 무력 사용을 촉구하는 집권당 내 강경파와 함께, 전체 사태가 고도의 긴장 속에서 진전되고 있었다. 1970년에 일어난 죽음의 기억들을 결코 떨쳐버릴 수 없었다.

MKS는 하나의 거대한 조직투쟁을 기도하고 있었다(Goodwyn, 1991). 밀사들이 MKS의 메시지를 가지고 폴란드 전 지역으로 출발했다. 많은 밀사들이

---

3 불충분한 조직화의 결과는 분명했다. 프레돔 메트릭스 공장(Predom Metrix factory) 파업위원회의 한 위원은 다음과 같이 회상했다. "나는 우리 중 일부는 그리 활기차지 않았다는 점을 인정할 수밖에 없습니다. 아마도 우리가 연좌파업에서 요구되는 숙식 문제를 잘 해결하지 못해왔기 때문일 것입니다"(Szylak, 1982: 298).

잡히고 체포되며 유치장에서 두들겨 맞았다. 하지만 새로운 대의원들이 매일 MKS에 가입했다. 2주 동안 그단스크 위원회는 그 범위를 600개가 넘는 작업장으로 확장시켰다. 해안선을 따라 남쪽에 위치한 슈체친에서는 MKS와 유사한 조직이 740개의 작업장으로 성장했다. 엘블롱Elblag에 또 다른 MKS가 있었고, 그 후 폴란드 남서부에 있는 어퍼실레지아Upper Silesia에 위치한 브로츨라프Wroclaw에도 MKS가 만들어졌다.

MKS가 통제하기 시작한 첫 주 동안 정부대표단은 개별 작업장에 별개의 협정서를 제시하면서, 그단스크를 분할·지배하고자 시도했다. 애타는 이틀 동안 17개의 공장이 이 협의에 가담하고 MKS와의 계약을 철회했다. 결국 정부 측이 제안한 협상은 결렬되었고, 17개의 공장이 MKS에 재가입했다. 대의원들은 그들의 복귀를 안도의 박수갈채와 노래로 환영했다.

정권 충성자들은 경찰을 위해 스파이 노릇을 하며 분열의 원인을 만들고자 노력했고, 그중 많은 대상자들이 점거지역에서 공식적으로 추방되었다(Gajda, 1982: 243; Kuczma, 1982: 264-65; Kaszuba, 1982: 285; Bloom, 근간: ch. 8). 첫 목요일의 그단스크 MKS 대의원들의 회합이 한창 진행되는 도중에, 레닌 조선소 인사담당자가 마이크로 10분 간 성명서를 발표했다. 그는 1971년에도 그랬던 것처럼, '비애감으로 목이 메인' 어조로 당 지도부에게 조선소에 올 것을 호소했다. "에드바르트 기에레크Edward Gierek 당신은 우리가 신뢰하는 유일한 사람입니다. 왜냐하면 당신은 우리에게 아버지와 같은 존재이기 때문입니다." 안나 발렌티노비츠가 연설자를 확인하기 전까지 이 성명서는 큰 박수갈채를 받았다. "나는 레스니악Lesniak 씨를 알고 있습니다. …… 그는 수년 간 저를 괴롭혀왔습니다. 2주 전에 나를 해고시킨 사람 역시 바로 그입니다." 이 회합은 분노로 폭발했다. 그리고 그 남자는 자신의 안전을 위해 조선소에서 호위를 받아야만 했다(Ash, 1983: 53~54). 많은 대의원들 사이에서 박수갈채에서부터 통렬한 비난으로 돌연한 감정적 전환이 일어났다.

그들은 1970~1971년과 비교했을 때, 그 운동이 얼마나 멀리까지 나아갔는지를 여전히 학습하고 있는 중이었다. 그 다음에 기에레크는 노동자들에게 '도움'을 호소함으로써 파업운동을 끝낼 수 있었다. 그리고 파업위원회는 여전히 어떤 점에서 정부에 **간청했다.** 이제 그러한 언어는 시대에 뒤떨어진 것이었고, 실제로 '그들'이 과거에 이야기했던 방식의 일부가 되었다. 감정구조의 새로운 표현이 여전히 다듬어지고 있는 중이었다. 이와 같은 사건들은 위험의 순간뿐만 아니라 정화淨化의 가능성 또한 제공하는 것으로, 대의원들이 핵심 운동가들의 인식과 목적에 더욱 가까이 다가가게 만들어주었다.

비록 파업운동이 성장하고 공고화되기는 했지만, 공포는 여전히 확신에 찬 연대에 필적할 만한 것이었다. MKS 간부회 임원인 조안나 두다-그비아즈다Joanna Duda-Gwiazda는 신경쇠약으로 파업의 나머지 기간 동안 입원치료를 받았다(Kemp-Welch, 1983: 51, 184). 신경과로로 쓰러진 노동자들에 대한 또 다른 보고들도 있었다(Gajda, 1982: 245). 1970년에 발생한 최악의 학살현장이었던 파리코뮌 조선소에서, 몇몇 노동자들은 간질발작을 일으켰다(Pawelec, 1982: 274). 한동안 그디니아에서 노동자들은 그들의 이름이 파업위원회 회원으로 회자되는 것을 두려워했다(Bloom, 근간: ch. 8). 슈체친에서 알레크산데르 크리스토지아크Aleksander Krystosiak는 다음과 같이 보고했다.

내가 속한 파업위원회 부의장이 파업 4일째인가 5일째 되는 날에 사임했습니다. 아이가 있는 젊은 여성인 그의 아내는 남편과 이야기하기 위해 울타리로 왔습니다. 그녀는 그에게 어떤 일이 일어날지 모르기에, 즉 그가 죽임을 당할 수도 있고, 감옥에 갇힐 수도 있고, 그들은 그를 북극곰을 사냥하기 위해 시베리아로 보낼 수도 있기 때문에 울기 시작했습니다. 그리고 그는 떠났습니다. 따라서 나는 가장 소중한 사람 중 한 명을 잃었습니다. 다른 공장에서도 사람들이 두려움에 포기하려고 했기 때문에, 이따금 파업위원회

위원의 절반이 재선출되곤 했습니다.(Bloom, 근간: ch. 8)

그러나 모든 사람이 공포를 겉으로 드러낸 것은 아니었다. 파업참가자들은 회고록에서 작업장 수로에서 낚시를 하고, 짓궂은 장난을 하고, 카드놀이를 하고, 시와 시가를 읽고 짓고, 운동회를 열고, 파업에 대해 기억할 만한 물품들을 수집하며 보낸 시간들을 회상하고 있다(Gajda, 1982; Kuczma, 1982; Pawelec, 1982).

그단스크 노동자들이 만들어내고 있던 활동과 사회적 관계의 의미는 그 자체로 끊임없는 평가와 발전을 겪는 중이었다. 점거는 때때로 격렬한 내부 갈등을 통해 사회적 관계를 시험하는 공간을 제공했다. 말들이 분출했다. 트로츠키Trotsky가 일찍이 지적했듯이, 혁명은 "매우 말이 많은 사건"이다(Laba, 1991: 129 참조). 노동자들은 시를 쓰기 시작했고, 평판이 좋은 작품들은 조선소 마이크를 통해 낭송되었다. 그 밖의 작업장들이 MKS에 추가로 가입하고 그들의 대의원들을 조선소에 보내는 것과 함께, 상호자기교육, 즉 새로운 공유된 정체성 형성과정이 계속되었다. 그것은 MKS 내부의 방침과 그것이 선도하던 더 광범위한 운동의 방향을 확실히 하기 위한 논의와 실험의 형태를 띠었다. 많은 위태위태한 순간들이 있었다. 운동가들과 성장하는 그들의 주변 세력 간에 대화를 통해 집합적 자신감이 **구성되어** 역경을 이겨내며 검증되었다. 그들이 장애물을 극복할 때마다 자신감과 집합적 명확성은 강화되었다. 그러나 단합은 언제나 일시적이었다. 내부와 외부로부터의 새로운 감정적 충동이 발생했고, 따라서 항상 단합을 확고히 해야만 했다.

의례와 상징

그단스크 사건들 내내, 노동자들은 의례적·상징적 형태의 행위를 이용했다. 초기 조선소 행진에서는 1970년에 사망한 노동자들을 추모하기 위해 1분 동안 묵념했다. 국가와 여타 노래들을 부르는 것은 MKS 의사진행의 하나의 규칙적 특징이었다. 박수 치기, 환호하기, 야유하기, 휘파람 불기와 같은 의례화된 형태의 집합적 표현들은 연설자와 행위자에 대한 노동자들의 찬성 또는 반대를 나타냈다. 가톨릭 미사가 여러 작업장에서 거행되었다. 새로운 MKS 지지자들은 마치 어떤 귀족무도회에 새로 도착한 것처럼 공식적으로 발표되었다. MKS 회합의 의사진행은 실제로 정부대표단과의 대담인 것처럼 자주 성대한 정식 절차를 따라 진행되었다. 텔레비전으로 방송된, MKS 측의 바웬사와 자기엘스키Jagielski 부총리가 서명하여 협약서를 교환한 마지막 의식은 통치권력 간의 평화협정 분위기를 전달했다. 실제로 부분적으로는 그러했다.

레닌 조선소 출입문들은 거대한 변환이 이루어질지도 모르는 장소로서의 상징적 중요성을 획득하면서 현세의 순례장소가 되었다. 수천 명의 사람들이 출입문 밖에 모여, 보고 말하고 듣고 파업회보를 움켜잡고 메시지와 포스터에 대해 음미하고 꽃을 가져오고 학습했다.[4] 그 해안에서 휴가를 보내고 있는 사람들은 아이들을 데리고 와서 진행 중인 역사를 보여주고, 파업 메시지를 그들이 살고 있는 지역으로 가지고 갔다. 출입문 벽에는 MKS의 21개

---

4 해안 남쪽에 있는 슈체친 MKS의 경우, 조선소 주출입문은 그 지역에서 결혼한 커플들이 결혼식의 마지막에 부케를 던지는 장소가 되었다(Bloom, 근간: ch. 9). 그 밖의 다른 곳에서도 파업조선소 출입문에 "인류는 태어나서 자유롭게 살아간다"와 같은 메시지가 붙어 있었다(Laba, 1991: 135).

요구사항이 붙어 있었다. 출입문에 걸려 있는 교황의 초상화와 꽃과 리본들 위에 출입문을 가로질러 "모든 공장의 노동자들이여 단결하라!"라는 현수막이 걸려 있었다. 출입문은 조롱, 엄숙과 염려, 비탄 그리고 희망의 장소였다.

의례와 상징은 감정적 의사소통의 집합적인 수단, 즉 공유된 감정을 공식화하는 방식이다. 그것들은 이미 학습한 형태의 행위목록으로 존재하기 때문에 다양한 상황에 응용할 수 있다. 그것들은 복잡한 의미들로 가득 차 있다.

스트라던과 스튜어트(Strathern and Stewart, 1998: 237~239)에 의하면, 의례는 두 개의 상보적인 관점에서 생각할 수 있다. 하나는 체현 또는 참가자들에 대한 그것의 효과의 관점이고, 다른 하나는 행위자들의 의사소통목적의 관점이다. 의례행위는 "언제나 특정한 역사적 맥락 내에서 행동하는 의례화된 행위자를 산출하는 몸짓 언어를 만들어낸다. …… 몸을 통해 …… 의례 수행자들은 그들이 누구인지 그리고 그들을 에워싸고 있는 힘과 관련하여 그들이 무엇이 되고자 하는지를 상징적으로 표현한다." 의례는 사람들로 하여금 몸이 유의미하게 함께 행동하는 집합적 공연을 하게 만드는 감각적인 심미적 속성을 가지고 있다. 그러나 이러한 감정을 담고 있는 속성들은 **내용**, 의미, 동기, 지각, 기억, 열망과 별개로 존재하지 않는다.

의례 참가자들은 전체 관념 복합체와 육화된 감정을 소통한다. 의례화된 행위는 감정적 자기표현의 한 형태로, 그 자체가 방관자와 반대자들 그리고 **자기 자신**에 대한 하나의 '신호'(이를테면 냉정한 자신감, 연대, 열광, 규율의 신호)이다. 의례와 공유된 상징들은 합창과 같은 다수의 목소리형태의 의사소통이다. 그것들은 생각이 같지 않은 행위자들을 통합시켜 공유된 경험의 요소들에 관심의 초점을 맞추게 하는 **약식** 의사소통수단이다. 의례가 공개적으로 진행되면서, 그것이 지니고 있는 결속력은 타자와 제휴하겠다는 약속을 실현하게 한다. 의례는 단언을 소통함으로써 단언한다. 의례는 참가자들을 공유된 목표에 더 긴밀하게 결합시킴으로써 연대를 증진시킨다.

그단스크에서 있었던 모든 의례화된 행위들이 **노동자들의 연대**에 관한 공통의 관념을 공유하고 있었지만, 그것의 다양한 형태들은 각기 서로 다른 측면들을 분명하게 드러내는 것이었다. 1970년에 사망한 사람들에게 경의를 표하기 위해 조선소 출입문에서 진행한 1분간의 묵념은 즉각적 싸움과 폴란드 노동자 투쟁의 역사 간의 서사적 연결의 전조가 되었다. MKS 회의 또는 작업장 미사에서 행해진 공식적인 연설 패턴은 의사진행이 매우 진지하게 이루어지고 있음을 보여주는 것이었다. 마지막 의식 후에 바웬사를 무등 태워서 조선소 출입문으로 간 것은 고난을 극복한 승리를 알리는 것이었다.

거기에는 그러한 형태의 행위를 위한 **행사들**이 있었다. 그런 행사들은 거의 문법적인 의미로 그러한 행위의 형태를 **강조했다**. 첫 토요일 오후의 위기 동안에는 의례행위가 거의 없었다. 의례행위는 운동의 전개과정에서 소기의 성과를 거둔 '전환점' 뒤에 일어나거나 또는 어떤 점에서는 그러한 전환을 설명하고 요약하는 경향이 있다. 의례는 잠시 쉬는 순간이자 지금까지의 성과에 관한 진술을 공유하는 순간이고, 현재를 역사와 다가올 미래와 연결짓는 순간이다.

교섭

마침내 정권이 부총리 자기엘스키가 주도한 공식 회담의 개최에 동의했을 때, 전 지역의 관심이 MKS에 집중되었다. 파업이 여전히 확산되자, 정부는 노동자들의 새로운 단체와 그들의 요구를 인정하지 않을 수 없었다. 노동자들의 요구로, 회담은 모든 MKS가 참석한 가운데 조선소 마이크 앞에서 열렸다. 노조협상이 늘 그렇게 공개적이었는가는 의문의 여지가 있다. 총 다섯 번의 회담이 열렸고, 8월 31일 일요일에 정점에 달했다. 텔레비전으로 방송된 그날의 의식에서 마침내 정권은 MKS의 모든 요구들을 공개적으로 받아들였다.[5] MKS 간부회는 대의원들로부터 핵심적인 실마리를 얻어 정부와 실제 회담을 진행했다. 간부회는 대의원들의 논평, 빈정대는 웃음소리, 그리고 갈채를 내내 들을 수 있었다. MKS 지도부는 집합정체성에 대한 하나의 발전된 대항담론을 표명하고, 그것의 의미를 그들 뒤에서 목소리로 그들을 돕고 있는 청중들에게 힘주어 말했다. 청중은 그 회담의 드라마에서 지지를 표하는 '합창단'이었지만, 또한 MKS 연설자들을 규율했다. 연설자들은 사람들에게 연설했지만, 그들의 통제하에서 그리고 대표단 내에서 이미 동의해온 대략적인 각본에 따라 연설했다. 회담이 끝날 즈음에 바웬사는 대의원들에게 이렇게 물어야만 한다고 느꼈다. "우리가 한 일이 만족스럽습니까?"

파업참가자들의 대변인들은 자신들이 정직하지 않고 무능하다고 선언했던 정권에 맞서서 노동자의 존엄과 도덕적 가치에 대한 고양된 감정을 그대로 드러내며, 그들 자신과 폴란드 일반 국민들의 지위를 재평가할 것을 주장했다. 정부 측 대표자들은 그들의 대담함을 감수해야만 했다.

간부회 임원들은 매우 분명하게 현실에 대한 정부 측 설명들을 반박하고, 대중의 감정과 경험을 공개적으로 표현했다. 회담이 진행되는 동안 몇몇 중요한 순간들은 솔직히 그동안 숨겨져왔었거나 완곡하게 표현되어왔던 진실을 그들이 큰 소리로 말할 때였다. 자기엘스키는 첫 번째 회담에서 모든 파업참가자들과 협력자들의 안전을 보장했다고 말했다. 바웬사는 응답했다. "우리는 전혀 그렇게 생각하지 않습니다. 많은 사람들이 감옥에 갇혀 있고, 더 많은 사람들이 폭행당했습니다. 이것이 사실입니다"(Kemp-Welch, 1983: 43). 정치적 범죄에 대한 재판에 관한 질문에 바웬사는 다음과 같이 단언했다.

---

5 회담의 전체 회의록이 켐프-웰츠(Kemp-Welch, 1983)에 번역되어 있다.

우리는 그것이 어떤 종류의 재판이었는지 알고 있습니다. …… 왜냐하면 진실은 우리가 그러한 재판들에 출석했다는 것이기 때문입니다. 나는 거기에 있었고, 다른 사람들도 역시 그랬습니다. 나는 솔직하게 터놓고 말할 수 있습니다. 왜냐하면 나는 노동자이고 그 재판들이 짜 맞추어졌다는 것을 돌려서 말하지 않기 때문입니다.

대의원 사무실은 큰 박수 소리로 가득 찼다. 건설노동자 플로리안 비스니에프스키Florian Wisniewski는 이렇게 덧붙였다. "사람들은 무엇이든지 할 수 있었습니다. 나는 그런 경우들을 압니다. 나는 인생을 압니다. 나는 당신이 얼마나 조심해야만 하는지를 압니다"(Kemp-Welch, 1983: 48).

8월 23일 토요일에 열린 첫 번째 회담에서, MKS는 앞으로의 회담을 미리 대비했다. 다른 본부와의 전화 연결을 재개해야만 했다. 정권은 파업이 더 이상 확산되는 것을 막기 위해 그단스크를 봉쇄하고자 시도해왔다. MKS는 자신들의 힘이 파업참가자들이 서로 간에 자유롭게 의사소통할 수 있고 자신들의 새로운 민주주의 투쟁의 범위를 폴란드 노동계급의 광범위한 층으로 확대시킬 수 있는 능력에 달려 있다는 것을 알고 있었다. 정부 측은 몸부림치며 저항했고, 때로는 정부에 대한 노동자들의 견해 속에서 확인되는 빤한 거짓말을 했다. 정치국의 일원인 지엘린크시Zielinksi는 일제히 일어난 저항에 대해 다음과 같이 공언했다.

허리케인이 지난 밤 바르샤바를 지나가며 도시 대부분의 건물들을 파괴했습니다. …… 중앙전화교환국이 완전히 부서졌습니다.

광차 운전사인 헨리카 크르지보노스Henryka Krzywonos는 자신들의 운동의 전반적 성격과 그들의 냉정한 확신을 역설하면서, 왜 그들이 전화를 필요로 하는지를 무뚝뚝하게 설명했다.

우리는 전 폴란드인들이 이곳에서 무슨 일이 일어나고 있는지 알기를 원합
니다. 아니 알 것을 요구합니다. 우리는 전 국민 — 노동자, 고용인, 농민 —
을 대표해서 싸우고 있습니다. …… 우리는 오랫동안 기다려왔습니다. 이
제 우리는 서두르지 않습니다.[박수갈채](Kemp-Welch, 1983: 55)

이틀간의 발뺌 후에, 전화가 재개통되었다. MKS의 결단은 그 이상의 승
리를 거두었다. MKS는 전화를 이용하여 파업을 더 널리 확산시켰다. 어쨌든
사태는 파업참가자들의 방향으로 진전되고 있었다. 두 번째 회담이 열렸던
화요일에, 또 다른 MKS가 브로추아프에 설립되었고, 우지Lodz, 크라쿠프
Krakow, 포즈나뉴Poznan와 소규모 도시에서 파업이 벌어졌고, 많은 곳에서 연
안지역 노동자들과의 연대를 선언하고 21개 요구안을 지지했다(Kemp-Welch,
1983: 188).

정부성명서에 대한 비웃음은 협상을 중단시켰다. 근무시간이 일정하지 않
기 때문에 비밀경찰에게 더 많은 임금을 줄 필요가 있다는 자기엘스키의 제
안은 특별히 더 조롱당했다(Kemp-Welch, 1983: 61~62). 비밀경찰을 비웃을 수
있다니 얼마나 자유롭단 말인가! 자유노조의 파업회보는 2차 회담 후에 지
면을 통해 다음과 같이 논평했다.

이번 회담 분위기는 이전의 회담 분위기와는 전혀 달랐다. 많은 것들이 확
실히 변화했다. 사람들은 웃고, 웃고 또 웃고, 더욱 자유롭게 웃었다!
하지만 우리는 자신이 진실하고 진심을 말하고 있음을 되풀이하는 부총리
의 말이 어떻게 받아들여지는지 알아보기 위해 여론조사를 실시했다. 그 답
변은 만장일치였다. "부총리가 더 많이 그의 진심을 주장할수록, 사무실에

서의 우리의 웃음은 더 진실해진다."(Solidarity Strike Bulletin No.6, 27 August 1980: 18)

MKS는 경제적·정치적 실패의 원인에 대한 이론화된 분석을 제시하면서, 사회적 쇄신의 한 조건으로 그들 나름의 방식으로 정체에 참여해야만 한다고 단호하게 선언했다. 그들은 틸리(Tilly, 1994)가 사회운동 요구들의 핵심에서 발견한 '덕성'뿐만 아니라, 그들 자신의 능력을 공언했다. 그비아즈다는 폴란드 노동계급에 대해 다음과 같이 역설했다.

> 이곳 연안에서 보았을 때, 폴란드 사회는 그것의 합리성과 침착성 그리고 성숙함을 증명해왔다. 사무실에서 '자유노조'라는 단어가 언급될 때마다 들리는 박수갈채는 사람들이 이미 성숙했다는 증거이다.(Kemp-Welch, 1983: 78~79)

노동자 조직은 확신과 함께 새로운 폴란드 권력기구 내에서 하나의 중심적인 자리를 차지하려고 노력하고 있었다. MKS 연설자는 어느 누구도 공개적으로 말하는 것이 허락되지 않았었다는 점을 큰 소리로 말하면서, 사회의 질병에 대한 자신들의 분석을 하나의 분명한 제도적 제안과 결합시키고 있었다. 자신들의 자기조직화를 통해 그러한 연설을 할 수 있게 한 청중들은 스스로 놀랐다.

다음 회담에서, 그비아즈다는 정치범문제를 제기했다. 그는 몇몇 사례들에 대해 상세히 설명하고 다음과 같이 일반화했다.

> 우리는 파업행위 참가자와 그들의 지지자에 대한 개인적 안전을 보장받았습니다. 그리고 그들이 진압되지는 않을 것입니다. 그러나 우리가 전체 공

장연대파업위원회가 범죄자 일당이라고 폭로하는 거짓 증언이 발생되지 않을 것이고 그것에 대한 미리 짜 맞춘 재판이 열리지 않을 것이라고 어떻게 확신할 수 있습니까? 우리가 크게 걱정하는 것이 바로 이겁니다. [박수갈채] …… 이것이 가장 중요한 문제입니다. 우리나라가 민주주의로 평가받을 것인지 아니면 경찰국가로 평가받을 것인지는 그것에 달려 있습니다. 우리는 국민통합이 경찰봉에 의해 강요되는 나라에 살고 있습니다. …… [박수갈채].

자기엘스키는 이렇게 훈계했다. "이러한 진술문은 매우 커다란 영향을 미칩니다. …… 내게는 당신이 문제를 아주 멀리까지 밀고 나가는 것처럼 보입니다." 그비아즈다는 우리는, 아니 국민들은 일반화된 공포 속에 살고 있다고 답변했다.

총리님, 우리는 당신이 모든 죄의 세부사항을 알고 그것들을 설명해주기를 바라지 않습니다. 그러나 우리는 실제의 삶의 모습이 그것들로부터 나오게 할 작정입니다. 일반인들이 경험한 것으로의 삶 말입니다.(Kemp-Welch, 1983: 109)

두 번째 주 동안, 정부의 계획이 실패로 돌아갔다는 것이 명백해졌다. 파업이 마지막 주요 산업지역, 즉 로어실레지아Lower Silesia 탄광지역에서 시작되었다. 정부는 21개 요구사항 모두를 받아들였다. 마지막 회담에서 MKS 분위기는 들떠 있었다. 왜냐하면 승리가 확실히 그들의 지적에 있었기 때문이었다. 실제로 그들은 이미 그들이 새로운 노조를 획득할 것으로 기대하고 있었다. 임금인상요구를 받아들일 수 없다고 말하는 자기엘스키에게, 바웬사는 돈은 "팽창된 국가기구 안에 있습니다"라고 응답했다. 그는 우리가 우리의 노조를 갖게 되면 우리는 돈이 국가 행정기관으로부터 나오지 않을 때

파업할 것이라고 선언했다. "우리는 그들이 그 돈이 왜 우리 것이 되어야만 하는지를 알게 할 것입니다." 그리고 지금은 잘 알려진 거짓말쟁이 지엘린스키Zielinksi가 당원들에게 어떠한 특권도 없었다고 이의를 제기했을 때, 바웬사는 다음과 같은 협박성 약속으로 그 쟁점을 일축했다. "우리는 노조로서 조사할 것입니다. 우리는 철저하게 조사할 것입니다. 우리의 신문들은 발견되는 것은 무엇이든 발표할 것입니다. 우리는 그것을 척결할 것입니다! 따라서 이제는 그것이 문제가 되지 않게 할 것입니다. 우리는 조사할 것입니다!" (Kemp-Welch, 1983: 133).

21개 요구사항과 정치범의 24시간 내 석방약속을 포함한 마지막 협정서의 서명이 전 세계의 TV 카메라 앞에서 박수갈채와 노래와 함께 의례 분위기 속에서 진행되었다. 무등을 타고 조선소 출입문으로 온 바웬사는 엄청나게 환호하며 노래를 부르는 군중에게 연설했다.

결론

그단스크에서와 같은 집합행위의 에피소드들은 강력한 감정적 요소를 지니고 있다. 만약 우리가 감정성과 비합리성 간의 극단적으로 단순화된 결합를 거부한다면, 감정은 그러한 인지적·조직적 발전과정에서 어떤 역할을 수행하는가?

내가 생각하기에, 행동의 감정적 측면을 고립시켜 다루어야 하는 이유는 전혀 없다. 그것은 행위, 담화, 사고의 다른 측면들과 분리되어서는 결코 이해될 수 없다(Coulter, 1986). 오히려 사람들의 행동과 담화의 '감정적-의지적 어조' 또는 '평가적 악센트'가 상황을 만들어내는 특수한 창조적 느낌의 근본적인 요소이다. 감정은 "신비한 방식으로 전체 사건에 매달려 있는" 것이 아니라, 항상 특정한 행위, 대화, 동원의 순간과 결합되어 있는, 즉 항상 상황적이고 관계적인 것이다.[6] 감정은 상호작용의 특징을 서사를 통한 변화라고 규정한다.

그단스크에서 상이한 행위자들의 감정적 어조는 고정되어 있는 것이 아니라 흔들리며, 그들의 특정 상황에 따른 느낌을 표현하기 위해 그 색깔을 바꾸었다. 이를테면 사람들은 두려움에 떠는 자신들을 행위하고 표현했다. 그러나 그들이 **항상** 두려워했던 것은 아니었다. 회고록에 나와 있는 것처럼, 그들이 그 사건에 대해 **상기하는** 것은 감정의 변화였다. 그것은 두려워하다가 웃고, 의심하고 즐거워하고, 연대하고 경멸하고, 근엄하게 침묵을 지키고 격렬하게 큰 소리로 외치고, 돌연한 공포에 빠지고 목가적이었던 순간이었다. 그들이 (그리고 우리가) 그단스크에서 발생한 사건들의 이야기를 이해한 것은 바로 감정적 표현의 변화를 통해서였다.

그러한 사건들에서 특히 중요한 것은 새로운 사회적 관계, 제도, 집합적 권력 내에서 구현된 새로운 생각과 감정의 출현이었다. 그것들은 고립된 정신으로부터가 아니라 의사소통적인 사회적 행위자들 속에서 상호주관적으로 만들어졌다. 새로운 자유노조의 생각은 그것을 그들 자신의 것으로 만들기 시작한 사람들의 많은 목소리를 통해 전달되며, 공유되고 풍부해졌다. 8월에 노동자들은 새로운 조건과 사회적 관계들을 편안하게 느끼는 방법을 배우기 시작했고, 그들 자신의 자서전 내에 파업의 서사를 뿌리내리게 함으로써 그것들을 공동의 의미로 만들었다. 그러한 과정은 항상 위험하고, 열려 있었고, 서로 다르게 진전될 수도 있었다. 만약 이미 존재하던 감정구조가 실제의 표현에서 발견되었다면, 그것의 특정한 형태는 설득력 있게 주장될 것이 틀림없으며, 그 특정한 실제적 형태는 경험에 의해 정당함을 인정받았

---

6 마르크 스타인버그(Marc Steinberg), 개인적 교신.

을 것이다.

주도적 운동가들은 결코 단독으로 전체 전개과정을 틀 짓지 않았다. 분명 그들이 먼저 자유노조에 대한 전반적인 열망을 표현했지만, 그들은 많은 다른 사람들과의 실제적인 상호작용을 통해서만 그들이 지향하는 생각의 가능한 의미와 실행가능성을 탐색하고 그것에 구체적인 형태를 부여할 수 있었다. 다수의 사람들을 그들의 대의에 동원하는 과정은 무수한 목소리들을 전체 의사결정과정에 덧붙였다. 그리고 계속 확대되는 파업참가자 단체가 끊임없이 변화하는 제약조건과 가능성 내에서 (때로는 매우 신랄하게) 토의를 거듭하면서, 거대한 열정적인 집합적 대화가 그들의 생각을 구체화하고 새로운 형태의 사회조직을 단단하게 만들었다. 이처럼 그단스크에서 발생한 과정은 하나의 **상호작용적 발견**이었다.

르 봉에서 시작되는 전통에서, 집합행위에 참여하는 개인들은 군중감정에 압도되어 그들의 정체성과 합리성을 상실한다. 하지만 군중감정이 정체성과 합리성을 **변화시켰다고** 주장하는 것이 더 유익하다는 것은 분명하다. 한 대화적 이야기 속에서 우리는 사람들이 감정적 색깔로 가득 찬 의사소통행위 과정 속에서 자신의 정체성의 의미를 변화시키고 새로운 개인적·사회적 정체성을 채택하는 것을 발견한다. 돌출되었던 서로 다른 정체성들(Reicher, 1996a, 1996b)은 정권과의 그리고 자신들과의 상호작용을 통해 정체성을 상실하는 것이 아니라 정체성을 **형성하는** 과정에서 변화한다.

그단스크에서 우리가 관찰한 것은 새로운 행위와 사고의 가능성을 제공하고 제약하는 방식 속에서 사고와 감정의 전체 지형이 변화했다는 것이다. 그들이 이룩한 성과의 **내용** 때문에, 그단스크의 열정적인 목소리는 또다시 들려야만 한다.

11

자선단체의 공감정치

'하느님의 대사' 섬기기와 '쇠락하는 계급' 구하기*

레베카 안네 알라야리

자선행위와 사회운동 행동주의는 종종 일치하지 않는 것으로, 심지어는 모순되는 것으로 이해된다. 나는 자원봉사자들이 어떻게 노숙자들과의 관계를 경험하는지를 이해하기 위해, 캘리포니아 새크라멘토 빈민들에게 식사를 제공해온 두 개의 가장 큰 자선단체 자원봉사자들 사이에서 현지조사를 실시했다.[1] 자선관계와 그것이 이루어지는 장소의 미시정치(Clark, 1990)에 대한 나의 관심은 두 개의 매우 상이한 단체의 가장 헌신적인 자원봉사자들이

---

* 나는 제프 굿윈, 제임스 M. 재스퍼, 프란체스카 폴레타와 '감정과 사회운동' 학술회의에 참석했던 사람들에게 감사를 표하고 싶다. 또한 엘렌 K. 스콧(Ellen K. Scott)과 제임스 F. 브룩스(James F. Brooks)의 격려와 통찰에도 감사를 표한다.
1 알라야리는 『자선에 대한 시각들: 자원봉사자들과 도덕공동체(Visions of Charity: Volunteer Workers and Moral Community)』(2000)에서 빈민들에게 식사를 제공하는 일에 헌신해온 두 개의 기독교 자선단체들 내에서 일어나는 도덕적 자기향상정치를 비교한다.

도덕적 자기향상을 위해 노력하는 것에 대한 보다 구체적인 관심으로 발전했다. 나는 이 연구를 내가 도덕적 자기 만들기[moral selving] — 즉 자신을 더 덕이 있고 종종 더 영적인 사람으로 만들기 — 라고 부르게 된 것을 고찰하는 것을 축으로 하여 구성했다. 나는 어떻게 개인적 덕행에 관한 이러한 관심이 노숙자들을 돌보는 일상적 행위를 넘어서 봉사활동이나 사회운동 행동주의 속에서 정치적 행위영역으로까지 확장되는지를 관찰했다.

도덕적 자기 만들기는 심히 감정적이다. 그러나 그것은 단지 감정을 경험하거나 관리하는 것에 관한 것만은 아니다. 오히려 그것의 초점은 더 나은 사람을 만드는 것에 맞추어져 있다. 이것은 단지 개인의 내면뿐만 아니라 외면을 관리한다. 가톨릭워커[Catholic Worker] 자선단체인 오병이어에서는 직원과 '상근 자원봉사자들'(대부분 중간계급이며, 주로 백인들로 구성된)이 빈민들을 보다 연민과 사랑을 가지고 대하고자 노력했다. 반면에 구세군[The Salvation Army]에서는 주방직원들과 '선발된 자원봉사자들'(대부분 노동계급이자 남성들로, 다수가 유색인들이고 많은 수가 이전에 노숙자였던 사람들로 구성된)이 마찬가지로 다른 빈민들에게 더욱 책임을 다하려고 노력했다. 우리는 두 환경 모두에서 인류학자 캐더린 A. 루츠(Catherine A. Lutz, 1988: 213)의 표현으로, "가치와 헌신에 대한" 감정이 어떻게 "처음에 느껴지는지"를 살펴볼 것이다. 빈민들에게 식사를 제공하는 자선활동은 우파적 복지국가질서와 관련한 정치적 이데올로기가 초래한 윤리적·감정적 결과와 싸울 것을 요구한다.

나는 여기에서 내가 수행해온 참여관찰, 심층면접 그리고 단체의 간행물과 지역신문기사에 대한 내용분석에 의거하여,[2] 내가 빈민돌봄의 공감정치[felt

---

2 현지조사는 1991년부터 1994년까지 진행되었다. 반면에 단체의 간행물에 대한 내용분석은 그것에 앞서서 그리고 그와 동시에 수년간 이루어졌다. 나는 두 단체의 공감정치활동을 추적하지만, 특히 1998년에 지역신문 ≪새크라멘토 비(Sacramento

politics of caring for the poor라고 부르는 것을 고찰하고자 한다. 공감정치는 시민단체 참여자들 속에서 그들에 의해 불러 일으켜진 감정과 도덕을 의미한다. 감정이 "사회운동 속에서 그리고 그것을 중심으로" 소용돌이치는 것과 마찬가지로(Jasper, 1998), 감정과 도덕은 시민단체—그것이 분쟁단체든, 도덕적 저항 집단이든(Jasper, 1997), 자선단체나 자발적 단체든 또는 그것들을 결합한 단체든 간에—속에서 그리고 그것을 중심으로 소용돌이치고 있다. 감사(Hochschild, 1989)와 동정심(Clark, 1997)과 같은 감정을 느끼는 경험이 사회운동을 포함하여 타자와 시민결사체에 대한 우리의 헌신을 틀 짓는다. 조금은 더 탈육화脫肉化된 '감정정치politics of feeling'(Morgen, 1995)와 대조되는 공감정치는 참여자들을 조직문화 속으로 통합시키는 데 있어 정치경험이나 정치적 느낌과 그것에 내재하는 도덕의 중요성을 강조한다. 만약 감정이 사고/감정의 분할을 해소하는 '육화肉化된 사고'로 설명될 수 있다면(Rosaldo, 1984: 143), 공감정치는 우리에게 어째서 도덕 역시 육화된 사고인지에 대해 주목하게 한다. 즉 우리는 정치를 옳은 것 또는 그릇된 것으로 느낀다.

물론 분쟁단체, 자선단체, 사회운동은 서로 다른 형태의 사회단체를 대표한다. 나는 1994년에서 1998년 사이에 캘리포니아 새크라멘토에서 활동한 자선단체의 공감정치 이야기를 통해 몹시 견고한 경계, 특히 자선단체들과 사회운동단체들 간의 경계를 흐리게 만들고자 한다. 구세군 또는 오병이어가 이 기간 동안 노숙자들의 돌봄을 둘러싼 분쟁정치 속에서 어떻게 자신들의 활동을 진척시켜왔는지를 이해하기 위해서는, 우리는 자선단체들이 언제 그리고 어떻게 사회운동 활동가가 되는지를 고찰할 필요가 있다. 우리는 또한 정부정책과 지역정치 간의 관계가 어떻게 그것에 저항하거나 지지하는, 서로 각축하는 공감단체들을 만들어내는지, 그리고 때로는 후자 단체를 강

Bee)≫에 보도된 오병이어의 활동에 초점을 맞출 것이다.

력한 도덕적인 양심적 지지자로 만드는지에 대해 고찰할 필요가 있다. 마지막으로, 우리는 단체의 혼종성을 고찰하는 데 주의를 기울일 필요가 있다. 이를테면 어떻게 단체들이 자선활동과 사회운동 행동주의와 같이 표면상으로는 조화되지 않는 활동들을 실행하기 위한 장을 제공할 수 있는가?[3]

오병이어와 구세군이 실천하는 돌봄의 공감정치는 세 개의 상호구성적인 지평, 즉 개인의 도덕적 자기 만들기, 조직의 감정문화, 그리고 자선활동과 사회변화를 둘러싼 지역정치에 걸쳐 있다. 여기서의 분석은 우리의 관심을 가장 직접적으로 사회운동정치로 돌리기 위해 나중의 두 가지에 초점을 맞출 것이다. 나는 자선행위의 두 가지 환경과 그것의 도덕적 수사修辭에 대한 간략한 묘사로부터 시작할 것이다. 이 두 단체 중 하나에 자발적으로 참여하는 것은 자선행위에 대한 그 단체의 특수한 수사 또는 그 단체 속에서 "작동하고 있는 이데올로기"에 동화되는 것이었다(Fine and Sandstrom, 1993). 이러한 간결한 묘사는 이 두 단체가 장소의 미학과 그 조직의 이데올로기에 의존

---

3 자선단체들 사이에서 나타나는 단체의 혼종성에 대한 고찰은 사회운동 행동주의가 자조의 정치, 자선 또는 박애와 교차할 수 있다는 것을 보여준다. 이를테면 논문 모음집인 『인정 많은 여성에 대한 재고: 여성, 자선, 권력(Lady Bountiful Revisited: Women, Philanthropy, and Power)』(McCarthy ed., 1990)은 어떻게 여성들이 자선적 기부행동을 정치적 행동주의와 결합시켜왔는지에 대한 역사적 사례들을 제시한다. 데이비드 와그너(David Wagner, 1993)는 노숙자들 사이에서 결성된 자조집단에 대한 간결하지만 호의적인 하나의 설명에서, 몇몇 노숙자들이 자조, 자선, 정치를 또 다른 노숙자들을 돕기 위한 하나의 전략으로 결합시키고 있음에 주목한다. 베르타 테일러(Verta Taylor, 1996)는 페미니즘, 자조, 산후우울증에 관한 자신의 고찰에서, 산후우울증에 대응하여 조직된 자조집단들이 여성들의 육아경험에 대한 페미니스트들의 비판을 수용하고 있다고 주장한다. 마지막으로 "자선이 아니라 변화"라는 슬로건을 뒷받침하는 데 전념해온 소규모 자선재단에서의 현장조사는 수잔 오스트랜더(Susan Ostrander, 1995)가 '사회운동자선(social movement philanthropy)'이라고 명명한 것을 고찰하게 하는 결과를 낳았다.

하고 있기 때문에, 이 두 장소의 매우 상이한 감정문화를 이해할 수 있게 하기 위한 것이다. 그 다음에 나는 관심을 노숙에 반대하는 지역사회운동과 그러한 정치 내에 오병이어와 구세군을 위치시키는 데로 돌릴 것이다. 오병이어와 구세군에서 이루어지는 자선행위의 공감정치는 이러한 증대하는 도시 위기를 다루는 최선의 방법에 대한 매우 다른 두 시각을 반영하는 것이었다.

환경: 빈곤을 개선하는 감정문화 창출하기

녹색으로 치장된 건물들과 조경이 잘 되어 있는 거리와 함께, 오병이어는 사회서비스 단지(식당, 도서관, 공원 그리고 학교를 포함하고 있는)를 매일 방문하는 수많은 자원봉사단체들과 빈민들을 환영하는 듯한 외관을 하고 있다. 가톨릭워커스Catholic Workers가 설립한 오병이어는 오직 개인기부금과 자원봉사자에게만 의존하여 매일 오전 11시 30분에 600명에서 1,300명분의 식사를 제공한다. 주로 백인 그리고 자주 주로 여성들로 이루어진 종교단체 또는 시민단체에 의해 조직된 다양한 집단들이 한 달에 한 번씩 하루분의 식량 또는 식량 구입을 위한 돈을 오병이어에 제공하는 책임을 졌고, 자원봉사자 풀이 대략 아침 8시부터 11시까지 식사를 준비하여 새크라멘토 빈민들에게 점심식사를 제공했다.

오병이어의 도덕적 수사 내에서 빈민들은 '하느님의 대사大使'인 것으로 이해된다. 그리고 그들은 꽃과 목재의자로 꾸며진 장소에서 자원봉사자들로부터 배식을 받았다. 1992년 부활절/봄 소식지에 따르면, 빈민은 하느님의 자녀이자 우리의 형제요 자매라는 시각에서, 오병이어는 그들을 '수혜자'가 아니라 '손님'으로 인식했다. 1993년 10월 소식지의 표현으로, 빈민들을 손님으로 간주하는 것은, "우리의 보잘 것 없는 시설의 문에서 자기 자신을 발견하는 이러한 사람들이 누군가에게 속해 있다는 것을 우리에게 상기시켜준다. 그들은 누군가의 아들이고, 누군가의 딸이다. 오병이어에 있는 우리는 근본적으로 그들을 사회에 복귀시키거나 구원하기 위해 또는 재교육시키기 위해 그들과 함께 이곳에 있는 것이 아니다." 가톨릭워커스의 인격주의적 환대는 개인이 빈민에 대해 책임을 질 것을, 모든 사람을 존엄하게 대우할 것을, 그리고 국가에 자선을 베풀게 하는 것이 아니라 오히려 빈민들을 하느님의 대사로서 사랑으로 맞이할 것을 요구했다.

몇몇 규칙들이 비폭력 원칙을 벗어난 손님들의 행동을 통제했고, 그것은 오병이어 직원들과 '거리의 감시자'에 의해 강화되었다. 여성과 아이들은 남성과 따로 식사하는 것을 선택할 수 있었다. 손님들은 매 식사와 함께 그들에게 제공되는 빵과 과일을 가져갈 것인지 아니면 오병이어에서 먹고 갈 것인지를 선택할 수 있었다. 손님만이 아니라 자원봉사자들에게도 주어져 있는 선택권은 오병이어의 인격주의적 환대의 기저를 이루는 것이었다. 이것은 초기 환대의 집Houses of Hospitality의 관행을 수정한 것으로, 그러한 선택권 속에서, 자원봉사자들은 그들이 감정적으로 부담이 되는 또는 육체적으로 힘이 들거나 심지어 더러운 것으로 경험할 수도 있는 일을 맡을 것인지 말 것인지를 선택할 수 있었다. 이를테면 자원봉사자들은 대기행렬을 감시하고 배식을 기다리는 손님들 사이에서 발생하는 긴장을 진정시키는 유급 직원(대부분 유색인종 남성)을 도울 것인지를 스스로 선택할 수 있었다. 또한 몇몇 자원봉사자들(그리고 대부분의 남성들)은 접시를 닦거나 식사 후 바닥을 청소하는 힘든 일을 하는 직원들(대부분 유색인종 남성들)을 도왔다. 더 많은 자원봉사자들(남성과 여성 모두)은 접대를 돕고 식사를 하는 동안 식당에서 청소하는 일을 맡은 직원(보다 더 주로 여성들)을 돕는 것을 선택했다. 많은 자원봉사자들은 아침 일찍 도착하여 음식을 준비하고 배식시간 전에 떠났다. 또 다른 자원봉사자들은 배식을 도와주기 위해서만 왔다. 요컨대 오병이어에서 행해지는 자선활동의 관행은 존엄, 존중, 그리고 손님과 (인격주의적 환대의 예기치 못한 상황에서) 자원봉사자들의 선택을 강조했다.

간선도로 교차로 저편 약 한 블록 반쯤 아래에, 철사를 다이아몬드 모양으로 엮은 울타리로 둘러쳐진 구세군 보호서비스센터가 있다. 노숙자들은 그곳에서 '보호소 내부In-house' 거주자로 30일 동안 살 수 있다. 이 시설은 이데올로기적으로 다음과 같은 1890년 윌리엄 부드William Booth 장군의 '피난처' 구상을 여전히 충실하게 유지하고 있었다. "이러한 피난처들은 불쌍하고 가난한 사람들을 한데 모아, 그들의 절박한 긴급 필수품을 공급하고, 일시적인 일자리를 제공하고, 그들에게 미래에 대한 희망을 고무하고, 도덕적·종교적 영향에 의한 갱생의 과정을 즉시 시작할 것입니다"(Booth, 1890: 92).

새크라멘토에 위치한 보호서비스센터에서 보호소 내부 거주자들 — 그들의 대부분은 노동계급 남성들이고, 그중 많은 사람이 유색인종 남성들이다 — 의 일부는 일손이 부족한 주방에서 자원해서 일했다. 낮에 일자리를 찾는 것이 면제된 또 다른 사람들은 구세군 직원들의 배식 이후인 정오에 점심식사를 했다. 겨울 몇 달 동안 주방에서는 또한 '제2 보호소' 노숙자들을 위해 오후 식사를 준비했다. 이들은 멀리 떨어진 곳에서 새크라멘토 박람회장인 칼 엑스포Cal Expo에 위치한 긴급보호소로 버스로 운송된 사람들이다. 이 보호소는 이전에는 4-H 창고였다가 2단 침대를 갖춘 기숙사로 개조되어 새크라멘토 카운티를 대신하여 구세군 군인이 운영하고 있었다. 구세군 자원봉사자들에는 보호소 내부 거주자들, 제2 보호소의 일부 노숙자, 이전에 보호소 내부 거주자였던 소수의 사람들, 그리고 법원에서 캘리포니아주 대체형벌 프로그램을 통해 지역사회 봉사활동을 명령받은 사람들이 포함되어 있었다. 구세군에는 소수의 교회 자원봉사자들이 있었고, 번스 경비대가 구내를 순찰했다.

구세군의 군대식 모델은 일련의 명령(군대식 이름을 하고 있는)으로 특징지어진다. 그것을 통해 구세군 군인들과 민간직원들은 "마음은 하나님께 손길은 이웃에게Heart to God and Hand to Man"라는 자신들의 모토를 '쇠락하는 계급'의 덫에 빠진 사람들을 구하기 위해 확대한다. 이러한 '근육적 기독교Muscular Christianity'의 전통 속에서, 프로테스탄티즘의 인격 발달에 따른 사내다움에 대한 강조는 남성의 노동역할을 종교적 정체성의 중심에 위치시킨다(Bederman, 1989; Bendroth, 1993). 신병은 직원과 짝을 이루어 절제와 생산성을 높이 평가하는 노동윤리를 훈련받는다. 오병이어의 자원봉사자들과는 대조적으로, 자원봉사자들은 대부분 남성 노동계급의 배경을 가지고 있었고, 그중 대부분은 술과 마약문제 또는 법원의 대체형벌 프로그램으로 명령받은 자원봉사시간이라는 낙인과 싸우고 있다. 알코올중독자 갱생 단체인 익명의 알코올중독자들Alcoholics Anonymous의 도덕개혁수사는 쉽게 구세군의 노동윤리수사로 수렴되었다. 익명의 알코올중독자들의 원칙과 보호서비스센터의 규칙들은 남성우월주의적 문화를 구조화했다. 그 문화 속에서 자원봉사자들은 직원이 될 수도 있었고, 자원봉사자와 직원 모두는 고된 노동과 자기규율을 통해 다른 사람들이 빈곤과 절망으로부터 벗어나는 것을 돕기 위해 노력했다.

구세군이 결코 감옥은 아니지만, 구세군에 구축된 환경의 여러 측면들은 시간표, 몸짓, 감시, 엄밀한 통제체계에 관심을 기울이는 등, 미셸 푸코가 그의 고전적 저서 『규율과 처벌Discipline and Punish』(1979)에서 묘사했던 감옥의 규율을 흉내 내고 있었다. 하지만 엄격한 규칙에도 불구하고, 동지애라는 감정이 자주 보호서비스센터를 지배했다. 오병이어에서는 계급과 인종분리로 인해 자원봉사자들이 겪는 불편함을 덜어주기 위해 빈민들과의 상호작용이 자주 여전히 정숙한 중간계급예법을 따르고 있는 반면, 구세군에서 관찰되는 농담과 주방 라디오를 따라 부르는 노래는 경험의 공유에 따른 더 큰 친밀성을 반영하는 것이었다. 구세군주의를 신봉하는 많은 남성들은 그것의 엄격한 위계질서를 찬성했다. 그리고 그들은 오병이어를 여성과 아이들의 대우와 관련해서는 훌륭한 단체이지만 남성들에게는 부적절한 단체라고 묘사했다. 또한 바로 그 남성들이 종종 오병이어의 최소한의 규칙을 도덕적 파탄으로 묘사했다. 하지만 여성들의 경우, 훨씬 더 적은 수만이 구세군을 자신들을 기꺼이 환영했던 오병이어와 같은 피난처라고 느꼈다.

두 단체 모두는 내가 빈민들에게 식사를 제공하는 일을 하는 헌신적인 자원봉사자들이라고 칭한 사람들에게 크게 의존했다. 오병이어의 상근 자원봉사자들(종교적 또는 비종교적인 토대에 기초한)과 구세군의 선발된 자원봉사자들(자주 이전에 노숙자였던 사람들로 구성된 보호소 내부 거주자들과 법원이 명령한 대체형벌 프로그램에 참여하는 자원봉사자들 모두)은 자신들이 활동하는 장소에 특유한 자선행위의 도덕적 수사를 충실히 지지하는 것을 통해 스스로 자기 향상에 헌신했다. 물론 대부분의 구세군 자원봉사자들에게 제도적 규칙에 대한 헌신은 그들이 법원 판결을 이행하거나 재정적 독립을 이루기 위해 노력할 때 더욱 중요한 것이었다. 하지만 두 단체 모두에서 감정과 도덕이라는 한편과 자선행위와 사회운동이라는 다른 한편 간의 연계관계는 직원들을 고찰해볼 때 가장 분명하게 드러났다. 오병이어나 구세군 모두에서 직원들은 하워드 베커Howard Becker의 용어로 '도덕적 기업가moral entrepreneurs'로 일했다. 즉 그들은 빈민들을 가장 잘 도울 수 있는 방법에 대한 자신들의 시각과 일치하는 조직의 구조와 규칙을 창출하여 실행하기 위해 운동에 참여해왔다.

도덕적 운동가들은 전형적으로 그들보다 낮은 지위에 있는 사람들이 더 나은 지위를 획득하는 것을 돕고자 한다. 그들보다 낮은 지위에 있는 사람들이 그들의 구원을 위해 제시된 수단을 항상 좋아하지 않는다는 것은 또 다른 문제이다. 그러나 이러한 사실 — 도덕적 운동은 전형적으로 사회구조의 높은 지위에 있는 사람들에 의해 지배된다는 사실 — 은 그들이 그들의 도덕적 입장의 정당성으로부터 획득한 권력, 즉 사회에서 그들이 차지하는 우월

한 지위로부터 획득한 권력을 증대시킨다는 것을 의미한다.(Becker, 1973: 149)

따라서 새크라멘토의 노숙자 식당, 노숙자에 대한 감정 그리고 노숙에 반대하는 사회운동의 조직화에 관한 이러한 논의에 대한 나의 이론적 접근방식은, 내가 문화가 "사람들이 인식을 공유할 때 어떻게 협력하여 행위하게 되는지를 설명한다"는 가정에 입각하여 각각의 환경에서 직원들이 어떻게 "문화를 만들어내는지"를 추적한다는 점에서, 베커(Becker, 1986: 13)의 상징적 상호작용 이론의 발자취를 따르고 있다. 도덕적 수사를 행위의 이데올로기로 취급하는 이러한 접근방식은, 개인과 집단이 문화를 만들어내는 것처럼, 직원들이 자선행위의 도덕적 수사의 창조와 재창조를 통해 이데올로기를 만들어낸다고 가정한다. 도덕적 수사와 그것의 정책으로의 전환에 대한 이러한 검토는 어떻게 각 단체의 프레이밍 이미지와 은유가 하느님의 대사로서 섬기기와 쇠락하는 계급 구하기라는 매우 다른 공감정치를 통해 "구조 속으로 침전하게" 되었는지를 보여준다[Busch, 파인(Fine, 1992: 96)에서 인용함].

공감정치에서의 감정과 도덕의 상호작용

오병이어와 구세군에서 활동하는 자원봉사자들, 그리고 특히 직원들은 국가와 독특하고 결정적인 관계를 맺으면서 자선행위의 정치적 전통에 참여한다. 1982년에 연방정부와 주정부는 사회서비스 부문의 약 40%의 자금을 제공했다. 나머지는 영리 부문이 4%, 그리고 자원봉사 부문이 56%를 제공했다(Salamon, 1987: 103). 하지만 대부분의 자원봉사 부문은 정부로부터 보조금을 지급받았다. 따라서 자원봉사 부문은 도시지리학자 제니퍼 월치(Jennifer

Wolch, 1990: xvi)가 '그림자 국가shadow state'라고 불러온 것 속에 살고 있었다. 그에 따르면, "준準국가기구는 전통적인 민주주의 정치 밖에서 관리되고, 이전에 공공 부문이 담당했던 주요한 집합적 서비스 ― 하지만 여전히 국가통제의 범위에 머물러 있는 ― 를 책임지고 있는 다양한 자원봉사 부문들로 이루어져 있다."

그림자 국가 내에 확고하게 위치한 구세군의 경우, 보호소 내부 자원봉사자들과 선발된 자원봉사자들은 정부의 관료제적 요구에 따라 국가에 등록되었다. 분명 '비영리 고용단체'(Smith and Lipsky, 1993)인 구세군은 사회복귀를 목표로 하는 자선활동을 전문화했고, 그것을 통해 국가의 사회복지정책 과업을 수행했다. 이와 대조적으로 모든 정부기금을 거부하고 대부분의 정부 프로그램과 거리를 두어온 오병이어 직원들은 그림자 국가에서까지 밖에 남고자 노력했다.⁴ 오병이어 직원들은 정치적 행위에서 자유를 유지하고자 상당한 노력을 기울였다. 하지만 1990년대 중반 경에 오병이어는 그 스스로 모든 부문(이웃, 지역사회의 성원, 정부의 관리, 빈민 그리고 오병이어 그 자체)으로부터 도덕적으로 당연한 비난을 받던 새크라멘토 시와의 감정이 실린 싸움을 벌이다가, 자신이 곤경에 처해 있음을 발견했다. 월치(Wolch, 1990: 217)는 그림자 국가 내에 있는 자원봉사단체들이 어째서 특히 정부규제와 보조금 철회에 취약해지는지에 주목했다. 그러나 구세군은 비록 정부의 재정지원

---

4 심지어 오병이어와 같은 비영리지위를 가진 단체조차도 국가의 범위 내에 머물러 있었다(McCarthy, Britt and Wolfson, 1991). 이를테면 그러한 단체들은 세금과 우편 요금 요구에 응해야만 한다. 그리고 어쩌면 가장 중요하게도, 우리가 나중에 살펴보듯이, 그들은 또한 지역의 「토지용도규제법(zoning law)」을 준수해야만 하고, 정치 후보자의 지지라는 강제에도 따라야만 한다. 하지만 노숙자 사회운동단체들이 비영리법인으로 전환하는 경로에 관한 분석에서, 다니엘 M. 크레스(Daniel M. Cress, 1997)는 정치적 중용은 비영리단체의 지위 그 자체가 아니라 단체가 그러한 형태를 채택하게 되는 경로와 함수관계에 있다고 주장한다.

증대를 위해 끊임없이 로비활동을 벌이기는 했지만, 빈민들을 위한 주거, 급식 그리고 사회복귀 등의 지방정부정책을 별 탈 없이 수행했다.

1994~1995년 겨울에 새크라멘토 구세군은 사회서비스 공급을 위한 다른 정부기금뿐만 아니라 칼 엑스포의 제2 보호소를 관리하기 위해 새크라멘토 카운티 복지국으로부터 매달 약 7만 달러를 받았다(Guyette, 1994: 13). 직원들은 진정한 복지를 제공하기 위해 직원의 충원을 기대했다. 보호서비스센터의 구세군 군인들과 많은 민간직원들 그리고 선발된 자원봉사자들은 새크라멘토의 사회통제조치들을 받아들였다. 새크라멘토 보호소서비스 활동은 구세군 군인들은 자신들의 신에 대한 깨달음에 기초하여 "당당하게 말하고 국가정책의 중심에서 행동해야 한다"는 1994년 미국 사령관의 명령을 분명하게 따르고 있었다.

> 우리는 신중한 말과 이치에 닿는 행동으로, 종교의 설립 및 종교의 자유와 관련한 분쟁에 연루되지 않는, 완전한 구세군 프로그램을 운영하기 위해 정부보조금에서 우리의 몫을 요구하고 기대한다. 만약 우리가 그러한 활동을 하면서, 우리 스스로가 특정 종교의 시설물 또는 종교의 자유의 남용으로 해석될 수 있는 의식儀式에 연루되어 있지 않다고 확신한다면, 구세군이 어떤 프로그램을 위해 정부에 지원금을 신청하는 것을 망설일 이유는 전혀 없다.(Hodder, 1994: 4)

새크라멘토 사회서비스센터의 구세군 군인과 민간직원들은 사회복귀와 주거를 위해 더 많은 정부지원금을 요청했다. 사회서비스센터의 직원들은 수혜자들과의 대면적 상호작용을 통해 정부정책을 실행하는 '거리 수준의 관료들'(Lipsky, 1980)로 이해되기도 했다. 그들은 노숙자들을 위한 작은 집을 마련하기 위해 시의회에 압력을 가하는 로비활동에 참여했고, 시의회는 사회복귀센터로 계획된 건물 옆에 있는 구세군 소유지에 노숙자들을 위한 작은 집을 짓기로 결정했다. 그곳의 신병 상담자인 케빈Kevin의 표현으로, 이 계획은 더 많은 사회서비스 지원금을 받고자 하는 직원들의 관심을 반영하는 것이었다.

> 내가 본 것은 이렇습니다. 만약 우리가 더 많은 사회서비스에 관여할 수 있다면, [구세군 군인은] 그와 관련된 노력을 더욱 경주할 것이라고 생각합니다. 게다가 만약 우리가 더욱 치밀해지고 더욱 도움이 될 수 있다면, 우리는 이곳에 있는 사람들과 함께 더욱 더 성공을 거둘 수 있을 것이라고 생각합니다.

시장市長 소속 노숙문제위원회에서 일했던 주택관리사인 데이브Dave는 케빈의 의견을 되풀이했다.

> 그들은 다음 달에 새크라멘토에서 정신건강문제에 관한 워크숍을 가질 것입니다. 그리고 그것은 모든 사람들과 함께하는 브레인스토밍 회의brain-storming meeting와 흡사할 것입니다. 모든 의사결정자들, 즉 경찰국, 정신건강센터, [진료소], 보호소 등의 관계자들이 참여할 것입니다. 그리고 우리는 브레인스토밍 하고자 노력할 것이고, 몇몇 해결책들을 찾아낼 것입니다.

자선에 대한 이러한 시각 속에서 도덕적 갱생은 자선활동의 주요한 관심의 초점으로 작용했다. 케빈은 수혜자들 사이에서 성공적인 도덕적 자기 만들기를 위한 적절한 목표를 설정했다. 그는 이렇게 말했다. "내가 **느낀** 것, 즉 내가 깨달은 것은 필시 우리가 만나는 모든 사람들 중에 아마도 10% 내지 15%의 사람들이 **실제로** 뭔가에 집착해서 그것을 하고자 한다는 것입니다."

국가는 구세군이 쇠락하는 계급을 구하고자 하는 일에 자원을 제공했다.

구세군의 사회복귀와 훌륭한 부양자 역할에 대한 관심은 자활노동자를 만들어내고자 하는 국가의 관심과 일치했다. 구세군 보호서비스센터의 근육적 기독교는 전통적인 남성 정체성에 훨씬 덜 문제를 야기하는 방식으로 그들을 지원했다. 술과 마약 복용으로 손상된 사람들을 구하고 노동자를 창출해내는 것에 대한 관심은 많은 남성들에게 환영받았지만, 구세군 직원들로 하여금 노던캘리포니아에서 있었던 빈곤의 구조적 원인에 대한 강력한 비판에서 떠나 지방정부와 공생관계에 들어가게 했다.[5] 직원들은 빈곤해결을 돕기 위한 프로그램들을 계발하는 업무를 담당하는, 지방정부가 후원하는 위원회에 참여했다. 따라서 놀랄 것도 없이 구세군의 관점은 사회운동보다 사회서비스기관의 관점과 더 닮아 있다.

자선에 대한 시각 차이는 지리적으로 인접한 두 이웃 간의 관계에 긴장을 불러일으켰다. 이를테면 구세군이 오병이어와 어떠한 종류의 업무관계를 맺고 있었는가에 대한 질문에 답하여 데이브는 다음과 같이 설명했다.

> **우리** 구세군은 이 분야에서 제법 큰 단체**입니다.** 우리는 새크라멘토에 있는 대부분의 다른 서비스 제공자들보다 더 많은 자금원을 가지고 있습니다. 그렇기 **때문에**, 나는, 적어도 **나는** 또 다른 기관들이 많이 분노하고 있을 것이라고 생각합니다. 지금 나는 우리가 함께 일하지 않는다고 말하려는 것이

---

5 구세군에서 이전에 노숙자 자원봉사자로 헌신적으로 일했던 (내가 만난) 많은 사람들의 이야기는 주류 민족지적 전통에서 발견한 이야기들과는 뚜렷하게 대비된다. 후자의 이야기들은 구세군은 기껏해야 귀찮게 붙어 다니며 편의를 봐주는 자선단체이고, 가장 나쁘게 말하면 억압적이고 자존심을 상하게 하는 제도라고 주장한다. 나의 현지조사는 선발된 자원봉사자들 중 일부가 구세군이 제공한 정신건강과 물질적 이득을 기꺼이 받아들였다는 것을 보여준다. 알라야리(Allahyari, 2000)를 보라.

아닙니다. 왜냐하면 우리는 함께 일하고 있기 때문입니다. 날마다 오병이어 뿐만 아니라 다른 모든 단체들과도 함께 일하고 있습니다. 그러나 나는 거기에는 어쩐지 우리를 향한 근원적인 분노가 존재한다고 생각합니다.

데이브는 오병이어가 그들의 손님에 대한 규칙을 가지고 있지 않다고 비판했다.

> 그들은 게다가, 그들은 수혜자들에게 전반적인 지침들을 제시하지 않는, 않는 것으로 보입니다. 당신도 알다시피, 그들은 수혜자에게 그들이 제일 좋아하는 일을 하게 내버려두는 쪽에 가깝습니다. 그리고 우리는 조금은 더 체계를 부여하려고 합니다. 나는 …… 누군가를 돕는 것과 누군가에게 권한을 부여하는 것 간에는 미세한 경계가 존재한다고 생각합니다. 당신도 알다시피, 저는 그것이 가장 중요하다고 생각합니다. 말하자면 우리는 그 문제에 대해 조금 다르게 생각합니다. 그러나 우리는 그들과 함께 많은 일을 합니다.

구세군의 노동윤리는 데이브로 하여금 오병이어를 그들의 손님들에게 "권한을 부여하는" 단체라고 특징짓게 한다.

이와는 대조적으로 크리스 델러니Chris Delany — 그녀는 남편인 댄 델러니Dan Delany와 함께 오병이어의 창립회원이다 — 는 노숙자들에게 권한을 부여하기보다 "우리는 단지 사람들이 매일 매일 목숨을 부지하는 것을 도우려고 노력할 따름입니다"라고 영성수련회 참가자들에게 설명했다. 구세군이 사회복귀 1개년 프로그램을 제공하려는 계획에 대해, 그녀는 그들은 노숙자들이 무엇을 필요로 하는지와 관련하여 그들의 기대를 '현실화'할 필요가 있다고 선언했다. 또 다른 행사에서 자원봉사자 코디네이터는 오병이어의 많은 손님들이 구세군에 가는 것을 좋아하지 않는다고 설명했다. 그녀는 "우리의 손님들은 우리에게 구세군이 그들에게 감옥을 떠오르게 한다고 말합니다"라고 말했다. 하지만 같은 오리엔테이션 시간에 자원봉사자 코디네이터는 오병이어의 '식사 순서'가 아이가 있는 사람들에게 최고의 서비스를 제공하게 한다는 점을 인정했다. 그녀는 "우리는 남성들에게는 훌륭한 서비스를 제공하지 않습니다"라고 말했다.

구세군 군인과는 매우 대조적으로 가톨릭워커스는 그림자 국가에 참여하여 후원금을 받는 것을 비난해왔다. 비록 오병이어가 정부의 잉여식량을 받기는 하지만, 그들은 정부지원금을 멀리했다. 그들의 1993년 최종 세금신고서는 약 175만 달러의 개인기부금이 '믿음은행Bank of Faith'에 기부되었다는 것을 보여주었다. 개인과 소규모 단체의 기부금에 의존하는 것과 함께, 이들 진보주의자는 사회문제를 해결하기 위한 개인의 자발적 노력을 가치 있는 것으로 평가하는 이른바 '시민적 보수주의자들'[Starobin, 스카치폴과 피오리나(Skocpol and Fiorina, 1999)에서 인용함]이라고 불리는 사람들 사이에서조차 지지자들을 획득했다. 그럼에도 불구하고 도로시 데이(Dorothy Day, 1963: 33)가 시작한 가톨릭워커스는 그들 자신들을 단지 자선단체뿐만 아니라 변화를 위한 하나의 사회운동으로 인식해왔다. 도로시 데이에 따르면, "가톨릭워커스는 하나의 인가받은 자선단체라기보다 하나의 운동이다." 가장 인상적인 것은 가톨릭워커스가 집합적인 도덕의식을 불러일으키기 위하여 빈민들을 대신해서 감정적 호소를 한다는 점이다.

오병이어는 널리 배포되는 월간 소식지, 영성수련회, 빈민배식사업을 통해 빈민들을 포기하고 있는 시市를 시종일관 비난했다. 직원들은 그들의 추종자들이 시의회와 경찰의 정책과 조치에 저항하도록 고무했다. 그들은 빈민들의 권리를 지역사회에서 도덕적 우선권을 갖는 것으로 전환시키고자 했다. 이를테면 1995년 부활절 소식지에 따르면, 빈민들이 입주할 수 있는 주택의 부족은 사순절을 맞이하는 새크라멘토에 하나의 도덕적 불명예가 되었다.

1994년에 오병이어는 빈민들이 입주할 수 있는 주택을 알아보기 위해 오병이어에 온 2,173명의 손님들과 인터뷰했다. 우리가 인터뷰한 사람들 중 75%가 2년 이상 새크라멘토에 살았다. 슬프게도 우리는 단지 17%의 사람들에게만 그들이 정말로 입주할 수 있는 집을 찾아줄 수 있었다. 이것은 비극이다. 이것은 모든 새크라멘토 주민들의 삶의 질을 보여주는 것이다.

하지만 이러한 환경에서, 즉 일부 자원봉사자들은 배식라인 카운터에 의해 통제되지 않는 대면적 상호작용에서 불쾌감을 느끼고 또 다른 자원봉사자들은 모든 빈민들이 자선적 도움을 받을 가치가 있다는 점을 인정하려고 노력하는 상황에서, 대부분의 사람들은 사회운동 행동주의와 여전히 분리되어 있었다. 직원들이 인격주의적 환대를 수정하여 자원봉사자들이 상호작용적인 인격주의적 환대 업무에 참여하는 것을 선택할 수 있게 했던 것과 마찬가지로, 그들은 자원봉사자들이 정치적 행위의 책무와 분리되어 봉사활동을 할 수 있게 해주었다. 매주 또는 매달의 식당봉사 참여는 그들 단체의 양심적 지지자들의 감정적 고립을 해소시켜주는 것으로 보였다. 그리고 그것은 직원들에게 정치적 행위의 도덕적 요소를 강조할 수 있는 더 많은 기회를 제공했다. 그럼에도 불구하고 오병이어의 대부분의 자원봉사자들은 그 단체의 이데올로기에 대한 자신들의 관여를 주방과 식당의 범위로 제한했다.

몇몇 학술 저서에서 보이는 가톨릭워커의 환대의 집의 가치화valorization는 자선단체가 사회변화를 선동하는 데 실패하는 것에 대한 학계의 비판과 뚜렷이 대조된다.[6] 이를테면 학자들은 가톨릭의 자선행위가 사회변화가 아니

---

6 가장 유명한 것은 마이클 해링톤(Michael Harrington)이 『또 다른 아메리카: 미국

라 자선활동을 낳았고(Katz, 1986: 61), 연민의 정치가 "그들 단체가 궁극적으로는 떠나길 희망하는 수혜자들에게 의존을 재생산"했으며(Hoch and Slayton, 1989: 215), "조직화된 민간자선단체가 개인주의, 자립, 최소정부의 이데올로기를 편들고 있다"(Blau, 1992: 5)고 주장해왔다. 이 전통에 속하는 최근 저작 『달콤한 자선행위? 긴급식량과 수급권의 종식Sweet Charity? Emergency Food and the End of Entitlement』에서 자넷 포펜디엑(Janet Poppendieck, 1998)은 긴급 식량 프로그램을 운영하는 일은 빈곤을 근절하는 데 가장 헌신해온 많은 사람들의 노동을 낭비한다고 주장한다. 포펜디엑은 자선활동이 실제로는 사람들의 에너지 대부분을 빈민들에게 식량지원을 요구하는 '분배정치'에 이의를 제기하는 쪽으로 돌리게 할 가능성이 크다고 경고한다. 요컨대 포펜디엑의 우려는 자선행위가 빈곤 증대의 전조일 뿐만 아니라 원인이라는 것이다. 많은 시민들이 사회변화보다는 자선행위에 그들의 시간과 돈을 투자했지만, 자선행위는 빈민들의 식량욕구를 충족시키는 데 실패했을 뿐만 아니라 주류사회가 빈민들이 아닌 다른 곳으로 눈을 돌리게 한다. 하지만 이러한 전통에 속하는 비판들은 어떻게 자선단체들이 분배정치와 사회서비스 공급에 동시에 적극적일 수 있는가라는 복잡한 문제를 고찰하지 않는다. 오병이어는 자선사업과 사회변화 모두에 조직의 역량을 다 쏟았고, 그 자체로 빈민지원과 사회운동 참여를 상호배타적, 상호반대적 또는 (포펜디엑의 보다 복잡한 정식화를 이용하여 표현하면) 사회변화에 파괴적인 것으로 가정하는 분석에서 드러나는 그릇

의 빈곤(The Other America: Poverty in the United States)』(1963)에서 가톨릭워커스의 활동을 빈민계급으로 살아가는 사람들에게 봉사하는 것이라고 묘사한 것이었다. 가톨릭워커스에 대한 학술적 문헌들[이를테면 머레이(Murray, 1990)와 트뢰스터 (Troester, 1993)를 보라]의 논조는 가톨릭워커 운동을 대단한 존경심을 가지고 다루고 있다. 마찬가지로 도로시 데이의 광범위한 저술들은 비록 학문적이지는 않지만, 학계로부터 정중한 찬사를 받고 있다[이를테면 콜스(Coles, 1973)를 보라].

된 단순성을 부각시킨다.

따라서 오병이어는 자선활동을, 자주 달래기 또는 현상유지를 위한 것이라고 보는 입장을 취하는, 정치와 자선행위에 대한 전통적인 학문적 설명을 반증하는 하나의 사례이다. 오병이어는 빈민지원에 우호적인 감정의 정치경제학을 동원하는 데에 성공한 것처럼 보인다. 상근 자원봉사자들은 "회원들의 공통의 이해관계, 경험, 연대로부터 나오는[나온]"(Taylor and Whittier, 1992: 105) '집합적 정체성'을 형성하기 위해 더 큰 양심적 공동체에 가입했다. 이와 유사하게 더그 맥아담(Doug McAdam, 1988: 50)은 프리덤 섬머Freedom Summer 자원봉사자들에 대한 자신의 연구에서 집합적 정체성의 중요성에 대해 다음과 같이 지적했다. "그 또는 그녀의 양심에만 기초하는 외로운 개인으로서의 운동가 이미지는 매우 소수의 지원자에게만 해당된다. 오히려 그 또는 그녀가 그 프로젝트에 개입하게 한 힘은 개인적 관계 그리고/또는 조직적 유대의 일정한 결합을 통해 매개되어진 것으로 보인다." 강력한 감정적·도덕적인 집합적 정체성은 오병이어가 손님들에게 식사를 제공하고 그들을 돌볼 수 있게 할 뿐만 아니라 시市정부에 계속해서 압력을 가하기 위해 직원과 자원봉사자들 모두로 구성된 지지연합을 구축할 수 있게 했다.

요컨대 꼬박 10년에 걸친 오병이어의 자선활동은 새크라멘토 언론을 통한 감정적 증폭과 함께 강력한 동정적 감상을 사회변화의 정치를 뒷받침하는 도덕적 양심의 기반(McCarthy and Zald, 1977)으로 만들어냈다. 오병이어 직원들은 새크라멘토의 노숙자들을 강력하게 대변하고 나섰고, 그럼으로써 찰스 호치와 로버트 A. 슬레이튼(Charles Hoch and Robert A. Slayton, 1989)의 표현으로 연민의 정치와 수급권의 정치를 결합시켰다. 필립 카얄(Philip Kayal, 1990; 1993)은 자원봉사자와 게이 남성들의 건강위기에 대한 연구에서, 자원봉사자들의 '간병'활동은 그것이 자신, 공동체, 사회 간의 유대를 재구조화하기 때문에 정치적이라고 주장했다. 오병이어 직원들은 자원봉사자들을 도시 빈민들에게 배식하는 '싫어하는 일'로부터 보호하면서도, 카얄이 연구했던 AIDS 자원봉사자들처럼 오병이어 내에서 일하는 그들 자신과 자원봉사자들에게 타인의 고통에 대해 "증언을 해줄 것"을 요구했다. 즉 직원들은 지역사회로 하여금 새크라멘토 빈민들에 대한 공감적 유대를 재구조화하게 했고, 그럼으로써 지역사회의 노숙자들을 위한 조치를 취할 책임을 떠맡게 했다.

하지만 내가 1994년에 오병이어와 구세군에서 수행했던 현지조사를 마친 지 일 년이 되지 않아, ≪새크라멘토 비≫와 오병이어 소식지는 내가 오병이어의 '명예실추'라고 생각하게 된 것을 기록에 남기기 시작했다. 많은 사람들에게 한때 표면상으로 지역사회 내에서 사랑받는 민간주도 모델이었던 오병이어는, 특히 뉴스매체에서 묘사되었던 것처럼, 1990년대 중반에 오병이어가 성장하고 노숙인구들이 증가함에 따라 그것의 우호적인 지위를 상실했다. 오병이어는, 노숙자들을 법에 비추어 처벌하자는 도덕적 요구는 지역 재산소유자들이 자신들의 지역으로 빈민들이 점점 더 많이 유입되는 것을 규제하자는 요구와 마찬가지로 또 다른 권리들을 빼앗는 것이라고 주장하는 것처럼 보였다. 사회학자 도닐린 R. 로제크(Donileen R. Loseke, 1997: 438)가 매우 설득력 있게 주장한 것처럼, 만약 "민간자선이라는 관념의 힘이 통합"이라면, 연민의 정치의 붕괴는 새크라멘토 내의 동정의 공동체를 내파했다. 계속되는 빈곤에도 불구하고 연민의 정치가 쇠퇴하고 '강경한 복지' 에토스가 힘을 얻어감에 따라, 정부보조금을 경멸하고 보수적 복지국가정책의 증가에 대해 진심에서 우러나온 진보적 대안을 계획하는 것은 오병이어로 하여금 성난 독선적인 도덕적 반격에 취약하게 만들었다. 이와 관련된 기사에서, 이전에도 새크라멘토의 자선정신에 대해 초점을 맞춰온 ≪새크라멘토 비≫는 지역사회를 백만 달러 자선사업의 희생자로 재구성했다.

아래의 신문사설은 오병이어가 어떻게 점점 더 국가의 복지정책 내에서 하찮은 빈민이라고 이해되는 사람들을 돕고 있는 것으로 혹평받게 되었는지를 설명한다.

오병이어의 가장 큰 문제는 찾아오는 모든 사람들에게 아무것도 묻지 않고 식사를 제공한다는 것이다. 오병이어는 거리에서 살기로 선택한 일할 능력이 있는 남성과 여성의 생활양식을 지원하는 셈이다. 이렇듯 자선행위 그 자체는 시市의 정책과 충돌한다. 시는 자신들이 돕는 사람들에게 일정 수준의 노력과 책임을 요구한다. 알코올중독자는 치료받아야만 한다. 실업자들은 일자리를 구하려고 노력해야만 한다.(≪Sacramento Bee≫, 4 October 1995)

오병이어가 200만 번째 식사 제공을 4일 앞둔 1995년 9월 24일, ≪새크라멘토 비≫의 머리기사는 "격렬한 확장 논쟁이 노숙자를 위한 봉사를 더럽히다"라고 공언했다(Kollars, 1995). 이 기사는 오병이어가 확장의 노력 속에서 범한 이른바 수많은 허가위반사항을 기술했다. 오병이어의 오랜 후원자인 시의원은 그녀가 오병이어에 대한 분노의 폭발을 어떻게 이해하는지를 설명했다.

우리가 느끼고 있는 것은 단지 좌절감만이 아닙니다. 그것은 거의 배신감입니다. 사람들은 모욕당했다고 느끼고 있습니다. 우리는 오랫동안 지지해왔고 노숙자들을 위해 옳은 일을 하고자 노력해왔습니다. 그리고 나는 저곳의 모든 사람들이 선의를 가지고 있다고 믿습니다. 그러나 그들은 자신들이 지역사회에서 만들어내고 있는 충격에 대해서는 눈을 감아왔습니다.(Kollars, 1995)

오병이어의 '명예실추' 이야기는 자원봉사 부문이 복지국가로 편입되는 것이 지닌 잠재적 불안정성에 대한 경고로 들린다. 오병이어가 아이러니하게도 자신이 보통 큰 정부에 가해지는 비판을 받고 있음을 발견했을 때, 오병 이어의 성장은 인격주의적 환대가 지닌 친밀성뿐만 아니라 지역사회 내에서 오병이어가 누리던 호의적인 지위 역시 위태롭게 했다. 오병이어는 기부와 지역사회 회원의 활동을 통해 그들의 지지자들에게 국가의 복지정치 에토스 와는 별개의 사회서비스를 제공했다. 그럼에도 불구하고 오병이어가 지난 수년간 민간주도 모델로 그림자 국가 밖에 있는 동안, 이 단체는 연민의 정 치가 쇠퇴하고 '복지에 대한 강경정책' 에토스가 공적 담론에서 새로운 힘을 획득하게 됨에 따라 비난을 받아왔다. 그것의 운명은 환상의 자유가 그림자 국가를 멀리함으로써 획득된 것이었다는 점을 예증하는 것일지도 모른다.

새크라멘토 시당국이 처음으로 오병이어를 고소하고 오병이어가 맞고소 한 지 7달 후에, 자선단체와 시는 시의회 의원들을 파면하고 미국 대법원이 주와 시가 지역의 「토지용도규제법」을 종교단체에 적용하는 권한을 제한하 는 1993년의 「종교자유복원법」을 무효화하는 것으로 서로 중간 지점에서 화 해했다. 오병이어의 이사인 르로이 채트필드LeRoy Chatfield는 그러한 판결에도 불구하고 "우리는 굶주린 사람들에게 식사를 제공하고 노숙자들에게 잠자리 를 제공하는 데 시의회의 허가가 필요하다고 생각하지 않습니다"라고 말했 다(Epstein, 1997). 1997년 말에는 또한, 새크라멘토 카운티 감독관들은 긴급 주택 공급을 사회복귀 프로그램으로 즉각 대체하려던 계획에서 한걸음 물러 섰다. 그들은 칼 엑스포에 있는 10년 된 긴급보호소를 다시 열지 않기로 결 정하면서도, 칼 엑스포에서 없어진 286개의 침상을 보충하기 위해 도심지 두 곳에 126개의 침상을 추가로 제공했다. 카운티는 또한 구세군 보호서비 스센터에 36개의 침상을 추가로 제공했다. 새크라멘토의 과도적 주거 프로 그램이 대부분의 노숙자들의 필요를 충족시킬 것으로 기대되었다. "새크라 멘토 카운티 복지국장 체릴 데이비스Cheryl Davis는 이 프로그램들은 수혜자들 에게 자급자족을 위해 노동할 것을 요구하지 않고 단지 잠자리와 따뜻한 식사를 제공하기보다는 노숙자들에 대한 '연속적 돌봄continuum of care'의 철학을 지향하는 카운티의 변화의 일부라고 말했다"(Kollars, 1997). 하지만 오병이어의 지지자인 로마 가톨릭 주교 윌리엄 K. 바이간트William K. Weigand는 도심 대성당 계단에서 잠을 잤던 사람들의 욕구를 상기시키면서, 칼 엑스포의 제2 보호소를 다시 열어달라고 카운티 감독관들에게 간청했다.

시민, 정치인, 저널리스트들은 각 단체들의 자선에 대한 시각이 더 큰 공동체에 미친 영향에 대한 책임을 각 단체의 직원들에게 지웠다. 오병이어의 사회정의의 급진적 토대, 즉 오병이어의 사회운동정치는 그 단체가 성장하고, 또 자비 또는 자선활동에 대한 그들의 헌신으로 인해 주변 지역사회가 점점 더 노숙자들과 대면적 접촉을 하게 됨에 따라, 오병이어의 몰락을 가져오게 했다. 이러한 명예실추 속에서, 이전에는 그들의 도덕적 순수성으로 인해 지역매체로부터 칭찬받던 오병이어 직원들은 이제는 도덕적 옳음으로 인해 비난받게 되었다. 담론정치영역에서 권력을 상실하고(Katzenstein, 1998) 모든 노숙자들을 가치 있는 빈민으로 구성할 수 있는 능력을 상실하는 것과 함께, 직원들 또한 지역 이익집단정치에서 권력을 상실했다. 그 사이에 구세군은 지역정치인과 함께 임시 주택과 사회복귀 프로그램을 제공하면서 그림자 국가 내에 더욱 더 참호를 구축했다. 이것은 끝나지 않은 이야기이다. 하지만 이것은 어려운 시기에 빈민들을 돕고자 하는 다른 사회서비스 기관들에게 의미심장한 이야기이다.

결론

노숙을 종식시키기 위해 노력하는 (의견이 분분한) 한 지역사회운동 속에서 전개된 공감정치에 대한 이러한 논의는 사회운동 참가자들에 의한 좋은 사람과 나쁜 사람의 전략적인 사회적 구성이 어떻게 국가정책에 대한 도덕적 지향과 감정적 지향 모두를 동시에 구성하는지를 예증한다(Loseke, 1993). 이들 자선단체는 대체로 좋은 사람과 나쁜 사람 그리고 그들의 행위를 만들어 내는 것을 축으로 하여 도덕적인 양심적 지지자들을 동원하고자 했다. 양심적 지지자에 대한 이러한 정식화는 어떻게 그러한 지지자들이 출현하는지에 대한 정치과정 이론의 모든 단순한 합리주의적 이해를 문화적 의미들이 정치적 결과를 틀 짓는 힘을 인정하는 이론으로 대체한다(Goodwin and Jasper, 1999). 이 사례에서 도덕적 기업가로서의 오병이어와 구세군 직원들은 그들 단체와 다른 단체들에 대해 이야기를 하며, 돌보는 사람이 된다는 것이 무엇을 의미하는지에 대한 자신들의 해석에 기초하여 빈민들을 가장 잘 도울 수 있는 방법을 주장했다. 감정, 도덕, 인지의 불가분성이 이러한 주장들을 물들이고 있었다.

세기의 전환기의 독일 사회학자 막스 셸러(Max Scheler, 1992)의 말을 빌리자면, 오병이어와 구세군은 지지자들이 서로 다른 '감정양식'을 가지고 있는 매우 다른 '감정공동체'로 들어오는 것을 기꺼이 받아들였다. 이들 감정공동체는 인종화·계급화·젠더화된 감정양식을 지닌 추종자들을 반향하는 것으로 보인다. 구세군의 위신의 정치politics of respectability와 근육적 기독교 정신은 주로 비백인 노동계급 남성들 사이에서 자기규율과 사회복귀 그리고 고된 노동을 요구했다. 오병이어는 인격주의에 함축되어 있는 감정양식과 부합되게, 직원들이 빈민돌봄을 관료제화하는 국가규제에 대항하여 투쟁했고, 더 많은 일자리, 더 나은 임금 그리고 입주 가능한 주택을 주장했다. 많은 여성들과 아이들은 그곳에서 원기를 회복했다. 비록 급진적 기독교주의가 사회운동 행동주의를 고무하기는 했지만, 직원들은 대개 백인 중간계급 자원봉사자들에게 저항행동주의에 참여할 것인지에 대한 선택권을 주었다. 청원활동을 하고 사순절 철야기도를 하고 시의회 모임에도 참석하는 오병이어 활동가들은 존 로플랜드(John Lofland, 1993: 7)가 "놀랄 만한 정도의 점잖은 정중함, 자제력 그리고 심지어 상냥함"을 지니고 있다고 묘사했던 1980년대에 평화운동의 '교양 있는 저항가들'과 닮았다. 그럼에도 불구하고 그들의 중간계급의 습속들조차 그들의 진보적 정치에 대한 감정적 반격을 피할 수 없었다. 우리가 사회운동에 대한 진술의 널리 알려진 특징을 고찰할 경우(Polletta, 1998), 노숙을 종식시킬 수 있는 가장 좋은 방법에 대해 이 글에서 소개한 간략한 단편적인 서사들은 사회운동 내부에서 그리고 그것을 둘러싸고 전개된 자아노동self-work 내에 숨겨져 있는 감정, 도덕, 인식을 밝혀줄 뿐만 아니라, 자선단체와 사회운동단체 간의 구분에서 있을 수 있는 불안정 상태와 잠재적 모순 또한 드러내줄 것이다. 이들 단체는 사람들을 돌보는 데 그리고 문제가 되는 상황을 산출하는 사회적 조건에 도전하는 데에 동시에 헌신하기도 한다. 제임스 M. 재스퍼(James M. Jasper, 1997: 40)는 어떻게 은유가 사회적 저항에 대한 우리의 시각을 인도하는 동시에 모호하게 할 수도 있는지를 고찰하면서, "각각의 은유에서 우리는 그것의 그림자 속에서 뿐만 아니라 그것의 밖에서 그리고 그것을 따라서 뿐만 아니라 그것을 거역하여 활동할 수도 있다"고 충고한다. 그럴 경우, 언제 그리고 어떻게 동정적인 단체들이 사회운동활동가가 되는가?

오병이어와 구세군에서 행해진 지역사회의 공감정치는 자기향상과 사회변화를 동시에 추구하는 두 가지의 매우 다른 감정적 분투양식을 보여준다. 만약 종교와 저항이 도덕을 표현하고자 하는 두 개의 의례화된 관행이라면(Jasper, 1997: 14), 자선행위는 분명 도덕을 표현하는 또 다른 관행이다. 종교와 자선행위의 뗄 수 없는 연계는 1996년 「개인책임과근로기회조정법Personal Responsibility and Work Opportunity Reconciliation Act」의 '자선단체 선택Charitable Choice' 조항에 의해 국가'복지개혁'의 모습으로 국가에 의해 재가되었다. 이 조항은 각 주州가 "신앙에 기초하여 가난한 사람들에게 식사를 제공하는 단체들"을 활용할 것을 장려했다. 에밀 뒤르켐은 오래전에 종교가 얼마나 강력하게 우리의 도덕공동체를 틀 짓는지를 가르쳐주었다. 그에 따르면, "종교는 우선 무엇보다도 하나의 관념체계이다. 개인들은 그것을 통해 그들이 구성원인 사회, 그리고 그들이 그 사회와 맺고 있는 분명하지는 않지만 친숙한 관계를 상상한다"[Durkheim, 1995(1912): 227]. 오병이어와 구세군의 자선행위에 대한 시각은 비록 완전하게는 아니지만, 사회서비스 공급을 놓고 서로 각축하는 진보적 인식과 보수적 인식을 대변하는 것이었다. 이러한 시각들이 어떻게 도덕적 자기향상과 사회변화정치 모두를 도해하는지를 동시에 이해하고자 하는 노력은, 우리로 하여금 복지정치 내의 그리고 그것을 둘러싼 감정, 도덕, 인식을 통감하는 공감정치로 나아가게 한다.

12

동물권리와 감정정치
동물권리운동에서 일반 민중의 감정구성

줄리안 맥알리스터 그로브스

동물권리운동은 전통적으로 여성운동이었다. 여성이 초기 동물보호운동을 지배했다. 19세기 후반 아동, 죄수, 빈민과 함께 동물은 연민의 대상이 되었다. 동물은 점점 더 가정과 가족의 일부가 되었다(French, 1975; Elston, 1987; Sperling, 1988). 다른 개혁운동들과 마찬가지로 동물보호주의는 남성들이 여성들을 공적 영역에서 배제했을 때 여성들에게 공적 삶에 참여하는 하나의 방식을 제공했다. 여성들은 자신들의 역할을 공장의 삶과 노동계급의 빈곤이라는 가혹한 현실에 맞서는 것은 물론 점점 더 강력한 힘을 지니게 된 의료전문직에 맞서는 돌보미로 규정했다. 최초의 동물실험반대협회의 창립자인 프랜시스 파워 코브Frances Power Cobbe는 "과학의 냉정한 합리적 물질주의"가 "인간의 감정과 감성을 얼어붙게" 할 우려가 있다고 경고했다. 그녀는 동물실험반대가 "무정한 과학의 수중에서 동정심, 즉 인간정신이 타락하는 것을 막는다"고 주장했다(Donovan, 1993: 168).

최근의 동물권리운동은 또한 사업가와 과학자의 합리적인 계산적 태도를 비판하는 '도덕적 십자군'으로 묘사되어왔다. 제임스 재스퍼와 도로시 넬킨 (Jasper and Nelkin, 1992)은 동물보호운동가들이 반反도구주의적 세계관―이 것은 그들이 수단에 비해 목적에 주의를 기울이는 대규모 관료제의 공리주의적 도덕 에 반대한다는 것을 의미한다―을 가지고 있다는 점을 밝혀냈다. 최근 페미니 스트들은 여성들이 어떻게 남성보다 책임과 배려의 관계를 유지하는 데에 더 관심을 기울이는지를 보여주었다(이를테면 길리건(Gilligan, 1982)을 보라). 생 태페미니스트들은 이것 때문에 그들이 생태학적 문제에 더 민감하게 반응한 다고 주장하고, 그리하여 다시 한 번 더 동물보호를 하나의 여성운동으로 정의한다.

하지만 내가 미국 남동부지역 풀뿌리 동물권리단체에서 만난 많은 동물보 호운동가들은 전통적인 주부들이 아니다. 그들은 전문적인 경력을 쌓았거나 쌓고 있다. 그들은 자신들이 그 단체의 철학자들의 '합리적' 주장으로 간주하 는 것에 의지하여 운동에서 감정주의를 멀리한다. 동물권리 운동가들은 동 물연구를 비판할 때 신중하게 과학적 주장을 활용하고, 그 단체의 많은 저명 한 개인들은 남성이다. 동시에 운동가들은 매우 감정적인 저항 그리고 심지 어는 폭력행동에 대해 여전히 관대하다(비록 그들이 반드시 그러한 행위에 참여 하는 것은 아니지만). 이러한 동물보호 프레이밍을 뒷받침해온 문화적 가정은 무엇인가? 그리고 이러한 '합리적' 접근방식에도 불구하고, 테러적인 것으로 간주되는 이목을 끄는 저항과 행위들이 여전히 관용되는 것은 어째서인가?

우리는 운동가들이 그들의 감정에 대해 말하는 방식을 고찰함으로써 이들 문제에 답변할 수 있다. 나는 사회운동참여에서 구체적인 감정들을 규명하 거나 그러한 감정들을 독립적인 인과적 변인으로 간주하는 대신에, 사회운 동활동가들, 구체적으로는 동물권리 운동가들이 그들의 감정에 대해 이야기 하는 방식을 검토한다. 나의 접근방식은 기본적으로 상징적 상호작용 이론 의 접근방식이다. 나는 운동가들이 중요한 타자들―특히 생물의학 연구단체의 반대자들과 미디어—과의 상호작용맥락에서 자신들의 감정을 해석하는 방식을 고찰한다. 나는 감정을 '사람들의 구성물folk constructs'로 취급한다. 나는 그것을 객관적인 심리적 상태로 연구하지 않는다. 운동가들은 사람들의 구성물로서의 **감정적**이라는 용어를 자신들이 운동에서 직면한 상황을 빠져나가기 위해 수사적으로 그리고 불분명하게 사용한다. 내가 연구한 환경에서 풀뿌리 동물권리단체에서 활동하는 주요 전문직 여성들은 전통적으로 여성과 관련되어온 문제들을 사소한 것으로 보는 가부장제적 지역사회에서 그들의 대의의 정당성을 확보하고자 노력한다. 동물권리 운동가들은 **감정적**이라는 용어를 자신들이 보기에 동물보호에 대한 접근방식이 그리 정당하지 않다고 생각되는 사람들을 묘사하기 위해 사용한다. 이렇듯 '감정적'이라는 용어는 정치적 방식으로 사용된다. 이 접근방식은 왜 개인들이 동물권리운동에 가담하는가 또는 왜 특히 여성들이 동물권리운동에 가담하는가라는 전통적인 자원동원 질문에 답하지 않는다[이를테면 테일러(Taylor, 1999)를 보라]. 나는 운동이 그 목표를 달성하는지의 여부[이를테면 아인호너(Einwohner, 1999)를 보라], 또는 그것이 특히 감정적 운동인지의 여부 또는 심지어는 어떤 감정이 존재하는지를 다루지 않는다. 오히려 나의 분석은 **왜 특정 사회운동이 그러한 형태를 취하는지**를 고찰한다. 나는 왜 동물권리운동이 중간계급 여성들이 주도하던 연민과 돌봄의 운동형태를 취하기—19세기에 그 선조들, 즉 동물애호운동이 그랬던 것처럼—보다는 오히려 과학적·철학적 전망을 채택하는지를 설명하고자 한다. 동시에 운동가들은 일부 화를 용인한다. 그러한 '용인되는 화'는 보다 대담하고, 심어지는 폭력적인 형태의 저항을 낭만화하고, 그리하여 테러적 행동이 운동의 '합리적'·전문적·과학적 전망 내에 공존할 수 있게 한다.

비감정적 프레이밍의 문화적 맥락

이 비감정적 프레이밍은 최근의 동물권리운동이 대중성을 획득한 1980년대 후반의 문화적 맥락에 위치시킬 필요가 있다. 당시는 사람들이 감정을 드러내는 것이 유행한 시대였다. 레이건과 대처의 이기심과 검약의 시기 후에, 정치인들은 "더 인정 있고 더 품위 있는 국가"에 대해 말하기 시작했다. 윤리와 가치에 관한 강의가 경영대학원과 전문대학원에서 급격히 늘어났다. 연구소와 학회는 과학, 기술, 공공정책에서 인간적 가치를 연구하고 증진하는 데 헌신했다. 페미니스트들은 추상적인 원리나 경쟁보다는 감성과 협동에 기초한 도덕을 지지했다. 영화산업은 아놀드 슈워제네거를 경찰관에서 유치원 교사로, 그리고 금욕적 과학자에서 눈물 흘리는 임신부로 바꿔놓았다.

하지만 여성들은 표출적 운동에 참여하기 위해 남성보다 더 많은 대가를 치른다. 어떤 남성이 다정하거나 겸손할 때(아기를 안고 있는 반쯤 벌거벗은 근육질의 남성을 담고 있는 포스터에서 묘사되는 것처럼), 그는 칭찬받을 가능성이 많다. 필립스 면도기의 최근 광고는 남성에게 "조심스레 면도하라"고 재촉한다. 왜냐하면 "당신의 감정을 보여주는 것은 약함의 표시가 아니라 강함의 표시이기 때문이다." 또한 남성들은 화를 냄으로써 보상받는다. 남성운동에 대한 영향력 있는 저술가인 로버트 블라이Robert Bly는 남성들에게 그들의 영혼의 밑바닥에 잠복해 있는 '야성적 남성'과 연락을 취해보라고 권고한다. 블라이(Bly, 1990)는 야성적 남성이 야만인과 혼동되어서는 안 된다는 점을 우리에게 상기시킨다. 기업들이 "살균 소독한, 머리칼 없는, 얄팍한 남성들"을 생산하는 시대에 야성적 남성은 감수성이 있고 감정표현이 풍부한 사람이다. 여성들이 다정하거나 화를 낼 때 칭찬받을 가능성은 그리 없다. 즉 그들의 감정은 자주 비합리적인 것으로 간주된다. 전문직 여성들은 자신들의 일이 감정표현적이 될 때 위험에 처할 것으로 느낀다. 왜냐하면 일부 사람들에게 그것은 그리 정당한 것으로 보이지 않기 때문이다. 쉐릴 클라인만(Sherryl Kleinman, 1984)은 『신 앞의 평등Equals Before God』에서 인본주의적 신학교에 입학한 여성들이 평등주의, 협동, 풍부한 감정표현과 같은 '여성적 가치'를 고무하는 훈련에 대해 냉소적인 것으로 묘사한다. 그녀가 인터뷰한 여성들은 여성들의 내각참여를 위해 '지적'·'신학적' 정당화를 원했다. 그들은 내각의 권위는 여성적 감정이 아니라 남성의 지위에 의거한다고 믿었다.

이러한 저항은 보다 일반적인 미국 교육제도에서도 계속되고 있다. 미국 대학에서 인문학과 다문화 프로그램의 증가는, 지식은 주관적이고 직관적이라는 견해를 고무해왔다. 즉 여성과 소수집단의 견해는 주류 사상가들의 견해와 동등한 타당성을 지닌다. 그러나 일부 여성들은 자신들이 낭만적 상대주의로 간주하는 것에 저항한다. 메리 필드 벨렌키와 그의 동료들(Mary Field Belenky et al., 1986)은 『여성의 인식방식Women's Ways of Knowing』에서 엘리트 대학의 여성들이 적어도 예술 과목 수업에서 선생들이 단지 개인적 의견이 아니라 자신들이 그것에 도달하는 절차 ―"구성, 텍스처, 그리고 '온갖 잡동사니'" ―를 요구한다고 여전히 믿고 있다는 것을 보여준다. 학생들은 "직관은 착각일 수 있고, 본능적인 반응은 무책임할 수도 있고, 어느 누구의 직감도 오류일 수 있고, 어떤 진리는 다른 진리보다 더 진실일 수 있고, 그들은 자신들이 결코 보거나 만질 수 없었던 것을 알 수 있고, 진리는 공유될 수 있고, 전문 지식은 존중받을 수 있다"고 배웠다(Belenky et al., 1986: 91, 93).

동물권리 운동가들도 유사한 딜레마에 직면한다. 내가 동물권리운동에서 만난 많은 경력추구적인 여성들은 연민과 연관되는 것은 기회를 확대하기보다는 제한한다고 믿는다. 그러한 여성들은 그들이 텔레비전 카메라 앞에서 동물학대에 대해 말할 때 눈물을 흘리는 것처럼, 여성 상원의원이 공적 논쟁에 참여하여 목 놓아 울 때, 또는 논쟁이 진행되는 동안에 화가 치밀어 오르는 비애감을 느낄 때, 그것이 의미하는 바를 알고 있다. 즉 그것은 바로 "감정은 논증을 이기지 못한다"는 것이다. 이들 동물보호운동가들은 자신들이 의학자들―대체로 남성들로 구성되고 그들의 권위를 매우 위세 있는 의사면허증에 의존하는―과 공적 논쟁을 하는 맥락에서 동물에 대해 감정적이 되는 '합리적인' 방법을 찾아내야만 한다고 믿는다. 나는 이 주제를 다룬 책(Groves, 1997)을 위한 연구를 수행하면서, 동물권리 운동가들을 많은 시간 동안 관찰하고 그들이 자신들의 감정을 이야기하는 것을 경청함으로써 그러한 문제들에 대해 알게 되었다.

동물권리운동에서의 감정담화

나의 자료는 미국 남동부지역의 중간 규모의 대학도시 교회당에서 만난 풀뿌리 동물권리단체에서 실시한 20번의 심층면접과 3년간의 참여관찰에서 나온 것이다. 이들 인터뷰에서 동물권리 옹호자들은 자신들이 동물권리 행동주의로 나아가게 된 여정을 자신들의 동물에 대한 애착과 관련하여 기술한다. 그러나 그들은 자신들을 **감정적**이라고 간주하지 않는다. 내가 인터뷰한 사람들 대부분은 감정적이라는 용어를 자신들이 너무나도 비전문적이고 너무나도 비합리적이고 또는 너무나도 여성적이라고 믿는 다른 사람들을 비판하기 위해 사용한다. 이들 운동가들은 동물학대를 다루는 '합리적' 접근방식을 지지한다. 그들은 동물보호를 애써 과학적 또는 철학적으로 정당화한다. 그들은 애완동물에 대한 연민보다는 모든 동물의 권리와 정의正義를 주창한다. 왜 그러한 호소가 그렇게 대중적이 되었을까? 전문적 가치를 피력하는 나이 든 운동가들이 보기에, 감정적이 되는 것은 동물보호를 아마추어적이거나 여성적으로 보이게 한다. 젊고 이상주의적인 운동가들이 보기에, 애완동물에 대해 감정적이 되는 것은 운동 이데올로기의 순수성을 오염시킨다. 두

집단 모두가 보기에, 그것은 동물보호를 사소한 것으로 보게 한다.[1]

동물보호운동가들은 다양한 사람들과 상황을 **감정적** 또는 **합리적**으로 규정함으로써, 동물권리운동 속에서 스스로 하나의 세계를 구성하고자 한다. 동물권리운동은 그들이 그 세계 바깥에서 살아가고자 하는 방식과 일치한다. 동물권리 행동주의의 감정적 호소에도 불구하고, 이 세계는 시민적이고, 과학적이고, 남성적이다.

비전문적인 것으로서의 감정

동물권리 운동가들은 감정적이 되는 것은 자신들의 전문직 정체성에 반하는 것이라고 믿는다. 자주 **감정적**이라는 딱지가 붙는 활동가들은 일반적으로 그 운동의 젊은 회원들이다. 나는 자주 그들이 '급진주의자'로 지칭되는 것을 들었다. 그들은 동물을 윤리적으로 대우하는 사람들People for the Ethical Treatment of Animals: PETA과 트랜스스페시스 언리미티드Trans-Species Unlimited와 같은 전국 규모의 동물권리단체 — 더 작은 풀뿌리 단체와 대립되는 것으로서의 — 에 더 많이 참여한다. 그들은 또한 더욱 더 비전통적인 삶의 양식 — 어떠한 동물 제품도 먹거나 입지 않는 — 으로 살아가는 경향이 있다. 그러한 급진주의자 중 한 사람은 나에게 이렇게 말했다. "인간에 대한 나의 생각은 세상이 창조되었을 때 사람은 일종의 변종이었다는 것입니다. 마치 그들이 양도받은 질병인 암세포처럼 말입니다." 그러한 활동가들에게 동물권리 행동주의는 하나

---

1 레이첼 아인호너(Rachel Einwohner, 1999)는 동물권리 운동가들의 계급과 젠더가 사냥반대와 서커스반대 캠페인의 결과에 어떻게 영향을 미치는지를 검토한다. 하지만 이 장에서 나는 생물의학연구에 대한 활동가들의 반대에 더욱 (비록 전적으로는 아니지만) 초점을 맞춘다. 왜냐하면 활동가들이 자신들의 감정에 대해 나와 가장 많은 이야기를 한 것이 바로 이 캠페인에 대한 것이기 때문이다.

의 풀타임 직업이다. 그들은 동물보호 행동주의에 헌신할 수 있는 시간적 여유가 있는 비전문직 파트타임 일자리(식당에서 서빙하는 일이나 지역 식품협동조합에서 일하는 것과 같은)에 고용되어 있는 경향이 있다. 그들의 사회적 삶 역시 운동에 제한되어 있다.

활동가들은 **감정적**이라는 용어를 더 젊은 이상주의적 활동가들과 연관된 특정한 형태의 저항을 묘사하기 위해 사용한다. 그러한 저항들은 어떤 희생을 치르고라도 공중의 주목을 받기 위해 기획된다. 그러한 활동가들은 모피 반대 시위에서 벌거벗고 행진한다. 그들은 맥도날드 점포 앞에서 소 복장을 하고 있다. 그리고 그들은 조소하는 슬로건과 노래, 복장으로 사냥꾼들을 조롱한다. 급진주의자들은 '거리연극'—그들은 그것을 그렇게 부른다—을 한다. 왜냐하면 그들이 보기에, 동물권리운동은 미디어의 주의를 끄는 능력에 의해 죽고 살기 때문이다. 한 급진주의자는 공중이 동물을 사소한 것으로 본다는 점을 의식하여 한 모임에서 다음과 같이 말했다. "언론은 동물권리 운동가들에게 귀를 기울이는 것보다 더 좋은 할 일들이 있다." 이러한 태도가 초래하는 결과는 다양한 슬로건, 이를테면 "수단과 방법을 가리지 마라," 그리고 PETA의 습격 보도와 같은 큰 뉴스거리가 터졌을 때에는 "기회를 놓치지 마라"로 요약되었다. 결국 중요한 것은 "기삿거리를 가지고 있는 것은 당신"이라는 것이다. 변덕스러운 미디어가 이러한 태도를 조장한다. 활동가들은 주목을 받기 위해 다른 단체들과 불협화음을 내고, 큰소리로 외치는 행사들을 열어야만 한다. 나는 한때 한 모임에서 다음과 같은 말을 들었다. "만약 어느 누구도 살해되지 않는다면, 그것을 뉴스거리로 만들어라. 나쁜 보도도 보도되지 않는 것보다 낫다."

그러나 운동에 참여하는 나이 많은 경력지향적인 여성들은 의견을 달리한다. 그녀들은 자신들의 동물권리 행동주의에 대해 말할 때 자신들의 전문경력이나 남부에서 받은 자신들의 전통적인 보수적 가정교육을 강조한다. 그들은 거리연극과 시끄러운 저항을 1960년대의 젊은 이상주의적 저항가들과 연결시킨다. 내가 린다라고 부른 한 여성은 변호사이다. 하지만 그녀는 동물협회Animals Anon에 관여하기 전에는 "항상 그랬던 대로 많은 남부의 미녀들과 함께 교회단체와 같은 중상계급집단"에서 우아한 오후를 보냈었다. 린다는 이렇게 회상한다. "아무도 문제를 일으키지 않았어요. 다 그 집단에 동조했어요." 동물권리운동은 달랐다. 왜냐하면 동물권리 운동가들은 그녀의 '전통적인 자본주의적 신념'에 이의를 제기하고 있었기 때문이다. 그 사람들은 숨김없이 말했다. 그들은 기분을 상하게 했다. "그들은 종래의 일하는 방식, 종래의 연구방식, 종래의 유행방식에 이의를 제기했다."

린다는 자신의 친구들이 그녀가 너무 비전문적이라고 생각하지는 않을까 걱정한다. 그녀는 그 첫 동물권리모임이 자신이 예상했던 것처럼 "구호를 적은 피켓을 들고 거리로 뛰쳐나온 1960년대의 히피들"로 가득하지 않았다는 것을 발견하고 안도했다. 도리어 그녀는 옛 고등학교 친구와 재회했다. 그 친구의 남편은 당시 의사였다. "그들은 전문직 종사자라는 점에서 나와 어울릴 수 있는 사람들이었습니다. 그들은 실제로 동물을 걱정하는, 즉 동물을 존중하는 전문직 사람들이었습니다." 그녀의 세계는 지위를 유지하기 위해서는, 즉 신뢰받기 위해서는 대학원과정을 끝없이 거듭해서 밟을 것을 요구한다. 그리고 그 단체의 또 다른 활동가인 클라라가 볼 때, 그녀가 열망하는 전문적 자질을 구현하는 사람들은 자신들의 반대편―동물연구가들―이었다. 그녀는 내게 말했다. "물론 그들은 정점에 있는 훌륭한 사람들, 즉 사회에 의해 존중받는, 교육받은 합리적인 사람들이라는 인상을 줍니다. 그리고 내가 생각하기에, 우리가 그런 이미지가 스며나오도록 노력하지 않는다면, 우리의 요지를 경청하게 하려는 노력은 분명 성공하지 못할 것입니다. 우리는 우리의 요지를 전달하기 위해서는 전문적이고 교육을 받았고 합리적이고 비감정적이라는 이미지를 심어줄 필요가 있습니다." 다른 활동가들은 또한 그

단체의 젊은 사람들에 대해 우려한다. "내가 미루어볼 때, [이 단체가] 나를 짜증나게 하는 일 중의 하나는 주의를 끌고 소동을 일으키고 사람들을 불화케 하는 것이 잘하는 짓이라고 생각하는 젊은 사람들이 거기에 많다는 것입니다." 실제로 일정하지 않은 파트타임 일자리를 가지고 있는 그런 젊은 회원들은 애초부터 보존할 전문적 정체성을 전혀 가지고 있지 않다.

용인되는 화

하지만 감정적 저항과 운동가들에 대한 비판에도 불구하고, 일부 감정과 감정적 행위들은 용인되었다. 목사가 다른 자원자집단에 자리를 비워주기 위해 교회당을 떠나달라고 요구함에 따라, 운동가들은 이제 린다가 일하는 로펌 사무실에서 모임을 가졌다. 어느 날 밤 저항전략과 관련하여 격렬한 토론이 갑자기 시작되었다. 누군가가 PETA의 한 회원이 육류산업의 프로모터들이 조직한 한 가장행렬에서 최근 왕관이 씌어진 '돼지여왕'의 얼굴에 커스터드 파이를 던졌다고 언급했다. 단체의 전문적 이미지에 대해 우려하는 한 운동가는 자신은 결코 그것을 지지하지 않을 것이라고 말했다. 그것은 공중이 채식주의와 공장화된 축산농장 돼지의 비참한 처지에 대해 학습하는 것에서 다른 곳으로 주위를 돌리게 했다. 또 다른 회원은 그날 밤 모임에서 읽을 익명의 메모를 작성했다. 그것은 이렇게 경고했다. "우리에게는 더욱 사려 있고 주의 깊은 교육이 필요합니다. 기괴한 짓을 하고 화를 내는 미치광이를 눈에 띠지 않게 해야 합니다." 나이 든 솔직한 남성 운동가인 더글라스는 의견을 달리했다. 그는 운동의 전문적 이미지에 대해 염려했지만, 화를 드러내지 않는 것은 침묵 속에서 고통받는 동물을 배신하는 것이라고 믿었다. 그는 멋진 백발을 휙 뒤로 넘기고는 마치 연설을 하러 가는 것처럼 목을 가다듬었다. 그는 동물권리문헌, 영화, 세미나들을 언급하면서 그 단체에 다짐하며 이렇게 말했다. "우리에게는 진정한 교육이 필요합니다."

그러나 매일 수백만의 동물들이 밀폐된 문 뒤에서 죽어가고 있는데, 어느 누구도 목소리를 내지 않습니다. 어느 누구도 화를 내지 않습니다. 이것은 동물에 대한 배신입니다. 우리 중 일부는 격분해 있습니다. 우리는 우리 중 일부가 격분하고 있다는 것을 국가가 알게 해야만 합니다! 우리는 우리 중 일부가 화가 나 있다는 것을 국가가 알게 해야만 합니다! 사람들은 사냥이 논쟁의 대상이라는 것을 알아야만 합니다. 우리는 사람들이 거북스러워 하게 만들어야만 합니다.

방에서 동요가 일기 시작했다. 몇몇 활동가들은 박수갈채를 보냈다. 더글라스는 계속해서 말했다. "우리는 뭐든지 다 할 필요가 있습니다. 심지어 민권운동가들은 흑표범단원 아래에서도 화를 냈습니다. 그러한 전술이 우리를 승리로 이끌었습니다."

더글라스는 자신은 개인적으로 정장을 차려입지 않을 것이라고 설명했다. 그러나 그는 다른 사람들이 정장을 입는 것에 반대하지 않았다. 젊은 비전문직 활동가들은 더글라스처럼 전문가 기질을 지닌 회원들이 꺼려하는 일을 미디어의 관심을 끌기 위해 기꺼이 했다. 그들의 그러한 활동은 나이 든 전문직 활동가들이 고등학교에 가서 대화하거나 지역라디오 쇼에 출현하는 것과 같은 보다 존경받는 활동을 자유롭게 할 수 있게 했다. 그것은 또한 전문가와 급진주의자들이 동일한 운동에서 함께 일할 수 있게 해주었다. 전문가들은 다른 사람들이 왜 화가 나서 그러한 화난 행위를 했는지를 이해할 수 있을 때 자신들이 화난 운동에 참여하는 것을 정당화할 수 있었다.

그 단체의 소수의 전문가들은 동물해방전선Animal Liberation Front: ALF — 이른바 동물권리운동의 테러리스트파 — 처럼 단체를 낭만화하기조차 했다. 린다는 이렇게 말했다. "나는 그들에게 매혹되었어요. 나는 그들이 자신들이 무슨 짓을 하고 있는지를 알고 있다고 생각해요. 그들은 실험실에 들어가서 동물을 훔쳐 나오기만 하는 것은 아니에요. 그들은 상황을 판단해요. 즉 그들은 안에서 무슨 일이 벌어지고 있는지를 알아내고 상황에 따라서는 그것을 어떤 다른 방식으로 바로잡고자 노력해요." 린다와 같은 활동가들에게 ALF는 일종의 규율 있는 무정부상태, 즉 적절한 화, 다시 말해 상황에 대한 이성적 반응의 일례였다. 따라서 젊은 활동가들의 저항에 반대하는 몇몇 활동가들조차 ALF의 일원이 되기를 원했다.

ALF의 또 다른 매력은 그것의 배타성이다. 어느 누구나 거기에 가입할 수 없다. 많은 사람들이 소명의식을 느끼지만, 소수만이 선택된다. 한 활동가가 "동물해방전선은 어떤 사람들입니까?"라고 물었을 때, 그는 신기하게도 한 급진주의자로부터 "바로 당신이요"라는 말을 들었다. 이것이 ALF 급진주의에 그것만의 독특한 전문성을 부여해준다. 왜냐하면 소수의 사람들만이 그것의 일원이 되는 법을 알고 있기 때문이다. 일부 활동가들이 감정적인 사람들을 비이성적이라고 비판하게 만드는 것도 바로 배타성이 갖는 그러한 매력이다.

비합리적인 것으로서의 감정

운동가들은 동물학대와 관련하여 **감정적**인 것과 **이성적**인 것을 대비시킨다. 이를테면 감정적인 운동가들은 대부분 동물보호에 대한 이성에 근거한 철학 또는 과학적 이유보다는 동물에 대한 자신들의 감정에 의거한다. 그러한 운동가들은 자주 '동물복지주의자'라고 일컬어진다. 왜냐하면 그들은 모든 동물의 권리보다는 특정 동물의 복지에 더 관심을 두기 때문이다. 그들 중에는 동물애호협회humane society 출신의 자원봉사자들이 포함되어 있다. 실제로 복지주의자들이 조직한 행사들 ─ 후원받은 개 씻기기, 동물축제, 그리고 동물애호협회와의 크리스마스 퍼레이드 ─ 에는 애완동물이 등장한다. 다른 운동가들은 그것들을 '가벼운 동물권리 행사', '사교 행사', 또는 '조촐한 행사'라고 부른다. 이 운동가들은 복지주의자들을 그들의 애완동물에 대한 애정 때문에 '고양이와 개를 좋아하는 사람들' 또는 '동물애호가'라고 부른다.

많은 운동가들은 또한 복지주의자들을 비이성적이라고 생각한다. 왜냐하면 그들은 그들의 신념과 행동이 **일치하지 않기** 때문이다. 운동가들은 회의론자, 특히 생물의학자들이 동물권리 운동가들은 애완동물을 보호하면서도 고기를 먹고 가죽옷을 입기 때문에 애완동물에 대해 비이성적으로 감정적이라고 비난한다는 것을 알고 있다. 하지만 동물복지주의자들은 공개적으로 고기를 먹고 동물 제품을 입는다. 그들은 또한 몇몇 형태의 동물연구를 지지한다. 지역동물보호소 직원은 자신들의 살아 있는 동물을 연구자에게 팔지 않을 것이다. 그러나 그들은 한때 지역대학 의학부의 낭포성 섬유증 연구자에게 이미 안락사시킨 동물의 조직을 기증하는 데 동의했었다. 보호소 관리자는 이것이 "전 세계의 어린이들에게 도움을 주었다"고 설명했다. 보호소 직원은 공중과 조화로운 관계를 추구하는 것으로 알려져 있다. 여론에 의해 영향받고 감정적 호소에 어린이들을 이용하고 동물연구윤리에 기초하여 자신의 지위를 더럽히는 것은 공평하고 과학적이고 그리하여 이성적이라는 동물권리 운동가들의 자기 이미지와 모순된다.

하지만 무엇보다도 복지주의자들은 동물보호를 사소한 것으로 만든다. 왜냐하면 그들은 동물권리운동에 가담하는 것을 설득력 있게 정당화하지 않기 때문이다. 대부분의 활동가들은 합리성과 감정성 간의 전통적 이분법에 토대하여, 자신들의 감정만으로는 외부자나 자신들에게 왜 그들이 운동에 참여해야만 하는지를 정당화할 수 없다고 믿는다. 그들은 감정이 동물권리 행동주의에 "연료를 공급하"거나 그것의 '배후의 열정'이기는 하지만, 감정은 또한 '충동적', 주관적, 그리하여 '비이성적'인 '본능적 반응'이라고 말한다. 변호사 린다는 내게 말했다. "당신의 감정은 당신이 학습한 것 또는 당신이 행한 것 때문에 당신이 그것에 반응하는 방식으로 발생합니다. 다른 사람들이 반드시 그렇게 반응할 필요는 없습니다." 린다는 회의론자들이 오직 그녀의 감정에 기초하여 그녀를 추방할 수도 있다는 것을 알고 있다. 그녀는 토끼를 대상으로 한 화장품 실험에 대한 글을 읽은 후에 동물권리운동에 참여했다. 토끼는 그녀에게 자신의 애완동물 비글을 생각나게 했다. 그녀는 그것은 "하나의 감정적 반응"이었다고 말했다. 그녀는 자신의 말을 이렇게 마무리했다. "그러나 동물권리문제는 매우 감정적이 되는 경향이 있어요. 그렇지만 감정 때문에 많은 법이 바뀔 수는 없어요."

> 나는 사람들이 당신, 당신의 진술, 당신의 행위를 그저 단순한 반응으로 치부할 수 있다고 생각해요. 당신은 거기에 가서 앉아서 말해야 해요. "우리는 더 이상 이걸 필요로 하지 않아요. 이 실험은 시대에 뒤진 겁니다." 당신은 왜 우리가 식육용 어린 송아지를 우리가 하는 방식으로 다룰 필요가 없는지를 말해야 해요. 다시 말해 당신은 우리가 송아지를 기르는 우사의 나무 칸막이 틀의 간격을 넓힐 수 있다는 것을 말해야 해요. 우리는 더 많은 보호소를 설치할 필요가 있어요. 동물들이 거리를 배회하고 있어요. 그 수가 점점 증가하고 있어요. 우리는 그것과 관련하여 뭔가를 할 필요가 있어요. 그렇지 않나요. "나는 도로변에서 버려져서 먹지 못하고 돌아다니는 동물들을 보는 것을 아주 싫어해요. 그래서 나는 우리가 그 일을 해야 한다고 생각해요."

린다는 이런 식으로 동물학대와 관련한 사실과 수치를 살펴본다. 하지만 그녀는 이렇게 말한다. "사실 또는 수치는 그것에 대한 감정을 가지고 있지 않아요. 그것은 하나의 진술입니다. 이게 내가 말할 수 있는 것입니다. 이해할 수 있지요? 중요한 것은 '내가 단지 그렇게 느낀다는 것'이 아니라 내가 왜 그러한 감정을 가지는가 하는 것입니다."

린다와 같은 운동가들은 자신들의 감정을 결코 포기하고자 하지 않는다. 비록 그들이 항상 애완동물을 사랑했고, 동물학대를 다룬 동물권리영화를 보고 울지만, 그들은 자신들의 감정을 지적으로 정당화할 필요가 있다고 믿는다. 동물권리문헌들 속에서 생산되는 통계치를 제외하고는, 그들은 톰 레건Tom Regan과 같은 사람들의 동물권리에 대한 일부 철학적 저술 속에서 그러한 정당화를 발견해왔다. 한 운동가는 다음과 같이 설명했다.

나는 동물권리입장의 요체를 탐구하기 위해 주로 레건의 저작을 하나의 윤리적·철학적 입장으로 이용합니다. 나는 동물에 대한 조직화되지 않은 일종의 호의적인 감상적 느낌을 가지는 것만으로는 충분하지 않다고 생각합니다. 내 말뜻은, 내가 생각하기에 감정은 위대하다는 것입니다. 그러나 그것은 그 자체로는 지적 측면에서 동물권리운동을 실제로 정당화하지 못해요.

레건의 철학이 또 다른 활동가에게 호소력을 지니는 까닭은 그것이 처음에는 동물에 대해 이야기하지 않기 때문이다. 그것은 권리에 대해 이야기한다.

『동물의 권리The Case for Animal Rights』는 매우 매우 학문적이고 냉정한 철학적 저술입니다. 약 480쪽에 달하는 책에서 그는 몇몇 권리의 철학을 다루고 있는 윤리의 논거들을 검토합니다. 내가 보기에, 첫 100쪽에서 그는 동물이라는 단어를 언급조차 하지 않습니다. 그는 그저 이전의 철학자들이 권리에 대해 말해온 것을 분석합니다. 권리에 대한 모든 관념이 항상 나를 매혹시켰습니다. 시민적 권리도 그렇고, 미국인이 외국으로 출국할 권리를 얼마나 가지는지도 그렇고.

하지만 대부분의 활동가들은 동물이 인간이 갖는 것과 동일한 방식으로 권리를 가질 수 없다는 점을 인정한다. 그들은 동물은 '연민'을 가지고 또는 '배려'하는 마음으로 다루어야 한다고 생각한다. 동물은 취약하다. 보다 대중적인 유추는 동물은 아이들처럼 다루어야 한다는 것이다. 그러나 권리에 대한 철학적 논의는 그들에게 동물에 대해 이야기하는 보다 비인격적인, 따라서 받아들일 수 있는 방식을 제공한다. 따라서 동물권리운동은 더 이상 애완동물이나 귀여운 동물을 사랑하는 사람들을 위한 단체로 이해될 필요가 없고, 이제 모든 동물을 위한 정의正義의 운동으로 이해되어야 한다.

이것은 동물연구에 대해 이야기할 때 특히 분명히 해둘 필요가 있었다. 지역라디오 건강 쇼의 인기 있는 사회자는 방송에서 동물연구가와 토론하기 위해 동물권리단체의 남성 코디네이터인 더글라스를 초대했다. 사회자는 더글라스에게 동물의 권리에 대한 입장을 청취자들에게 요약해달라는 요구로 방송을 시작했다. 더글라스는 목을 다듬었다. 그는 "동물의 권리가 무엇인지를 설명하는 최선의 방법은 아마도 동물의 권리가 **아닌** 것을 설명하는 것일 것"이라고 천천히 그리고 조리 있게 말했다.

> 많은 사람들은 그들이 숲을 걷다가 강철로 만든 입 모양의 발목 덫에 걸려 매우 고통스러워 하는 여우나 너구리를 우연히 보게 되면, 감정적으로 흥분할 것입니다. 강철이 살을 파고들고, 그 동물이 피를 흘리고 있고, 많은 시간 동안 거기에 있었다면, 당신은 그 동물에 접근했을 때 죽음의 공포를 보게 될 것입니다. 왜냐하면 그 동물은 덫을 놓은 사람이 와서 자신을 짓밟아 죽일 거라는 것을 알고 있기 때문입니다. 또는 사람들이 태어나자마자 어미로부터 억지로 떼어내어 표준적 규모의 우사 나무 칸막이 틀에 처넣은 어린 송아지의 가슴 아픈 광경을 본다면, 감정적으로 흥분할 것입니다. 그 송아지들은 목에 줄이 매인 채로 일생을 보내고 결코 움직일 수도 씹을 수도 없

습니다.

오늘날 이것들은 강한 감정을 불러일으킵니다. 일부 사람들은 극히 잔인한 소행을 볼 때 웁니다. 그리고 그것들은 분명 우리 중 누군가가 부끄러워하기 위해 필요한 감정이 아닙니다. 그와는 반대로 내가 생각하기에, 그것들은 우리가 우리의 마음속에 키워야만 하는 감정입니다. 그러나 동물권리관점은 이렇게 말합니다. "그런 감정은 잠시 제쳐놓고 그것에 대해 아주 냉정하고 이성적이 됩시다. 그리고 그럴 경우 우리는 잘못된 것이 반드시 이러저러한 소행 또한 잔혹성의 정도가 아니라는 것을 발견할 것입니다. 그러나 여기서 잘못된 것은 훨씬 더 큰 어떤 것입니다. 여기서 잘못된 것은 전체 시스템입니다. 여섯 개의 기업이 운용하는 이 시스템은 이 나라에서만 막대한 수의 동물, 말 그대로 수백만의 동물들을 착취하고 살해합니다."

동물권리 철학자들은 여기서 다른 윤리적 토대에 대해 매우 철저한 탐구를 해왔고, 그러한 상황과 태도는 도덕적 측면에서 정당화될 수 없다는 결론에 도달했습니다. 그리고 최종 결론은, 우리가 동물에게 표해야 하는 것은 친절과 연민이 아니라 존중과 정의正義라는 것입니다.

그래서 나는 동물권리운동의 일종의 위계서열에 주목했다. 활동가들이 가장 존경하는 사람들은 애완동물에 대해 좀처럼 이야기하지 않는다. 그들은 철학에 대해 이야기한다. 철학자들은 동물권리운동의 최고의 옹호자들이다. 그들은 책을 썼다. 그들은 대학에서 가르쳤다. 동물권리 운동가가 된 동물연구자 돈 반스Don Barnes는 동물에 대한 자신의 애정을 부정하기까지 했다. 그는 지역 대학교의 연구자들을 반대하는 저항에서 자신의 주변으로 무리를 지어 몰려든 한 단체에 말했다. "나는 '동물애호가'가 아닙니다. 나는 일부 동물은 좋아하고 다른 동물들은 좋아하지 않습니다. 내가 동물애호가라고 말하는 것은 내가 흑인찬미자라고 말하는 것과 동일합니다."

철학 이외에도 이들 활동가들은 과학 그 자체 내의 감정주의에서도 위안을 찾았다. 이를테면 한 여성은 그녀의 남편이 어떻게 어느 날 저녁 대학도시의 총장관사 앞에서 촛불집회를 벌이기로 했는지 그리고 지역 TV방송국의 앵커맨이 그녀의 남편에게 의견을 구하는 대신에 진술을 따기 위해 어떻게 그녀에게 접근했는지를 회상했다. 카메라맨과 음향기사가 그녀 주변에 포진하기 시작했다. 그녀는 "나는 거북했어요. 왜냐하면 나는 전에 그런 적이 전혀 없었거든요. 내 앞에 카메라를 들이대는 것 말예요"라고 상기했다. 그녀는 내게 말했다. "사람들은 너무나도 자주 '나는 동물을 사랑하기 때문에 운동에 참여한다'고 말해요. 나는 거기에는 그것 이상의 것이 있다고 생각해요."

나는 나의 관심이 내가 투영하기를 원하는 어떤 종류의 이미지에 있다고 생각해요. 내게 그 이미지는 미디어에 노출되었을 때 감정적이 아닌 교육받은 의식 있는 사람으로 보이게 하기 위해 필요해요. 왜냐하면 우리와 대립하는 사람들은 그것을 아주 영리하게 비난하거든요. 정책을 변화시키고 여론을 변화시키는 것은 감정이 아니거든요. 그것은 당신이 왜 그렇게 믿는지에 대해 매우 논리적인 논거를 제시할 수 있는 능력이에요.

그녀는 그날 밤 카메라 앞에서 그녀의 감정에 대한 과학적 정당화를 시도했다.

우리가 동물에게 고통을 주지 않기 위해서는 대안이 존재한다는, 즉 그것[연구]을 하는 다른 방법들이 있다는 태도를 가져야 합니다. 나는 당신이 틀림없이 감정을 가지고 있다고 생각합니다. 그러나, 게다가 당신은 이렇게 말할 수 있습니다. "저도 관심을 가지고 있습니다만, 보다 건전한 연구유형이 어떤 게 있을 수 있나요?" 그래요, 그런 것 있잖아요. 변화를 정당화하기 위해 어떤 요소를 추가하는 것, 그런 것 말이에요.

과학에 대한 이해는 이들 활동가들에게 결정적이다. 활동가들은 반反과학적이기는커녕 과학을 신봉한다. 그들은 의학자들이 채식주의에 대해 쓴 책을 읽는다. 그들은 텔레비전 과학 다큐멘터리를 시청한다. 그리고 그들은 암과 AIDS를 종식시키는 데 있어 동물연구가 갖는 가치에 대해 토론한다. 과학은 단지 과학 자체에 의해서만 비판될 수 있었다. 철학자들처럼 활동가들은 의학적 연구의 기술적 측면에 정통한 사람들과 함께 그 운동 속에서 과학자들을 존경한다.

이것은 동물연구가 왜 자주, 이를테면 훨씬 더 많은 동물들을 살해하는 공장형 축산농장보다도 동물권리 운동가들의 그렇게 많은 주목의 대상이 되는지를 설명해준다. 미디어와 연구지지자들은 매우 빈번히 동물권리 운동가들이 동물연구에 반대하는 것에 이의를 제기한다. 왜냐하면 그것이 활동가들이 가장 감정을 드러내는 지점이기 때문이다. 활동가들은 감정적으로 보이는 것을 피하기 위해 동물연구에 대한 자신들의 반대를 정교하게 정당화해야만 한다. 그러나 그것은 동물연구에 대한 그들의 집착—그리고 그들의 반과학적 이미지—을 강화할 뿐이다.

감정의 역할

동물복지주의자들은 동물에 대한 받아들여질 수 있는 우려와 받아들여질 수 없는 우려 간의 경계를 강조한다. 모든 활동가들은 언젠가는 그러한 경계와 대결하지 않을 수 없다. 그들은 자신들이 동물학대에 대한 보다 세련된 반응을 어떻게 진척시켜왔는지를 보여주기 위해 자신들이 동물의 권리에 관여하기 전에 자신들을 개와 고양이를 좋아하는 사람들 또는 동물애호가였던 것으로 묘사한다. 린다는 다음과 같이 말했다. "나는 당신이 감정에 빠져 있다고 생각해요. 당신이 그 속에 더 오래 머무를수록, 당신은 더 많이 깨달을 것입니다." 그녀는 이렇게 덧붙였다. "감정은 여전히 거기에 있어요. 나는 그것이 침전된다고 생각하지 않아요. 그러나 그것은 하나의 **학습된 감정** 그 이상의 것입니다."

여성적인 것으로서의 감정

활동가들은 아주 빈번히 감정적인 것을 여성과 연관시킨다. 실제로 내가 연구한 동물권리단체는 80%가 여성으로 구성되어 있다. 하지만 운동에 참여하는 나이 든 전문직 여성들은 단체에 여성들이 너무 많다고 우려한다. 그들은 자신들의 첫 모임을 위해 교회당에 도착했을 때 테이블 주변에 대부분 주부들이 앉아 있음을 발견하고 실망했던 것을 회상했다. 그들은 주부들이 동물의 권리에 대한 합리적 논거들을 학습하지 못하지나 않을까 걱정했다. 샤롯테라고 불리는 한 여성 대학원생은 우리가 협동조합에서 그의 여동생 애니와 함께 아침을 먹을 때 그녀의 초기모임을 회상하며 이렇게 말했다. "나를 괴롭힌 것 중 하나는 참석자가 실제로 모두 여성이라는 것이었습니다. 그리고 모임에서 일부 토론은 실제로 감정적 종류의 반응을 놓고 이루어졌습니다. 나는 그것보다는 당신이 사용할 수 없는 다른 반응들 ─ 상이한 논거들─과 당신이 그것에 반응하는 방식들을 학습하기를 원했습니다. 그리고 때때로 모임에서 그들은 옆길로 벗어나서 이렇게 말합니다. '그것 끔찍하지 않니!' '이것 무섭지 않니!' 그리고 그들은 말합니다. '나는 그거 믿을 수가 없어!' '어떻게 그런 짓을 할 수 있어?'"

이러한 여성들이 동물권리운동을 감정적으로 보이게 한다면, 남성들은 동물권리운동을 신뢰할 수 있어 보이게 한다. 왜냐하면 남성들은 여성보다 더 이성적인 것으로 상정되기 때문이다. 애니와 샤롯테는 그들끼리의 대화를 시작했다. 샤롯테의 동생이 말했다. "언니, 이제 의문을 가져야 돼."

　왜 더 많은 남자들이 그런 모임에 나오지 않는 거야? 그리고 언니는 남자들이 개별적으로 올 것이라고 생각해. 그런데 남자들은 결코 나오지 않아. 언니는 남자들이 왜 안 나온다고 생각해. 유인물이 제시하는 방식 때문 아닐까? 좀 더 감정적인 것으로 표현해야 하는 것 아냐? "이 끔직한 것이 그렇게 무섭지 않은 것 아냐!" [그녀는 커다란 목소리로 여성들의 희망을 무자비하게 꺾어버리기 시작했다.] 내 생각에 그중 일부는 남자들이 훨씬 더 논리적으로 키워진다는 사실과 관련이 있는 것 같아. 남자들은 자신들이 합리적 논거를 가지는 것을 좋아해. 남자들은 전적으로 자신들의 공포에 의거해서 행동하기를 좋아하지 않아. 나를 막 짜증나기 시작하게 하는 것은 내 생각에 남부에 남자들이 더 많다는 거야. 특히 이 지역에서는 많은 남자들이 지도자의 위치에 있잖아. 따라서 우리는 그 사람들에게 손을 내밀어야만 해.

　샤롯테가 설명했다. "내가 추측하기에, 뭔가가 신뢰를 받을 때에는 언제든지 불행하게도 그건 그것이 보통은 남자에 의해 주도되거나 남자가 주역을 맡기 때문이야. 사회는 여자보다 남자에게 훨씬 더 귀를 기울여. 그리고 나는 여자가 아직 남성과 동일한 지위를 가지고 있지 않다고 생각해. 추측컨대 나는 어떤 점에서는 그게 사회가 그것을 바라보는 방식이라는 사실을 이용해야 하지 않나 싶어. 그리고 우리 단체가 사회가 필요로 하는 신뢰를 얻기 위해 우리가 추진해야 할 하나의 일이 바로 이거야. 이 문제가 남자들에게 중요하다는 것을 알리는 것 말이야."

감정적 남성

그러나 이야기는 더 복잡하다. 동물권리 운동가들은 남성들이 감정적일 때조차 남성을 칭찬한다. 특히 활동가들은 남성의 화를 칭찬한다. 그러나 나는 그들이 여성의 화를 칭찬하는 것을 결코 들어본 적이 없다. 그들은 그 단체의 한 남성이 거리연극을 지지할 때 거리연극을 지지했다. 그러나 한 여성이 거리연극을 지지할 때에는 그것을 지지하지 않았다. 게다가 남성들이 칭찬받는 것은 화를 냈기 때문만은 아니었다. 몇몇 여성들은 자신들이 남성이 여성보다 덜 감정적이고 "감정이 논증을 이길 수 없다"고 믿을 때조차도 그 운동에서 감수성이 있고 다정하고 인정 많아 보이는 남성들을 칭찬한다. 그 단체의 초기회원 중의 한 사람은 다음과 같이 설명했다. "나는 운동에 참여하는 어떤 남성도 내가 좋아하지 않는다고 생각할 수 없어요. 그들은 매우 인정이 많고 또 페미니즘 지향적이에요. 그들과 말하는 것은 아주 편안해요. 그것은 마치 게이 친구와 이야기하는 것 같아요!" 그녀는 웃으면서 말했다. "이것이 여성들이 게이 친구를 갖기를 좋아하는 이유예요. 그들을 운동으로 이끈 자질이 내가 그들을 좋아하는 이유예요."

나는 물었다. "그렇다면 동일한 자질이 여성들을 운동으로 이끈 것은 아닌가요?" 그녀는 다음과 같이 설명했다.

아, 예. 그러나 당신은 여자들 속에서는 그런 것들을 자주 발견하지 못할 거예요. 내 말뜻은 내가 나의 철학과 일치하는 사내 ─ 그것이 동물권리운동에서건 또는 업무관계에서건 또는 개인적 관계에서건 또는 그 어떤 관계에서건 간에 ─ 즉 감정에 대해 기꺼이 이야기하는 또는 저항운동에 참여함으로써 자신을 연약한 사람으로 만드는 사내와 훨씬 더 많은 시간을 보낼 거라는 거예요. 나에게는 그것이 남성성의 표시예요. 자신을 밖으로 드러냈다는 이유로 욕먹는 것을 두려워하지 않는 것 말예요. 나는 그것이 밖에서 술 마시는 조 블로보다 더 칭찬할 만하다고 생각해요.

동물에 대한 자신의 감정을 표현하는 남성들이 희소하다는 인식이 그들의 가치를 끌어올리고 있다. 솔직히 남성들은 자신들이 동물운동 ― 역사적으로나 문화적으로나 여성과 연관되어 있는 운동 ― 에 참여하기 때문에 견뎌내야만 하는 수치심 속에서 그들의 감정적 특권을 획득한다. 남성들이 자신들의 감정을 기꺼이 표현하는 것은 두려움 없음의 표시로 간주되지만, 여성에게서 그것은 나약함의 표시이다. 감정적이 된다는 것은 남성이 그러할 때 정당화된다. 그리고 여성은 동물학대에 대한 그들 자신의 감정의 정당성을 정당화하기 위해 남성의 운동참여를 거론하기도 한다. 나와 이야기한 한 여성이 고기 먹기를 중단한 데에는 그녀의 남편 ― "붉은 고기를 좋아하는 크고 건장한 체격을 가진 남성" ― 이 그렇게 하라고 한 것 이상의 더 큰 유인은 전혀 없었다. 그리고 부인에게 모피코트를 사주기를 거부한 한 남성은 어떤 반反모피 저항보다도 더 설득력이 있다. 린다는 이렇게 회상했다. "나의 로스쿨 동창생 중 한 명은 주州 조사국 직원이에요. 그는 집요한 친구이고 매우 딱딱한 사람입니다. 그는 마약을 단속하는 일을 하곤 했습니다. 인생의 찌꺼기, 즉 마약중독과 살인 같은 흉악한 사건들을 처리하죠. 그리고 그게 사람들을 잠시 경직되게 만들죠." 그러나 이 남자와 관련하여 린다에게 가장 기억에 남는 일은 한 강연 직후에 발생했다. "그는 나를 옆으로 데려가서 말했습니다. '알다시피 나는 실제로 여자가 모피코트 입는 것을 매우 추악한 일이라고 생각해. 나는 내 아내에게 결코 모피코트를 사주지 않을 거야. 그리고 나는 네가 하고 있는 일이 위대하다고 생각해.'" 린다는 잠시 말을 중단했다. "그는 그 후 더 이상 어떤 말도 하지 않았습니다. 그리고 그는 어떤 사람 앞에서도 그 말을 결코 하지 않았습니다. 그러나 그것은 내게 좋은 감정을 가져다주었습니다. 왜냐하면 나는 항상 그가 매우 감수성이 없는 사람, 매우 딱딱한 사람이라고 느꼈기 때문입니다." 남성들은 감정적이라는 이유와 이성적이라는 이유 모두 때문에 칭찬받는다. 그러나 여성들은 항상 이성적이지 않다고 비판받는다.

　요컨대 동물권리운동이 감정적이라는 이유로 개인, 저항, 전략을 조롱하듯 비판하는 사람들은 대개 같은 이유 때문에 운동 밖에서 불신을 받는 것을 커다란 약점으로 느끼는 사람들이다. 자신들의 세계를 애써 획득한 교육이 수증명서와 경력과 관련하여 규정하는 전문직 여성들은 감정적으로 보이지 않게 하는 것에, 그리고 그 단체의 좌파 히피 이미지에 의해 더럽혀지지 않는 것에 가장 관심을 기울이는 사람들이다. 그들은 그러한 이미지가 자신들이 경력을 쌓고 있는 곳으로 전달되지 않게 노력해야만 했다. 내가 인근 타운에서 만난 활동가들은 내가 연구한 대학도시 활동가들보다 전문직에 종사할 가능성이 적은 사람들이었는데, 이들은 자신들의 감정적 이미지에 대해 덜 우려했다. 그것은 중고가정용품 판매, 각자가 음식을 지참하는 저녁식사 모임, 친목 모임, 친선 도모 등을 하는 다른 시민단체들과 유사한, 대체로 보다 느슨한 조직이었다.

결론

　사회운동가들의 구체적 감정과 내적 심리상태에 초점을 맞추지 않을 경우, 우리는 왜 사회운동이 특정한 시점에서 출현하는지 또는 왜 특정한 개인들이 운동에 참여하는지 또는 왜 특정 사회운동이 성공하는지 또는 왜 그러한 조직적 관심사가 유발되는지를 설명할 수 없을지도 모른다. 하지만 우리는 왜 운동이 그러한 형태를 취하는지 — 이를테면 왜 근대 동물권리운동이 근대

과학과 철학을 신봉해왔는지, 왜 남성들이 대부분 여성들로 구성된 단체에서 권력지위를 차지하고 더 많은 책임을 맡고 있는지, 왜 동물연구가 운동의 초점이 되었는지, 그리고 합리성과 감정억제에 관한 이러한 온갖 관심에도 불구하고 통상적으로 폭력적 그리고 심지어는 테러적인 것으로 간주되는 행동들이 어떻게 묵인되는지 ―를 설명할 수 있다.

동물권리운동은 전통적으로 감정을 남성이 지배하는 경쟁사회에 주입시키기 위해 투쟁해온 여성들의 운동이었다. 실제로 최근 페미니스트들은 여성이 어째서 관계, 책임, 돌봄에 대해 남성보다 더 많은 관심을 가지는지를 보여주고자 노력해왔다. 그리고 생태페미니스트들은 그러한 윤리로 동물권리 행동주의를 보완해야 한다고 말한다. 그렇다면 여성들은 세계를 바라보는 이러한 방식을 실제로 어떻게 인식하고 있는가? 양육자로서의 여성에 대한 이러한 학술적 담론이 그들의 일상적 삶과 상황 속으로 어떻게 들어오는가?

내가 동물보호운동에서 만난 전문직 여성들은 동물학대를 놓고 의학자들과 공개적인 논쟁을 벌이면서, 자신들의 감정을 충동적이고 비이성적이고 주관적인 것으로 격하한다. 그들은 애완동물을 사랑하는 사람들을 비판한다. 그들은 동물을 감각능력이 있는 존재sentient being라는 비인격적 범주 속에 위치시킨다. 즉 동물에게까지 하나의 문화를 상정한다. 도덕적 권위는 과학적, 이성적 또는 지적 논증을 통해 동물학대에 대한 감정을 실체화하는 것에 의존한다. 한때 남성이 지배하는 의료전문직을 동정심이 없다고 비난하는 것으로 유명했던 동물권리 운동가들이 오늘날에는 그들이 남성적인 것으로 간주하는 감정중립성, 과학, 그리고 세계인식방식을 신봉한다. 하지만 특별한 상황하에서, 이를테면 남성들이 감정적일 때, 또는 그것이 공중의 관심을 끌기 위해 필요할 때, 또는 행위가 전문적이고 비밀스럽고 지식이 있는 단체(ALF와 같은)에 의해 행해질 때, 이러한 규칙은 완화될 수 있다. 이 경우 감정은 낭만화되고 폭력적 행위조차 묵인된다.

사람들의 감정구성을 연구하는 것은 우리가 구체적 감정을 추론하고 모든 사회운동참여를 개인의 감정상태의 총합으로 환원하는 어려운 과정에 착수하는 것으로부터 우리를 해방시켜준다. 동물권리 운동가들 사이에서 감정담화는 그들과 운동 외부자들—이 경우에는 생물의학 연구자들—과의 상호작용뿐만 아니라 운동가들 서로 간의 상호작용의 결과로 출현한다. 실제로 사람들의 감정구성에 초점을 맞추는 것은 우리로 하여금 사회운동과 사회—동물보호운동의 경우에는 미국 사회 내의 젠더와 권력동학—간의 관계에 주의를 기울이게 한다. 동물권리운동은 단지 동물에 대한 학대와 관련한 운동만이 아니다. 그것은 공적 삶에서 감정이 차지하는 위치에 관한 하나의 논쟁이다. 여성들은 전통적으로 동물 및 자연과 연관 지어져왔다. 여성들은 전통적으로 집과 가족이라는 사적 영역에 한정되는 부분의 양육자였다. 그들의 감정과 문제들은 자주 사소한 것으로 치부되었다. 역으로 주로 남성들인 의학자들은 그들의 감정을 드러내지 않을 것이 기대된다. 의학자들은 동물권리 운동가들에 대항하는 그들의 대항운동 속에서 공중들에게 자신들이 감정적이고 애완동물을 기르고 있고 동물을 사랑한다는 것을 보여주고 싶어한다. 동물운동가들이 동물에 대한 자신들의 감정을 합리화하는 반면, 동물연구자들은 자신들의 합리성을 감정화한다.

여성들은 감정표현과 관련하여 이중의 속박에 직면해 있다. 즉 만약 여성들이 자신들의 연민을 드러내면, 그들은 지질한 존재로 치부될 수 있다. 만약 여성들이 화를 내면, 그들은 히스테리적인 것으로 치부될 수 있다. 아이러니하게도 활동가들은 자신들의 감정을 여성적이거나 지질하거나 히스테리적인 것으로 격하시킴으로써 자신들이 싸우고 있는 고정관념에 기여하고, 자신들이 동물권리운동에 가담하는 바로 그 동기들—동물, 특히 애완동물에 대한 자신들의 감정이입과 연민—을 격하시킨다. 동물권리운동은 의도하지 않게 남성과 의학자들에게 부여된 위세를 영속화한다.

지금까지 살펴본 바와 같이, 감정적이라는 것은 하나의 꼬리표, 즉 구성물이다. 그것은 단지 하나의 내적 상태가 아니다. 그것은 (19세기의 무시무시한 사회운동 이론가들이 군중의 열정을 비판할 때 설명했던 것처럼) 젠더전쟁에서 그리고 실제로 사회운동전쟁에서 하나의 꼬리표이다. 우리가 어떤 사람 또는 집단을 **감정적**이라고 생각할지의 여부는 실제로 그들에 대한 우리의 감정을 진술하는 것이다.

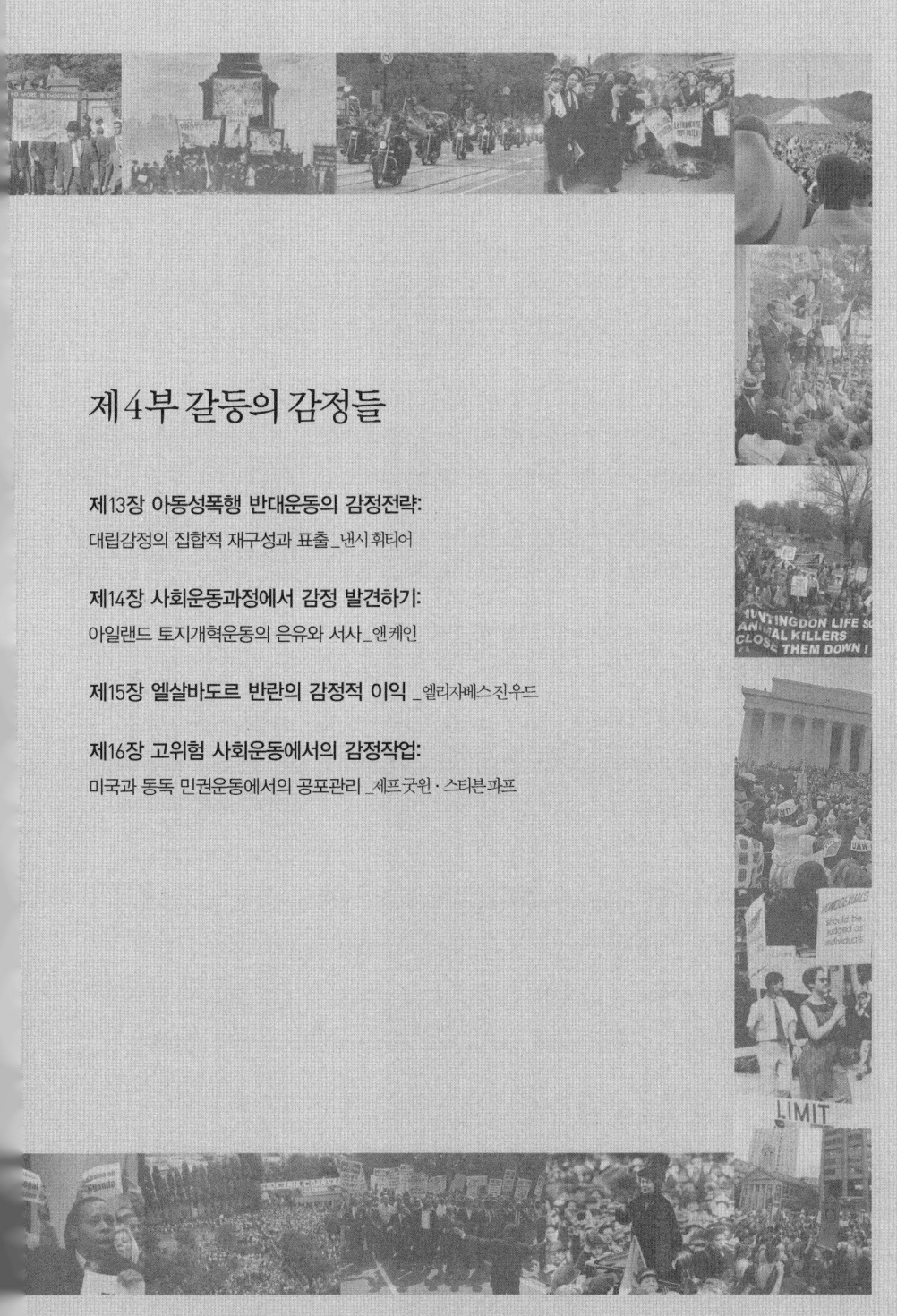

제4부 갈등의 감정들

13

아동성폭행 반대운동의 감정전략
대립감정의 집합적 재구성과 표출*

낸시 휘티어

텔레비전에서 40대 여성이 끔찍한 이야기를 전한다. 그녀가 자신의 신체적·성적 폭행경험을 자세히 얘기할 때, 그녀는 더듬거리며 말을 했고, 어린애 같은 단어를 사용했고, 간헐적으로 훌쩍거리며 울었다. 그녀가 동반한 남성 치료사가 그녀의 팔을 톡톡 두드리고 격려하면서, 증상의 성격과 아동성폭행의 만연함을 청중에게 설명했다.

30명의 여성들이 대규모 연례행사인 게이, 레즈비언, 양성애자, 트렌스젠더 프라이드 퍼레이드의 일부로 웃고 노래를 부르면서 샌프란시스코의 마켓스트리트Market Street를 시가행진했다. 그들은 피켓을 들고 그들의 몸에 '당당한 생존자', '성폭행은 이제 그만' 그리고 '섹스 포지티브Sex-Positive 생존자'라

---

* 조 레거(Jo Reger), 케이트 위건(Kate Weigand) 그리고 이 책의 편집자들의 논평에 감사한다.

고 쓰여 있는 스티커를 붙였다. 그들은 자신의 주먹을 들고 슬로건을 반복해서 외치며 소리를 질렀다. 한 구경꾼은 나가서 그들에게 가담했다. 그녀는 피켓을 들어 올리며 울었고, 나머지 사람들과 함께 목소리를 높였다.

어린 시절에 성폭행을 당한 성인들을 연구하는 한 임상의이자 연구자가 30대의 한 여성이 자신의 아버지에게 제기한 민사소송에서 증언했다. 그녀는 20년 전에 자신을 성폭행한 아버지를 고소했다. 증인으로 출석한 임상의는 어린 시절 기억의 지연과 피해자들이 겪은 감정적·신체적 후유증의 특징에 대한 연구현황을 설명했다. 그녀는 전문가였고 신뢰할 수 있었으며 침착했다.

아동성폭행 반대운동 참가자들은 사회변화를 초래하기 위한 전략의 일부로 대립감정을 구성하여 그것을 공개적으로 활용한다. 그들의 공개적인 감정표출은 운동단체와 지역사회 내에서 발생하는 감정의 재구성과 정치화 과정에서 이루어진다. 하지만 아동성폭행 반대운동이 일어나는 다양한 맥락들은 그들 나름의 감정문화를 가지고 있다. 서로 다른 제도적·문화적 맥락 내에서, 어떤 감정들은 더욱 이해할 수 있게 되고 운동목표를 더욱 증진시키거나 지지를 더욱 획득하는 반면, 다른 감정들은 이해할 수 없게 되거나 공감을 얻지 못하고 비가시화된다. 활동가들은 이러한 더 큰 문화적·제도적 맥락 속에서 대립감정을 극복하며, 운동감정의 재구성은 다시 외적인 감정맥락을 재형성하기도 한다. 감정표출은 구성원들 자신의 대립감정을 강화하고, 대항운동의 주장에 대처하고, 운동대상과 방관자들에게 영향을 미치기도 한다.

감정에 대한 사회구성주의적 관점은 감정을 맥락적이며 더 큰 문화체계와 연관되어 있는 것으로 파악한다(Hochschild, 1983; Taylor, 1996; 2000; Hercus, 1999). 사회운동 내에서 일어나는 감정의 사회적 구성을 개념화하기 위해, 나는 또 다른 속성의 집합적인 상호작용적 구성—특히 집합적 정체성—에 대한 이론에 의지한다(Taylor and Whittier, 1992; Whittier, 1995; Lichterman, 1996). 집합적 정체성처럼 대립감정은 미시적 동원맥락을 통해 구성되어 공개적으로 동원된다. 대립감정은 논의되고 논박되며 시간이 흐름에 따라 변화하기도 한다. 참가자들은 감정을 개인적으로 뿐만 아니라 집합적으로 경험하고 해석한다. 그들은 그러한 감정과 그것의 의미에 대해 이야기하고 글을 쓴다(그리고 이의를 제기하거나 강화한다). 그리고 그들은 감정을 운동의 실천을 통해 집합적으로 이해하고 재구성한다. 나는 그것의 내면에 관한 또 다른 (역시 중요한) 질문들보다는 운동실천에서 관찰할 수 있는 감정의 집합적 측면들에 초점을 맞추고 있다.

앨리 혹실드(Arlie Hochschild, 1983)는 여객기의 객실 승무원들은 그들 직업의 필요조건으로 승객들에게 특정한 감정상태(일종의 편안하고 따뜻한 신뢰감)를 제공해야만 한다고 주장한다. 그들은 그들 자신의 감정을 관리함으로써 그렇게 한다. 누군가가 다른 사람들 속에서 특정한 감정적 반응을 증진시키기 위해 자신의 감정을 관리하는 이러한 과정은 **감정노동**이라고 지칭된다. 활동가들이 공적 맥락에서 감정을 표출할 때, 그들 역시 감정노동에 참여한다. 그들은 운동의 목표를 증진시키기 위해 자신들이 표출하는 감정을 관리하여 관찰자들의 감정적 반응에 영향을 미치고자 한다. 물론 승무원들처럼 활동가들도 그들 자신의 선택에 의해서가 아니라 감정규범이 작동하고 구조적 강제력이 행사되는 환경 속에서 활동한다. 여기서 내가 관심을 갖는 것도 바로 활동가들의 감정노동과 그들의 상황적 기회 및 강제 간의 상호작용과 상호영향이다.

이 장에서 나는 아동성폭행 반대운동의 사례를 바탕으로 어떻게 대립감정이 다양한 맥락에서 재구성되고 표출되는지를 고찰한다. 내적 운동과정들은 외부 제도, 국가, 다른 사회운동과 상호작용하며, 운동맥락 내에서 그리고 언론, 국가, 의료기관 등의 외부 환경 내에서 모두 표출되는 감정과 그것의 분기를 틀 짓는다. 나는 상이한 맥락에서 표출되는 감정이 세 가지 요인들 —활동가들이 내부 운동조직 속에서 구성하는 **대립감정**, 감정을 공개적으로 표출하는 **감정노동**, 외부 환경이 제공하는 **감정적 기회** — 에 의해 틀 지어진다고 주장할 것이다.

방법과 사례

이 장은 지난 30년 동안 미국에서 벌어진 아동성폭행 반대운동에 대한 더 방대한 연구로부터 나온 것이다. 아동성폭행을 반대하는 사회운동은 광범하고 다양하다. 그리고 그것은 몇몇 주요한 분파들로 나누어진다. 아동성폭행을 경험한 성인 생존자들은 한편에서는 자조집단을, 그리고 다른 한편에서는 아동성폭행을 경험한 성인 생존자들에 대한 인식과 치료방법을 변화시키고 범죄자들을 고소하고 아동성폭행의 발생을 줄이는 것을 지향하는 활동가 집단을 조직해왔다. 예방 분파는 아동보호서비스 측면에서의 법 개정과 치료방법의 변화, 범죄자들의 고소, 그리고 아동성폭행 예방교육을 위해 로비 활동을 벌인다. 낯선 사람에 의해 성폭행을 당한 아동의 부모들이나 집단보호시설에 있는 아동의 부모들 역시 조직화되어왔다. 나의 연구자료의 대부분은 성인 생존자운동(가장 큰 운동 분파)에 집중되어 있다.[1] 이러한 분파들 각각은 정치적 동맹, 조직구조, 전략, 전술상에서 차이가 있다. 이 운동은 처음에는 페미니스트들의 반灰성폭행 노력들로부터 직접 출현했고, 현재는 페미니즘에 중립적인 사람들이 많이 참가하고 있지만 여전히 페미니즘이 강력

---

1 나는 이 운동을 지칭하기 위해 '아동성폭행 반대운동'과 '생존자운동'(그들이 부르는 명칭으로)이라는 용어를 함께 사용할 것이다.

한 영향을 미치고 있다. 그러나 몇몇 단체들에는 강력한 보수적 기독교의 입장 역시 존재하며, 이들 단체의 지지자들은 이에 대해 제휴에서 불화에 이르기까지 다양한 반응을 보이고 있다. 아동성폭행 반대운동의 전략들은 정치적·문화적·개인적 행동주의와 변혁을 복합하게 혼합하고 있다. 그러한 전략들로는 서비스 제공(성인 생존자, 아동 피해자 또는 범죄자들을 위한 치료 또는 지원), 직접행동과 시위, 입법 캠페인(이를테면, 「메건법Megan's Law」, 공소시효 연장), 자조집단과 지지집단, 공교육과 언론 캠페인, 미술작품과 영화 등이 있다. 몇몇 가시적인 국가단체들도 있지만, 다양한 정도로 서로가 연계되어 있는 무수한 풀뿌리 단체들 역시 존재한다.

나는 이 글에서 세 가지 주요 자료들을 사용한다. 먼저, 나는 이 운동에 참여한 활동가들과 1시간 30분에서 8시간에 걸친 반#구조화된 심층 인터뷰를 45회 진행했다. 응답자들은 전국 전역에 거주하지만, 서부와 동부 해안지역이 과잉 대표되어 있다. 그중 80%가 백인이고, 약 10%가 아프리카계 미국인이며, 나머지는 아시아계와 라틴계 미국인 그리고 아메리카 인디언이다. 응답자 중 85%가 여성이고, 연령대는 23세부터 79세까지 분포되어 있다. 인구학적으로 그들이 아동성폭행 반대운동을 대표한다. 둘째로, 나는 소식지, 회의록, 대회 프로그램, 웹사이트를 포함하여 운동단체들로부터 입수한 문서들을 분석했다. 셋째로, 나는 활동가/지지단체들이 주최한 두 번의 전국대회―하나의 주요한 시위는 내가 연구한 한 단체에 의해 조직되었다―와 다양한 집단들이 후원한 몇 번의 소규모 토론모임과 행동들에서 참여관찰을 실시했다.

아동성폭행 반대운동 참가자들은 토론을 하면서 의식적으로 감정을 재구성한다. 그 과정에서 광범위한 감정의 표출이 고무되었고, 그것은 흔한 일이었다. 나는 이 운동이 다른 운동보다 더 감정적이라고 암시하려는 것은 아니다. 그보다는 참가자들은 은밀하게라기보다 공개적으로 감정에 대해 토의하고 감정을 관리하고, 감정성을 신뢰성을 강화하는 것으로 본다. 성인 생존자들의 운동담론은 "누군가의 감정 전부 느끼기," 즉 누군가의 감정적 반응을 존중하고 수용하고 감정을 자유롭게 표현하는 것의 타당성을 강조한다.

이러한 감정규범, 관행, 해석은 부분적으로는 페미니즘과 다른 사회운동들의 정치화된 틀에서 끌어내지고 있다. 활동가들은 감정표출을 아동성폭행의 특징을 이루는 침묵과 비밀주의를 깨고, 어린 시절에 표현하는 것이 허용되지 않았던 감정을 드러내고, 성폭행에 따른 감정을 부정하라는 이야기를 들어온 이후 그들이 느껴온 감정을 털어놓는 것을 배우는 방법으로 바라본다. 운동은 (어린 시절에 겪은 성폭행에서 초래된 것으로 이해되는) 수치심, 슬픔, 공포의 감정을 자부심, 화, 삶의 기쁨, 그리고 타자와 연결되어 있다는 인식으로 전환시킬 것을 강조한다. 참가자들은 이러한 감정전환을 개인의 안녕을 위해서 뿐만 아니라 아동성폭행을 종식시키고 자신의 아동성폭행을 보고하는 성인과 아동에 대한 공중의 반응을 바꾸고자 하는 자신들의 운동목표를 달성하기 위해서도 중요한 것으로 본다.

게다가 심리요법은 감정규범의 중요한 원천을 제공한다. 운동 내에서는 개인적 치료요법과 후원 또는 12단계 회복집단과 치료요법서적(학술서와 대중서 모두) 읽기를 널리 활용한다. 치료요법담론은 참가자들이 감정과 그것과 삶의 사건(과거와 현재)과의 관계 그리고 감정과 공개적인 감정토론에 부여되는 가치와의 관계에 대해 논의하는 방식에 기여한다. 보다 현실적인 수준에서 '회복' 또는 '당신의 감정을 느껴라'와 같은 일상적 용어들은 다양한 정신치료요법 담론에서 직접 도출된다.

감정노동과 감정의 공개적 표출

생존자운동에 참여하는 활동가들은 운동이 후원하는 행사와 서로 다른 제도적 맥락에서 다양한 감정을 표출한다. 우리는 세 가지 개념을 사용하여 그러한 공개적인 상황에서 감정을 표출하는 데서 나타나는 변화를 이해할 수 있다. 첫째로, 활동가들은 감정표출과 함께 운동내부맥락에서 **대립감정**을 집합적으로 구성하는 과정에서 감정과 그것의 표현규범을 만들어낸다. 둘째로, 활동가들은 **감정노동**에 착수한다. 즉 그들은 그들 자신의 감정관리를 통해 관찰자/운동대상들 내에서 특정한 감정적 반응을 불러일으키고자 한다. 활동가들은 감정노동을 수행하기 위해 혹실드가 표면행위와 내면행위로 지칭한 것을 통해 그들 자신의 감정을 관리한다. 혹실드가 본래 개인적 수준에서 감정관리를 착안한 데 반해, 우리는 집합적 수준에서도 역시 표면행위와 내면행위를 살펴볼 수 있다. 운동집단들은 진심으로 느껴지는 감정을 상호적으로 구성한다(내면행위). 그리고 그들은 관찰자들 사이에서 특정한 반응을 고무하기 위해 어떤 감정을 표출한 것인지 또는 인정할 것인지에 대해 전략을 수립하고 집합적으로 결정한다(표면행위). 셋째로, 활동가들이 실제로 활동하는 운동 외적 맥락은 운동맥락 내부에서 구성되는 대립감정과는 자주 매우 다른 그들 자신의 감정과 그것의 표현규범에 따라 구조화된다. 활동가들은 그러한 맥락에 도전하거나 순응하지만, 그 어떤 경우에도 그들의 감정표출은 부분적으로 그 맥락의 **감정적 기회**에 의해 구조화된다. 대립감정, 감정노동, 감정적 기회는 서로 영향을 미치고 상호작용하며 활동가들의 다양한 감정표출을 틀 짓는다. 이러한 복잡한 과정을 설명하기 위해, 나는 아동성폭행 생존자운동에 참여하는 활동가들이 다양한 종류의 감정들을 표출해왔던 맥락에서 선정한 사례들을 논의한다. 이 글의 목적은 다음의 질문에 분명한 설명을 제시하는 것이 아니라 암시적인 설명을 제시하는 것이다. 즉 특정한 환경이 어떻게 어떤 감정을 허용되고 받아들여지는 것으로, 도전적이거나 대립적인 것으로 그리고 전략적으로 유리한 것으로 틀 짓는지가?

운동맥락, 그리고 트라우마의 감정과 저항의 감정

아동성폭행 생존자운동은 아동성폭행 생존자들과 이 분야의 전문가들 그리고 지지자들의 참석을 유도하기 위해 사회운동단체들이 주최한 많은 공식행사들을 포괄한다. 규모가 크고 공개적인 이러한 가시적인 행사들은 일반공중에게 개방되어 있고, 대회, 시위(종종 페미니스트 운동이나 퀴어 운동이 후원하는 더 큰 행사에서 생존자들이 벌이는 우발적 사건), 예술공연이나 전시회 그리고 출판 등 다양한 형태로 이루어진다. 이러한 운동맥락에서 표출되는 감정에는 두 가지 주요한 범주가 있다. 그중 하나가 슬픔, 공포, 수치심, 무기력한 화를 포함하는 트라우마의 감정들이고, 다른 하나는 자부심, 행복, 사랑, 안전이나 신뢰 그리고 정당한 화(즉 수치심과 관련되어 있지 않은 화)를 포함하는 저항의 감정들이다.

생존자운동의 정치화된 감정들은 여성운동에 그 뿌리를 두고 있다. 페미니스트들의 성폭행 반대운동은 남성폭력에 반대하는 여성들의 요구를 정당화하고, 개인의 성적 경험을 정치화하고, 전에는 감추어졌거나 말할 수 없었던 경험에 관한 여성들의 이야기에 귀를 기울이고 믿을 것을 강조했다. 페미니스트 활동가들은 폭력으로 인한 여성의 희생, 그러한 희생으로 인한 후유증, 개인적·집합적 회복과 저항의 중요성을 강조하는 정치화된 트라우마 담론을 구성했다(Champagne, 1996).[2] 여성운동 내에서 하나의 감정적 레퍼토리

---

2 많은 현대 페미니즘 비판가들은 자신들이 '희생 페미니즘(victim feminism)'이라고 부르는 것에 운동이 초점을 맞추는 것에 대해 공공연히 비난한다(Roiphe, 1993; Paglia, 1990; Sommers, 1994). 나의 주장은 그들의 주장과는 다르다. 나는 경험적으로는 성적인 희생에 대한 관심을 환기시키는 활동가들 역시 저항과 권한부여를 자주 강조한다고 주장한다. 그리고 나는 이론적으로는 페미니스트 활동가들이 희생을 강조했을 때, 그들은 문화적·제도적 맥락과 운동의 내적 담화에 대응하여 전략적으로

(Jasper, 1998)가 정신적 상처, 슬픔, 공포, 화, 저항이라는 대립감정들을 표현하기 위해 출현했다. 이를테면 연설자들은 행진하면서 폭력에서 살아남은 그들 자신의 이야기를 전했다. 이러한 이야기들은 공포와 자기혐오에서 슬픔을 거쳐 화로, 그리고 마침내 수치심으로부터의 해방감과 용기로 이동하는 감정형태를 지닌다. 아동성폭행을 겪은 성인 생존자들이 동원되기 시작했을 때, 그들은 페미니즘이 변형시킨 것에 의지하여 내적 감정문화와 외적 감정전략 그리고 수사修辭를 구성했다. 그리고 그들의 수사는 폭력과 생존의 이야기를 하고 듣는 것에, 그리고 그러한 경험들을 정신적 상처(슬픔, 희생)와 화(저항을 불러일으키는)의 표출을 통해 이데올로기적·감정적으로 정치적 맥락 속에 위치시키는 것에 초점을 맞추고 있다.

먼저 이 운동이 수치심 없이 학대경험에 대해 말하는 것과 트라우마와 관련된 전 범위의 감정을 공개적으로 표현하는 것에 부여한 가치와 일관되게, 참가자들은 슬픔, 공포, 수치심, 화의 감정을 공개적으로 드러냈고, 그러한 표현들은 운동단체와 운동문화 내에서 장려되었다. 이러한 감정들은 예술적 맥락 내에서 가장 현저하게 표출되었다. 많은 대회에서 아동성폭행 생존자들은 미술 전시회를 열었다. 그리고 연극과 음악 공연 또한 흔한 일이었다. 대회에서는 자주 장기자랑의 밤을 개최했고, 거기서 참석자들은 시를 낭송하고, 노래(종종 직접 창작한 노래)를 불렀다. 그러한 예술작품들은 성폭행경험, 어린이들과 성인 생존자들이 느꼈던 감정, 범죄자들의 야만적 행위 또는 다른 성인들의 무관심이나 잔인함을 묘사한다. 어떤 한 여성이 '눈물'이라는 제목의 창작곡을 부르면서 그랬던 것처럼, 노래와 시는 그녀의 고통을 느끼고 표현하려는 그녀의 노력과 관련한 감정들을 직접적으로 드러내기도 한

그렇게 했다고 주장한다. 이 행위는 전략적으로 오도된 것도 아니고, 여성을 무기력한 것으로 보는 관점에 근거를 둔 것도 아니다.

다. 집단예술 프로젝트 역시 중요하다. 그중에서 가장 큰 프로젝트인 크로스라인 프로젝트Clothesline Project는 생존자들과 다른 사람들이 성폭행과 폭력의 경험을 묘사한 티셔츠를 전시했다. 많은 셔츠들은 단어 그리고 웅크리고 있는 아이 또는 지나치게 큰 주먹과 같은 시각적 이미지 모두를 통해 공개적으로 감정을 표현하고 있다. 크로스라인 프로젝트 전시회를 따라 걷고 있는 관람자들이 눈물 흘리는 것을 보는 것은 드문 일이 아니다. 네임스 프로젝트 에이즈 메모리얼 퀼트Names Project AIDS Memorial Quilt와 같이, 크로스라인 프로젝트는 트라우마와 관련된 감정의 집합적 표현과 카타르시스를 촉구한다.

참가자들은 또한 상호작용 중에 트라우마의 감정을 표출하고 논의했다. 이를테면 내가 참석했던 한 대회에서 참가자들은 "실제로 그들을 압도하는 감정", "허위기억을 갖고 있는 사람들[대회에서 피켓을 들고 있던 대항운동단체 회원들]로 인해 놀란" 감정, 그리고 불안감 때문에 생긴 불면증 등에 관해 스스럼없이 말했다. 그러한 감정의 표현은 "우울증 극복하기" 또는 "성폭행: 지금 이대로 괜찮은가?"와 같은 주제를 다루는 워크숍에서도 촉구되었다. 그러한 맥락에서 '트라우마의 감정'을 표현하는 것은 자주 아동성폭행을 특징짓는 비밀주의를 종식시키고 자기 자신을 제한적이고 고통스러운 감정으로부터 해방시키는 데 필수적인 부분을 이룬다. 응답자들은 트라우마와 연관된 감정을 표현할 수 있게 해주는 단체와 행동을 조직하고자 의식적으로 노력하고 있는 중이라고 말했다. 어떤 한 사람은 다음과 같이 설명했다.

말 그대로 수많은 기구한 일들을 겪고 성폭행과 고통에서 벗어나고자 노력하는 사람으로서, 어떻게 우리 자신을 폭발시키지 않고서 그 문제에 다가설 수 있겠습니까? …… 그리고 우리가 또한 조직화하는 동안에도 사람들이 그런 짓을 하고 있는 현실을 끝내고 제한하고 분쇄하고 되돌아보게 하고 대처하게 하는 능력이 이 문화 내에 [있]습니까?

둘째로, 자부심, 기쁨, 사랑, 안전 또는 신뢰, 행복 그리고 정당한 화와 같은 보다 긍정적 감정들이 운동맥락 내에서 표현되고 논의된다. 앞서 언급했던 동일한 예술적 표현들 중 많은 것은 또한 작가들의 성폭행으로부터의 감정적 회복, 생존해 있다는 기쁨 또는 온전한 삶을 살고 있다는 즐거움을 보여준다. 예를 들면 크로스라인 프로젝트의 한 티셔츠에는 "당신은 결코 또다시 나를 만질 수 없습니다"라고 쓰여 있다. 단체의 조직자들은 또한 정책과 의례를 통해 저항의 감정들을 증진시킨다. 예컨대 전국적으로 출판된 『회복 중인 여성The Healing Woman』이라는 책은 기고자들이 그들의 성폭행에 대해 상술하기보다는 그들의 회복을 강조할 것을 요구했다. 대회에서 행해진 '북을 치며 돌기'와 같은 운동의례 역시 이러한 감정들을 고무한다. 북을 치며 돌기라는 의례에서, 많은 여성들은 북을 치고 춤을 추고 소리를 지르고 서로를 껴안고 눈물을 흘리며, 행복감에 가까운 육체적 힘과 감정을 만들어냈다. 참가자들은 계속해서 "그들이 어떠한 장소에 있었는지, 그들이 당시 어떻게 느꼈었는지"에 대해 말했고, 그 후에는 "그들이 그곳에서 버리고 싶은 것과 그들이 그들과 함께하고 싶은 것"에 대해 말했다. 참가자들은 "나는 수치심을 뒤로 하고 용기를 갖고 싶습니다"와 같은 말을 했다.

　이러한 감정과정은 단지 참가자들이 그들 자신의 대립감정을 구성하는 방법의 일부만이 아니다. 그것은 또한 감정노동을 구성한다. 왜냐하면 그것은 타자에게서 정치화된 감정반응을 고무하기 때문이다. 트라우마 감정의 공개적 표출은 그것이 그들 자신의 경험을 상기시키거나 그러한 감정들을 표현하는 것이 허용된다고 느낄 때, 타자에게서 유사한 감정을 불러일으킬 수 있다. 그것은 또한 화의 감정(활동가들은 어째서 때때로 자신의 성폭행보다 다른 누군가의 성폭행에 대해 더 화를 느끼기 쉬운지에 대해 언급한다)과 혼자가 아니라는 의식(타자와 연결되어 있고 지지받고 있고 '안전하다'는 감정을 포함하여)을 불러일으키고, 공포를 가지지 않게 하고 수치심을 제거한다("나는 이것을 경험한 유일한 사람이 아니며, 그러므로 그것은 나의 결함이 아니다"). 저항감정의 표출은 또한 다른 사람들에게서 유사한 감정을 불러일으킬 수도 있다. 다른 사람들이 강하다 또는 행복하다 또는 두려워하지 않는다고 느낀다는 것을 아는 것은 자기 자신 역시 그러한 방식으로 느끼는 것을 가능하게 한다. 그 이유는 부분적으로는 그것이 아동성폭행에 대한 규범적 반응을 와해시키기 때문이다.

몇몇 응답자들은 자신들이 많은 생존자들이 경험한 괴로운 감정을 떨쳐버리지 않은 채 저항감정을 표출하도록 시도한 것에 대해 토의했다. 한 응답자는 다음과 같이 설명했다. "나는 우리가 목표로 하는 것은 이를테면 '우리가 전적으로 희생당했지만 이제 우리는 무한한 힘을 가지고 있고 강력하다'는 것과 '우리는 …… 우리 자신을 변호할 수 있다'는 것 사이에서 얼마간 균형을 잡는 것이라고 생각합니다. 또한 우리의 운동에서 실제로 취약한 것과 우리와 관련하여 실제로 강한 것 사이에서 조금이나마 균형을 잡아야 합니다." 그리고 또 다른 응답자는 그녀의 행동주의에는 "그것에 통합되어 있는 재미가 실제로 있다는 점, 즉 그것은 단지 '너무 비참한 일이고 우리에게 일어나고 있는 일이다'에 관한 것이 아니라 오히려 '당신도 알다시피, 우리는 건재하고 우리는 폭력 없는 삶을 원하고 우리는 아동 성폭행이 종식되길 원한다'"라는 점이 그녀에게 중요했다고 논평했다.

또 다른 장소에서, 한 응답자는 자신이 공연한 연극을 무자비한 폭력과 억제할 수 없는 용기 모두를 표현한 것이라고, 그리고 청중들에게 트라우마의 감정과 저항의 감정 모두를 불러일으키기 위한 것이었다고 말했다.

한 장면은 …… 캘리포니아 오클랜드에 있는 한 학교 운동장에서 성폭행당한 뒤 살해당한 15세 아프리카계 미국인 소녀에 관한 것이었습니다. …… 그 장면은 계속해서 "나는 …… 그들 자신을 대변할 수 없는 사람들을 위해 생존자로서 그들을 대변해야만 합니다"라고 말합니다. 그리고 당신은 [살해당한 소녀가 자신이 살해당하고 있다고 무덤에서 외치는 소리를 듣게 될 것입니다. [그 장면이 무엇이든] 당신은 사람들을 데려올 수 있고 또 그들을 때려눕힐 수 있습니다. 그리고 당신도 알다시피 당신은 …… [웃음]. [이 장면은] 언제나 당신을 미치게 할 겁니다. …… 반면에 내가 종종 연주하곤 했던 「멸종위기에 있는 종種」이라는 노래―나는 큰 소리로 이 노래를 부르고, 그 빌어먹을 일에 대해 분개하여 사나워집니다. 당신도 알잖아요? …… 그때쯤 사람들은 일어서서―당신도 알다시피―노래 부르고 소리 지르고 큰 소리로 외치고 휘파람을 붑니다. 그것은 더 많은 권한을 부여해줍니다.

조직자들은 행사를 조직할 때, 감정노동에 참여한다. 워크숍 주제와 발표자의 선택은 조직자들의 감정노동의 한 형태이다. 한 대회에서 행해진 기조연설은 "생존에서 번영으로"라는 제목이 붙어 있었다. 그리고 "큰 소리로 노래하라, 당당하게 노래하라", "용기를 가져라―항상 용기를 가져라"("우리는 서로 격려할 것이다. 우리는 우리가 다른 사람을 치료할 수 있는 능력을 가지고 있다는 생각을 발전시킬 것이다"라는 묘사와 함께)와 같은 주제로 열린 워크숍도 유사한 테마를 고무했다. 조직자들의 감정노동은 때때로 두 가지 모순된 목표에 기여한다. 한편에서 누군가의 진정한 감정을 수용하고 표현하는 것에 가치를 부여하는 것은 심지어 비규범적 또는 바람직하지 못한 감정들도 공개적으로 기꺼이 받아들여진다는 것을 의미한다. 나는 한 대회에서 참가자들이, 이를테면 성폭행범에 대한 사랑과 혐오라는 상충되는 감정들에 대해 또는 그들이 늘 "희생자가 아니라 생존자라고 느낄" 수도 있다는 절망감에 대해 토론하는 것을 들었다. 하지만 동시에 조직자들은 저항과 관련된 감정들을, 그리고 피해에서 회복으로 옮겨가는 감정궤적이 어떻게 발생하는지와 관련하여 운동이 이해하는 것과 부합하는 감정들을 고무시키고자 한다. 이를테면 한 연례대회에서 조직자들은 치료사들이 근무하는 '안전실'을 마련하고,

참가자들이 그곳에 자신들의 감정을 표현하러 갈 수 있게 했다. 이것은 그 대회가 아동성폭행 생존자들에게 괴로운 감정들을 불러일으킬 수도 있다는 것을 전제로 한 것이었다. 그러나 가장 최근에 열린 대회에서 조직자들은 안전실 운영을 그만두기로 결정했다. 한 응답자는 내게 안전실의 존재가 참가자들로 하여금 '퇴행'하게, 즉 어린 시절의 약점과 연관된 감정들을 느끼고 표현하게끔 했다고 결론을 내렸고, 자신들은 사람들이 강하고 강력하고 두려워하지 않고 자신들의 삶을 지배한다고 느끼는 '번영자thrivers'로 나아가게 하길 원한다고 설명했다.

내가 관찰해왔던 여러 시위에서, 활동가들은 저항의 감정을 강력하게 표현하고, 관찰자들에게 일련의 감정을 불러일으킨다. 생존자운동은 시위 같은 공적 공간에서 아동성폭행 생존자임을 공개하는 것을 이해하기 위해 '커밍아웃'의 개념에 의지한다. 생존자 활동가들과 단체들은 게이/레즈비언/양성애자 운동에서 따온 커밍아웃의 경험과 효과를 정치화된 감정으로 해석하며, 커밍아웃을 자부심의 감정 그리고 더 큰 공동체와의 연대와 연결시킨다. 생존자라고 커밍아웃 하는 것은 (그들이 자신의 경험을 받아들이기 때문에) 개인과 (사람들이 용기를 내어 자신들의 경험에 대해 말하기 때문에) 더 큰 사회 모두를 크게 변화시킬 수 있는 것으로 이해된다. 자신의 경험에 대해 말하지 않는 것은 수치심 또는 공포의 감정들을 강화하는 것으로 가정된다. 반면에 거리낌 없이 말하는 것은 그러한 감정들을 자부심, 편안함, 용기의 감정으로 변환시키는 것으로 파악된다. 자신의 정체성을 아동성폭행 생존자라고 공개적으로 선언하는 것은 섹슈얼리티에 대해 커밍아웃 하는 사람들과 유사하게 특수한 감정적 비용과 변화잠재력을 수반하는 것으로 이해된다. 한 응답자는 한 대규모 시위에서 아동성폭행 생존자들이 벌인 뜻밖의 행진에서 자신이 경험한 것을 다음과 같이 기술했다.

그것은 매우 심원했어요. 그리고 …… 그것은 매우 묘하게 힘을 불어넣어
주는 것이었어요. 우리는 그 후 의기양양해졌어요. …… 이를테면 "나는 할
수 있어!"라는 느낌, "나는 말할 수 있어!"라는 느낌, "우리는 영향력을 행사
할 수 있어, 우리는 혼자가 아니야!"라는 느낌만이 존재했어요. 정말 거기에
는 집단적 수준에서 커밍아웃 하는 것 그 이상의 무엇이 있었어요. 내가 개
인적으로 생각하기에는 그것은 우리를 움직이게 할 수 있는 전략 중의 하나
가 될 겁니다. 그것은 "나오세요, 나오세요, 당신이 어디에 있든지 간에!"라
고 외친다는 점에서 퀴어운동과 흡사했어요.

또 다른 응답자는 생존자단체인 런 라이엇^{Run Riot}이 샌프란시스코에서 열
린 게이 프라이드 퍼레이드에서 행진했을 때, 군중이 보인 반응에 대해 자신
이 느낀 인상을 다음과 같이 기술했다.

매우 일관된 하나의 반응이 일어났습니다. 우선 그것은 충격과 혼동의 표정
이었습니다. 그것은 대체로 생존자들이 그렇게 밖으로 뛰쳐나왔다는 것을
거의 믿을 수 없다는 것이었습니다. 그런 다음 사람들은 얼마간 뭉칠 것이
고, 그 다음에 환호성을 지르기 시작할 것입니다. …… 우리가 길거리에서
마주친 이 라틴계 여성단체는 이를테면 "당신은 또한 나를 위해 행진하고
있습니다"라고 외쳤습니다. 그것은 내게 대단히 감명적인 경험이었습니다.

이렇듯 시위에서의 감정표출 역시 부분적으로 감정노동이다. 왜냐하면 활동
가들이 부분적으로 다른 사람들에게서 정치화된 감정을 불러일으키기 위해
그들 자신의 감정을 관리하고 대립감정들을 표현하기 때문이다.
운동맥락 내에서의 감정표출은 다른 곳에서의 감정표출과 크게 다르다.
그것은 우연한 것이 아니다. 대회에서 또는 운동출판물들 속에서 감정규범

은 운동 그 자체에 의해 확립된다. 거기에 외부 제도에 영향을 미치려는 시도는 거의 존재하지 않으며, 따라서 그 운동의 감정규범을 조절할 필요가 없다. 사실 만약 참가자들에게 영향을 미치고자 한다면, 자조집단들이 잘 알고 있는 또는 치료요법을 통해 잘 알려져 있는 감정표출관행에 부합하는 것은 하나의 이익이 된다. 심지어 페미니즘 운동 또는 퀴어 운동이 조직한 더큰 행사 내에서 벌어진 시위에서조차도, 생존자 활동가들은 자신들에게 우호적인 운동맥락에서 활동한다. 그러한 운동들 속에서 누군가가 자신의 경험을 말하고 그와 관련된 감정을 표현한다는 생각은 익히 알려진 사실이다. 페미니즘 운동과 퀴어 운동 모두는 감정표현을 존중하고, 그러한 운동에서 커밍아웃—수치심을 드러내어 자부심을 되찾고 공포를 드러내어 용기를 획득하는 감정구성요소들을 포함하는—은 하나의 친숙한 전략이다. 하지만 감정전환과 감정표현에 관한 그러한 가정들은 결코 보편적이지 않다.

토크쇼와 고통의 표출

1980년대 초에 아동성폭행은 텔레비전 토크쇼에서 빈번히 등장하는 주제였다. 어렸을 때 성폭행을 당했던 사람들이 출연하여 자신이 겪은 성폭행에 대해 이야기했다. 출연자들은 자신이 겪은 경험과 후유증을 묘사하고 성폭행범의 행동에 대해 설명하고 더 광범위한 아동성폭행 현상에 대해 말하는 등 다양한 방식으로 자신의 이야기를 전했다(Champagne, 1996). 여기서 내가 관심을 가지는 것은 이 맥락에서 생존자들이 표출한 감정과 그때 일어나는 일종의 감정노동이다. 출연자들은 아주 빈번히 자신의 슬픔을 드러내고, 특히 울면서 자신이 어린 시절에 겪었던 경험과 그러한 경험의 결과에 대해 말한다. 게다가 곰 인형을 꼭 껴안거나 현재까지 지속되는 공포를 말하는 것과 같은 행위를 통해 공포를 표현하기도 한다. 그러한 감정들은 어린아이와 같은 맥락—봉제 동물 인형과 같은 소품의 사용, 어린아이 같은 목소리, 더듬거리는 말, 그리고 성폭행 생존자 출연자와 함께 나와서 그들의 경험에 대한 성인 해석자 역할을 하는 치료사로 구성되는—내에서 표출되었다(Champagne, 1996; Abt and Mustaza, 1997). 게다가 1980년대 후반까지 아동성폭행은 자주 다중인격장애와 같은 극단적인 후유증을 수반하는 것으로 묘사되었다. 다중인격장애를 가진 출연자들이 대중매체에 출연할 때, 그들은 인격'전환'으로 인해 어린아이와 같은 감정들(그리고 갖가지의 감정들)을 표현할 수도 있었다. 이 교차되는 인격은 출연자의 감정과 트라우마의 서사를 마치 현재 일어나고 있는 것처럼 보여주고, 저항의 감정보다 트라우마의 감정을 더욱 부각시킨다.

많은 응답자들은 아동성폭행 문제에 대한 인식을 고양시키는 데 있어 언론매체보도가 갖는 중요성을 인정하지만, "곰 인형을 꼭 붙잡고 있는 생존자들의 이미지"에 대해서는 대체로 그것이 갖는 감정적 함의 때문에 비판적이었다. 그들은 용기, 자부심 또는 화의 감정을 표출하는 것이 슬픔, 고통 또는 공포의 감정을 표출하는 것보다 전략적으로 더 강력하다고 믿었다. 그들에 따르면, 트라우마의 감정은 아동성폭행이 사람들에게 영구적인 피해를 입힌다고 시사하고, 아이러니하게도 궁극적으로는 사람들로 하여금 생존자들을 그 문제에 대한 정책을 구상할 수 없는, 신뢰할 수 없는 증인으로 인식하게 하는 데 기여한다. 이와는 대조적으로 그들은 저항의 감정은 사람들이 아동성폭행으로부터 회복할 수 있다는 것을 시사하며, 다른 사람들을 성폭행으로부터 보호하기 위해 생존자들을 동원하도록 고무한다고 본다. 게다가 그들의 비판은, 슬픔의 표출과 자부심의 표출은 구경꾼들 사이에서 상이한 감정을 불러일으킨다는 것에 기초한다. 즉 그들은 운동 대변자들이 공중 앞에서 말할 때 감정노동을 수행한다는 점을 인식하고 있다. 고통의 표출은 관찰자들 사이에서 아동성폭행의 고통과 경험이 어떠한 다른 경험과도 비교할 수 없을 만큼 심각하다는 점을 암시함으로써 연민과 공포의 감정반응을 불러일으키고, 이것은 다시 성폭행을 당했던 사람과 타자 간의 경계를 구체화한다. 정신적 상처의 표출은 아동성폭행을 일상적 경험 밖에 있는 너무나도 끔찍한 것으로 만듦으로써, 성폭행을 만연된 사회문제라기보다 보기 드문 도착행위로 간주하게 하기 쉽다. 게다가 연민과 공포의 감정은 특히 동원에 도움이 되지도 않는다. 활동가 응답자들은 만약 그들이 관찰자들 사이에서 화와 효능의 감정들을 불러일으킬 수 있다면 아동성폭행 반대운동에 동원하는 데에 더 많이 성공할 수 있을 것이라고 믿었다. 그들은 그들 자신의 자부심(수치심 없음)과 용기의 감정을 표출하는 것이 그러한 반응들을 불러일으킬 것으로 믿었다.

활동가들의 이러한 평가가 옳을 수도 있다. 하지만 그러한 평가는 검증을 필요로 한다. 왜냐하면 토크쇼 포맷에는 아동성폭행으로부터의 회복 후의 용기, 자부심 또는 기쁨의 표출을 거의 포함하지 않기 때문이다. 이것은 우연한 일이 아니다. 즉 토크쇼 포맷은 어느 다른 감정이 아니라 특정한 종류의 감정을 위한 공간을 만들어낸다. 토크쇼에서 생존자들은 (다른 출연자들의 자기표현과 마찬가지로) 제작자들의 출연자 선정과 배경정보의 구성, 사회자의 질문과 방청객 관리, 그리고 생존자 자신의 아젠다를 복잡하게 혼합하여 자기 자신을 표현한다(J. Gamson, 1997). 사회자들은 근친상간을 공표하는 것이 갖는 사회적 이익에 대해 관심을 드러내지만(Stark, 1997), 그들은 분명 또 다른 동기에 의해서도 추동되고 있다. 치료요법적 카타르시스와 전환의 방법으로서의 공개적인 고백이라는 토크쇼 프레이밍은 생존자들의 상처와 저항에 대한 보다 복잡한 설명 또는 아동성폭행의 발생원인과 그것을 종식시킬 수 있는 사회변화에 대한 정치적 분석보다도 생존자들이 단지 자신의 정신적 상처에 대해 이야기하도록 유도하는 데 도움을 준다(Gamson, 1998; Rapping, 1996; Abt and Mustazza, 1997).

국가제도, 그리고 상처와 합리성의 분기

1980년대의 몇몇 입법적·사법적 변화들은 아동성폭행 활동가들과 생존자들에게 좋은 기회를 마련해주고, 그들을 국가의 영역 안으로 데리고 들어왔다. 그러한 기회들은 조직상의 기회일 뿐만 아니라 감정적 기회이기도 했다. 생존자들은 범죄피해자 보상입법, 아동성폭행을 경험한 성인 생존자들이 가해혐의자에 대해 형사 또는 민사 소송을 제기할 수 있는 공소시효의 연장, 학교에서 실시하는 아동성폭행 예방 프로그램에 대한 국가지원금을 놓고 국가와 싸움을 벌었다. 치료요법담론의 대중화는 생존자운동이 제시한 감정서사를 이해할 수 있고 신뢰할 수 있는 것으로 만들었다. 기관들은 자신들이 수혜자/환자를 관리하는 데, 가장 현저하게는 아동보호서비스를 포함한 사회서비스를 제공하는 데 치료요법담론과 전략들에 의지했다(Polsky, 1991). 이것은 자조접근방식에 의존하는 치료사와 활동가들이 아동성폭행 치료와 예방에 대한 정책결정에 참여할 수 있는 기회를 만들어주는 데 도움을 주었다. 그리고 이것은 그러한 정부기관 참가자들이 생존자운동 참가자들이 느끼는 것과 동일한 감정과 그것의 표현규범의 일부를 잘 알게 되었다는 것을 의미했다.

국가가 제공하는 기회는 운동의 목표, 조직구조, 전략, 이데올로기적 프레임을 틀 지었던 것과 마찬가지로(Matthews, 1994), 또한 운동의 감정표출도 틀 지었다. 몇몇 종류의 감정들은 국가의 맥락 내에서도 이해되지만, 다른 감정들은 그렇지 않다. 이를테면 범죄피해자 보상계정은 고통과 피해의 대가로 피해자들에게 지불될 수도 있고, 종종 심리치료비로 지불될 수도 있다. 반면 민사소송의 심판은 피해의 증거를 요구한다. 그러한 맥락 내에서 보상받을 만한 가치가 있는 합법적인 주체가 되기 위해서는 슬픔, 정신적 상처, 신뢰의 상실, 공포 또는 수치심의 표출이 실제로 요구되었다. 그러한 맥락

내에서 화 또는 자부심과 같은 다른 종류의 감정들은 부적절하거나 성공할
수 없는 것이 되었다.

아동성폭행을 겪은 생존자들이 그들이 참고 견디어온 감정적 상처를 입증
해야만 했을 때조차, 사법적·정책적 맥락은 두 번째 유형의 감정표출을 조장
했다. 전문가들과 전문가 증인들은 피해자들과 협력하여 희생자들의 피해
주장을 어린 시절 성폭행의 결과로 정당화하고 기억억압memory repression 현상
을 검증하거나 아동성폭행의 소송사건을 처리하기 위한 정책을 구체화했다.
그러한 개인들은 종종 자신들을 전문가뿐만 아니라 활동가로 규정한다. 이
들 전문가는 생존자들과 매우 다른 일단의 감정들을 표출한다. 아동성폭행
희생자들에 대한 차분한 온정 또는 동정을 제외하고는, 그들의 표현은 합리
적이고, 감정이 전혀 없고, 따라서 편견도 없었다. 합리성 또는 감정의 부재
는 놀랄 것도 없이 국가기관 내에서 전략적으로 유용한 감정표출전략이다.

피해자임의 드러냄과 합리성의 표출 모두 감정노동을 구성한다. 판사 또
는 배심원의 동정을 얻기 위해 의도된 슬픔 또는 수치심의 표현은 참고 견디
어온 피해를 증명하라는 요구를 충족시키는 것 그 이상의 것이다. 그것은
피해자를 신뢰하게 만들고 그녀/그를 (범죄피해자 보상기금 또는 민간 사회복지
사업을 통해 지원하는 형태의) 정부 개입이 필요한 약자로 위치시킨다. 다른 한
편으로 합리성은 거울감정반응mirror emotional response — 사회적 금기와 그것과 관련
된 비가시성에도 불구하고, 증거들을 견주어 아동성폭행의 발생을 인정하는 합리적
능력 — 을 불러일으키기 위해 의도적으로 표출된다.

국가제도들이 그 제도 내부의 행위자들에게 강력한 압력을 가하는 한편,
운동의 내적 감정문화 또한 국가의 맥락 내에서 감정을 표출하는 데에 영향
을 미친다. 이를테면 "가해자 법정에 세우기"에 관해 조언하는 논문들은 생
존자들에게 그것은 어렵고 피 말리는 경험이며 트라우마의 감정을 재차 경
험하게 할 것이라고 말한다. 그러나 고발하고 민사소송을 제기하고 또는「범

죄피해자보상법」에 따라 손해배상을 청구하는 것 또한 용기 있고 단호한 행위이다. 그것은 가해자와 맞서서, 그/그녀를 재판을 통해 처벌할 수 있는 기회를 제공한다. 게다가 그 운동 내에 존재하는 일부 인식에 따르면, 법체계는 그 자신의 규칙 ―감정규칙 등등― 에 의해 작동되고, 소송 당사자는 그러한 규칙을 받아들이도록 권고받으며, 계속되는 지원은 다른 곳에서 찾아야 한다. 그러한 외부 지원은 부분적으로 법정에서 억제되어야만 하는 대립감정을 (친구, 지지집단 또는 치료사들과 함께) 표출할 공간을 확보해준다. 전문가 증인들 역시 그들 자신의 감정표출을 관리하고 침착한 태도를 유지하는 방법을 배우기 위해 외부의 감정수단에 의지한다. 이를테면 치료사들을 독자로 하는 하나의 유명한 책은 그들이 마주치는 법정 관련 문제를 다룬 하나의 절을 포함하고 있다. 좀 더 구체적으로 말하면, 그 책은 치료사들에게 그들이 기억과 증언의 법적 기준에 대한 과학적 연구조사에 관한 지식을 갖출 필요가 있음을 권고하고, 법원 출두와 관련한 자신들의 감정을 다루기 위해 감정적 지원을 받을 필요가 있음을 강조한다(Pope and Brown, 1996).

합리성 그리고 대항운동과의 논쟁

1980년대 후반에 하나의 적극적인 대항운동이 출현하여 급속히 그 세력을 확장했다. 성장한 자녀들, 전前 배우자 또는 아동성폭행 관련 국가기관들로부터 고소당한 부모를 주축으로 하는 이 대항운동은 성폭행 생존자라고 스스로 선언한 많은 사람들이 사실은 그들의 경험을 지어내고 있다고 주장한다. 대항운동은 기억의 피암시성, 이른바 회복된 아동성폭행 기억 또는 심지어 거듭 주장되는 기억의 비신뢰성, 그리고 심리치료사와 아동보호 사업가들의 의학적·윤리적으로 건전하지 못한 관행 등과 관련한 과학적 증거들에 근거하여 그러한 주장을 강화해왔다. 아이들에 의한 고소사건에서(또는 아동성폭행 혐의를 포함한 양육권 분쟁에서), 대항운동은 다시 과학적 담론을 사용하며, 아이들의 증언은 매우 암시에 걸리기 쉽다고 주장해왔다.[3]

이러한 주장의 근간을 이루는 과학을 둘러싼 논쟁에도 불구하고, 대항운동은 과학적 증거에 입각하여 회복된 기억과 아이들의 진술의 신뢰성을 평가하는 식으로 아동성폭행에 대한 공적 논쟁을 성공적으로 재구성해왔다. 생존자들의 증언이 그들의 경험의 증거로 인정되었다는 점, 그리고 임상의의 저술과 의뢰인의 발언이 신뢰할 만한 것으로 간주되었다는 점은 기존 시기와는 다른 중대한 변화이다. 1990년대 중반쯤에는 개인들의 자기 자신의 경험에 대한 기술은 그것이 '허위기억'에 기초를 둔 것일 수도 있다는 이유로, 그리고 그것이 과학적 증거의 기준을 충족시키지 못했다는 이유로 의심받았다. 전문가들 사이에서 임상의와 기억에 대한 실험연구를 수행했던 사람들 간에 분할이 발생했다. 후자는 아동성폭행에 관한 담론에서 더 많은 권위를 가지고 있었다.

대항운동의 주장은 부분적으로 생존자운동(그리고 개별 생존자들)을 히스테리적·비과학적인 것으로, 그리고 이성보다는 감정에 더 기초한 것으로 묘사하는 데 의존해왔다. 그것은 계속해서 감정적으로 취약한 여성들이 조야한 또는 부도덕한 치료사들에게 휘둘리면서 그들의 부모들이 끔찍한 범행을 저질렀다고 믿게 되었다고 주장한다. 이러한 신념은 다시 미혹된 '생존자'들을

---

3 '회복된 기억'의 진실성, 아이들의 증언의 신뢰성, 그리고 치료사들의 다양한 종류의 질문이 성인과 어린아이들의 경험보고서에 미치는 효과를 둘러싼 논쟁에 관한 문헌들은 방대하고 또 증가하고 있다. 이러한 논쟁은 이 장의 범위를 넘어선다. 이에 대한 다양한 관점을 개관하고 있는 것으로는 프로이트(Freyd, 1996), 로프터스와 케첨(Loftus and Ketcham, 1994), 포페와 브라운(Pope and Brown, 1996), 샥터(Schacter, 1996), 윌리엄스(Williams, 1994)를 보라.

히스테리적이고 비이성적이고 삶에 대처할 수 없고 비합리적인 공포, 슬픔, 화에 휩싸이는 사람들로 만들었다(Pendergrast, 1995). 대항운동은 사회운동단체들이 파괴적인 '허위기억'에 이의를 제기하지 않았다고 비판하고, 회복된 기억의 존재를 뒷받침하는 치료사들과 연구자들을 비과학적이고 기억에 대한 연구에 무지하다고 몰아붙였다.

이에 대한 반응으로 생존자운동은 전략적인 이유에서 감정의 공개적 표출을 조절해왔다. 연구자들은 대항연구들을 수행했고, 공식 대변인은 합리적 어조를 사용하여 과학적으로 증거를 논박하며, 히스테리라고 비난받을 수도 있는 감정표출을 피했다. 그러한 합리성은 법체계 이외에서도 두 개의 주요한 맥락 내에서 과시된다. 첫째로, 대중매체에서 대항운동과 생존자운동의 대표자들은 자주 같은 프로그램에 출연하여 대립하는 관점의 해설자 역할을 수행한다. 10년 전만 해도 생존자의 관점을 대변하는 대표자는 성폭행을 경험한 적이 있는, 그리고 그녀 자신의 경험에 관해 인지적/서술적으로 뿐만 아니라 감정적으로 말했던 한 개인이었다. 현재 그러한 대표자들은 자주 기억에 관한 과학적 연구에 대해 피력하고 아동성폭행의 여전한 발생과 만연을 지적하고 일반적으로 증거에 입각하여 대항운동과 논쟁하는 전문가들이거나 시민단체의 대표자들이다.

합리성의 과시가 점점 더 중요해진 두 번째 맥락은 임상의, 연구자, 여타 치료전문가들 사이에서 회복된 기억, 트라우마의 치료, 그리고 아동성폭행 피해자와의 법정 인터뷰 기법을 둘러싸고 격렬한 논쟁이 벌어지는 전문가환경이다. 학계에서 일어난 더 큰 변화를 반영하여(여성학과 민속학과 마찬가지로 사회사업학은 1970년대 그리고 1980년대까지 긴밀한 관계를 유지했던 사회운동과 거리를 두어왔다), 그러한 논쟁들은 임상적 증거(즉 의뢰인들의 경험)에 의해서가 아니라 실험적 또는 회고적 연구들에 의해서 지지를 획득했다. 전문가의 입장에서, 그리고 치료직업에 종사하고 있는 운동 주창자들이 자신들의 입장을 주장하고 뒷받침하는 방식에서, '좋은 과학'이 중요하게 되었다(이를테면 포페와 브라운(Pope and Brown, 1996); 샥터(Schacter, 1996)를 보라). 국가환경에서와 마찬가지로, 감정 없이 합리적으로 행동하기 위한 감정관리는 청중에게서 합리적 반응을 불러일으키고 아동성폭행 주제와 연관된 청중의 잠재적 공포, 불신 또는 혐오감을 회피하기 위해 의도된 감정노동의 한 형태이다.

감정적/임상적/신뢰할 수 없는 것과, 합리적/조사에 기반을 둔/전문적 환경 내에서 정확한 것 간의 증대하는 분기의 근간에는 심리치료의 구조와 관행상의 변화가 자리하고 있다. 첫째로, 자조집단의 증대 — 익명의 알코올중독자들의 12단계 모델에 근거한 단체의 놀라운 폭발적 증대를 포함하여 — 는 타자의 이야기를 경청하고 자신과 타자의 경험과 감정을 이해하고 자신의 경험에 관한 생각과 감정의 교체방식을 암시하는 관행을 민주화했다. 달리 말해 생존자운동 참가자들은 이전에는 전문적 지식이 요구되는 것으로 인식되었던 활동에 참가할 자격이 있다고 느꼈다. 이것은 분명 전문지식에 대한 자격증을 소지한 정신치료사들이 확보한 이권에 하나의 실제적인 위협이었다. 풀뿌리 집단, 일반인이 주도하는 자조집단 또는 독서요법과 제휴한 임상의들은(Steinem, 1992; Taylor, 1996), 많은 사람들이 그러했듯이, 마찬가지로 조야하다는 오명을 받았다. 둘째로, 1970년대 후반쯤에 심리치료직업의 대부분은 지난 20년간의 사회운동에 영향받아왔다. 수많은 페미니스트들이 치료사가 됨에 따라(그리고 그 정도는 덜하지만 심리학과와 사회사업학과의 학술연구자 또는 교수가 됨에 따라), 그들은 개인적인 것과 정치적인 것 간의 페미니즘적 연계를 그들의 관행 속으로 끌어들였다(Whittier, 1995). 페미니스트 치료사들은 치료를 여성들에게 권한을 부여하고 페미니즘적 사회변화를 일으키는 한 가지 방식으로 간주한다(Brown, 1997). 그것이 페미니스트 임상의들과 자신들을 과학자들로 간주하는 사람들 간을 더욱 분리시켰을 때조차, 그것은 감정표현과 감정의 회복, 정치 그리고 사회변화 간의 연계 — 생존자운동에서 중심을 이루는—를 공고히 했다.

대항운동의 성공 때문에 그리고 대항운동의 주장이 또 다른 사회변화들과 맞아떨어졌기 때문에, 합리성이 아동성폭행과 관련한 지배적 감정으로, 공개적으로 과시되고 있는 중이다. 이를테면 우울증과 불안에 대한 성공적인 약물치료법의 등장과 함께 관리의료managed care와 건강관리의료단체들HMOs의 지배가 단기적인 행동치료와 약물치료를 증대시킨 반면, (감정을 변화시키는 것을 목표로 하는) 장기적인 통찰지향적 치료의 관행과 그것의 신뢰성을 떨어뜨렸다. 사회서비스에 대한 정부기금의 축소는 사회사업과 아동보호서비스 모두의 신뢰성과 영향력을 감소시켜왔다. 그리고 그들의 성인 의뢰인들의 부모로부터 제기된 소송(대항운동단체들이 장려한 매우 효과적인 전략)과 관련한 치료사들의 취약성은 법정에서 받아들여질 수 있는 종류의 증거들을 확보하기 위해 '좋은 과학'을 필요로 한다.

결론

공개적 상황에서 대립감정의 표현과 재구성은 운동 내부의 해석과정과 그것이 작동되는 외부적 맥락의 교점에 의해 틀 지어진다. 첫째, 내적 운동동학과 논의, 즉 집합적인 해석적 감정과정은 운동환경 내에서 감정의 재구성과 그것의 공개적 표현 모두를 다시 틀 짓는다. 둘째로, 참가자들은 자신들의 감정을 공개적으로 표출하는 데 있어서 그들 자신의 감정을 전략적으로 관리한다. 다른 사회운동들도 때때로 일종의 '감정누출효과'를 통해 그러한 과정에 중요한 영향을 미친다. 특히 여성운동과 게이/레즈비언/양성애자운동은 그들이 폭력과 커밍아웃에 대해 당당하게 이야기하는 감정적 전략을 발전시키는 데 지대한 영향을 미쳐왔다. 대항운동 역시 운동의 감정표출과 그러한 표출의 전략적 함의를 다시 틀 지었다. 셋째로, '감정적 기회'가 중요하다. 즉 사회운동의 활동 터전이 되고 있는 제도들은 그것들 나름의 감정기 대치를 가지고 있다. 다시 말해 그 제도들은 어떤 감정표출은 허용하고 보상하지만, 다른 감정들은 무익하거나 영문을 알 수 없는 것으로 만들어버린다.

맥락은 분명 사람들이 경험하는 감정들을 구조화한다. 그럼에도 불구하고 사람들은 실제로 허용된 감정과 금지된 감정 모두를 느낀다. 우리는 집합적 수준에서 뿐만 아니라 개인적 수준에서도 우리의 감정을 구성하고 이해한다. 비록 내가 이 글에서 집합적 수준을 다루어왔지만, 두 차원은 깔끔하게 분리될 수 없다. 맥락이 활동가들의 대립감정표출을 틀 짓는다고 주장하는 것은 사람들이 결코 법정에서 화를 느끼지 않고, 사람들이 범죄피해자 보상금을 신청할 때 그들 스스로 자부심을 느끼지 않으며, 토크쇼에 출연할 때 행복하지 않다거나 그들이 시위대 속에서 행진할 때 절망하지 않는다는 것을 뜻하는 것이 아니다. 오히려 그들은 감정노동에 참여하여, 특정 맥락에 적합한 것으로 규정된 감정들을 표출하고자 시도한다. 개인의 감정, 운동의 해석과정, 동맹관계에 있는 사회운동과 대립관계에 있는 사회운동의 영향, 그리고 정부와 여타 기관들 모두는 서로 영향을 미친다. 이 모든 것들이 어우러져 운동의 구성과 대립감정의 표출을 틀 짓는다.

14

사회운동과정에서 감정 발견하기
아일랜드 토지개혁운동의 은유와 서사

앤 케인

1879년에서 1882년 사이에 아일랜드에서는 다양한 사회집단들로 이루어진 하나의 집합체가 정치적 동맹을 도모하여 사회운동을 일으켰고, 지주제도와 영국 지배에 반대하는 적극적인 반란 캠페인을 벌였다. 이 캠페인은 아일랜드 토지전쟁으로 알려져 있다. 운동은 성공했고, 이것은 즉각적으로 아일랜드 토지보유제도의 구조개혁으로 이어졌고, 곧이어 아일랜드에서 지주제도가 폐지되었다. 그것은 또한 영국의 아일랜드 지배를 종식시키는 데 크게 기여했다. 운동의 성공이 아일랜드 역사에서 중요한 것만큼이나, 이 장에서 우리가 관심을 갖는 것은 아일랜드 토지개혁운동 지지자들의 다양성과 그들 사이에서 벌어진 논쟁을 감안할 때 어떻게 이 믿기 어려운 성공을 거둘 수 있었는가 하는 것이다. 상충되는 아젠다를 가진 다양한 사회집단들 ─소작농, 민족주의자, 성직자, 시민─이 어떻게 지주제도와 영국의 지배가 결탁한 권력구조에 반대하는 사회운동을 성공적으로 이끌기에 충분한 연대를 구축할 수 있었는가?

아일랜드 토지전쟁에 대한 연구에서 나는 사회운동 내의 다양한 집단들 사이에서 어떻게 연대와 정치적 동맹이 가능하게 되었는지를 이데올로기와 정체성구조 같은 의미의 상징체계의 구축과정을 통해 증명해왔다(Kane, 1996 and 1997). 사회운동을 연구하는 다른 분석가들과 마찬가지로, 집합행위에서의 의미구성에 관한 나의 생각은 의례와 사회적 연대 이론 그리고 그 과정에서 감정이 수행하는 역할에 관한 뒤르켐의 이론에 의해 이끌려지고 있다. 하지만 나의 연구와 또 다른 학자들의 연구에서 의미구성—그리고 동원, 연대구축, 동맹 형성, 정체성 구성과 같은 또 다른 주요한 운동과정들—이 인지적·전략적인 것만큼이나 감정적이라는 주장(Alexander et al., 1993; Emirbayer and Goodwin, 1994; Kane, 1997)은 여전히 대체로 증명되지 않거나 제대로 이론화되지 않은 채 남아 있다.

사회운동 연구자들이 직면하는 한 가지 주요한 문제는 운동과정의 감정적 구성요소를 규명하는 것이다. 이 장에서 나는 사회운동에서 감정을 발견할 수 있는 장소가 상징 모델과 상징체계의 구조 안에 있다고 주장한다. 나는 감정이 은유적으로 조건 지어지고 조직화되고 자주 서사 내에 복잡하게 구축된다고 가정하는 학제적인 이론적 관점을 정교화한다. 나는 아일랜드 토지전쟁을 사례로 활용하여, 어떻게 다양한 집단들 간의 정치적 동맹이 의미의 서사적 재구성을 통해 가능해지는지에 대해 다시 한 번 더 초점을 맞춘다. 나는 이 장에서 어떻게 서사구조가 자주 감정의 은유적 개념화에 기초하는지, 그리고 어떻게 이러한 감정적 개념화가 의미전환에 그리고 정치적 동맹과 운동연대의 가능성에 기여하는지를 보여준다.

감정의 은유구조와 시나리오

이전의 연구에서 나는 문화의 자율적인 속성이 상징의 **은유적** 성격과 특정 구조 내에서 그러한 상징들의 유형화된 관계에 근거하며, 상징의 이러한 은유적 특성이 의미구성과 의미전환에 근본적이라고 주장해왔다(Kane, 1997). 은유로서의 상징은 별개의 실체들 간의 유사성과 차이의 결합을 통해 사회적 관계, 조건 그리고 경험을 표현한다. 비록 상징은 자주 강력하고 지속적이기는 하지만, 또한 모호하고 '분명하지 않다.' 왜냐하면 상징이 "문자의 표의에 기반을 둔 유추를 통해 만들어지기" 때문이다(Ricoeur, 1974: 317). 상징의 창조성은 상징의 애매함과 불명료함 때문에 가능하다. 즉 하나의 의미(문자적인 것)는 유추적으로 또 다른 의미를 암시한다. 이러한 확장은 첫 번째 의미가 암시하는, 그리고 개인적 또는 집합적 경험의 영역이 암시하는 수많은 유추에 의해 가능해지고 또 제약된다(Ricoeur, 1976: 45~69).

일상생활은 좀처럼 그러한 창조적 확장을 자극하지 않는다. 하지만 "우리가 준거하여 생각하고 행위하는" 우리의 "일상적 개념체계가 근본적으로 그 성격상 은유적"이기 때문에(Lakoff and Johnson, 1980: 3), "상징적 속성의 모든 행위는 상징을 위태롭게 만들고, 상징의 의미가 불확실한 실행의 결과로 인해 변화되거나 전환되는 것을 가능하게 한다"(Sewell, 1999: 51). 개인과 집단들이 새로운 또는 난해한 상황들을 이해하고자 노력할 때, 이러한 유추적인 창조적 과정이 작동하기 시작하며, 새로운 생각, 사고, 감정적 감상들을 만들어낸다.

다양한 분야―인지언어학, 인류학, 철학, 심리학―의 연구자들은 많은 인식과 지식이 은유적으로 조건지어져 있다는 점을 인정한다. 은유는 사람들이 어렵고 복잡하고 추상적인 또는 충분히 묘사되지 않은 경험을 이해하고자 노력할 때 특히 중요하다(Lakoff and Johnson, 1980). 감정은 하나의 그러한 경험이다. 감정은 자주 이해하기 어렵고 그것을 표현하기는 더욱 어렵다. 이를 테면 나는 우울하다고 느끼기도 하지만, 그러한 감정의 근원적 원천 ─ 좌절, 수치심 또는 공포일 수도 있는 ─ 을 이해하지 못한다. 그리고 비록 내가 감정과 그것의 원천 모두를 이해한다고 하더라도, 어떻게 내가 그러한 감정상태를 타자에게 분명하게 표현할 수 있는가? 감정적 행동 또는 감정표현을 관찰할 때에도 유사한 문제가 존재한다. 즉 연단에서 소리를 지르는 사람은 분명 감정적으로 흥분되어 있다. 그렇다면 표출되고 있는 감정은 무엇이며, 그 감정의 원천은 무엇인가?

감정 ─ 감각, 경험 그리고 감정을 야기하는 행위 ─ 을 개념화하고 기술하는 것은 은유적 표현에 의해 용이해진다. 이를테면 화는 자주 열의 은유 속에서 표출된다. 사랑은 영양섭취의 은유 속에서, 수치심은 중량의 은유 속에서 표출된다(Lakoff and Kovecses, 1987). 이러한 감정들의 경험을 기술하는 몇몇 비유적 표현들로는 "화가 부글부글 끓어오르고 있었다," "나는 그녀의 관심에 굶주려 있어," "그들은 추락하고 있다"와 같은 것들이 있다. 이러한 감정들에서 초래된 행동을 묘사하는 은유들로는 "화를 발산했다," "널 잡아먹을 수도 있어," "나는 고개를 숙였다"와 같은 것들이 있다.

따라서 감정은 정교하게 은유적으로 개념화된 구조 속에 위치 지어진다. 이러한 구조는 "화는 열이다"와 같은 중심적 은유들에 의해 고정되어 있다. 이러한 은유들이 세밀한 단어와 표현으로 분명하게 표현되면서, 그것들은 풍부한 '은유적 함의'의 체계를 산출한다. 이러한 체계들이 문화적 감정 모델이 된다. 그리고 이러한 모델은 시간적 차원을 지닌다. 실제로 로널드 드 수사Ronald de Sousa뿐만 아니라 레이코프Lakoff와 커베체쉬Kövecses는 감정의 서사, 즉 그들이 각각 '원형적 시나리오prototypical scenario'와 '패러다임 시나리오paradigm scenario'라고 칭하는 것들을 이론화했다. 레이코프와 커베체쉬(Lakoff and Kövecses, 1987)는 원형적 시나리오를 행위자, 상황 그리고 감정적 경험의 무대 ―서사이론가들이 '플롯'이라고 칭하는― 전부를 갖춘 감정 모델로 개념화한다(Somers, 1994). 더욱 중요하게는 그들은 원형적 시나리오 속에서 다양한 중심적 은유들과 그것의 함의들(관련된 그리고 파생된 은유)이 수렴한다고 지적한다(Lakoff and Kovecses, 1987). 드 수사가 볼 때, 감정은 "그것과 상황유형, 즉 그 감정을 특징짓는 역할, 느낌, 반응을 규정하는 일종의 원형적 시나리오의 관계로부터" 그것의 의미를 이끌어낸다(de Sousa, 1987: xvi). 이러한 감정서사들이 우리가 우리의 감정을 배우고 이해하는 방법이다.

토마스 셰프는 집합체, 실제로는 사회가 일정한 '지배적' 감정 패러다임을 따라 작동할 수 있다고 제안한다. 그는 이것을 기어츠의 '상식common sense' 개념과 부르디외의 아비투스 관념에 비유한다. 셰프(Scheff, 1997: 219)에 따르면, 아비투스는 대부분의 사회행위를 인도하는 문화에서 "당연한 것으로 간주되는" 부분이다. 셰프는 노르베르트 엘리아스Norbert Elias의 연구에 의지하여, 하나의 사례로 제1차 세계대전 이후의 독일인들의 굴욕의 아비투스를 논의한다. 그에 따르면, 독일인들은 역사적으로 일련의 패배와 굴욕을 겪었고, 그리하여 그들의 감정에 평화적으로 대처할 수 없었다. 따라서 그의 계속되는 분석에 따르면, 자신들의 굴욕의 아비투스에 대한 독일인들의 감정적 반응은 수치심과 화였고, 그것이 공격적인 행동으로 이어졌다. 물론 이러한 사회적 공격의 반응은 굴욕의 아비투스에 내재하는 것이 아니다. 한 사회가 느끼는 수치심은 멕시코의 경우에서처럼[파즈(Paz, 1985), 셰프에서 인용] 자신감 결여, 절망, 수동성으로 이어질 수도 있고, 또는 앞으로 내가 아일랜드의 경우에서 논의하는 것처럼 화, 배반감 그리고 결국에는 호전적 저항으로 이어질 수도 있다. 무엇이 하나의 집합체 또는 사회의 감정적 아비투스를 지배하는 다양한 패러다임 시나리오를 설명할 수 있으며, 무엇이 그러한 시나리오에 기초한 다양한 행위유형을 자극하는가?

분명 구체적인 역사적 경험―식민지 예속과 같은―이 한 집단의 감정적 아비투스를 구조화한다. 그리고 특별한 상황들과 우연적 사건들이 지배적 감정 패러다임에 의해 어떠한 행위유형이 유발될 것인지에 영향을 미친다. 그러나 행위와 전환에 의해 감정구조가 쉽게 변화한다는 것을 이해하는 것이 중요하다. 드 수사에 따르면, 감정은 패러다임 시나리오에 의해 영구히 고정되어 있는 것이 아니다. 감정은 변할 수 있고 변화될 수 있다. 따라서 의미와 이해 역시 변할 수 있다. 감정의 재구조화, 즉 일부 사람들이 '의식고양'이라고 생각할 수 있는 것은 드 수사가 '감정절제의 원칙the principle of emotional continence' — "당신의 감정을 가능한 한 가장 광범위한 유효한 시나리오에 적합하게 만들어라" — 이라고 칭한 것에 기초한다(de Sousa, 1987: 187). 새로운 또는 상이한 감정 패러다임 시나리오 — 이를테면 그에 대한 반응이 위축과 절망이 아닌 저항과 결과의 쇄신인 굴욕의 서사 — 와 만나는 것은 개인 또는 집합체가 그러한 감정, 그리고 어쩌면 더 중요하게는 행위에 대한 적합한 반응을 개념화하는 방식을 전환시키기도 한다. 또다시 전환을 가능하게 하는 것은 그러한 감정서사 속에 포함되어 있는 상징의 은유와 다의성이다. 다시 말해 변화의 가능성은 서로 다른 서사들을 공유하는 사회적 상호작용을 통해 열린다.

이 장의 나머지 부분에서 나는 이러한 감정구조, 감정의 은유, 패러다임 시나리오와 같은 개념화를 이용하여 아일랜드 토지개혁운동에서의 의미구성, 연대, 정치적 동맹을 분석한다. 나는 대규모 집회, 즉 '몬스터 집회monster meetings'1에서 운동 참가자들이 공유한 서사의 일부를 제시하고, 그것의 감정구조를 살펴보기 위해 그러한 서사를 분석한다. 나는 토지전쟁 초기에 아일

---

1 1820년대 다니엘 오코넬(Daniel O'Connell)의 합병철회운동 이래로, '몬스터(monster)'라는 은유는 아일랜드에서 대규모 시위를 묘사하는 데 사용되어왔다. 토지개혁운동 집회를 다룬 대부분의 신문기사들은 "~에서 열린 몬스터 집회는 ……"으로 시작했다. 오웬스(Owens, 1999)를 보라.

랜드인들 사이에서 만연했던 감정의 '지배적 서사'—굴욕, 수치심, 화의 서사—를 입증한다. 그리고 나는 투쟁과정에서 그러한 서사의 변화가 감정과 호전적 운동행위를 어떻게 재구조화했는지를 분석한다. 나는 그 운동의 발생과 사회구조에 대한 간략한 논의로부터 시작한다.

아일랜드 토지전쟁 기간의 서사, 감정, 연대

아일랜드 대기근 이후 소작농들이 누렸던 전반적인 번영에도 불구하고, 1870년대 후반의 경기침체는 지주제도에 내재된 문제들을 노출시켰다(Vaughan, 1994). 토지개혁운동은 메이요Mayo 카운티에 있는 코너트Connaught의 서부지역에서 시작되었다. 그 지역 사람들은 대부분 그 나라에서 가장 영세하고 가장 가난한 소작농들이었고, 1878년과 1879년의 불황과 흉작으로 인해 가장 격심한 타격을 받은 사람들이었다.[2] 소작농들의 불만과 저항을 하나의 사회운동으로 조직화하고자 하는 생각은 주로 전前 페니아 회원이었던 마이클 대빗Michael Davitt[3]과 같은 급진 민족주의 지도자들로부터 나왔다. 대빗은 토지문제의 절박성을 이해하고 있었고, 그것을 어떻게 영국에 대항하는 대다수의 아일랜드 사람들을 동원하는 데 이용할 수 있는지를 알고 있었다. 민족주

---

2 압제의 역사에서 기인하는 한 집합체의 (감정적) 무기력감에 대한 이론적 논의와 경험적 예증으로는 가벤타(Gaventa, 1980)를 보라.

3 '페니안(Fenian)'은 일반적으로 1840년대 후반에 설립된 급진적 비밀결사체인 아일랜드 공화국 형제단(Irish Republican Brotherhood: IRB)의 회원들을 표현하는 용어로 사용되었다. IRB의 목표는 영국으로부터 완전한 분리를 획득하는 것이었다. 그리고 이 단체는 아일랜드의 독립을 이룩하기 위하여 물리적 폭력과 여타 '불법적'인 수단의 사용을 주장했다(Comerford, 1985).

의적 대의와 농업적 대의 모두를 가지고 있던 지역 지도자들은 메이요 카운티에서 첫 번째 대규모 집회를 개최했다. 그것은 즉각적으로 소작농들을 동원했다(Bew, 1978; Jordan, 1994; Moody, 1982). 곧 거대한 '몬스터' 집회가 코너트에서 매주 개최되었다. 서부지역 운동의 용기는 찰스 스튜어트 파넬Charles Stewart Parnell 의원 — 입헌민족주의자이자 당시 아일랜드 자치법안운동Irish Home Rule movement의 의장으로, 곧 아일랜드 의회당Irish Parliamentary Party의 총재가 된 — 에게 농민운동은 민족주의운동을 촉진하는 매개물이 될 수 있다는 것을 말해주는 것이었다. 아일랜드 전국토지연맹Irish National Land League: INLL이 1879년 10월 더블린에서 설립되었을 때, 파넬은 의장직을 수락했다.4

1880년 말쯤 대다수의 교인들(대부분의 성직자들과 약 절반 정도의 성직자단) 뿐만 아니라 아일랜드의 대부분의 소작농들과 민족주의자들은 토지개혁운동을 지지했다(Clark, 1979; Moody, 1982). 토지연맹지부들이 전국 각지에, 심지어 북부지역에도 설립되었다.5 결정적인 운동활동으로는 퇴거저항(퇴거장소에서의 시위와 법원에서의 법적 소송), 개혁제안과 의사진행 방해전술을 포함하는 의회조치, 그리고 퇴거당한 농민들의 농지를 차지하려는 사람들에 대한 위협을 들 수 있다. 그러나 운동활동 중에서 가장 두드러진 상징적 시위행위는 매주 개최된 거대한 토지집회였다. 그리고 어떤 주말에는 열 개의 집회가 개최되기도 했다(Moody, 1982; Townsend, 1983).

이들 집회는 그 의식儀式형태에서 의례주의적이었다(Alter, 1987). 보다 중요

---

4 마이클 대빗은 토지전쟁의 공동 지도자 찰스 파넬과 함께 아일랜드 전국토지연맹의 공동 설립자였다.

5 그 운동이 명시하고 있는 무종파적 성격에도 불구하고, 그것의 민족주의적 요소가 영국에 충성하는 소작농들을 소외시킨 것과 유사한 방식으로, 북부지역의 프로테스탄트 농민들은 가톨릭교회의 개입으로 인해 참여가 제한되었다(Thompson, 1985; Wright, 1996를 보라).

한 것은 이들 집회가 그 내용에 있어서도 의례주의적이었다는 점이었다. 상
징구성과 의미구성이 이루어진 것은 바로 토지집회 속에서였다(Kane, 1996).
대부분의 집회에 상당수의 사람들—보통 2,000명에서 2만 명 사이의—이 참석
했고, 그 참가자들은 가난하고 평범한 실제 농민, 노동자, 상인, 전문가들로
이루어져 있었다. 연단 위에는 소작농과 성직자를 포함하는 지역 지도자 그
리고 종종 몇몇 전국 지도자, 중앙의 토지연맹 책임자, 그리고/또는 '진보적
인' 아일랜드 국회의원들이 앉아 있었다. 이러한 의례적 행사에서 연설자들
은 감정이 실린 연설을 통해 운동의 요구와 목표를 분명하게 표현했다. 대부
분의 연설은 중요한 아일랜드 역사와 신화들—정복, 몰수, 억압, 기근—을 하
나하나 열거하고 아일랜드인들이 고수하는 열망과 비전을 표현하는 서사형
태를 취하고 있었다. 물론 '아일랜드 사람'과 그들의 관심 그리고 세계관은
동류의 것이 아니었다. 변화의 비전은 집단별로 크게 달랐고, 자주 상충되었
다. 따라서 지부집회뿐만 아니라 전국 토지집회는 의미논쟁과 충돌의 장소
였다. 그리고 지역신문과 전국 신문들이 퇴거과정, 시위, 법정소송뿐만 아니
라 '몬스터' 집회와 지부집회 모두를 거의 그대로 보도했을 때, 사실상 국가
내 모든 사람은 토지개혁운동의 담론투쟁과 그것의 의미구성에 참여하게 되
었다.

굴욕의 아비투스

은유와 감정적 서사로 가득한 무수한 문서화된 연설문이 토지전쟁 동안
대규모 집회와 다양한 또 다른 의례적 행사에서 배포되었다. 가장 널리 퍼져
있는 감정은 수치심, 공포, 슬픔, 굴욕, 분노, 혐오, 화, 증오(영국과 지주에 대
한), 사랑(아일랜드와 토지에 대한), 자부심, 권한부여, 열광, 연대, 복수심 그리

고 옳음이었다. 앞서 언급한 목록 중에서 앞의 절반의 감정들은 대체로 뒷부분의 감정들과 분명 정반대이다. 전자의 감정들, 특히 수치심, 공포, 슬픔, 혐오의 감정은 토지개혁운동이 시작되었을 때 아일랜드인들이 공유했던 '굴욕의 아비투스'를 형성한다. 증대하는 증오, 화, 분노는 토지개혁운동이 성장했을 때 수많은 서사 속에서 등장한 감정들이다. 그리고 서사공유와 운동활동에 의해 고양된 이러한 감정들은 연대, 열광, 자부심, 사랑 그리고 권한부여의 감정들로 발전하여, 운동 참가자들의 동맹을 매우 견고하게 하고 운동이 성공하는 데 기여했다.

압제의 서사, 수치심의 은유

운동이 진행되는 동안 내내, 특히 첫해 동안 많은 압제의 서사들이 나타났다. 그리고 이러한 서사 속에서 굴욕, 수치심, 슬픔이라는 중심적 은유들이 함께 등장했다. 1879년 11월 2일 메이요 카운티 아텐리Athenry에서 열린 토지집회에서, 교구목사인 오브라이언P. J. O'Brien 신부는 그곳에 모인 사람들에게 다음과 같이 인사했다.

내가 있는 이곳은 슬픔과 굴욕으로 압도된 영혼들로 가득 차 있습니다. [우리는 오늘] 옛 거인들을 짓누르고 있는 산 — 간악한 토지법이라는 용납할 수 없는 악마 — 보다도 더 억압적인 짐을 내던져버리기 위해 [모였습니다]. …… 이것은 우리가 목청 높여 우리의 비참함을 큰 소리로 울부짖고 …… 우리 민족의 삶에 책임 있는 사람들에게 뼈에 사무치는 슬픔을 담아 요구하기 위함입니다. …… 아일랜드가 잉글랜드의 공포로부터 그 자치권을 쟁취할 때까지 …… 자치정부가 수립될 때까지 …… 이 슬픈 집회들은 잉글랜드 사람의 멍에 아래에 있는 슬픈 운명의 단순한 기억 속으로 결코 사라지지 않을 것입니다.(≪Western News≫, Nov. 8, 1879)

오브라이언 신부의 연설은 토지전쟁 동안 널리 퍼져 있던 많은 감정표현, 은유적 단체행동, 구조적 요소들을 담고 있다. 첫째로, 그는 사람들이 그들의 압제의 짐을 이해하는 것을 돕기 위해 고대 아일랜드의 영웅적 거인신화를 언급한다. 토지제도로 인해 아일랜드 사람들이 겪는 비참함은 그들을 짓누르는 산과도 같았다. 토지개혁운동의 서사에 널리 퍼져 있는 감정은유를 구성하는 또 다른 상징구조는 지주, 토지제도, 영국 정부의 악마화('용납할 수 없는 악마')였다. 게다가 서사들은 자주 이 세 가지와 그것들의 상징화와 연결되고 결합되었다. 이를테면 여기에서 영국 지배는 궁극적으로 '슬픈 운명'으로 이어지는 '잉글랜드 사람의 멍에'로 표현된다(전자는 문자 그대로일 수도 있고, 은유적일 수도 있으며, 둘 다 일 수도 있다). 마지막으로, 오브라이언 신부는 일반적으로 이성적이고 정치적인 것으로 여겨지는 과정인 소작농들의 정부에 대한 도움의 호소를 "뼈에 사무치는 슬픔을 담은 …… 울부짖음"이라고 묘사했다. 이 은유는 토마스 파워 오코너Thomas Power O'Connor — 저널리스트이자 후에 토지연맹의 의원이 된—가 1879년 7월 13일에 티페어리Tipperary에서 열린 몬스터 집회에서 제시한 은유와 유사하다.

멋진 밀집대형을 하고 있는 티페어리 남성들은 …… 매우 굴욕적인 자세를 취하고 있었습니다. 그들은 오늘 무릎을 꿇고 그들의 신, 즉 지주들에게 그들이 살 수 있도록 해달라고 구걸하고 있었습니다. …… 그들은 정의와 권리를 간청하기 위해 발을 들어올리고 있는 개 스패니얼처럼 …… 지주에게 정의를 간원하기 위해 그날 만났던 것입니다.(≪Freeman's Journal≫, July 14, 1879)

이 굴욕의 서사에서 영국(그리고 그 '주둔군'인 지주)은 억압적인 군주이고, 아일랜드인들은 학대받는 하인, 심지어 노예이다. 노예로서의 아일랜드인들은 정의를 얼마간 용인받기 위해 구걸하고 간청하고 그리고 간절히 원해야만 했다.

사실 사악한 통치자에 의한 노예제도와 몰살은 토지개혁운동의 서사 내에서 중심적인 은유이다. 앞서 언급한 서사에서 표현된 감정들이 증명하듯이, 굴욕은 사람들에게 종속되어 있고 무가치하며 때때로 비인간적으로 (마치 노예, 거지, 개처럼) 느끼고 행동하게 한다. 그리고 많은 초기서사 속에서 아일랜드 사람들, 특히 소작농들은 그와 같이 묘사되었다. 그러나 이러한 굴욕과 아일랜드의 비참한 상황의 원인은 영국, 지주 그리고 토지제도 때문이다.

토지제도는 다양한 방식으로 강도, 봉건제도(그리고 소작인들은 농노와 노예이다) 그리고 살인자에 비유된다. 이를테면 법정변호사이자 농장주인 존 로든John Louden은 1879년 9월 21일 갈웨이Galway 카운티의 투암Tuam에서 열린 대규모 시위에서 아일랜드의 불행에 대해 다음과 같이 설명했다.

> 나라의 빈곤은 토지경작자가 근면과 노동에 의해 창출한 자산을 소수의 사람이 몰수할 수 있게 하는, 저주받은 토지보유제도에서 기인하는 것이었습니다. …… 소작농은 길에서 노상강도를 당하는 승객처럼 완전히 강탈당했습니다.(≪Freeman's Journal≫, Sept. 22, 1879)

갈웨이 카운티의 밀타운Milltown에서 마이클 대빗은 토지제도를 "사람들의 생혈을 빨아먹는 …… 뱀파이어 체계"로 지칭했다(≪Connaught Telegraph≫, June 21, 1879). 티페러리 카운티 라텐Latten지역의 교구사제인 매튜 라이언 Matthew Ryan 신부는 앞서 언급한 티페러리 집회에서 청중들에게 "봉건제도 …… 는 근대 문명화의 치욕이자 …… [우리의] 통치자(영국)의 자랑스러운 기독교에 대한 저주의 오명"이라고 말했다(≪Freeman's Journal≫, Sept. 22, 1879).

다음 기사는 1879년 6월 15일 골웨이 카운티 밀타운 집회에서 토마스 헤이스팅스^{Thomas Hastings}가 진술한 분노의 서사, 즉 화와 굴욕에서 기인하는 감정을 보여준다. 그 이야기는 슬리고^{Sligo} 경이 그의 소작농들에게 농장에 대한 권리를 양도하고 부당한 토지평가에 동의하도록 강요한 것과 관련되어 있다. 이 서사는 레이코프와 커베체쉬가 모델화한 원형적 시나리오처럼 구조화되어 있다. 1단계, 감정의 조건과 원인, 2단계, 발생할 행위, 3단계, 그것의 가능한 결과가 그것이다. 지주가 불법을 저지른 가해자이고, 소작농들은 그 희생자이다.

> 나는 모욕을 받으면서 지주 앞에서 굽실거리며 그들에게 일상 식량을 보장해주던 권리의 마지막 조각마저 양보하는 비참한 노예들을 보면서 내가 느낀 분노를 …… 기억합니다. 두 가지 광경을 …… 보십시오. …… 사람들을 무자비하게 광기와 절망으로 내모는 토지귀족들을 보십시오. …… 그리고 그들 자신의 땅에서 살 권리를 요구하는 들고 일어선 사람들을 보십시오. 그리고 만약 이러한 태도가 확고하게 유지된다면, …… 그것은 정부로 하여금 수치심을 느껴서 사람들에게 식량을 공급하고 …… 그들의 땅에 권리를 부여하게 할 것입니다. (≪Connaught Telegraph≫, June 21, 1879)

이 서사 속에서 지주의 소작농에 대한 간악한 취급은 그것을 목격한 헤이스팅스의 화와 분노를 불러일으킨다. 우리는 그 장면에 대한 그의 은유적 묘사가 청중들 사이에서 유사한 분노를 불러일으킨다고 이성적으로 가정할 수 있다. 두 번째 단계에서 소작농들은 우선 절망했고, 그 다음에 그들 역시 화가 나서 그들의 권리를 주장했다. 그 결말에서 이 서사는 영국 정부가 매우 심하게 수치심을 느껴서 소작농들을 지원하고 그들에게 유리한 새로운 법안들을 통과시키게 하는 소작농들의 행위를 상상한다.

수치심의 서사적 대결

토지전쟁 동안 되풀이하여 이야기된 많은 서사들은 유사한 불법의 '원형적' 구조, 즉 그러한 불법에 대한 감정적 반응과 적극적 저항, 그리고 종국적으로 소작농들의 승리라는 결과를 유지했다. 하지만 이러한 시나리오들이 실제로 확립되어 그 운동의 감정구조를 전환할 수 있기에 앞서, 아일랜드인들은 또 다른 감정인 수치심과 맞서야만 했다. 아래의 서사들은 아일랜드인들이 점점 더 비참해지면서 수행해야 했던 역할과 그들이 그 속에서 살았다는 수치심, 즉 그들을 허약하게 만드는, 그들이 극복해야만 했던 수치심에 대해 자세하게 이야기한다.

메이요 카운티의 캐슬바Castlebar에서 열린 한 토지집회에서, ≪코너트 통신≫의 편집자이자 소작농권리 활동가인 제임스 댈리James Daly는 소작농들에게 그들의 허약함과 지주에 대한 복종이 기근의 발생에 기여했다는 점을 상기시켰다.

> 그들이 1846년과 1847년에 그랬던 것처럼, 그들은 우리가 그들의 농장주택에서 퇴거당하는 것을 스스로 인정할 때까지, 그리고 아무런 방도 없이 떠나서 해안의 무덤에 들어가거나 절망의 궁전인 구빈원이라는 은신처를 찾아나설 때까지 기다릴 것입니다.(≪Connaught Telegraph≫, Oct. 4, 1879)

이러한 기근서사는 수치심을 불러일으킬 뿐만 아니라, 이민선移民船과 구빈원의 은유를 통해 공포 — 만약 소작농들이 그들 자신의 이익을 위해 행동하지 않는다면, 그들은 이민선과 구빈원과 마주할 것이라는—를 주입시킨다.

　수치심의 또 다른 원인은 퇴거당한 다른 사람들의 땅을 차지하는 '땅 가로
채기' 관행의 만연이었다. 1880년 1월 18일 슬리고 카운티 커리^{Curry}에서 열
린 토지집회에서 제시된 아래의 서사를 통해, 존 건닝^{John Gunning} 신부는 소작
농들에게 수치심을 주어 덕행을 유도하기 위해 소작농들의 수치스러운 행위
의 결과를 예언하고 있다.

　　농민들 스스로가 상당 정도 …… 그들 자신의 비참함의 원인입니다. 그들은
　　이웃의 땅을 거리낌 없이 자기 손에 넣고 싶어 합니다. …… 그것이 지주와
　　협력하여 아일랜드를 오늘의 모습으로 만듭니다. …… 만약 당신이 동일한
　　낡은 궤도를 계속해서 따를 만큼 충분히 박약하고 어리석고 사악하다면,
　　…… 당신은 당신이 지금 빠져나오고자 노력하고 있는 것과 똑같은 비참함
　　의 구렁텅이에 다시 빠질 것입니다.(≪Connaught Telegraph≫, Jan. 20,
　　1880)

　마지막으로 제시하는 사례는 로스코먼^{Roscommon} 카운티에서 열린 토지집
회에서 소작농이자 발리나슬로 소작농변호협회^{Ballinasloe Tenant Defense Association}
회장인 제임스 길마틴^{James Kilmartin}이 전한 원형적 시나리오이다. 이 서사에서
소작농들은 자신들의 수치심과 비참함이 지주 앞에서 비겁했기 때문에 생겼
으며, 그들은 자신들의 행위를 바꾸어야만 한다는 것을 깨닫는다.

　　나는 성난 하느님께서 우리의 어리석은 범죄행위와 …… 그렇게 오랫동안
　　엄청나게 비싼 소작료를 감수한 우리의 비겁함을 벌하시기 위해 이러한 불
　　운한 시기를 허락하셨다고 믿습니다. …… 동료 소작농 여러분, 지금은 우
　　리가 …… 사람들에게, 지주에게 그리고 세상에 대해 우리가 너무 오랫동안

노예로 살아왔고, 우리는 이제 사람들 그리고 아일랜드 사람들처럼 똑바로 서기로 결심했고 …… 소작농들은 지주제도의 냉혹한 규칙에 머리를 조아리지 않을 것이라고 말해야만 할 때입니다.(≪Western News≫, Nov. 22, 1879)

이 서사는 감정 패러다임의 두 가지 중요한 특징들을 보여준다. 첫째, 이것은 몇몇 중심적 은유들이 자주 하나의 시나리오에 함께 등장한다는 레이코프와 커베체쉬의 주장을 추인한다. 이 서사에서 우리는 수치심, 공포, 그리고 변화를 위한 결연한 결단을 불러일으키기 위해 소작농을 노예로, 지주를 무자비한 통치자로, 그리고 경기침체를 신의 노여움으로 설정하는 중심적 은유들이 결합되어 있음을 볼 수 있다. 둘째, 이 서사는 어떻게 하나의 감정(용기와 결단)이 또 다른 감정(비겁함과 수치심)으로 대체될 수 있는지, 어떻게 하나의 행위유형이 수치심을 유발하고 다른 행위유형은 권력을 부여하는지에 대해 말해준다. 이렇듯 감정서사는 행위와 변화에 대한 비전을 제공한다.

이제 어떻게 감정은유와 감정서사가 토지전쟁 동안 감정과 의미전환 그리고 운동연대에 기여했는지를 설명하는 것으로 돌아가기로 하자.

저항의 시나리오: '합헌적인 것'의 의미전환 하기

이 글에서 토지전쟁 내내 발생한 모든 의미전환을 분석하고 논의하는 것은 불가능하다. 따라서 나는 토지개혁운동 이데올로기의 주요 상징적 개념 중의 하나를 검토한다. 서사공유를 통한 그 개념의 재구성이 운동연대에 기여했다. 운동 초기에 운동이 스스로를 '합헌적'인 것으로 제시하고 합헌적 전략을 추구해야 하는가 하는 문제가 많은 논쟁과 갈등을 낳았다. 기본적으로 급진 민족주의자들과 소수의 농민들은 합헌적 운동이 실패할 것이라고 생각했다. 왜냐하면 '합헌적'이라는 것은 영국법을 대상으로 한 것이었고, 그 법은 아일랜드 압제의 원천으로 여겨져왔기 때문이다. 급진 민족주의자들과 소수의 농민들로 구성된 서부지역 토지개혁운동 속에서 전개된 상징적 구성의 초기단계는 합헌적이라는 단어의 의미를 세속화했다. 다시 말해 그들은 만약 그것이 영국의 법이라면 합헌적이라는 의미는 부당하다고 생각했다. 대다수의 가톨릭 성직자들과 성직자단뿐만 아니라 남부와 동부 지역의 보다 온건한 소작농들은 오직 합헌적 운동만이 토지제도를 개혁하고 영국의 지배를 종식시킬 수 있다고 생각했다.

하지만 1880년 11월, 영국 정부는 찰스 파넬과 열세 명의 동맹 지도자들을 선동혐의로 체포했다. 그와 같은 체포와 몇 달 후에 현실이 된 탄압위협과 운동억압은 이전에는 신중하고 온건했던 아일랜드 중간계급 성원들—농민과 비농민 모두—에게 심대한 격분과 분노감을 불러 일으켰다. 당시에 그들은 영국 정부가 그들에게 합헌적 투쟁을 할 수 있는 권리를 부여할지에 대해 의심했다. 웩스퍼드Wexford 남부 카운티의 에니스코티Enniscorthy에서 열린 (체포된 지도자들을 변호하기 위한) 자금모금집회를 다루고 있는 한 기사의 도입 단락은 소작농들의 격양된 감정을 다음과 같이 묘사하고 있다.

그 집회는 규모가 대단히 크고 영향력이 있는 훌륭한 집회였다. 비록 그 집회가 애초에 기부금을 모집하는 것을 넘어 어떤 감정을 표출하기로 계획한 것은 아니었지만, …… 그 집회가 조용한 저항에 만족할 수 없었던 것은 영국 정부의 행동에 대해 느낀 분개의 힘이었다. 그게 아니었더라면 그 행사가 불러일으켰던 열광은 시들어버릴 수밖에 없었거나 어떤 실제적인 결과도 남기지 않은 채 사라졌을 것이다.(≪Wexford People≫, Nov. 24, 1880)

영국 정부와 지주들에 개의치 않고, 소작농들과 그들의 지지자들은 지도자들이 체포된 시점에서부터 그해 연말까지 36개의 새로운 지부들을 개소했다. 그 운동이 성장하고 강화됨에 따라, 급진파의 문화적 모델과 온건파의 문화적 모델이 충돌하고 또 수렴되었다. 그리고 자주 감정적으로 구성된 서사의 공유는 '합헌적'이라는 단어에 대한 이해를 변화시키는 데 기여했다.

코크Cork 카운티 발리클로프Ballyclough에서 열린 연맹지부 결성집회에서 닐론G. J. Nealon 박사는 왜 지도자들이 체포되었고 아일랜드인들은 어떻게 대응해야 하는지에 대해 다양한 형태로 수없이 반복된 한 서사를 제시했다.

> 거대한 위기가 발생했습니다. …… 아일랜드 국민들의 지도자들은 …… 국
> 민들을 기근과 굶주림으로부터 지키기 위해 일했다는 이유로 …… 투옥될
> 처지에 있습니다. …… 어떻게 하면 토지제도가 폐지될 수 있겠습니까? 영
> 국 의회를 통해서가 아니라, 국민들의 힘, 용기, 결단을 통해 토지제도가 폐
> 지될 수 있습니다. 그러니 아일랜드 농민들이 함께 일어나 …… 그들이 마
> 치 한사람처럼 결합되어 있으며, 해방되기로 결심했다는 것을 보여주어야
> 만 합니다. 그들은 …… 한목소리로 영국제국을 뒤흔들어놓을 수 있다고
> …… 그들은 지주들의 잔혹한 행위를 더 이상 감수하지 않을 것이라고 ……
> 선언해야만 합니다.(≪Cork Daily Herald≫, Nov. 8, 1880)

닐론의 서사는 '합법적' 지주제의 결과를 상징하기 위해 기근과 굶주림이라는 감정이 담긴 은유를 사용함으로써, 그 체포가 합헌적이라는 정부 주장의 토대를 침식한다. 일단 체포와 토지제도의 결과 모두로 인해 청중들이 화가 나자, 그는 부정의에 대한 하나의 통일된 저항감정 ─즉 영국을 뒤흔들고 영국에 저항하기에 충분할 만큼 강력한 하나의 몸, 하나의 목소리─ 을 고취시킨다. 이렇듯 온건한 농민들에게 체포와 임박한 탄압조치는 영국 지배의 포학성

을 예증했다. 존 로빈슨^{John Robinson} 신부와 마찬가지로, 던세이니^{Dunsany} 교구의 보좌 신부는 미스^{Meath} 카운티에서 벌어진 한 시위에서 "우리는 …… 영국 정부가 숭고한 파넬과 그의 동료들을 기소한 것은 우리의 고통받는 나라의 목을 전제정치의 강철 뒤꿈치로 짓밟고자 하는 야비하고 비열한 움직임이라고 생각한다"고 선언했다(≪Dundalk Democrat≫, Dec. 24, 1880). 여기서의 은유—"야비하고 비열한 움직임"은 영국 정부의 조치를 상징하고, "강철 뒤꿈치"와 "전제정치"는 입헌주의를 상징하고, "목"은 토지개혁운동의 지도부를 상징한다—는 체포와 기소에 대해 대부분의 아일랜드인들이 느낀 공포와 화를 분명하게 표현하고 있다.

1881년 1월 24일, (아일랜드) 수석비서관 포스터^{Forster}가 제안한 「인간과 재산보호법^{Protection of Person and Property Bill}」이 도입되었다. 이 법은 "필요하다고 생각될 때마다 아일랜드의 선정된 지역에서 보통법을 일시 정지시킬 수 있는" 권한을 정부에 부여했다. 실제로 아일랜드 행정부는 상당한 이유에서 반역행위와 토지범죄혐의를 받은 어떠한 사람에 대해 재판 없이 체포하고 감금시킬 수 있었다. 그러한 탄압조치는 아일랜드 남부와 동부지역의 더 많은 농민들이 아일랜드의 사회정의를 위한 합헌적 투쟁에 관대하지 않은 이른바 자유당 영국 정부라는 실체와 대결하게 했다.

1881년 1월 30일 카로^{Carlow} 카운티 보리스^{Borris}에서 벌어진 거대한 저항시위에서 마이클 대빗은 자유당원들이 아일랜드를 배반한 것에 대해 이야기했다.

> 우리는 지금 …… 당신이 현재 유지하기 위해 투쟁하고 있는 약간의 자유를 당신에게서 강탈하기 위해 그 스스로 국민들의 치명적인 적과 동맹하고 있는 영국 [자유]당을 보고 있습니다. 우리는 또한 신의 섭리에 대한 모독이자 이성에 대한 침범이며, 인류에 대한 범죄이자 아일랜드에는 재앙인 체제를 유지하기 위해 탄압에 …… 의지하는 박애주의자 글래드스턴^{Gladstone}, 자비

롭고 정의를 사랑하는 존 브라이트John Bright 그리고 아일랜드의 수석 비방자인 무도한 인간 포스터Outrage Forster 씨(청중들의 비난의 웅성거림)를 보고 있습니다. 그가 잔인한 폭력을 사용하여 우리 조국을 "기독교인이자 문명화된 어떤 존재자"에게 되돌려줄 것이라고 선언했을 때, 이 가면을 벗은 대변자가 보여주었던 것처럼 …… 결코 어떤 영국 정치인도 국민들에게 그러한 경멸을 드러낸 적이 없습니다.(≪Freeman's Journal≫, Jan. 31, 1881)

이 분노의 서사에서 대빗은 아일랜드를 배반한 글래드스턴, 포스터 그리고 또 다른 영국 자유당원들을 고발하기 위해 은유와 풍자를 결합하고 있다.

1881년 3월 3일 비옥한 목초지 카운티 웨스트미스에서 열린 멀링거 시위 Mullingar Demonstration에서 행해진 두 연설은 억압조치에 대한 감정적 반발을 표현하는 '원형적 시나리오'를 제시했다. 먼저, 국회의원인 헨리 길Henry Gill은 탄압이 정말로 영국의 입헌주의에 대해 무엇을 보여주는지에 관해 자세히 언급했다.

「인신보호법Habeas Corpus Act」을 일시 중지하기 위해, [의회는 …… 영국 헌법을 일지 중지해야만 했습니다. …… [아일랜드 성원들은 영국 정치가들의 위선의 가면을 벗겨왔습니다. 이들 정치인들은 다른 사람들의 자유를 위해 싸우는 척했지만 …… 그것이 아일랜드 사람들의 자유의 문제일 경우 곧 …… 그들이 사람들을 …… 이전에 러시아인들이 늘 폴란드인들을 다루었던 것만큼 잔인하게 …… 다룰 수 있음을 보여주었습니다.(≪Freeman's Journal≫, March 7, 1881)

길의 서사의 일부는 영국에 대한 아일랜드인들의 분개의 원인 ―즉 아일랜드인의 자유를 강탈한 의회의 위선적이고 잔인한 조치― 을 밝히고 있다. 멀링거 교구 사제인 고프란Gaughran 신부가 제시한 두 번째 서사 또는 시나리오는 아일랜드인들이 취해야만 할 적합한 행위와 그 결과가 어떠할지를 시사한다.

> 이 위기 속에서 당신의 의무는 무엇입니까? 당신은 탄압의 위협하에서 움츠릴 것입니까? 그리고 당신이 …… 너무나 고귀하게 간직해왔던 …… 그 대의를 포기할 것입니까? 웨스트미스의 사람들 …… 유럽인들의 눈이 당신을 주목하고 있습니다. 유럽인들은 아일랜드 역사의 이 중대한 위기 속에서 당신이 어떤 행동을 할지를 숨을 죽이고 지켜보고 있습니다. 탄압이 최악의 상태로 가게 내버려 둔다고 하더라도, 그것은 결코 주장을 억누르지 못할 것입니다. …… 그리고 그것은 결코 당신의 진심의 영혼을 침묵하게 하는 데 성공하지 못할 것입니다.(≪Freeman's Journal≫, March 7, 1881)

서사의 이 부분이 지닌 감정적 함의와 함께, 고프란 신부는 탄압조치가 불러올지도 모르는 공포심을 떨쳐버리고자 시도했다. 그리고 그는 소작농들이 영국의 부정의에 대항하는 그들의 용감한 투쟁을 계속할 것을 권고했다. 유럽이 극단적 위험과 영국의 전제정치에 직면한 아일랜드인들과 그들이 취하는 행위를 지켜보고 있다는 은유는 특히 그들을 고무시킨다. 그것은 운동 참가자들이 뒤로 물러서거나 그들의 굴욕의 아비투스를 치료하기보다는 결정된 저항을 지속하도록 자극한다.

결론

비록 간략하기는 하지만, 지금까지의 분석은 토지개혁운동 참가자들이 부분적으로 감정서사의 공유를 통해 '합헌적인 것'의 의미를 어떻게 변형시켰는지를 예증한다. 이 과정은 다시 이 운동에 참여하는 전혀 다른 성격을 지닌 집단들 간의 연대를 구축하는 데 일조했다. 비록 이들 집단이 영국 입헌주의와 권위에 대한 상충하는 개념화를 가지고 운동에 가담했지만, 영국 정부의 탄압조치는 그들 모두에게 충격, 배신감, 화, 분노를 불러일으켰다. 소작농, 성직자, 운동 지도자들은 영국 정부와 그들의 행위 그리고 아일랜드인들과 그들의 반발을 상징하는 은유를 담고 있는 서사들을 통해 그러한 감정들을 표출하고 공유했다. 이러한 서사들은 토지개혁운동 참가자들이 합법적·합헌적으로 행위하고, 영국 정부와 지주들은 아일랜드인들의 권리를 보호하지 않음으로써 '헌법'을 위반한 것으로 묘사했다. 따라서 '합헌적'이라는 용어는 영국 정부가 아니라 토지개혁운동의 표지가 되었다. '입헌주의' 개념은 (비록 지금은 더욱 호전적인 지형 속에 놓여 있지만) 신성한 지위를 되찾았고, 정의에 이르는 인정받은 수단으로 발전했다.

감정이 은유적으로 개념화되고 구조화된다는 이론은 사회운동의 감정적 구성요소를 연구하고 이해하는 데 중요한 함의를 지닌다. 첫째, 만약 감정이 은유를 통해 분명히 표현되고 '원형적 시나리오' 속에 착근된다면, 운동수사학 내에서 감정표현을 규명하고자 하는 프로젝트는 매우 용이해질 것이다. 은유는 감정을 바라보는 창과 같다. 이를테면 다음과 같은 서사의 발췌문을 살펴보자. "[토지제도]는 무력과 사악함의 사생아입니다. 사회공화국의 버림받은 자와 모든 남성들의 손은 그 자체로 우리 인류의 재앙으로 입증되어온 것에 저항해야만 합니다. 왜냐하면 우선 그것이 아일랜드를 비참함과 빈곤의 땅으로 만들었기 때문입니다"(Michael Davitt, ≪Connaught Telegraph≫, June 14, 1879). 토지제도에 대한 이러한 은유들은 혐오와 화의 감정을 표출하고 불러일으킨다. 감정의 은유적 구조를 인지하는 분석가는 이러한 서사의 감정적 차원을 쉽게 포착할 수 있다. 사회운동에 대한 더 광범한 연구 속에서 감정의 은유적 구조와 그것의 표현은 한 집합체의 감정지향을 밝혀준다. 나는 지금까지 아일랜드인의 굴욕의 아비투스를 재구성함으로써 이를 예증했다.

둘째, 만약 감정이 개인과 집합체들이 무엇이 중요한지를 평가하고 결정하는 데 도움을 줌으로써 행위를 유발하는 것이 사실이라면(Jasper, 1998), 발화된 서사에 착근되어 있는 감정구조를 규명하고 이해하는 것은 우리가 사회운동 내에서 발생하는 행위를 이해하는 데 도움을 줄 수 있다. 아일랜드인들이 느낀 화의 감정, 배반감, 분노는 확실히 영국 정부의 운동억압에 대해 굴복하기보다 호전적으로 반발하게 하는 데 기여했다. 그리고 우리는 이들 감정들을 압제의 시기 동안 토지집회에서 공유한 서사들 속에 등장하는 은유를 통해 분명하게 표현된 것으로 본다.

마지막으로, 변화하는 감정개념들과 감정구조에 주의를 기울이는 것은 사회운동 속에서 발생하는 의미, 정체성 그리고 이데올로기의 구성과정에 대한 더욱 심층적인 이해를 가능하게 할 수 있다. 무엇보다도 나는 우선 운동 초기에 매우 널리 퍼져 있던 굴욕과 수치심의 서사들을 분석함으로써, 그리고 다음으로 운동의 절정에서 호전성, 저항, 자부심을 표현하는 서사들을 고찰함으로써 감정전환을 예증하고자 노력했다. 이러한 변화하는 감정들 그 자체가 부분적으로는 운동 이데올로기와 행위의 결과이지만, 토지개혁운동이 진행되는 동안 형성된 새로운 인식, 의미전환, 상징체계에 기여한다고 주장하는 것은 타당하다.

15

엘살바도르 반란의 감정적 이익*

엘리자베스 진 우드

1970년대 중반에 접어들며, 엘살바도르 농민들은 장기간의 정치적·경제적 배제유형에 저항하는 광범한 사회운동에 가담했다. 정부보안군의 잔인한 진압에도 불구하고, 일부 사람들은 계속해서 그로 인해 발생한 내전 내내 반란 게릴라부대의 대원으로, 정보와 공급품을 제공하는 협력자로, 게릴라 반란군(파라분도 마르티 민족해방전선, the Farabundo Martí National Liberation Front: FMLN)과 제휴한 반항조직의 일원으로 참여했다.

물질적 이해관계, 참여에서 직접 비롯되는 이익, 확대되고 있는 정치적 기

* 나는 이 글에 대해 논평해준 암리타 바수(Amrita Basu), 빈스 보드로(Vince Boudreau), 샘 볼스(Sam Bowles), 조지 던스(George Downs), 제프 굿윈, 짐 재스퍼, 스타시스 칼리바스(Stathis Kalyvas), 로이 리클리더(Roy Licklider), 미케 뫼어스(Mieke Meurs), 데이비드 메이어(David Meyer), 버텔 오일만(Bertell Oilman), 프란체스카 폴레타, 잭 스펜스(Jack Spence), 빌 스탠리(Bill Stanley), 척 틸리, 리처드 우드에게 감사한다. 이 장은 나의 책『반정부 집합행위와 내전: 엘살바도르 농촌에서의 계급과 시민권의 경계 다시 그리기(Insurgent Collective Action and Civil War: Redrawing Boundaries of Class and Citizenship in Rural El Salvador)』(근간)의 원고에 기초하고 있다.

회를 서로 다르게 강조하는 집합행위에 대한 전통적 설명들(Olson, 1965; Popkin, 1979; McAdam, 1982)은 엘살바도르의 고위험과 불확실성의 상황에서 이루어진 정치적 동원을 적절히 설명하지 못한다. 토지에 대한 접근과 국가의 영향력으로부터의 (상대적) 자율성 같은, 게릴라 운동과 그 제휴조직이 만들어낸 물질적 이익은 그들이 반항조직에 참여하든 그렇지 않든 간에 분쟁지역 거주자들 모두가 누릴 수 있는 것이었다.[1] 게다가 예상된 유형과는 반대로(Brockett, 1991; Goodwin and Jasper, 1999) 정치적 기회가 협소해졌을 때에도, 수많은 중요한 국면에서 정치참여가 심화되었다.

1987년에서 1996년 사이에 엘살바도르의 군사적 분쟁지역에서 200명이 넘는 참여 농민들을 대상으로 한 인터뷰는 하나의 상이한 설명을 제시한다. 나는 남아메리카 농업노동자들이 오랫동안 분노를 느껴온 당국에 도전하기 위해, 인지된 부정의(특히 보안군에 의한 무자막지한 진압행위)를 거부하기 위해, 자신들의 물질적 이해관계를 주장하기 위해, 그리고 자신들의 존엄성을 주장하기 위해 (그리고 그것을 통해 존엄성을 구축하기 위해) 반란을 일으켰다고 결론짓는다. 이 인터뷰에 근거할 때, 반정부 집합행위의 핵심 논리는 반란행위를 통한 존엄성 주장과 반항이다. 반란의 다른 이익들과는 달리, 이러한 감정적 이익은 단지 참여자들만이 누릴 수 있었다.

이러한 해석은 과정상의 이익들에 대한 통상적 설명을 크게 확장시킨다. 즉 그러한 행위의 동기는 **과정상의 감정적 이익**emotional in-process benefit이다. 이 용어는 그러한 행위에 참여하는 사람들에 의해서만 경험되는, 행위의 감정

---

1 전쟁의 많은 기간 동안 전장(戰場)의 대부분의 거주자들(특히 게릴라들이 더욱 지속적으로 출현한 보다 외진 지역의 사람들)은 그 지역에 머물기 위해 (강요된) 최소한의 토르티야와 물을 FMLN에 제공해야만 했다. 그러나 1986년의 짧은 기간을 제외하고는, 어떤 다른 식으로도 참여가 강요되지 않았다. 정부군이 들어왔을 때에도 역시 음식과 물을 빼앗아갔다.

적 결과를 의미한다. 그러한 동기들이 감정적이라는 것은 단지 참여자가 비합리적이었다는 것을 함의하는 것이 아니다. 전통적인 설명과 같이, 이 해석은 사람들의 이해관계나 가치 —집합행위의 미시적 토대의 핵심 요소인— 를 실현하는 것을 목적으로 하여 행해지는 의도적 행위를 강조한다. 요컨대 관련된 위험에도 불구하고, 농민들은 설득력 있고 지속되는 참여동기들을 가지고 있었다.

여기서 강조하는 특정한 과정상의 감정적 이익들은 하나의 구체적 형태(반드시 그러한 모든 이익에 공통적이지는 않지만)를 지니고 있다. 취해진 행위들이 이해관계를 실현하기 위한 의도된 활동이고 그리하여 물론 참여자들의 행위를 포함하지만, 특정한 감정적 이익은 그 행위가 지니는 보다 심오한 역할에 근거한다. 즉 도덕적 분노와 자부심 모두의 경우에, **행위의 행사** 그 자체가 그러한 행위의 의미의 일부를 구성했다. 참여 그 자체는 도덕적 분노를 표현하고, 존엄성을 요구하고, 자부심에 근거를 부여하는 것이었다.

나의 설명은 서로 다른 운동기간 동안에 일어난 동기들의 독특한 결합을 강조한다. 특히 전쟁의 초기에 일부 농업노동자들은 **행위를 하기 위해** 행위했다. 즉 이러한 행위의 행사(그리하여 존엄성의 재요구)는 그 자체로 행위의 하나의 동기 —하나의 구성적·표출적 동기— 였다. 일부 농업노동자들은 당국의 자의적이고 잔인한 폭력에 대해 분노를 표출하는 것을 인간임의 표현으로 인식했고, 그렇게 하지 않는 것은 인간 이하라는 것을 의미했다. 전쟁 후기에는, 동원에 참여한 사람들은 그들의 이해관계를 실현하는 행위의 실행 속에서 깊어진 자부심 —그리고 정말로 느껴지는 기쁨— 을 경험했다. 토지를 점유하고 사람들의 무능력에 대한 엘리트의 인식을 반박하고 국가에 도전하는 것은 개인적으로 경험되든(정말로 기쁘기 때문에) 아니면 집합적으로 표현되든(그들이 자신들의 행위능력과 행위자로서의 자신들의 존엄성을 주장할 때 다른 참여자들과 공유하는 것이든) 간에 하나의 기쁨이었다. 이렇듯 토지에 대한 접근과 같은 보다 전통적인 동기들과 함께, 도덕적 분노, 자부심, 기쁨은 고위험과 불확실성에도 불구하고, 반란에 가담하게 만들었다.[2]

배경과 방법

왜 농민들이 집합적으로 행위했는지를 발견하는 하나의 방법은 농민들 자신에게 그들이 왜 반란에 협력했는지 아니면 왜 반란에 협력하지 않았는지, 그리고 그 당시에 관련 조건은 무엇이었는지를 묻는 것이다. 노라 크리거 (Nora Kriger, 1992)가 지적했듯이, 농민반란에 대한 많은 문헌들은 정부문서, 경찰보고서 또는 혁명운동의 지적 지도부가 작성한 전거들에 의존한다. 분명 "반란 진압의 산문"을 재해석하는 식으로 통찰력을 주워 모을 수도 있다 (Guha, 1983). 그러나 참여자들의 직접적인 설명들은 그러한 전통적인 전거들 속에서는 접할 수 없는 통찰을 추가해줄 수 있다. 또한 그러한 자료들은 당국이 엄청난 자율성을 가지고 별 책임감 없이 행동하는 곳에는 존재하지조차 않는다. 엘살바도르의 경우에는 내전에서 그 후 정전에 이르는 기간 동안, 참여 농업노동자들이 왜 대항조직과 협력했는지에 대한 그들의 상세한 설명을 기록하는 것이 가능했다.

---

2 반란의 '기쁨'을 언급하는 것은 밴필드(Banfield, 1968)가 말하는 "주로 재미와 이익을 위해 폭동 일으키기"를 환기시킬 수도 있다. 밴필드는 그의 책에서 1960년대 중반의 도심폭동은 인종 때문에 발생한 것이 아니었고, 아프리카계 미국인들의 학대에 대처함으로써 막을 수 있는 것도 아니었다는 유명한 주장을 했다. 나의 주장은 종속적 지위에 있는 사람들이 행위 — 오랫동안 배제되어온 인간기능 — 를 실행하는 데서 느낄 수 있는 기쁨을 강조한다는 점에서 그와 다르다. 이것은 밴필드의 스릴에 대한 '동물적 본능'이나 법집행의 일시적 중지에서 기인하는 약탈과도 다르다.

여기에 제시된 해석은 주로 내가 1987년에서 1996년 사이에 테난신고 Tenancingo라는 도시와 우술루탄Usulutan주에서 수행한 인터뷰에 의존한 것이다. 두 곳 모두 전쟁기간 내내 분쟁지역이었다. 많은 지역들과는 달리, 정부와 반란자들 그 누구도 그 지역을 통제하지 못했다. 많은 인터뷰는 개별 농업노동자 또는 게릴라 부대원들과 이루어졌고, 다른 인터뷰는 협력조직 및 다른 농민조직의 대표자 집단들과 이루어졌다. 많은 정보원들은 4년 또는 5년 동안 반복적으로 인터뷰를 했다. 거기서 나는 FMLN 부대의 상근정식대원이 된 농업노동자나 반란세력에 참여하지 않은 농업노동자들이 아니라 그들을 지원하는 역할을 하는 농업노동자들에 초점을 맞추었다.

관찰 초기에는 농업노동자들이 상당히 길고 희생이 요구되는 나의 질문에 응답하는 식으로 인터뷰를 진행했다. 사적인 상황에서든 또는 공적인 모임에서든 테난신고와 우술루탄의 농업노동자들은 그들 지역사회에서 일어난 전쟁의 역사를 자세히 이야기해주며, 이 연구 프로젝트에 성심껏 참여하는 것으로 보였다.[3] 내가 반복해서 몇 달 동안 그리고 때로는 몇 년 동안 인터뷰한 집단들의 경우, 이 프로젝트에 대한 그들의 열의는 내가 떠났다가 다시 돌아갔을 때 특히 분명하게 드러났다. 나는 자주 "어머, 엘리자베스, 우리가 당신에게 할 얘기가 뭐죠!" 또는 (서로에게) "우리가 잊지 말고 엘리자베스에게 말해줘야 한다고 말했던 게 뭐지?"라고 인사하곤 했다.

---

[3] 한 가지 설명을 해둘 필요가 있다. 페르퀸(Perquin)과 같은 FMLN의 북부 본거지에 있는 '통제지역'의 일부 지역사회들과는 달리, 아주 소수의 우술루탄 지역사회들은 저널리스트나 연구자들의 방문을 받았다. 이들 방문자들을 빈번히 맞이하는 조직에는, 마치 원본이 또다시 사용되고 있는 것처럼, 그곳에 제출된 서로 다른 직업증명서 사본들이 있다. 반면 테난신고는 많은 저널리스트, 발전 전문가, 외교관들이 방문했다. 하지만 소수의 사람들만이 충분히 오래 머무르며, 지역사회협의회의 소수의 성원들 이외의 거주자들과 인터뷰했다.

이 프로젝트에 협력하면서 느끼는 이러한 기쁨은 전쟁경험을 검증하고 세세히 설명하고 협력조직 및 여타 단체들의 성과를 찬양하고자 하는 충동을 반영하는 것으로 보였다.[4] 많은 이야기들이 폭력, 고통, 상실, 부정의의 역사이지만, 많은 사람들은 투쟁의 성과 ─즉 토지점유와 토지방어, 새로운 조직의 설립, 새로운 정체성의 주장─를 의기양양하게 이야기하기도 했다. 마르셀로 수아레즈-오로즈코Marcelo Suarez-Orozco가 주장하듯이, 증거는 정치폭력의 결과에서 이중적 역할을 수행한다. 즉 "증거는 부정에 대한 치료이자 비난의 의례[이다]─증거라는 개념은 주관적이고 사적인 어떤 것과 객관적이고 사법적이고 정치적인 것 모두를 함의한다"[그린(Green, 1994: 244)에서 인용함].

이 프로젝트에 대한 농민들의 헌신을 보여주는 지표 중의 하나가 많은 농업노동자들이 기꺼이 전쟁 이전과 이후의 지방지역들을 보여주는 한 쌍의 지도를 제작해주었다는 것이다. 나는 전쟁과정 동안에 토지의 경계와 토지사용이 어떻게 변화했는지를 이해하고, 그리하여 전쟁기간 동안 농업노동자들의 집합행위가 계급관계의 경계를 말 그대로 어떻게 재설정했는지를 입증하기 위해 우술루탄 각지에서 온 열두 팀의 농업노동자들에게 그러한 지도를 (손으로) 그려달라고 요청했다. 이 지도 그리기 워크숍은 개인의 측면에서는 (아무런 보상도 없이) 상당한 시간을 작업해야 하는 것이었고, 농업노동자 조직의 측면에서는 기회를 놓치는 것이었다. 지도 그리는 일은 그들에게 익숙지 않은 일이고 참여자들의 문자해독능력이 최소한이고 그들이 신중하게 일했기 때문에, 각 쌍의 지도를 그리는 데에는 꼬박 이틀이 걸렸다. 내가 지

---

4 나는 모임 초기에 지역조직들에 이 프로젝트에 대해 재차 상당히 자세하게 소개하면서, 내가 지역사회 프로젝트를 위한 어떤 잠재적 연구비 제공자도 대변하지 않는다는 것을 분명히 하기 위해 항상 최선을 다했다. 나는 성공했다고 생각한다. 왜냐하면 어떤 물질적 이익도 제공하지 않은 채, 연구기간을 늘려가며 사례연구지역을 방문했고, 인터뷰한 사람들 측에서 열의가 식는 것을 지켜보지도 않았기 때문이다.

도를 지역사회에 되돌려준다고 약속하기는 했지만(이는 약간의 유인을 제공하는 것이었을 수도 있다), 나는 그들이 주로 자신들의 역사를 헌신적으로 세세히 기술하고자 하는 동기를 가지고 있다는 인상을 받았다. 그렇게 만들어진 지도들은 사실상의 소유권과 경작유형의 변화를 입증해주는 것만이 아니라 문화적 변화까지도 입증해주었다. 나는 아래에서 다시 지도로 돌아갈 것이다.

물론 개인적 인터뷰에 의존하는 것은 다른 곤란한 문제들을 끌어들인다. 그중에서도 특히 문제가 되는 것은 일부 증거들의 회고적 성격이다. 인터뷰들은 농업노동자 활동가들이 그들의 성과 속에서 얻는 자부심과 기쁨이 운동의 결과뿐만 아니라 그 당시에 계속된 참여의 직접적 동기였던 것으로 제시하지만, 많은 인터뷰들이 전쟁의 마지막 몇 달과 정전기간 동안에 이루어졌다. 이전에 왜 자신들이 사회운동에 가담했는지에 대한 운동 참여자들의 회고적인 보고는 자신들이 참여한 것에 대한 그들 자신의 해석이 개입된 기간뿐만 아니라 현재의 이해관계를 반영할 수 있다. (내전이 종식될 때까지) 조사를 한 적이 없기 때문에, 그리고 실제로는 사례연구지역의 매우 폭력적인 상황을 감안할 때 조사가 불가능했기 때문에, 이는 쉽게 대처할 수 있는 문제가 아니다.

나는 나중의 인터뷰들에서 분명하게 드러나는 자부심과 기쁨이 그것에 앞서 이루어진 참여를 자극하는 데 역시 하나의 중요한 요소였다고 가정했다. 나는 아래의 관찰들이 나의 이러한 가정을 적절히 경험적으로 입증해준다고 주장한다.[5] 많은 인터뷰들은 아주 일찍이 이루어졌다(테난신고에서는 1987~1991

---

5 하지만 나는 나의 인터뷰에 근거하여, 행위 속에서 느낀 자부심의 기쁨이 먼저 예견된 것인지 아니면 참여의 의도하지 않은 결과인지를 말할 수 없다. 어쨌든 인터뷰들은 일단 그러한 기쁨을 경험하고 나면 그러한 기쁨이 계속해서 참여를 유발했다는 것을 보여주는 충분한 증거들을 제공한다.

년에 인터뷰가 실시되었다). 전통적인 해석과는 대조적으로, 나의 해석은 사례연구지역의 동원에서 두드러지게 나타나는 사실을 설명한다. 게다가 독특한 반란정치문화가 존재한다는 사실이 분쟁지역에 대한 1991년의 조사에서 확인되었다. 내전이 끝날 때쯤 토지를 점유하고 있던 농업노동자들이 토지를 소유한 농민보다 더 반란적인 독특한 일단의 정치적 태도를 드러냈다. 이를테면 토지를 점유하고 있는 농업노동자의 69%가 군대를 "거의 전혀" 신뢰하지 "않는다"고 진술했다. 반면 토지를 소유한 사람들의 단 19%만이 그러한 의견을 지지했다(Seligson et al., 1993: 2.25).

엘살바도르의 농민동원은 세 가지 특징을 지니고 있다.[6] 첫째, 저항한다는 것이 매우 위험한 상황에서 정치적 동원이 이루어졌다. 참여자들이 무릅쓴 위험을 고찰해보자. 위험의 정도가 국면별로 다르고 전쟁의 후기에는 위험이 줄어들었지만, 인명손실이나 심각한 학대의 위험은 전쟁 내내 매우 실제적이었다. 내전 동안에 그리고 내전 직후에 이루어진 인터뷰들마다, 거주자들은 신뢰할 수 있을 만큼 상세하게, 그리고 계속되는 슬픔과 함께 가족성원, 친구, 동료 참여자의 상실을 기술했다.[7]

일부는 스스로 무장했고, 다른 사람들은 피난을 갔습니다. 우리는 모두 게릴라로 인식되었습니다. 우리는 해안에 갈 때마다 해안선을 유심히 살폈습

---

6 이에 대한 상세한 분석으로는 우드(Wood, 근간)를 보라.
7 사례연구지역에서의 학대와 테러의 유형은 엘살바도르 전역에서 일어난 일반적 유형을 그대로 반영한다. 내전 동안에 발생한 인권침해를 명확하게 평가하고 있는 것이 엘살바도르 진실위원회(Truth Commission for El Salvador)의 보고서이다. UN이 후원하는 조직인 이 위원회는 평화협정에 의해 특히 두드러지거나 잔학무도한 인권침해사례들뿐만 아니라 일반적인 침해유형을 분석할 권한을 위임받았다(Truth Commission for El Salvador, 1993).

니다. 1982년은 절망의 해였습니다. 거의 모든 사람들이 떠났습니다. 나의 형도 그해에 실종되었습니다. 1982년과 1983년에 실종된 수백 명 중의 하나 였습니다. 해안선에는 매일 두세 구의 시체가 있었습니다. 이 전쟁의 시기가 지나자, 죽은 사람이 더 많았습니다.[라 페나 공동체(Comunidad La Peña) 주민, 1992][8]

둘째, 참여자뿐만 아니라 비참여자도 전쟁의 많은 기간 동안 반란의 물질 적 이익을 공유할 수 있었다. 반란이 제공한 분명한 이익 ―버려진 토지에의 접근과 지주의 일상적 권위와 보안군으로부터의 일정한 자율성― 은 분쟁지역에 남 아 있던 모든 사람들이 누릴 수 **있었고**, 그리하여 과정상의 이익에 기초한 통상적인 설명에서 집합행위의 장애물을 극복하기 위해 필연적으로 요구되 는 (실제로 참여하는 사람들만 이용 가능한) 구조를 가지고 있지 않았다. 요컨대 무임승차가 가능했다. 실제로 사례연구지역의 대부분의 농민들은, 그들이 그 지역에 머무는 (강요된) 최소한의 비용(때때로 게릴라 부대에 토르티야와 물을 제공하는 것)을 지불하고 당국에 그들에 대한 정보를 제공하지 않는 한, 지주 의 부재로부터 이익을 얻었다는 의미에서 '무임승차'를 했다. 부득이 대략적 으로 평가해보면, 그 지역에 머무른 농민들의 약 1/3이 강요된 최소한의 것 이상을 게릴라들에게 직접 지원했다.[9]

---

8 모든 인터뷰는 저자가 수행했다.

9 그렇다고 내가 반란운동을 "국가처럼 공공재"를 제공하는 하나의 대안국가로 해 석하거나 그러한 어려운 문제들을 해결하는 하나의 대안적 사회계약으로 해석하는 것은 아니다(Skocpol, 1982; Goodwin and Skocpol, 1989; Wickham Crowley, 1987). FMLN은 실제로 테난신고와 우술루탄에서 일정 정도 하나의 대안적인 통치당국이 되었다. 그러나 농업노동자들은 강요된 최소한의 것 이상으로 FMLN을 직접 지원하 지 않고도 그러한 이익을 누릴 수 있었다. 내가 인용한 저자들은 그러한 새로운 일이 발생하는 **과정**을 적절히 이론화하지 않고 있다.

셋째, 참여의 궤적은 전통적인 정치적 동원에서 반란 게릴라 부대에 대한 은밀한 협력, 반란자들에 대한 은밀한 지원, 토지를 위한 직접 동원으로 발전했다. 내전 이전에, 집합행위는 광범위한 정치적 저항의 형태를 띠었다. 즉 전국적인 집회와 행진에는 수만 명이 참여했고, 그중 많은 사람들이 종교 활동가 네트워크를 통해 동원되었다. 지배정권 내에서도 강경파들이 좌절된 개혁주의적 요소들을 반복해서 개혁하는 것에 반대하고, 운동을 강경하게 진압했다. 참여자들은 어려운 선택—피난하기, 중립적으로 머무르기, 어떤 한쪽과 협력하기—에 직면했다. 일부는 민간협력자로 또는 무장 게릴라로 다양한 소규모 단체들과 함께 직접 활동하기 시작했다. 이들 소규모 단체들은 FMLN으로 합병되었다. 급속히 성장한 FMLN이 지주와 국가에 시골의 많은 지역에서 물러날 것을 강요하기에 충분할 정도로 강력하다는 것이 입증되고, 참여자들이 조합을 설립하고 토지를 점유하고 자신들의 소유권을 재요구하는 지주들의 주장에 맞서 자신들의 점유를 지켜냈을 때, 참여자들이 성공한 반란의 기쁨을 경험하기 시작함에 따라 두 번째의 독특한 국면이 시작되었다. 토지에 대한 접근이 참여에 달려 있지 않았기 때문에, 나는 행위의 기쁨이 점차 참여의 주요한 동기가 되었다고 주장한다. 마지막으로, 일단 협상을 통해 내전이 해소되고 토지가 농민에게 이전될 것이라는 점이 분명해지자, 전쟁이 끝날 무렵 참여자들이 급속히 증가했고 토지점유의 물결이 발생했다(실제로 토지점유는 1992년 초에 취약한 정전상태를 위협했다). 이 마지막 시기의 참여는 집합행위에 어떠한 난제도 제기하기 않았기 때문에(이익이 참여의 비용을 능가했다), 나는 여기서 하나의 난제—전통적인 설명에 의해 설명되지 않은 것—가 존재했던 초기국면에 초점을 맞추고 있다.

도덕적 분노와 행위의 자부심

참여자들이 고위험에 직면해 있었고 무임승차자 역시 직접적 이익을 누릴 수 있었음을 전제할 때, 혁명세력이 승리할 경우 예상되는 이익이 참여의 충분한 이유였다고 보기는 어려울 것 같다. 다른 어떤 '이익들'이 참여자와 비참여자를 구분했을 것이 틀림없다. 나는 **과정상의 감정적 이익**이 엘살바도르 내전 동안 FMLN의 지지에서 농민의 정치적 동원을 설명하는 열쇠라고 주장한다. 인터뷰를 통해 볼 때, 그러한 이익으로는 두 가지가 있다. 하나는 도덕적 분노를 표출한 것이고, 다른 하나는 행위가 주는 기쁨을 경험한 것이었다. 우리가 앞으로 살펴보듯이, 참여자들은 전쟁 이전을 지배하고 있던 사회적 관계와 초기저항에 대한 진압에 도덕적으로 분노하고 있었다. 참여자들은 또한 자신들의 반란활동에서 심원한 자부심과 기쁨을 느꼈다. 즉 그들은 토지와 자치에 대한 자신들의 이해관계를 효과적으로 실현하기 위한 행동 속에서 그러한 사회관계들을 변혁시킬 수 있음을 깨닫게 되었다. 그들의 활동이 점차 성공해감에 따라, 다른 사람들이 가담하여 그 수가 증가할 뿐만 아니라 그들의 자부심과 기쁨도 증가했다. 인터뷰들은 일반적으로 전쟁 초기에는 도덕적 분노가 참여자들에게 초기동기로 작동했고 그 후에는 행위의 자부심과 기쁨이 참여자들의 도덕적 분노를 보충하거나 대체할 뿐만 아니라 다른 사람들의 참여를 유발했다는 것을 보여준다. 그러나 도덕적 분노와 자부심이라는 두 가지 테마는 인터뷰에서 서로 긴밀히 뒤얽혀 있기 때문에(자부심이 대체로 전쟁 이전에 지주와의 관계를 특징짓던 굴욕적인 복종과 대비되어 표현되고 있음에 주목하라), 나는 이 둘을 함께 분석한다.

초기부터 FMLN과 협력한 사람들의 경우, 대체로 반항에 대한 헌신의 표현, 묵종의 거부, 그리고 아마도 자신들의 가족, 친구 또는 심지어 낯선 사람들에게 해를 끼친 사람들에 대한 복수의 열망이 그 동기였던 것으로 보인다.

반란자들과의 이 첫 번째 협력국면에서는, 대체로 지원이 은밀하게 그리고 개인적으로 이루어졌다.

> 아주 소수의 사람들만이 지원하기를 원치 않았고, 그들은 여전히 무서워했습니다. 그들은 몸소 그것[폭력, 전쟁]을 체험해왔습니다. 나는 이 투쟁과 FMLN의 노력이 피의 대가를 치를 것이라고 말하곤 했고 또 그것을 목격했습니다. 지금도 우리에게는 이 피투성이의 시체가 있습니다[Tenemos presente este cuerpo sangriente].[로마 알레그레 협동조합(Cooperativa Loma Alegre) 조합원, 1992년 7월]

전쟁 이전의 지역상태를 기술해달라고 요청했을 때, 인터뷰 응답자들은 일반적으로 임금과 노동조건뿐만 아니라 그러한 조건에 대한 자신들의 분노까지 상세하게 진술해주었다. FMLN과 긴밀한 동맹을 맺고 있는 농민조직의 한 활동가는 다음과 같이 진술했다.

> 내가 어떻게 대중운동의 한 전투원이 되었을까요? 사회적 분노 때문이었습니다. 분노가 그것을 이해하는 방법입니다. 나는 미숙련 농업노동자입니다. 나의 아버지는 내게 결코 어떤 것도 남겨주지 않았습니다. 나는 부자가 되기 위해 일했습니다. 그것은 중노동이었습니다. 나는 분노를 느끼고 격분했습니다. 그것은 힘든 생활이었습니다. 내가 할당받은 일을 마칠 수 없을 때, 나는 때론 분해서 울었습니다.[농업협동조합 전국연합(FENACOA) 활동가, 1992년 4월]

많은 다른 진술문들 속에서처럼, 이 진술문 속에 함축된 한 가지 사실은 이 활동가가 자신을 주어진 일단의 대안들 사이에서 선택하고 있는 것이 아니라 유일하게 실제적으로 가능한 선택에 의거하여 행위하고 있다고 본다는 것이다. 즉 사람들은 어떠한 선택도 할 수 없는 사회구조의 부정의에 맞서 반란을 일으키거나 그것에 묵종했다. 그들은 당국이 전쟁 이전에 행사한 독단성에 대해 특히 분개했다.

> 우리 소작농민들은 그렇게 복종적으로 행동해야만 했습니다. 우리는 당국
> 이 말하는 어떤 것에도 의견을 달리할 수조차 없었습니다. 유일한 피난처,
> 그것은 그들이 우리를 쫓아낼 때 전국 도로를 따라가며 사는 것이었습니다.
> 사람의 몸은 단지 하나의 농기구였습니다.[엘 카리잘 협동조합(Cooperativa
> El Carrizal) 지도자, 1992년]

전쟁 이전에 노동관계가 시장 메커니즘이 아니라 경제외적 강제수단에 의해 지배되었다는 점은 몇몇 지도를 통해 알 수 있었다. 그 지도들에는 방위군이 초기의 소요를 진압하기 위해 임시숙소로 사용하던 대규모 농장의 위치가 기호로 표시되어 있다. 전쟁 이전에 이러한 방위군의 주둔은 농업수출지역의 전통적인 관행이었다. 전쟁 이전에 어땠으며 지금은 어떻게 달라졌느냐고 물었을 때, 한 농업노동자는 지주에 대한 과장된 복종을 보여주는 팬터마임(손을 모으고, 황송해서 머리를 숙이고, 눈을 마주치지 않고 머리와 가슴을 숙여 인사하는)과 전시의 태도를 보여주는 팬터마임(어깨를 뒤로 젖히고, 머리를 꼿꼿이 세우고, 허공에 주먹을 날리는)을 분명하게 대비시키는 식으로 답변했다. 물론 이것은 허세일 수 있었다. 그러나 지주의 점유위협에 맞서 몇몇 토지를 성공적으로 방어한 것은 이전의 후견인에 대한 태도가 크게 변화했음을 입증한다.

전쟁 이전에 지속된 가난과 굴욕에 대한 기술들과는 대조적으로, 자부심과 성취에 관한 반복되는 주장들이 전후 유산에 대한 농업노동자들의 기술을 특징짓고 있다.

너무나도 많은 협력 주동자들이 죽었습니다. 대대의 절반이 협동조합에 조력했다는 단순한 죄로 죽었습니다. 그러나 나는 이 '죄'는 솔직히 나의 성과였다고 말할 수 있습니다.[누에보 아마네서 협동조합(Cooperative Nuevo Amanecer) 지도자, 1992년 6월]

몇몇 인터뷰에서도 성과 그 자체가 계속해서 언급되었다,

자신의 토지를 경작할 기회는 전혀 없었습니다. 노동자로서 일했을 뿐입니다. 1979년에 투쟁이 시작되었고, 폭력의 물결이 일기 시작했습니다. 우리는 온갖 고통을 겪었고, 사태는 매우 심각해졌습니다. 그들은 나의 형제들 중의 한 명을 데려갔습니다. 그러나 우리는 여기에 있고, 아직도 여기서 살고 있습니다.[산 주다스 에스코바레스 협동조합(Cooperativa San Judas Escobares) 조합원, 1992년 3월]

많은 인터뷰 응답자들은 법적으로 획득했든 아니면 점유를 했든 간에, 그 지역에서의 빈번한 군사적 투쟁에도 불구하고, 자신들의 토지를 유지할 수 있었던 끈질김에 대해 자부심을 보였다.

여기에 아마 협력하지 않은 사람은 아무도 없을 겁니다. 진실은, 그것은 매우 고통받은 전쟁이었다는 겁니다. 우리는 굶주렸고, 때로는 오직 폭탄만을 먹었습니다. 우리가 아직 여기에 있게 만든 것은 신입니다. 여기에 폭탄이 비처럼 쏟아졌습니다.(라 페냐 공동체 주민, 1992년 4월)

이러한 자부심의 단언에서 본질적인 것은 정치적·사회적 평등에 대한 그들의 단언 밑에 깔려 있는 속내이다. 이것은 그들이 전쟁 이전에 경험했던 사

회적 관계와 날카롭게 대비된다. 이처럼 강조된 사회적 신분의 평준화는 의식적으로 전환된 인지된 관계들을 특징지으며, 그러한 인식은 때로는 매우 명시적이었다.

> 내 생각은 이렇습니다. 하느님 아버지는 모든 사람을 위해 땅을 만들었습니다. 신은 부자를 위해 땅을 만들지 않았습니다. 우리 모두는 대지의 어머니의 아들들입니다. 우리는 토지가 그것을 경작하는 사람들에게 속하게 하기 위해 투쟁하고 있습니다. 부자들 또한 대지의 어머니의 아들이고, 그도 토지에 대한 권리를 가지고 있습니다. 그러나 동일한 양만큼의 권리만 가지고 있습니다. 우리는 어떤 농장을 원하는 것이 아닙니다.[엘 팔모 공동체(Comunidad El Palmo) 회원, 1992년 4월]

이러한 신분의 평준화는 토지를 쟁취하기 위한 투쟁을 정당화해주는 기독교적 우주론과 토착 우주론에 입각해 있다.

농업노동자들은 또한 농업 이미지와 관행에 의거해서 묘사한다.

> 나는 여기서 태어났고, 나의 탯줄도 여기에 묻혀 있습니다. 피를 흘렸고, 많은 사람들이 죽었지만, 곧 수확을 합니다. 그러나 이것이 전부는 아닙니다. 우리는 지금 비록 무기가 없지만 싸움을 계속해야 합니다. 우리는 우리가 온 곳과 우리가 갈 곳을 알고 있습니다.[라 라모라 협동조합(Cooperativa La Maroma) 지도자, 1992년 1월]

마찬가지로 다음과 같은 단순한 확언에도 자부심과 평등의 언명이 울려 퍼지고 있다.

우리는 이 토지들을 관리할 수 있습니다.(산 주다스 에스코바 협동조합 지
도자, 1992년 3월)

이것은 전쟁 이전에 지주들이 우월한 능력에 기초하여 자신들의 헤게모니를
정당화하기 위해 부정했던 농업노동자의 능력을 (지주들의 농업노동자들에 대한
경멸—이는 인터뷰에서 빈번히 제기된 테마이다—에 맞서) 보여주는 주장이다.

전쟁 이전에 우리는 부자에게 멸시당했습니다. 우리는 온종일 일하는 동물
로 인식되었고, 여전히 아이들을 학교에도 제대로 보내지 못했습니다. 이것
이 전쟁의 원인입니다. 거기에는 어떠한 대안도 없었습니다. 유일한 대안은
절망의 광기였습니다.[로스 엔사요 협동조합(Cooperativa Los Ensayo) 조합
원, 1992년 3월]

많은 인터뷰에서 전쟁의 성과에 대한 장황한 이야기가 전쟁 자체를 회고적
으로 정당화하기 위해 전쟁 이전의 사회적 관계의 부정의를 자세하게 이야
기하는 것과 뒤섞여 있다. 억압과 곤경의 맥락에 견주어 자주 사용된 언어가
자유, 정치적 평등, 권리라는 단어이다.
　인터뷰에서 이러한 평등에 대한 주장은 토지에 대한 접근과 활동가들 및
그 조직의 성과에 대한 자부심 모두와 긴밀하게 결합되어 있었다. 전투원들
은 일관되게 변화의 **주창자**임을 자임하고, 그러한 변화를 자신들의 과업과
동일시했다.

나는 전쟁이 진행되는 동안에 깨달았고, 한창 전쟁이 벌어지고 있을 때 협
력했습니다. 우리는 이미 새로운 여명을 인식했고, 군대가 엄청난 압력을
가함에도 불구하고 우리는 그것을 창조했습니다.[라 콘시엔시아 협동조합

이러한 변화에 대한 열망과 변화의 주창자임에 대한 자임은 대부분의 집합 행위에 대한 설명에 입각해서는 설명하기 어려울 수도 있다.

일부 지도자와 활동가들은 전쟁의 성과에 대해서는 다소 미묘한 차이가 있는 평가를 하면서도, 그것의 목적이 갖는 정당성과 당시까지의 성과에 대해서는 유사하게 강조했다. 한 활동가는 토지에 대한 접근과 더 나은 임금이 아직 확보되지 않았음을 지적하며, 다음과 같이 논평했다.

> 내가 생각하는 것은 이렇습니다. 무엇을 위한 전쟁이었습니까? 그것은 토지 문제의 해결을 위한 것이었습니다. 우리는 이미 뭔가를 느끼고 있고, 우리 가 해방될 것이라고 확신하고 있습니다. 그것이 우리가 승리해온 전쟁의 하 나의 목적입니다. 봉급요, 누가 아나요? 그렇지만 우리가 아는 것은 우리가 노예로 인식되지 않는다는 것, 우리가 승리하고 있다는 것입니다.[라스 마 리아스(Las Marias) 토지수호위원회 위원, 1992년 5월]

아래의 인용문도 전쟁의 성과를 마찬가지로 신중하게 평가하고 있다.

> 우리는 엄청난 고통의 세월을 살았습니다. 그것은 우리에게 고난이었습니 다. 11년의 전쟁 동안, 우리는 결코 편안하지 못했습니다. 그러나 지금 우리 는 작은 자유를 느끼고 억압받지 않습니다. 전에 우리는 단 하나의 자유도 가지지 못했습니다. 이제 우리는 자유를 맛보기 시작했습니다.[산 페드로 아레날레스 협동조합(Cooperativa San Pedro Arenales) 조합원, 1992년 6월]

전쟁기간 동안 실현된 이익은 때로는 비용을 분명히 능가했다.

전쟁은 우리에게 토지를 주었습니다. 이놈의 전쟁 — 나 원 참, 우리 중 죽지 않은 사람들은 더 큰 땅덩어리를 가지고 살고 있습니다.

전쟁은 두 가지 모두를 했습니다. 그것은 우리에게 아주 큰 상처를 주었지만, 우리는 큰 이익을 얻었습니다 — 약간의 비료와 약간의 고통.(로마 알레그레 협동합조합 조합원, 1992년 7월)

한 농업노동자에 따르면,

우리는 지금 한 협동조합에서 일하고, 우리는 우리의 먹거리를 재배하고, 아이들은 학교에서 공부하고 있습니다. 우리는 더 이상 지주에게 지배받지 않습니다. 그렇게 많은 사람들이 이러한 변화를 이룩하기 위해 죽어야 했다는 것이 얼마나 치욕입니까! [라 노리아 공동체(Comunidad La Noria) 주민, 1992년]

나의 이상의 인터뷰 발췌문이 지적하듯이, 명시적인 진술에서 뿐만 아니라 피와 시체라는 반복되는 이미지 속에서 분명하게 드러나는 공포와 폭력의 기억이 상대적으로 안전한 정전상태에서조차 여전히 많은 사람들을 괴롭히고 있다. 린다 그린(Linda Green, 1995)이 과테말라의 전쟁으로 파괴된 지역에 대한 자신의 연구에서 예리하게 탐구하듯이, 폭력과 테러는 침묵, 공포, 불확실성이라는 유산을 남기고, 자신감, 신뢰, 희망을 크게 부식시킬 수 있다. 하지만 (특히 이러한 폭력수준에도 불구하고) 엘살바도르 사례연구지역의 활동가들은 전쟁기간 동안 계속해서 조직화되었다. 후안 코라디(Juan Corradi, 1992: 282)에 따르면, 공포문화를 극복하는 실마리는 극단적 억압기간 동안에 경험한 불가항력과 타성의 느낌을 깨뜨리는 데 있다. 이들 분쟁지역에서 농업노동자 조직의 성과는 그들이 지역사회 전역을 휩쓸었던 진압이 초래한 효과를 극복해왔다는 것을 직접적으로 보여준다.

과정상의 감정적 이익에 대한 이러한 강조를 뒷받침하는 증거는 앞서 기술한 지도제작 워크숍에서도 나왔다. 워크숍 기간 동안 참여자들이 그 일에서 기쁨과 자부심을 느꼈다는 것은 분명했다. 지도제작은 자신들의 협동조합의 성과를 입증하라는 초대장으로 인식되었다. 지도제작은 특히 그 생소한 일을 시작할 때 서로를 크게 괴롭혔을 뿐만 아니라, 토지의 경계를 재설정하고 지도를 그리는 동안에 동료 참여자들과의 연대감과 자부심을 분명하게 표현하는 기회가 되기도 했다. 지도를 만든 사람들에 따르면, 토지에 대한 확실한 접근은 대항조직에 협력하게끔 한 하나의 중요한 동기였다. 지도제작에 따른 희생뿐만 아니라 지도 그 자체는 그간 지속된 협력을 설명하기 위해서는 참여의 감정적 차원 역시 고려할 것이 요구된다는 것을 시사한다. 이를테면 한 쌍의 지도를 만든 사람들은 (원래의 그들만의 철자법으로) 지도 위에 다음과 같은 (자발적으로) 메모를 남겼다.

Asía el serro del taurete propiedades tomadas por personas campesinas [이것이 농민들이 차지한 땅인 타부레테Taburete 언덕의 모습입니다].[엘 조발리토 협동조합(Cooperativa El Jobalito) 조합원]

Grasias por un recuedo de mi trabajo [나의 작업을 기릴 수 있게 해준 당신에게 감사드립니다].(엘 조발리토 협동조합 조합원)

지도 위에 남긴 이러한 메모들은, 조합원들이 전쟁이라는 어려운 조건에서 자신들이 협동조합을 결성한 것을, 자신들이 역사적 개입을 통해 거둔 효과에서 느끼는 자부심의 하나의 원천으로 보았다는 것을 시사한다. 지도 제작자들은 분명 '나의 작업'을 의식적으로 수행했다는 이 마지막 표현을 지도 그리기 그 자체와 협동조합의 성과를 언급하기 위해 (그리고 어쩌면 내가 지도 를 돌려준다는 것을 상기시킬 목적으로) 의도적으로 사용했다.

앞서 자세히 이야기한 일화에서처럼, 이름 써넣기는 또한 지도제작의 하 나의 강력한 요인이기도 했다. 참여자들은 지도에 서명할 것을 요구받지 않 았지만, 대부분은 그렇게 하기로 선택했다. 거의 모두가 자신들을 협동조합 지도자로서의 자신들의 직함(즉 상징적인 권위 주장) 및 토지소유권 주장과 동 일시했다. 지도 제작자들은 그 과제의 목적(종국적으로는 출판)에 대해 자기들 끼리 토론한 후에, 그리고 당시의 불확실한 정전조건을 감안할 때 초래될 수 있는 잠재적 위험에 대해 몇몇 집단들과 토론한 후에 지도에 자신들의 이름을 써넣었다. 그러한 대화들을 가지고 판단해볼 때, 그것은 자신들이 공 동체의 역사를 헌신적으로 기록해두었다는 것을 표현하는 것이었다. 따라서 특히 지도와 함께 출판하고자 하는 분명한 목적을 가지고 이름을 써넣은 것 은 공동체의 역사를 증명하기 위한 절실한 욕구를 드러내는 것처럼 보였다.

결론

우리가 희망하는 것은 법 앞에서 평등한 것입니다. 우리는 전쟁 이전에 우 리가 가졌던 공포를 없앴습니다. 우리는 공포에서 벗어났습니다.(라 마로마 협동조합 지도자, 1992년 1월)

엘살바도르 농민의 정치적 동원에 대한 나의 설명은 참여의 감정적 이익, 즉 특정한 종류의 과정상의 이익이 농업노동자들이 FMLN과 그 자매조직들 을 기꺼이 지원한 것을 설명하는 열쇠라고 강조한다. 전쟁 초기에, 즉 어떠한 행위동기도 참여를 이끌어내기에는 불충분하다는 것을 빗대어서 말하기 위해 위험 상황과 물질적 이익의 불확실성이 거론되던 시기에, 국가에 대항하는 행위—옴짝달싹할 수 없게 만드는 공포에도 아랑곳하지 않고 분노하여, 복수를 위해, 정의를 위해—는 일부 참여 농업노동자들에게 감정적 '이익'을 가져다주었다. 탄압이 느슨해지고 초기 네트워크가 출현함에 따라 협동조합의 설립, 토지의 점유, 그리고 자신들의 이해관계를 표출하고 방어하기 위한 조직의 건설에 참여하는 사람들의 수가 증가했다. 놀랄 만한 수의 참여자들이 그들의 전례 없는 행위의 실행 속에서 느낀 기쁨을 표현했다. 이와 같은 **자신의 이해관계를 실현하는 행위의 실행**은 참여자들에 의해 매우 변혁적인 힘을 지닌 것으로 경험되었다. 즉 인터뷰들은 후견주의와 강제에 뿌리를 둔 구체제와 경쟁하는, 연대, 시민권, 평등, 권리부여에 기초한 새로운 반란정치문화의 출현을 입증해준다. 그리고 이러한 주장은 또한 행위 자체가 국가의 억압으로 고통받는 사회운동 참여자들 사이에서 '공포관리'에 기여할 수 있음을 시사한다(Goodwin and Pfaff, 이 책 제16장).

이러한 주장에는 몇 가지 단서조건이 필요하다. 엘살바도르 분쟁지역 거주자 모두가 (또는 대부분이) 운동에 참여한 것도 아니었으며, 엘살바도르 모두가 분쟁지역이었던 것도 아니었다. 전장戰場에서의 정치적 정체성과 문화가 내전의 종식 후에도 지속되었는지는 이 장에서 탐구되지 않는다.[10] 마지막으로, 많은 인터뷰의 회고적 성격이 행위 속에서 느끼는 자부심의 중요성을 초기시기의 동기의 하나로 과도하게 강조하게 했을지도 모른다.[11]

---

10 후견적 사회관계 쪽으로의 일부 '반격'이 발생했을 때조차, 사회관계가 이전의 상태로 되돌아갔다는 것은 아마도 사실이 아닐 것이다.
11 반란참여와 관련한 본격적인 논의와 상세한 주장에 대해서는 우드(Wood, 근간)를 참고하라.

엘살바도르 정치동원에 대한 이러한 해석은 존엄성, 시민권, 그리고 참여에 대한 감정적 '보상'을 강조하는 여타 사회운동분석들과 유사하다.[12] 라나지트 구하Ranajit Guha는 식민지 인도에서 일어난 농민반란에 관한 연구에서 '자존심의 자극'과 '위신'이 반란에서 경제적 이익보다 더 중요했다고 주장한다. 실제로 그는 농민들이 자신들의 경제적 이익에 반해서조차 반란을 일으킬 수도 있다고 제시한다(Guha, 1983: 59, 143~146). 슈 스토크스Sue Stokes는 페루의 도시정치문화에 관한 연구에서 새로운 "시민권에 대한 권리지향적인 호전적 시각"이 군부통치의 종식에 기여한 사회운동의 한 원인이었다는 점을 발견했다(Stokes, 1995: 47). 데보라 레벤슨-에스트라다(Deborah Levenson-Estrada, 1994)는 1980년대 과테말라에서 활동하던 노동조합원에 관한 연구에서, 그리고 게이 세이드만(Gay Seidman, 1994)은 1970년대 남아프리카 노동조합의 출현에 대한 분석에서 유사한 주장을 개진한 바 있다. 데니스 정Dennis Chong도 유사하게 미국 민권운동에 참여한 것이 참여자들에게 가져다준 사회적·심리적 이익을 강조한다.[13] 나의 해석이 이러한 문헌에 기여하는 것은 그것이 행위 속에서 느끼는 기쁨 그 자체를 강조한다는 것이다.

다양한 감정적 이익이 광범위한 사회운동에서 참여를 자극할 수 있지만, 여기서 강조한 특별한 감정적 이익─행위에서 느끼는 자부심─이 모든 사회운동에서 하나의 강력한 동기일 수는 없다. 이를테면 중간계급 환경운동 참

---

12 감정이 사회운동 참여동기로써 수행하는 역할과 관련한 더욱 상세한 주장으로는 재스퍼(Jasper, 1998)를 보라.

13 정(Chong, 1991)은 나와 유사한 양식화된 궤적을 제시한다. 거기서 '무조건적인 협력자들'이 초기에 운동을 구축하고, 그 운동이 일시적으로 성공한다. 조건부 협력이 하나의 합리적 반응이 될 때까지 이러한 성공이 성공가능성을 증명한다. 하지만 정의 주장은 여기서 강조한 행위에서 느끼는 기쁨보다는 사회적 재가와 평판에 대한 관심을 강조한다.

여자들은 도덕적 분노를 표출하고, 행진, 구호제창, 함께 노래 부르기와 같은 다양한 집합행위의 기쁨을 경험하고 또 그것들에 의해 동기를 부여받지만, 그들은 자신들의 행위를 당연한 것으로 간주할 가능성이 크다. 이와는 대조적으로 엘살바도르 반란과 앞서 언급한 사례들이 보여주었듯이, 즉 오랫동안 종속적인 위치에 있던 사람들이 자신의 예속을 거부하고 보다 평등한 정체성—평등을 요구하고 권리를 주장하는—을 창출하거나 확인하기 위해 행위하는 곳에서는, 행위 속에서 느끼는 자부심과 오랫동안 억눌린 존엄성의 재주장이 참여의 하나의 강력한 동기가 되기도 한다.[14]

---

14 러셀 하딘(Russell Hardin, 1982: 108~112)과 앨버트 허쉬만(Albert Hirschman, 1982: 89~90) 역시 역사형성의 역할을 맡는다는 것이 지금까지 배제되거나 무력했던 사람들에게 참여의 동기가 될 수 있다고 주장한다.

16

고위험 사회운동에서의 감정작업
미국과 동독 민권운동에서의 공포관리*

제프 굿윈·스티브 파프

당신이 운동에 빠져 있을 때, 당신은 당신이 느꼈던 공포의 일부를 틀림없이 잊고 있었을 것이다. 그것은 놀랄 만한 일이다. 나는 이제 우리가 관여했던 상황의 일부를 되돌아볼 수 있다. 그 당시에 나는 그것에 대해 두렵다고 생각한 적이 없었다. 그러나 당신이 우리가 처해 있던 상황의 일부를 되돌아볼 때, 당신은 곧 일종의 전율을 느낄 것이다. 그러나 운동감정에 빠져 있고 그것에 전념할 때, 당신은 당신에게 어떤 일이 일어나고 있는지에 대해 전혀 걱정하지 않을 것이다.

---

* 이 장은 뉴욕대학교 사회학과에서 개최한 권력, 정치 그리고 저항(Power, Politics, and Protest: PPP)에 관한 워크숍에서 발표된 바 있다. 우리는 엘렌 베노이트(Ellen Benoit), 프랭크 도빈, 데이비드 그린버그(David Greenberg), 짐 재스퍼, 에드워드 레흐만(Edward Lehman), 켈리 무어, 프란체스카 폴레타의 논평에 감사하고 싶다. 우리는 또한 연구에 도움을 준 최나리(Nari Choi), 조던 퓨(Jordon Peugh), 그리고 특히 마이클 영에게도 감사를 표하고 싶다.

에이브러햄 우드(Raines, 1977: 151에서 인용함)

[동독에서] 개인이 적극적인 반대를 하고 나서기 위한 전제조건들 중의 하나
는 공포를 극복하는 것이었다. [공산당] 기구의 압도적인 힘은 사회적 배제
에 기초한 것이었다. 협박, 격리, 도덕적 치욕 모두는 사회의 광범한 분파들
이 권력관계에 순응하여 행동하게 하는 조건들을 창출하는 데 기여했다. 이
것은 비동조자들로 하여금 위험에 처해 있고 위협받고 있다고 느끼게 했다.
…… 시민의 용기는 오랜 경험을 통해 획득될 수밖에 없었고, 교회에서의
연대관계나 저항집단의 성원의식을 통해 획득될 수 있는 사회적 지지를 필
요로 했다.

에르하르트 노이베르트(Erhart Neubert, 1998: 509-10)

많은 사회운동 분석가들은 그러한 사회운동 참가자들의 문화, 이데올로
기, 생활세계, '프레임' 또는 심성을 재구성하고자 노력해왔다. 우리는 최근
사회학 일반에서와 마찬가지로 사회운동에 대한 인식에서 하나의 중요한 '문
화적 전환cultural turn'을 목격해왔다. 하지만 이 새로운 연구경향의 대부분은
관념적 또는 인지적 편견이라고 불릴 수 있는 것을 드러내고 있다. 다시 말
해 그러한 연구는 행위자의 표출된 또는 암묵적인 신념과 가정에 초점을 맞
추고 있지만, 그들의 기분, 감정, 카텍시스cathexis — 즉 구체적인 사람, 집단, 제
도, 관념을 포함한 특정 '대상'(정신분석학적 의미에서의)에 대한 매우 변화무쌍한 감
정적 집착 또는 감정투여 — 를 무시하고 있다. 따라서 사회운동 분석가들에게
서 감정은 여전히 가핑클(Garfinkel, 1967: ch. 2)이 사회적 삶의 "눈에 보이지
만 주목되지 않은" 배경이라고 부른 것, 즉 추정컨대 사회적 행위자들에게
'실제로' 중요한 것의 갈라진 틈이나 그림자 속에 항상 숨어 있는 것으로 남
아 있다.

문화적 전환의 일부로서, 몇몇 사회학자들은 오늘날 사회학이 필요로 하는 것은 문화사회학sociology of culture이 아니라 문화적 사회학cultural sociology — 다시 말해 모든 사회적 관행, 관계, 제도들(가장 '구조적'인 것과 겉으로 보기에 개인적인 것조차)이 특정한 공유된 신념과 가정에 의해 틀 지어지거나 그것들을 구현하고 있기 때문에 반드시 문화적 분석을 포함하는 사회학 — 이라고 주장했다[이를테면 알렉산더(Alexander, 1996)를 보라]. 유사하게 우리는 오늘날 역사적 감정사회학historical sociology of emotions — 비록 그것이 분명 매력적이고 중요한 프로젝트이기는 하지만[이를테면 피터 스턴스(Peter Stearns, 1994)와 그의 동료들(Stearns and Stearns, 1986; Stearns and Lewis, 1998)의 연구를 보라] — 만이 아니라 **감정적 사회학**emotional sociology이 필요하다고 본다. 우리가 이것을 통해 말하고자 하는 것은 열정과 흥분을 발산하는 사회학 — 비록 그것도 어쩌면 나쁜 생각은 아니지만![게임과 메트컬프(Game and Metcalfe, 1996)를 보라] — 이 아니라 오히려 사회생활에서의 감정, 기분, 감동의 편재성을 인정하고, 감정을 단지 부수현상이나 종속변수가 아니라 잠재적인 인과적 메커니즘으로 또는 그러한 메커니즘의 구성요소로 다루는 사회학이다. 달리 말해 감정이 사회적 관계와 사회적 행위를 구성하기 때문에(그리고 개인적인 심리학적 반응으로서가 아니라 상호주관적인 집합적 경험으로서 그러하기 때문에), 사회학자들은 항상 감정이 갖는 잠재적인 인과적 중요성에 주의를 기울여야만 한다. 보다 구체적으로 말하면, 우리는 사회운동 분석가들이 강조하는 핵심적인 인과적 요소들 중 대부분 — 사회적 네트워크, 불만, 집합적 정체성, 문화적 프레임, 이데올로기 그리고 심지어는 변화하는 정치적 기회구조까지를 포함하여 — 이 그것들의 인과적 힘의 대부분을 행위자들 사이에 구현되어 있는 또는 그들 사이에서 불러일으키는 강력한 감정으로부터 연원한다고 믿는다[굿윈(Goodwin, 1997); 재스퍼(Jasper, 1998); 굿윈, 재스퍼 그리고 폴레타(Goodwin, Jasper, and Polletta, 2000)를 보라].

감정관리와 고무 메커니즘

이 장은 1950년대와 1960년대 미국 민권운동과 1980년대 후반 동독 민권운동 또는 시민운동에서 감정이 수행한 역할을 검토함으로써 감정적 사회학에 기여하고자 한다. 우리는 그 과정에서 광범위한 사회운동들에서 중요할 수 있는 인과적 메커니즘을 밝혀낼 수 있기를 기대한다[헤드스트룀과 스웨드버그(Hedström and Swedberg, 1998)를 보라]. 보다 구체적으로는, 우리는 앨리 혹실드(Arlie Hochschild, 1983)의 '감정관리' 관점'emotion management' perspective에 입각하여 이 두 '고위험high-risk' 사회운동(McAdam, 1986)에서의 공포관리를 검토한다. 혹실드의 핵심 아이디어는 사회적 상호작용의 진행과정에서 사람들은 "다른 사람들 속에 적절한 마음상태를 산출하는 걸 표정을 유지하기 위해 [일정 정도 자의식적으로] 감정을 유발하거나 억제한다"는 것이다(Hochschild, 1983: 7). 혹실드 자신의 연구는 개인들이 작업장에서 감정을 관리하는 방식에 초점을 맞추고 있지만, 감정관리 또는 '감정노동emotional labor'은 집합적 또는 집단 수준에서도 발생할 수 있다. 게다가 감정관리는 적절한 또는 정당한 감정과 감정표현에 대한 공유된 규범에 의해 틀 지어진다. 혹실드는 이러한 규범을 '감정규칙feeling rule' — 감정의 흐름 속에서 감정이 적절히 유인되고 유발되는지를 판단하기 위해 감정적 대화 속에서 사용되는 기준 — 이라고 부른다(Hochschild, 1983: 18). 또한 우리는 감정관리가 행위자, 개인 또는 집합체에 의한 자의식적·도구적 노력만이 아니라 다른 명시적 목적을 지닌 사회적 상호작용이나 신념의 의도하지 않은 결과일 수도 있다고 강조한다는 점에서 혹실드와 다르다.

기묘하게도 감정관리가 사회운동과 그 상대방들 간의 분쟁적 상호작용이 벌어지는 동안뿐만 아니라 사회운동조직 내에서도 분명하게 발생하고 있음에도 불구하고, 감정관리는 현대 사회운동 이론가들에게서 실제로 주목받지 못했다. 찰스 틸리가 투쟁의 '레퍼토리'repertoires' of contention라고 부른 것—그리고 다른 사람들이 운동'연출법'movement 'dramaturgy'이라고 부른 것—은 일반적으로 독특한 형태의 감정관리를 수반한다. 사실 일부 운동들은 운동을 유지하기 위해 불가피하게 상당한 감정노동을 요구한다. 이를테면 인종적 동원은 일반적으로 '타자'에 대한 집합적 (그리고 과장된) 공포를 적극적으로 유인할 것이 요구된다고 제시되어왔다(Brubaker and Laitin, 1998: 442). 반대로 저항이 극히 위험하거나 위험을 무릅써야 할 때, 공포는 집합행위(또는 특정 형태의 집합행위)를 억제할 수 있다. 따라서 집행행위가 발생하기 위해서는 반드시 고의적이거나 자의식적이지는 않더라도, 공포가 가라앉혀지거나 적어도 완화되어야만 한다.

바바렛J. M. Barbalet이 지적했듯이, 공포는 사회운동에 전적으로 불리한 것이 아니다. 그에 따르면, "공포는 운동의 이해관계가 위치하는 지점을 깨닫게 해주고, 그것을 성취하기 위해 할 수 있는 것의 방향을 지적해준다"(Barbalet, 1998: 149). 적을 크게 두려워하지 않는 운동은 무모한 그리고 자멸적인 행위에 착수하게 할 수도 있다. 하지만 공포라는 '감정적 분위기'는 분명 저항을 질식시킬 수도 있다(감정적 분위기' 개념에 대해서는 바바렛(Barbalet, 1998: 157~161)을 보라). 따라서 운동활동가와 참가자들 자신은 다소 명시적이고 자의식적인 방식으로 자신들의 공포를 제거하는 것이 아니라 관리해야만 할 수도 있다. 대안적으로 공포는 사회운동 참가자들의 특정한 관행 또는 공유된 인식의 의도하지 않은 결과로 완화될 수도 있다.

이 장은 두 개의 중요한 사회운동에서 의도적이든 그렇지 않은 간에 공포가 관리되거나 완화되는, 그리고 용기 또는 위험감수 행동이 유발되는 다양한 메커니즘을 기술한다.[1] 물론 우리는 모든 고위험 운동이 이와 동일한 방

---

1 비록 이들 운동이 뚫고 나간 공포라는 일반적인 감정적 분위기가 우리의 1차 자료

식으로 공포를 관리한다고 가정하지 않는다. 사실 우리가 다소 독특한 이 두 운동―전혀 다른 사회에서 매우 다른 억압형태에 반대해서 일어난―에 초점을 맞추는 것은 부분적으로 고위험 운동에서 공포를 줄일 수 있는 일련의 메커니즘, 또는 적어도 그중 일부를 밝혀보기 위한 것이다. 이들 메커니즘의 일부는 일반적이거나 또는 '표준적modular'이다(다시 말해 그것은 대다수 또는 심지어 모든 고위험 운동에서 발견될 수 있다. 이것은 앞으로의 연구에서 다루어야 할 하나의 중요한 문제이다). 반면 다른 메커니즘은 특정 운동에서만 두드러질 수 있다. 사실 우리가 앞으로 살펴보듯이, 미국의 경우에서 발견한 두 가지 고무 메커니즘은 동독 운동에서는 어떤 역할도 수행하지 않았다. 어쨌거나 이 장의 '비교논리'는 통계적 상관관계나 밀스Mills의 '차이법method of difference'이 아니라 틸리(Tilly, 1984: 80~84)가 '변이발견variation-finding'이라고 부른 것을 신중하게 시도하는 것이다.

두말할 필요도 없이, 우리가 검토하는 두 운동에서 중요한 감정으로는 공포 외에도 이를테면 화, 행복, 수치심, 자부심을 포함하여 광범위한 감정들이 존재한다. 게다가 공포는 운동 참가자들 사이에 골고루 분포되어 있지도 않았다. 그리고 많은 상황에서 **화**의 관리는 공포의 관리보다 더 절박한 관심사였다. 하지만 우리가 공포에 초점을 맞춘 것은 자의적인 것이 아니다. 우리는 이들 운동에 대한 몇몇 구술사에 대한 내용분석을 수행했고,[2] 사실 이

에 의해 충분히 입증되기는 하지만, 이 장의 목적상 우리는 단지 이들 운동의 '고위험적' 성격을 단순하게 '주어진' 것으로 간주할 것이다.

2 우리는 다음의 구술사들을 검토했다. 미국의 민권운동과 관련해서는 레인스(Raines, 1977), Youth of the Rural Organizing and Cultural Center(YROCC, 1991)을, 그리고 동독 운동과 관련해서는 린드너와 그룬버거(Lindner and Grueneberger, 1992), 뮌헨 포럼 라이프치히(Neues Forum Leipzig, 1990), 필립센(Philipsen, 1993)을 검토했다. 전부를 합하면, 우리는 미국의 사례를 위해 약 10만 2,600단어로 이루어진 텍스트, 그리고 동독의 사례를 위해서는 11만 1,900단어로 이루어진 텍스트를 검토했다. 최나리,

<표 1> 미국과 동독 민권운동 구술사에 표현된 감정들(개/%)

감정	진술 수	합계	미국	동독
공포	184	36.9	46.4	22.2
화	50	10.0	7.2	14.4
행복	30	6.0	7.9	3.1
슬픔	26	5.2	4.9	5.7
격분	23	4.6	3.0	7.2
놀람	20	4.0	1.3	8.2
동요	20	4.0	3.9	4.1
겁 없음	19	3.8	2.6	5.7
흥분	11	2.2	2.0	2.6
일체감	11	2.2	1.3	3.6
자부심	10	2.0	3.0	0.5
불안	10	2.0	2.3	1.5
합계	414	83.9	85.9	78.8

출처: 각주 2를 보라.

분석에 따르면 두 운동의 활동가와 참가자들이 분명한 방식으로 가장 빈번하게 지적하고 거론한 감정이 공포였다. 실제로 참가자들은 화와 격분—발생된 저항을 자극하는 데 일조했을 것으로 추정되는 감정들인—을 **합한** 것보다도 공포를 훨씬 더 빈번히 언급했다. 우리는 이들 텍스트의 분석을 통해 수많은 사례들(n=498)이 이러저러한 감정을 명시적으로 인용했고, 그러한 언급들 중 약 84%(n=414)가 열두 개의 구체적 감정이라는 점을 발견했다. <표 1>은 이 내용분석의 결과를 요약한 것이다.

이렇듯 우리가 검토한 두 운동에서 참가자들에게 공포가 만연되어 있었음을 확인한 다음, 우리는 이들 운동 내에서 공포가 의식적·무의식적으로 어떻게 관리되었는지를 명확히 식별해내기 위해 앞서 언급한 구술사는 물론 두

조단 퓨, 마이클 P. 영이 우리의 연구를 도와주었다.

운동에 대한 몇몇 회고록과 2차 문헌들로 되돌아갔다. 구체적으로 말하면, 우리는 경제적 보복(특히 유급노동의 상실), 언어적·신체적 괴롭힘, 투옥, 신체적 상해, 심지어는 죽음이라는 아주 이성적인 공포에도 불구하고 참가자들이 개인적으로든 집합적으로든 고위험 행동주의를 **지속**하도록 용기를 부여받은 정확한 방식을 추적한다.3 어떤 종류의 '고무 메커니즘' — 우리가 그렇게 부른 — 이 이 두 운동에서 참가자들이 공포를 관리하거나 완화시키는 데 기여했는가? [우리는 이 개념을 캔터(Kanter, 1972)의 헌신 메커니즘commitment mechanism — 그녀가 연구한 코뮌이 그 성원들 사이에서 그 코뮌에 대한 헌신 또는 애착을 만들어내는 관행과 제도 — 을 본떠서 만들었다].

우리의 연구는 이 두 운동에서 작동하는 여덟 개 또는 여덟 세트의 주요 고무 메커니즘을 밝혀냈다. 이 여덟 개의 메커니즘은 두 운동 모두에서 일정 정도 발견되었다. (1) 이들 운동을 뒷받침하고 있던 '친밀한 사회적 네트워크', (2) 대중집회와 운동 참가자들의 여타 자치모임의 동학, (3) 자신들의 옳음과 필연적인 승리에 대한 신념에 근거한, 활동가와 운동의 강력한 동일시, (4) 수치스러움과 '강등의례degradation ceremonies'(Garfinkel, 1956), (5) 시민불복종 기법의 공식적 훈련, (6) 운동활동과 저항사건에 대한 대중매체의 보도, (7) 총기 소유, (8) 일부 운동 참가자들 사이에서 우리가 그들의 신성한 방어라고 칭한 것에 대한 믿음이 그것이다. 우리는 공간적 제약 때문에 이들

---

3 이 장에서 활용된 자료의 한계는 분명하다. 이 자료는 우리가 검토하고 있는 이 두 운동에 참가하지 않은 사람들과 관련해서는 아무것도 말해주지 않는다. 이를테면 우리가 검토한 구술사는 비참가자들과의 인터뷰를 포함하지 않는다. 사회학적 용어로 표현하면, 우리의 자료는 종속변수에 기초하여 표집 또는 선택되었다. 하지만 이 문제는 우리가 왜 특정 사람들이 그러한 운동에 가담하는지보다는 참가자들이 왜 고위험 활동에 참여하고 또 그러한 참여를 지속하는지에 더 많은 관심을 기울인다는 사실에 의해 완화된다.

메커니즘 모두를 적절히 분석할 수는 (또는 그것의 기원을 설명할 수) 없다. 하지만 이 장의 나머지 절들에서 우리는 그 메커니즘들 중의 몇 가지를 보다 상세하게 논의하고, 이들 요소들이 두 운동 중 하나 또는 모두에서 공포를 어떻게 완화시키는지를 잘 보여주는 사례들을 제시하고자 한다.

친밀한 사회적 네트워크

사회운동 연구자들은 오랫동안 운동충원, 의사소통, 활동의 조정, 자원동원, 집합적 정체성에서 사회적 네트워크가 갖는 잠재적 중요성을 인식해왔다. 그간 덜 주목해온 것이 바로 네트워크—특히 대면적인 친밀한 결속—가 고위험 운동에서 활동가를 도덕적으로 뒷받침하고 고무하는 방식이다. '토착 사회조직'의 역할은 미국 민권운동의 사례에서 광범위하게 논의되었기 때문에[이를테면 맥아담(McAdam, 1982); 모리스(Morris, 1984)를 보라], 이 절에서 우리는 덜 알려진 동독 시민운동의 사례에서 친밀한 지지 네트워크가 수행한 역할에 초점을 맞출 것이다.

1980년대 동독 시민운동은 느슨하게 조직화되어 있었다. 그것은 그 나름의 소수의 제도들을 가지고 있었고, 대체로 자원과 은신처를 제공하는 교회에 의존하고 있었다. 그것은 실제적·이데올로기적 이유에서 비밀결사나 지하당의 형태를 피했다. 시민단체의 사회적·정치적 주변화는 주변의 여타 단체에 비해 상당한 비공식성, 개인 간의 친밀성, 강력한 연대감을 낳았다. 즉 "비공식 집단의 구조 내에서 개별 성원들의 개인적 관계가 특히 중요한 역할을 수행했다. 어떠한 공식화된 의사소통구조도 존재하지 않았기 때문에, 단체들의 상호작용은 대부분 관련된 사람들 간의 직접적인 개인적 관계에 기초하고 있었다"(Findeis, Pollack, and Schilling, 1994: 245).[4]

민주주의 활동가들 사이의 친밀한 관계는 억압과 사회적 고립에 직면하여 그들의 헌신을 유지하는 데 도움을 주었다. 극히 긴밀한 개인적 유대는 그들의 활동 속에서 서로를 격려하는 활동가들 사이에서 그리고 이탈하거나 외부의 압력에 굴복하거나 비밀경찰Stasi의 정보원이 되는 것에 대해 대가를 치르게 할 것을 요구하는 활동가들 사이에서 만들어졌다. 체포되거나 심문을 당했던 사람들은 그들이 단체 내의 친구들에 의해 잊히지 않을 것이라고 알고 있었다. 체포 후의 그의 경험과 슈타지의 심문을 기록한 라이프치히 인권 활동가의 다음과 같은 보고서를 살펴보자.

> 다시 거리에 서 있다. ······ 다시 친구를 만난다. 껴안고, 웃고, 피로에 지치고 잠을 자지 못한 눈을 들여다본다. 이제야 연대의 정도를 이해한다. 그건 잠 못 자고 감시받는 밤들이었고, 그 사람들은 밤새 전화하고 타이프를 치고, 기도하고 토론했다. ······ 나를 위한 연대기도가 열렸고, 나와 체포된 다른 사람들을 위해 철야기도를 했다. 나는 눈물을 억제할 수 없다. ······ 그들은 체포된 사람을 꽃다발로 환영하고, 나는 소리 내어 운다. 그 꽃다발은 오늘도 나를 위해 여전히 살아 있다 — 그것은 희망의 상징이자 결코 잊지 못할 시간이다.(Dietrich and Schwabe, 1994: 408에서 인용함)

친밀한 결속과 집합적 목적 및 공동체에 대한 강한 의식은 실망과 역경에 직면한 활동가들을 하나로 묶어주고 격려하는 데 도움을 주었지만, 이러한

---

4 유사한 유형의 감정적 결속과 공동체 형성을 동독(그리고 남부 민권운동)의 권위주의적 맥락 밖에서 일어난 운동에서도 발견할 수 있다. 그 예로는 1970년대와 1980년대 동안 미국에서 평화운동과 생태운동을 벌인 비폭력 직접행동단체들을 들 수 있다. 엡스타인(Epstein, 1991)은 이들 단체들에 대해 연구한 바 있다.

비공식적 구조는 개인적 갈등과 동시에, 집단들 간의 그리고 집단들 내의 갈등을 초래하는 단점이 있다. 이기적인 참가자, 경쟁자, 슈타지에 매수된 정보원과 기관원 앞잡이들은 이 네트워크 도처에서 상당한 피해를 입힐 수 있었다. 핀다이스Findeis가 지적하듯이, "개인적 관계는 집단에 양면적인 기능을 했다. 거기에는 집단분위기를 안정화시키는 우호적인 관계만 존재하는 것이 아니었다. 오히려 실제적인 참여는 자주 야심찬 개인적 이해관계와 밀접하게 관련되어 있었다"(Findeis, Pollack, and Schilling, 1994: 246). 이를테면 동독 행동주의의 매우 개인적이고 고도로 감정적인 성격은 생존을 가능하게 하는 하나의 힘을 제공하는 반면, 또한 그것에 다소 불안정하고 느슨하고 유동적인 성격을 부여했다. 활동가들 간의 갈등(종종 낭만적인 이유에서 발생하는)은 1989년 혁명 속에서 많은 당파적·조직적 분열에 일조하며 운동의 영향을 제약했다. 친밀한 네트워크, 비공식성, 합의적 의사결정에 기초한 조직은 혁명적 위기의 이점을 충분히 살리기에는 그리 적합하지 않을 수도 있다.

대중집회

두 나라 모두에서 일반적으로 교회라는 상대적으로 안전한 곳에서 개최된 대중집회는 두 가지 주요한 방식으로 정치적 행동주의를 고무했다. 첫째, 그 규모만으로도 그러한 집회는 특정 사람들이 고립감을 극복하는 데 도움을 주고, 그들에게 수적 안심감을 제공해온 것으로 보인다. 미국 인권운동가 찰리 코브Charlie Cobb가 지적했듯이, "억압이 작동하는 방식 중 일부는 사람들이 억압을 받아들이는 것이고, 사람들이 억압을 받아들이게 하는 방법 중 일부는 그들이 정말로 혼자라는 것을 그들에게 납득시키는 것이다. …… 따라서 조직화 방식의 일부는 사람들에게 그것이 사실이 아니라는 것을 보여주는 것이다."

루터파 교회는 1989년 가을 대규모 공개시위와 공개집회 이전에 동독에서 많은 모임과 집회가 개최될 수 있는 지붕을 제공했다. 동독에서 저항단체 또는 대안단체들은 정치적·의사擬似정치적 모임의 레퍼토리를 발전시켰으며, 교회는 조직화와 동원이 이루어는 장소를 제공했고, 그리하여 정보가 전파될 수 있었다. 교회가 핵심적 역할을 수행했는데, 그 이유는 교회가 동독에서 유일하게 (공식적으로) 자치권이 있는 제도였으며, 일부 목사들이 적극적으로 이의를 제기하거나 민주적 저항세력에 동정적이었기 때문이다. 평화기도, 체포자들을 위한 철야기도, 정치적 주제가 논의되는 청년예배 외에도, 교회는 또한 대안문화·인권·환경문제에 대한 세미나, 워크숍, 전시회를 위한 공간을 마련해주었다.

교회에 기초한 저항단체들은 평화기도와 정보모임을 널리 활용했고, 체포된 사람들이 경험한 고립감과 공포를 극복하기 위해 서구의 저널리스트와 인권활동가들과 접촉했다. 평화기도는 동독의 대안단체들 사이에서 의사소통과 협력의 기회가 된 것만이 아니었다. 특히 라이프치히에서 열린 주말 평화기도는 시위 전에 활동가와 저항자를 모으는 역할을 수행했고, 시위는 보통 예배 후에 교회 밖에서 저항자들이 경찰의 저지에 맞서 시市의 중앙광장으로 행진을 시도할 때 일어났다. 1989년 봄과 가을에 처음에는 수백 명이 그리고 다음에는 수천 명이 라이프치히 도심의 니콜라이 교회에 집결하기 시작했다. 그중 많은 사람들이 서독에 공식적으로 이주신청서를 제출했지만, 처리의 지체와 그 과정에서 발생한 괴롭힘에 화가 난 젊은이들이었다. 평화기도 후에 교회에 있던 사람들 중 일부가 교회 밖에서 공개시위를 감행했고, 심지어 경찰의 비상경계선과 슈타지의 감시에도 불구하고 시장의 광장을 향해 행진을 시도했다.

둘째로, 대중집회는, 특히 그것이 열렬한 웅변과 합창을 포함했을 때, 뒤르켐이 말하는 '집합적 홍분', 즉 여느 때와는 다른 집합적 에너지, 힘, 연대의 느낌 같은 것을 산출하는 것처럼 보였다. (랜달 콜린스가 논의한 '감정에너지'에 대해서는 이 책 제1장을 보라.) 트리야키안(Tiryakian, 1995)은 집합적 홍분 이론이 동독과 다른 중부유럽 국가들에서 1989년 가을에 일어난 자발적 대중저항의 성격을 설명하는 데 어떻게 도움을 줄 수 있는지를 지적한 바 있다. 수많은 사람들이 공개적으로 모여 자신들의 불만을 표현하기 시작하자마자, 시위가 현저히 감정적 성격을 띠면서 저항자들이 급격히 늘어났다. 사람들은 그들의 개인적 불만의 합보다 더 큰 어떤 것 ─즉 집합적 연대, 희망, 용기라는 하나의 집합적인 감정적 경험─을 경험할 기회를 가졌다.

동독의 저항자들은 자주 환성, 환호, 구호 제창, 노래로 서로를 고무했다. 이러한 것들이 갖는 중요성은 1989년 9월과 10월에 저항자들이 경찰의 구타와 체포에 직면했을 때, 특히 분명하게 드러났다. 10월 초 드레스덴Dresden에서 벌어진 1주일간의 저항과 경찰과의 충돌은 수백 명의 부상자를 낳았고 수천 명이 체포되었다. 10월 8일에 체포된 한 저항자는 대량 체포에도 불구하고 참가자들이 어떻게 대단한 용기를 유지했는지를 보고했다. 그 저항자는 경찰이 다수의 저항자들에게 돌격했을 때, 스크럼을 짜고 있던 약 300명의 사람들 사이에 있었다. 이 그룹이 구금되어 수송되고 있을 때, 수천 명의 저항자들이 경찰저지선을 밀어붙이며, 체포된 사람들에 대한 그들의 지지를 외치고, 그들의 용기에 박수갈채를 보내기 시작했다. 그 결과는 힘을 북돋아주는 것이었다. "사람들이 경찰저지선 뒤에서 박수갈채를 통해 공감을 표시하는 것은 실제로 우리에게 감동을 주었고, 우리에게 많은 용기를 부여해주었다."[5]

---

5 "Augenzeugenbericht der Demonstration in Dresden am 8.10.89," Archiv Bürgerbewegung Leipzig, H1.

당국이 시위 진압을 포기했음이 분명해졌을 때, 그 결과는 행복감이었다. 10월의 시위는 화합, 구원, 환희의 표현이 되었다. 이 '광기의 순간'에(Zolberg, 1972), 낯선 사람들이 서로 껴안고 서로를 격려하고 서로 팔짱을 끼고 함께 행진했다. 그들은 자신들을 무시하려고 했던 당국을 조롱하고 야유했고, 너무 난폭하거나 폭력을 유발하려는 사람들을 꾸짖었다. 이들 운동에서 시위는 대중축제의 느낌을 가지는 것이었다.(한때 레닌은 혁명을 '억압받는 자들의 축제'라고 지칭했다.)

미국 민권운동에서 대중집회가 사람들을 흥분시키고 활력을 불어넣을 수 있었던 강력한 방법 — 활동가들은 이를 '자유고취freedom high'라고 불렀다 — 이 마틴 루터 킹 2세가 "몇몇 백인 인종차별주의 기자가 참석하고 있음에도 불구하고" 플로리다주 탤러해시에서 청중들에게 말한 사건 속에 제시되어 있다. 다니엘 스피드Daniel Speed 목사에 따르면, 킹은 억압, 정의, 옳음에 대해 설교하고, 그 다음에 이렇게 말했다.

> 나는 그 여자 분이 일어나서 소리치고 비명을 지르는 것을 보았습니다. 나는 한 백인여성에 대해 말하는 중입니다. [기자요?] 예, 기자요. 그녀는 자신의 본분을 잊고 있었습니다. 나는 그녀에게 개인적으로 조처를 취할 수밖에 없었습니다. 그녀는 "미안하다"고 말했습니다. 나는 스틸 목사가 한 말을 기억합니다. 그는 이렇게 말했지요. "아니오, 미안해할 필요 없습니다. 당신 일이나 잘 하세요."(Morris, 1984: 98에서 인용함)

대중집회는 노래할 때 흥분과 열정의 집합적 감정을 산출할 가능성이 특히 높다. 아이어먼과 재미슨은 다음과 같이 제시한다. "[미국] 민권운동의 노래는"

음악적으로 혁신적이거나 심지어 상업적으로 성공해서가 아니라 행동의 공유에 도움이 되기 때문에 집합적 정체성 형성의 원천이 되었다. 그 노래들의 멜로디는 단순하나 감정적이고, 집단적으로 노래를 부르기에 적합하다. 그것은 감정적·정치적 내용을 가지고 참여를 불러일으키고, 단순하게 반복해서 합창하게 하고, 리듬 있는 대구對句들을 만들어냈다(Eyerman and Jamison, 1998: 102).

민권운동 저항자들이 실제로 반대자들과 대치하는 동안 노래가 저항자들을 북돋우고 고무한 것은 한두 번이 아니었다. 아이어먼과 제미슨에 따르면,

1959년 하이랜더[Highlander: 테네시에 있는 연구쇠에서 열린 워크숍이 끝날 때쯤, 지역경찰이 난입했고, 어떤 사람이 '우린 승리하리라'를 콧노래로 부르기 시작했다. 앨라배마 몽고메리에서 온 한 어린 여자 고등학생이 얼떨결에 새로운 시 '우리는 두려워하지 않아'를 노래하기 시작했다. 그리고 버니스 존슨 레이곤에 따르면, 이것은 그 노래에 "새로운 생명과 힘"을 불어넣어 주는 데 도움을 주었다.(Eyerman and Jamison, 1998: 4)

앤드류 영(Andrew Young, 1996: 183)은 다음과 같이 기술한 적이 있다. "음악을 통해 하나의 위대한 비밀이 밝혀졌다. 흑인들이 노래와 함께 강해졌을 때, 그게 아니었더라면 겁먹고 낙담하고 극복할 수 없는 수많은 장애물에 직면했을 흑인들이 그 모든 곤란을 극복하고 새로운 결심을 하고 새로운 믿음과 힘을 창출할 수 있었다. 음악은 …… 그 깊이를 알 수 없는 정신적 힘의 저장소였다." 영에 따르면,

[조지아주] 알바니 근처 농촌 교회에서 열린 한 자유집회에서 …… 보안관

과 그의 부관들이 교회로 갑자기 뛰어들었고, 사람들은 공포에 휩싸였다. 보안관은 뽐내며 교회 이리저리를 걸어다니며, 그의 의중을 분명하게 밝혔다. 그것은 "우리는 이 카운티에서 '선거명부등록'에 관한 어떠한 얘기도 듣고 싶어 하지 않는다 ⋯⋯"는 것이었다. 그러나 그가 말하는 동안에, 신도들은 '우리는 결코 돌아가지 않으리'를 콧노래로 조심스럽게 부르기 시작했다. 보안관이 교회 맨 뒤로 가서 "이 주변엔 프리덤 라이더Freedom Riders들은 전혀 없겠지 ⋯⋯"라고 소리쳤을 때, 신도들은 계속해서 작은 소리로 노래하기 시작했다. 그 다음에 노래는 더 강해지고 더 커졌고, 일부 자매들은 신음소리를 내기 시작했다. 그리하여 노랫소리와 신음소리로 인해 보안관의 말은 거의 들리지 않게 되었다. 보안관은 어떻게 해야 할지를 알지 못했다. 그는 사람들에게 입 닥치라고 말하는 것을 두려워하는 것처럼 보였다. 마침내 그와 그의 남자들은 곧 등을 돌리고 쿵쾅거리며 교회를 나갔다. 그 아름다운 사람들이 노래를 불러 보안관을 교회에서 쫓아내다니! 그것은 뭔가 강력한 음악이었다.(Young 1996: 183)

백인 인권운동가 샐리 벨프레이지Sally Belfrage는 1964년 프리덤 섬머 프로젝트Freedom Summer project 기간 동안 미시시피주 그린우드에서 자신이 체포되었던 것을 다음과 같이 기술하고 있다.

나는 나의 팔을 꽉 붙잡은 손을 느꼈고, 총과 곤봉의 덤불을 통과해 버스로 밀쳐 넣어졌다. 버스 계단 위에 그리고 계단에는 이미 열 명이 넘는 [저항자들이 구금되어 창문을 두드리며 "자유! 자유! 자유! 자유!"를 외치고 있었고, 반면 다른 사람들은 리듬에 맞추어 "나는 대장 라리가 나를 돌아보게 나를 돌아보게 나를 돌아보게 놔두진 않을거야 ⋯⋯"를 노래했다. 버스가 꽉 찼고, 움직이기 시작했다. "자유! 자유! 자유! 자유!" 우리를 태운 버스가 떠났을 때, 외침은 공기 속으로 퍼지며, 격정적인 의기양양함과 권력의식을 만들어냈다. 나는 TV 쇼의 박수 측정기를 상기하며, 만약 운동의 성공이 고함소리 콘테스트처럼 측정될 수 있는 것이라면 이라는 얼토당토않은 생각을 하며 또 외쳤다.(Belfrage, 1965: 138~139)

마지막으로, 영은 플로리다주 세인트오거스틴에서 있었던 행진을 다음과 같이 기술하고 있다. 그것의 목적지는 도심의 옛 노예시장이었다.

백인 구경꾼들은 피를 보고 비명을 지르고 있었고, 나는 나의 공포를 드러내지 않기 위해 열심히 노력하고 있었다. 우리는 원을 만들었고, 나는 행진하는 사람들과 이야기를 했다. 나는 실로Shiloh 침례교회에서 있었던 우리의 행진자들을 회상했다. 우리는 그때 경찰로부터 어떤 실제적인 보호도 받지 못했고, 어떤 사람의 삶을 책임질 위치에 있지도 않았다. 나는 말했다. "이 제는 되돌아볼 때다. 왜냐하면 누군가는 가기를 원하지 않을 것이기 때문이다. 우리는 당신을 나쁘게 생각하지 않을 것이고, 당신에 대해 말하지 않을 것이지만, 우리 중 일부는 계속해야만 한다." 우리는 기도했다. 한 여성이 "그 어떤 풍랑에도 당황하지 마라, 신이 너를 보살피리니"라는 노래를 부르기 시작했다. 그것은 우리가 당시 너무나도 자주 부르던 노래였다. 노래가 끝나기를 기다릴 것도 없이, 나는 교회 문을 열고 뛰쳐나와 노예시장 중심지를 향해 나아가기 시작했다.(Young, 1996: 292)

동독에서의 대중집회와 시위에서도 '신이여 우리에게 평화를 주소서'를 비롯한 수많은 동독 노래가 불렸지만, '우린 승리하리라'와 '인터내셔널의 노래'도 불렸다. 특히 1989년 가을, 이 노래들은 평화에 대한 호소로써, 동료 저항자들을 고무하기 위해, 그리고 시위자들에게 목적의식을 부여하고 더 큰 저항전통과의 일체감을 가지게 하기 위해 불렸다. 1989년 후반과 1990년에는, 그중에서도 특히 1989년 11월 베를린장벽의 예기치 않은 붕괴 동안에는 (동독 국가 그리고 후에는 연방공화국 국가를 포함하여) 애국적인 노래들이 불렸다.

운동과의 동일시

대중집회는 사람들이 자신들과 대중운동 또는 그 운동이 대변하고자 하는 더 큰 집단(이를테면 전체로서의 아프리카계 미국인 또는 동독인)과의 동일시를 고무함으로써 그들이 공포를 관리하는 것을 돕는 몇 가지 요인들 중의 하나였다. 이 새로운 정체성은 용기 있는 행동을 이끌어내는 데 특히 효과적이었다. 왜냐하면 그 운동 자체가 정당한 것으로 이해되고, 그들의 궁극적 승리를 필연적인 것으로 보게 하기 때문이다. 미국의 경우에 사람들은 그 운동을 지속시키고 자신들이 그 운동의 일부라는 것을 명시적으로 선언하기 위한 대중집회에 자주 참여했다.

이 집합적 동일시―또는 재동일시―과정은 '무임승차자 문제'를 해결하는데, 아니면 운동에 대한 헌신을 유지하는 데 있어 집합적 정체성이 갖는 중요성을 강조해온 운동 연구자들에게 잘 알려져 있다. 그간 덜 주목받아온 것은 집합적 정체성이 사람들이 그들의 공포를 관리하는 것을 돕는 방식이다. 왜냐하면 공포는 분명 사람들이 자신들의 정체성에 의존하여 행동하는데 얼마간 큰 부담이 되기 때문이다. 손해 또는 상해의 전망은, 분명 자신들을 훨씬 더 큰 그리고 자신을 억제할 수 없는 운동의 작은 부분일 뿐인 것으로 보는 사람들에 비해 오직 그들 자신의 개인적 효용의 측면에서 그러한 비용을 고려하는 고립된 개인들에게서 더욱 두드러진다. 우리가 검토한 꽤 많은 인터뷰들은 각자의 나라에서 그 운동이 갖는 압도적인 집합적·역사적 중요성을 전제로 하여, 개인의 공포를 가볍게 보거나 경시하는 경향이 있다. 이를테면 존 루이스John Lewis가 민권투쟁에 점점 더 깊이 관여하게 되었을 때, 그는 자신이 "내가 역사의 정신이라고 부른 것을 믿기 시작했다"고 보고했다.

> 그것은 만물의 도덕적 힘의 본질이고, 삶의 어떤 시점에서, 즉 인간존재와 상황의 흐름의 어떤 시점에서, 이 힘, 즉 이 정신이 당신을 발견하거나 선택한다. 즉 그것이 당신을 찾아나서는 것이지, 당신에게는 아무런 선택권도 없다. 당신은 당신 스스로가 이 힘에 익숙해지고 이 힘에 인도되어 마땅히 해야 할 일을 수행하게 놔두어야만 한다. 나에게 양도라는 개념, 당신 자신을 변경할 수 없는 어떤 것, 즉 당신보다 훨씬 더 큰 어떤 것에 양도하는 것이 우리가 신념이라고 부르는 것의 토대이다. …… 그것은 절대적으로 헌신적인 어떤 것이다. …… 그것은 한 사람의 존재 그 자체를 역사가 당신을 위해 선택한 그 어떤 역할에 양도하는 과정이다. (Lewis, 1998: 73)

아니면 앤드류 영이 1963년 앨라배마주 버밍햄에서 민권운동 기간 동안 행한 설교에서 따온 다음과 같은 짧은 담화를 살펴보자.

> 우리는 우리가 죽을 것인지에 대해서는 아무런 선택권도 없습니다. 우리 모두는 죽을 것입니다. 그러나 우리는 우리 가족, 우리 친구의 자유를 위해, 정의를 위해 죽는 것이 자동차 사고로 또는 암이나 알코올중독으로 죽는 것보다 낫다고 판단할 수는 있습니다. …… 닥터 킹은 "자신이 그것을 위해 기꺼이 죽을 수 있는 무언가를 발견하지 못한 남자는 자신이 그것을 위해 기꺼이 살아야 하는 무언가를 발견하지 못했다"고 말합니다. 우리는 당신이 우리를 위해서가 아니라, 닥터 킹을 위해서가 아니라, 당신 자신의 이익을 위해, 당신 자신의 가족을 위해 그것을 믿고 우리의 운동을 지지하기를 바

랍니다.(Young. 1996: 218)

영의 고무^{encouragement}담화를 1989년 9월 라이프치히에 있는 니콜라이 교회의 전통적인 월요일 평화기도에서 크리스토프 뵈네베르거^{Christoph Wonneberger}목사가 행한 담화와 비교해보자.

나는 우리 모두가 두려움을 가지고 있다고 생각합니다. 그러나 "두려워하지 마십시오! 하늘과 땅의 모든 권력은 나에게 주어져 있다"라고 예수께서 예전에 말씀하셨습니다. 그것은 위협이 아니었습니다. 그것은 절망도 아닙니다. 아니 절망도 아니었습니다. 어떠한 권력장치도 그것의 뒤를 밀어주지 않습니다. "나에게 모든 권력이 주어져 있다"는 말은 내적 확신과 내적 힘을 의미하고, 신뢰성을 의미하고, 또 내게는 진정한 능력, 즉 완전한 권력을 의미합니다. 그리고 내가 책임지고 생각할 때, 내가 정직하게 말할 때, 나의 행위가 투명할 때, 그것에 기여합니다. 나는 당신이 바로 오늘 그렇게 하기를 원합니다. 슈타지[비밀경찰], 군대, 경찰견들이 진정한 권력에 맞서 서 있습니다. 그러나 그들은 종이호랑이일 뿐입니다. 두려워하지 마십시오!(Dietrich and Schwabe, 1994: 419에서 인용함)

1989년 10월 9일 라이프치히에서 성장하고 있던 저항운동과 경찰·군대 간에 주요한 대치가 있을 것으로 널리 예상되었다. 긴장은 고조되었고, 정권은 이미 "손에 무기를 든" 운동을 중단시키는 것은 불가피할 것이라고 공공연히 시위자들을 위협해왔다. 니콜라이 교회의 전통적인 월요일 저녁 평화기도는 이미 광장을 가득 채운 점점 더 많은 사람들로 넘쳐났다. 교회 관계자들은 또 다른 예배를 위해 인근의 또 다른 교회를 개방했다. 예배를 관장한 목사는 폭력이 발생하지 않을까 걱정했지만, 평화로운 저항이 방해받기를 원치 않는다고 말했다. 그는 설교에서 "마틴 루터 킹의 평화로운 사례에 대해 말하고 그가 폭력에 의지하지 않고 어떻게 폭력에 대처했고 그가 협박에도 불구하고 어떻게 위축되지 않았는지에 대해 말했다."6

수치스러움

미국의 경우에 수치스러움은 저항사건에 참여하지 **않는** 개인들에게 비용을 증가시키는 식으로, 그리고 잠재적 저항자들로 하여금 더 큰 흑인공동체의 열망과 고통과 동일시하도록 고무함으로써 고무 메커니즘에 기여했다. 영에 따르면, "운동 전체에 걸쳐서"

> 남자들은 맨 마지막으로 참여했고, 항상 그 이유로 자신들은 폭력적 도발에
> 대한 비폭력적 대응을 믿지 않는다는 것을 들었다. 이것은 다른 무엇보다도
> 하나의 핑계였다. 나는 남자들이 내기 당구장과 바에 갈 때 남자들에게 딴
> 지를 걸고 여성과 아이들이 운동을 이끌어가게 하는 것에 대해 수치스러워
> 하게 만들려고 시도하기 시작했다. 나는 그들에게 말했다. "당신들이 참고
> 견뎌야 할 필요는 없습니다. 3K단은 우리를 건드리지 말라는 시위들 중의
> 하나에 항상 50명의 남자들이 참여하고 있지 않습니까!"(Young, 1996: 295)

벨프레이지의 기술에 따르면, 민권운동가 제임스 채니James Chaney, 앤드류 굿맨Andrew Goodman, 마이클 슈베르너Michael Schwerner의 시체가 발견된 날 저녁에

---

6 Hans-Jürgen Sievers, "Eine Zweite Kirch öffnet sich," Archiv Bürgerbewegung Leipzig, H1.

미시시피주 그린우드에서 열린 한 대중집회에서,

　　형제 윌리엄스는 [선거인 등록을 하기 위해] 법원에 가지 않은 것 말고 다른
　　문제들에 대해서는 질책을 유보했다. 자신들이 가지고 있는 유일한 도구를
　　가지고 정의를 만들어가고 있는 많은 젊은 사람들 …… 가운데서 그가 말했
　　다. "이 하느님의 자식들이 하고 있는 것, 즉 당신이 하기를 무서워하는 것
　　에 대해 말씀드리겠습니다. 그들은 하얀 사람들을 무서워하지 않습니다. 당
　　신들은 **수치스러워** 해야 합니다!" 그 다음에 그에게서 하나의 새로운 해석이
　　나왔다. "백인이 의롭지 않게 죽는 것을 무서워하지 않는다고 해서 그가 정
　　의롭게 죽는 것을 무서워하지 않게 해서는 안 됩니다. 그들이 지옥에 가는
　　것을 무서워하지 않는다고 해서 그들이 천당에 가는 것을 무서워하지 않게
　　해서는 안 됩니다." 집회에 참여한 사람들은 서로한테 화가 났다. 한 여성이
　　일어나서 존슨스트리트에 있는 스노프로스트에서 여전히 물건을 사고 있는
　　사람들을 호되게 꾸짖었다. 흑인들은 항상 국외자 계산대에 서서 물건을 사
　　야 했다. …… 이제 그 여성이 격렬하게 외쳤다. "나는 스노프로스트 바깥에
　　서 서서 배고픈 고양이 무리처럼 크림을 핥아먹고 있는 당신들을 보았습니다.
　　인종차별을 **사**버립시다! 조금이나마 인종적 자부심을 가집시다!"(Belfrage,
　　1965: 181~182)

　　인종평등회의Congress of Racial Equality: CORE 의장 제임스 파머James Farmer는 그가
수치심을 느껴서 어떻게 위험한 프리덤 라이드에 가입하게 되었는지에 대해
자세히 이야기한다.

　　나는 꽁무니를 빼려고 노력했고, 이제 고백해야만 한다. …… 거기에 두 대
　　의 버스가 있었고, 그들은 버스에 탔다. 그리고 나는 그들이 짐 싣는 것을

도와 버스에 탔다. 그리고 말했다. "안녕, 잘가" [웃음] 그러자 CORE 소녀들 중의 하나로, 뉴올리언스 출신인 도리스 캐슬^{Doris Castle}이 말했다. "짐, 우리와 함께 갈 거지, 그렇지?" 나는 말했다. "도리스, 나는 지금 3주 동안 사무실을 비워두었어. 우편물이 쌓여 있을 거고, 누군가는 가게를 신경 써야 해 ……" 그녀가 말했다. "짐, **제발.**" 나는 말했다. "내 짐 그 차에서 내려서 이 빌어먹을 버스에 실어, 나 갈 거야." 만약 무슨 일이 일어났거나 내가 꽁무니를 뺐더라면, 나중에 그녀를 어떻게 똑바로 볼 수 있었을까?[레인스(Raines, 1977: 123~124)에서 인용함; 강조는 원저자]

존 루이스(John Lewis, 1998: 168)에 따르면, 파머는 "후일 그의 표현으로 솔직히 '몹시 무서웠다'고 인정했다. …… 파머의 대부분을 지배하고 있던 것은 수치심이었다."

소문에 의하면 마틴 루터 킹 2세는 몽고메리 버스 보이콧 기간 초기에 수치심을 느껴서 민권행동주의에 참여했다. 닉슨^{E. D. Nixon}은 한 관련 시민단체에 이렇게 말했다. "여러분 모두는 독자적으로 홀로서는 것을 너무나도 무서워하고 있습니다. 여러분은 이제 여러분이 성인 남자라는 것을 인정하든지 아니면 일단의 겁쟁이 소년들이라는 것을 시인하든지, 결단을 내려야만 합니다." 그러한 자극은 의도한 결과를 낳았다. "킹은 그가 결코 겁쟁이가 아니었고 누구도 그를 겁쟁이라고 부르지 않는다고 소리쳤다"[레인스(Raines, 1977: 49)에서 인용함]. 26세의 킹은 곧바로 몽고메리 흑인지위향상협회의 의장을 맡았다.

동독의 경우, 친구들은 서로 사람들이 해야 하는 의무를 자극함으로써, 그리고 다른 사람들이 자신들의 삶의 위험을 무릅쓰는 동안 집에 앉아 있는 것은 잘못이라고 주장함으로써, 1989년 가을 시위에 참여할 것을 서로 독려했다. 게다가 저항자들이 경찰과 보안군을 수치스럽게 하려고 노력했다는

중거들도 상당히 많다. 시위자들이 슈타지 사무소나 행정기관 건물을 지나
갈 때, 그들은 자주 "기생충!" "공장으로 꺼져!" "니들은 우리가 번 돈으로 먹
고 산다!"와 같은 구호를 외쳤다. 시위를 해산시키고 통제하는 경찰과 군대
는 시위대가 체포되거나 폭력을 사용하기 전까지는 자주 "비폭력," "우리는
형제다"와 같은 구호와 마주치고, 그 후에는 "우리는 사람이다"와 "창피한 줄
알아라"라는 구호와 마주쳤다. 이를테면 10월 7일 드레스덴에서 벌어진 한
시위에서 공공장소에서 해산하라는 경찰의 명령에 직면하자, 시위대는 "물
러날 수 없다, 우리는 개혁을 원한다," "동참하라, 누구든 좋다"를 외치며 서
로를 격려했다. 경찰이 공격한 후에는, 그들은 "부끄러운 줄 알아라!"라고 외
쳤다. 그날 저녁 체포된 한 저항자는 경찰이 저항자 체포에 "매우 열을 올리
지는 않았고" 대결의 밤에 그들이 할 수밖에 없었던 일에 수치심을 느끼는
것처럼 보였다고 보고한다.[7] 오버샬Oberschall은 "내가 당신의 할머니일 수도
있다. 그런데 당신은 곤봉을 들고 거기에 서 있다"라는 성명서로 경찰과 대
결했던 한 베를린 여성의 사례를 인용한다. 한 경찰관은 라이프치히에서 다
른 한 여성과 대결한 후에, "우리를 그냥 내버려두십시오, 우리도 집에 가고
싶습니다"라고 말했다(Oberschall, 1996: 114).

동독에서 교회에 기초한 단체들은 일반적으로 국가와 대결하기를 피했다.
진압을 두려워하고 국가에 순응하기를 간절히 바라는 교회 관계자들이 그들
의 요구와 행동을 완화하라고 압력을 가하기 때문에, 보다 호전적인 행위들
은 일반적으로 회피되었다. 1989년 봄에 성장하고 있던 저항운동은 교회에
기초한 정치활동을 제약하기를 바라는 국가와 교회 관계자들 모두로부터 압
력을 받았다. 월요일 평화기도 후에 많은 저항자들이 체포되었고, 교회 지도

---

7 "Erlebnisbericht der Demonstration in Dresden am 7.10.89," Archiv Bürgerbe-
wegung Leipzig, H1.

부는 민주주의운동에 대한 지원을 중단하겠다고 위협했다. 그러나 국가와의 보다 호전적인 대결요구는 운동 내부에서 커지고 있었다. 투쟁이 한창 진행되는 와중에 신학과 학생으로 라이프치히 시민단체 이니셔티브 그룹 생명 Initiativ Gruppe Leben에서 온 민주주의 활동가 미하엘 아놀드Michael Arnold는 5월 8일 월요일 평화기도에서 활동가와 지지자들에게 그들의 노력을 강화하고 그들의 일을 제약하려는 시도들을 무시할 것을 촉구하는 설교를 했다. 그의 전술은 동독 민권운동의 비활동성과 미국 민권운동의 호전적인 직접행위를 비교하는 것이었다. 그는 교회 관계자와 활동가들 모두가 부끄러움을 느끼고 국가에 좀 더 적극적으로 대항하기를 원했다.

> 우리는 우리가 기독교의 복음주의 메시지를 공적으로 입증해야 할 의무가 있다고 말합니다. 공적 증거는 정신활동을 수반하지만, 그것은 마찬가지로 분명 시위도 포함합니다. 자신의 신도들에게 인종차별주의에 반대하는 저항시위에 참여할 것을 촉구한 마틴 루터 킹을 생각합시다. …… 자신들의 문제를 벗어나는 어떤 다른 방법을 찾을 수가 없어 국경을 넘는 사람들에게 총을 쏠 때, 우리는 죄를 짓는 것입니다. 이제 사적으로 또 공적으로 진리에 대해 말하기 시작하고, 결코 그것을 중단하지 맙시다. 부정의를 참게 만드는 공포를 극복합시다.[8]

총

앞서 지적한 두 가지 부가적 고무 메커니즘은 미국의 경우에서만 작동하

---

8 M. Arnold, "Auftrag und Dienst der Kirche," Archiv Bürgerbewegung Leipzig, H1.

고 있었다. 하나는 총기 소유이고, 다른 하나는 운동참여가 신성한 방어라는 믿음이다.

미국 민권운동이 비폭력적이라고 널리 알려져 있고(적어도 1965년경까지), 대부분의 활동가들이 집회와 행진에서 결코 총기 사용을 용인하지 않았을 것이지만, 그들은 현명하게 남부 흑인들에게 자신들이 소유한 총을 없애라고 권하기를 삼갔다. 사실 우리가 검토한 인터뷰들은 아주 소수의 운동 참가자들이 집에 총을 가지고 있기 때문에 자신들이 덜 공격받을 것이라고 느낀다는 것을 보여준다[또한 타이슨(Tyson, 1999)을 보라]. 시인인 로레인 한스베리 Lorraine Hansberry는 아프리카계 미국인들에 대해 다음과 같이 분명하게 기술했다. "흑인들은 개별 투쟁수단들 모두 — 합법적·불법적·소극적·적극적·폭력적·비폭력적 — 에 관심을 가질 수밖에 없다. 그들은 공격하고 논쟁하고 청원하고 …… 연좌농성하고 찬송가를 부르고 …… 인종차별주의자가 자신들의 지역사회를 어슬렁거릴 때 창문에서 총을 쏘지 않을 수 없다"[브린클리(Brinkley, 2000: 116)에서 인용함]. 다음과 같은 실례들을 살펴보자.

[면접자: 마틴 루터 킹은 비폭력에 대해 말했지만, 당신은 응사했습니다. 다른 민권 운동가들은 그것에 어떻게 대응했나요?

[로버트 쿠퍼 하워드]: …… 내가 한 일이라고는 나 자신을 보호하는 것뿐이었습니다. …… 봅시다, 밤에 몰래 쳐들어오는 사람을 무찌르는 유일한 방법은 총을 준비하는 것일 겁니다. 그들은 몰래 주위를 맴돌며 총을 비웃거든요. 그러나 그들이 기회를 잡으면, 일이 벌어지죠. 그리고 총이 실제로 그것을 막아주죠. …… 내 생각에, 당신은 집에 있고, 어느 누구도 괴롭히지 않고, 당신이 추구하는 것은 오직 평등한 정의일 뿐입니다. 그런데 그들은 밤중에 몰래 들어와서 당신의 집에 불을 놓거나 거기에 총을 쏩니다. 그럼 당신은 집에 앉아서 그 모든 일을 받아

들일 건가요?(YROCC, 1991: 94)

[면접자: 당신은 어떻게 공포를 이겨냈나요?

[레올라 블랙먼: 당신한테 진실을 말하는데요, 나는 조금도 두려움이 없었
습니다. …… 그들이 우리 집에 불타는 십자가를 세웠던 날 밤에, 그
들이 불을 붙일 때까지 그게 십자가라는 걸 알지 못했어요. 나는 그걸
쓰러뜨리려고 생각했지만, 그렇게 하지 않았어요. 나는 다만 그들의
뒤를 향해 몇 발을 쏘았지요. 나는 소총 한 자루를 가지고 있었거든요.
열여섯 발을 쏘았을 거예요. 나는 곧바로 높은 곳으로 도망쳐서 총을
쏘기 시작했어요.

[면접자: 대부분의 사람들이 집에 총을 가지고 있고, 그것을 사용할 각오를
하고 있었나요?

[블랙먼: 예, 우리 모두에겐 총이 필요했습니다.

[면접자: 마틴 루터 킹 박사가 비폭력운동에 대해 말했는데도 어떻게 그런
짓을 했지요?

[블랙먼: 글쎄요, 우리가 스쿨버스에 대해 항의할 때, 우리는 비폭력을 이야
기했습니다. 어느 누구도 싸울 것이라고 생각하지 않았습니다. 그러
나 우리가 그들이 **우리**를 때리기를 기다리고 있었기 때문에 싸움이 일어
났습니다. 그리고 우리는 싸움에 응할 준비가 되어 있었습니다.(YROCC,
1991: 175)

미국유색인지위향상협회의 현장 지도자 메드가 에버스Medgar Evers(1963년에
암살당했다)의 형 찰스 에버스Charles Evers는 이렇게 주장했다. 에드가는 "비폭
력적이었으나, 그는 주방과 거실에 여섯 자루의 총을 가지고 있었다. 그는 그
것을 필요로 했다"(Evers, 1997: 117). [흥미롭게도 찰스 에버스의 자서전 제목은 『조

금도 두려워하지 않는다『Have No Fear』(1997)이다.] 에버스는 다음과 같이 덧붙인다.

1963년 이전에, FBI는 민권을 위해 거의 아무것도 하지 않았다. …… 어떤 사람이 최근에 〈불타는 미시시피Mississippi Burning〉라는 영화를 만들었다. 그 영화는 FBI를 우리의 친구로 묘사하고, 오늘날 많은 백인들은 FBI가 민권을 위해 싸운다고 믿는다. 그것은 완전히 틀린 것이다. 나는 거기에 있었고, 나는 안다. 나는 뭔가를 위해 결코 FBI에 의지하지 않았다. 나는 신을, 다른 흑인들을, 그리고 나의 45구경 권총을 믿었다. 그 후에도 항상 그런 것은 아니지만.(Evers, 1997: 114)

이와는 대조적으로 동독의 민권활동가들이나 저항자들이 총기를 소지했다는 증거는 전혀 없다. 동독 정부의 폭력수단 독점화는 실제로 완벽했다.

신성한 방어

마지막으로, 일부 인터뷰는 미국 운동에서 적어도 일부 참가자들은 신이 해악으로부터 자신들을 보호할 것이라고 믿었다고 제시한다.

[면접자: 공포를 어떻게 극복했나요?
[로버트 쿠퍼 하워드]: 나의 공포는 꼭 마지막에는 나로부터 나왔습니다. …… 나는 신이 나를 보호할 것이라는 신념을 가지고 있었습니다. 옳음은 승리하게 되어 있습니다.(YROCC 1991: 98)

[면접자: 당신이 처음 거기[철도역]에 가서 [백인들]과 함께 앉았을 때 무섭

지 않았나요?

[비올라 윈터스]: 그들이 분명 거기에 있었지만, 나는 전혀 두려워하지 않았
습니다. 그것이 나를 방해하지 않았습니다. 나는 신이 나를 돌봐주어
그곳을 떠날 수 있게 해달라고 신에게 요청했습니다. 나는 평상심을
유지하는 식으로 공포를 이겨냅니다. (YROCC 1991: 84)

이와 같은 진술들은 운동은 정당하고 필연적으로 승리한다("옳음은 승리할 것
이다")라는 믿음과 얽혀 있지만, 그 이상의 것을 표현하는 것으로 보인다. 후
자의 신념은 결국 전적으로 세속적인 전망과 양립할 수 있다(프롤레타리아 혁
명의 불가피성에 대한 전통적인 마르크스주의적 신념을 생각해보라). 이러한 그리
고 이와 유사한 진술들은 또한 충실한 신자들에게 귀 기울일("나는 신에게 요
청했다")뿐만 아니라 적극적으로 보호해주는 자비로운 신에 대한 믿음을 반
영한다. 우리가 동독 운동의 경우에서 어떠한 증거도 발견하지 못했지만, 동
독에서도 많은 운동 참가자들이 강력한 종교적 확신을 가지고 있고, 그러한
신념이 그것을 공유하고 있는 사람들을 크게 고무해왔을 것임에 틀림없다.

결론

10년 이상 동안 일과 조직에 관한 연구자들은 감정에 대한 사회학적 분석에
서 나온 이론적 통찰들을 끌어들이려고 노력해왔다(이를테면 혹실드(Hochschild,
1983); 파인만(Fineman, 1993); 레이드너(Leidner, 1993); 피어스(Pierce, 1995); 클라
인만(Kleinman, 1996)을 보라]. 하지만 동일한 기간 동안 사회운동 연구자들은
불행하게도 견고한 '구조'와 합리적 행위 ―암묵적으로 감정을 비합리성과 등치
시키는― 에 대한 논의를 선호하여 감정사회학을 무시해왔다[굿윈, 재스퍼 그리

고 폴레타(Goodwin, Jasper and Polletta, 2000)를 보라. 이와는 대조적으로 우리는 이 장이 감정과 감정노동에 주목하는 사회운동분석의 유용성을 입증해주었기를 희망한다.

더 나아가 우리는 사회운동연구에 "감정을 되돌려놓는 것"의 가치가 단지 역사의 경험적 또는 상호주관적 차원을 밝혀내고 그리하여 그것을 보다 충실하게 기술하는 데에만 있는 것이 아니라는 점―비록 그것도 분명히 중요하지만―이 분명해졌기를 희망한다. 오히려 감정을 되돌려놓는 것은 보다 근본적으로는 사회적 네트워크, 집합적 정체성, 공유된 신념―우리가 이미 이해한 것으로 상정한 요소들―을 더 잘 파악하는 것을 포함하여 대중동원의 "너트와 볼트"(Elster, 1989)에 대한 더 나은 인과적 이해를 약속한다. 대부분의 고위험 사회운동 그리고 어쩌면 다른 사회운동들 역시 아마도 그 성원들의 공포를 상당 정도 관리하고 완화시킬 것을 요구할 것이다. 우리는 이것을 미국과 동독의 민권운동의 사례에서 친밀한 지지 네트워크, 대중집회, 참가자와 반대자의 수치심 느끼기 및 여타 확인 가능한 메커니즘을 통해 확인했다.

우리는 감정을 또 다른 일단의 독립변수로만이 아니라 친숙한 사회학적 개념과 인과적 과정의 핵심적 요소로 검토하는 것이 중요하다고 믿는다. 비록 대부분은 아니지만 많은 일반적인 인과적 메커니즘이 의존하고 있는 감정동학에 주목하지 않고서는, 대중동원과 역사변동의 과정과 관련되어 있는 그러한 메커니즘을 파악하기란 솔직히 불가능하다. 우리가 여기서 내기에 건 것은 이러한 종류의 감정적 사회학―우리가 그렇게 부른 바 있는―이 사회운동 분석가들에게 그것을 이해하기 위한 광범위한 새로운 길들을 열어줄 것이라는 것이다.

결론

그 감정에 공감하는가?

사회운동연구에서 한때 새로웠던 개념들로부터 얻은 교훈

프란체스카 폴레타·에드윈 아멘타

    사회학의 종래 영역에 새로운 개념들을 적용하는 것은 엄청난 잠재력을 수반한다. 새로운 개념들은 기존 이론들의 주장의 간극을 메움으로써 기존 이론들을 보완할 수 있다. 아니면 보다 대담하게 주장하면, 새로운 개념들은 이전의 이론들이 설명했던 과정들에 대한 상이한 그리고 보다 나은 설명을 제시할 수 있다. 새로운 개념들은 이전에는 다루지 않았던 쟁점들을 부각시 킴으로써, 새로운 문제를 제기하고 새로운 연구노선을 개척할 수 있다.

    사회운동문헌들은 몇몇 잘 알려진 사례들을 제시한다. 사회학자들이 매우 원자화된 개인이나 사회적 전염보다 집합행위조직을 고찰하기 시작할 때, 그들은 저항이 비합리적이고 저항자들이 사회적으로 고립되어 있다는 주장 에 이의를 제기할 뿐만 아니라 운동의 출현과 궤적에 대한 새로운 가정을 산출하기 위해 조직이론에 의지한다. 원자력, 지방자치, 동성애를 둘러싸고 서유럽에서 일어난 동원을 연구하는 사람들이, 이들 '새로운 사회운동'이 정 치적·경제적 양보보다는 새로운 정체성의 인정을 추구한다는 점에서 이전의 운동들과 다르다고 주장했을 때, 그들은 모든 운동 — 새로운 운동과 종래의 운동 — 에서 정체성이 수행하는 역할에 폭넓은 관심을 기울일 것을 촉구한다.

하지만 새로운 접근방식들은 위험을 초래할 수도 있다. 학자들은 새로운 개념을 폭넓게 또는 모호하게 정의하여 그 개념이 설득력 있는 이론적 주장을 구축하는 데 이용되기 어렵게 만들기도 한다. 그들은 설명하고자 하는 결과나 과정이 무엇인지를 구체화하지 않은 채 그간 무시되어온 사회운동의 차원을 강조하기도 한다. 아니면 그것이 저항을 설명하는 데 기여하는 바가 사소한 경우도 있다. 어떤 흥미를 자아내는 개념은 조작화가 불가능하기도 하며, 그리하여 그것에 근거한 주장들은 입증이 불가능하기도 하다.

사회운동문헌들은 또한 혁신의 부정적인 면을 보여주는 사례들을 제시하기도 한다. 새로운 사례들이 출현했을 때, 자원, 집합적 정체성, 프레임, 자유공간, 운동의 영향, 빈민운동, 정치적 기회 같은 관념들은 분석적 문제들 — 이것들 모두가 해소된 것은 아니다 — 을 초래하기도 했다. 이를테면 학자들은 여전히 '자유공간', '정체성' 같은 개념들을 매우 다른 방식으로 사용한다 (Polletta, 1998; Polletta and Jasper, 2001). 학자들은 또한 정치적 기회를 과도하게 폭넓지 않게 정의하고, 구체적인 기회들을 구체적인 운동결과 및 과정과 연결 짓기 위해 분투한다(McAdam, 1996). '자원'은 일부 설명에서 저항을 가능하게 하는 모든 것을 포함하는 데까지 확장되었다. 그리하여 그것은 논박하거나 입증하기 어려운 주장을 산출하기도 했다(Steinberg, 1998). 운동은 의심할 바 없이 '문화적 영향'을 초래하지만(Amenta and Young, 1999), 그러한 영향은 잘 개념화되지 않았고, 그리 평가되거나 설명되지도 않았다.

현재 요구되는 것은 새로운 개념이 중요하다는 것을 단지 진술하는 것이 아니라 그것을 입증하고, 그것이 언제 어디에서 중요한지를 보여주는 것이다. 사회운동에서의 감정에 관한 최근 연구들은 이러한 요구에 얼마나 잘 대응해왔는가? 이 문제는 네 가지 부분으로 나누어질 수 있다. (1) 학자들은 그간 감정에 입각하여 기존 모델의 간극을 (거대서사 매개 메커니즘을 제시하거나 이전에 다루지 않은 과정들에 모델을 확대하는 식으로) 설득력 있게 메우는 주장을 개진해왔는가? (2) 감정을 다루는 학자들이 운동의 출현, 운동궤적, 운동의 운명의 측면들을 일관적이고 경험적으로 평가할 수 있는 대안적 설명들을 진척시켰는가? (3) 그러한 주장들은 연구 속에서 입증되어왔는가? (4) 학자들은 사회운동을 이해하기 위해 우리가 답변할 필요가 있는 새로운 문제들을 철저하게 규명했는가? 우리는 첫 번째 질문에 대해서는 단호하게 그렇다고 답할 수 있지만, 아래 질문으로 내려올수록 점점 더 제한적인 평가를 할 수밖에 없다. 우리는 이들 답변들을 탐구하면서, 한때 사회운동연구에서 새로웠던 다른 개념들의 경험에 의존하여, 아직 완수하지 못한 과제와 그러한 작업을 수행할 사람들이 직면할 문제들에 논의를 집중할 것이다. 그러한 개념들은 우리에게 그것들을 둘러싼 유사한 문제와 방법들을 규명하는 데 도움을 준다.

정치과정설명들의 간극을 메우고 그것을 넘어서기

이 책에 수록된 논문들 중 많은 것이 지배적인 정치과정 모델에 대한 보완물이나 교정책으로 독해될 수 있다. 논문의 저자들은 그 모델에서 협소하게 구성된 핵심 설명변수들—정치적 기회, 동원구조, 집합행동 프레임—을 제거하고자 한다. 그들은 인과연쇄의 블랙박스를 밝히고, 새로운 매개 메커니즘을 규명하고, 이전에는 밝혀지지 않은 영역으로 모델을 확대함으로써 그렇게 한다.

정치적 재편성으로 인해 제도 외적 저항이 상당한 효과가 있을 것으로 보일 때 사람들이 동원된다는 정치과정 이론가들의 주장을 살펴보자. 사람들은 거기에 기회가 존재할 것으로 믿을 것이 틀림없다. 그리하여 맥아담 (McAdam, 1982)이 '인지적 해방'이라고 부른 것이 중요해진다. 사람들은 그 속에서 모반이 효과적일 것이라고 믿는다. 그러한 감정은 낙관과 확신에서 나온다. "각각의 행위에 수반되는 위험에 견주어 모반의 성공가능성을 다소 낙관적으로 평가한 것에 근거하여"(McAdam, 1982: 34) 사람들이 동원된다. 하지만 실제로 저항에 선행하거나 동반하는 감정에 면밀한 주의를 기울일 경우, 다른 것들이 드러난다. 첫째, 사람들은 제도 외적 저항을 통해 정치적 양보를 확보할 가능성에 대한 낙관이 아니라 자주 화, 분노, 공포, 동정심 또는 책임감에 의해 동기 지어진다. 그리고 둘째, 저항자들의 주요 감정이 낙관의 감정일 때조차도 그것은 실제적인 정치적 영향의 객관적 개연성에 대한 계산보다 더 복잡한 인식과 평가에 기초한다.

이 두 논점은 획기적인 사건이었던 브라운 대 교육위원회 판결에 대한 남부 흑인들의 경험에서 예증된다. 편집자들이 서론에서 지적하듯이, 운동이 엄청난 승리를 거두는 동안에도 1954년의 결정은 남부 백인들의 흑인에 대한 폭력과 협박을 증가시켰다. 아담 페어클러프(Adam Fairclough, 1986)가 1955년 몽고메리 버스 보이콧 운동에 대한 설명에서 지적하듯이, 흑인들이 원래 추진했던 보다 온건한 타협안을 넘어 인종차별 버스 통학에 대한 전면적 공격을 개시하게 한 것은 브라운에 의해 폭발된 백인 인종차별주의에 대한 흑인들의 화였다. 이 결정이 저항으로 이어진 것은 정치체계의 수용 표명이 아니라 백인의 반격과 흑인의 분노 때문이었다.

유사하게 엘리자베스 진 우드가 이 책에 실린 자신의 글에서 보여주듯이, 엘살바도르 농민들이 동원된 까닭은 그들이 억압적인 체제의 토대를 침식할 수 있는 새로운 가능성을 보았기 때문도, 그리고 그들이 토지에 대한 접근과 같은 물질적 이익을 획득하거나 국가폭력의 통제로부터 자유를 얻기를 원했기 때문도 아니었다. 이것들은 분쟁지역에 거주하는 사람들이 그것에 참여하든 그렇지 않든 간에 이용할 수 있는 것이었다. 오히려 그들은 존엄성을 추구했다. 그들은 정치적·경제적 주변화의 시기에 그들을 부정해온 기관의 의식을 바꾸기 위해 저항했다. 이 책의 다른 저자들과 마찬가지로, 우드는 비용과 이익 그리고 성공가능성에 대한 냉정한 평가가 저항을 결정하게 한 것으로 보는 견해가 적절하지 못하다는 것을 입증한다.

이 책의 몇몇 다른 저자들은 정치과정설명들을 세련화하거나 확대할 수 있는 분석을 제시한다. 샤론 넵스테드와 크리스천 스미스는 이전의 네트워크 이론가들이 정보뿐만 아니라 동정심, 신뢰, 감정적 동일시를 동원을 해나가는 데 있어 결정적인 것으로 규명해왔다는 것을 보여준다. 미국의 교인들이 중앙아메리카에서 미국의 조치들에 대해 들었을 때, 중앙아메리카 난민과 성직자들의 이전의 접촉경험은 그 정보를 신뢰할 수 있는 것으로 (그리고 개인적으로 화나게 하는 것으로) 만들었다. 낸시 휘티어는 부정의와 그 희생자들에 관한 운동가들의 프레이밍을 틀 짓고 제약하는 요소들을 확인하는 식으로 사회운동 '프레이밍'에 대한 최근의 이론화에서 나타나는 간극에 대응한다. 성폭행을 겪은 성인 생존자들이 권리를 주장할 수 있는 새로운 기회를 열어준 법적 변화 역시 그러한 환경에 적절한 것으로 고려되는 종류의 감정 표현을 구조화했다.

감정 연구자들의 다음 조치는 그러한 감정으로 충만한 분석을 통해 기존의 모델들에 어떤 유형의 변화가 일어날 수밖에 없는지를 구체화하는 것이다. 이를테면 우리가 분노와 화가 자주 저항을 수반한다고 인식할 경우, 우리는 이들 감정이 학자들이 정치적 기회라고 부르는 것이 부재하는 상황에서조차 사회운동을 산출할 수 있다고 주장하기를 원하는가? 또는 격심해진 분노가 정치적 기회의 맥락에서 더 많은 사람들에 의해 경험되는가 아니면 또 다른 방식으로 반응되는가? 분석가들은 정치과정 모델과 그것이 근거하고 있는 가정들을 얼마나 수정하기를 원하는가? 만약 활동가들이 물질적 이해관계에 대해서보다 존엄성에 대해 더 많이 이야기한다면, 그것은 그들의 저항이 전자에 의해 동기 지어지지 않았다는 것을 의미하는가? 어떤 종류의 운동에서 그것이 사실일 가능성이 있는가? 그러한 경우들에서 분석적 도전은 새롭게 인식된 감정과정과 기존의 동원과 관련한 설명 간의 관계를 구체화하는 것이다.

이 책의 다른 저자들은 정치과정 모델의 핵심 교의들에 보다 노골적으로 **도전하고** 있다. 그들은 그 모델의 구성요소들―기회, 동원구조, 프레임―을, 모델을 세련화시키기 위해서가 아니라 논박하기 위해 끌어들인다. 그들은 운동이 정치적 기회에도, 이전의 네트워크에도 의존하지 않는다고 주장한다. 그중에서도 특히 제임스 재스퍼(James Jasper, 1997: 106)는 '도덕적 충격'이 "어떤 사람에게 동원 및 과정 이론이 강조하는 개인적 접촉 네트워크와 함께 또는 그것 없이 정치행위에 참여하게 하는 분노감"을 유발할 수 있다고 주장한다.

데보라 굴드는 이 개념을 통해 정치적 기회 주장에 이의를 제기한다. 그녀는 레즈비언, 게이 남성 그리고 AIDS 변호자들이 정치권력에 접근하지 못하고, 영향력 있는 동맹을 형성하지 못하고, 지배적 제휴관계의 미분열에서 이익을 얻고, 점점 더 억압적인 법제화와 대결했을 때 호전적인 AIDS 행동주의가 출현했다고 주장한다. 하지만 그럼에도 불구하고 조지아주의 남성동성애금지 법령을 지지하는 1986년 대법원 판결은 갑자기 전국에서 호전적인 저항을 다시 불러일으켰다. 바우어스 대 하드윅 판결은 게이와 레즈비언에게 그들의 주변성의 정도를 들이대었고, 그렇게 함으로써 정부가 AIDS에 대해 아무런 조치를 취하지 않는 것에 대한 그들의 화를 결집시켰다. 그것이 '선전포고'로 경험될 때, 정치적 기회의 수축으로 여겨지는 것은 저항하지 않을 수 없는 종류의 격분을 유발할 수 있다.

정치과정 이론에 대한 또 다른 도전 속에서, 몇몇 저자들은 사람들이 그

조직 내의 어떤 사람도 알지 못하면서도 자신이 가담한 조직의 대의에 매우 강력한 감정적 동일시를 발전시킬 수도 있다는 점을 지적한다. 그 사람들은 선택적인 유인에 의해서도 그리고 동료, 모임, 공동체에 대한 이전의 책임에 의해서도 동기를 부여받지 않는다. 그것보다는 마이클 영이 프로테스탄트 복음주의자들이 호전적인 노예폐지론을 수용한 것에 대한 설명에서 보여주듯이, 종교적 감성—예민한 감수성—이 그들이 매체를 통해 알고 있는 사람들을 위해 참여하게 할 수도 있다.

주요 정치과정설명에 대한 이러한 도전들은 도발적이고 때로는 설득력이 있다. 하지만 그러한 도전들은 특정 감정동학이 발생할 가능성이 있는 조건들을 잘 구체화하는 것에 의해 강화될 수 있다. 우리는 이전의 이론들이 실수한 것들 중의 하나로부터 단서를 얻을 수 있다. 비판가들이 지적해왔듯이 [예컨대 아멘타(Amenta, 근간)], 정치과정분석은 사후적 속성—동원에 선행한 어떤 정치적 발전을 '기회'라고 부르는—을 지니고 있다. '도덕적 충격'이라는 개념은 감정 이론가의 레퍼토리에서 가장 흥미를 끄는 것 중의 하나지만, 마찬가지로 과도한 확장일 수도 있다. 실제로 어떤 사건이나 새로운 단편적 정보도 회고해보면 하나의 도덕적 충격으로 불릴 수 있다. 따라서 우리는 어떤 사건이 그것에 노출된 사람들에게서 그들을 저항으로 이끈 화, 격분, 분노를 야기하는지를 물을 필요가 있다. 어떤 **종류의 쟁점들**이 다른 쟁점들보다 도덕적 충격을 야기할 가능성이 더 큰가? 도덕적 충격은 보통 정치적 기회로 고려되는 것과 어떤 관계에 있는가?

1980년대 AIDS 행동주의의 예를 계속해서 들어보면, 굴드는 바우어스 대하드윅 판결이 게이, 레즈비언, AIDS 활동가들의 관심에 대한 정부의 무관심을 처음으로 보여주는 것은 결코 아니었다고 지적한다. 하지만 이전의 정부의 조치와 무조치는 금욕주의, 철야기도, 지역사회 서비스, 조용한 로비에 대한 반응이었다. 굴드는 이것은 레즈비언과 게이 남성에게서 여전한 동성애에 대한 양가감정—그들은 당당하면서 또한 부끄러워한다—과 함수관계에 있었다고 주장한다. 그렇다면 왜 바우어스 대 하드윅 판결이 그러한 결과를 초래했는가? 굴드의 설명은 몇 가지 다른 가능성을 제시한다. 하나는 그 판결이 단지 게이와 레즈비언 활동가들의 감정문화를 이미 수용에서 격노로 변화시키고 있던 정부의 일련의 배반조치 이후에 나왔다는 것이다. 따라서 도덕적 충격은 결코 대단한 충격이 아니라 단지 이전에 불완전하게나마 느끼고 있던 것을 확인한 것에 불과했다. 그렇다면 호전적인 ADIS 행동주의가 바우어스 대 하드윅 판결 없이도 어쩌면 다소 더 뒤에라도 발생했을까? 바우어스 대 하드윅 판결의 충격에 대한 하나의 대안적 설명은 판결 그 자체에 대한, 그리고 어쩌면 미국에서 옳음에 대한 판단을 둘러싼 감정성에서 찾아진다. 그 설명은 우리가 도덕적 충격이 발생할 만한 것을 발견하기 위해 대법원 판결, 다시 말해 일반적으로 세간의 주목을 끄는 사법판결에 주목한다고 제시한다. 세 번째 가능성은 게이와 레즈비언 운동에서 역사적으로 감정작업emotion work—사람들이 자신들과 타자에 대해 느끼는 방식을 변화시키는 것—이 갖는 중요성이 활동가들로 하여금 감정적 모욕을 집합행위로 전환시킬 수 있는 소지를 만들어주었고, 그들이 그렇게 하는 데 능숙하게 만들었다는 것이다. 감정변화를 강조하는 행동주의의 역사가 존재할 경우, 감정적 모욕은 갑자기 행위를 촉발할 수 있다.

종합하면, 이러한 대안적 설명들은 정치적 기회보다는 분노에 의해 유발된 집합행위는 다른 정치적 맥락보다 일부 정치적 맥락에서(정부의 일련의 모욕 이후), 특정 종류의 정부조치(옳음 판결)에 반응하여, 그리고 특정한 운동(감정작업을 강조하는 운동)을 위해 발생할 가능성이 더 크다고 제시한다. 도덕적 충격이 발생할 가능성이 클 **때**를 구체화하는 것이 매우 중요할 것으로 보인다. 그렇게 하지 않을 경우, 우리는 일부 정치과정주장을 특징짓는 순환성—저항에 선행하는 어떤 것이 정치적 기회로 간주되는, 또는 여기에서 도덕적 충격으로 간주되는—의 위험에 처하게 된다.

우리는 다른 감정과정과 관련해서도 동일한 종류의 질문을 할 수 있다. 굴드가 묘사하는 양가감정은 차이를 일탈로 간주하는 모든 집단의 특징인가? 영이 주장하듯이, 복음주의 기독교도들의 변화된 종교적 신념이 노예제도에 반대하는 그들의 행동주의의 동기였다면, 보다 넓게 말해 어떤 조건하에서 종교적 신념이 정치적 행위로 전화될 가능성이 있는가? 어떤 사람들 사이에서 그러한 신념이 정치적 행위로 이어질 가능성이 있는가? 어떠한 상황에서 사람들은 우드가 연구한 남아메리카 농업노동자들처럼 물질적 이익보다 자신들의 존엄성을 위해 싸울 가능성이 있는가?

지배와 자원뿐만 아니라 세계를 바라보는 독특한 방식들을 포함시키기 위해 그러한 조건들은 구조적일 뿐만 아니라 문화적일 수 있다는 점에 주목해보자. 왜 '존엄성' 또는 '이해관계'가 참가자의 자기설명을 지배하는지를 이해하기 위해서는, 우리는 저항이 전개되는 좀 더 광범위한 감정문화와 관련하여 훨씬 더 많은 것을 알 필요가 있다. 이 책의 몇몇 저자들은 운동 내에서 감정과 감정표현을 지배하는 '규칙'(Hochschild, 1979)을 규명한다. 그러나 감정문화는 특정한 운동을 넘어서 확대되고, 지배적인 감정규칙 이상의 것을 포함한다. 또한 감정문화는 '감정에 대한 사회적 인식론'을 포함한다(Thoits, 1989). 즉 거기에는 누가 어떤 종류의 감정을 경험할 가능성이 있고, 감정이 어떻게 행동에 영향을 미치고 감정이 어떻게 억제되거나 표현되고 또 변화하는지에 대한 신념, 즉 감정'전염'의 동학, 감정'억압'이나 감정'부정'의 결과, 감정과 생물학 간의 관계에 관한 신념 등이 포함되어 있다. 사회운동에서 운동문화는 특정 감정이 무엇을 의미하는가, 감정은 어떻게 해석되고 표현되어야 하는가 그리고 그들은 감정에 어떻게 대응해야 하는가에 대해 활동가뿐만 아니라 비활동가가 만든 가정을 포함하고 있다.

그러한 문화를 분석하는 것은 현재 사회운동연구를 지배하는 모델들보다 개인적 선택과 집단적 선택에 관한 보다 정밀한 모델을 발전시키는 데 일조할 수 있다. 단지 저항을 유발하는 개인의 다양한 동기들을 밝히는 것 역시 감정 연구자들이 비용 - 이익을 계산하는 합리적 행위자 모델의 부적절성을 폭로할 수 있게 해주었다. 하지만 저항에서 명백히 드러나는 다양한 동기를 단지 기술하는 것을 넘어서기 위해서는, 그리고 그보다는 그러한 동기들을 설명하기 위해서는, 감정 연구자들은 특정한 '동기어휘'(Mills, 1940)가 왜 특정 역사적 시기 동안에 지배적이 되는지를 설명하고자 노력해야만 한다. 1960년대에 왜 '격분'이 저항의 정당한 이론적 근거가 되었는가? 토마스 하스켈(Thomas Haskell, 1985)은 자본주의의 발흥이 '공감'을 하나의 강력한 공통감정으로 만들었다고 주장한다(또한 자비심의 발흥에 대해서는 테일러(C. Taylor, 1989)를 보라). 우리는 서로 다른 시기에 국가, 자본 또는 여타 제도에서의 변화와 같은 구조적 요소에 대해 서로 다른 감정이 지배적이 된 이유를 추적할 수 있는가?

감정문화의 결과를 이론화하는 것은 또한 사람들의 운동참여결정을 설명하는 데서 뿐만 아니라 운동궤적을 설명하는 데서도 지배적인 모델의 도구주의적 편견에 대항하는 하나의 방법이다. 효율성과 적합성에 대한 활동가들의 이해, 실행 가능한 것과 합리적인 것에 대한 그들의 견해 모두는 그들이 거주하는 문화에 의해 틀 지어진다. 따라서 이를테면 줄리안 그로브스가 인터뷰한 동물권리 운동가들은 자주 자신들이 비전문적, 비합리적, 또는 여성적 ─ 다시 말해 만약 그들이 여성이었다면 ─ 이라고 생각하는 활동가들을 비판하기 위해 '감정적'이라는 용어를 사용했다. 남성의 감정표현, 특히 화의 표현은 정당한 것으로 간주되었다. 운동의 대부분을 구성하는 여성 활동가들은 동물학대에 대한 자신들의 감정을 과학적 주장을 가지고 그리고 남성들의 지원하에서 실체화해야 한다고 믿었다. 그들의 통찰이 어쩌면 옳았을 수도 있지만, 그럼에도 불구하고 그들은 젠더, 감정, 합리성에 대해 활동가들이 가지고 있는 규범적 가정을 폭로한다.

이 책의 저자들은 성원충원과 그들의 참여유지(제프 굿윈과 스티븐 파프)에서부터 공중의 지지 확보와 법적 투쟁에서의 승리(낸시 휘티어)에 이르는 운동의 과업이 사람들의 감정을 이끌어내고 관리하고 변형시키는 활동가들의 능력에 달려 있다고 주장한다. 그러나 그 정도에서 멈추고 감정을 단지 활동가들의 동원효과를 위한 원原자료로만 바라보는 것은 정치과정설명들을 제약하는 것과 동일한 도구주의적 편견의 위험에 처한다. 왜 활동가들이 그러한 전략, 전술, 표적, 조직형태를 선택하는지를 이해하기 위해서는, 우리는 감정이 그들의 도구합리성 기준 그 자체를 틀 짓는다는 것을 이해할 필요가 있다.

요컨대 감정 이론가들은 그들의 주장에 보다 신중을 기하는 동시에 보다 대담해야 할지 모른다. 감정 이론가들은 그들이 묘사한 대안적 과정들이 작동할 것 같은 조건들을 좀 더 체계적으로 구체화함으로써, 그들의 이론이 기존의 모델들을 어떻게 개선할 수 있는지를 입증해야만 한다. 그러나 그들은 또한 전략, 합리성, 이해관계에 대한 활동가들의 가정을 틀 짓는 데 있어 감정이 수행하는 역할을 좀 더 과감하게 이론화할 필요가 있다.

감정을 평가하는 데 있어 그리고 감정이 사회운동에 미치는 영향에 대한 주장을 뒷받침하는 데 있어서의 방법론적 쟁점들

학자들이 정치과정논거를 보완하거나 대체하는 이론적 주장들을 제기할 때마다, 그러한 주장을 뒷받침하는 열쇠가 되는 것은 방법론적 전략이다. 운동감정을 연구하는 학자들이 마주치는 일부 방법론적 난제들은 대부분의 운동 연구자들이 직면하는 문제들과 유사하다. 그것들은 일반적인 문제들이며, 그것들을 극복하는 방법들은 잘 알려져 있기도 하다. 하지만 감정이라는 주제는 또한 독특한 방법론적 딜레마를 제기한다.

사회운동연구의 일반적인 스타일―개별 운동이나 운동조직의 사례연구―은 이론적 주장에 의문을 던지게 할 수 있지만, 예증하는 방식이나 일화를 사용하는 방식 이상으로 그것을 뒷받침하기는 어렵다. 경험적 주장을 입증하는 사례연구의 경우 그 사례의 직접적 증거가 누군가의 이론적 주장과 일치한다는 것을 보여주는 것 이상으로 충분한 논평을 하기가 어렵다. 그러나 비교 증거 없이, 다른 그럴듯한 설명에 의문을 제기하기도 어렵다. 이를테면 만약 한 학자가 하나의 도덕적 충격이 운동활동을 유발한다고 주장하는 반면 다른 학자는 정치적 기회를 주장하고 나서고, 둘 다 그럴듯해 보인다면, 사람들은 그 둘 사이에서 어떻게 판단할 수 있는가?

이 분야의 다른 학자들처럼, 사회운동과 관련한 일반적인 문제들에 답변하면서 감정의 중요성을 확증하고자 시도하는 연구자들은 자신들의 주장을 입증하는 작업을 더욱 진척시킬 필요가 있다. 하나의 공통전략은 하나의 주장이 다른 주장보다 더 잘 뒷받침되는지를 확인하기 위해 사례들을 비교하는 것이다. 윌리엄 갬슨(William Gamson, 1990)이 미국의 수많은 도전자들의 성공과 실패를 다루기 위해 했던 것처럼, 누군가는 많은 운동들을 넘나들며 비교할지도 모른다. 또한 누군가는 대체로 유사한 소수의 도전자들을 비교할 수도 있다. 이를테면 도덕적 충격에 영향받은 것으로 추정되는 운동과 그렇지 않은 운동을 비교하는 것은 하나의 유용한 연구전략일 수 있다. 그러한 비교는 도덕적 충격의 영향에 대한 주장들을 평가하는 데에는 물론 관련된 것으로 생각되는 감정과정을 해명하는 데에도 도움을 줄 수 있다. 소수 사례의 비교가 갖는 이점은 레베카 알라야리가 이 책에 기고한 글에서 찾아볼 수 있다. 그녀는 두 개의 자발적 조직, 즉 구세군과 오병이어의 매우 다른 감정지향이 그들이 벌인 노숙자운동의 대조되는 스타일의 원인이었다고 주장한다. 구세군은 사회복귀를 중심으로 하는 이데올로기와 정체성을 가진 반면, 오병이어의 '돌봄의 공감정치'는 동정심에 중심을 두고 있었다. 이러한 비교는 집단의 독특한 감정문화가 정치활동에 대한 그들의 지향을 틀 짓는다는 그녀의 주장을 뒷받침하는 데 도움을 준다. 알라야리는 이 두 단체보다 더 유사한 집단들을 비교함으로써 논지를 더욱 발전시킬 수도 있었다. 오병이어와는 달리, 구세군은 국가기금에 크게 의지했고, 양심적 지지자보다는 대체로 수혜자가 직원으로 근무하고 있었다. 이것은 정치적 행위가 억제될 수 있는 조건이었다. 정치적 행위를 유발하는 오병이어의 공감정치가 무엇인지를 입증하기 위해, 사적 기금과 양심적 지지자를 가지고 있지만 오병이어와는 다른 감정문화를 가지고 있는 다른 집단들을 탐구하는 것도 가치 있는 일일 것이다.

한 명의 도전자와 함께 일하는 사람들의 경우조차, 주장들을 평가할 비교 기회는 존재한다. 하나의 방법은 하나의 운동 또는 유사한 도전자들을 그들을 동원한 정체政體들을 넘나들며 비교하는 것이다(Kitschelt, 1986; Jasper, 1990; Amenta and Zylan, 1991). 이를테면 미국의 법체계와는 다른 법체계 속에서 활동가들의 주장이 어떻게 형성되는지를 비교하는 것은 법정에서 성폭행 생존자들의 감정표현이 그들의 법적 환경의 특징들에 순응한다는 휘티어의 주장을 발전시키는 데 도움을 줄 수도 있다. 다른 예를 들어보면, 게이권리운동은 서유럽 전역에서 동원되었으며, 의심할 바 없이 도덕적 충격과 관련하여 다른 경험을 가지고 있었다. 또 다른 관련 방법론적 전략은 도전자들을 역사적으로 또는 찰스 틸리(Charles Tilly, 1999)의 표현으로 거슬러 올라가고 내려오는 식으로 추적하는 것이다.

사람들의 저항참여에 초점을 맞추는 낮은 분석수준에서의 연구에서, 누군가는 참여자를 다른 점에서는 유사하지만 참여하지 않은 사람들과 비교할 수도 있다. 이 방법은 더그 맥아담(Doug McAdam, 1988)이 프리덤 섬머 프로젝트에 참여한 지원자들에 대한 자신의 연구에서 사용한 바 있다. 이러한 종류의 비교는 특정 감정상태가 운동참여의 근저를 이룬다는 주장을 뒷받침하는 데 유용하다. 알렌 슈타인은 그녀가 쓴 장에서 수치심이라는 감정이 기독교 우파 활동가들을 자극했다고 주장한다. 그러한 감정들은 마약문제나 좋지 않은 관계와 같은 이전의 경제적 또는 사회적 고충의 경험에 의해 유발되었다. 이러한 주장을 더욱 보강하기 위해, 그녀는 유사한 고충을 겪었지만 반ⓖ게이저항에 참여하지 않은 복음주의 기독교도들을 인터뷰할 수도 있었다. 동일한 노선을 따라 넵스테드와 스미스는 도덕적 분노의 형성에서 교회 네트워크가 수행하는 역할에 대한 자신들의 주장을 강화하기 위해, 신앙 공동체의 성원이 아닌 중앙아메리카 평화운동 참여자들을 인터뷰할 수도 있었다. 굴드는 AIDS 행동주의에 참여하지 않은 게이 남성과 레즈비언과 인터뷰할 수도 있었다.

하지만 운동감정을 분석하는 것 역시 운동연구에서 흔히 봉착하는 어려움을 넘어서는 방법론적 난제를 제기한다. 첫째는 경험적 연구를 인도할 수 있는 방식으로 감정을 개념화하는 것과 관련된다. '자원'을 연구하는 사람들도 동일한 문제에 직면했었다. 거의 대부분의 것을 하나의 '자원'으로 간주하는 것이 가능한 것과 마찬가지로, '감정'이라는 단어의 광범위한 일반적인 용법은 용어들을 폭넓게, 어쩌면 너무나도 폭넓게 정의하기 쉽게 만든다. 이 책의 기고자들 대부분은 일반적인 명사 형태로 그 용어들을 사용한다. 사람들은 감정을 가지고 있고, 감정을 관리하며 그것에 따라 행동한다. 콜린 바커는 감정이 인식을 채색하는 것으로 바라봐야 하며, 형용사 또는 부사적으로 사용되어야 한다고 주장한다. 개념적 문제에서 드러나는 명료성 결여는 이론적 주장들을 정식화하고 평가하는 것을 어렵게 한다. 이를테면 분노가 느슨하게 정의될 경우, 그것은 학자들이 그것을 거의 모든 곳에 존재하거나 단지 드물게 존재하는 것으로 보게 하거나, 또는 분노를 원한이나 화나 격분과 혼동하게 할 수도 있다.

이러한 난점을 벗어나는 유일한 방법은 개념적 명료화이다. 이 책의 기고자들 중 많은 사람들이 구체적 감정들을 잘 식별하고 또 그것들을 다른 유사한 감정들과 잘 구분하고 있다. 서론에서 편집자들은 감정은 두 가지 연속선을 따라, 즉 그 시간적 길이와 그것이 구체적 대상을 지향하는 정도에 따라 배열될 수 있다고 지적한다. 그들은 어떤 장기적이고 대상지향적인 감정들이 사회운동활동으로 이어질 가능성이 가장 크다고 제시한다. 누군가는 어쩌면 구체적인 장기적·대상지향적 감정으로부터 사람들이 예상할 수 있는 행위유형을 확인하려고 들 수도 있다. 또는 누군가는 비지향적·단기적 감정들이 (저항을 이끈다고 가정된) 장기적·대상지향적 감정으로 변형되게 하는 (거대서사 초점의 대상이 없던 화가 대상을 지향하는 분노나 격분으로 전환되는 것과 같은) 일반적 계기들과 그러한 변화가 일어날 수 있는 조건들에 관한 가설을 설정하고자 할 수도 있다.

다른 방법론적 난제는 집합행위에서 감정의 유포와 그것의 성격에 관한 주장을 뒷받침하는 데 필요한 증거를 수집하는 것과 관련되어 있다. 어떤 상황에서는 감정 일반이 부정적인 사회적 평가를 수반하고, 어떤 감정들은 거의 항상 부정적 평가를 받는다. 이러한 평가와 종종 그것에 동반되는 제재는 사람들에게 그들의 감정을 관리하게 하는 (그러한 감정을 어떤 승인된 방향으로 돌리거나 그들이 그렇게 하고 있다고 주장하게 하는) 충분한 이유를 제시한다. 우리의 감정은 자주 빨리 지나가기 때문에, 그리고 우리는 자주 그러한 감정을 관리하고자 할 수밖에 없기 때문에, 우리가 어떻게든 우리의 보다 불편한 감정충동들을 잊거나 바꾸려고 하는 것처럼 보일 수도 있다. 어쩌면 한 저널을 관장해온 어떤 사람은 이전의 투고자들이 표현하는 감정에 놀랐을지도 모른다. 사람들의 감정은 자주 시간이 경과함에 따라 변화하고, 어떤 사람의 어떤 시점에서의 감정이 매개사건에 대한 어떤 사람의 반응에 의해 압도되거나 변형되기도 한다. 유사하게 이전의 운동 참여자들이 회고적으로 감정을 과장하거나 그것을 현재의 감정에 또는 보다 문화적으로 적합한 감정이라고 생각되는 것에 부합되게 만들 수도 있다. 아마도 인터뷰 대상자들이 증오, 시기 또는 지루함과 같은 단기적·비지향적·부정적 감정들에 의해 고무되고 있다는 것을 (실제로 그러할 때조차도) 인정하게 하기는 어려울 것이다. 그러므로 사람들의 감정에 대한 신뢰할 만한 증거를 수집하는 것은 활동가들의 강령적인 진술과 정치적 신념을 재구성하는 것과 관련된 문제를 넘어서는 문제를 제기한다. 사람들이 감정을 관리하고 숨길만한 충분한 이유가 존재하기 때문에, 활동가들의 회고적인 설명에 의지해서는 곤란할 수 있다.

이러한 문제들은 극복할 수 없는 것이 아니다. 사회학자들은 역사가들과 같은 방식으로 체면을 세울 수 있는, 사후적 감정재구성의 기회를 거의 제공하지 않는 1차 자료들―일기, 동시대의 증언, 회의록, 그것들이 발생했을 당시에 기록된 여타 성명서와 판결문―에 의지할 필요가 있다. 참여관찰은 아마 자신의 감정궤적을 가지고 있는 연구자라면 필시 훨씬 더 유용할 것이다.

이 책의 몇몇 저자들은 정교화되고 유망한 개념이기는 하지만 연구자들에게 특별한 난점을 제기하는 정신분석학적 개념들에 의지하고 있다. 슈타인의 글을 다시 한 번 더 끌어들이면, 수치심이 특정한 유형의 운동활동을 유발하는지를 판단하기 위해서는 소수의 사회학자들만이 훈련을 받은 스타일의 인터뷰를 실시할 것이 요구된다. 어떤 사람이 수치심을 느끼고 있는지를 진단하기보다는[세프(Scheff, 1990)를 보라] 몇몇 정치과정주장들이 기대했던 것처럼 어떤 사람이 그 또한 활동가인 친구를 가지고 있는지를 확인하기가 훨씬 쉽다. 또한 사람들이 그러한 인터뷰를 수행하는 훈련을 받았을 때조차도, 연구자가 져야 하는 시간부담은 통상적인 인터뷰 사례보다 더 크다. 인터뷰 진행자의 동기를 의심하거나 그것에 적대적인 피실험자와의 짧은 만남 속에서 나온 진단을 확신하기도 어렵다. 하나의 해결책은 통상적으로 사회학적 인터뷰를 이루는 것을 넘어서는 것이다. 몇몇 개념들을 사용하기 위해서는 정신분석학적 훈련을 받는 것이 필요할 수도 있다. 보통보다 더 많은 인터뷰를 하고 사회학자들 사이에서 일반적으로 수행되는 것보다 더 길게 피실험자와 인터뷰하는 것이 도움이 될 수도 있다.

요컨대 다른 운동 연구자들과 마찬가지로 운동감정의 연구자들은 사례연구에 내재하는 방법론적 문제를 잘 피할 수 있을 것이다. 하나의 주어진 운동 내에서조차 이론적 주장을 입증하기 위해, 그리고 대안처럼 보이는 것에 의문을 던지기 위해 비교기회를 이용할 수도 있다. 운동감정 연구자들은 개인적 수준에서 더 많은 연구기회를 가지고 있지만, 그들은 독특한 방법론적 난제에 봉착한다. 이들 난제 중 일부는 이들 문제에 대한 사고방식의 새로움과 관련되어 있고, 다른 문제들은 감정개념의 본성과 관련되어 있다.

새로운 문제와 연구노선을 제기하며

새로운 개념들은 이전에는 인식되지 않았던 과정, 동학 또는 결과를 조명함으로써, 또는 우리가 오랫동안 다른 방식으로 연구했던 현상들을 새롭게 바라보게 함으로써, 하나의 분야의 연구를 활성화시킬 수 있다. 어느 쪽이든 그것들은 우리가 새로운 질문을 던지게 한다.

하지만 여기서 문제는 그 문제가 중요한 문제라고 다른 연구자들을 설득하는 데 있다. 감정 연구자들은 최근에 연구되기 시작한 분야인 운동의 결과와 영향을 연구하는 사람들의 모범을 따를 수도 있다. 사회운동의 영향을 연구하는 학자들은 사회운동이 어떤 중요한 사회변화를 야기하기 위해 발생하기 때문에, 운동이 어떤 조건에서 일정한 변화를 불러일으키고 그 운동이 어떤 종류의 변화를 원하는지를 검토해야만 한다고 주장했다. 누군가는 어쩌면 감정과 사회운동과 관련하여 유사한 주장을 할 수도 있다. 사람들은 그게 아니라면 쉽게 충족시킬 수 없는 심리적 또는 감정적 욕구를 충족시키기 위하여, 또는 그들이 진척시키고 있는 운동에서 감정적 이익을 얻기 위하여 운동에 참여한다. 이러한 관점에서 볼 때, 감정경험은 사회운동의 하나의 중요한 목적, 즉 그 운동의 존재 또는 유지의 중요한 이유이고, 왜 운동이 서로 다른 감정적 내용을 가지는지를 설명하는 것은 그 자체로 중요한 질문이 된다. 이 책의 다수의 장들이 이러한 노선의 주장을 암시하고 있기는 하지만, 그것은 아직 명시적이지는 못하다.

새로운 개념들에 입각하여 의문을 제기하는 노선들을 뒷받침하는 또 다른 방법은 새로운 개념과 질문들이 종래의 질문들에 더 쉽게 답변할 수 있게 해준다는 것을 입증하는 것이다. 사회운동의 영향에 관한 문헌들은 재차 유용한 사례를 제공한다. 피븐과 클로워드(Piven and Cloward, 1977)는 자신들이 '빈민운동'이라고 부른 것이 중간계급이나 노동계급에 기초한 운동과 다르다고 주장했다. 빈민운동이 성공하기 위해서는, 그것은 상이한 정치적 환경에 의지하고 상이한 종류의 행위에 참여할 필요가 있다. 마찬가지로 운동을 고무하는 감정의 종류들―격노 또는 사랑, 수치심 또는 동정심―도 그것의 충원과정, 그것이 선택한 전략, 그것이 초래하는 결과에 영향을 미칠 수 있다.

새로운 질문을 정당화하는 세 번째 방법은 종래의 질문들이 그것들이 고정시킨 분석수준에 의해 제약받고 있다는 것을 보여주는 것이다. 정치과정 이론들은 그것들이 중위 수준에 초점을 맞추고 있다고 비판받아왔고, 감정 연구자들은 저항에 선행하고 저항을 동반하는 수치심, 화, 공포의 경험―미시 수준―을 분석함으로써 그것에 적절히 대응해왔다. 하지만 몇몇 경우에서 정치과정 이론가들은 왜 저항의 형태가 변하는지―틸리(Tilly, 1978)의 정식화를 따르면, 사후 반발적인 것에서 사전 행동적인 것으로―또는 왜 나라마다 체계적으로 다른지―키트쉘트(Kitschelt, 1986)의 모델의 경우에, 동화적인 것에서 분열적인 것까지 — 와 관련한 더 큰 문제를 제기해왔다. 처음부터 새로운 사회운동 이론가들은 특히 저항의 목적과 표적의 변화와 관련한 거시수준의 질문들을 제기하고, 사회운동과 저항에서 정체성이 수행하는 역할을 설명하는데 초점을 맞추는 연구노선을 제창했다. 그렇다면 우리는 저항을 지배하는 감정의 내용에서 일어난 역사적 변화를 규명할 수 있는가? 이를테면 도덕적 분노가 저항의 중심 감정으로서의 원한이나 공포 또는 복수를 대체해왔는가? 도덕적 분노가 다른 나라들보다 일부 나라들의 사회운동에서 더 공통적으로 표출되는가? 일단 학자들이 이와 같은 전환과 차이를 입증하고 나면, 우리는 그것들을 설명하기 시작할 수 있다.

* * *

우리는 감정을 사회운동 이론과 연구에 통합시키겠다는 약속을 실현하는 방법에 대한 몇 가지 조언을 하는 것으로 결론을 맺고자 한다. 첫째는 몇 가지 이론적·분석적 권고이다. 크게 유행하는 정치과정 아이디어들과 관련하여 새로운 주장이 어디에 위치하는지를 밝혀라. 새로운 주장은 정치과정 아이디어들을 보완하는가 아니면 그것들에 도전하는가? 만약 그 아이디어가 정치과정논거를 보완한다면, 그 아이디어가 기존의 모델을 어떻게 개선하고 왜 그러한 개선이 필요한지를 보여주라. 만약 새로운 주장이 기존 모델에 도전한다면, 그러한 도전의 토대를 분명히 하라. 주장의 적용 가능한 범위와 조건 — 그 주장이 다른 맥락과 운동에 얼마나 적용 가능한지 — 을 밝혀라. 새로운 개념들이 경험적 분석을 불가능하게 하거나 혼란스럽게 할 정도로 광범위하지 않다는 점을 확실히 하라.

이것은 우리의 방법론적 제안들로 이어진다. 사례연구의 일반적인 인식론적 한계를 피하기 위해 비교기회를 찾아라. 운동들을 가로지르는 과정을 비교하거나 운동에 참여하는 사람들과 참여하지 않는 사람들을 비교하라. 항상 그렇듯이, 이러한 종류의 비교는 주장을 세련화하는 데뿐만 아니라 평가하는 데에도 도움을 줄 것이다. 연구에서는 감정이 자주 서로 다른 지속기간을 가지며, 어떤 감정은 응답자들이 인식하기 어렵다는 사실에 주의를 기울여라.

마지막으로, 감정연구 아젠다를 진전시키기 위한 몇 가지 제안을 해보기로 하자. 정치과정 이론가들이 관심을 집중해온 중위수준의 질문들을 버리지 마라. 감정 연구자들은 스스로를 감정경험을 기술하는 데 국한한다거나 감정의 사회심리학을 정교화하는 데로 한정 지을 필요가 없다. 감정 연구자들은 왜 운동이 출현하는지 그리고 운동이 왜 그러한 형태를 취하고 그러한 영향을 미치는지를 더 잘 이해하는 데 기여할 수 있다. 다른 한편 중위수준을 넘어서는 것에 주저하지 마라. 어떻게 지배적인 감정문화가 출현하게 되는지 그리고 그것이 무엇이 전략적이고 무엇이 정치적이고 무엇이 이익이고 무엇이 선한 것인지에 대한 광범위한 인식을 어떻게 틀 짓는지에 대한 거대한 역사적 질문을 던져라. 사회운동 연구자들을 괴롭혀온 질문들과 새로운 방식으로 맞서 싸우는 것은 감정이 우리의 분석에서 자리를 확보할 수 있게 해줄 수 있을 것이다.

책을 옮기고 나서

　최근 우리 사회학계에서 그간 사회학이 추방했던 감정이 다시 주목받고 있다. 하지만 이는 우리 사회학계에만 국한된 것이 아닌, 전 세계적인 움직임인 것으로 보인다. 이것은 단지 일부 학자들이 말하듯, 현재가 '감정의 시대'라는 시대진단에 기초하는 것만은 아니다. 왜냐하면 그간 인간의 감정이 존재하지 않은 적이 없고, 또 감정이 인간의 행동과 사회과정에 영향을 미치지 않은 적도 없기 때문이다. 사회 이론과 사회학적 연구 속에서 이 책의 편집자들의 표현으로 '그림자 같은 존재'로 물러나 있던 감정이 전면에 부상되게 된 배경에는 그간 사회학을 지배해온 '합리성의 사회학'으로 설명해서는 설득력이 떨어지는 사건들이 최근 많이 발생했다는 사실이 자리하고 있다.

　서구에서 사회학자들로 하여금 감정에 다시 눈을 돌리게 한 대표적 사건이 9·11 테러였다면, 우리 사회에서는 미국산 쇠고기 수입 반대 촛불집회였던 것으로 보인다. 이 사건들은 그 속에서 작용하는 감정이 단지 비합리적인 것으로 비난하는 데서 그칠 수 있는 것이 아니라는 점, 그리고 그러한 사건들을 통제되지 않은 감정의 분출과 같은 식으로 설명해서는 그 사건들의 실체를 충분히 포착할 수 없다는 점을 분명하게 보여주었다. 그리고 그것이 가져온 사회적 파장과 결과 또한 무시할 수 없는, 아니 엄청난 것이었고, 또 그에 대한 대응 역시 감정에서 결코 벗어나 있지 않았다. 이러한 사태의 진전은 사회 속에서 감정이 갖는 위치에 대한 새로운 사회학적 인식이 싹트게 했다.

그렇다고 그간 사회학에서 감정에 대해 전혀 관심을 가지지 않았던 것은 아니다. 그중에서 감정에 대한 사회학적 관심이 가장 두드러졌던 분야가 바로 사회운동연구였다. 사회학자들은 사회운동현상을 설명하면서, 초창기에 그것의 비합리적 감정의 측면을 부각시키기기 위해 '집합행동collective behavior'이라는 용어를 사용했다면, 나중에는 그것의 합리적 측면을 강조하기 위해 '집합행위collective action'라는 이전과는 다른 용어를 사용하기 시작했다. 하지만 이러한 조치는 사회운동의 긍정성을 확보해내기는 했지만, 감정을 사회운동연구에서 놓치는 결과를 초래했다. 바로 이 책 『열정적 정치: 감정과 사회운동』은 그간 사회운동연구에서 '잃어버린 연결고리missing link', 즉 감정을 복원시켜 이 분야의 연구를 더욱 체계화·풍부화하고자 하는 시도들을 담고 있다.

하지만 이 책에 실린 글들이 다시 과거의 관점으로 돌아가 감정의 부분별한 집단적 분출이라는 '군중심리'적 관점에서 감정을 복원하고자 하는 것은 당연히 아니다. 이 책의 기고자들은 우선 사회운동의 밑에 깔려 있는 '배후감정들background emotions', 즉 도덕적 분노, 화, 수치심, 사랑, 기쁨 등을 찾아내고, 이를 상황과 정보에 대한 운동 참여자들의 '논리적인 감정적 반응'이라고 파악한다. 그리고 다음으로 글쓴이들은 이들 감정이 사회운동을 어떻게 이끌고 또 변화시키는지를 '감정동학emotional dynamics'이라는 측면에서 체계적으로 분석함으로써 사회운동에서 감정이 수행하는 역할을 흥미롭게 분석한다.

이 책에 실려 있는 많은 글들은 아직 '사회운동의 감정사회학'의 초기작업에 해당하는 연구성과들로, 여전히 시론적이다. 하지만 이 글들은 단지 사회운동에 대한 우리의 이해의 폭을 넓혀주는 것만이 아니라, 감정사회학이 우리의 사회학적 인식의 지평을 어떻게 확장하고, 우리 사회학이 감정의 이해를 통해 우리의 삶과 우리 세계에 더욱 가까이 다가가서 우리와 함께 살아가고 있는 사람들과 어떻게 호흡을 같이 할 수 있는지를 너무나도 잘 보여준다. 그리고 이 책은 감정사회학이 활용할 수 있는 다양한 연구방법들을 보여준다는 점에서 감정사회학의 관점에서 경험적 연구를 계획하고 있는 연구자들에게 좋은 모델들을 제공해줄 것으로 보인다.

이 책을 옮기는 데에도 여러 가지 애로가 있었다. 그중에서도 특히 이 책은 서로 다른 국적과 서로 다른 연구경험을 가진 학자들이 매우 다양한 사회운동영역을 매우 다양한 맥락에서 다양한 방법론을 통해 다루고 있기에, 그리고 매우 다른 문체로 글을 쓰고 있기 때문에, 일천한 배경을 가진 옮긴이들은 이를 따라가며, 그 문맥을 살려 우리말로 옮기기가 쉽지 않았다. 어쩌면 그들의 글에도 어쩔 수 없이 실려 있을 수밖에 없는 '감정적 맥락'을 우리가 제대로 짚어내지 못했기 때문일 수도 있다. 정수남 박사는 우리의 번역작업에서 우리가 놓친 이러한 문맥을 잡아주는 지루한 작업을 마다하지 않았다. 우리는 여기에 그에 대한 고마움을 표시해둔다. 출판사에서는 언제나처럼 우리의 부족한 부분들을 꼼꼼히 채워주었다. 하지만 여전히 남아 있을 수밖에 없는 잘못에 대한 책임은 모두 우리에게 있다. 언제든 우리의 출판제의를 흔쾌히 들어주고 또 예쁜 표지로 책을 더욱 돋보이게 해주는 도서출판 한울의 모든 분과 이 책이 세상에 나오는 기쁨을 같이하고 싶다.

2012년 여름
긴 불볕더위 속에서
옮긴이 씀

470

참고문헌

Abelson, R., D. Kinder, M. Peters and S. Fiske. 1982. "Affective and Semantic Components in Political Person Perception." *Journal of Personality and Social Psychology* 42, pp. 619~630.

Abt, Vicki and Leonard Mustazza. 1997. *Coming After Oprah: Cultural Fallout in the Age of the TV Talk Show. Bowling Green.* Ohio: Bowling Green State University Popular Press.

Abzug, Robert H. 1980. *Passionate Liberator: Theodore Dwight Weld and the Dilemma of Reform.* New York and Oxford: Oxford University Press.

Adamski, Wladyslaw W. (ed). 1982. *Sisyphus Sociological Studies,* volume 3: *Crises and Conflicts, The Case of Poland, 1980-1981.* Warsaw: PWN(Polish Scientific Publishers).

Adorno, Theodore W., Else Frenkel-Brunswick, Daniel J. Levinson, and R. Nevin Sanford. 1950. *The Authoritarian Personality.* New York, N.Y.: Harper.

Agnelli, Giovanni, and Achille Starace. 1937. *Italia Imperiale.* Milan: Manlio Morgagni.

Agnew, John, and Carlo Brusa. 1999. "New Rules for National Identity? The Northern League and Political Identity in Contemporary Northern Italy." *National Identity* 1, pp. 117~133.

Alexander, Jeffrey C. 1992. "Citizen and Enemy as Symbolic Classification: On the Polarizing Discourse of Civil Society." In Michèle Lamont and Marcel Fournier (eds.). *Cultivating Differences: Symbolic Boundaries and the Making of Inequality.* Chicago: University of Chicago Press.

_____. 1996. "Cultural Sociology or Sociology of Culture? Toward a Strong Program." *Culture*(Newsletter of the Sociology of Culture Section of the American Sociological Association) 10, pp. 1, 3~5.

Alexander, Jeffrey C., Steven Sherwood, and Philip Smith. 1993. "Risking Enchantment..." *Culture*(Newsletter of the Sociology of Culture Section of the American Sociological Association) 7, pp. 10~14.

Allahyari, Rebecca Anne. 2000. *Visions of Charity: Volunteer Workers and Moral Community*. Berkeley and Los Angeles: University of California Press.

Allport, Floyd. 1924. *Social Psychology*. Boston: Houghton Mifflin.

Alter, Peter. 1987. "Symbols of Irish Nationalism." In Alan O'Day(ed.). *Reactions to Irish Nationalism*. Dublin: Irish Academic Press.

Amenta, Edwin. Forthcoming. "Opportunity Knocks: The Trouble with Political Opportunity and What You Can Do about It." Jeff Goodwin(ed.), *Paths to Protest: Political Opportunities in Contemporary Social Movement Studies*.

Amenta, Edwin and Michael P. Young. 1999. "Making an Impact: The Conceptual and Methodological Implications of the Collective Benefits Criterion." Marco Giugni, Doug McAdam and Charles Tilly(eds.), *How Social Movements Matter*. Minneapolis: University of Minnesota Press.

Amenta, Edwin and Yvonne Zylan. 1991. "It Happened Here: Political Opportunity, the New Institutionalism, and the Townsend Movement." *American Sociological Review* 56, pp. 250~265.

Anderson, Benedict. 1991[1983]. *Imagined Communities: Reflections on the Origin and Spread of Nationalism*. London: Verso.

Apuzzo, Virginia. 1986. "Stonewalling." *New York Native*, 28 July, p. 11.

Archiv Bürgerbewegung Leipzig, e.V. (ABL)[Civic Movement Archive of Leipzig]. ABL H1: Events in Leipzig, 1953-1990; ABL H2: Opposition Groups in Leipzig; ABL H3: Materials on GDR Opposition.

Armon-Jones, Claire. 1986. "The Thesis of Constructionism." Rom Harré(ed.). *The Social Construction of Emotions*. Oxford: Blackwell.

Ash, Timothy Garton. 1983. *The Polish Revolution: Solidarity 1980-1982*. London: Jonathan Cape.

Bakhtin, M. M. 1984. *Problems of Dostoevsky's Poetics*. Edited and translated by Caryl Emerson. Minneapolis: University of Minnesota Press.

_____. 1993. *Toward a Philosophy of the Act*. Edited by Michael Holquist and V. Liapunov. Translated by V. Liapunov. Austin: University of Texas Press.

Banfield, Edward C. 1968. *The Unheavenly City*. Boston and Toronto: Little, Brown.

Banner, Lois. 1973. "Religious Benevolence as Social Control: A Critique of an Interpretation." *Journal of American History* 60, pp. 23~41.

Barbalet, J. M. 1998. *Emotion, Social Theory, and Social Structure: A Macro-sociological Approach*. Cambridge: Cambridge University Press.

Barker, Colin. 1986. *Festival of the Oppressed: Solidarity, Reform, and Revolution in Poland, 1980-81*. London: Bookmarks.

Barker, Ewa. 1980. Manuscript of interview with Anna Walentynowicz, Gdansk, Poland, September.

Barker, Martin. 1989. *Comics: Ideology, Power, and the Critics*. Manchester: Manchester University Press.

Barker, Martin and Kate Brooks. 1998. "On Looking into Bourdieu's Black Box." Roger Dickinson, Ramaswami Harandranath and Olga Linne(eds.). *Approaches to Audiences: A Reader*. London: Edward Arnold.

Barley, Stephen R. and Gideon Kunda. 1992. "Design and Devotion: Surges of Rational and Normative Ideologies of Control in Managerial Discourse." *Administrative Science Quarterly* 37, pp. 363~400.

Barnes, Gilbert. 1933. *The Antislavery Impulse, 1830-1844*. New York and London: D. Appleton-Century Company.

Barnes, Gilbert H. and Dwight L. Dumond(eds). 1965. *Letters of Theodore Dwight Weld, Angelina Grimke, and Sarah Grimke, 1822-1844*. Gloucester, Mass.: Peter Smith.

Barnes, Samuel H. and Max Kaase. 1979. *Political Action*. Beverly Hills, Calif.: Sage.

Barry, Deborah, Raul Vergara and Jose Rodolfo Castro. 1988. "'Low Intensity Warfare': The

Counterinsurgency Strategy for Central America." Nora Hamilton et al.,(eds.). *Crisis in Central America: Regional Dynamics and U.S. Policy in the 1980s.* Boulder, Colo.: Westview Press.

Bartky, Sandra. 1990. *Femininity and Domination: Studies in the Phenomenology of Oppression.* New York, N.Y.: Routledge.

Bauman, Zygmunt. 1991. *Modernity and Ambivalence.* Ithaca, N.Y.: Cornell University Press.

Becker, Howard S. 1973. *Outsiders: Studies in the Sociology of Deviance.* New York, N.Y.: The Free Press.

_____. 1986. *Doing Things Together: Selected Papers.* Evanston: Northwestern University Press.

Bederman, Gail. 1989. "'The Women Have Had Charge of the Church Work Long Enough': The Men and Religion Forward Movement of 1911-1912 and the Masculinization of Middle-Class Fundamentalism." *American Quarterly* 41, pp. 432~465.

Beecher, Lyman. 1807. *The Remedy for Dueling: A Sermon Delivered before the Presbytery of Long Island.* Sag Harbor, N.Y.: Alden Spooner.

Belenky, Mary Field, Blythe McVicker Clinchy, Nancy Rule Goldberger and Jill Mattuch Tarule. 1986. *Women's Ways of Knowing: The Development of Self, Voice, and Mind.* New York: Basic Books.

Belfrage, Sally. 1965. *Freedom Summer.* Charlottesville: University Press of Virginia.

Bell, Derrick. 1992. *Faces at the Bottom of the Well: The Permanence of Racism.* New York, N.Y.:Basic Books.

Bender, Courtney. 1998. "Bakhtinian Perspectives on 'Everyday Life' Sociology." Michael Mayfield Bell and Michael Gordinea(eds.), *Bakhtin and the Human Sciences: No Last Word.* London: Sage.

Bendroth, Margaret Lamberts. 1993. *Fundamentalism and Gender, 1975 to the Present.* New Haven: Yale University Press.

Benford, Robert D. 1997. "An Insider's Critique of the Social Movement Framing Perspective."

Sociological Inquiry 67, pp. 409~430.

Berezin, Mabel. 1994. "Cultural Form and Political Meaning." *American Journal of Sociology* 99, pp. 1237~1286.

_____. 1997. *Making the Fascist Self: The Political Culture of Inter-war Italy*. Ithaca, N.Y.: Cornell University Press.

_____. 1998. "I rituali pubblici e la rappresentazione dell'identita politica." *Rassegna Italiana di Sociologia* 39, pp. 359~386.

_____. 1999a. "Political Belonging: Emotion, Nation and Identity in Fascist Italy." George Steinmetz(ed.), *State/Culture*. Ithaca, N.Y.: Cornell University Press.

_____. 1999b. "Democracy and Its Others in a Global Polity." *International Sociology* 14, pp. 227~243.

Bernhard, Michael H. 1993. *The Origins of Democratization in Poland: Workers, Intellectuals, and Oppositional Politics, 1976-1980*. New York, N.Y.: Columbia University Press.

Bernstein, Mary. 1997. "Celebration and Suppression: The Strategic Uses of Identity by the Lesbian and Gay Movement." *American Journal of Sociology* 103, pp. 531~565.

Berryman, Phillip. 1984. *The Religious Roots of Rebellion: Christians in the Central American Revolutions*. Maryknoll, N.Y.: Orbis Books.

Bew, Paul. 1978. *Land and the National Question in Ireland*. Dublin and Atlantic Highlands, N.J.: Gill and Macmillan and Humanities Press.

Billig, Michael. 1995. *Banal Nationalism*. London: Sage.

Billingsley, K. L. 1990. *From Mainline to Sideline: The Social Witness of the National Council of Churches*. Washington, D.C.: Ethics and Public Policy Center.

Biloni, Vincenzo. 1933. *Cultura Fascista: secondo I programmi delle scuole secondarie d'auuiamento professionale*. Brescia: Giulio Vannini.

Bion, Wilfred. 1961. *Experiences in Groups*. London: Tavistock.

Blau, Joel. 1992. *The Visible Poor: Homelessness in the United States*. New York, N.Y.: Oxford University Press.

Blee, Kathleen M. 1991. *Women of the Klan: Racism and Gender in the 1920s.* Berkeley and Los Angeles: University of California Press.

Bloom, Jack. Forthcoming. *Looking Through the Eyes of the Polish Revolution.*

Blumer, Herbert. 1969[1939]. "Collective Behaviour." Alfred McClung Lee(ed.), *Principles of Sociology,* 3d ed. New York, N.Y.: Barnes and Noble.

Bly, Robert. 1990. *Iron John.* Reading, Mass.: Addison-Wesley.

Bockman, Philip. 1986. "A Fine Day." *New York Native,* 25 August, pp. 12~13.

Bodo, John R. 1954. *The Protestant Clergy and Public Issues.* Princeton, N.J.: Princeton University Press.

Bolton, Charles D. 1972. "Alienation and Action: A Study of Peace Group Members." *American Journal of Sociology* 78, pp. 537~561.

Bonnell, Victoria E. 1997. *Iconography of Power: Soviet Political Posters under Lenin and Stalin.* Berkeley and Los Angeles: University of California Press.

Booth, John and Thomas Walker. 1993. *Understanding Central America.* Boulder, Colo.: Westview Press.

Booth, William. 1890. *In Darkest England, and the Way Out.* New York, N.Y.: Funk and Wagnalls.

Borneman, John. 1992. *Belonging in the Two Berlins: Kin, State, and Nation.* Cambridge: Cambridge University Press.

Borowczak, Jerzy. 1982. "At the Lenin Shipyard: Interview with Jerzy Borowczak." Stan Persky and Henry Flam(eds.), *The Solidarity Sourcebook.* Vancouver: New Star.

Breslauer, S. Daniel. 1983. *A New Jewish Ethic.* New York: The Edward Mellon Press.

Brett, Donna Whitson, and Edward Brett. 1988. *Murdered in Central America: The Stories of Eleven U.S. Missionaries.* Maryknoll, N.Y.: Orbis Books.

Brewer, John. 1995. "This, That, and the Other: Public, Social and Private in the Seventeenth and Eighteenth Centuries." Dario Castiglione and Lesley Sharpe (eds.), *Shifting the Boundaries: Transformation of the Languages of Public and Private in the Eighteenth Century.* Exeter: University of Exeter Press.

476

Brinkley, Douglas. 2000. *Rosa Parks*. New York, N.Y.: Viking.

Brockett, Charles D. 1991. "The Structure of Political Opportunities and Peasant Mobilization in Central America." *Comparative Politics* 23, pp. 253~274.

Broude, S. G. 1970. "Civil Disobedience in the Jewish Tradition." D. J. Silver(ed.), *Judaism and Ethics*. New York: Ktav Publishers.

Brown, Laura S. 1997. "The Private Practice of Subversion: Psychology as Tikkun Olam." *American Psychologist* 52, pp. 449~462.

Browning, Frank. 1993. *The Culture of Desire: Paradox and Perversity in Gay Lives Today*. New York, N.Y.: Crown.

Brubaker, Rogers. 1992. *Citizenship and Nationhood in France and Germany*. Cambridge, Mass.: Harvard University Press.

_____. 1996. *Nationalism Reframed: Nationhood and the National Question in the New Europe*. Cambridge: Cambridge University Press.

Brubaker, Rogers and David D. Laitin. 1998. "Ethnic and Nationalist Violence." *Annual Review of Sociology* 24, pp. 423~452.

Calhoun, Craig. 1992. "Beyond the Problem of Meaning: Robert Wuthnow's Historical Sociology of Culture." *Theory and Society* 21, pp. 419~444.

_____. 1993a. "'New Social Movements' of the Early Nineteenth Century." *Social Science History* 17, pp. 385~427.

_____. 1993b. "Social Theory and the Politics of Identity." Craig Calhoun(ed.), *Social Theory and the Politics of Identity*. Cambridge, Mass.: Blackwell.

_____(ed). 1993c. *Social Theory and the Politics of Identity*. Cambridge, Mass.: Blackwell.

_____. 1995a. *Critical Social Theory: Culture, History, and the Challenge of Difference*. Cambridge, Mass.: Blackwell.

_____. 1995b. *Neither Gods nor Emperors: Students and the Struggle for Democracy in China*. Berkeley and Los Angeles: University of California Press.

_____. 1997. *Nationalism*. Minneapolis: University of Minnesota Press.

Campbell, Sue. 1989. "Being Dismissed: The Politics of Emotional Expression." *Hypatia* 9,

pp. 46~65.

Carrithers, Michael, Steven Collins and Steven Lukes(eds). 1985. *The Category of the Person*. Cambridge: Cambridge University Press.

Centers for Disease Control and Prevention(CDC). 1997. *HIV/AIDS Surveillance Report 9*.

Cerulo, Karen. 1997. "Identity Construction: New Issues, New Directions." *Annual Review of Sociology* 23, pp. 385~409.

Champagne, Rosaria. 1996. *The Politics of Survivorship*. New York, N.Y.: New York University Press.

Chancer, Lynn. 1992. *Sadomasochism in Everyday Life: The Dynamics of Power and Powerlessness*. New Brunswick, N.J.: Rutgers University Press.

Chodorow, Nancy. 1998. "Homophobia: Analysis of a 'Permissible Prejudice.'" Presentation to the Meeting of the American Psychoanalytic Association, December 18, 1998.

_____. 1999. *The Power of Feelings: Personal Meanings in Psychoanalysis, Culture, and Gender*. New Haven: Yale University Press.

Chong, Dennis. 1991. *Collective Action and the Civil Rights Movement*. Chicago: University of Chicago Press.

Clark, Burton R. 1956. *Adult Education in Transition*. Berkeley and Los Angeles: University of California Press.

Clark, Candace. 1990. "Emotions and Micropolitics in Everyday Life: Some Patterns and Paradoxes of 'Place.'" Theodore D. Kemper(ed.), *Research Agendas in the Sociology of Emotions*. Albany: State University of New York Press.

_____. 1997. *Misery and Company: Sympathy in Everyday Life*. Chicago: University of Chicago Press.

Clark, Samuel. 1979. *Social Origins of the Irish Land War*. Princeton, N.J.: Princeton University Press.

Clayman, Stephen E. 1993. "Booing: The Anatomy of a Disaffiliative Response." *American Sociological Review* 58, pp. 110~130.

Cohen, Jean L. 1985. "Strategy or Identity: New Theoretical Paradigms and Contemporary

Social Movements." *Social Research* 52, pp. 663~716.

Cohen, Jean L. and Andrew Arato. 1992. *Civil Society and Political Theory*. Cambridge, Mass.: MIT Press.

Cohen, Peter Franzblau. 1998. *Love and Anger: Essays on AIDS, Activism, and Politics*. New York, N.Y.: Harrington Park Press.

Coles, Robert. 1973. *A Spectacle unto the World: The Catholic Worker Movement*. New York, N.Y.: Viking Press.

Collins, Chik. 1996. "To Concede or to Contest? Language and Class Struggle." Colin Barker and Paul Kennedy(eds.), *To Make Another World: Studies in Protest and Collective Action*. Aldershot: Avebury.

_____. 1999. *Language, Ideology, and Social Consciousness: Developing a Sociohistorical Approach*. Aldershot: Ashgate.

Collins, Randall. 1975. *Conflict Sociology*. New York, N.Y.: Academic Press.

_____. 1998. *The Sociology of Philosophies*. Cambridge, Mass.: Harvard University Press.

Comerford, R. V. 1985. *The Fenians in Context: Irish Politics and Society, 1848-82*. Atlantic Highlands, N.J.: Humanities Press.

Conkin, Paul K. 1995. *The Uneasy Center: Reformed Christianity in Antebellum America*. Chapel Hill: University of North Carolina Press.

Connell, Robert W. 1990. "The State, Gender, and Sexual Politics." *Theory and Society* 19, pp. 507~543.

Connolly, William. 1991. *Identity/Difference*. Ithaca, N.Y.: Cornell University Press.

Connors, Joseph. 1973. "Roman Catholic Missions." Edward Dayton(ed.), *Missions Handbook*. Monrovia, Calif.: Missions Advanced Research and Communications.

Conroy, Michael. 1987. "Economic Aggression as an Instrument of Low-Intensity Warfare." In Thomas Walker(ed.), *Reagan versus the Sandinistas: The Undeclared War on Nicaragua*. Boulder, Colo.: Westview Press.

Corradi, Juan. 1992. "Toward Societies without Fear." Juan E. Corradi, Patricia Weiss Fagen and Manuel Antonio Garretón(eds.), *Fear at the Edge: State Terror and*

Resistance in Latin America. Berkeley and Los Angeles: University of California Press.

Corse, Sarah. 1997. *Nationalism and Literature.* Cambridge: Cambridge University Press.

Cotton, Paul. 1985. "Marchers Remember Losses to AIDS." *Gay Life* 30 May, pp. 1, 5.

Coulter, Jeff. 1986. "Affect and Social Context: Emotion Definition as a Social Task." Rom Harré(ed.), *The Social Construction of Emotions.* Oxford: Blackwell.

Crane, Diana(ed). 1994. *The Sociology of Culture.* Cambridge, Mass.: Blackwell.

Cress, Daniel M. 1997. "Nonprofit Incorporation among Movements of the Poor: Pathways and Consequences for Homeless Social Movement Organizations." *Sociological Quarterly* 38, pp. 343~360.

Crittenden, Ann. 1988. *Sanctuary: A Story of American Conscience and Law in Collision.* New York, N.Y.: Weidenfeld and Nicolson.

Crossley, Nick. 1998. "Emotion and Communicative Action: Habermas, Linguistic Philosophy, and Existentialism." Gillian Bendelow and Simon J. Williams(eds.). *Emotions in Social Life: Critical Themes and Contemporary Issues.* London: Routledge.

Cushing, Jacob. 1991. "Divine Judgments Upon Tyrants." Ellis Sandoz(ed.), *Political Sermons of the American Founding Era, 1730-1805.* Indianapolis, Ind.: Liberty Fund.

d'Adesky, Anne-Christine. 1986. "Gays on Two Coasts Protest Supreme Court Sodomy Ruling." *New York Native* 14 July, pp. 8~9.

Darnovsky, Marcy, Barbara Epstein and Richard Flacks(eds). 1995. *Cultural Politics and Social Movements.* Philadelphia: Temple University Press.

Davidson, Miriam. 1988. *Convictions of the Heart: Jim Corbett and the Sanctuary Movement.* Tucson: University of Arizona Press.

Davis, David Brion. 1967. "The Emergence of Immediatism in British and American Antislavery Thought." David Brion Davis(ed.). *Ante-Bellum Reform.* New York, N.Y.: Harper and Row.

_____. 1975. *The Problem of Slavery in the Age of Revolution.* Ithaca, N.Y.: Cornell University Press.

Davis, Shelton. 1983. "State Violence and Agrarian Crisis in Guatemala: The Roots of the Indian-Peasant Rebellion." Martin Diskin(ed.). *Trouble in Our Backyard: Central America and the United States in the Eighties.* New York, N.Y.: Pantheon Books.

Day, Dorothy. 1963. *Loaves and Fishes.* New York, N.Y.: Harper and Row.

Deitcher, David. 1995. "Law and Desire." David Deitcher(ed.). *The Question of Equality: Lesbian and Gay Politics in America since Stonewall.* New York, N.Y.: Simon and Schuster.

de Sousa, Ronald. 1987. *The Rationality of Emotion.* Cambridge, Mass.: MIT Press.

Diani, Mario. 1995. *Green Networks. A Structural Analysis of the Italian Environmental Movement.* Edinburgh: Edinburgh University Press.

Dietrich, Christian and Uwe Schwabe. 1994. *Freunde und Feinde: Dokumente zu den Friedensgebeten in Leipzig zwischen 1981 und dem 9. Oktober 1989.* Leipzig: Evangelische Verlagsanstalt.

DiMaggio, Paul J. and Walter W. Powell. 1991. "Introduction." Walter W. Powell and Paul J. DiMaggio(eds.). *The New Institutionalism in Organizational Analysis.* Chicago: University of Chicago Press.

Donovan, Josephine. 1993. "Animal Rights and Feminist Theory." Greta Guard(ed.). *Ecofeminism: Women, Animals, and Nature.* Philadelphia: Temple University Press.

Dorr, Donal. 1983. *Option for the Poor: A Hundred Years of Vatican Social Teaching.* Maryknoll, N.Y.: Orbis Books.

Douglas, Mary. 1986. *How Institutions Think.* Syracuse, N.Y.: Syracuse University Press.

Du Bois, W. E. B. 1989[1903]. *The Souls of Black Folk.* New York, N.Y.: Bantam, Doubleday.

Duggan, Lisa. 1994. "Queering the State." *Social Text 39*, pp. 1~14.

Dumont, Louis. 1982. *From Mandeville to Marx*. Chicago: University of Chicago Press.

Duncombe, Jean, and Dennis Marsden. 1993. "Love and Intimacy: The Gender Division of Emotion and 'Emotion Work': A Neglected Aspect of Sociological Discussion of Heterosexual Relationships." *Sociology* 27, pp. 221~241.

Durkheim, Emile. 1965[1912]. *The Elementary Forms of Religious Life*. Translated by Joseph Ward Swain. New York, N.Y.: The Free Press.

_____. 1995[1912]. *The Elementary Forms of the Religious Life*. Translated by Karen E. Fields. New York, N.Y.: The Free Press.

Early, Gerald(ed). 1994. *Lure and Loathing: Essays on Race, Identity, and the Ambivalence of Assimilation*. New York, N.Y.: Penguin Books.

Einwohner, Rachel L. 1999. "Gender, Class, and Social Movement Outcomes: Identity and Effectiveness in Two Animal Rights Campaigns." *Gender and Society* 13, pp. 56~76.

Elkins, Stanley M. 1959. *Slavery: A Problem in American Institutional and Intellectual Life*. Chicago: University of Chicago Press.

Ellis, Carolyn. 1991. "Sociological Introspection and Emotional Experience." *Symbolic Interaction* 14, pp. 23~50.

Elster, Jon. 1989. *Nuts and Bolts for the Social Sciences*. Cambridge: Cambridge University Press.

Elston, Mary Ann. 1987. "Women and Anti-Vivisection in Victorian England, 1870-1900." Nicholas A. Rupke(ed.). *Vivisection in Historical Perspective*. London: Croom Helm.

Emirbayer, Mustafa and Jeff Goodwin. 1994. "Network Analysis, Culture, and the Problem of Agency." *American Journal of Sociology* 99, pp. 1411~55.

Epstein, Aaron. 1997. "Top Court Strengthens Law's Hand on Religion." *Sacramento Bee* 26 June.

Epstein, Barbara. 1991. *Political Protest and Cultural Revolution: Nonviolent Direct Action in the 1970s and 1980s*. Berkeley and Los Angeles: University of California

Press.

Erikson, Erik. 1956. *Childhood and Society*. New York, N.Y.: Norton.

Escoffier, Jeffrey. 1998. *American Homo: Community and Perversity*. Berkeley and Los Angeles: University of California Press.

Evens, Terence. 1995. *Two Kinds of Rationality*. Minneapolis: University of Minnesota Press.

Evers, Charles and Andrew Szanton. 1997. *Have No Fear: The Charles Evers Story*. New York, N.Y.: Wiley.

Eyerman, Ron and Andrew Jamison. 1998. *Music and Social Movements: Mobilizing Traditions in the Twentieth Century*. Cambridge: Cambridge University Press.

Fairclough, Adam. 1986. "The Preachers and the People: The Origins and Early Years of the Southern Christian Leadership Conference, 1955-1959." *Journal of Southern History* 52, pp. 403~440.

Fall, John A. 1986. "LaRouche Group Seeks AIDS Quarantine Referendum; Gay and Lesbian Community Forms Coalition to Defeat Measure." *New York Native* 16 June, pp. 9~10.

Fanon, Frantz. 1982. *Black Skin, White Masks*. New York, N.Y.: Grove Press.

Fernandez, Roberto and Doug McAdam. 1988. "Social Networks and Social Movements: Multiorganizational Fields and Recruitment to Mississippi Freedom Summer." *Sociological Forum* 3, pp. 357~382.

Findeis, Hagen, Detlef Pollack and Manuel Schilling. 1994. *Die Entzauberung des Politischen*. Leipzig: Evangelische Verlagsanstalt.

Fine, Gary Alan. 1992. "Agency, Structure, and Comparative Contexts: Toward a Synthetic Interactionism." *Symbolic Interaction* 15, pp. 87~107.

Fine, Gary Alan and Kent Sandstrom. 1993. "Ideology in Action: A Pragmatic Approach to a Contested Concept." *Sociological Theory* 11, pp. 21~38.

Fineman, Stephen, ed. 1993. *Emotion in Organizations*. London: Sage.

Finke, Roger and Rodney Stark. 1992. *The Churching of America: Winners and Losers in*

Our Religious Economy. New Brunswick, N.J.: Rutgers University Press.

Fireman, Bruce and William A. Gamson. 1979. "Utilitarian Logic in the Resource Mobilization Perspective." Mayer N. Zald and John D. McCarthy(eds.). *The Dynamics of Social Movements.* Cambridge, Mass.: Winthrop Publishers.

Fireman, Bruce, William A. Gamson, Steve Rytina and Bruce Taylor. 1979. "Encounters with Unjust Authority." Louis Kriesberg(ed.). *Research in Social Movements, Conflicts and Change,* vol. 2. Greenwich, Conn.: JAI Press.

Fish, Joe and Cristina Sganga. 1988. *El Salvador: Testament of Terror.* New York, N.Y.: Olive Branch Press.

Fishburn, Janet. 1993. "Mainline Protestants and the Social Gospel Impulse." Dieter Hellel (ed.). *The Church's Public Role.* Grand Rapids: Wm. B. Eerdmans.

Flam, Helena. 1990a. "Emotional 'Man': I. The Emotional 'Man' and the Problem of Collective Action." *International Sociology* 5, pp. 39~56.

_____. 1990b. "Emotional 'Man': II. Corporate Actorsas Emotion-Motivated Emotion Managers." *International Sociology* 5, pp. 225~234.

Foster, Charles I. 1960. *An Errand of Mercy: The Evangelical United Front, 1790-1837.* Chapel Hill: University of North Carolina Press.

Foucault, Michel. 1979. *Discipline and Punish: The Birth of the Prison.* Translated by Alan Sheridan. New York, N.Y.: Vintage Books.

Fowden, Garth. 1986. *The Egyptian Hermes: A Historical Approach to the Late Pagan Mind.* Cambridge: Cambridge University Press.

Frank, Robert H. 1988. *Passions Within Reason.* New York, N.Y.: Norton.

Frank, Robert H. and Philip J. Cook. 1996. *The Winner-Take-All Society: Why the Few at the Top Get So Much More than the Rest of Us.* New York, N.Y.: Penguin.

Freeman, Jo. 1973. "The Origin of the Woman's Liberation Movement." *American Journal of Sociology* 78, pp. 792~811.

Freiberg, Peter. 1985. "Gay Anti-Defamation League Forms in New York: Activists Outraged by Cuomo's Policies, Media Sensationalism." *Advocate* 24 December, pp. 14~15.

_____. 1986a. "Gays Protest N. Y. Post Homophobia." *Advocate* 7 January, pp. 16~17.

_____. 1986b. "Supreme Court Decision Sparks Protests; 'New Militancy' Seen in Angry Demonstrations." *Advocate* 5 August, pp. 12~13.

_____. 1986c. "LaRouche AIDS Initiative." *Advocate* 19 August, pp. 10~11, 20.

French, Richard D. 1975. *Anti-vivisection and Medical Science in Victorian Society.* Princeton, N.J.: Princeton University Press.

Freud, Sigmund. 1953[1900]. "The Interpretation of Dreams." James Strachey(ed.). *The Standard Edition of the Complete Psychological Works of Sigmund Freud,* vols. 4 and 5. London: Hogarth Press.

_____. 1955[1909]. "A Phobia in a Five-year-old Boy." James Strachey(ed.). *The Standard Edition of the Complete Psychological Works of Sigmund Freud,* vol. 10. London: Hogarth Press.

_____. 1958[1912]. "Recommendations to Physicians Practicing Psycho-Analysis." James Strachey(ed.). *The Standard Edition of the Complete Psychological Works of Sigmund Freud,* vol. 12. London: Hogarth Press.

Freyd, Jennifer J. 1996. *Betrayal Trauma Theory: The Logic of Forgetting Abuse.* Cambridge, Mass.: Harvard University Press.

Friedman, Lawrence J. 1982. *Gregarious Saints: Self and Community in American Abolitionism, 1830-1870.* New York, N.Y.: Cambridge University Press.

Fritzsche, Peter. 1998. *Germans into Nazis.* Cambridge, Mass.: Harvard University Press.

Frye, Marilyn. 1983. "A Note on Anger." *The Politics of Reality: Essays in Feminist Theory.* Trumansburg, N.Y.: Crossing Press.

Fuss, Diana. 1991. "Inside/Out." Diana Fuss(ed.). *Inside/Out: Lesbian Theories, Gay Theories.* New York, N.Y.: Routledge.

Gajda, Jan. 1982. "August 1980 As I Saw It." Wladyslaw W. Adamski(ed.). *Sisyphus Sociological Studies, vol. 3: Crises and Conflicts, The Case of Poland 1980-1981.* Warsaw: PWN (Polish Scientific Publishers).

Game, Ann and Andrew Metcalfe. 1996. *Passionate Sociology.* Thousand Oaks, Calif.:

Sage.

Gamson, Joshua. 1997. *Freaks Talk Back.* Chicago: University of Chicago Press.

Gamson, William A. 1988. "Political Discourse and Collective Action." Bert Klandermans, Hanspeter Kriesi and Sidney Tarrow(eds.). *From Structure to Action: Comparing Social Movement Research across Cultures.* Greenwich, Conn.: JAI Press.

_____. 1990[1975]. *The Strategy of Social Protest*, 2d ed. Belmont, Calif.: Wadsworth.

_____. 1992. *Talking Politics.* Cambridge: Cambridge University Press.

Gamson, William A., Bruce Fireman and Steven Rytina. 1982. *Encounters with Unjust Authority.* Homewood, Ill.: Dorsey Press.

Gamson, William A. and Andre Modigliani. 1989. "Media Discourse and Public Opinion on Nuclear Power: A Constructionist Approach." *American Journal of Sociology* 95, pp. 1~37.

Gans, Ronald. 1986. "The New Dred Scott." *New York Native* 28 July, p. 14.

Gardiner, Michael. 1992. *The Dialogics of Critique: M. M. Bakhtin and the Theory of Ideology.* London: Routledge.

Garfinkel, Harold. 1967. *Studies in Ethnomethodology.* Englewood Cliffs, N.J.: Prentice-Hall.

Caventa, John. 1980. *Power and Powerlessness: Quiescence and Rebellion in an Appalachian Valley.* Urbana: University of Illinois Press.

Geertz, Clifford. 1973. *The Interpretation of Cultures.* New York, N.Y.: Basic Books.

_____. 1983. *Local Knowledge: Further Essays in Interpretive Anthropology.* New York, N.Y.: Basic Books.

Gendler, Everett. 1978. "War in the Jewish Tradition." Menachem Kellner(ed.). *Contemporary Jewish Ethics.* New York, N.Y.: Sanhedrin Press.

Gilligan, Carol. 1982. *In a Different Voice: Psychological Theory and Women's Development.* Cambridge, Mass.: Harvard University Press.

Gitlin, Todd. 1980. *The Whole World is Watching: Mass Media in the Making and Unmaking of the New Left.* Berkeley and Los Angeles: University of California

Press.

Goffman, Erving. 1967. *Interaction Ritual.* New York, N.Y.: Anchor.

Goode, Erich and Nachman Ben-Yehuda. 1994. *Moral Panics: The Social Construction of Deviance.* Cambridge: Blackwell.

Goodheart, Lawrence B. 1990. *Abolitionist, Actuary, Atheist: Elizur Wright and the Reform Impulse.* Kent, Ohio: Kent State University Press.

Goodman, Paul. 1998. *Of One Blood: Abolitionism and the Origins of Racial Equality.* Berkeley and Los Angeles: University of California Press.

Goodwin, Jeff. 1997. "The Libidinal Constitution of a High-Risk Social Movement: Affectual Ties and Solidarity in the Huk Rebellion, 1946 to 1954." *American Sociological Review* 62, pp. 53~69.

Goodwin, Jeff and James M. Jasper. 1999. "Caught in a Winding, Snarling Vine: The Structural Bias of Political Process Theory." *Sociological Forum* 14, pp. 27~54.

Goodwin, Jeff, James M. Jasper and Francesca Polletta. 2000. "The Return of the Repressed: The Fall and Rise of Emotions in Social Movement Theory." *Mobilization* 5, pp. 65~84.

Goodwin, Jeff and Theda Skocpol. 1989. "Explaining Revolutions in the Third World." *Politics and Society* 17, pp. 489~509.

Goodwyn, Lawrence. 1991. *Breaking the Barrier: The Rise of Solidarity in Poland.* New York: Oxford University Press.

Gordon, Steve L. 1989. "Institutional and Impulsive Orientations in Selectively Appropriating Emotions to Self." David D. Franks and E. Doyle McCarthy(eds.). *The Sociology of Emotions: Original Essays and Research Papers.* Greenwich, Conn.: JAI Press.

_____. 1990. "Social Structural Effects on Emotions." Theodore D. Kemper(ed.). *Research Agendas in the Sociology of Emotions.* Albany: State University of New York Press.

Gould, Deborah B. 2000. "Sex, Death, and the Politics of Anger: Emotions and Reason in

ACT UP's Fight against AIDS." Ph.D. diss., University of Chicago.

Gould, Roger. 1991. "Multiple Networks and Mobilization in the Paris Commune, 1871." *American Sociological Review* 56, pp. 716~729.

_____. 1993. "Collective Action and Network Structure." *American Sociological Review* 58, pp. 182~196.

_____. 1995. *Insurgent Identities: Class, Community, and Protest in Paris from 1848 to the Commune.* Chicago: University of Chicago Press.

Granovetter, Mark. 1985. "Economic Action and Social Structure: The Problem of Embeddedness." *American Journal of Sociology* 91, pp. 481~510.

Green, Linda. 1994. "Fear as a Way of Life." *Cultural Anthropology* 9, pp. 227~256.

_____. 1995. "Living in a State of Fear." Carolyn Nordstrom and Antonius C. G. M. Robben (eds.). *Fieldwork Under Fire: Contemporary Studies of Violence and Survival.* Berkeley and Los Angeles: University of California Press.

Greenberg, Moshe. 1970. "Rabbinic Reflections on Defying Illegal Orders: Amasa, Abner, and Joab." *Judaism* 19, pp. 30~37.

Greenberg, Simon. 1977. *The Ethical in the Jewish and the American Heritage.* New York, N.Y.: Jewish Theological Seminary of America.

Gregg, Richard. 1934. *The Power of Non-Violence.* Philadelphia: J. B. Lippincott.

Griffin, Clifford. 1960. *Their Brothers' Keepers.* Westport, Conn.: Greenwood Press.

Griffiths, Paul E. 1997. *What Emotions Really Are.* Chicago: University of Chicago Press.

Groves, Julian McAllister. 1997. *Hearts and Minds: The Controversy over Laboratory Animals.* Philadelphia: Temple University Press.

Guha, Ranajit. 1983. *Elementary Aspects of Peasant Insurgency in Colonial India.* Delhi: Oxford University Press.

Gurr, Ted R. 1970. *Why Men Rebel.* Princeton, N.J.: Princeton University Press.

Gutmann, Amy(ed). 1994. *Multiculturalism and the Politics of Recognition.* Princeton, N.J.: Princeton University Press.

Guyette, Curt. 1994. "Hotel Salvation." *Sacramento News and Review* 3 March, pp. 12~15.

Habermas, Jürgen. 1987. *The Theory of Communicative Action: Lifeworld and System: A Critique of Functionalist Reason*. Boston, Mass.: Beacon Press.

_____. 1989[1962]. *The Structural Transformation of the Public Sphere*. Translated by Thomas Burger. Cambridge, Mass.: MIT Press.

Hall, Peter Dobkin. 1984. *The Organization of American Culture, 1700 - 1900: Private Institutions, Elites, and the Origins of American Nationality*. New York, N.Y.: New York University Press.

Hall, Peter M. 1985. "Asymmetric Relationships and Processes of Power." *Studies in Symbolic Interaction*, Supplement 1, pp. 309~344.

Handler, Richard. 1994. "Is 'Identity' a Useful Cross-Cultural Concept?" John R. Gillis(ed). *Commemorations: The Politics of National Identity*. Princeton, N.J.: Princeton University Press.

Hannon, James. 1991. "Identity and Participation in a Social Movement Organization: The Boston-Area Pledge of Resistance." Ph.D. diss., University of Wisconsin, Madison.

Hardin, Russell. 1982. *Collective Action*. Baltimore and London: Johns Hopkins University Press.

Hardman, Keith J. 1987. *Charles Grandison Finney, 1792-1875: Revivalist and Reformer*. Syracuse, N.Y.: Syracuse University Press.

Harré, Rom(ed). 1986. *The Social Construction of Emotions*. Oxford: Blackwell.

Harrington, Michael. 1963. *The Other America: Poverty in the United States*. New York, N.Y.: Macmillan.

Haskell, Thomas. 1985. "Capitalism and the Origins of the Humanitarian Sensibility, Parts I and II." *American Historical Review* 90, pp. 339~361, 547~566.

Hatch, Nathan O. 1989. *The Democratization of American Christianity*. New Haven: Yale University Press.

Hedström, Peter and Richard Swedberg(eds.). 1998. *Social Mechanisms: An Analytic Approach to Social Theory*. Cambridge: Cambridge University Press.

Herman, Didi. 1997. *The Antigay Agenda: Orthodox Vision and the Christian Right*.

Chicago: University of Chicago Press.

Heinicke, Christopher and R. Freed Bales. 1953. "Developmental Trends in the Structure of Small Groups." *Sociometry* 16, pp. 7~38.

Heise, David R. 1979. *Understanding Events: Affect and the Construction of Social Action.* New York, N.Y.: Cambridge University Press.

Hercus, Cheryl. 1999. "Identity, Emotion, and Collective Action." *Gender and Society* 13, pp. 34~55.

Hippler, Mike. 1986. "The Vigil: A Profile in Gay Courage." *Advocate* 15 April, pp. 42~47.

Hirschman, Albert O. 1977. *The Passions and the Interests: Political Arguments for Capitalism before its Triumph.* Princeton, N.J.: Princeton University Press.

_____. 1982. *Shifting Involvements: Private Interest and Public Action.* Princeton, N.J.: Princeton University Press.

Hoch, Charles and Robert A. Slayton. 1989. *New Homeless and Old: Community and Skid Row.* Philadelphia: Temple University Press.

Hochschild, Arlie Russell. 1979. "Emotion Work, Feeling Rules, and Social Structure." *American Journal of Sociology* 85, pp. 551~575.

_____. 1983. *The Managed Heart: Commercialization of Human Feeling.* Berkeley and Los Angeles: University of California Press.

_____. 1989. "The Economy of Gratitude." David Franks and E. Doyle McCarthy(eds.). *The Sociology of Emotions: Original Essays and Research Papers.* Greenwich, Conn.: JAI Press.

_____. 1990. "Ideology and Emotion Management: A Perspective and Path for Future Research." Theodore D. Kemper(ed.). *Research Agendas in the Sociology of Emotions.* Albany: State University of New York Press.

_____. 1998. "The Sociology of Emotion as a Way of Seeing." Simon J. Williams and Gillian Bendelow(eds.). *Emotions in Social Life: Critical Themes and Contemporary Issues.* London and New York: Routledge.

Hodder, Commissioner Kenneth L. 1994. "The Wall of Separation." *The War Cry* 2 July,

pp. 4~5.

Hoffer, Eric. 1951. *The True Believer: Thoughts on the Nature of Mass Movements*. New
York, N.Y.: Harper and Row.

Hofstadter, Richard. 1967. *The Paranoid Style in American Politics and Other Essays*.
New York, N.Y.: Vintage.

Hubert, Henri and Marcel Mauss. 1972[1902]. *A General Theory of Magic*. New York:
Norton.

Hunt, Lynn. 1992. *The Family Romance of the French Revolution*. Berkeley and Los
Angeles: University of California Press.

Hunt, Scott, Robert Benford and David Snow. 1994. "Identity Fields: Framing Processes
and the Social Construction of Movement Identities." Enrique Larana, Hank
Johnston and Joseph Gusfield(eds.). *New Social Movements: From Ideology to
Identity*. Philadelphia: Temple University Press.

Hunter, James Davison. 1991. *Culture Wars: The Struggle to Define America*. New York,
N.Y.: Basic Books.

Huston, James L. 1990. "The Experiential Basis of the Northern Antislavery Impulse."
Journal of Southern History 56, pp. 609~640.

Hutcheson, Francis. 1919. "Illustrations upon the Moral Senses." *Philosophical Writings*,
edited by R. S. Downie. London: Everyman Classics.

_____. 2000[1728]. *Essay on the Nature and Conduct of the Passions and Affections*.
London: Clinaman Press.

Jaggar, Alison M. 1989. "Love and Knowledge: Emotion in Feminist Epistemology." Alison M.
Jaggar and Susan R. Bordo(eds.). *Gender/Body/Knowledge*. New Brunswick,
N.J.: Rutgers University Press.

Jasper, James M. 1997. *The Art of Moral Protest: Culture, Biography, and Creativity in
Social Movements*. Chicago: University of Chicago Press.

_____. 1998. "The Emotions of Protest: Affective and Reactive Emotions in and around
Social Movements." *Sociological Forum* 13, pp. 397~424.

Jasper, James M. and Dorothy Nelkin. 1992. *The Animal Rights Crusade: The Growth of a Moral Protest.* New York, N.Y.: The Free Press.

Jasper, James M. and Jane Poulsen. 1995. "Recruiting Strangers and Friends: Moral Shocks and Social Networks in Animal Rights and Anti-Nuclear Protests." *Social Problems* 42, pp. 493~512.

Jenkins, J. Craig and Charles Perrow. 1977. "Insurgency of the Powerless: Farm Worker Movements(1946-1972)." *American Sociological Review* 42, pp. 249~268.

Johnson, J. H. 1986a. "Outspeak: John Lorenzini." *Windy City Times* 4 September, p. 8.

_____. 1986b. "Outspeak: Darrell Yates Rist." *Windy City Times* 23 October, p. 6.

Johnston, Susan. 1994. "On the Fire Brigade: Why Liberalism Can't Stop the Anti-Gay Campaigns of the Right." *Critical Sociology* 20, pp. 3~19.

Johnston, Hank and Bert Klandermans(eds.). 1995. *Social Movements and Culture.* Minneapolis: University of Minnesota Press.

Jonas, Susanne. 1991. *The Battle for Guatemala: Rebels, Death Squads, and U.S. Power.* Boulder, Colo.: Westview Press.

Jordan, Donald. 1994. *Land and Popular Politics in Ireland.* London: Cambridge University Press.

Kane, Anne. 1996. "The Centrality of Culture in Social Theory: Fundamental Clues from Weber and Durkheim." Stephen Turner(ed.). *Social Theory and Sociology.* London: Blackwell.

_____. 1997. "Theorizing Meaning Construction in Social Movements." *Sociological Theory* 15, pp. 249~276.

Kanter, Rosabeth Moss. 1972. *Commitment and Community: Communes and Utopias in Sociological Perspective.* Cambridge, Mass.: Harvard University Press.

Kaszuba, Gerard. 1982. "My reminiscences of, and experiences from, the strike in the Ustka shipyard in August 1980." Wladyslsaw W. Adamski(ed.). *Sisyphus Sociological Studies*, vol. 3: Crises and Conflicts, The Case of Poland 1980-1981. Warsaw: PWN(Polish Scientific Publishers).

Katz, Michael B. 1986. *In the Shadow of the Poorhouse: A Social History of Welfare in America*. New York, N.Y.: Basic Books.

Katzenstein, Mary Fainsod. 1998. *Faithful and Fearless: Moving Feminist Protest inside the Church and Military*. Princeton, N.J.: Princeton University Press.

Kayal, Philip M. 1990. "Healing Brokenness: Gay Volunteer ism in AIDS." *Humanity and Society* 14, pp. 280~296.

_____. 1993. *Bearing Witness: Gay Men's Health Crisis and the Politics of AIDS*. Boulder, Colo.: Westview Press.

Kemper, Theodore D. 1978a. *A Social Interactional Theory of Emotions*. New York, N.Y.: Wiley.

_____. 1978b. "Toward a Sociology of Emotions: Some Problems and Some Solutions." *The American Sociologist* 13, pp. 30~41.

_____. 1989. "Love and Like and Love and Love." David D. Franks and E. Doyle McCarthy (eds.). *The Sociology of Emotions: Original Essays and Research Papers*. Greenwich, Conn.: JAI Press.

_____. 1991. "Predicting Emotions from Social Relations." *Social Psychology Quarterly* 54, pp. 330~342.

_____. 1992. "Freedom and Justice: The Macro-Modes of Social Relations." *World Futures* 35, pp. 141~162.

_____. 1995. "What Does it Mean Social Psychologically To Be of a Given Age, Sex-Gender, Social Class, Race, Religion, etc.?" B. Markovsky, K. Heimer and J. O'Brien(eds.). *Advances in Group Processes* vol. 12. Greenwich, Conn.: JAI Press.

Kemper, Theodore D. and Randall Collins. 1990. "Dimensions of Microinteraction." *American Journal of Sociology* 96, pp. 32~68.

Kemp-Welch, A.(ed). 1983. *The Birth of Solidarity: The Gdansk Negotiations, 1980*. London: Macmillan.

Kimmelman, Reuven. 1968. "Non-violence in the Talmud." *Judaism* 17, pp. 316~334.

_____. 1970. "Rabbinic Ethics of Protest." *Judaism* 19.

Kintz, Linda. 1997. *Between Jesus and the Market: The Emotions that Matter in Right-Wing America*. Durham, N.C.: Duke University Press.

Kirschenbaum, Aaron. 1974. "A Cog in the Wheel: The Defense of Obedience to Superior Orders in Jewish Law." *Israel Yearbook on Human Rights* 4, pp. 168~193.

Kitschelt, Herbert P. 1986. "Political Opportunity Structures and Political Protest: Anti-Nuclear Movements in Four Democracies." *British Journal of Political Science* 16, pp. 57~85.

Klapp, Orrin. 1969. *Collective Search for Identity*. New York, N.Y.: Holt, Rinehart.

Kleinman, Sherryl. 1984. *Equals Before God: Seminarians as Humanistic Professionals*. Chicago: University of Chicago Press.

_____. 1996. *Opposing Ambitions: Gender and Identity in an Alternative Organization*. Chicago: University of Chicago Press.

Kollars, Deb. 1995. "Bitter Expansion Dispute Clouds Ministry for Homeless." *Sacramento Bee*, 24 September.

_____. 1997. "Cold Facts Prompt County to Modify Homeless Strategy." *Sacramento Bee*, 7 December.

Konvitz, Milton. 1978. "Conscience and Civil Disobedience in the Jewish Tradition." Menachem Kellner(ed.). *Contemporary Jewish Ethics*. New York, N.Y.: Sanhedrin Press.

Kornbluh, Peter. 1987. "The Covert War." Thomas Walker(ed.). *Reagan versus the Sandinistas: The Undeclared War on Nicaragua*. Boulder, Colo.: Westview Press.

Kornhauser, William. 1959. *The Politics of Mass Society*. Glencoe, Ill.: The Free Press.

Kramer, Larry. 1983. "1,112 and Counting." *New York Native* 14-27 March, p. 1, 18~19, 21~23.

Kriger, Nora. 1992. *Zimbabwe's Guerrilla War: Peasant Voices*. Cambridge: Cambridge University Press.

Kuczma, Jozef. 1982. "August 1980 as I remember it." Wladyslaw W. Adamski(ed.).

Sisyphus Sociological Studies, vol. 3: Crises and Conflicts, The Case of Poland 1980-1981. Warsaw: PWN(Polish Scientific Publishers).

Kumar, Krishan and Jeff Weintraub(eds.). 1997. *Public and Private Thought and Practice: Perspectives on a Grand Dichotomy.* Chicago: University of Chicago Press.

Kuran, Timur. 1995. "The Inevitability of Future Revolutionary Surprises." *American Journal of Sociology* 100, pp. 1528~1551.

Laba, Roman. 1991. *The Roots of Solidarity: A Political Sociology of Poland's Working-Class Democratization.* Princeton N.J.: Princeton University Press.

Laitin, David D. 1998. *Identity in Formation.* Ithaca, N.Y.: Cornell University Press.

Lakoff, George. 1996. *Moral Politics.* Chicago: University of Chicago Press.

Lakoff, George and Mark Johnson. 1980. *Metaphors We Live By.* Chicago: University of Chicago Press.

Lakoff, George and Zoltàn Kövecses. 1987. "The Cognitive Model of Anger Inherent in American English." Naomi Quinn and Dorothy Holland(eds.). *Cultural Models in Language and Thought.* New York, N.Y.: Cambridge University Press.

Lamont, Michèle and Marcel Fournier(eds.). 1992. *Cultivating Differences: Symbolic Boundaries and the Making of Inequality.* Chicago: University of Chicago Press.

Landman, Leo. 1969. "Civil Disobedience: The Jewish View." *Tradition* 10, pp. 5~14.

Lasswell, Harold D. 1930. *Psychopathology and Politics.* Chicago: University of Chicago Press.

_____. 1948. *Power and Personality.* New York, N.Y.: Norton.

Lefort, Claude. 1986. *The Political Forms of Modern Society.* Translated by John B. Thompson. Cambridge, Mass.: MIT Press.

Leidner, Robin. 1993. *Fast Food, Fast Talk: Service Work and the Routinization of Everyday Life.* Berkeley and Los Angeles: University of California Press.

Levenson-Estrada, Deborah. 1994. *Trade Unionists against Terror: Guatemala City, 1954-1985.* Chapel Hill: University of North Carolina Press.

Lewis, Helen B. 1971. *Shame and Guilt in Neurosis.* New York, N.Y.: International

Universities Press.

Lewis, John, with Michael D'Orso. 1998. *Walking with the Wind: A Memoir of the Movement.* New York, N.Y.: Simon and Schuster.

Lichterman, Paul. 1996. *The Search for Political Community.* New York, N.Y.: Cambridge University Press.

Lincoln, C. Eric. 1994. *The Black Muslims in America.* Grand Rapids: Wm. B. Eerdmans.

Lindner, Bernd and Thomas Grüneberger(eds.). 1992. *Demonteure: Biographien des Leipziger Herbsts.* Bielefeld: Aisthesis.

Lipset, Seymour Martin. 1960. *Political Man.* Garden City, N.Y.: Doubleday.

Lipsky, Michael. 1980. *Street-Level Bureaucracy: Dilemmas of the Individual in Public Services.* New York, N.Y.: Russell Sage Foundation.

Lofland, John. 1993. *Polite Protesters: The American Peace Movement of the 1980s.* Syracuse, N.Y.: Syracuse University Press.

_____. 1996. *Social Movement Organizations.* New York, N.Y.: Walter de Gruyter.

Loftus, Elizabeth and K. Ketcham. 1994. *The Myth of Repressed Memory: False Memories and Allegations of Abuse.* New York, N.Y.: St. Martin's Press.

Lorentzen, Robin. 1991. *Women in the Sanctuary Movement.* Philadelphia: Temple University Press.

Loseke, Donileen R. 1993. "Constructing Conditions, People, Morality, and Emotion: Expanding the Agenda of Constructionism." Gale Miller and James A. Holstein (eds.). *Constructionist Controversies: Issues in Social Problems Theory.* New York, N.Y.: Aldine de Gruyter.

_____. 1997. "'The Whole Spirit of Modern Philanthropy': The Construction of the Idea of Charity, 1912-1992." *Social Problems* 44, pp. 425~444.

Luker, Kristin. 1984. *Abortion and the Politics of Motherhood.* Berkeley and Los Angeles: University of California Press.

Lutz, Catherine. 1988. *Unnatural Emotions: Everyday Sentiments on a Micronesian Atoll and Their Challenge to Western Theory.* Chicago: University of Chicago

Press.

Mack, Burton L. 1995. *Who Wrote the New Testament? The Making of the Christian Myth*. San Francisco, Calif.: Harper San Francisco.

Marwell, Gerald and Pamela Oliver. 1993. *The Critical Mass in Collective Action: A Micro-Social Theory*. New York, N.Y.: Cambridge University Press.

Marwell, Gerald, Pam Oliver and Ralph Prahl. 1988. "Social Networks and Collective Action: A Theory of the Critical Mass III." *American Journal of Sociology* 94, pp 502~534.

Marx, Gary. 1972. "Issueless Riots." *Annals of the American Academy of Social and Political Science*, no. 391, pp. 21~33.

Mason, David. 1985. *Public Opinion and Political Change in Poland, 1980-1982*. Cambridge: Cambridge University Press.

Mason, John Mitchell. 1991. "The Voice of Warning to Christians, on the Ensuing Election of a President of the United States." Ellis Sandoz(ed.). *Political Sermons of the American Founding Era, 1730-1805*. Indianapolis, Ind.: Liberty Fund.

Matthews, Nancy. 1994. *Confronting Rape: The Feminist Anti-Rape Movement and the State*. London: Routledge.

Mauss, Marcel. 1972[1902]. *A General Theory of Magic*. Translated by Robert Brain. London: Routledge.

McAdam, Doug. 1982. *Political Process and the Development of Black Insurgency, 1930-1970*. Chicago: University of Chicago Press.

_____. 1986. "Recruitment to High-Risk Activism: The Case of Freedom Summer." *American Journal of Sociology* 92, pp. 64~90.

_____. 1988. *Freedom Summer*. New York, N.Y.: Oxford University Press.

McAdam, Doug, John D. McCarthy and Mayer N. Zald. 1996. "Introduction: Opportunities, Mobilizing Structures, and Framing Processes-Toward a Synthetic, Comparative Perspective on Social Movements." Doug McAdam, John D. McCarthy and Mayer N. Zald(eds.). *Comparative Perspectives on Social Movements*. New York,

N.Y.: Cambridge University Press.

McAdam, Doug and Ronnelle Paulsen. 1997. "Specifying the Relationship between Social Ties and Activism." Doug McAdam and David A. Snow(eds.). *Social Movements: Readings on their Emergence, Mobilization, and Dynamics.* Los Angeles: Roxbury Publishing Company.

McCarthy, Kathleen D.(ed). 1990. *Lady Bountiful Revisited: Women, Philanthropy, and Power.* New Brunswick, N.J.: Rutgers University Press.

McCarthy, John D., David W. Britt and Mark Wolfson. 1991. "The Institutional Channeling of Social Movements by the State in the United States." *Research in Social Movements, Conflicts and Change* 14, pp. 45~76.

McCarthy, John and Mayer Zald. 1977. "Resource Mobilization and Social Movements: A Partial Theory." *American Journal of Sociology* 82, pp. 1212~1241.

Melucci, Alberto. 1995. "The Process of Collective Identity." Hank Johnston and Bert Klandermans(eds.). *Social Movements and Culture.* Minneapolis: University of Minnesota Press.

_____. 1996. *Challenging Codes: Collective Action in the Information Age.* Cambridge: Cambridge University Press.

"Memorials across America." 1986. Editorial. *Windy City Times* 22 May, p. 9.

Merton, Robert K. and Elinor Barber. 1963. "Sociological Ambivalence." Edward A. Tiryakian(ed.). *Sociological Theory, Values, and Sociocultural Change: Essays in Honor of Pitirim A. Sorokin.* London: The Free Press.

Meyer, John W. 1994. "Rationalized Environments." W. Richard Scott and John W. Meyer (eds.). *Institutional Environments and Organizations: Structural Complexity and Individualism.* Thousand Oaks, Calif.: Sage.

Meyer, John W. and Brian Rowan. 1977. "Institutionalized Organizations: Formal Structure as Myth and Ceremony." *American Journal of Sociology* 83, pp. 340~363.

Meyerson, Debra E. and Maureen A. Scully. 1995. "Tempered Radicalism and the Politics of Ambivalence and Change." *Organization Science* 6, pp. 585~600.

_____. 1997. "Ambivalence on the Boundary: Identification within Tenuous Employment Relationships." Paper presented at the 1997 Annual Meeting of the Academy of Management.

Milburn, Michael A. and Sheree D. Conrad. 1996. *The Politics of Denial*. Cambridge, Mass.: MIT Press.

Miller, David. 1995. *On Nationality*. New York, N.Y.: Clarendon Press.

Miller, E. J. and A. K. Rice. 1967. *Systems of Organization*. London: Tavistock.

Miller, Neal and John Dollard. 1941. *Social Learning and Imitation*. New Haven: Yale University Press.

Miller, Perry. 1953. *The New England Mind: From Colony to Province*. Cambridge, Mass.: Harvard University Press.

_____. 1984. *Errand into the Wilderness*. Cambridge, Mass.: Harvard University Press.

Mills, C. Wright. 1940. "Situated Actions and Vocabularies of Motive." *American Sociological Review* 5, pp. 904~913.

Moody, T. W. 1982. *Davitt and the Irish Revolution, 1846-82*. Oxford: Clarendon Press.

Morgen, Sandra. 1995. "'It Was the Best of Times, It Was the Worst of Times': Emotional Discourse in the Work Cultures of Feminist Health Clinics." Myra Marx Ferree and Patricia Yancey Martin(eds.). *Feminist Organizations: Harvest of the New Women's Movement*. Philadelphia: Temple University Press.

Morris, Aldon D. 1984. *The Origins of the Civil Rights Movement: Black Communities Organizing for Change*. New York, N.Y.: The Free Press.

_____. 1997. "Black Southern Student Sit-In Movement: An Analysis of Internal Organization." Doug McAdam and David A. Snow(eds.). *Social Movements: Readings on their Emergence, Mobilization and Dynamics*. Los Angeles: Roxbury Publishing Company.

Morris, Aldon D. and Carol McClurg Mueller(eds.). 1992. *Frontiers in Social Movement Theory*. New Haven: Yale University Press.

Morris, Sidney. 1986. "Gay Vanishing Act." *New York Native* 18 August, p. 15.

Mukerji, Chandra. 1997. *Territorial Ambitions and the Gardens of Versailles*. Cambridge: Cambridge University Press.

Munt, Sally R. 1998. *Butch/Femme: Inside Lesbian Gender*. London: Cassell.

Murray, Harry. 1990. *Do Not Neglect Hospitality: The Catholic Workers and the Homeless*. Philadelphia: Temple University Press.

Nepstad, Sharon Erickson. 1996. "Nicaragua Libre: High-Risk Activism in the U.S.-Nicaragua Solidarity Movement." Ph.D. diss., University of Colorado, Boulder.

_____. 1997. "The Process of Cognitive Liberation: Cultural Synapses, Links, and Frame Contradictions in the U.S.-Central America Peace Movement." *Sociological Inquiry* 67, pp. 470~487.

Nepstad, Sharon Erickson and Christian Smith. 1999. "Rethinking Recruitment to High-Risk/Cost Activism: The Case of Nicaragua Exchange." *Mobilization* 4, pp. 40~51.

Neubert, Erhart. 1998. *Geschichte der Opposition in der DDR, 1949-1989*. Berlin: Links.

Neues Forum Leipzig. 1990. *Jetzt oder Nie-Demokratie: Leipziger Herbst '89*. Leipzig: Neues Forum.

Newman, Katherine. 1993. *Declining Fortunes*. New York, N.Y.: Basic Books.

Niebuhr, H. Richard. 1988. *The Kingdom of God in America*. Middletown, Conn.: Wesleyan University Press.

Nowak, Stefan. 1980. "Value Systems of the Polish Society." *Polish Sociological Bulletin* 50, pp. 5~20.

_____. 1981. "Values and Attitudes of the Polish People." *Scientific American* 245 no. 1 (July), pp. 23-31.

Oberschall, Anthony. 1996. "Opportunities and Framing in the Eastern European Revolts of 1989." Doug McAdam, John D. McCarthy and Mayer N. Zald(eds.). *Comparative Perspectives on Social Movements: Political Opportunities, Mobilizing Structures, and Cultural Framings*. New York, N.Y.: Cambridge University Press.

"Off to a Good Start." 1985. Editorial. *Gay Life* 6 June, p. 9.

Offe, Claus. 1998. "'Homogeneity' and Constitutional Democracy: Coping with Identity Conflicts through Group Rights." *Journal of Political Philosophy* 6, pp. 113~141.

Olson, Mancur. 1965. *The Logic of Collective Action: Public Goods and the Theory of Groups*. Cambridge Mass.: Harvard University Press.

Ost, David. 1990. *Solidarity and the Politics of Anti-Politics: Opposition and Reform in Poland Since 1968*. Philadelphia: Temple University Press.

Ostrander, Susan A. 1995. *Money for Change: Social Movement Philanthropy at Haymarket People's Fund*. Philadelphia: Temple University Press.

Ottati, Victor C. E. Riggle, Robert S. Wyer, Jr., N. Schwarz and J. Kuklinski. 1989. "Cognitive and Affective Bases of Opinion Survey Responses." *Journal of Personality and Social Psychology* 57, pp. 404~415.

Ottati, Victor C. and Robert S. Wyer Jr. 1993. "Affect and Political Judgment." Shanto Iyengar and William J. McGuire(eds.). *Explorations in Political Psychology*. Durham, N.C: Duke University Press.

Owens, Gary. 1999. "Nationalism without Words: Symbolism and Ritual Behavior in the 'Monster Meetings' of 1843-45." J. S. Donelly Jr. and Kerby Miller(eds.). *Irish Popular Culture, 1650-1850*. Dublin: Irish Academic Press.

Paglia, Camille. 1990. *Sexual Personae*. New Haven, Conn.: Yale University Press.

Pastor, Robert. 1982. "Our Real Interests in Central America." *The Atlantic Monthly* July, pp. 27~39.

Pawelec, Wladyslaw. 1982. "Seventeen Hot Days." Wladyslaw W. Adamski(ed.). *Sisyphus Sociological Studies, vol. 3: Crises and Conflicts, The Case of Poland 1980-1981*. Warsaw: PWN (Polish Scientific Publishers).

Payne, Charles. 1995. *I've Got the Light of Freedom*. Berkeley and Los Angeles: University of California Press.

Payne, Stanley, G. 1995. *A History of Fascism, 1914-1945*. Madison: University of Wisconsin Press.

Pendergrast, Mark. 1995. *Victims of Memory: Incest Accusations and Shattered Lives*.

Hinesburg, Vermont: Upper Access.

Perez-Diaz, Victor. 1998. "The Public Sphere and a European Civil Society." Jeffrey C. Alexander(ed). *Real Civil Societies: Dilemmas of Institutionalization.* London: Sage.

Persky, Stan. 1981. *At the Lenin Shipyard: Poland and the Rise of the Solidarity Trade Union.* Vancouver: New Star.

Persky, Stan and Henry Flam(eds.). 1982. *The Solidarity Sourcebook.* Vancouver: New Star.

Philipsen, Dirk. 1993. *We Were the People: Voices from East Germany's Revolutionary Autumn of 1989.* Durham, N.C: Duke University Press.

Pierce, Jennifer L. 1995. *Gender Trials: Emotional Lives in Contemporary Law Firms.* Berkeley and Los Angeles: University of California Press.

Piven, Frances Fox and Richard A. Cloward. 1977. *Poor People's Movements.* New York, N.Y.: Random House.

Poggi, Gianfranco. 1978. *The Development of the Modern State: A Sociological Introduction.* Stanford, Calif.: Stanford University Press.

Polletta, Francesca. 1998. "'It Was Like a Fever...': Narrative and Identity in Social Protest." *Social Problems* 45, pp. 137~159.

Polletta, Francesca and James M. Jasper. 2001. "Collective Identity in Social Movements." *Annual Review of Sociology* 27, pp. 283~305.

Polsky, Andrew J. 1991. *The Rise of the Therapeutic State.* Princeton, N.J.: Princeton University Press.

Pope, Kenneth S. and Laura S. Brown. 1996. *Recovered Memories of Abuse: Assessment, Therapy, Forensics.* Washington, D.C.: American Psychological Association.

Popkin, Samuel. 1979. *The Rational Peasant.* Los Angeles and Berkeley: University of California Press.

Poppendieck, Janet. 1998. *Sweet Charity? Emergency Food and the End of Entitlement.* New York: Viking.

Potel, Jean-Ives. 1982. *The Summer before the Frost.* London: Pluto.

Putnam, Robert D. 1993. *Making Democracy Work.* Princeton, N.J.: Princeton University Press.

Raines, Howell. 1977. *My Soul is Rested: Movement Days in the Deep South Remembered.* New York, N.Y.: Penguin.

Rapping, Elayne. 1996. *The Culture of Recovery.* Boston, Mass.: Beacon Press.

Reddy, William M. 1997. "Against Constructionism: The Historical Ethnography of Emotions." *Current Anthropology* 38, pp. 327~351.

Reicher, Stephen. 1996a. "Collective Psychology and the Psychology of the Self." *The BPS Social Psychology Section Newsletter* 36, pp. 3~15.

_____. 1996b. "'The Crowd' Century: Reconciling Practical Success with Theoretical Failure." *British Journal of Social Psychology* 35, pp. 535~553.

Richards, Leonard L. 1970. *'Gentlemen of Property and Standing': Anti-Abolition Mobs in Jacksonian America.* New York, N.Y.: Oxford University Press.

Ricoeur, Paul. 1974. *The Conflict of Interpretations.* Evanston: Northwestern University Press.

_____. 1976. *Interpretation Theory: Discourse and the Surplus of Meaning.* Fort Worth: Texas Christian University Press.

Rist, Darrell Yates. 1987. "Drawing Blood." *Advocate* 14 April, pp. 52~59, 108~111.

Robnett, Belinda. 1997. *How Long? How Long? African-American Women in the Struggle for Civil Rights.* New York, N.Y.: Oxford University Press.

Roiphe, Katie. 1993. *The Morning After: Sex, Fear, and Feminism on Campus.* Boston, Mass.: Little, Brown.

Rorty, Amelie. 1980. "Introduction." Amelie Rorty(ed.). *Explaining Emotions.* Berkeley and Los Angeles: University of California Press.

Rosaldo, Michelle Z. 1984. "Toward an Anthropology of Self and Feeling." Richard A. Shweder and Robert A. Levine(eds.). *Culture Theory: Essays on Mind, Self, and Emotion.* Cambridge: Cambridge University Press.

Roth, S. 1971. "The Morality of Revolution: A Jewish View." *Judaism* 20, pp. 431~442.

Rupp, Leila J. and Verta Taylor. 1987. *Survival in the Doldrums: The American Women's Rights Movement, 1945 to the 1960s.* New York, N.Y.: Oxford University Press.

Salamon, Lester M. 1987. "Of Market Failure, Voluntary Failure, and Third-Party Government: Toward a Theory of Government-Nonprofit Relations in the Modern Welfare State." *Journal of Voluntary Action Research* 16, pp. 29~49.

Sarbin, Theodore R. 1986. "Emotion and Act: Roles and Rhetoric." Rom Harré(ed.). *The Social Construction of Emotions.* Oxford: Blackwell.

Schacter, Daniel. 1996. *Searching for Memory.* New York, N.Y.: Basic Books.

Scheff, Thomas J. 1990a. *Microsociology: Discourse, Emotion, and Social Structure.* Chicago: University of Chicago Press.

_____. 1990b. "Socialization of Emotions: Pride and Shame as Causal Agents." Theodore D. Kemper(ed.). *Research Agendas in the Sociology of Emotions.* Albany: State University of New York Press.

_____. 1997. *Emotions, the Social Bond, and Human Reality: Part/Whole Analysis.* Cambridge: Cambridge University Press.

_____. 1999. "Shame and the Social Bond: A Sociological Theory." Unpublished manuscript.

Scheff, Thomas J. and Suzanne M. Retzinger. 1991. *Emotions and Violence: Shame and Rage in Destructive Conflicts.* Lexington, Mass.: Lexington Books.

Scheler, Max. 1992. *On Feeling, Knowing, and Valuing: Selected Writings.* Chicago: University of Chicago Press.

Schelling, Thomas C. 1960. *The Strategy of Conflict.* Cambridge, Mass.: Harvard University Press.

Schwartzchild, Steven. 1966. "The Religious Demand for Peace." *Judaism* 15, pp. 412~418.

Scitovsky, Tibor. 1976. *The Joyless Economy.* New York, N.Y.: Oxford University Press.

Scott, Donald M. 1978. *From Office to Profession: The New England Ministry.* Philadelphia: University of Pennsylvania Press.

Scott, W. Richard. 1995. *Institutions and Organizations.* Thousand Oaks, Calif.: Sage.

Scott, W. Richard and John W. Meyer. 1983. "The Organization of Societal Sectors." John W. Meyer and W. Richard Scott(eds.). *Organizational Environments: Ritual and Rationality*. Beverly Hills, Calif.: Sage.

Segal, Alan F. 1986. *Rebecca's Children: Judaism and Christianity in the Roman World*. Cambridge, Mass.: Harvard University Press.

Seidman, Gay W. 1994. *Manufacturing Militance: Workers' Movements in Brazil and South Africa, 1970-1985*. Berkeley and Los Angeles: University of California Press.

Seligson, Mitchell A., William Thiesenhusen, Malcolm Childress and Roberto Vidales. 1993. *El Salvador Agricultural Policy Analysis and Land Tenure Study*. Agricultural Policy Analysis Project II, Technical Report No. 133. Cambridge, Mass.: Abt Associates.

Sewell, William H. Jr. 1996. "Historical Events as Transformations of Structures: Inventing Revolution at the Bastille." *Theory and Society* 25, pp. 841~881.

_____. 1999. "The Concept(s) of Culture." Victoria Bonnell and Lynn Hunt(eds.). *Beyond the Cultural Turn: New Directions in the Study of Society and Culture*. Berkeley and Los Angeles: University of California Press.

Shapiro, David. 1978. "The Doctrine of the Image of God and Imitatio Dei." Menachem Kellner(ed.). *Contemporary Jewish Ethics*. New York, N.Y.: Sanhedrin Press.

Shelley, Martha. 1992. "Gay Is Good." Karla Jay and Allen Young(eds.). *Out of the Closets: Voices of Gay Liberation*. New York, N.Y.: New York University Press.

Shotter, John and Michael Billig. 1998. "A Bakhtinian Psychology: From out of the Heads of Individuals and into the Dialogues between Them." Michael Mayerfield Bell and Michael Gardiner(eds.). *Bakhtin and the Human Sciences: No Last Word*. London: Sage.

Siegman, Henry(ed). 1966. *Judaism and World Peace: Focus Vietnam*. New York, N.Y.: Synagogue Council of America.

Simonson, S. 1968. "Violence from the Perspective of the Ethics of the Fathers." *Tradition*

10, pp. 35~41.

Shridharani, Krishnalal. 1939. *War without Violence*. New York, N.Y.: Harcourt, Brace.

Sklar, Holly. 1988. *Washington's War on Nicaragua*. Boston, Mass.: South End Press.

Skocpol, Theda. 1982. "What Makes Peasants Revolutionary?" *Comparative Politics* 14, pp. 351~375.

Skocpol, Theda and Morris P. Fiorina. 1999. "Making Sense of the Civic Engagement Debate." Theda Skocpol and Morris P. Fiorina(eds.). *Civic Engagement in American Democracy*. Washington, D.C.: Brookings Institution Press/New York: Russell Sage Foundation.

Slater, Philip. 1967. *Microcosm*. New York, N.Y.: Wiley.

Slotkin, Richard. 1973. *Regeneration through Violence*. Middletown, Conn.: Wesleyan University Press.

Smelser, Neil J. 1963. *Theory of Collective Behavior*. New York, N.Y.: The Free Press.

_____. 1968. *Essays in Sociological Explanation*. Englewood Cliffs, N.J.: Prentice-Hall.

_____. 1998. "The Rational and the Ambivalent in the Social Sciences: 1997 Presidential Address." *American Sociological Review* 63, pp. 1~16.

_____. 1999. *The Social Edges of Psychoanalysis*. Berkeley and Los Angeles: University of California Press.

Smith, Adam. 1984[1759]. *Theory of Moral Sentiments*. Indianapolis, Ind.: Liberty Classics.

Smith, Christian. 1991. *The Emergence of Liberation Theology: Radical Religion and Social Movement Theory*. Chicago: University of Chicago Press.

_____. 1996a. *Resisting Reagan: The U.S. Central America Peace Movement*. Chicago: University of Chicago Press.

_____. 1996b. "Correcting a Curious Neglect, Or Bringing Religion Back In." Christian Smith(ed.). *Disruptive Religion: The Force of Faith in Social Movement Activism*. New York, N.Y.: Routledge.

Smith, Anthony D. 1998. *Nationalism and Modernism*. London: Routledge.

Smith, Steven Rathgeb, and Michael Lipsky. 1993. *Nonprofits for Hire: The Welfare State in the Age of Contracting.* Cambridge, Mass.: Harvard University Press.

Snow, David A., Louis Zurcher, Jr. and Sheldon Ekland-Olson. 1980. "Social Networks and Social Movements: A Microstructural Approach to Differential Recruitment." *American Sociological Review* 45, pp. 787~801.

Snow, David A. and Robert Benford. 1988. "Ideology, Frame Resonance, and Participant Mobilization." *International Social Movement Research* 1, pp. 197~217.

_____. 1992. "Master Frames and Cycles of Protest." Aldon D. Morris and Carol McClurg Mueller(eds.). *Frontiers in Social Movement Theory.* New Haven: Yale University Press.

Snow, David A. and Richard Machalek. 1984. "The Sociology of Conversion." *Annual Review of Sociology* 10, pp. 167~190.

Snow, David A., E. Burke Rochford Jr., Steven K. Worden and Robert D. Benford. 1986. "Frame Alignment Processes, Micromobilization, and Movement Participation." *American Sociological Review* 51, pp. 464~481.

Solidarity Strike Bulletins, August 1980, translated in *Labour Focus on Eastern Europe, 1980* vol. 4, nos. 1-3.

Sommers, Christina Hoff. 1994. *Who Stole Feminism?* New York, N.Y.: Simon and Schuster.

Somers, Margaret R. 1993. "Law, Community, and Political Culture in the Transition to Democracy." *American Sociological Review* 58, pp. 587~620.

_____. 1994. "The Narrative Constitution of Identity: A Relational and Net‐work Approach." *Theory and Society* 23, pp. 605~649.

_____. 1995. "Narrating and Naturalizing Civil Society and Citizenship Theory: The Place of Political Culture in the Public Sphere." *Sociological Theory* 13, no. 3, pp. 229~273.

Soysal, Yasemin N. 1994. *The Limits of Citizenship.* Chicago: University of Chicago Press.

Sperling, Susan. 1988. *Animal Liberators: Research and Morality.* Berkeley and Los Angeles: University of California Press.

Spillman, Lyn. 1997. *Nation and Commemoration.* Cambridge: Cambridge University

Press.

Stark, Rodney. 1996. *The Rise of Christianity*. Princeton, N.J.: Princeton University Press.

Stark, Rodney and William Sims Bainbridge. 1985. *The Future of Religion*. Berkeley and Los Angeles: University of California Press.

Stark, Steven D. 1997. *Glued to the Set*. New York, N.Y.: The Free Press.

Stearns, Carol Z. and Peter N. Stearns. 1986. *Anger: The Struggle for Emotional Control*. Chicago: University of Chicago Press.

Stearns, Peter N. 1994. *American Cool: Constructing a Twentieth-Century Emotional Style*. New York, N.Y.: New York University Press.

Stearns, Peter N. and Jan Lewis(eds.). 1998. *An Emotional History of the United States*. New York, N.Y.: New York University Press.

Stein, Arlene. 1997. *Sex and Sensibility: Stories of a Lesbian Generation*. Berkeley and Los Angeles: University of California Press.

Steinberg, Marc W. 1996. "Toward a Dialogic Analysis of Social Movement Culture: Reframing Frame Analysis." Paper presented at the Social Science History Association meeting, New Orleans.

_____. 1998. "Tilting the Frame: Considerations on Collective Action Framing from a Discursive Turn." *Theory and Society* 27, pp. 845~872.

Steinem, Gloria. 1992. *Revolution from Within*. Boston, Mass.: Little, Brown.

Steinfels, Peter. 1996. "Evangelicals Lobby for Oppressed Christians." *The New York Times*, September 15, 1996.

Stephens, E. 1990. "Democracy in Latin America: Recent Developments in Comparative Historical Perspective." *Latin American Research Review* 25, pp. 157~176.

Stokes, Susan. 1995. *Cultures in Conflict*. Berkeley and Los Angeles: University of California Press.

Strathern, Andrew and Pamela J. Stewart. 1998. "Embodiment and Communication: Two Frames for the Analysis of Ritual." *Social Anthropology* 6, pp. 237~251.

Strozier, Charles. 1998. "Christian Fundamentalism and the Apocalyptic in the 1990s." Chi

Rho Lectures, Central Lutheran Church, Eugene, Oregon. November 6-8.

Swaminathan, Anand and James Wade. 1999. "Social Movement Theory and the Evolution of New Organizational Forms." Paper presented at the annual meeting of the Academy of Management, Chicago.

Szylak, Jan. 1982. "My reminiscences of August 1980." Wladyslaw W. Adamski(ed.). *Sisyphus Sociological Studies, vol. 3: Crises and Conflicts, The Case of Poland 1980-1981.* Warsaw: PWN(Polish Scientific Publishers).

Tarrow, Sidney. 1994. *Power in Movement: Social Movements, Collective Action, and Politics.* Cambridge: Cambridge University Press.

_____. 1998. *Power in Movement: Social Movements and Contentious Politics*, 2d ed. Cambridge: Cambridge University Press.

Taylor, Charles. 1989. *Sources of the Self.* Cambridge, Mass.: Harvard University Press.

_____. 1994. "The Politics of Recognition." Amy Gutmann(ed.). *Multiculturalism.* Princeton, N.J.: Princeton University Press.

Taylor, Verta. 1989. "Social Movement Continuity: The Women's Movement in Abeyance." *American Sociological Review* 54, pp. 761~775.

_____. 1996. *Rock-a-by Baby: Feminism, Self-Help, and Postpartum Depression.* New York, N.Y.: Routledge.

_____. 1999. "Gender and Social Movements: Gender Processes in Women's Self-Help Movements." *Gender and Society* 13, pp. 8~33.

_____. 2000. "Emotions and Identity in Women's Self-Help Movements." Sheldon Stryker, Tim Owens and Bob White(eds.). *Self, Identity, and Social Movements.* Minneapolis: University of Minnesota Press.

Taylor, Verta and Nancy Whittier. 1992. "Collective Identity and Lesbian Feminist Mobilization." Aldon D. Morris and Carol Mueller(eds.). *Frontiers of Social Movement Theory.* New Haven: Yale University Press.

_____. 1995. "Analytical Approaches to Social Movement Culture: The U.S. Women's Movement." Hank Johnston and Bert Klandermans(eds.). *Social Movements and*

Culture. Minneapolis: University of Minnesota Press.

Thoits, Peggy. 1989. "The Sociology of Emotions." *Annual Review of Sociology* 15, pp. 317~342.

Thome, James A. 1834. *Speech of James A. Thome, of Kentucky, Delivered at the Annual Meeting of the American Antislavery Society, May 6, 1834.* No. 11 Merchants Hall, Boston: Garrison and Knapp.

Thompson, Francis. 1985. "The Landed Classes, the Orange Order, and the Anti-Land League Campaign in Ulster, 1880-1881." *Eire-Ireland* 22, pp. 102~121.

Tilly, Charles. 1978. *From Mobilization to Revolution.* Reading, Mass.: Addison-Wesley.

_____. 1984. *Big Structures, Large Processes, Huge Comparisons.* New York, N.Y.: Russell Sage Foundation.

_____. 1994. "Social Movements as Historically Specific Clusters of Political Performances." *Berkeley Journal of Sociology* 38, pp. 1~30.

_____. 1999. "Conclusion." Marco Giugni, Doug McAdam and Charles Tilly(eds.). *How Social Movements Matter.* Minneapolis: University of Minnesota Press.

"The Time for Gay Rage is Now!" 1986. Editorial. *Advocate* 5 August, p. 18.

Tiryakian, Edward. 1995. "Collective Effervescence, Social Change, and Charisma: Durkheim, Weber, and 1989." *International Sociology* 10, pp. 269~281.

Townsend, Charles. 1983. *Political Violence in Ireland: Government and Resistance since 1848.* Oxford: Clarendon Press.

Troester, Rosalie Riegle(ed). 1993. *Voices from the Catholic Worker.* Philadelphia: Temple University Press.

Truth Commission for El Salvador. 1993. *From Madness to Hope: The 12 - year War in El Salvador.* Report of the Truth Commission for El Salvador. Document 67.

Turner, Victor. 1969. *The Ritual Process.* Chicago: Aldine.

_____. 1974. *Dramas, Fields, and Metaphors: Symbolic Action in Human Society.* Ithaca, N.Y.: Cornell University Press.

Tyson, Timothy B. 1999. *Radio Free Dixie: Robert F. Williams and the Roots of Black*

Power. Chapel Hill: University of North Carolina Press.

Vale, Michael(ed). 1981. *Poland: The State of the Republic.* London: Pluto.

Vanden, Harry and Thomas Walker. 1991. "The Reimposition of U.S. Hegemony over Nicaragua." Kenneth Coleman and George Herring(eds.). *The Central American Crisis: Sources of Conflict and the Failure of U.S. Policy.* Wilmington, Del.: Scholarly Resources.

Vanderford, Marsha L. 1989. "Vilification and Social Movements: A Case Study of Pro-Life and Pro-Choice Rhetoric." *Quarterly Journal of Speech* 75, pp. 166~182.

Vandervelden, Mark. 1987. "Gay Health Conference: Comegys Calls for Nationwide Civil Disobedience." *Advocate* 28 April, p. 12.

Vaughan, William. 1994. *Landlord and Tenant Relations in Mid-Victorian Ireland.* Oxford: Oxford University Press.

Verdery, Katherine. 1994. "From Parent-State to Family Patriarchs: Gender and Nation in Contemporary Eastern Europe." *East European Politics and Societies* 8, pp. 225~255.

Volosinov, V. N. 1976a. *Freudianism: A Marxist Critique.* Translated by I. R. Titunik. New York, N.Y.: Academic Press.

_____. 1976b. "Discourse in Life and Discourse in Art(Concerning Sociological Poetics)." Appendix to *Freudianism: A Marxist Critique.* Translated by I. R. Titunik. New York, N.Y.: Academic Press.

_____. 1986. *Marxism and the Theory of Language.* Translated by Ladislav Matejka and I. R. Titunik. Cambridge, Mass.: Harvard University Press.

Vygotsky, Lev. 1986. *Thought and Language.* Edited by Alex Kozulin. Cambridge, Mass.: MIT Press.

Wagner, David. 1993. *Checkerboard Square: Culture and Resistance in a Homeless Community.* Boulder, Colo.: Westview Press.

Walsh, Edward. 1981. "Resource Mobilization and Citizen Protest in Communities around Three Mile Island." *Social Problems* 29, pp. 1~21.

Walter, Dave. 1985. "Openly Gay Elected and Appointed Officials Hold 'Historic' Meeting."
    Advocate 24 December, pp. 10~13.

_____. 1986. "High Court Upholds Sodomy Law." *Advocate* 5 August, p. 10.

Weber, Max. 1946. *From Max Weber: Essays in Sociology.* Translated and edited by H.
    Gerth and C. W. Mills. New York, N.Y.: Oxford University Press.

Weber, Max. 1978[1922]. *Economy and Society: An Outline of Interpretive Sociology.*
    Edited by Gunther Roth and Claus Wittich. Berkeley and Los Angeles: University
    of California Press.

Weick, Karl E. 1993. "Sensemaking in Organizations: Small Structures with Large
    Consequences." J. Keith Murnighan(ed.). *Social Psychology in Organizations:*
    Advances in Theory and Research. Englewood Cliffs, N.J.: Prentice Hall.

Weigert, Andrew and David D. Franks. 1989. "Ambivalence: A Touchstone of the Modern
    Temper." David Frank and E. Doyle McCarthy(eds.). *The Sociology of Emotions.*
    Greenwich, Conn.: JAI Press.

Wein, Berel. 1969. "Jewish Conscientious Objectors and the Vietnamese War." *Jewish Life*
    37.

Weintraub, Jeff. 1995. "Varieties and Vicissitudes of Public Space." Philip Kasinitz(ed.).
    Metropolis. New York, N.Y.: New York University Press.

White, Harrison C. 1992. *Identity and Control: A Structural Theory of Social Action.*
    Princeton, N.J.: Princeton University Press.

White, Ronald and C. Howard Hopkins. 1976. *The Social Gospel: Religion and Reform*
    in Changing America. Philadelphia: Temple University Press.

Whittier, Nancy. 1995. *Feminist Generations: The Persistence of Radical Women's*
    Movements. Philadelphia: Temple University Press.

Wickham-Crowley, Timothy. 1987. "The Rise (and Sometimes Fall) of Guerrilla
    Governments." *Sociological Forum* 2, pp. 473~499.

Williams, Albert. 1987. "AIDS, Politics, and 'The Normal Heart': An Interview with
    Playwright Larry Kramer." *Windy City Times* 19 February, p. 23.

Williams, Linda M. 1994. "Recall of Childhood Trauma: A Prospective Study of Women's Memories of Child Sexual Abuse." *Journal of Consulting and Clinical Psychology* 62, pp. 1167~1176.

Williams, Raymond. 1977. *Marxism and Literature*. Oxford: Oxford University Press.

_____. 1979. *Politics and Letters: Interviews with New Left Review*. London: Verso.

Williams, Rhys H. 1995. "Constructing the Public Good: Social Movements and Cultural Resources." *Social Problems* 42, pp. 124~144.

Wolch, Jennifer R. 1990. *The Shadow State: Government and Voluntary Sector in Transition*. New York, N.Y.: The Foundation Center.

Wolfe, Alan. 1998. *One Nation, After All*. New York, N.Y.: Viking.

Wolfe, Maxine. 1993. Interview conducted by Kate Black, September 21. Lesbian Herstory Archives, Brooklyn, N.Y.

Wood, Elisabeth Jean. Forthcoming. *Insurgent Collective Action and Civil War: Redrawing Boundaries of Class and Citizenship in El Salvador*.

Wright, Frank. 1996. *Two Lands on One Soil: Ulster Politics before Home Rule*. Dublin: Gill and Macmillan.

Wuthnow, Robert. 1989. *Meaning and Moral Order*. Berkeley and Los Angeles: University of California Press.

Young, Andrew. 1996. *An Easy Burden: The Civil Rights Movement and the Transformation of America*. New York, N.Y.: HarperCollins.

Youth of the Rural Organizing and Cultural Center[YROCC]. 1991. *Minds Stayed on Freedom: The Civil Rights Struggle in the Rural South*. Boulder, Colo.: Westview Press.

Zald, Mayer and Patricia Denton. 1963. "From Evangelism to General Service: The Transformation of the YMCA." *Administrative Science Quarterly* 8, pp. 214~234.

Zerubavel, Eviatar. 1998. *Social Mindscapes*. Cambridge, Mass.: Harvard University Press.

Zhao, Dingxin. 1998. "Ecologies of Social Movements: Student Mobilization during the 1989 Prodemocracy Movement in Beijing." *American Journal of Sociology* 103,

pp. 1493~1529.

Zimmerman, S. 1971. "Confronting the Halakha on Military Service." *Judaism* 20, pp. 204~212.

Zurcher, Louis, Jr. and R. George Kirkpatrick. 1976. *Citizens for Decency: Antipornography Crusades as Status Defense*. Austin: University of Texas Press.

Zolberg, Aristide R. 1972. "Moments of Madness." *Politics and Society* 2, pp. 183~207.

항목 찾아보기

인명 찾아보기

글쓴이 소개*

레베카 안네 알라야리^{Rebecca Anne Allahyari}는 산타바바라 캘리포니아대학교 종교연구 및 사회학 초빙 조교수이다. 그녀의 저서 『Visions of Charity: Volunteer Workers and Moral Community』는 종교적·정치적 삶에서 형성되는 도덕적 정체성과 공감 정체성에 관한 자신의 관심사를 반영하고 있다. 현재 진행 중인 현지조사에서 그녀는 자신의 집, 공동체, 온라인상에서 홈스쿨링을 진행하고 있는 다양한 가족들 사이에서 일어나는 시민과 자아의 의미형성에 대해 탐구하고 있다.

에드윈 아멘타^{Edwin Amenta}는 뉴욕대학교 사회학 교수이다. 그는 주로 정치사회학, 사회운동, 비교역사사회학, 사회정책에 대한 연구를 진행하고 있다. 저서로는 『Bold Relief: Institutional Politics and Origins of Modern Social Spending』이 있고, 마이클 P. 영(Michael P. Young)과 "Democratic States and Social Movements: Theoretical Arguments and Hypotheses," ≪Social Problems≫(1999)라는 논문을 발표했다. 그는 현재 『Pushing for Membership: The Impact of the Townsend Movement and the American Money Militants』라고 잠정적으로 이름 붙인, 사회운동의 결과에 관한 책을 집필 중에 있다.

콜린 바커^{Colin Barker}는 맨체스터 메트로폴리탄대학교 사회학과에서 강의하고 있다. 행동하는 사회주의자인 그는 '대안적 미래와 민중저항(Alternative Futures and Popular Protest)'이라는 연례대회를 매 부활절마다 개최했고, 영국사회학회에 저항과 사회운동연구그룹을 발족시켰다. 저서로는 『Festival of the Oppressed: Solidarity, Reform and Revolution in Poland』와 『Revolutionary Rehearsals』가 있다.

---

* 이 책이 출간되던 2001년 당시의 글쓴이들의 약력이다. 현직에 많은 변화가 있으며, 그 이후에도 많은 저작들을 출간했다(옮긴이).

마벨 베레진 Mabel Berezin은 현재 유럽통합과, 그것과 반(反)자유주의적 정치의 관계에 대한 주제를 연구 중인 정치·문화사회학자이다. 저서로는 『Making the Fascist Self: The Political Culture of Interwar Italy』가 있고, 국가와 문화제도에 관한 수많은 논문을 발표했다.

크레이그 칼훈 Craig Calhoun은 사회과학협의회(Social Science Research Council) 회장이자 뉴욕대학교 사회학 및 역사학 교수이다. 그는 민중정치, 문화분석, 사회·정치 이론에 초점을 맞추어 연구를 진행하고 있다. 가장 최근에는 『Nationalism』이라는 책을 출간했다. 그는 또한 『Oxford Dictionary of the Social Sciences』의 편집자이기도 하다.

랜달 콜린스 Randall Collins는 펜실베이니아대학교 사회학 교수이다. 최근 저서로는 『The Sociology of Philosophies: A Global Theory of Intellectual Change』와 『Macro-History: Essays in Sociology of the Long Run』이 있다. 그는 현재 폭력적 갈등이론을 연구하고 있다.

프랭크 도빈 Frank Dobbin은 프린스턴대학교 사회학 교수이다. 그는 기업들이 1960년대 이후 (무차별정책 속에서) 어떻게 정의를 구현해왔고, 1820년대 이후 어떻게 (사업전략 속에서) 합리성을 구현해왔는지를 연구하여, 기업 내의 사회운동기업가들이 인종차별반대법과 반트러스트법 모두의 해석에서 중심적인 역할을 수행해왔다는 점을 밝혀냈다. 최근에는 에린 켈리(Erin Kelly)와 공동으로 "Civil Rights Law at Work: Sex Discrimination and the Rise of Maternity Leave Policies"(《American Journal of Sociology》, 1999)라는 논문을, 그리고 티모시 도드(Timothy Dowd)와 공동으로 "The Market that Antitrust Built: Public Policy, Private Coercion, and Railroad Acquisitions, 1825-1922"(《American Journal of Sociology》, 2000)라는 논문을 발표했다.

제프 굿윈 Jeff Goodwin은 뉴욕대학교 사회학 부교수이자 대학원장이다. 그는 사회운동, 혁명, 사회이론에 관심을 가지고 있다. 최근 저서로는 『No Other Way Out: States and Revolutionary Movements, 1945-1991』이 있고, 제임스 재스퍼와 공동으로 "Caught in a Winding, Snarling Vine: The Structural Bias of Political Process Theory"(《Sociological

Forum≫, 1999)라는 논문을 발표했다. 그리고 "The Libidinal Constitution of a High-Risk Social Movement"(≪American Journal of Sociology≫, 1997)라는 논문으로 미국사회학회 비교역사분과 베링턴 무어 상(Barrington Moore Prize)을 수상했다.

데보라 B. 굴드 Deborah B. Gould는 시카고대학교 슈미트 특별연구원이자 강의 조교수이다. 그녀는 현재 호전적인 AIDS 활동가 운동단체인 ACT UP의 기원, 발생, 쇠퇴에서 감정이 수행하는 역할을 고찰하는 저서를 집필 중에 있다. 그녀는 1980년대 후반부터 1990년대 초반까지 ACT UP 시카고지부 회원이었다.

줄리안 맥알리스터 그로브스 Julian McAllister Groves는 홍콩과학기술대학교 사회과학부 조교수이다. 저서로 『Hearts and Minds: The Controversy over Laboratory Animals』가 있다. 그는 현재 홍콩에서 진행되는 민족지 프로젝트에 참여하고 있다.

제임스 M. 재스퍼 James M. Jasper는 어디에 소속되어 있지 않은 학자이다. 그의 감정과 사회운동에 관한 저작들로는 『The Art of Moral Protest』, "The Emotions of Protest"(≪Sociological Forum≫, 1998), 제프 굿윈과 프란체스카 폴레타와 공동 집필한 "The Return of the Repressed: The Fall and Rise of Emotions in Social Movement Theory"(≪Mobilization≫, 2000) 등이 있다. 그의 또 다른 저서로는 『Nuclear Politics, The Animal Rights Crusade』, 『Restless Nation』 등이 있다. 그와 제프 굿윈은 곧 출간될 두 권의 책 『Social Movements: Readings Cases and Concepts』와 『Rethinking Social Movements』을 공동 편집했다.

앤 케인 Anne Kane은 오스틴 텍사스대학교 사회학 조교수이다. 그녀는 ≪Sociological Theory≫, ≪History and Theory≫, ≪National Identities≫에 사회운동의 문화적 차원에 관한 논문들을 발표해왔다. 그녀는 『Meaning in Movement: Symbolic Construction, Political Alliance, and Social Transformation during the Irish Land War, 1879-1882』라는 제목의 책을 마무리하고 있는 중이다. 의미구성의 감정적 차원을 이론화하는 작업은 여전히 그녀의 사회운동연구의 한 구성요소를 이루고 있다.

시어도어 D. 켐퍼 Theodore D. Kemper는 뉴욕 세인트 존스대학교 사회학 교수를 정년퇴임했다. 저서로 『A Social Interactional Theory of Emotions』, 편집서로 『Research Agendas in the Sociology of Emotions』가 있다. 그는 현재 홀로코스트와 대량학살에 대해 특별한 관심을 기울이는 감정의 거시사회학을 연구하고 있다.

샤론 에릭슨 넵스테드 Sharon Erickson Nepstad는 듀케인대학교 사회학 조교수이다. 그녀는 또한 그곳의 사회정책과 공공정책대학원에서 평화연구와 갈등해결을 가르치고 있다. 그녀의 사회운동에 대한 관심은 중앙아메리카 연대운동에의 참여, 냉전기간 동안 유럽 평화단체에서의 근무, 그리고 동유럽 사회주의체제의 붕괴에서 유래한다.

프란체스카 폴레타 Francesca Polletta는 콜롬비아대학교 사회학과 부교수이다. 그녀는 사회운동, 법, 문화에 관한 논문들을 발표해왔다. 현재 『Freedom is an Endless Meeting: Democracy in Social Movements from Pacifism to the Present』라는 제목의 책을 마무리하고 있는 중이다.

스티븐 파프 Steven Pfaff는 워싱턴대학교 사회학 조교수이다. 그의 관심 분야는 비교역사사회학, 사회운동과 집합행위, 정치사회학이다. 그는 현재 1989년 독일민주공화국의 붕괴와 혁명에 초점을 맞춘 연구를 진행하고 있다.

크리스천 스미스 Christian Smith는 채플힐 노스캐롤라이나대학교 사회학 교수이다. 저서로 『Resisting Reagan: The U.S. Central America Peace Movement』, 『The Emergence of Liberation Theology: Radical Religion and Social Movement Theory』, 『American Evangelicalism: Embattled and Thriving』이 있다. 그리고 편집서로는 『Disruptive Religion: The Force of Faith in Social Movement Activism』이 있다.

알렌 슈타인 Arlene Stein은 럿거스대학교 사회학 부교수이다. 가장 최근 저서로는 『The Stranger Next Door』가 있다. 이 책에 한 장(章)이 실리기도 한 그 책은 게이권리를 둘러싼 오리건 타운의 투쟁을 다루고 있다. 그녀는 또한 성정체성, 역사적 기억, 대중문화에 관한 글을 써왔다.

낸시 휘티어 Nancy Whittier는 스미스대학 사회학 부교수이다. 저서로 『Feminist Generations: The Persistence of the Radical Women's Movement and coeditor of Feminist Frontiers』가 있다. 그녀는 집합적 정체성, 정치적 세대, 여성운동에 관한 많은 논문들을 발표해왔다. 그녀는 현재 아동성폭행 반대 사회운동에 관한 책을 집필 중에 있다.

엘리자베스 진 우드 Elisabeth Jean Wood는 1987년부터 1996년까지 엘살바도르 농촌에서 현지조사를 수행했다. 뉴욕대학교 정치학 조교수이다. 저서로 『Forging Democracy from Below: Insurgent Transitions in South Africa and El Salvador』가 있다. 그녀는 『Insurgent Collective Action and Civil War: Redrawing Boundaries of Class and Citizenship in El Salvador』라는 제목의 책을 집필 중에 있다. 그녀의 최근의 연구 관심사는 내전과 그것의 해결, 민주주의와 재분배, 고위험 상황에서의 사회운동 등이다.

마이클 P. 영 Michael P. Young은 오스틴 텍사스대학교에서 강의하고 있다. 이 책에 실린 그의 논문은 1830년대의 즉각적 노예제도폐지론에 관해 뉴욕대학교에서 쓴 그의 학위논문에 기초하고 있다.

옮긴이 소개

박형신은 고려대학교 대학원 사회학과에서 박사학위를 취득하고, 고려대학교 인문대학 사회학과 초빙교수를 지냈다. 여전히 고려대학교와 한양대학교에서 강의하고 있다. 주요 저서로『정치위기의 사회학』,『새로운 사회운동의 이론과 현실』(공저),『사건으로 한국사회 읽기』(공저) 등이 있고, 역서로『감정과 사회학』,『감정의 거시사회학』,『새로운 사회운동의 도전』,『우리는 왜 공포에 빠지는가』 등이 있다.

이진희는 고려대학교 대학원 사회학과 박사과정을 수료하고, 고려대학교에서 강의하고 있다. 저서로『한국의 종교와 사회운동』(공저)이 있고, 역서로『나쁜 아빠: 신화와 장벽』이 있다. 「먹거리, 감정, 가족 동원: 미국산 쇠소기 수입 반대 촛불집회의 경우」(공저) 등의 논문을 발표했다.

한울아카데미 1483
열정적 정치: 감정과 사회운동
ⓒ 박형신 · 이진희, 2012

엮은이   제프 굿윈 · 제임스 M. 재스퍼 · 프란체스카 폴레타
옮긴이   박형신 · 이진희
펴낸이   김종수
펴낸곳   도서출판 한울
편집   염정원

초판 1쇄 인쇄   2012년 9월 30일
초판 1쇄 발행   2012년 10월 10일

주소   413-756 경기도 파주시 파주출판도시 광인사길 153 한울시소빌딩 3층
전화   031-955-0655
팩스   031-955-0656
홈페이지   www.hanulbooks.co.kr
등록번호   제406-2003-000051호

Printed in Korea.

ISBN 978-89-460-5483-7 93330(양장)
      978-89-460-4636-8 93330(반양장)

* 책값은 겉표지에 표시되어 있습니다.
* 이 도서는 강의를 위한 학생판 교재를 따로 준비하였습니다.
  강의 교재로 사용하실 때에는 본사로 연락해주십시오.